技术创业

从创意到企业（第4版）

［美］
托马斯·H. 拜尔斯（Thomas H. Byers）
理查德·C. 多尔夫（Richard C. Dorf）◎著
安德鲁·J. 尼尔森（Andrew J. Nelson）

陈 劲　李纪珍◎译

北京大学出版社
PEKING UNIVERSITY PRESS

技术创业成功的 20 个原则 >>>

> **原则 1**

创业者需以为包括投资者、消费者、供应商、雇员和创业者自己在内的所有参与者创造财富、带来成功为动机,通过智力资本和创业过程的结合促进公司发展。

> **原则 2**

当发现了一个能孕育出优秀企业的好机会时,创业者应该知道如何识别、选择并和别人描述、交流这一机会。

> **原则 3**

把愿景、使命、价值主张和商业模式都体现在公司的业务设计中,可以引导企业获得成功。

> **原则 4**

初创企业清晰的发展路线图或战略应指出企业该如何以对社会负责任的方式实现目标并获得可持续竞争优势。

> **原则 5**

创新战略应建立在创意、发明和技术的基础之上,以价值网络为依托,不断地把新产品和服务进行有效的商业化。

> **原则 6**

创业者能够习得创办新企业的过程,用撰写故事和商业计划书的形式来表达自己的意图和目的。

> **原则 7**

创业者努力管控风险,追求规模经济、范围经济与网络效应,同时试图实现企业的可扩展性。

> **原则 8**

获得、分享和使用知识是建立学习型组织的必备要素,是设计创新型产品、保持高增长率的重要途径。

> **原则 9**

完善的市场营销和销售计划能使新创企业有效地识别目标客户、设定市场营销目标、销售产品及建立可靠的客户关系。

> **原则 10**

提供适当的独立性、资源及人员,能够催生现有大型企业产生新企业。

> 原则 11

知识产权和公司名字可以成为引领企业走向成功的市场竞争优势。

> 原则 12

有效的领导者，加上良好的组织计划、合作的绩效文化、健全的薪酬方案可以使组织上下的目标相一致。

> 原则 13

高效的新创企业会使用说服技巧、信誉和区位优势获得所需的资源，并以此建立一个协同合作的外包和内部功能的组合体。

> 原则 14

高效、实时的生产、物流和业务流程的设计和管理，可以成为新创企业的可持续竞争优势。

> 原则 15

一个明确的收购和全球战略对于所有的新技术企业都是很重要的，需制定好这样一个战略。

> 原则 16

一个具备强有力的收入和盈利机制的新公司可以实现强劲且可控的增长，并为它的所有者带来良好的收益。

> 原则 17

可靠的财务计划基于最精确和可靠的假设，因此能展现新创公司发展和盈利的潜力。

> 原则 18

对新创企业和发展中的公司来说，存在多样的投资资金来源，要对各种来源进行详细的比较并小心地应用。

> 原则 19

展示吸引人的创业故事、与投资者达成交易的谈判技巧，对所有新创企业来说都至关重要。

> 原则 20

持续并符合道德规范地执行商业计划和根据变化调整计划的能力有利于企业取得长期的成功。

著作权合同登记号图字：01-2014-3767

图书在版编目（CIP）数据

技术创业：从创意到企业：第4版 /（美）托马斯·H.拜尔斯，（美）理查德·C.多尔夫，（美）安德鲁·J.尼尔森著；陈劲，李纪珍译. —北京：北京大学出版社，2017.7
ISBN 978-7-301-28503-9

I.①技… II.①托… ②理… ③安… ④陈… ⑤李… III.①企业管理 IV.①F272

中国版本图书馆CIP数据核字（2017）第149283号

Thomas H. Byers，Richard C. Dorf，Andrew J. Nelson
Technology Ventures: From Idea to Enterprise, Fourth Edition
ISBN 978-0-073-52342-2
Copyright © 2015 by McGraw-Hill Education.
All Rights reserved. No part of this publication may be reproduced or transmitted in any form or by any means, electronic or mechanical, including without limitation photocopying, recording, taping, or any database, information or retrieval system, without the prior written permission of the publisher.
This authorized Chinese translation edition is jointly published by McGraw-Hill Education and Peking University Press. This edition is authorized for sale in the People's Republic of China only, excluding Hong Kong, Macao SAR and Taiwan.
Copyright © 2017 by McGraw-Hill Education and Peking University Press.

版权所有。未经出版人事先书面许可，对本出版物的任何部分不得以任何方式或途径复制或传播，包括但不限于复印、录制、录音，或通过任何数据库、信息或可检索的系统。

本授权中文简体字翻译版由北京大学出版社和麦格劳－希尔（亚洲）教育出版公司合作出版。此版本经授权仅限在中华人民共和国境内（不包括香港特别行政区、澳门特别行政区和台湾）销售。

版权 © 2017 由北京大学出版社和麦格劳－希尔（亚洲）教育出版公司所有。

本书封面贴有 **McGraw-Hill Education** 公司防伪标签，无标签者不得销售。

书　　　名	技术创业：从创意到企业（第4版） JISHU CHUANGYE: CONG CHUANGYI DAO QIYE
著作责任者	〔美〕托马斯·H.拜尔斯　〔美〕理查德·C.多尔夫　〔美〕安德鲁·J.尼尔森　著 陈劲　李纪珍　译
责任编辑	徐　冰
标准书号	ISBN 978-7-301-28503-9
出版发行	北京大学出版社
地　　　址	北京市海淀区成府路205号　100871
网　　　址	http://www.pup.cn
电子信箱	em@pup.cn
新浪微博	@北京大学出版社　@北京大学出版社经管图书
电　　　话	邮购部 62752015　发行部 62750672　编辑部 62752926
印　刷　者	北京大学印刷厂
经　销　者	新华书店 787毫米×1092毫米　16开本　28.75印张　685千字 2017年7月第1版　2019年6月第2次印刷
印　　　数	4001—7000册
定　　　价	68.00元

未经许可，不得以任何方式复制或抄袭本书之部分或全部内容。

版权所有，侵权必究

举报电话：010-62752024　电子信箱：fd@pup.pku.edu.cn

图书如有印装质量问题，请与出版部联系，电话：010-62756370

作者简介

托马斯·H. 拜尔斯（Thomas H. Byers）：斯坦福大学管理科学与工程系教授，斯坦福大学技术创业项目（Standford Technology Ventures Program，STVP）的发起人，该项目致力于推进全球技术创业教育的发展。他是斯坦福大学工程学院的首位创业教授，以及英国巴斯大学的本科教学委员会成员。同时，他还是美国国家科学基金会工程创新中心主任和首席研究员，这一中心致力于在全美本科学生中推广创新创业教育。从加利福尼亚大学伯克利分校获得了学士、MBA 和博士学位后，拜尔斯教授多年来在包括 Symantec 在内的多家技术公司担任领导职位。在教学方面，他也斩获不少奖项，包括斯坦福大学最高荣誉戈尔奖和美国国家工程院戈登奖。

理查德·C. 多尔夫（Richard C. Dorf）：加州大学戴维斯分校电子计算机工程系教授、管理系教授，同时他还是美国工程教育协会（ASEE）、电气与电子工程师协会（IEEE）的会员，并著有多本电子工程领域的畅销著作。此外，他还是一位创业者，参与创立了七家技术企业。

安德鲁·J. 尼尔森（Andrew J. Nelson）：俄勒冈大学商学院助理教授，创新创业与可持续发展中心研究员。他拥有斯坦福大学的双本科和博士学位及牛津大学的硕士学位。尼尔森还获得了许多学术领域的奖项，包括考夫曼基金、运筹学和管理学研究协会（INFORMS）、美国大学生发明者和创新者联盟（NCIIA）和行业研究协会奖等。在俄勒冈大学，他曾四次夺得 MBA 杰出教学奖和商学院顾问委员会的本科教学奖。

译者序 FOREWORD >>>

托马斯·H.拜尔斯、理查德·C.多尔夫和安德鲁·J.尼尔森这三位作者在技术创业领域有着极大的影响力,他们卓越的洞察力指引着全球技术创业教育的方向。此次对他们的著作——《技术创业:从创意到企业》——的翻译,我们感到非常荣幸,这使得我们能有机会再次与他们进行深入的沟通与交流。

在过去的很长一段时间中,我们与"斯坦福技术创业项目"有着密切的联系,多次到斯坦福大学访问交流。比如作为翻译者的李纪珍发表在《战略管理期刊》(Strategic Management Journal)上的论文就是与"斯坦福技术创业项目"的著名学者艾森哈特(Kathleen M. Eisenhardt)教授等合作完成的。

《技术创业:从创意到企业》是托马斯·拜尔斯等三位学者近些年研究成果的集大成之作,第4版相较于之前版本有了诸多改进。最新版吸纳了来自学术期刊、商业杂志、新媒体等的创业领域的新近学术理论与学者观点,特别关注了商业模式的开发和测量、精益创业、设计思维、知识产权和营销等方面的内容,融合了技术创业领域的最新发展。

本书初稿翻译由清华大学经济管理学院的学生们完成,他们是段勇倩、张佳敏、龙凌波、柯曦、王晓雪、杨静悦、胡潇婷、李晓华和王悦亨,之后主要由张初晴和李论两位博士生进行了全面的校订,增强了译文的可读性。其中,博士生王悦亨作为国家留学基金委支持的联合培养博士生,于2015年前往斯坦福大学交换学习一年,依托"斯坦福技术创业项目"开展了技术创业领域的相关研究,对本书的内容亦深有体会。同时也要感谢北京大学出版社的徐冰编辑,因为她的努力,本书得以最终面世。

正如三位原书作者所言,"创业者重组现有的想法和概念而实现创新",本书通过整合全球技术创新领域的知名学者最富价值和最新的理论来系统总结技术创业过程中的基本知识,并一定程度上提供了来自硅谷的最新的技术创业视角,生动、系统地展现了商业化的创新。为此,我们诚恳地向读者们推荐这本既饱含理论知识、又富有实践经验的书,它值得我们从头至尾细细品读。特别是对那些希望从西方技术创业的理论与实践中获得中国技术创业启发的读者,本书非常具有学习价值。

在当今"大众创业、万众创新"的时代背景下,人工智能等新兴技术为创业注入了新的动力,本书的出版恰逢其时,相信中文翻译版的问世对技术创业教育在中国的发展有着积极的促进作用,对中国企业家们的技术创业实践也提供一定的指导。作为"大时代"的亲历者,愿我们不忘初心,勇于开拓,共同迎接技术创业充满活力的未来。

陈劲　李纪珍
2017年于清华大学技术创新研究中心

FOREWORD >>> 序

斯坦福大学校长
约翰·L. 汉尼斯
(John L. Hennessy)

我很高兴能够为拜尔斯、多尔夫和尼尔森教授合著的这本《技术创业：从创意到企业》作序。在推动全球经济发展的过程中，新技术及高速成长的新创企业扮演着关键角色，为很多年轻的创业者提供了实现梦想的机会。

然而可惜的是，很少有书籍全面、深入地分析探讨过技术创业的相关问题。具有多年执教经验与创业经历的拜尔斯、多尔夫和尼尔森教授合作完成本书，正是为了弥补这一空白。不论是对已经壮大的技术企业，如 Facebook、Genentech，还是对正在开发第一代产品的新创公司，三位教授都有着非常深入的体验，这为本书更多地增添了可信度，也增强了现实的代入感。

本书全面地讨论了技术创业历程中可能面临的各种挑战，令人印象深刻。本书的第一部分主要讲述了创业动机、创业愿景与创业成功的关键要素，如竞争优势的树立和维持、市场时机的把握等。历史经验表明，这些关键原则在创业实践过程中很容易被忽视。尽管技术趋势一直在变化，但只要持续不懈地专注、深耕于自己擅长的领域，树立起可持续的优势和行业准入门槛，并且把握住市场和技术发展的契机，创业者就容易获得成功。这几章的内容可以帮助创业者和投资人更好地响应市场并采取行动。

全书的第二部分对创业企业的战略决策进行了分析，包括如何平衡风险与收益，使用何种公司组织架构，以及如何为目标客户研发新的产品和服务，等等。事实上，技术主导的创业公司很少关注销售和市场方面的问题，他们常常会这样自信地说："我们有一流的技术，客户自然而然会被吸引过来，其他的都不重要！"但是，没有销量，就没有收益；而且没有营销，销量就很难提升。创业企业要想成功，每一个方面都很关键。上述这些问题是任何一家新创企业都会面临的，新创企业管理者需要予以重视。

第三部分主要涉及技术创业企业可能面临的运营和组织层面的问题。创业过程中的知识产权问题、兼并收购问题及日常运营都很关键。作为一名创业者，如果你不能解决这些问题，再好的技术也没有办法发挥作用。

最后，本书第四部分关注的是各类财务计划与融资战略问题。它们同样十分关键。在诸多创业学书籍中，它们往往占据大量篇幅。尽管融资和投资人的选择非常值得关注，但如果前文所述的问题没有得到解决，即使某家新创企业获得了投资，最终也不一定能够成功。

读罢《技术创业：从创意到企业》这本书，我的第一反应就是："要是在我成立自己的第一家公司①之前就能读到这样的书该多好啊！"然而，当时我却没有那么幸运，只能从现实的一次次挫败与尝试中学习书中所讲到的这些知识。依照我自己的经验，本书前几章中所讨论的那些挑战都是真实创业历程的写照。通过阅读《技术创业》，我相信读者将可以学会如何与他人谈判，如何调整自己的融资结构，甚至你的员工也能因此获得更多的财富和资产。然而，如果你没能建立起持久的竞争优势或缺少一套完善的营销计划，员工就算握有公司的股权也分文不值。

工作在斯坦福、生活在硅谷的我们身处技术创业的心脏地带。我们亲眼看到世界上最富有创造力的一批技术创业者们是如何在这片土地上施展着他们的才能、坚守着他们的梦想的。通过这本书，更多人也将有机会体验到创业的澎湃热情。凭借着自己对于技术创业领域的广博见识和深入思考，拜尔斯、多尔夫和尼尔森教授希望能够帮助更多富有潜力的创业企业和创业者们获得成功。

---

① MIPS Technologies, Inc. 是一家美国纳斯达克上市公司（NASDAQ:MIPS），成立于1984年，总部位于美国加州，主要研发 MIPS 架构的处理器。约翰·L.汉尼斯是公司最主要的技术创始人。——译者注

PREFACE >>> 前言

创业活动是推动社会进步的重要动力之一，在别人看来无法逾越的障碍面前，创业者们总是能看到无限机会。在过去的一个世纪中，很多新创企业如雨后春笋般成立，它们持续地增加着就业机会，完善着产品和服务，推动着经济发展，提升着生活质量。在如今的城市化过程中，我们的社会往往面临着很多诸如健康、通信、安全、基础设施建设、教育、能源和环境等方面的问题，创业活动在解决这些问题的过程中扮演着重要角色。

之前已经有过很多讲授创业之道的书籍，而我们这本书则是第一本介绍有关"技术创业"这一全球现象的书籍。技术创业要求创业者能够将科技成果与商业机会对接，整合人才和资金资源，并通过严密的决策过程来管理公司的高速成长与控制风险，可以说技术创业是商业领导力的高层次体现。技术创业企业利用科学和技术中的突破性进步来为用户开发出更好的产品和服务，技术创业者拥有极强的专注度、极高的热情和不竭的成功意愿。

为什么技术如此重要？因为在每一个工业化国家中，技术都是经济发展的支柱。美国超过三分之一的国内生产总值和近半数的私营投资均和技术紧密相关。显然，不论是在美国还是在全球范围内，经济增长都和技术的健康发展水平与程度紧密相关。

现代社会，技术无处不在。过去20年间，智能手机、个人电脑、平板电脑和互联网的蓬勃发展深深地影响了人们的日常生活。本书提及的"技术创业"概念包含信息技术行业、生物科技和医药行业、新型能源与可持续材料行业，以及其他各类将技术视为最核心竞争力的行业。21世纪初，许多技术都已经或正在实现突破性的进展，例如计算机软件与硬件、移动通信、传感器、互联网、医疗器械、生物技术、人工智能、机器人、3D打印、纳米技术及清洁能源等。这些领域的交叉应用也许会具有更为广阔的市场前景。

很多人认为当前正是技术创业爆发式增长的时代，这让人们开始更深入地了解、探寻技术创业。经济周期的剧烈震荡使得人们创业的意愿在积极与消极之间快速转变，然而一些最为成功的技术企业往往成立于经济衰退时期，例如Intel、Cisco和Amgen公司。但是，不论处于何种经济环境中，本书提出的这些理论都很适用。

引言

正如创业者通过将已有的创意和概念重组来进行创新，我们将世界知名学者的最有价值的创业学和管理学理论进行整合，创造出了一个全新视角来看待技术创业。通过案例、习题和列表，本书向读者提供了行动导向的方法。本书理论和实践并重，我们希望每一位读者都能在这两方面有所收获。

本书介绍的是创办与经营技术型企业所必需的理论、工具和方法，并向读者揭示理论和真实的商业机会之间的差异。本书整合了一系列案例、商业计划书和学习资源来帮助读者收获更多。

本书通过案例来阐述相关概念，并思考这些企业为何能有如此良好的表现和长久的生命力。本书探讨了很多技术型公司的早期阶段，如Apple、Google、Genentech等，以及使用技术获得新发展的传统企业，如FedEx、Wal-Mart等。事实上，本书的主要原则可以应用到任何增长型的、具有潜力的新创企业上，包括像盖茨基金会（Gates Foundation）和保护国际组织（Conservation International）这样的具有社会影响力的非营利机构。

致读者

本书受众范围包含在校大学生、来自业界和公共部门的在职人士，以及任何希望学习技术创业相关知识的人们。同时，本书没有任何的先修要求，不过一些基本的会计学知识将对学习有所帮助。

以前创业只是作为商科学生的必修课程；而今随着创业教育在各个专业的普及，我们写下了这本适合不同专业和不同年龄阶段阅读的技术创业书籍。最初，本书定位于针对理工科专业学生开设的创新创业类课程，但本书对于商科学生和那些对高成长的新创企业感兴趣的人同样富有价值。

举个例子，在斯坦福大学、俄勒冈大学和加州大学戴维斯分校，基于本教材开设的课堂通常吸引了来自计算机科学、产品设计、政治学、经济学、医学、电子工程、历史、生物和商科等不同专业的学生。尽管本书的主题是技术创业，但学生们发现书中的理论和方法能够运用到各种各样的情境中。创业教育能够有效地提升人们的领导力，让人们更好、更快地适应外部多变的环境，包括让人们学会如何进行团队合作以更好地实现自身的价值。任何人都可以学习技术创业的思维方式和领导技巧。如果课程中同学们需要进行团队合作并完成小组作业，我们十分鼓励老师们选择本书作为参考教材。

版本更新

基于读者的反馈和技术创业领域的最近进展，本书的第 4 版改进了很多。来自学术期刊、商业杂志、博客等各类媒体上的创业领域的最新学术理论和学者观点很多都被吸收进这本书中。本书特别关注商业模式的开发和度量、精益创业、设计思维、知识产权和营销等方面的内容。在第 4 版中，本书所有的案例和练习都进行了更新，以便更好地追踪目前全球最热门的技术创业活动。

相比第 3 版，本书的第 1 章和第 2 章更好地介绍了创业艺术和入门之道。第 3 章包含了最新的商业模式开发和精益创业的方法。在第二部分的第 6 章中，商业计划书和创业故事素材和工具也进行了完善和更新。类似的，第 8 章更新并扩展了产品开发和创新的相关内容。第 11 章则只关注知识产权这一重要话题。第 12 章展示了团队组建和组织学习中所需的所有关键要素。附录中还加入了两个与技术和可持续发展相关的案例。每章中原有的 AgraQuest 案例被相关的企业范例取代。此外，一些章节内容也因此做了微调。

本版特色

本书以模块化的形式组织内容，以便读者更好地进行系统化学习、更轻松地获取资料，从而更好地满足读者学会如何创建一家成功的技术企业的需求。关注商业计划书和商业模式开发的读者可以优先看第 3、6、9、11、12、17、18 和 19 章。如果没有明确的学习目标，本书也可以作为便捷的参考工具来使用。我们使用以下一系列方法来达成这一目标，也欢迎每一位读者的反馈和建议：

- 原则和章节预览——本书定义了 20 条基本原则，如本书前页所列。每一章从一个关键问题开始，以此来引导整章的内容和主题。
- 范例和练习——使用前沿科技公司的例子来阐述很多与黑匣子一样难懂的概念。因为同学们大多熟悉信息技术这类产品和服务，因此信息技术相关的例子在本书出现了多次。每章最后的练习则用来测试读者是否全面理解了这些概念。
- 系列案例与案例聚焦——"创业挑战"这一特殊的练习形式将引导读者按照每章的重点逐步了解建立企业的过程。每章最后还会讨论一个成功的企业案例。
- 商业计划——开发商业计划的方法和工具集合在一章中，包含完整的内容注释。附录 A 提供了一份商业计划书范例。
- 案例——附录 B 包含 8 个完整的企业案例。
- 参考文献和词汇表：参考文献在括号中标注出来，比如 [Smith, 2001]，并且在本书的最后被完整地罗列出来。

● 章节顺序——我们尽最大努力去合理地安排章节顺序，以满足多种创业课程的需求。如图 P1 所示，章节被分为四大部分。关注商业计划和商业模式的课程可以重点关注第 3、6、9、11、12、17、18 和 19 章。

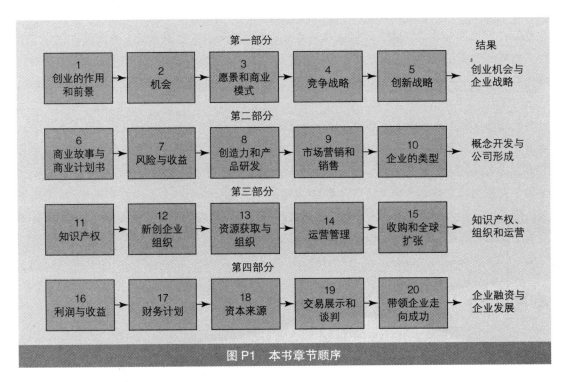

图 P1　本书章节顺序

音像资料

有关全球著名创业者、投资人和课程的视频均在每章最末列出，并可在教材网站上观看。

托马斯·H. 拜尔斯，tbyers@standford.edu
理查德·C. 多尔夫，rcdorf@ucdavis.com
安德鲁·J. 尼尔森，ajnelson@uoregon.edu

CONTENTS >>> 目录

第一部分　创业机会与企业战略

第 1 章　创业的作用和前景 /003

▶ 什么驱动了全球创业？ /003

　　1.1　大背景下的创业浪潮 /003
　　1.2　宏观经济和企业 /006
　　1.3　创造性破坏 /010
　　1.4　创新与技术 /011
　　1.5　技术创业者 /013
　　1.6　聚焦 Facebook /017
　　1.7　小结 /017
　　1.8　练习 /018
　⊃ 创业挑战 /019

第 2 章　机会 /020

▶ 创业者如何识别并选择一个有价值的机会？ /020

　　2.1　机会的类型 /020
　　2.2　市场参与和设计思维 /025
　　2.3　创新的类型和来源 /028
　　2.4　趋势和趋同性 /031
　　2.5　创业机会的评估 /033
　　2.6　聚焦 Solazyme /038

　　2.7　小结 /038
　　2.8　练习 /039
　⊃ 创业挑战 /040

第 3 章　愿景和商业模式 /041

▶ 成功的创业者如何为企业设计有竞争力的商业模式？ /041

　　3.1　愿景 /041
　　3.2　使命 /043
　　3.3　价值主张 /044
　　3.4　商业模式 /047
　　3.5　挑战性市场中的商业模式创新 /051
　　3.6　聚焦 Stratasys /052
　　3.7　小结 /052
　　3.8　练习 /053
　⊃ 创业挑战 /053

第 4 章　竞争战略 /054

▶ 为迎合新的商业机遇，公司应制定怎样的战略？ /054

　　4.1　公司战略 /054

4.2 核心竞争力 /057
4.3 行业环境和宏观环境 /057
4.4 SWOT 分析 /060
4.5 进入壁垒 /061
4.6 获得可持续的竞争优势 /063
4.7 联盟 /066
4.8 战略与市场相匹配 /069
4.9 有社会责任感的公司 /072
4.10 聚焦 Google /075
4.11 小结 /076
4.12 练习 /076
➲ 创业挑战 /077

第 5 章 创新战略 /078

▶ 什么样的创新战略对技术型企业是有益的？ /078

5.1 领先者 vs. 跟随者 /078
5.2 模仿 /083
5.3 技术和创新战略 /084
5.4 新技术企业 /088
5.5 聚焦 AgraQuest /090
5.6 小结 /090
5.7 练习 /091
➲ 创业挑战 /091

第二部分 概念开发与企业形成

第 6 章 商业故事与商业计划书 /095

▶ 企业是如何组建的？商业故事与商业计划书有什么作用？ /095

6.1 创办新企业 /095
6.2 理念概述和创业故事 /097
6.3 商业计划书 /099
6.4 电梯演讲 /102
6.5 内容注释表 /103
6.6 聚焦 Amazon /106
6.7 小结 /107
6.8 练习 /107
➲ 创业挑战 /108

第 7 章 风险与收益 /109

▶ 随着规模的不断扩大，企业该如何管控种种不确定性和风险？ /109

7.1 风险和不确定性 /109
7.2 规模和范围 /116
7.3 网络效应与收益递增 /119
7.4 风险与回报 /122
7.5 风险管控 /123
7.6 聚焦 Dropbox /124
7.7 小结 /124
7.8 练习 /125
➲ 创业挑战 /125

第 8 章　创造力和产品研发 /126

> 基于连续性和及时性，组织如何构建促进产品/服务研发的环境？/126

    8.1　创造力和发明 /126
    8.2　产品设计和研发 /130
    8.3　产品原型 /134
    8.4　情景 /136
    8.5　聚焦 Teva Pharmaceuticals /138
    8.6　小结 /138
    8.7　练习 /139
    ⊃ 创业挑战 /139

第 9 章　市场营销和销售 /140

> 吸引顾客、提供服务并留住顾客的最佳方式是什么？/140

    9.1　市场营销 /140
    9.2　营销目标和目标客户群细分 /141
    9.3　产品和产品供应 /143
    9.4　品牌价值 /144
    9.5　市场营销组合 /145
    9.6　社交媒体和市场营销分析 /150
    9.7　客户关系管理 /151
    9.8　跨越鸿沟 /155
    9.10　个人销售和销售团队 /158
    9.11　聚焦 DirecTV /160
    9.12　小结 /160
    9.13　练习 /161
    ⊃ 创业挑战 /162

第 10 章　企业的类型 /163

> 新创企业的形式有哪些？什么是企业创业？/163

    10.1　企业的法律形式 /164
    10.2　独立企业与公司内创企业 /167
    10.3　非营利性社会企业 /168
    10.4　公司内创企业 /171
    10.5　创新者困境 /175
    10.6　公司内部的创业激励 /176
    10.7　创建与管理公司内创企业 /177
    10.8　聚焦 Twitter /183
    10.9　小结 /183
    10.10　练习 /184
    ⊃ 创业挑战 /184

第三部分　知识产权、组织和运营

第 11 章　知识产权 /187

> 创业者应该如何保护新公司的知识产权？/187

    11.1　知识产权保护 /187
    11.2　商业机密 /189
    11.3　专利 /190
    11.4　商标与公司命名 /192

11.5 版权 /193
11.6 授权与大学技术转移 /194
11.7 聚焦 Apple /195
11.8 小结 /195
11.9 练习 /196
➲ 创业挑战 /197

第 12 章　新创企业组织 /198

▶ 创业者如何组织、奖励带领企业走向成功的员工？ /198

12.1 创业团队 /198
12.2 组织结构设计 /202
12.3 领导力 /204
12.4 企业管理 /207
12.5 人才招聘及留存 /209
12.6 企业文化与社会资本 /211
12.7 管理知识资产 /215
12.8 学习型组织 /217
12.9 聚焦 Zntuit /220
12.10 小结 /220
12.11 练习 /221
➲ 创业挑战 /221

第 13 章　资源获取与组织 /222

▶ 创业者该如何有效地获取并管理创立企业所必需的资源？ /222

13.1 获取资源和能力 /222
13.2 影响力和说服力 /224
13.3 地理位置和动态集群 /225
13.4 垂直整合和外包 /228

13.5 创新与虚拟组织 /230
13.6 获取技术与知识 /231
13.7 聚焦 Netflix /233
13.8 小结 /233
13.9 练习 /233
➲ 创业挑战 /234

第 14 章　运营管理 /235

▶ 新创公司如何建立一套用于创造、生产、供给产品的运营流程？ /235

14.1 价值链 /235
14.2 流程和运营管理 /238
14.3 价值网络 /242
14.4 互联网和运营 /244
14.5 战略管控与运营 /245
14.6 聚焦 Clean Harbors /248
14.7 小结 /248
14.8 练习 /249
➲ 创业挑战 /249

第 15 章　收购和全球扩张 /250

▶ 创业者如何通过收购和进入新地区的市场来进行扩张？ /250

15.1 收购并追求协同效益 /250
15.2 作为成长型战略的收购 /252
15.3 全球贸易 /255
15.4 聚焦阿里巴巴 /260
15.5 小结 /261
15.6 练习 /261
➲ 创业挑战 /262

第四部分 创业融资与企业发展

第 16 章 利润与收益 /265

▶ 新创企业该如何创造收入并实现正现金流？/265

16.1 收益模式 /265
16.2 成本模式 /267
16.3 盈利模式 /267
16.4 收益增长管理 /271
16.5 收获计划 /276
16.6 退出和失败 /278
16.7 聚焦百度 /279
16.8 小结 /280
16.9 练习 /280
➲ 创业挑战 /281

第 17 章 财务计划 /282

▶ 创业者怎样描述新企业的财务要素？/282

17.1 制订财务计划 /282
17.2 销售预测 /284
17.3 成本预测 /287
17.4 利润表 /288
17.5 现金流量表 /288
17.6 资产负债表 /291
17.7 悲观的增长率带来的结果 /296
17.8 盈亏平衡分析 /297
17.9 盈利能力的测量 /297
17.10 聚焦 SolarCity /302
17.11 小结 /302
17.12 练习 /302
➲ 创业挑战 /304

第 18 章 资本来源 /305

▶ 有哪些来源可以为新创企业的建立和发展筹集资金？/305

18.1 新创企业的融资 /305
18.2 作为实物期权的风险投资 /307
18.3 资金的来源和类型 /310
18.4 自筹与众筹 /312
18.5 债务融资和资助 /314
18.6 天使投资人 /315
18.7 风险资本 /316
18.8 公司风险投资 /320
18.9 估值 /321
18.10 首次公开募股 /325
18.11 聚焦 Tesla /336
18.12 小结 /337
18.13 练习 /337
➲ 创业挑战 /338

第 19 章 交易展示和谈判 /339

▶ 新创企业要怎样展示愿景和故事？怎样和投资者谈判？/339

19.1 展示 /339
19.2 关键问题 /341
19.3 谈判和关系 /343
19.4 投资条款清单 /344
19.5 聚焦 LinkedIn /345
19.6 小结 /345
19.7 练习 /346
➲ 创业挑战 /346

第 20 章　带领企业走向成功 /347

▶ 成功企业是怎样将可靠的商业计划转变成实际运营的？ /347

20.1　执行 /347

20.2　企业的发展轨迹 /350

20.3　适应型企业 /355

20.4　道德规范 /358

20.5　聚焦 Intuitive Surgical /361

20.6　小结 /362

20.7　练习 /362

◐ 创业挑战 /363

附录 A　商业计划书执行摘要范例 / 365

附录 B　案例 / 368

参考文献 / 430

第一部分

创业机会与企业战略

创业者的行为推动着全球范围内的社会进步，他/她们通过创新以及相关的科技活动对我们生活的各个方面产生积极影响。面对一个诱人的具有成功潜力的创业机会，创业者们会识别这个机会，并在一步步深入发掘的过程中践行、实现机会。他们描绘着创业的宏伟蓝图，并设计出一个能够不断适应动态环境的商业模型。通过设计战略路线图，创业团队把握住良好机遇，高效引领着市场中新产品或新服务的商业化过程，并树立起可持续的竞争优势。

第 1 章

创业的作用和前景

> 积极行动固然是有风险的,但长远看来,慵懒无为将带来更大的风险和代价。
>
> ——约翰·肯尼迪
> (John F. Kennedy)

什么驱动了全球创业?

创业者致力于在我们的世界中有所作为,并为改变世界贡献一份自己的力量。他们发掘创业机会、整合资源,并向着目标不屈不挠地前行。本章将介绍创业者如何采取行动去建立新的企业。企业在经济活动中起着中流砥柱的作用,而创业活动则是促进经济增长的发动机。新技术是创业企业的基石。新创企业的科学家和工程师们将他们的专业知识和有效的商业实践结合起来,以此促进创新。在这一系列活动中,创业者是关键。

1.1 大背景下的创业浪潮

从环境可持续性到安全性,从信息管理到医疗保健,从运输到通信,数不尽的机遇蜂拥而至,并且可以对这个世界产生显著的积极影响。**创业者**恰恰就是那种能够识别问题、寻求答案,挖掘潜在需求,并擅长于从挑战中觅得机遇的人或团队。

创业不仅仅是开展一项业务并因此获利,它关注的是创造一个能够服务社会并为社会带来积极影响的企业。创业者常常能够建立起优秀的、信誉良好的企业,这些企业保持着长久的活力,并不断彰显着创业者的能力和领导力。表 1.1 展示了一些成功的创业者和他们所创企业的案例。这些创业者和机构做出了什么样的贡献?你希望在此表格中添加哪些其他的公司?你希望自己是其中哪家公司的创始人或创建过程的参与者?你觉得未来你会创建一个怎样的公司?

表 1.1 优秀的创业者以及他们创立的企业

创业者	企业	创业时的年龄	起始时间
Mark Benioff	Salesforce.com（美国）	35	1999
Jeff Bezos	Amazon.com（美国）	31	1995
Sergey Brin	Google（美国）	27	1998
Michael Dell	Dell（美国）	19	1984
Jack Dorsey	Twitter, Square（美国）	30	2006
Rosalia Goyanechea	Zara（西班牙）	31	1975
Diane Greene	VMWare（美国）	42	1998
马化腾	腾讯（中国）	27	1998
Mo Ibrahim	Celtel（非洲）	42	1998
Sandra Lerner	Cisco（美国）	29	1984
李彦宏	百度（中国）	32	2000
马云	阿里巴巴（中国）	35	1999
Hasso Plattner	SAP（德国）	28	1972
Linda Rottenberg	Endeavor（阿根廷）	28	1997
Gil Shwed	Check Point（以色列）	25	1993
Tulsi Tanti	Suzlon Energy（印度）	37	1995
Muhammed Yunus	Grameen Bank（印度）	36	1976
Nikalas Zennstrom	Skype（瑞典）	37	2003
Mark Zuckerberg	Facebook（美国）	20	2004

创业者们通过创立一家企业来满足市场和社会需求，实现着他们各自的目标。创业之初，他们就做好了应对挑战、克服障碍的准备。就像马丁·路德·金（1963）说的那样，"看一个人，不是看他在顺境中的表现，而应看他在逆境中的作为。"

对于创业者而言，**挑战**是敢于应对艰难困苦，是敢于承担企业重担。Virgin 集团的创始人理查德·布兰森（Richard Branson 说 [Garrett, 1992]："当我年少时，我便会积极应对挑战并从中汲取经验。生活最吸引我的地方就在于给自己设置考验并试着证明我能做到。"

因此，创业者是不屈不挠的一群人，他们抓住具有挑战性的问题紧紧不放，下定决心要找到一个答案。他们把能力、技巧、兴趣、激情和承诺紧密结合。企业如何更快速地把货品送到消费者手中？为了解决这个日益严峻的问题，弗雷德·史密斯（Fred Smith）花费了近十年的时间来寻找答案,即建立一条货运专用航线,将包裹空运到一个大机场,然后对包裹进行分类、传送,并将它们隔夜送达目的地。他将这个计划写进了自己在耶鲁大学的课程论文里并提交给了教授,但是教授只给了他一个平均分——C。毕业后,史密斯在海军陆战队当了四年的军官和飞行员;退役后,他进入美国航空业工作,并在这几年里积累了大量的行业经验。之后,他准备了一份关于次日送达业务的详细的商业计划。1972 年,史密斯获得了资金支持;1973 年,他创立的美国联邦快递公司问世。美国联邦快递公司由此开创了一种运输货物的新途径,在世界范围内掀起了货运业的革命。

还有许许多多同史密斯一样的创业者,他们认识到了社会中的变化和由此产生的需求。基于自身的知识和技能,他们以一种新的方式对这种变化做出回应,即对人才、理念和技术进行重组。史密斯发现,货运专用飞机和电脑辅助跟踪系统的结合能够实现次日送达。这一组合能为重要部件、文件和其他贵重物品的及时送达市场提供服务。计算机技术能高效地处理纷繁复杂的包裹跟踪和转移业务。更为重要的是,史密斯投入了足够的热情和技能,牢牢把握住了这一机会。

机会是获得成功和进步的抓手。机会的诱人之处在于,它能够让你在有利的环境下,利用有利的时机解决重要问题。这正是创业者实践创新的想法并判断它是不是切实可行的机遇。如果答案是肯定的,他们便采取行动。因此,**创业**可以被描述为有进取心的个人与机会之间的一次碰撞与交汇 [Shane and Venkataraman, 2000]。就像图 1.1 中展现的那样,最佳机会(sweet spot)处于个人或团队的热情、技能与有吸引力的机会相交的那个部分。

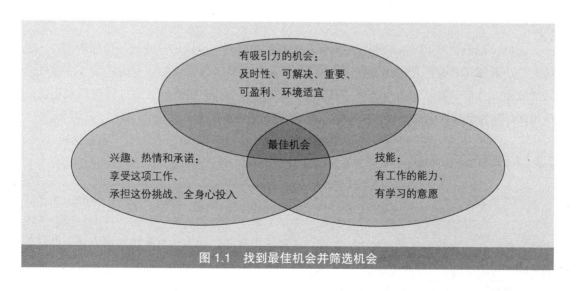

图 1.1　找到最佳机会并筛选机会

创业之路不会一帆风顺。只有三分之一的新创企业能够存活三年以上。作为变革的推动者,创业者必须做好接受失败的准备。然而,无论合适的机会是否出现,创业者都可以通过低成本的方式来尝试创业。为了避免沉溺在白日梦的幻境里,创业者需要通过实际行动去试验、检测和了解他(她)自身是否适合创业 [Ibarra, 2002]。因此,想要成为一名创业者,你必须遵循这个过程:勇敢尝试,然后进行调整。

首先，我们需要弄清楚创业的两个前提：创业想要解决的问题是否真实存在？提出的解决方案是否完备与可行？创业者可以通过与潜在客户、员工和合作伙伴的接触来检验自己的创业想法。这不仅能够帮助创业者积累一些对他们创业有帮助的人脉资源 [Baer, 2012]，还能使他们对机遇的理解更为深刻，并提前做出改变。在这种情况下，创业和科学研究是类似的：创业者搜集信息和数据来检验其创业想法，并根据验证的结果调整他们的创业想法 [Sarasvathy and Venkataraman, 2011]。Y Combinator 的创立者保罗·格拉汉姆（Paul Graham）曾提出创造成功企业的三条建议：和优秀的人共事，生产实用的产品，在开拓市场时尽可能地少花钱 [Graham, 2005]。

当团队成员识别出一个与他们的技能相匹配的机会时，他们接下来要做的便是获得必要的资源来践行创业想法。最终，他们会成立一家公司并使其不断壮大，就像表 1-1 所列出的那些企业一样，每一家公司都有潜力达到一定的规模并产生巨大的影响。大多数创业者在验证机遇的过程中都会多次用到表 1.2 展示的创业四步法。

表 1.2　创业四步法
1. 创始团队成员具备必需的技能
2. 团队成员识别的机会与自身能力相匹配，并且具有匹配方法
3. 通过寻找投资人和合作伙伴，落实公司初创阶段必需的资金等资源
4. 同合作伙伴及投资人签订合同或协议，并在创始团队内部进行股权及利润的分配

最终，创业会重点关注识别和发掘那些未开发的机遇。幸运的是对每一位读者而言，成功的创业者并不具备所谓的稀有的"创业基因"。创业是一门系统的、有组织的、严谨的学问，任何人都可以通过学习来掌握它 [Drucker, 2002]。本书会向读者展示如何辨识真正的商业机遇，并为创建和运营一家极具影响力的公司提供方法指导。

1.2　宏观经济和企业

同其他职业一样，创业者也是经济和商业世界里的一分子。**经济学**是一门研究商品和服务的生产、分配和消费的学科。创业者通过有效地整合社会中的物质资源、环境资源和人力资源，使得社会达到最佳运行状态，实现社会的普遍繁荣。拥有富足的物质材料和实现社会商品的平等分配是大部分社会系统的目标。创业者们通过创业和运用新颖的解决方案来处理社会和经济问题，让我们的经济体系茁壮成长 [Baumol et al., 2007]。

根据全球创业观察（Global Entrepreneurship Monitor, GEM）的研究，美国在 1999 到 2011 年间保持了 12% 的创业率。这表明在此期间，每 10 位美国成年公民中就有 1 位正在创建或管理一家新创企业 [Phinisee et al., 2008]。

这些创业者对美国经济增长产生了巨大影响。2012 年，风险投资基金规模大概只占当年美国国民生产总值的 0.2%。然而，得到风险投资资金支持的公司却提供了美国私营部门 11% 的就业岗位，并占据了国内生产总值的 21%[National Venture Capital Association,2013]。另一项 2010 年的研究发现，在 1977 到 2005 年的 19 年里，除了 7 个年份以外，其余年份的数据都证明：已经存在的公司可以说是净就业机会的破坏者——它们平均每年要造成 100 万个工作岗位的流失 [Kauffman Foundation, 2010]。与此相反，新创企业在成立的第一年中即可增加 300 万左右的就业岗位。在过去的二十几年中，Amazon、Netflix、Apple、Google、Intuitive Surgical 和 Salesforce 这些获得风险投资支持的公司提供了大量的新就业机会。

经济体系是一个生产并分配商品和服务的系统。在自然资源的有限性和人类欲望的无穷性的前提下，经济体系主要用于满足：（1）对稀缺资源的管理；（2）增加商品和服务产出。对国家整体而言，它的财富包括食品、住房、交通运输、医疗保健和其他的商品和服务。当一个国家拥有更多的商品和服务时，它相比其他国家更为富裕。国家通过追求一个更高效的经济体系来努力保证繁荣。正是创业者群体触发了这一变化。

在国家内发生的，几乎所有同生活水平相关的变化都是生产力引起的。**生产力**可以表示为总投入带来的商品和劳务产出的数量，例如工作时长和燃料使用等。在图 1.2 展示的经济模型中，投入包括自然资本（natural capital）、金融资本（financial capital）和智力资本（intellectual capital, IC）；产出包括预期的收益和成果，以及不想要的浪费。一个适合的目标就是实现有益产出的最大化和浪费的最小化 [Dorf, 2001]。

自然资本指的是那些大自然所赋予的，如矿产、燃料、能源、生物产量或对污染的吸收能力，可以直接或间接地被人类社会和经济体系所利用。由于生态系统的自然性，当自然资源的使用或影响达到某个阈值时，自然资本可能发生不可逆转的改变。比如，全球气候变化已经对自然资本的来源构成了严重威胁。

金融资本指的是金融资产，如金钱、债券、抵押物和土地等，可供创业者经营企业之用。**智力资本**包括公司员工所具有的知识和创造力，管理系统的有效性，以及消费者效力和供应商关系。人力资本（human capital, HC）、组织资本（organization capital, OC）和社会资本（social capital, SC）是智力资本的三个来源。**人力资本**指的是公司员工的知识、技术和能力。**组织资本**代表用来支持人力资本的硬件、软件、数据库、方法、专利和管理方式等。**社会资本**则是企业和它的供应商、盟友、合作伙伴及消费者之间的关系质量。智力资本的这些要素在表 1.3 中都得到了阐述。

表 1.3 智力资本的三要素

人力资本：公司员工的知识、技术和能力
组织资本：硬件、软件、数据库、方法、专利和管理方式
社会资本：和供应商、盟友、合作伙伴及消费者之间的关系质量
IC = HC + OC + SC

智力资本可以看作一个组织拥有的知识资产的总和。这些知识体现在组织成员的才能、经验和技能上。因此，一家公司需要通过吸引并留住最优秀的人才来满足自身的发展需要，这和追求最先进的技术和最好的有形资产同样重要。知识是为数不多的能够通过共享而得到增长的资产之一。一家新公司如果以智力资本为中心进行组织构建，通过协作、开发和共享等方式可以从中获得极大好处。

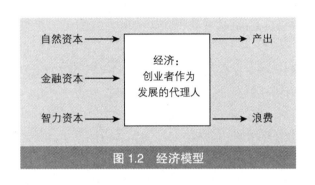

图1.2 经济模型

如图1.2所示，经济是所有组织机构的总和，无论是营利性组织、非营利性组织还是政府机构，都能为社会提供有益的产出。这些就是我们研究的对象，我们将它们定义为企业或公司。① 为了满足社会和经济的需要，创业者不断地建立新的组织或者企业。

公司存在的意义就是设定一个目标和愿景，并且为了消费者的利益而不断践行。例如，Merck 公司的目标就是开发药物以保护和促进消费者的健康。为了实现自身使命，每家公司都尽力把投入转化为理想的产出，并以此来满足消费者的需求。

公司通常以一群人的形式存在，因为这种运营方式比个体单独行动要更有效率和影响力。此外，公司创造的条件也使得人们在一起工作比单纯依赖自己工作要高效得多。因此，公司的存在能够协调和激励人们的经济活动 [Roberts, 2004]。一家公司能拥有更高效率的原因有二：一是公司有更低的交易成本；二是必要的才能和技巧能通过有效、协作的工作整合起来。

图1.3向我们展示了一个作为转换实体的公司模型。将投入转化为所需产出的这一过程主要依赖公司的智力资本和创业资本。我们以微软这个强大的软件公司为例。微软创造、购买新的技术，开发新的软件，并建立了坚实的客户基础。这种由投入到产出的转换正是基于微软强大的创业资本和智力资本储备。

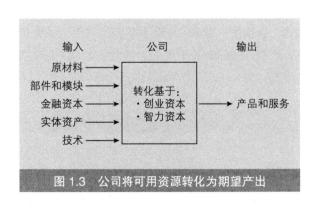

图1.3 公司将可用资源转化为期望产出

创业资本（entrepreneurial capital, EC）可以被定义为公司创业能力和创业承诺的整合产物 [Erikson, 2002]。**创业能力**（entrepreneurial competence）是（1）识别机会的能力；（2）收集和管理所需资源以利用该机会的能力。**创业承诺**（entrepreneurial commitment）是启动和完善一家企业所必要的时间和精力的投入。只有能力没有承诺将无法创造创

---

① 接下来本书用"公司"来表示组织或者企业。

业资本，而只有承诺没有能力则可能造成时间和资源的浪费。承诺和能力在提供重要创业资本的过程中都是必不可少的。因此，我们可以说：

$$创业资本 = 创业能力 \times 创业承诺$$

或者，
$$EC = Ecomp \times Ecomm \quad (1.1)$$

在这个式子中，Ecomp 表示创业能力，Ecomm 表示创业承诺，需要注意的是"×"符号表示相乘。同时，读者也必须认识到这个方程本质上仍然是定性的。

人们会随着年龄的增长而走向成熟。同样，随着时间的推移，知识和经验的积累也能够带来能力的增长。然而，当人们无暇顾及，或者对这些创业活动不再那么感兴趣时，他们承诺投入的时间和精力可能会减少。承诺和能力是领导团队所必备的素质，同时，它们也可以作为一种补充性素质在团队成员之间实现共享。

为了将投入转化为产出，公司常常在开发、吸引和保留智力资本方面有所行动。因此，著名的葡萄酒生产商安东尼家族（Antinori）凭借其雄厚的人力资本——葡萄种植人员和酿酒人员——而取得了成功。肯德基的发展则依赖于由其配方和工艺组成的组织资本。一家地方咖啡馆的服务生能够认出你，并且知道你最喜欢拿铁咖啡，这是该咖啡馆依赖其社会资本而发展的体现，即社会资本建立在强大的、积极的关系基础上。公司为人们提供了一个合作、学习和成长的场所，这也进一步完善了公司的智力资本。

事实上，智力资本对于一家公司的使命和目的而言是至关重要的。图1.4描述了一家公司的商业理念，并向我们展示了该公司对其全部活动、资源和关系的理解。首先，公司要明确自身的使命和目的。其次，公司要认识并理解它的客户、供应商和竞争对手。再次，公司的智力资本应该尽可能地得到理解、更新和增强。最后，公司必须理解它所处的背景和环境——这是由社会、市场和可用技术决定的。一百年以前，公司是等级分明且官僚化的。它们都坚持同一个商业理论：强调标准化产品的长期生产。它们经常推出"新产品和改进产品"，并提供终身雇用制。而今天，公司凭借高附加值的定制产品参与全球竞争。它们使用扁平化的组织形式，并且将未来发展建立在智力资本的基础上。公司依靠品牌效应和公司形象，在纷繁复杂的竞争环境中脱颖而出。在未来，人才作为公司的一项人力资本将会变得更为重要。

观察利益相关者之间的竞争情况，是观测一家公司未来发展情况的一种方式。公司的灵活性和精简能使公司的股东获益颇丰。公司的利益相关者不仅包括这些股东，也包括员工、客户、社区中的人和整个社会。当人才被给予很高

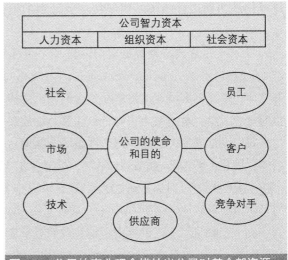

图1.4 公司的商业理念描绘出公司对其全部资源、活动和关系的理解

重视时，员工能得到更大的权力。当竞争对手努力吸引客户的注意时，客户也会获得权力。当公司考虑并服务于它所处的社区和社会时，它才能获得良好的声誉。因此，新公司的创业者们致力于建立一家公司，并为其所有的利益相关者提供良好的服务。

1.3 创造性破坏

在解释经济活动的几种视角中，有一种视角为我们描述了一个几乎没有变化的常规世界。在这个静态模型中，所有的决策和替代品都是已知的和被探索过的。但是显然，没有经济是静态的——变化必然存在。

动态资本主义（dynamic capitalism）是一个以新生的有创造力的企业形成和增长、原有的大型企业衰退和失败为特征的动态的财富创造过程。在这个模型中，新加入者对现有市场的破坏造成了市场的非均衡状态，而正是这种非均衡状态导致了财富创造 [Kirchhoff, 1994]。创业者们成立新公司是为了开发和应用新的产品和服务，进而创造出新的需求和财富。这种行业的更新换代和复兴循环导致了公司的生命周期变化——形成、增长和衰退。

唱片行业为这种波动的变化提供了一个很好的例子。1980 年以前，音乐还被刻录在黑胶唱片上，这种情形直到磁带成为主流后才有所改善。盒式磁带精简的尺寸和强大的刻录能力使得音乐刻录行业出现了从黑胶唱片到磁带的大规模转变。然而在 80 年代末，CD 的出现使得盒式磁带黯然失色。相比于磁带，CD 的音质更好，并且使用方便。1995 年，CD 成为唱片领域的主导。与此同时，互联网也开始在全世界崭露头角。几年之后，点对点的文件传输方式滋生了盗版音乐。到 2001 年，苹果公司推出了 iPod 和 iTunes，最终在音乐分销和销售业务上赢得了主导地位。在一个动态经济中，公司需要不断重新调整它们的业务安排，否则它们将与大势脱轨 [Knopper, 2009]。

约瑟夫·熊彼特（Joseph Schumpeter）（1883—1950）将新公司成立和波动变化的这一过程描述为**创造性破坏**。熊彼特在奥地利出生并长大，自 1932 年起在哈佛大学任教，直至 1950 年离世。1942 年出版的《资本主义、社会主义和民主》（*Capitalism, Socialism and Democracy*）是熊彼特教授最著名的作品。在书中，他认为经济是一个永恒的**动态不平衡状态**（dynamic disequilibrium）[Schumpeter, 1984]。创业者们颠覆原有的秩序，在社会上掀起一阵破坏式创新的飓风。这迫使在位者们做出选择——适应，或者灭亡。熊彼特认为，完全竞争的概念无足轻重，因为它将全部注意力都放在了市场（价格）的竞争上，然而技术的竞争才是我们真正需要关注的。创造性破坏不断地从内部对经济结构进行变革——它摧毁了旧的结构，创建了新的结构。1975 年时，标准普尔 500 中的公司的平均寿命为 35 年，而这一数字在今天已经缩短到了不到 20 年。现在世界排名前 25 位的科技公司中，只有不到 4 家公司的行业领导者地位延续了 30 年——或许只有 IBM 和惠普这两家才真正算数。

在一个瞬息万变的世界中，创业者们寻求变化并拥抱它们。创业者们将他们的创意与机会匹配在一起。这些变化包括采纳质量更好、价格更低的供应链，开辟新市场，以及引进更有竞争力的企业组织结构等。

新公司的利润是经济增长和发展的关键。通过引入一个新的、有价值的产品，创新者获得了暂时的垄断权力。垄断的时长取决于他们的竞争对手找到方法去模仿这种创新的时间。低廉的成本可能为创新公司带来高于其竞争对手的利润，因为此时他们的竞争对手还不得不以高价出售产品以抵消较高的成本。另外，一个具有优越性能的产品的价格高于其他公司产品的价格是理所应当的。这个道理显然适用于任何形式的积极变化。商业系统挤出了工作中的无效率，促进了商业流程的不断更新。

经济进步能够反映出生产力的增长，并最终体现在人民生活水平的提高上。在过去的半个世纪中，美国劳动力（包括移民在内）以年均1.7%的速度增长，人均生产力上升到了2.2%，这使得真正的经济增长平均速度（扣除通货膨胀以后）达到了3.9%。这些振奋人心的数据很大程度上归因于技术创业的影响。

人均产出的上升主要由两类因素推动：一是新技术，二是新的管理技术。它们贯穿了人类的整个历史，而随着工业革命的到来，更是成为经济发展的强力助推剂。20世纪的帷幕由新管理技术的应用和大量新发明的出现拉开，并在更智能的管理技术和电子技术所取得的巨大进步中落下，这一更智能的管理技术和电子技术使生产力获得了继20世纪70、80年代之后的另一次飞跃。

创业者的自由精神为推动资本主义制度提供了重要的动力。在过去的30年中，创业精神、竞争和全球化催生了能提高生产效率和效果的商业方法和新技术。近年来，由于竞争的压力，高效生产力树立起的利润优势渐渐以低价形式流向了消费者。总而言之，创新、创业和竞争，这三点都是生产力水平提高的重要来源。

1.4 创新与技术

毫无疑问，善于利用变化、技术和挑战的公司是经济的推动者。本书的重点是帮助读者建立起自己的公司，从而成为创造性破坏的代言人。创造性破坏最著名的例子是克雷格·文特尔（Craig Venter）的Synthetic Genomics。该公司利用人们对替代性燃料日益增长的兴趣，通过设计和合成专门的基因工程细胞来执行特定任务，例如使用改良的或合成的微生物来制造乙醇和氢气。

新技术导致市场不均衡和不连续，熊彼特教授的理论基于破坏性的或者说是"颠覆性"的创新。**技术**包括可应用于工业和商业用途的设备、构件、流程、工具、方法和材料。例如，Intel的成立是为了将半导体技术应用于半导体电路的设计和制造；Microsoft的建立是为了开发并销售计算机软件产品，并以此满足工业和家庭的需要；Apple公司则在移动通信和移动媒体技术领域重塑了自己。

当代的创业公司源源不断地提供令人印象深刻的产品，这些产品给全球范围内的市场带来了新的方法、新的技术和奇思妙想，这创造了价值并刺激了经济增长[Schramm, 2004]。图1.5描述了历史上基于不同的技术而产生的创新浪潮。现代创业公司正处在第六个波动的前沿——这是一个极其强调可持续性的位置。

人口的增长，全球中产阶级的崛起，日益紧缺的能源供应，以及对气候变化的担忧——促使兼顾社会责任感和环境责任感的企业成为潮流。这些企业的主要目的是在节能减排的前提下提供住房、交通和能源系统。这一概念是利用知识和创新来创造和实现可持续的能源系统，并以此提高资源生产率[Friedman, 2008]。

清洁能源系统是一个混合体。它通过充分利用自然资源和对环境影响最小化来完成能源的生产、传输和利用。我们用"清洁"和"绿色"来表示一个建立在资源保护、自然资源的优化利用和环境影响最小化基础上的系统。绿色科技解决方案的例子包括在发电厂安装碳捕捉系统，提高风力发电系统的使用率，以及发展高效率的生物燃料系统等。提高电网的可靠性和智能控制也为创业者提供了一个好的机遇。

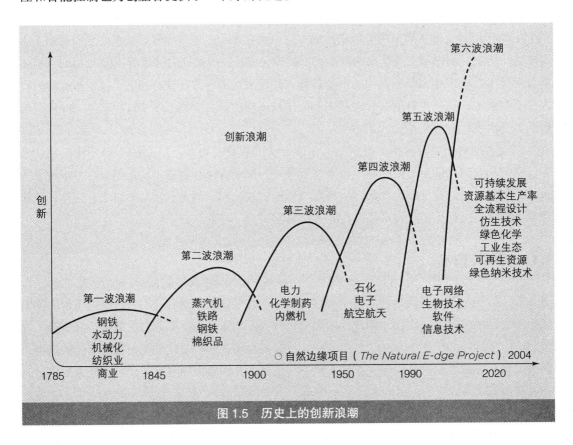

图1.5　历史上的创新浪潮

随着绿色技术运动的兴起，技术创业越来越依靠智力资本。一百年以前，诸如美国钢铁公司这样的成功企业主要侧重在对实物资产的管理上。与之相反，微软公司和美国基因工程技术公司这样的成功企业更偏向于知识和智力资本的管理。事实上，智力资本对大多数公司而言都是该组织最为重要的资产，比其他物质和金融资产要更有价值。许多企业的发展依赖于它们所获得的专利、版权、软件、能力和人际关系。这种智力资本，是否可以恰当使用将决定公司的成败。因此，知识已经成为生产中最为重要的因素。

尽管创新和知识产权十分关键，但一个经济体能否充满活力最终仍取决于创业者的行为。他们享受到先动性的优势，同时也承担着其中的风险。正是这些拥有领导者、组织者和激励者身份的人成了现代经济活动的核心人物。

创业活动由三个因素组成：（1）公司的负责人或团体；（2）一个有目标的公司；（3）公司的启动和发展。我们将在 1.5 节中具体阐述对公司负责的个体。有目标的公司可以是一家为了实现合理的、有吸引力的目标而组织起来的企业，也可以是一个存在于已有公司或从已有公司中分离出来的新单元。此外，这个组织有可能基于破坏式创新、渐进式变化、模仿及寻租行为而存在。

在第一种类型的公司中，创业者通过从事创新活动输出新奇的方法、流程和产品。第二种形式的公司强调对其已有产品和服务质量的建立、管理和提升。当创业者置身于一个急剧变化的环境时，他们会建立起模仿型的企业。他们发现新的创新并将它转移到另一个环境、地区或国家中去。创业的最后手段被称为寻租行为或逐利行为，这种行为主要关注对规则、标准和法律的利用，并以此获得部分垄断经济的价值。

在这本书中，我们强调的是善于利用技术变革，并将对一个地区、一个国家甚至整个世界产生重大影响的创业行为。一个新的规定或更加明智的财务重组或许能为创业者提供一个新的机会，但只有颠覆性的、有改变力的创新才可以为创业者提供一个足以为世界做出富有成效的、重大贡献的巨大机遇。

1.5 技术创业者

在所有这些活动的中心，创业者是最关键的人物。创业者是一群大胆而富有想象力的"离经叛道者"。他们跳脱出现有的商业方法和实践，不断地寻求机会，从而使新的产品、技术、过程和安排商业化 [Baumol, 2002]。创业者在应对挑战和寻求突破性解决方案的过程中茁壮成长。他们运用自己的创造力，建立愿景，构建故事，随后采取行动。这都是他们解决方案的组成部分。他们建立新的路径并承受着失败的风险，但他们从未停止对成功的追逐。创业者通过展现他们积累和管理知识的能力，以及调动资源实现特定商业或社会目标的能力，使自己脱颖而出 [Kuemmerle, 2002]。

如表 1.4 所述，创业者主要从事 8 项关键活动。他们不仅需要识别并选择与自己的技能和兴趣相符的机遇，也得有获得并利用资金、实体和人力资源的能力，而后他们凭借对大环境的把握成立公司并让它们成长。

像表 1.5 描述的那样，为了成功地从事这些活动，创业者应当具备几项重要的能力。创业者是机会驱动型的人物，他们致力于找到一个能将机会转变为丰硕成果的战略。他们寻求新的手段或方法，并且愿意投入精力去解决社会和商业问题。创业者努力在更短的时间里确定一个战略，并借此抓住机遇。创业者拥有为解决重要问题而建立一家公司的热情。他们寻找途径来表达并验证自己的想法。他们具有创造力和内生动机，也会被新的、宏大的概念和机会所吸引。

表 1.4 创业者的 8 项关键活动

- 成立并运营一家具有使命感的公司
- 在社会和行业规范下运营新创企业
- 及时地识别并把握机会
- 积累并管理知识和技术
- 动用资源,包括资金、实体和人力资源
- 把控创业初期的风险和不确定性
- 产出富有独创性和新颖性的成果
- 能使有能力和技术的一群人协同合作以取得成功

表 1.5 创业团队的必备能力

- 在产生机会的行业内具备所需的才能、知识和经验
- 能够搜寻到富有一定挑战又有可预期收益的重要机遇
- 能够及时地把握住机遇
- 能够提出开创性的方法和手段来解决问题或满足需求
- 能够将机遇转化为可运转、可市场化的企业
- 渴望成功、成就导向
- 能够适应不确定性和模糊性
- 能灵活地适应多变的环境和竞争
- 能够评估并控制风险
- 创造一个体现所有员工和盟友意志的公司愿景
- 吸引、训练并留存有天赋的、受过良好教育的、具有跨行业视野的人
- 擅长推销自己的创意且拥有广博的人脉

  创业者通常表现出强大的自信,有时候会显得自负 [Hmieleski and Baron, 2009]。具有进取精神的革新者们倾向于表现出高的自我效能——他们相信自己可以有效地组织和执行行动以达到原有期望 [Markman et al., 2002]。他们也相信自己拥有创业实践所需的能力和远见。经验证明,曾经有过相关行业经验的创业者在新的创业过程中会表现得更好,因为除了拥有相关技能之外,他们还拥有该行业的市场营销和法律知识 [Chatterji, 2009]。最出色的创业者能将经验和才能有机结合起来 [Eesley and Roberts, 2012]。

  好的创业者需要能屈能伸,这样才可以适应不断变化的环境,并降低创业的风险。他们面对挫折不屈不挠,能够同时完成多项任务,也能熟练地解决现实挑战。表 1.6 就列出了创业者应对挑战所需的一些能力。

  最终,创业者为自己的创业实践构建了一个宏观愿景,并用这个愿景来激励他的员工、盟友和投资者。或许创业者最重要的品质或特征就体现在他们完成任务、实现目标和激发他人工作热情的能力上。成功的创业团队会吸引、培养并留住那些聪明的、具有多学科视角的高等教育人才 [van Praag, 2006]。

表 1.6 应对挑战的能力

- 能够处理一系列棘手的问题
- 能够提出解决方案并不断完善它们
- 能够同时掌控多项任务
- 面对挫折不屈不挠
- 热爱工作,勤奋上进,绝不敷衍了事
- 完善的解决问题的技巧
- 快速学习和问题应对能力

因此，创业团队的成员们必须展现出他们的领导才能。**领导力**是创造变化和改变组织的一种能力。领导力在公司中的体现就是能帮助这家公司做出适应环境需求的改变。真正的领导力是能够随着形势变化而获得所需新技能的能力。

创业者们的背景相差很大。让我们回顾表 1.1 所展示的企业家列表，这些企业家们成立自己公司时的年龄在 19 岁至 43 岁之间。所有科技型公司创始人的平均年龄是 39 岁，其中很多创始人的年龄都比这个数值要大得多 [Wadha et al., 2008]。创业对任何年龄段的人都是触手可及的，它可以成为一个人终身的追求。创业者们通常受过良好的教育。考夫曼基金会的调查显示，92% 的技术创业者持有学士学位，31% 持有硕士学位，10% 持有博士学位。然而与此同时，诸如 Grameen Bank 这样的向第三世界的女性创业者提供贷款的机构也为人们提供了更多的创业可能性。

一般来说，为了参与一个新的创业活动，创业者应当具备表 1.5 中所列出的大部分品质。然而，并不是每一个人都拥有相同的综合能力。为了使一个组织的能力、洞察力、资源和联系不断得到强化和多样性的补充，创业者们需要依靠团队的力量来拼搏奋斗。

此外，创业精神是一种从创始团队到组织内所有成员都应具备的态度和能力。大多数正在成长的企业都在努力使企业具备创业精神。例如，托马斯·爱迪生创建了一家公司，这家公司最终发展成为 GE；史蒂夫·乔布斯和史蒂夫·沃兹尼亚克创办了 Apple 电脑公司；阿齐姆·普莱姆基成立了 Wipro 科技公司。这些创业者把他们掌握的有价值的新技术与可行的商业实践结合起来，从而建立起一家多年后仍能继续保有他们创业精神的公司。

衡量创始团队成员是不是创业者的七个因素如表 1.7 所示 [Gatewood, 2001]。优秀的创业者渴望获得独立自由、丰厚收入、自我价值的实现、成就感并拥有创新能力和领导力。在创业以前，创业者应评估风险和机遇带来的利益冲突。成功的企业家能够对表 1.8 中的五个问题做出积极的回答 [Kuemmerle, 2002]。

表 1.7 决定是否创业的判断要素

正向因素：	负向因素：
● 自主性：能够自由地决定工作方式、工作时间	● 风险：收入或财富的损失
● 财务独立：收入、经济来源有保障	● 工作压力：长时间、高压力、高强度工作
● 自我实现：认识自己、获得成就和地位	
● 创新：具有创新能力	
● 角色定位：履行家庭义务，引领企业发展	

环境对一个人能否成为一名创业者具有重要的影响 [Sørenson, 2007]。例如，如果一个人的同事中有创业者的话，这个人将更有可能成为创业者 [Stuartand Ding, 2006]。同样，在新成立的和规模较小的公司中更有可能产生创业者 [Dobrev and Barnett, 2005]。当一个工作环境不利于创新的产生或者缺乏技术优势的激励时，它会降低那些技术好又有野心的员工的工作满

意度，并且最终促使他们离职创业 [Lee et al., 2011]。最后，环境的变化，诸如获得风险投资机会的增加，也会影响人们是否成为一名创业者的决定 [Hsu et al., 2007]。

在个体层面上，当一个人认为成为一名创业者会比受雇于一家公司前景更好时，那么他就会成为一名创业者。就业安排的满意程度用效用函数 U 来表示 [Douglas and Shepherd, 1999]：

$$U = f(Y, I, W, R, O)$$

在这个函数中，Y 表示收入，I 表示独立性，W 表示工作积极性，R 表示风险，O 表示其他工作条件。而收入的多少又取决于能力的大小。当通过创业活动获得最大的满意度（效用）时，人们会有成为创业者的动机。换句话说，风险水平和工作强度越大，能获得的预期收入和独立性越多。

表 1.8 潜在创业者五问

- 你敢于挑战权威吗？
- 你敢于迎战强大的对手吗？
- 你有陪伴小规模公司慢慢成长的充足毅力吗？
- 你愿意并且有能力及时调整战略吗？
- 你是一个好的决策制定者吗？

对新创企业来说，创业结果是不明确的，同时，预期回报、独立性、工作量和风险性都只能是估计值。潜在的创业者必须对自己的动机和技能做一个谨慎的、诚实的评价 [Wasserman, 2012]。遗憾的是，许多创业者过度看重独立性和收入带来的益处，而低估了所需的工作强度。

基于上文提到的效用函数，我们可以构造一个效用指数，称之为创业吸引力指数（entrepreneurial attractiveness, EA）[Lévesque et al., 2002]。对每一个因素 Y，I，W 和 R，我们用数字 1 至 5 表示程度，1 表示低，3 表示中等，5 表示高：

$$EA = (Y + I) - (W + R) \tag{1.2}$$

举一个简单的例子，假设电子行业的一名市场营销经理面临如下的选择：她可以从现在的工作中获得 60 000 美元的年薪（用等式 1.2 中的 Y 表示）；然而，她很看重创业带来的独立性（I）；她认为创业活动和她现有工作的工作强度相同（W）；然而，创业活动有更高的风险（R）。尽管她在刚开始时会经历一个长达 4 个月的低收入期，但她预估她可以在两年内达到现在的收入水平。她可以在表 1.9 所示的这些维度中比较这两种选择。在这个案例中，创业活动前两年的收益为 $Y+I=8$，创业的成本为 $W+R=7$。现有工作的收益等于 5，成本等于 6。因此，创业活动的创业吸引力指数（EA）为 1，而现有工作的创业吸引力指数为 −1。因为这位创业者渴望独立，新的创业机会看起来更有吸引力，但仍需要做进一步的深入分析。

为了减少风险，许多创业者做出的转变是缓慢的，他们往往在刚开始自主创业的同时也会保留当前的工作和工资 [Folta et al., 2010]。然而，创业者们在进行创业准备时必须意识到，技术创业并不是享乐者的选择，也并不是创业者们投入有限的时间就可以完成的 [Ogle,

2012]。如果一个想法对你不足以产生百分之百的吸引力,那么它可能并不是一个好机遇。

表 1.9　两年内创业的收益和机会成本分析

影响因子	创业	现有工作
两年总收入（Y）	$120 000 $Y=3$	$120 000 $Y=3$
独立性（I）	$I=5$	$I=2$
工作量（W）	$W=4$	$W=4$
风险（R）	$R=3$	$R=2$

总之,创业者是一群具备多种才能,并努力发挥自己的能力和兴趣去追寻某一机遇的人。他们常常以团队的形式出现。[①] 是否选择创业取决于对独立性和收入带来的收益与所需工作投入和创业风险之间的权衡。在第 2 章中,我们将学习潜在的创业者是如何评估一个想法是否是切实可行的。

1.6　聚焦 Facebook

Facebook 是成立于 2004 年的一个社交网站。哈佛大学的学生马克·扎克伯格和他的几个同班同学创立 Facebook 的初衷是提供包括了学生照片和基本信息在内的在线目录。扎克伯格是 Facebook 主要的领导者和创始人,他吸引了其他几个哈佛学生一同创建和发展了这个网站。在 2004 年年末,Facebook 已经扩展到了包括斯坦福和其他很多所大学在内的常青藤联盟学校。那一年,Facebook 也将自己的运营阵地搬到了加利福尼亚州。

扎克伯格在创业过程中展现了他的领导技巧、兑现承诺的能力和竞争力。他利用创新和技术来扩张他的公司。2006 年的夏天,因为他拒绝了雅虎 10 亿美元的收购邀请,扎克伯格从一个默默无闻的青少年一跃变成了网络名人。扎克伯格专注于他自身的宏伟蓝图——在网络上重建真实世界的关系。2012 年 5 月 17 日,Facebook 进行了股票首次公开发行,初始价格为每股 38 美元,公司估值为 1 040 亿美元。

1.7　小结

创业是个人和团队将必要的资源集中在一起去发掘机会,进而创造财富和社会福利,获得发展的过程。

这一章的重要观点包括:

[①] 在整本书中,"创业者"这个词表示一个个体或个体组成的团队。

- 创业者发现问题或需求,并执行解决方案。
- 创业活动是经济增长的引擎。
- 创业者们利用知识去进行创新并成立新公司。
- 由创业资本和智力资本的结合带来的活跃的创业活动能提高生产力,带来社会繁荣。
- 创业者们识别并利用机遇,同时获取资源,成立公司。
- 一个人可以通过学习成为创业者。

⊃ 原则 1

创业者需以为包括投资者、消费者、供应商、雇员和创业者自己在内的所有参与者创造财富、带来成功为动机,通过智力资本和创业过程的结合促进公司发展。

⊃ 音像资料

访问 http://techventures.stanford.edu 观看专家讨论本章内容。

- Entrepreneurial skill Learned　　　　Mark Zuckerberg　　　Facebook
- Reasons Not to Be an Entrepreneur　　Phil Libin　　　　　　Evernote
- You Gotta Grind　　　　　　　　　　David Friedberg　　　The Climate Corporation

1.8 练习

1.1 想法和机会之间的区别是什么?为什么这个区别对创业者来说至关重要?

1.2 罗列过去这一个月中发生在你身上的机会。随后,在第二列写下你最感兴趣和最有激情从事的活动。最后,在第三列列出你的能力。现在是否存在自然匹配的机会、兴趣和能力?如果有,这个机会是否为成立一家公司提供可能?为了使这个机会适合于建立公司,你会做些什么呢?

1.3 请说出一位你崇拜的创业者的姓名。为什么你认为他是一名创业者?什么使他有别于其他的商业领袖?这个人选择了什么样的创业路径?在创业过程中,他牺牲了什么?投资了什么?什么人对他的成功起到了重要作用?

1.4 请说出一个你崇拜的成功的创业团队。在表 1.5 所列能力的背景下,你将如何对它进行分类?这些元素在其创业实践中有体现吗?

1.5 调查在过去五年内上市的(IPO)或者是被收购的公司数量。这些公司都属于哪些行业?IPO 和并购(M&As)的趋势出现在哪个行业?这对于创业活动有什么启示?

1.6 就图 1.5 所展示的历史上的创新波动给出一个解释,并探索一波高峰后出现的机遇。比如,一位创业者如何利用一个成熟的或者正在衰退的市场?

创业挑战

选择一个你感兴趣的高潜力机会,并用它完成每章末尾的创业挑战练习。
1. 描述一个吸引你的机会,为什么你认为它是一个创业机会?
2. 描述你和你的团队成员拥有的技能。
3. 什么样的伙伴对你的成功至关重要?
4. 描述你对这个机会所具有的热情和承诺。
5. 这对你来说是个好机会吗?

第 2 章

机会

机会永远只留给那些有准备的人。

——路易斯·巴斯德
（Louis Pasteur）

▶▶ 创业者如何识别并选择一个有价值的机会？

创业者最重要的任务之一就是识别和评估机会。好的机会致力于解决重要的市场需求。研究社会、科技和经济发展趋势有助于我们识别新出现的需求。创业者寻求能够建立企业的最佳机会。这个机会应该与创业者的能力和兴趣相匹配，出现在有利的环境下，具有长期可持续发展的潜力，并且便于获取所需资源。这样的机会提供了相当高的成功概率，也要求创业者做出是否行动的艰难决定。机会选择和决策行动是创业者一生中的关键抉择。一旦决定采取行动，创业者就要为这个创业活动准备一个简要的商业计划书，用以试探潜在投资者、雇员和消费者。表2.8概括了机会评估的五个步骤。

2.1 机会的类型

个人创业也好，团队创业也罢，创业者要做的第一件事都是识别和选择适当的机会。机会是指各种有利条件在某个适当的时间集结在一起，为一个创业活动的成功创造契机。高效的创业者们通常将机会的识别视为一个创造性的过程，即在合理的时间内，利用有关的方法、手段和服务来解决或满足需求。

机会可以从满足市场需求或者利用新技术中开发出来，这些机会分别是"需求拉动型"和"技术推动型" [Di Stefano et al., 2012]。对于需求拉动型的机遇，创业者从评估一个急需解决的需求或问题开始。比如，对可减轻或治愈艾滋病影响的药物的需求。新产业的创始人利用需求拉动，创造颠覆性的创新来生产新的产品以满足该需求。

维诺德·柯斯拉（Vinod Khosla）是 Sun Microsystems 公司的创始人之一，同时也是著名的风险投资人，他曾这样说："每一个问题都是一个机会。"反过来，伟大的机会常常会伪装成困难的问题。

识别这种问题的一个有效方法是将重点放在潜在消费者所经历的"痛苦"上，"痛苦程度"就代表了解决此问题的迫切程度：一个经历相当大痛苦的消费者会寻求一个高价值的解决方案。例如，2011 年世界卫生组织发现 64% 的抗疟疾药物都是假冒的。错误的药物给病人带来了痛苦，他们急需获得有效的治疗，而真药的制造商也渴望将他们的治疗方法带给病人。这样，机会就产生了：市场需要一些公司对原材料、生产工艺和产品运输等环节进行跟踪监测，以确保药物的真实性。TruTag [Economist, 2012b] 就是这样的一家公司。

成功创办的新企业往往是由经历过重大痛苦的人们创立的。山姆·高德曼（Sam Goldman）是 d.light 公司的创始人，他在毛里塔尼亚、巴基斯坦、秘鲁、印度和卢旺达长大，之后成为贝宁的和平支队的一名志愿者。随后，他在加拿大学习生物学和环境系统，又在斯坦福大学获得 MBA 学位。当高德曼住在贝宁的时候，他邻居的儿子被煤油灯严重烧伤。这激发了他去创造一种新型的光源动力，这种光源在价格上和煤油灯相差无几，但是在安全性上，即使是年幼的孩子们也可以安全地使用。d.light 公司创造的 LED 灯比煤油灯明亮 8—10 倍，比荧光灯的效率高 50%。

一旦创业者识别了一个问题，便会致力于开发一个解决方案。例如，Intuit 集团的创始人斯科特·库克（Scott Cook）发现：个人在进行家庭预算支出、申报税费、支付账单时，操作上存在很大的困难和安全隐患。库克认为这个问题可以通过财务软件来解决，这个财务软件需要非常直观，以至于大多数人不用看操作手册就能使用——因此，这家公司就取名为 Intuit（www.intuit.com）。像库克这样的创业者在开发解决方案时会首先问："一个不受任何约束的人会如何解决这个问题？"在不考虑诸如价格和物质条件等约束的情况下，人们会受到启发想到许多可能的解决方案。

ResMed 的需求拉动

在 20 世纪 80 年代和 90 年代初，阻塞性睡眠呼吸暂停综合征（OSA）是一个普遍存在但没有引起医学重视的问题。当喉咙后方的皮肤和肌肉组织在睡眠时坍塌，OSA 就会发生，它会阻塞气道并妨碍呼吸，血液中含氧量的下降将导致心律和血压的剧烈波动。OSA 和其他严重病情有很强的相关性——几乎一半的心力衰竭患者和 60% 的 2 型糖尿病患者患有 OSA。据估计，2% 的美国人在某种形式上患有 OSA，这显然是一个亟待解决的严重问题。

为了应对这个问题，ResMed 在澳大利亚成立了。这家公司开发了一种新型设备，通过在人们睡觉时给呼吸道加压来防止气道阻塞。这个设计极其成功地解决了这个问题。在 20 世纪 90 年代初期，随着越来越多的人了解 OSA，ResMed 获得了飞跃式发展。ResMed 正确地识别了一个巨大的尚未解决的问题，并提供了一个既能挽救患者生命又能被健康保险公司采用的解决方案。因此，该公司一直非常成功，它在 2012 年获得了近 14 亿美元的收入，并已经在纽约证券交易所上市。

如果一个在不受任何条件约束下能产生良好效果的解决方案具有吸引力，那么我们通常可以通过对该解决方案进行调整，以适应一定的约束条件 [Nalebuff and Ayres, 2003]。库克正是用一个易于执行的解决方案解决了一个大问题。

像库克开发的解决方案那样，技术推动型的机会可能会从一个解决方案开始。一种新技术的发现，比如家用电子产品中的高清 TV 和生物技术中的干细胞，会促使创业者找到某种方式将它们运用到实际生活中。例如，桑德拉·勒纳（Samdra Lerner）和伦纳德·博萨卡（Leonard Bosack）在 1984 年成立的 Cisco System 公司，开发了在电脑间传输和转译数据的路由器 [Bunnell, 2000]。到 2012 年，Cisco 的收入超过 460 亿美元。

有时意外之喜，即偶然间发掘出的有用的发现，也能够提供良好的机会。在微波实验室工作时，珀西·斯宾塞（Percy Spencer）观察到一条巧克力在微波的作用下融化——这促成了微波炉的发明。克拉伦斯·伯宰（Clarence Birdseye）是一名加拿大的皮毛贸易商，当他在冰上钓鱼时，他注意到了一个现象：在零下 50 度的温度里，鱼会瞬间冻结，像石头一样硬，然而当鱼肉被解冻时，它们又恢复了新鲜和柔嫩。经过几次试验，他发现关键在于食物被冻结的速度。这个发现导致了速冻工艺的发明，创造了一个数十亿美元的产业，并给他个人带来了巨大的成功。

然而，想要成为创业者的人必须小心，不要误以为一个新技术本身就是解决方案。归根结底，消费者要的是满足需求和解决问题。他们通常不关心实现这一目标采用了何种技术。因此，创业并不是关于拥有一个伟大的技术创意，而是创建一个能解决问题的新的业务。

图 2.1 总结和说明了需求拉动型机会和技术推动型机会。在需求拉动型的情况下，创业者以市场需求作为出发点。可能有几种潜在的产品能满足这种需求，这些产品也许有（也许没有）特殊的技术功能。在技术推动型的情况下，创业者通常会以一个技术能力作为出发点，通常是一项新技术或是一项已有技术的新应用。这种技术能力需要和其他能力结合起来才能创造出一个完善的产品（通常，技术能力可以被应用于多种产品）。相应地，所选择的产品也可能适用于不同的市场和消费者需求。然而，在这两种情况下，创业者的终极任务都是为一个重要的需求找到一个良好的解决方案。

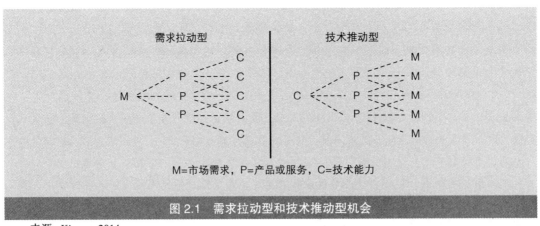

图 2.1　需求拉动型和技术推动型机会

来源：Kingon, 2014。

表2.1进一步将机会剖析为九种类型——我们也将用它们来描述识别机会的其他方式。

表 2.1　机遇的九种类型	
1. 提升产品或服务的价值	6. 供应链管理
2. 对现有方法或技术的新应用	7. 产业融合
3. 创造大众市场	8. 商业模式和工艺创新
4. 个人定制（产品或服务）	9. 扩大公司规模
5. 扩大影响范围	

第一种类型也许是最常见的类型，即提升产品或服务的价值。这种价值提升包括改进性能、提高质量和客户体验，提高可获取性或者产品独有的其他价值。例如，Shokay是一个总部设在西藏的营利性的社会企业，它制造并销售100%纯牦牛绒产品，如围巾和毯子等。牦牛毛从贫穷的牦牛牧民们手中收来，公司负有促进中国西部偏远地区经济发展的宏观目标。其产品豪华、柔软、功能性强，对许多消费群体都有吸引力。

第二种类型的机会是对现有方法或技术开发新的应用。比如，带有磁条的信用卡在20世纪60年代就已经普及，但一名善于思考的创新者将这项技术应用到了酒店门卡上，并由此创建了一个全新的应用和产业。

第三种类型的机会着重于为已有产品创造更广阔的大众市场。VMWare公司的发展就是一个很好的例子。最初，VMWare专注于生产一种能为软件测试人员提供虚拟环境来检测代码质量的产品。这样，VMWare能够让一架机器运行起来像多架机器在工作。VMWare认识到通过少量的改进，公司就可以把产品的应用范围扩大到能运行操作工作负载这一关键系统。这些操作应用环境的市场比单纯的质量保证和测试环境的市场要大至少一个数量级。结果，VMWare将一个最初只有几亿美元市场的产品，扩展到了100亿美元的市场规模。

第四种类型的机会是为个人提供定制化产品，它为现存的产品和技术提供了一个新机遇。定制的例子可以在串流音乐业务中找到。Spotify可以让用户从自己的音乐资料库选择歌曲播放，也可以从Spotify的数以万计的歌曲录音中选择。用户可以通过桌面应用程序、平板电脑或智能手机来访问音乐。Spotify还与包括Facebook在内的社交网站进行了整合。

第五种类型的机会是扩大地理覆盖和线上范围，新公司利用这种机会来增加客户的数量。成立于苏格兰的Optos公司开发出一种新型的眼科检查技术和创新的按次收费的商业模式。在天使投资人多年的支持下，它们稳扎稳打，将业务扩展到了美国和德国。现在，Optos已成功在伦敦证券交易所上市。

作为第六种类型机会的供应链管理，能有效地改善经营现状。Wal-Mart将每家商店的库存信息系统和销售系统进行一体化连接，改进库存管理，获得了经济收益。

第七种类型的机会是产业融合，通过创造市场和技术的新组合来开发新机会。比如，基因工程就是电子显微学、显微操作和超级计算技术的结合体。

第八种类型的机会是商业模式和制造工艺创新。例如，FedEx 和其他空中运输系统改变了个人和组织输送货物的方式。

最后，第九种类型的机会是行业的整合或公司扩张。历史上，美国的铁路行业整合是一个典型的范例。这场铁路的整合始于 19 与 20 世纪之交，今天美国市场上只剩下 5 家主要的铁路公司，它们是 19 世纪 90 年代末期成千上万家公司中的存活者。最近的整合例子包括汽车制造业、有线和卫星电视广播公司和电信运营商。通过并购可以给行业带来成本的下降和消费者价值的增加。

图 2.2 的三维立方体可以描述任一具体的商业机会。创业者选定消费群体、所需的技术及应用技术提供解决方案。不同的机会通常会利用不同的技术、应用和消费者的杠杆组合。

创业者的个人背景在识别机会的过程中起到关键作用。事实上，由于创业者先前的知识、个人经历和动机在识别机会过程中起到主要作用，不同的人不一定都会识别或发现同样的机会 [Gregoire and Shepherd, 2012]。创业者认识的人、从事的活动，甚至是阅读的书籍和杂志，都可以影响他们对机会的敏感度 [Ozgen and Baron, 2007]。

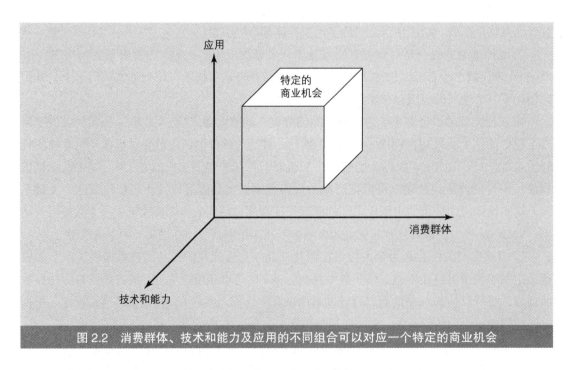

图 2.2　消费群体、技术和能力及应用的不同组合可以对应一个特定的商业机会

好的机会对每一个人来说可能都是不一样的，因为创业者对机会的反应才增加了机会的价值。机会，甚至对机会的一般反应都不是独特的——许多人都可以发现机会。然而，在这许多人当中，只有少数的人拥有足够的激情和能力去解决问题。例如，很多人都提议利用新兴的纳米技术来解决各种问题，但只有很少的人会付诸行动。真正的创业者会找到适合他们的兴趣、技能和知识的最佳机会，并且将其付诸实践。因此，恰恰是激情和能力让创业团队与众不同。

弗兰克·斯鲁特曼（Frank Slootman）就是一个很好的例子。作为一名创业者，他找到了一个与他的兴趣、技能和知识相符合的机会。他加入 Data Domain 公司时，这个公司只有 20 名员工，既没有顾客也没有收益。他觉得他能扭转乾坤，带领这家公司寻求到巨大市场。在他的指引下，这家公司可能会变成一家极具价值的公司。斯鲁特曼说他是被 Data Domain 公司正在解决的问题——如何备份/恢复磁盘的存储空间——召唤来的。同时，能够领导一群非常优秀的技术工程师也是他加入公司的原因。在接下来的 6 年中，他带领公司成为该领域无可争议的领导者并成功上市，公司最后在 2009 年被 EMC 以 24 亿美元的价格收购。

2.2 市场参与和设计思维

创业者只有持续不断地与市场保持密切联系才能识别机会，验证其可行性。市场调研是一个收集信息的过程，它可以提升创业者对机会的把握，有助于战略的策划和执行。这些信息对新的创业团队来说至关重要。如果缺乏这些信息，一个新公司很有可能在推出了一个新产品后，却发现这个产品在消费者那儿根本没有市场。

如图 2.3 所示，客户开发是识别、验证和开发客户，并最终建立公司的过程 [Blank, 2012]。在第一个步骤中，创业者着手于识别客户，确定他们正在解决的问题对客户而言是否重要，并评估客户是否认为他们的解决方案是有价值的。在第二个步骤中，创业者根据客户的实际需求，建立一个可重复的销售路线图。在步骤一和步骤二间循环往复——对问题、产品和消费者假设进行考虑并调整——直至创业者想法完善。在第三个步骤即客户开发过程中，创业者致力于创建终端用户需求，以此建立起初步的销售量。最后，在成功创业的基础上完成创业的转型，从一个非正式的学习和发现型组织转变为有正式销售、市场营销和业务开发的企业 [Blank, 2013]。

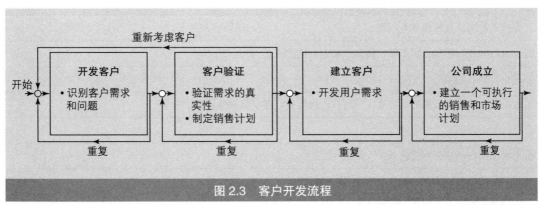

图 2.3 客户开发流程

来源：Blank, 2013。

一手数据——为你提出的特定的创业活动而收集的数据——对客户开发过程来说尤其重要。没有什么能比专注于实际客户的需求更重要。一种较为流行的初步研究方法是焦点小组法，也就是从目标市场中选择一小部分人进行座谈。这些人被聚集到一个房间里，讨论（公司要解决的）问题或拟生产的产品。这个讨论可以由创业团队中的一个成员来主持，也可以由专业主持人主持，后者因与公司没有直接关系，反而可能会发掘出更真实的反馈。表2.2列出了召集和组织焦点小组讨论的一般流程。总体目标是从目标市场具有代表性的群体中获取诚实的反馈。

表2.2 焦点小组的讨论步骤
1. 明确焦点小组讨论的目的和目标
2. 针对目的、目标和目标市场，选择、吸引合适的人参与
3. 准备开放式问题来启动讨论，准备与会议目的密切相关的核心关键问题
4. 使用简单易懂、开放式的问题
5. 鼓励批判性的反馈
6. 分析结果，确定普遍模式，并找出有趣的异常情况

创业者也可以通过问卷调查和客户访谈来收集数据。访谈相较于焦点小组讨论的一个优势就是，个体受访者能够避免受到"群体思维"的干扰，避免参与者反应趋同。通常，创业者也可以邀请不参加焦点小组讨论的个人进行一对一采访。

表2.3提供了组织客户访谈的若干建议。和焦点小组讨论一样，有效的访谈会采用开放式提问法，并鼓励受访者做出诚实的反馈。利用与客户间的互动来引出新的见解并对原先的想法提出挑战，而不是一味地肯定——这对创业者来说是很重要的 [Sanchez Garcia et al., 2011]。

表2.3 客户访谈的建议
1. 提前明确访谈目标和准备问题
2. 针对目的、目标和目标市场，选择、吸引合适的人参与
3. 提出开放式问题
4. 鼓励用户毫无保留地表达观点，同时自己也要做好接受批评性反馈的准备
5. 专注于听而不是说
6. 不要试图控制或影响受访者
7. 根据受访者的回答问一些"顺藤摸瓜"的问题
8. 通过重新复述来确认你所听到的内容
9. 请受访者介绍你认识其他客户
10. 尽可能快地记下笔记

来源：Constable, 2011。

当使用客户访谈或焦点小组讨论的方式来获得对所提出的解决方案的反馈时，使用"你生活中的一天"这种形式是比较有效的。这种形式通过让消费者体验新产品发布前一天和后一天的区别，来显示预期中新产品带来的好处。另一种广泛使用的方法是让消费者比较两种替代产品并分别评价它们有价值的方面。通过联合分析，即研究人员要求应答者做出权衡取舍的调整和决定，可以将比较进行量化。联合分析对产品的某一属性相对其他属性的重要性提供了一个定量的衡量。尽管这种方法需要在研究过程中投入时间和金钱，但为了避免误读消费者偏好也许是值得的 [Aaker et al., 2001]。

采用焦点小组讨论、问卷调查和客户访谈的方式都面临一个挑战——这些方式在识别新的问题、开发新的解决方案时作用有限。汽车行业的先驱亨利·福特（Henry Ford）曾经说过："如果我问我的顾客他们需要什么，他们的回答会是一匹跑得更快的马。"同样地，消费者也从来没有要求过自动取款机、个人电脑、互联网或者是高度便携式音乐播放器。索尼的创始人丰田章男（Akio Marita）抓住了后者的机遇。他指示工程师们设计一个小的便携式收音机和磁带播放器，要求它不仅能提供良好的音频质量，还能戴在头上。尽管从来没有客户要求过这个产品，但索尼随身听已经成为 20 世纪最成功的小型电子产品，并推动了一个新的市场的建立，才有了日后的 iPod 和其他创新产品的诞生。

既然客户常常不能用言语来明确表达他们的问题和需求，那么通过直接观察法收集客户信息则尤为重要。研究人为因素方面的专家利昂·西格尔（Leon Segal）说："创新始于观察"[Kelley, 2001]。通过研究潜在客户的日常活动，创业者可以直接地观察（客户的）行为习惯、遇到的困难、瓶颈问题和其他需求线索，从而发现一个潜在的机会。例如，医疗服务提供商 Kaiser Permanente 公司曾派一个项目团队对四家医院进行了观察，目的是研究如何改善病人和医生两方面的体验。该项目团队迅速地聚焦到护理人员轮班时遇到的困难。他们发现尽管护士们花费大量的时间努力将信息传递给新的轮班人员，但是由于没有简便的或标准的信息分享方式，还是会遗漏或者误传一部分最重要的信息。通过观察深入了解情况后，Kaiser Permanente 公司推出了一个新的系统。新系统既改善了对病人的护理又提高了护士的工作满意度 [Brown, 2008]。

有几种方式可以让创业者做出有效的观察。首先，与其依靠专家来引导观察，创业者会发现没有经验可能自有好处。例如，简·古多尔（Jane Goodall）将她在黑猩猩研究上取得的突破性成就归因于她对黑猩猩行为的先验知识了解甚少。因此，她也不会因为任何先入为主的偏见而对新发现视而不见 [Sutton, 2002]。其次，在选择需要观测的人群时，研究"极端"用户是非常有效的。比如说孩子，或者"打破常规的人"，即那些面临非常规的约束或者以新的方式应用产品的人。最后，当观测者来自不同背景、拥有多种视角时，观测是最有效的。多样性的组合使得一个团队的创业者能够从多个角度对世界进行设想，从而识别有意义的问题和找到新颖的解决方案 [Kelley, 2001]。

客户开发过程和产品开发过程是并行的。因此，当创业者在市场上收集数据的同时，他们也应该努力创建并不断完善产品的模型和雏形。埃里克·莱斯（Eric Ries）和史蒂夫·布兰克（Steve Blank）是拥护**"精益创业"**（lean startup）想法的领导者。莱斯创造了"精益创业"

这个术语，布兰克则开设了一门叫作"精益创业发射台"的课程，把这些由莱斯最先提出的概念传授给创业者们 [Ries, 2011]。当进行精益创业时，创业者专注于了解客户可能会对什么感兴趣，然后开发一个"最小化可行产品"来试探是否有人对此有需求。如此，他们建议创业者与其等到产品达到"完美"的状态，还不如及早销售产品 [Onyemah, 2013]，额外的产品功能可以慢慢增加。使用精益创业法的公司通常是用少量的初始资本建立的，一旦创业者确信有市场需求，并证明能够制作可行的产品，他们便会寻求再融资。这些创业公司也大量地使用众包、外包、云计算和"软件即服务"（Software as a Service, SaaS）等手段，以控制他们的现金支出 [McQuivey, 2013]。

萨尔·可汗（Sahl Khan）在建立 Khan 学院的时候使用了这一方法。Khan 学院是一家提供数学、科学和其他学科教学软件和视频教程的线上虚拟学校。公司提供的几乎所有的初始视频都是 Khan 一人制作的，他通常只花费一到两天的时间就能制作一个视频。他的做法是快速地将做出的视频放到网上，看它们是否有吸引力，以此试探市场需求和收集反馈。Khan 也在外包的硬件上提供服务。通过采用精益创业方法，Khan 在极其有限的初始资本基础上证明了他的商业模型是可行的。到 2013 年，Khan 学院每个月的独立访问者已经超过 500 万人，每天的页面浏览量也超过 100 万人次。Khan 学院革新了教育传授和消费的方式，并以此获得了成功。

2.3 创新的类型和来源

机会通常存在于市场需求和技术能力的连接点。因此，创业者应该在进行技术创新的同时也关注市场。**创新**来自团队合作和创造力，其定义是能在市场上产生经济价值的发明。创新可以是新的产品、新的工艺、新的服务和新的商业模式。

如图 2.4 所示，创新分为几种不同的类型。**渐进式创新**以制造出比现有产品更快、更好和/或更便宜的产品为特点。所以，渐进式创新的创业者会利用一个现有的想法，并创造性地将这个想法发扬光大。要想成功，渐进式创新者必须了解当前产品无法满足客户的具体需求是什么。例如，便携式使用电池的收音机自从 20 世纪 50 年代就已经开始使用了，但是特弗雷·贝尔斯（Trevor Bayles）却从中看到了一个机遇：他发明了发条式收音机，将信息传播到了偏远的非洲地区。拧 25 秒发条就可以让客户收听上 1 个小时。在南非开普敦的 Bay Gen 公司，每个月能生产超过 6 万台这样的收音机 [Handy, 1999]。

就像渐进式创新一样，**结构创新**没有改变核心设计理念。但是，**结构创新**改变了产品各部分组件的组合方式。因此，尽管组件并没有改变，但是模块连接的体系架构却是一个创新（产品的整体体系结构决定了组件是如何一起工作的）。结构创新的本质是重新配置现有系统，将现有的组件以一种新的方式连接起来 [Henderson and Clark, 1990]。相比之下，**模块创新**集中在新组件和新模块的创新上，但它并不会改变模块之间的联系方式。

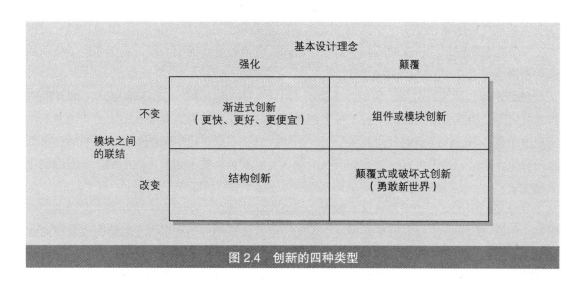

图 2.4 创新的四种类型

最后，**颠覆式创新**或**破坏式创新**使用新的模块和新的架构来创建新产品。互联网就是一个使用新模块和新架构的网络系统——一个颠覆式或破坏式创新的例子。颠覆式创新改变了客户与供应商之间的关系，对现有市场进行重组，取代现有产品，并通常会创造新的产品类别 [Leifer et al., 2000]。颠覆式创新产品往往还会引入一个新的价值主张 [Christensen et al., 2004]。例如，电子邮件，一个互联网层面上的应用，就是颠覆式创新（通常被称为杀手级应用），也是互联网受到广泛使用的原因之一。

Salesforce.com 引入了一个颠覆式的应用，来监测销售团队的活动。Salesforce.com 开始以 SaaS 的形式提供销售自动化服务，并向客户收取每月的使用费。这种收费模式与销售自动化领域的领导者 Oracle 和 SAP 的销售方式形成了鲜明的对比。Oracle 和 SAP 收取的是一次性的许可费用，这笔费用可能高达数十万美元，同时它们每年还收取额外的维护费用。此外，这两家公司还让客户自己负责运行和更新自己的软件。相比之下，Salesforce.com 会为客户提供运行和维护软件的服务。对于实施销售自动化的新客户来说，它们更倾向于在较低的前期成本下实现他们的解决方案。

一个正在兴起的颠覆式创新是 3D 打印。3D 打印机使用电脑驱动的添加工艺，能够逐层地打印零件和产品。3D 打印技术通过把 CAD 图横切至成千上万层，据此可以直接制作出塑料的和金属的零件。相比机械加工（切割、车削、磨削和打钻固体材料），3D 打印提供了一个更快捷、成本更低的替代方法。20 世纪 80 年代中期，3D Systems 公司的查克·赫尔（Chuck Hull）先生开创了"快速成型"的产业。3D 打印由此发展而来，可用来制造产品雏形和最终的产品。3D 技术的影响到底有多大还有待时间的检验，但是现在数以百计的创业公司和许多大公司都在上面投入了大量的时间和金钱，他们认为这会是下一个热门产业 [Economist, 2012a]。

其他关于颠覆式创新的例子包括 AT&T 发明的"800"免费电话服务，以及结合了 X 射线技术和计算机技术开发出来的医疗成像 CT 扫描仪 [Adner and Levinthal, 2002] 等。这些类型的颠覆性应用为产品带来了重要价值，并能让一个行业呈现指数级增长。它们还常常与提升创业者的成功概率紧密相关。引入渐进式创新的新公司的成功率只有6%，因为它们要跟现有公司争夺客户资源，将改良后的产品销售给同一拨消费者。而引入颠覆式创新的新公司的成功率则达到了33%[Christensen, 2002]。

创新来源包括现有公司、研究型实验室和大学、独立发明家、"用户创新者"和开放的技术社区等。当现有公司的员工有了一个创新的想法，并且认为需要成立一个独立的企业去实现这个想法时，许多新的公司就诞生了。当然，员工需要在竞争条款和营业执照的许可范围内行事。通常，员工可以将对现有市场的深入了解甚至是技术知识，应用到一个新的创业活动中去。

大学是创新的另一个重要来源。教授、研究生和其他的大学研究人员开展了大量的尖端研究。然而，因为学术研究通常并不是由市场需求直接驱动的，所以大学的研究成果在商业化的过程中会遇到很大挑战，即如何在合理的生产成本下将实验室里的研究成果，如研究模型和概念，转变成完善的可运行的产品[Jensen and Thursby, 2001]。若想从与大学的合作关系中获得最大的收益，新创企业需要在技术和战略上都与大学建立伙伴关系。如果公司仅将这种合作关系视作一种交易，挑选有利可图的技术、签订合同并迅速将其商业化，它们很有可能失败[Wright, 2008]。相反，当发明人全程参与了从大学到公司的产品开发过程时，成功的概率就大大增加了[Thursby and Thursby, 2004]。来源于大学的创新也存在着一些特殊的法律问题，我们将在第11章讨论这个问题。

许多创新来源于终端客户[von Hippel, 2006]。例如，滑雪板、滑板和帆板都源于用户对设备进行新的组合试验[Shah,2003]。类似地，终端用户的创新从图书馆信息系统到婴儿推车到化学处理技术等不一而足[Shah and Tripsas, 2007]。因为用户可能了解他们自身的需求及现有产品的局限性，因此他们在创新方面具有独一无二的优势。创业者与那些既是客户也是创新者的人保持友好关系是接触到新兴技术的一个明智之举[Chatterji and Fabrizio, 2012]。

许多客户兼创新者也会参与到开放的技术社区中[Baldwin and von Hippel, 2011]。这些社区可能是自发形成的，抑或是受到赞助支持的，它们的成员也可能既有个人也有机构。开放的技术社区在帮助新公司开发和推广应用新的创新过程中起到至关重要的作用[West and O'Mahony, 2008]。依靠开放社区，公司可以收集潜在合作伙伴的信息、识别新的机遇、分担创新的风险。此外，这样的社区提供了开发（创新）的透明性，并可随时获取共享知识。

一个**开源创新**社区是许多公司和个人的集合，他们在共同的目标和公认的治理系统下进行合作创新。开源软件社区是开放的技术社区的一个重要例子。这些社区的个体成员们拥有共同的目标，但并不属于同一家公司，比如Mozilla和Hadoop社区。

依靠开源社区，新公司能够通过借鉴别人的点子来开发新的创新[Murray and O'Mahony, 2008]。通过即时访问、信息披露和与社区活动相关的激励能够不断积累创新。通过将知识进行模块化和标准化的处理，知识能够在共享的过程中实现重复利用、重组和积累。

CSI是一个成功的开源组织，它的总部位于美国俄勒冈州的波特兰。它们的企业软件解决方案是全球范围的参与者共同开发的，因此可能比个人或单个公司独立开发的解决方案更加有效。其他的例子包括Wikipedia，一个任何人都可以编辑的免费的百科全书，以及

YouTube，一个由用户上传而不断扩大视频库的网站 [Tapscottand Williams, 2008]。

2.4 趋势和趋同性

市场需求和技术发展往往与更广泛的趋势相一致。此外，不同的市场和技术的融合可以触发新的机遇。例如，在 30 年前，网上购物和移动社交对人们来说还是遥不可及的梦想。今天，数亿的人在网上购物，手机也在各个地区广泛使用。

业务的全球化是当今最重要的趋势之一。具体来说，互联网和快递货物运输让时间和空间都不再是问题。这一趋势使得创业者能够触及更广阔的市场，获取更丰富的业务资源。当然，与此同时，创业者们也面临全球范围内的竞争。

其他影响机遇发展格局的趋势包括日益增长的环保意识，以及气候变化和污染带来的挑战。越来越多的消费者要求把产品对环境的负面影响降到最低。因此，对产品重新设计以符合可持续发展的理念将是未来的巨大机遇 [Russo, 2010]。

社会和文化的趋势也提供了许多机会。表 2.4 列出了几个社会和文化的趋势。美国目前最大的趋势之一是"婴儿潮"人群的老龄化。在 1946 到 1973 年之间，有 1.075 亿美国人出生，占到了 1973 年美国总人数的 50%[Hoover, 2001]。1961 年是婴儿潮的最高峰，在这一年出生的人到 2017 年都已 56 岁，他们将会成为新增住房、旅游、医疗保健和退休计划的消费人群。其他的重要趋势包括妇女角色的改变，以及在线教育的普及等。

表 2.4 能创造机会的社会和文化趋势

生育高峰期群体的老龄化	宗教组织的角色转变
美国人口更加多样性（如拉丁人口）	女性角色的转变
双职工家庭	媒体和社交无处不在的深远影响
发展中国家中产阶级的崛起	教育的普及

有时候创业者可以研究某一趋势来判断它是否有可能适用于其他环境。点对点的服务是一个例子。Airbnb 最出名的特点是互不相识的人合租一间房，而不是独自住进昂贵酒店中。同样的模式可以被应用于许多其他的服务中，比如租车和转账 [de Boer, 2012]。例如，Lending Club 和 Prosper 都建立起了个人对个人的贷款体系，从而绕过了银行这个中介 [Landes, 2012]。

机会通常出现在社会和技术变革的交汇点上。例如，新兴的网络教育业务就定位在这样一个交叉点上：一方面是人们对教育和终身学习日益增长的兴趣，另一方面是高速互联网和移动互联设备的日益普及。这里还有另外一个例子，随着无人机（UAVs）的出现和对无人机访问美国领空的管制放宽，新的业务正在逐渐形成。

如果在分子水平上操控物质能取得重大突破，这将成为科学与工程中最有前途的领域。

这一技术的规模化生产将使我们的未来充满无限可能。纳米技术将使得材料更轻、更耐用、更耐脏，它让产品拥有全新的功能。

个人识别卡或者智能卡片在保护个人信息的安全性和保密性方面非常可靠，可能成为美国的下一个趋势。智能卡片是一张塑料芯片，可以储存、传输、识别持卡人的个人数据和信息，如指纹、掌纹及面部特征等。这些卡片已经开始在欧洲和亚洲的一些国家使用，应该很快就能推广到全世界。八达通卡是智能卡片的一种，它在香港用途甚广。无论是买地铁车票，还是买日常用品，都可以用它支付。智能卡片的另一个用处是保存驾驶执照和个人信息。表 2.5 列出了其他一些与技术相关的趋势和机会。

当原本不同的业务领域，比如农业、化工业、能源业、计算机业之间的界限逐渐模糊时，机会便会出现。技术和产业的**融合**是不同的或者分开的技术和产业逐步融合或者合并的过程。通常，对互补技术进行创造性组合可以发现机会。

计算和通信结合，融入网络中，是产业融合的一个例证。另一个例子是手提电脑和手机的逐步融合，这在苹果的 iPhone 和三星的 Galaxy 手机上体现得尤为明显。

表 2.5 趋势和机遇

生命科学：基因工程、基因组学、计量生物学	燃料电池：将氢或碳氢化合物燃料的化学能转化为电能
信息技术：互联网、无线设备、云计算	超导材料：减少输电环节中的能量耗损
食品存储：食品配送技术的改进	设计酶：一种能加速活细胞化学反应的蛋白质催化剂，应用于消费品和健康产品中
视频游戏：学习、娱乐	手机：交流和计算
语音识别：人机交互界面	软件安全：拦截垃圾邮件和网络钓鱼
安全设备和系统：身份识别、箱包检查、防护衣	机器人：大批量的小型机器人协作完成监控和安保任务
纳米技术：100 纳米甚至更微小的给药系统、生物传感器	新能源：太阳能电池、风力涡轮机

全球定位系统（GPS）融合了卫星成像技术、数据及掌上电脑技术。GPS 能够提供准确的位置数据并且价格合理，因而得到了广泛使用。扫描仪、计算机和安全系统的融合形成了自助结账系统。基因芯片则使用半导体技术来加快生物化学实验分析。最后，医学和机器人技术融合在一起，促成了高精度、低创伤的手术机器人。Intuitive Surgical 公司的达·芬奇医疗机器人有四个胳膊，其手腕处安装有工具和相机，医生通过操作机器人手臂来实施手术。这种机器人主要应用于前列腺手术、子宫切除，甚至是像心脏瓣膜修复这样的更复杂的手术。这些例子表明，若想使创业变得高效，创业者应仔细地观察社会和技术的发展趋势，努力寻找新组合可能带来的重要的机遇。

2.5 创业机会的评估

创业者在识别创业机会的同时应该对这些机会进行评估。事实上，创业者的一个关键任务就是把真正的创业机会从众多创业想法中区分开来。好的机会有望去解决重要的和紧急的问题。如表 2.6 所示，好的创业机会也具有盈利潜力，并处在一个有利的监管环境和行业背景中。

选择合适的创业机会既难又重要。与选股、炒股类似，创业者将为其所选择的创业活动投入时间、精力和金钱。表 2.7 列出了一些适用于创业机会选择的指导性原则。

表 2.6 好机会的五个特征	
及时性：针对当前的需求或问题	可盈利性：客户愿意为此付费并让企业从中获益
可解性：该问题在不久的将来是可以解决的	适宜的环境：有适宜的监管环境或产业环境支持
重要性：用户认为这一问题或需求重要	

表 2.7 创业机会选择的指导性原则	
一生中只需要 1—2 个好的机会	如果你所选的机会最终被证明是不可行的，考虑下你能否在损失最小的情况下抽身而退
回报大于付出，即不要对盈利前景不好的新创企业投入过多时间、金钱和精力，计算 4 年后可能获得的巨额回报	这个机会能带来长期可持续的成功，还是只是一时的成功？选择那些具有高未来潜在收益的领域
不要指望将来把公司高价卖出	管理团队能否有效执行既定战略
对存在机会的行业进行详细的分析，包括现在和未来的情况	你的公司能否获益

创业者们发现机会并选择最有价值的机会进行分析，因为对很多人来说，一生中只需要对一个或者两个创业机会进行细致挖掘。对于机会，我们需要做的是投入到公司的资金要少于公司价值，这将为不可预见的挑战提供一些缓冲。同时，创业者应在他们熟悉的行业中寻找机会，并且这个机会应该具有长期发展的潜力。创业者需要组建一支优秀的管理团队来执行创业战略，并确保公司能从这个创业活动中获利。因此，他们应避免选择产品同质化严重、易于打价格战的日用品行业，除非他们有一个新颖的、创新的业务流程能够使公司成为低成本的供应商。

20 世纪 80 年代中期，Staples 的创始人托马斯·斯坦博（Tom Stemberg）有了办公用品超市的想法。他不喜欢大公司的政治环境，随后便辞职单干。他的第一家门店开设在马萨诸塞州的布莱顿，并配有 1 500 条销售渠道。他对这个机会进行了彻底的分析，并确定这是一个拥有巨大利润空间的市场。该市场规模可达 1 000 亿美元，并能以每年 15% 的速度增长。

对创业机会评估的过程通常还包括对其他备选方案的评估。某一行为的**机会成本**指的是被放弃的那个备选方案的价值（成本）。选择某一机会通常意味着放弃其他选择。第 1 章讨论了人们在决定成为一名创业者时所应当考虑的注意事项。做决定的一个关键环节在于该机会的质量，这体现在市场的评估、实施的可行性和产品的差异化方面。创业活动中存在着一个内在的冲突，即这种价值分析需要额外的信息，但通过这种全面彻底的分析方法来评估创业机会对大多数的新创企业来说并不适用；若想充分了解所有的潜在消费者、分析替代选择、重建竞争对手的成本结构、进行备选计划的预演，需要投入大量的时间和金钱，这是创业者所不具备的。

大多数创业团队基本会遵循如表 2.8 所示的五步流程。此方法的目的是通过评估创业机会的五个特征（能力、新奇性、资源、回报和承诺），以快速淘汰那些无前途的创业活动，并为真正有前途的创业活动节省出时间和资源。机会评估没有成规，某个创业机会是不是值得深入研究应视情况而定。例如，不应该去进一步研究那些新颖程度较低的创业活动 [Choi et al., 2008]。总而言之，创业者通过推敲这五个步骤可以排除那些不合格的机会。那些通过了快速筛查的机会才值得我们进一步地研究。

表 2.8　机会评估的五大步骤

1. 能力：该机会是否和团队的能力、知识、经历相匹配？
2. 新颖性：产品或服务是否具有非凡的新颖性、独占性或差异性？它是否为客户创造了巨大价值，并使消费者愿意花高价购买它？
3. 资源：创业团队是否能吸引足够的资金、物质、人力资源？
4. 回报：企业能否收回成本并获得盈利？预期的收益与预期的风险是否对等？
5. 承诺：团队成员是否致力于从事这一事业，他们对此是否充满激情？

创业者总是与不确定性为伴，比如竞争对手的实力或者消费者的喜好——这些往往是不容易分析的。比如，如果能料到微软会有今天的成就的话，IBM 当初就不会找微软为其个人电脑编写操作系统，更不会允许微软保留对这一操作系统的版权。进入一场比赛需要对自己的能力有自信——相信自己能在任何其他参与者之前完成这场比赛。

iPod 的机会

在 20 世纪 90 年代末期，许多人通过 Napster 的文件共享服务下载音乐，从而收听储存在电脑中的音乐。设计和销售便携式的音乐存储和播放设备便成为挑战。曾就职于 General Magic 的托尼·法德尔（Tony Fadell）辞职后成立了 Fuse 公司来设计电子消费产品。他试图为成功设计出一款便携式音乐播放器四处融资。但因为缺乏资金，在 2001 年 2 月他以项目承包人的身份进入苹果公司，并且在 2002 年 4 月以一名正式员工的身份来领导 iPod 项目。法德尔和苹果公司都认识到 iPod 这个创业机会蕴含表 2.6 所示的巨大商机。苹果公司和法德尔自身的能力、资源和投入让他们创造出了 iPod。这是一个真正的创新，同时带来了可观的回报。

创业者在评估一个机会时，会考虑它是否能与行业环境、创业成员的才能及特点、以及可获取的资源条件相匹配，从而利用这个机会去创业。图 2.5 展示了一个可以用来评估机会合适度和一致度的图表。菱形越大，机会的匹配度越好。

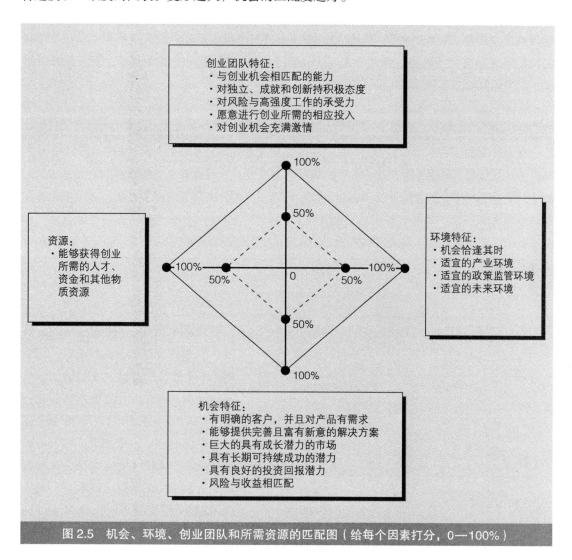

图 2.5　机会、环境、创业团队和所需资源的匹配图（给每个因素打分，0—100%）

拿一个已经存在了近百年的机会——电动汽车——为例。我们假设现在有一组优秀的工程师，还有一组具备创业所需态度和能力的创业团队。然而，考虑到过去的一个世纪中的众多失败案例，该团队对于此次创业活动的风险仍然有所忌惮。在团队坐标上，我们给创业团队 75% 的匹配度值。电动汽车所处的环境特征是十分复杂的，因为潜在客户和政府机构对电动汽车的益处和成本的看法不断变化，所以相关的规章制度和支持态度都在不断地变化。我们在环境的匹配度上给了 50% 的分值。接下来我们看机会的坐标，受到成本、电池寿命和短暂续航能力的挑战，机会的匹配度值为 75%。鉴于这些评估分值，大多数团队都缺乏足够的能力去获取上千万美元的创业启动资金。因此，我们认为在资源的匹配度方面，只能给 50% 分值。显然，这是一个具有挑战性的机会。然而，Tesla 和其他电动汽车公司都已经证明合适的团队加上重要资源的支持，电动汽车这个机会可以变得更加有吸引力。

图 2.6 以另一种图表的形式来预测机会的匹配性。无论是市场还是行业，都必须要同时在微观层面和宏观层面进行研究。此外，必须通过多个维度对创业团队进行评估。一个理想的机会应该具备以下特点：市场和行业具有吸引力，客户能获得重大利益，创业优势可持续，以及团队能有所产出 [Mullins, 2006]。

电视机的巨大机会

电视行业的下一个重大机会是什么？在消费者技术方面，平板电视一直是一个引人注目的趋势。从笨重的阴极射线管向平板显示的转变正在发生，这蕴藏着全球范围内几十亿单位级别的市场。这种转变也给玻璃面板、数字光处理的设备和芯片市场带来很多机会。另一个机会是制造和销售电视机。随着各国需求逐渐转向高清电视（HDTV），平板显示器的市场获得了显著增长。以上所述的这些机会有哪些能通过表 2.8 所示的评估过程呢？

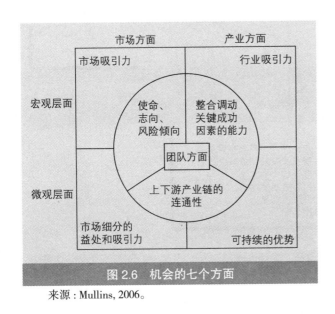

图 2.6 机会的七个方面

来源：Mullins, 2006。

在使用表 2.8 所列出的因素对一个机会进行评估之后，创业者应当决定是否采取行动。根据表 2.8 的五步法，创业者会评估潜在的收益，记做 B，同时充分考虑该创业活动的总成本，记做 C。在进行总成本核算时，创业者需要充分认识自身的安全需要和避险心理。一般来说，当收益成本比率 B/C 大于 1 时，个体会采取行动。有利可图的机遇（高收益、低损失）会使人更愿意采取行动 [McMullen and Shepherd, 2002]。如果创业者在选择采取行动后发现这个选择是错误的，那么选择的成本在此时就将发挥巨大作用。那些通过较低的初始财务和时间投入来实现的机会将有可能在较低的成本下提供丰厚回报。

图 2.7 所示的矩阵展示了如何做出是否行动的决定。之后，该机会产生的真正结果就会显示出来（这只有在确定是否行动后才能决定）。生活就是选择，最好的状况是我们选择采取行动，然后用事实证明我们是正确的。

	机会的实际质量	
	糟糕	很好
决策 采取行动	2 错误的选择→损失	1 正确的选择→成功
不采取行动	正确的拒绝→节省资源	错失机遇→错过的机会

图 2.7　决策矩阵

创业者试图基于以下因素做出一个理性的决定：一是他／她目前所拥有的心理和金融资产；二是选择可能导致的后果 [Hastie and Dawes, 2001]。做决定的难点在于将对机会的不全面认知转变为与已有认知相一致的行动。你的竞争优势在于做到别人做不到的事；分析和报告并不能够代替行动，反复修订行动计划也无法取代亲身实践的价值。对机会的评估只能做这么多了 [Pfeffer and Sutton, 2000]。不确定性永存，创业者需要决定是采取行动还是拒绝此机会。害怕失败的人可能会放弃所有机会，除非那个机会非常吸引人。

最后，做出一个最初的选择仅仅是机会识别的一个小环节，收集数据并相应地改进想法才是重头戏。因此，虽然像图 2.5 所示的那样评估机会的匹配性是很重要的，但采取行动、在市场和投资者中磨炼自己的创业想法才是至关重要的。通过这些最初的尝试，创业者不断积累数据信息和经验教训，这能帮创业者更好地把握住机会。汤姆·彼得斯（Tom Peters）和罗伯特·沃特曼（Robert Waterman）[1982] 把这个方法叫作"准备、开火、瞄准"。不害怕失败并且善于从失败中学习，才是通向创业成功的大门。图 2.8 所示的"行动—总结—修正"的周期循环概述了三种重要的能力。行动、总结和汲取经验教训，然后根据需要修正和调整商业模式。正如约翰·斯图亚特·弥勒（John Stuart Mill）所言："这世界上的许多真理，只有我们亲身经历过，才能领悟其全部奥义。"

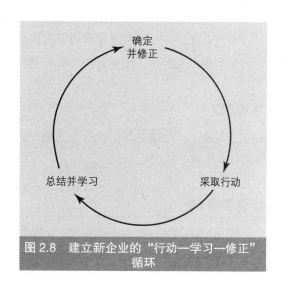

图 2.8　建立新企业的"行动—学习—修正"循环

2.6 聚焦 Solazyme

Solazyme 是一家专门生产藻类燃料的替代性能源公司，成立于 2003 年 3 月。Solazyme 开发了一种把低成本的植物糖转化为高价值的油的方法。这家坐落于南旧金山的公司最初的重点是生产交通运输用的油。2010 年，Solazyme 扩展了自己的业务，开始生产含油的营养品和化妆品。

Solazyme 结合了技术推动型和需求拉动型机会的特征。该公司利用了新的生产技术生产原油，利用原油的供应和价格波动来调整产量，同时也对能源与环境问题给予关注。他们强调以市场为导向的技术和产品开发的方法。2011 年 5 月，Solazyme 上市，筹集了 1.98 亿美元。Solazyme 拥有强大的团队和新颖的产品，处于有利的环境中并拥有大量资源。因此，它看上去前途无量。

2.7 小结

创业者通过识别大量的问题和需求，从而找出那些能孕育出伟大公司的好机会。然而，创业者会寻找一个最能与团队的能力、商业环境、机会的特点和所能获取的重要资源相符合的机会。之后，创业者会决定是否采取行动。

这一章的重要观点包括：
- 伟大的机会通常会伪装成难以描述的问题。
- 机会可能与市场需求和新技术能力紧密联系在一起。
- 新的技术来源包括现有公司、大学、用户和开源社区等。
- 社会和技术趋势可以塑造机会。
- 为了识别和验证机会，创业者必须与市场保持联系。
- 好的机会应具备及时性、可解性、重要性和盈利性，并且存在于一个良好的环境中。
- 创业团队应当逐渐掌握所有必需的能力。
- 如果可能的话，创业者应当对有利的机会采取及时的行动。

⊃ 原则2

当发现了一个能孕育出优秀企业的好机会时，创业者应该知道如何识别、选择并和别人描述、交流这一机会。

⊃ 音像资料

访问 http://techventures.stanford.edu 观看专家讨论本章内容。
- 颠覆式创新（Disruptive Technologies） John Doerr KPCB
- 围绕机遇的压力（Pressure Points Around Opportunity） Brad Feld Foundry Group
- 任何大问题都是机遇（Any Big Problem is an Opportunity） Vinod Khosla Khosla Ventures

2.8 练习

2.1 进入市场的方式有以下几种：创建一个新市场；攻击现有市场；对现有市场进行细分。结合表 2.1，说明每一种类型机会将如何应用于这些市场。

2.2 在过去十年中，推动创业的关键的客户、技术和市场趋势是什么？未来十年推动创业的因素又会是什么？

2.3 下一波巨大的创新可能来自于生物、信息和纳米技术的融合。虽然它们在各自的领域都很有前景，但是当它们结合在一起时就有更有可能催生许多有影响力的产品。描述一个由技术领域的融合而带来的机会，并为此机会编写一个创业故事。

2.4 有些人设想，通过使用干细胞创造的新细胞和新器官来替换衰竭器官，这一技术可以在未来几年实现。总结干细胞公司的潜在机遇。你将如何评估这个机遇的大小？为这个机遇编写一个故事。

2.5 随着能源成本的上升及其对环境带来的负面影响，清洁技术已经成为一个重要的投资新领域。请对清洁技术的驱动因素进行量化。你将如何评价清洁技术的市场规模？

2.6 考虑一个你经常使用的软件应用程序。它具有什么样的功能？请从三个方面给出改进意见。其中有能发展出企业的建议吗？为什么呢？

2.7 在过去十年中，人们曾多次预测无线射频识别标签（RFID）及其相关设备会在全球范围内出现爆炸式增长。描述 RFID 解决的问题和展现的机遇。这项技术的商业化障碍是什么？当 RFID 被广泛应用在产品中时，将会创造什么样的机遇？

2.8 图 2.9 给出了两种电子技术的表现趋势。请给出另一种技术的表现趋势，并且为它做出如 2.9 所示的图。

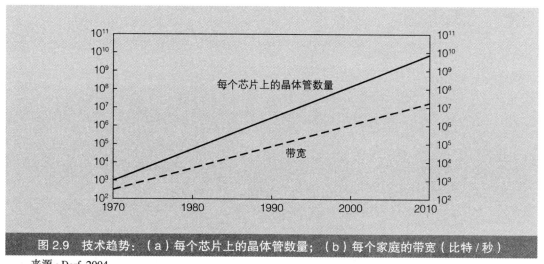

图 2.9 技术趋势：（a）每个芯片上的晶体管数量；（b）每个家庭的带宽（比特/秒）

来源：Dorf, 2004。

创业挑战

基于你在第一章末尾识别的机会。

1. 根据表2.1，尝试对你选择的机会进行分类。
2. 像图2.3所示的一样，如何在开发自己的产品和服务的同时，发展你的客户？
3. 根据表2.7的原则和表2.8的流程来评估你的机会。用一个图2.5式的图来描述你的结果。

第3章

愿景和商业模式

> 任何企业的成功都需要合适的产品、方法和员工，并且这些因素间必须是互相补充的。
>
> ——约瑟夫·伯格
> (Joseph Burger)

▶▶ 成功的创业者如何为企业设计有竞争力的商业模式？

新创企业应该具备清晰的愿景（或长期的发展目标），以及与目标相符合的使命宣言。任何新企业的成立都是为了满足消费者的需求。因此，创造一个商业传奇时，创业者除了中肯地、明确地描述消费者及其需求以外，还应该知道这些需求是如何被满足的。商业模式描绘了客户、价值主张、差异性、范围、组织设计和盈利模式之间的关系。图3.1列出了构建商业模式的步骤。

3.1 愿景

一旦创业者找到了一个好机会并决定付诸行动，那么，他的下一步任务就是设定**愿景**。愿景是对企业发展目标的前瞻性描述，可用来指引公司的发展方向。因此，如果创业者找到了一个能真正满足客户需求的好机会，他/她需要据此提出企业愿景，这是对此创业机会的有效回应。愿景是一个关于洞察力、意图、野心和目的的声明，它明确反映了解决方案的新颖性和创业者承诺的独特性。成功的创业者通常非常乐意和别人分享自己公司的愿景，他们对此愿景充满信心和热情。例如，谷歌创始人拉里·佩奇（Larry Page）和谢尔盖·布林（Sergey Brin）的一个愿景是：在线搜索是一种可靠的、快捷的搜索方式。

正如表3.1所总结的那样，好的愿景具有清晰性、一致性、独特性、目的性等特征[Hoover, 2001]。清晰性意味着愿景易于理解，重点突出；连贯性意味着愿景不会随日常挑战和潮流的变化而变化；独特性意味着愿景是根据特定的创业活动而设计的；最后，目的性意味着组织的特征能够得到长久的、理解的坚守。惠普公司的目的，或者说核心意识形态是尊重个人、致力于创新和服务社会。默克公司的目的是战胜疾病和帮助人类。正是这样的核心意识形态把一个组织紧密地联系在了一起 [Collins and Porras, 1996]。愿景为所有的利益相关者提供了一个关于未来的清晰景象。核心意识形态建立在组织的核心价值之上，比如说对个人的尊重。

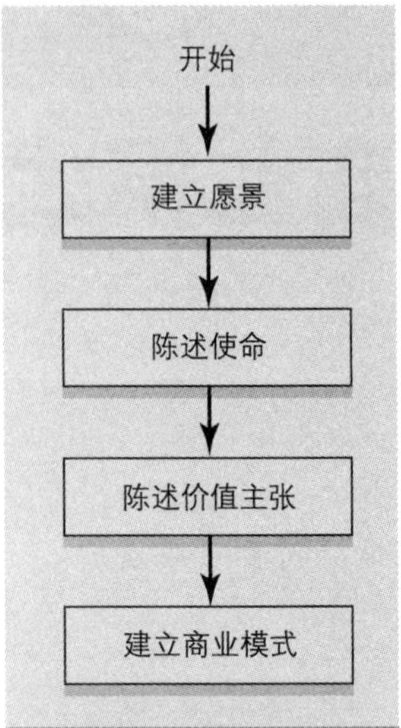

愿景描绘了一个特定的期望结果，并且促进了行动和改变。它在挑战和改变中不断地指引公司前进，是组织的战略基础。愿景是关于未来的一个想象的画面，就好比当组织这艘小船在波涛汹涌的大海上航行时，愿景就是指引航向的舵手。表3.2是某公司的愿景。这个愿景声明为读者提供了一个清晰的公司发展图景：公司的发展方向是什么？它将如何实现这个目标？表3.2给出的愿景陈述了公司的价值观和目标，对员工产生了极大的鼓舞和激励作用。

图 3.1　商业模式的开发

（流程图：开始 → 建立愿景 → 陈述使命 → 陈述价值主张 → 建立商业模式）

表 3.1　愿景的要素

清晰性：容易理解，重点突出
一致性：长期保持不变，但可根据环境适时调整
独特性：与企业自身特点极度契合
目的性：阐明存在的意义及价值

创业者需要为他们的企业创建一个可共享的愿景。对愿景的阐述有助于在企业内部形成一种紧迫感和重要性。因此，愿景经常作为商业计划的一部分分享给潜在的团队成员和投资者。

愿景可以以故事的方式口头表达出来。故事是愿景的叙事版本，是一种更为引人入胜的描绘方式。故事在创业过程中起到了重要作用。它能让人们对某个陌生的新公司变得更易于理解和接受，进而获得更多消费者的支持 [Lounsbury and Glynn, 2001]。故事能有效地阐明公司背后的核心理念，因此也有助于公司筹集资金并收集其他资源 [Martens et al., 2007]。

表 3.2　某创新型公司的愿景

我们致力于通过生物医药设备的创新来提升人们的生活质量。通过员工关怀、培训和激励，使员工个体的能力和创造力得到释放与彰显。我们的目标是在2017年之前成为行业的领头羊并成为世界知名的生物医药设备公司。

吉姆·克拉克（Jim Clark）创建了三家公司：Silicon Graphics、Netscape 和 Healtheon（现

在叫 WebMD）。根据"新新事物"（*The New New Thing*）的记录 [Lewis, 2000]，克拉克曾指出："我唯一能做的就是开办企业。" Lewis[2000] 这样描述克拉克的成就：

他在硅谷的角色瞬间变得清晰了：他是这个故事的主角。他是那个鼓起勇气讲故事的人，工程师、风险投资人、管理者和银行家都愿意加入他的故事中。如果他要讲一个故事，那么他肯定确信这个故事会有一个欢喜的结局。

克拉克有一个愿景：通过使用互联网技术，健康交易中的各方都能够在线上进行交易，这样不仅能简化流程，避免烦琐，还能消除美国医疗体系中 3 000 亿美元的成本浪费。如图 3.2 所示，他勾勒出了一个由健康交易系统的各个参与方构成的菱形，并将他创建的 Healtheon 放在中间作为中介。这就是克拉克讲故事的方式——使用草图。这个故事的目的在于展示创建新企业的可行性及其成功的必然性。为了使新创创业更易于接受，创业故事不仅要条理清晰，还要能和潜在利益相关者的期望、兴趣和计划产生共鸣 [Lounsbury and Glynn, 2001]。

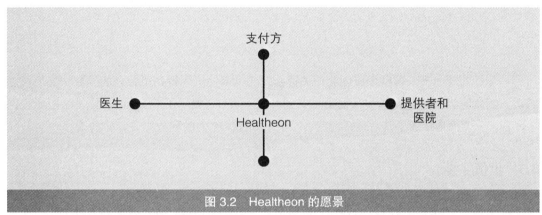

图 3.2　Healtheon 的愿景

公司的三个主要业务是：为医生和医院提供电子交易服务；为医生提供业务软件支持；为医生和消费者搭建互联网医疗平台（访问 www.webMD.com）。

创业者需要学会讲述创业故事，解释自己产品的用途及运行机理。他们对未来的愿景可以吸引投资者和团队成员的兴趣。

3.2　使命

新创企业的使命应更加完整地描述公司的目标和客户，并将它与公司愿景的核心思想结合起来。愿景，是关于未来的想象画面；使命，则是实现愿景的行动路线。公司的使命应该是崇高的、大胆的、勇于改变的。

使命的构成要素如表 3.3 所示。大部分的使命只包括其中的一些元素，例如，表 3.4 中 eBay 的使命。

使命陈述较为简短，一般不到 100 字。使命陈述要简洁、清晰地解释公司的目标、价值、产品和客户。eBay 的使命陈述就非常简洁清楚。某个电子公司的使命是："我们的任务是及时地为航空航天业设计和制造出物美价廉的电子设备。"

表 3.3　构成使命的要素

- 核心价值
- 客户与利益相关者
- 产品
- 竞争优势
- 为客户提供的价值
- 市场或行业

表 3.4　eBay 的使命

我们帮助人们自由地进行贸易。eBay 建立在人性本善的信条之上。我们信赖每一位客户,不论是买方还是卖方,他们都值得被尊重。

无论你是收藏爱好者、玩家、经销商、店主,还是淘货狂人、打折控,抑或只是上来逛逛,我们希望能不断优化你的购物体验。eBay 的不断壮大得益于我们一次又一次地满足甚至超越各类用户的需求。

表 3.5　Genentech 的使命

我们的使命是成为一家领先的生物科技企业,利用人类基因信息去开发生物药剂,以满足人们的医药需求。通过不懈地钻研技术、提高产品质量,使病人、医护人员、我们的员工、社区和股东的利益最大化。

一个好的使命不仅可以集成创业相关资源,还可以使资源得到更合理的分配。如果可能的话,使命应当由创业团队和其他员工共同开发。表 3.5 展示了 Genentech 公司的使命。这个宣言十分全面地描述了其对包括消费者、员工和社区在内的利益相关者的承诺。

3.3　价值主张

如果某一产品或服务可以为客户创造价值,那么作为回报,客户将愿意为这个产品或服务支付一个合理的价格。对于消费者而言,**价值**意味着值得、重要和有用。从商业的角度来看,价值是消费者为商品和服务付费后所获得的社会效益和经济效益。想要成功的话,公司必须提供能满足客户需求和价值的产品。客户的需求通常包括服务便利和产品优质。

消费者看重的五个关键价值可以概括为:产品、价格、途径、服务和体验。表 3.6 列出了这五个价值,以及对每个价值的具体描述。例如,当商品的价格能合理地反映商品的价值时,它对消费者的价值可能是很高的。性能好、质量优,并且易于获得的产品也有很高的价值。大多数科技产品在最开始的时候都对性能和功能较为关注 [Markides and Geroski, 2005]。

表 3.6　为消费者提供的五个价值

- 产品:性能、质量、特征、品牌、可选、安全、易用、易得
- 价格:公道的、透明的、一致的、合理的
- 途径:便捷、距离近、易获取、省时间
- 服务:预订、派送、退货、结账
- 体验:情感、尊重、气氛、乐趣、隐私、关系、归属感

价值主张为消费者提供了一个清晰的公司定位。大多数价值主张都可以用五个关键价值来描述。克劳福德（Crawford）和马修斯（Matthews）表明，这五个价值中，在价值主张中起主导作用的价值为首要价值，第二个价值是差异性价值；其余的价值必须符合行业标准[Crawford and Matthews, 2001]。我们把性能划分为 1 到 5 等，其中 5 表示世界标准，1 是不可接受的，3 是行业标准。克劳福德指出，好产品的价值打分应为 5，4，3，3，3，分别对应首要价值、差异化价值、行业标准、行业标准和行业标准。

我们以 Wal-Mart 为例。Wal-Mart 把价格作为首要价值，把产品多样性和质量作为差异性价值。相比之下，Target 公司把产品作为首要价值，把价格作为差异性价值。许多公司都重视提供良好的服务。例如，本田公司把优良服务作为首要价值，而将产品作为差异性价值。

途径指找到、获取某项业务的实体或虚拟设施的容易程度。亚马逊网站提供了很好的可访问性，同时它也很容易操作。对于消费者而言，省时、便利是很重要的。易于访问的网站对时间紧迫的消费者来说是非常有价值的。

Zappos.com 在网上出售鞋、衣服和其他饰物。这家公司以为消费者提供卓越的服务而闻名。根据 Zappos 的介绍，"消费者服务不只是某一个部门的任务，它是整个公司的事情。"因此，这家公司有 75% 的顾客回访率，并且口碑很高。

Apple 公司意识到，开设零售店可以给消费者带来更惬意的购物体验。在 Apple 商店里，顾客可以购买产品，或者学习如何使用 Apple 产品，如刻录音乐、与果粉交流或者做一些其他有趣的事情。更重要的是，这些服务都是免费的。

消费者对产品或服务的要求有：节约时间，价格合理，易获取，提供递送服务，获得重视，购物时间不受限，以及获得愉快的购物体验。对任何一家公司而言，如果能实现消费者的这些诉求，那么这家公司应该会有出色的表现。

产品价值由其性能、选择范围、可获得性和质量构成。Volvo 注重产品安全，它是第一家提供三点式安全带的汽车公司。Home Depot 的首要价值是提供多品类的产品；其次级价值，也就是之前提到的差异性价值是其提供的服务。表 3.7 展示了不同行业领先企业的首要和次级价值。

产品的另一个价值是可选择性。为了迎合许多不同消费者的口味，公司通常会就同样的商品提供很多种版本。然而，选择太多其效果往往适得其反 [Schwartz, 2004]。如果一家公司提供了广泛的选择，那么它应当帮助客户挑选出最合适的版本。Amazon 和 TiVo 就为它们的消费者提供这样的帮助。

需要谨记的是，企业也需要重视剩下的三个变量。我们以 Today's Shopper 遭遇的困境为例，它们的首要价值应当是产品选择。然而，它们却在便利性上大做文章，而将服务、价格和消费者体验同等看待。

表 3.7 行业领先企业的首要和次级价值

		首要价值				
		产品	价格	渠道	服务	体验
次级价值	产品	—	Wal-Mart	Amazon	本田	Harley-Davidson Disney
	价格	Target	—	Holiday Inn	Wal-Mart	Olive Garden
	渠道	Google Barnes & Noble	Priceline Visa	—	Dell	Starbucks
	服务	丰田 Home Depot Intel	Southwest Airlines	Mc Donald's	—	Carnival Cruise Line
	体验	Mercedes	Virgin Atlantic Best Buy	AT&T	Nordstrom	—

Google 的价值主张

Google 的首要价值和次级价值是什么？它的首要价值是产品，即快速地检索出描述不清的词汇。它的次级价值是可访问性，这体现在没有恼人的广告页面的烦扰，可以快捷、精确地连接上搜索界面。

一般而言，产品价值 V 越高，则产品的价格 P 就越高。产品的成本用 C 表示，因此利润是 $P-C$。当 $P>C$ 时，这家公司是盈利的。公司创造的价值是 $V-C$，属于消费者的净价值是 $V-P$。这些关系可以在图 3.3 中得到体现。优秀的新创企业可以在合理的价格下，为消费者提供可观的价值。

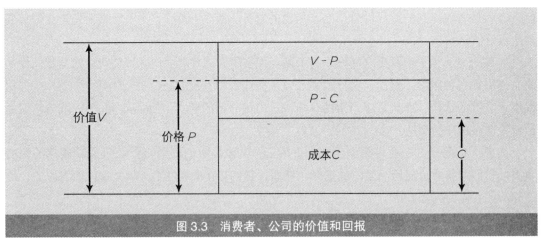

图 3.3 消费者、公司的价值和回报

American Express 公司发明了旅行支票，人们在国外旅行时可以用它换取金钱。这种旅行支票对消费者有很高的价值，而发行这种支票的成本很低，因此 V – P 很高。这种商业模式已经流行了 100 多年，并且各方都对此十分满意 [Magretta, 2002]。

价值主张说明了谁是消费者，并且描述了为这个消费者提供的价值。Amazon 网站的价值主张是："我们是一个易于访问的网站。我们以合理的价格，为能上网的、忙碌的客户提供广泛、便利的产品选择。"星巴克的价值主张是："打造一个友好、舒适、位置优越的咖啡馆，为消费者提供多种多样的、新鲜的、定制的、高品质的咖啡、茶和其他饮品，让消费者在享受美味饮品的同时获得美好的体验。"

Home Depot 和 Lowe's 是美国境内的两家大型家装连锁店。Home Depot 的主导价值是产品选择，次级价值是服务。Lowe's 的主导价值是可访问性，次级价值是产品选择。价值定位上的不同导致了这两个竞争对手价值主张上的差异。

独特的销售主张（unique selling proposition, USP）是公司价值主张的简洁版本，以此解释相对于其竞争对手，这家公司能提供怎样的价值。USP 常用的表达方式是口号或者总结性的标语。例如，HP 公司的 USP 是："以合理的价格提供卓越的科技产品和可信赖的服务。"

FedEx 的 USP 是："保证一定次日送达。"

USP 能简洁地向潜在的投资者、客户或者团队成员描述新公司。

新创企业可以用它们的价值主张和独特的销售主张向消费者表明它们所能提供的商业价值。这能够帮助所有的利益相关者理解公司的经营理念。

3.4　商业模式

商业设计是向消费者传送价值并且从中获得利益的一种手段。**商业设计**包含了消费者定位、公司的产品、自营业务和外包业务，以及获得利润的方法。成功的商业设计是对现有方案的优化。它还像故事一样，用来吸引投资者、客户和团队成员。

一个好的商业设计能解决这家公司会做什么和不会做什么的问题，并解释这家公司如何创造一个可靠的价值主张。商业设计为三个关键性问题提供了答案：谁是消费者，消费者的需求是如何得到满足的，以及公司如何获得利润并且保持盈利能力。商业设计导致了商业模式的产生。**商业模式**是一个综合性的描述，包括新公司独特的价值主张及其实现方式，即如何配置自身的资源和活动以获得可持续的利润 [Eisenmann, 2012]。商业模式是一种将技术解决方案与经济利益有效结合起来的框架。

表 3.8 描述了商业模式的要素，表 3.9 是 Apple 公司的商业模式。商业模式的第一个关键要素是消费者定位。商业设计旨在定位那些拥有未满足需求的消费者，随后据此定义目标市场。Apple 公司的成功是因为其将注意力放在了那些对价格并不敏感的消费者身上，这些消费者往往愿意为 Apple 产品支付溢价。

表 3.8 商业模式的要素

客户定位	谁是客户? 我们提供的产品/服务是否是客户想要的?
价值主张	独特的价值是什么?
差异化与控制	我们如何保护现金流与客户关系? 我们有可持续的竞争优势吗?
产品和活动的范畴	我们的产品范畴是什么? 我们需要做什么活动?把什么活动进行外包?
组织设计	公司的组织架构是什么?
价值创造与盈利	公司如何盈利? 公司如何捍卫自己的盈利性?
人才吸引力	人才为什么愿意来工作? 怎样充分利用他们的才能?

表 3.9 Apple 公司的商业模式

客户定位:高度相关性	目标客户是喜欢高新技术和对用户界面的开放性有极高追求的人
价值主张:独一无二	产品和服务的无缝衔接,交互界面简洁且设计优美
差异化和控制:持续的竞争优势	软硬件的双重把关,应用商店的聚合效应,持续的创新和极强的知识产权保护
产品和服务的范畴	台式电脑、笔记本、手机、平板电脑、云服务、可穿戴设备、拥有众多第三方开发应用的应用商店
组织设计	工程和设计部门的价值高于一切,市场部门的职责是营造"果粉"文化
价值创造与盈利	价值决定价格,严格掌控生产过程让产品具备更大的利润空间和差异化
人才吸引力	在世界上最具创新性的公司,和最出色、最聪明的工程师们一同工作

第二个要素是明确的、独特的价值主张,它指明了公司的细分市场。商业模式也应当描述公司的差异化,这是第三个要素。例如,苹果公司销售拥有前沿技术的高端产品,这些产品容易上手,使用起来也很有趣。

第四个要素是产品的范畴;第五个要素是实现价值主张所需的组织设计;第六个要素解释了如何获取价值和利润;第七个要素展示了如何吸引和利用人才。盈利能力对公司来说至关重要。公司所有者应当确定公司的实际和预期的收入与花费,识别影响收入和总成本的关键因素。随后,制作现金流的时间序列图来确定公司的融资需求 [Hamermesh et al., 2002]。关于这个流程的更多细节我们在第 17 章中会提到。

除此之外，保持良好的利润率对未来投资是很重要的。例如，苹果公司控制其产品的软、硬零部件，这不仅仅使它们能够将优势部件集成在产品中，也提高了它们对部件供应商的议价能力。相比之下，公司最好避免只打价格战，不要将低价格作为价值主张的首要价值。那些将低价格作为首要价值的公司，比如 Wal-Mart、Costco、Dollar General 和 Family Dollar，它们也都尽量使自己在其他维度上保持差异化。Dollar General 和 Family Dollar 选择在地理位置良好的商场中设立商店，因此可访问性是它们的差异化价值。Wal-Mart 和 Costco 在产品质量和多样性方面竞争激烈，但这只是指它们的次级价值。Wal-Mart 的成功之处在于它使用了供应链管理和库存盘点控制技术。

Southwest Airlines 公司是另一个将价格作为首要价值的商业案例。它的次级价值是服务：准点抵达和起飞、在线订票服务，以及友好的服务态度。它主要通过控制成本来从这些增值服务中获得利润。该公司使用同一种类型的飞机，这使得飞机的维护成本和飞行员的培训成本远远低于其竞争对手。同时，该公司大力推行网上订票服务。因此，Southwest Airlines 公司自 1973 年以来每年都能盈利 [Freiberg and Freiberg, 1997]。表 3.10 比较了 Southwest Airlines 公司的商业模式和 American Airlines 公司的商业模式。

表 3.10　两家航空公司的商业模式

	American Airlines	**Southwest Airlines**
客户	全球航线客户	国内直飞航线客户
价值主张：		
首要价值	产品	价格
差异化价值	渠道	服务
差异化	广泛的产品种类：航班涵盖世界各地	有限的直飞航班：容易维护、培训成本低
产品和服务的范畴	非常广泛：联结各地	狭窄：只覆盖几个特定城市
组织设计与执行	枢纽和辐射式：高固定成本	点对点，更低的弹性成本，成本控制
价值创造与盈利	控制枢纽城市、要求高上座率	高上座率
人才吸引力	高工资、良好的职业发展轨迹	股权激励

亚历克斯·奥斯瓦尔德（Alex Osterwalder）将抽象的商业模式可视化，提出了如图 3.4 展示的"商业模式画布"[Blank, 2013]。在奥斯瓦尔德的"画布"中，公司的商业模式可以用九个构建模块来描述：（1）价值主张；（2）细分市场及其价值主张；（3）接触消费者的渠道；（4）客户关系；（5）收入来源；（6）关键的合作伙伴；（7）创造价值所需要的关键业务；（8）创造价值所需要的关键资源；（9）成本结构。"商业模式画布"的一个关键特征是它强调这些元素之间的关系。因此，仅仅对每一个独立的元素进行简单的描述是不够的。相反，创业者还应当关注这些元素是如何互相加强，并形成一个连贯的、强健的商业模式的。

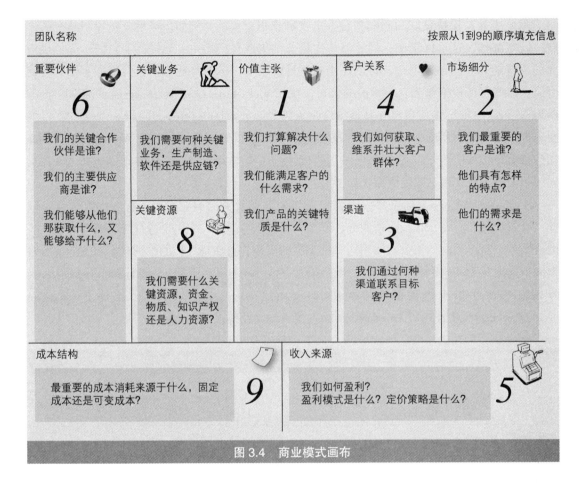

图 3.4 商业模式画布

成功的创业者通常将商业模式本身看成是一个创新机会 [Zott and Amit, 2007]。例如，Apple 公司 iPod 产品的成功很大程度上依赖于其新颖的商业模式。通过将硬件、软件和服务结合起来，Apple 为消费者提供了高价值，也因此获得了史无前例的高利润 [Johnson et al., 2008]。

几乎每一个有抱负的创业者都认为他/她最初的商业模式（计划 A）会取得成功。然而历史数据表明，大多数计划 A 都失败了 [Mullins and Komisar, 2009]。以 PayPal 为例，它最初依赖于红外线转移技术在数字电脑（PDA）间进行转账，现在则转变为在线支付 [Ries, 2011]。因此，正如图 3.5 所示，业务设计是迭代的，它对不断变化的新环境和新数据做出反应。

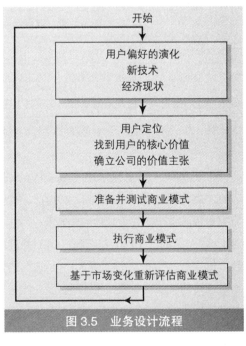

图 3.5 业务设计流程

3.5 挑战性市场中的商业模式创新

公司商业模式应该随着市场的变化而改变。例如，当一些大型组织发现现有的解决方案过于昂贵或复杂时，公司可以利用新的技术，或者在一个新市场中利用现有的技术，以此满足这些组织的需求。另外，这家公司还会需要抵御一些低端的破坏者，或者是回应竞争对手的行动。在所有这些情况下，商业模式的改变可能是必要的[Johnson et al., 2008]。

商业模式的创新是以新方式重建现有商业模式、为消费者创造新价值[Hamel, 2000]。

实际上，Monster.com 和 Simply Hired 使用新的方法搜索出全国范围内的成千上万个工作岗位。Salesforce.com 开创了 SaaS 模型，即消费者按月支付软件的使用费用，软件由开发公司自己搭建和维护。现在很多公司都购买它们的软件，这已经成为一种首选的方法。截至 2013 年 1 月，Salesforce.com 的市值已经达到 200 亿美元。许多其他的公司借鉴了 SaaS 模型，并将其应用在其他方面。例如，2012 年上市、市值为 80 亿美元的 Workday 公司就是销售财务和人力资源软件的"软件即服务"公司。

当市场发生变化时，现有公司也应当进行商业模式的创新。例如，成立于 1938 年的 HP 公司改变了其模式，从而成为美国首屈一指的电脑打印机品牌。Amazon 网站最开始是书籍销售商，但现在它几乎是网上的 Wal-Mart 了。加油站也进化成为销售饮料、食品、报纸和燃料的便利商店。

Netflix 公司是另一个对商业模式进行创造性改变的典型案例。这家公司采取将视频直接邮寄到消费者家中的方式，为消费者提供更大的便利和更多的选择。诸如 Blockbuster 之类的零售录影带租借商店无论在便利程度和选择范围方面都无力与 Netflix 公司抗衡。带宽的提高使得从网络上下载电影变得更加便捷，2012 年，Netflix 发现其竞争对手变成了 Apple 和 Amazon——两者让客户下载电影到平板电脑和电子阅读器上。在不久的将来，这个行业中所有的参与者都需要想出一个为联网电视提供电影资源的战略。美好的前景和重大的风险将持续在电影租赁这个动态的市场中共存。

Kiva 系统通过使用机器人永久性地改变了仓库运作

Kiva 系统使用机器人从仓库中挑选、包装和运输产品。在这以前，大型仓库一般都依赖于人力来对产品进行存储、移动和排序。有了 Kiva 系统，管理大型库存和多样化的生产线库存就变得经济划算了。Kiva 系统不仅帮助公司节省了劳动力，还使得仓库产品的布置达到了最优。因此，Kiva 系统的包裹运输量是人力的 4 倍。由于 Kiva 的创新，诸如 Office Depot, Toys-R-Us, Crate & Barrel 和 Timberland 之类的公司都以更低的成本实现了更有效的运作。

3.6 聚焦Stratasys

S. 斯科特·克伦普（S. Scott Crump）和他的妻子丽莎·克伦普（Lisa Crump）于1989年成立了Stratasys公司。Stratasys公司生产添加式制造（3D打印）机器，即通过塑料一层层沉淀来建立样品模型。Stratasys公司的设备使得工程师和设计师能够直接创造出物理模型和样品。为了扩大市场份额，Stratasys公司在2012年与以色列的Objet公司合并。

Stratasys公司的价值主张是：使样品制造和小批量产品生产更快捷、更廉价。Stratasys公司强大的商业模式建立在低廉的成本、广泛的用户群和少量竞争者的基础上。Stratasys公司提供租赁、出租和维护服务。它们的客户包括航空航天、医疗、汽车、电子产品和消费产品公司等。Stratasys公司利用并购战略实现了迅速成长，并且成了一个新兴行业的领导者。

3.7 小结

创业者为了满足客户需求进行相关业务活动，商业理论就是对这些业务要素的描述。通过与公司的核心竞争力和资源相结合，公司可以建立起可持续的竞争优势。公司商业理论的元素包括愿景、使命、价值主张和商业模式。

- 愿景是对某一机会做出回应的目的（或故事）声明。
- 使命描述了公司的目标、产品和客户，是所有人的行动依据。
- 价值主张描述了目标客户的需求。
- 商业模式描述了公司的经济状况与业务活动。

⊃ **原则3**

把愿景、使命、价值主张和商业模式都体现在公司的业务设计中，可以引导企业获得成功。

⊃ **音像资料**

访问 http://techventures.stanford.edu 观看专家讨论本章内容。

不要写任务宣言，写一句口头禅（Don't Write a Mission Statement, Write a Mantra）	Guy Kawasaki	Garage
技术和商业的创新：Google的建立（Innovate in Technology and Business: The Founding of Google）	Larry Page, Eric Schmidt	Google
商业模式很重要（Business Models Matter）	Ann Miura Ko	Floodgate Partners

3.8 练习

3.1 如何定义 Google 的愿景？为谷歌构造一个企业使命。在完成这两个任务之后，请访问 Google 的官网，并将其使命陈述与你的构想进行比较。

3.2 请参考表 3.8 比较 Yahoo 和 Google 的商业模式。请区分它们不同之处。你认为在未来五年内，它们的商业模式将如何演化？

3.3 对于大多数人来说，购买一辆二手车是最不期待的经验之一。eBay Motors 提供了欺诈保护、保证书和权属历史（www.ebaymotors.com）。eBay Motors 的价值主张是什么？你会使用 eBay Motors 购买一辆汽车吗？

3.4 Kik 手机通信软件经历了爆炸式的用户增长。然而，该公司的商业模式尚未成型。描述三种可以让 Kik 盈利的商业模式。

3.5 从电脑到 MP3 播放器到手机，Apple 公司成功地扩大了产品和服务的范围。Apple 的商业模式是什么？描述支持 Apple 不断进行产品创新的核心竞争力。

3.6 Woot 是一家网上的清仓甩卖店。这家网站销售的物品价格低廉，并且具有线上讨论区，供大家讨论当天出售的产品。访问 Woot.com 并识别这家公司的商业模式。Woot 如何从这项服务中获得利润？

创业挑战

1. 为你的企业创造一个简要的愿景声明。
2. 陈述你的企业的价值主张。
3. 利用图 3.4 中列出的要素为你的企业起草一个商业模式。

第 4 章

竞争战略

> 赞美你的竞争对手,向他们学习,总有些时候你们需要互相借力,进行合作。
> ——乔治·马修·亚当斯
> (George Mathew Adams)

▶▶ 为迎合新的商业机遇,公司应制定怎样的战略?

每家公司都有实现其目标的战略或方法。战略是公司对一个重要问题或机会做出的回应。表 4.1 展示了新公司创建战略的流程。第一步已经在第 3 章中进行了阐述。具备了良好的愿景、使命及一个初始的商业模式后,创业者还要识别企业的核心竞争力,并检验行业所处的政治和经济背景(步骤 2 和步骤 3)。当摸清楚行业情况之后,我们用步骤 4 和步骤 5 来描述这家公司的优势和劣势、机遇和挑战(SWOT)。在步骤 6 中,创业者将他们的产业知识、对竞争对手的了解和自身的 SWOT 结果进行综合分析,并以此识别出创业成功的关键因素。基于上述步骤,创业者可对企业的愿景、使命和商业模式进行改进,进而创造出一个可获得持续性竞争优势的战略。对寻求行业定位的新公司而言,与其他公司形成合作联盟也是一种很重要的方式。长期的成功取决于协调所有利益相关者的需求,并且以负责任的态度行事。

4.1 公司战略

公司为了实现其目标和使命需要采取一系列的行动,**战略**就是这些行动的计划或者路线图。这个计划必须是行动导向的,并且建立在公司的机会、优势和竞争力的基础上才能有效。战略还应当是简单明了的,保证组织中的每个人都能理解。战略所期望的结果是获得一种可持续的竞争能力。

战略是对机会的回应。机会这个词来源于拉丁语"面向港口"。价值的建立者就像是一个商船船长,这位船长不仅需要知道他的目标客户是谁,还要管理他的船员,调整各个港口的仓位 [McGrath et al., 2001]。因此,合理的战略建立在对机遇、行业、环境的深刻理解之上。

将机会作为一个愿景描述时,一种活力便涌现出来了。通过这种活力,创业者能使创业团队和投资者树立共同的目标,使用统一的战略,并协作行动。

战略是公司的发展路线和行动指南,对公司合理安排资源和能力大有裨益。从某种意义上讲,战略的本质就是选择不去做什么 [Magretta, 2002]。战略通常体现在所采取的一系列行动上 [Mintzberg et al., 1998]。

因为竞争市场的动态性,所以长期的计划是很难执行的,也就是说,战略也应当是动态的。行业的不均衡状态使得行业分析变得困难。例如,我们很难清楚地区分出某个行业的起止时间,也很难从合作者和供应商中区分出竞争对手。因此,当外部环境、合作伙伴和竞争情况变化时,战略也要随之改变。

表 4.1 总结了战略的制定过程。如图 4.1 所示,创业者从创建、调整他们的能力、资源和产品起步,然后依据最初的战略和商业计划行动。进入一个竞争激烈的市场将迫使他们对市场、行业及竞争对手进行重新评估。这使得战略部经理重新部署和调整公司的能力、资源、产品和行动,从而在动态市场中保持竞争力。通过保护和管理公司的资产,这些战略经理努力为公司获得竞争的优势。内部管理如何应对不断变化的客户、行业和竞争,这对战略计划重建和公司竞争力提升至关重要。因此,公司领导人会努力识别那些能创造和捕捉客户价值的重要力量。为了应对不断变化的环境,那些专注于不断调整其战略和能力的公司将不断地从一个战略定位发展到更高一级的战略定位。

表 4.1 战略的制定流程

1. 确立公司的愿景、使命和商业模式	5. 明确公司所面临的机遇和挑战
2. 确立公司的核心竞争力	6. 明确成功的关键要素
3. 对公司和竞争对手所处的行业背景有深入了解	7. 列举公司的可选战略范围,并选择合适的战略
4. 基于公司所处的行业背景和环境,明确公司的优势和劣势	8. 通过合适的手段将战略转化为行动方案

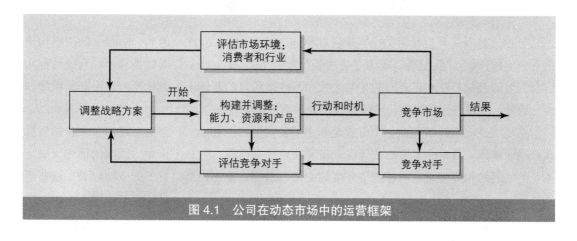

图 4.1 公司在动态市场中的运营框架

GE Aircraft Engines（GEAE）就是一个依据市场变化对战略计划进行调整的例子。GEAE 的战略是用更多的力量、更高的效率和更好的可靠性来开发引擎。因为竞争激烈、产品周期短，企业想保持持续性的盈利能力是很困难的。GEAE 转变成为发动机的生产和服务供应商，在售后服务的业务中创造了巨大的利润 [Demoset al., 2002]。在动态变化的市场中，战略领导者必须做出战略回应，以适应市场的变化。

总结图 4.1 所示的框架，第一个步骤是找到行业中的基本驱动力：经济、人口、技术或竞争，这些要素既能构成威胁，也能创造机会。第二步是根据找到的驱动力，来制定相应的战略计划。第三步是创建这一战略的实施计划。最后，通过对公司的能力、资源和产品的构建和调整来实现战略。

创业者根据他们对机会的感知来制定战略。他们不受制于现有的资源和能力，而去寻求获得那些必要的资源和能力。资源依赖理论指出，公司的行动自由是有限的。它受限于满足消费者和投资者的需求，因为他们提供了公司赖以生存的资源 [Christensen, 1999]。投资者和消费者决定了资金的流向，那些不能满足他们需求的公司将无法生存。

动态的战略需回答如图 4.2 所示的六个问题。如果对这六个问题找到了可靠的、有效的答案，那么该公司就已经形成了一个具有盈利潜力的战略。

利润		
我们为什么追求这一目标？ · 愿景 · 使命	我们将活跃于？ · 用户 · 市场	我们如何实现目标？ · 创新 · 学习
我们何时、并以何种速度行动？ · 时机 · 执行	我们的产品如何脱颖而出？ · 定位 · 竞争者的回应	我们将和谁竞争？和谁合作？ · 竞争 · 合作

图 4.2　创建动态战略的六个问题，利润取决于对这六个问题的回答

开发战略时通常会使用类比推理法 [Gavetti and Rivkin, 2005]。例如，Staples 的战略构建由一个问题开始："我们可以成为办公用品行业的 Toys-R-Us 吗？"类比推理可以有效地利用信息，但如果只是建立在表面的相似之处和不准确信息的基础上，类比推理也可能是误导性的。因此，理解类比的来源、检验相似之处是重要的。

最终，战略可以被视为一个有效地利用了公司的资源和能力，并有效地整合了公司目标和行动的整体。战略的本质是选择优先级和决定什么该做、什么不该做。战略的优先级决定了业务之间的相对关系。随着竞争环境的变化，新创企业应当调整它们的战略以满足这些新条件。

4.2 核心竞争力

公司独特的能力和资源造就了公司的核心竞争力，它能够实现公司的商业模式，并能向消费者交付有价值的产品或服务。能力是公司或者公司内部团队执行一些任务或活动的本领。因此，一个公司的能力包括组织学习、员工技艺，以及协调、整合经验和专有知识的能力。资源是人力、物力、财务和组织资源，同时也包括了专利、品牌、技术和资本。正是能力与资源的协调共存导致了公司独特的核心竞争力——使公司在某些活动上比其竞争对手表现得更好。

为了使自己具有竞争力，公司必须具备以下两点：（1）独特而有价值的资源，以及利用这些资源的能力；（2）管理通用资源（common resources）的能力。Intel 拥有独特的专利和经验资源，以及利用这些知识和知识产权的能力。Ryanair 和 Southwest 拥有的是公共资源——飞机和飞机设备，但是它们有独特的能力来管理这些资源。Disney 公司具有电影资料馆、品牌和主题公园等独特的资源以及管理这些资源的卓越能力。

核心竞争力是科技公司的关键资产。不同于有形资产，核心竞争力并不会随着使用率的提高而弱化。事实上，随着公司学会建立其自身的能力，核心竞争力也会随之增长。例如，Intel 的核心竞争力是能够设计和制造计算机和通信系统的集成电路。3M 公司的核心竞争力是设计和制造材料、涂料和黏合剂，并设计多种方法将它们组合成新的、有价值的产品。理想情况下，某家公司的核心竞争力应是罕见的，其他人很难模仿或者取代它。

核心竞争力可为企业提供更多的可能。例如，本田公司在发动机和传动系统上的优势也能够让其生产割草机、摩托车、汽车和电动发电机。核心竞争力是新创企业的源泉。

公司的核心竞争力和其业务需求相匹配是非常重要的。如果某一公司拥有的核心竞争力能够有效地实现该公司的商业模式，那么此公司则更有可能获得成功。例如，谷歌的核心竞争力是大规模网络服务的设计和运营，也就是在线搜索引擎。在它成功实现搜索功能的时候，它也已经成为互联网广告行业的领导者。

我们关注能力，是因为它是竞争优势的根源，我们将在 4.6 节解释这一点。然而，竞争优势也会由公司所处的行业和宏观环境来决定，正如下节要讨论的那样。

4.3 行业环境和宏观环境

对消费者和行业进行完整的描述将帮助创业者建立一个健全的战略计划。行业分析的主要元素列示在表 4.2 中。第一个步骤是对公司所处的或者将要进入的行业进行准确命名和描述。对行业的描述应当重点突出且有针对性。一个**行业**是由一群生产相似的替代产品、服务于同样消费者的公司组成的。因此，仅仅说属于某一行业，例如电信行业可能会过于宽泛。行业的定义应当更有针对性，比如"为俄亥俄州和印第安纳州的家庭和公司提供互联网服务的行业"。如果无法获得目标市场区域的数据，那么应该使用最相近的替代品。例如，如果数据在俄亥俄州和印第安纳州不适用,那么它们则有可能被用于美国的中西部地区。然后,定义这个市场并对客户进行描述。第二个步骤是描述行业内的监管和法律问题。国家、州和地方的法规都应该得到考虑。同时,法规的变化可以同时影响行业融资的趋势以及行业内公司的特定类型 [Sine et al., 2005]。

表 4.2 中的第三步描述了行业的增长率和演化状态。大多数行业在最初阶段增长缓慢,没有太多竞争。随着销售的增长和更多行业参与者的加入,行业进入快速发展期。紧随其后的成熟期以缓慢增长和稳定状态为标志。最终,行业内的公司数量会减少 [Low and Abrahamson, 1997]。我们在表 4.3 中展示了这四个时期:新兴、成长、成熟,以及衰退。清楚你的行业正处在哪个时期非常重要。在新兴阶段,存在显著的产品和市场的不确定性。生产者不确定他们的产品需要具备什么样的功能,消费者也不确定他们需要产品具有何种特性。许多的科技公司都出现在这一阶段。由于新兴行业还没有形成主导的设计,科技型企业可以利用自己的知识建立新业务,因此这一阶段很适合科技型企业生存 [Shane, 2005]。

当必要的特性和性能变得清晰,主导设计也涌现时,成长阶段到来了。**主导设计**指产品的主要组件和核心概念在产品之间不会有大幅度改变。随着主导设计的出现,竞争对手的数量也趋于稳定。

表 4.2 行业分析的五个要素

1. 选定一个行业并进行描述

2. 描述行业的规则、制度和法律条款

3. 描述行业的演进状态和增长速度

4. 描述行业的利润空间和资本回报

5. 描述行业内的竞争对手以及竞争情况

表 4.3 行业生命周期的四个阶段

阶段	举例
新兴期	●人造器官 ●纳米科技 ●基因科技
成长期	●医药科技 ●软件 ●智能手机
成熟期	●电子应用 ●汽车 ●个人电脑
衰退期	●钢铁 ●传真机 ●车载电话

然后行业进入成熟阶段。在这个阶段,竞争对手的数量逐渐稳定,利润率逐渐下降,价格成为主要的竞争武器。最后,行业进入衰退阶段,企业数量下降,利润最终被蚕食殆尽。

个人电脑市场始于 1978 年,那时只有几家小型的新创企业,比如 Apple 公司。IBM 在 1982 年进入个人电脑市场,并迅速成为个人电脑领域的主流设计。许多公司在 IBM 公开个人电脑设计稿之后进入市场,电脑行业因此经历了 1984 年到 1998 年之间的成长阶段。最终,市场达到成熟,只有少数几家拥有标准化产品的大公司占据着市场,它们的销售和市场份额都相对稳定。

表 4.2 显示，行业分析的下一步是关于行业潜在利润和典型的投资资本回报率的声明。**资本回报率**被定义为利润占公司总投入资本的比例。计算机软件行业的平均资本回报率约为 16%，而钢铁行业的资本回报率约为 6%。因此，钢铁行业的吸引力不大，而计算机行业相比则具有很大吸引力。新创企业识别行业内实际盈利机会的最有效方法之一，便是阅读行业内某一年轻的、有代表性的上市公司的年报（www.sec.gov）。

如图 4.3 所示，**六力模型**是评价公司竞争力的常用方法。这六个力分别是：（1）已有竞争者的影响；（2）新进入者造成的威胁；（3）替代性产品造成的威胁；（4）消费者的议价能力；（5）合作伙伴的议价能力；（6）供应商的议价能力。这个框架是五力模型的拓展 [Porter, 1998]。通过描述关键的行业要素，六力模型帮助新进入者充分考虑到所要面临的问题。行业竞争对手之间的竞争可以是激烈的也可以是温和的。在某些行业，消费者的议价能力可能是温和的。

以汽车行业为例，这个行业内大概有 10 家竞争企业，他们之间的竞争十分激烈。客户对于新车型的议价能力是很高的，因为他们对产品的相对性能、竞争公司及其经销商提供的价格拥有广泛的了解。供应商的议价能力在行业内是适度的。此外，替代性产品的威胁很小。再考虑到开发一个新产品和经销商网络的成本因素，新进入者的威胁也很小。因此，汽车行业竞争激烈，消费者能够行使重要的权力。

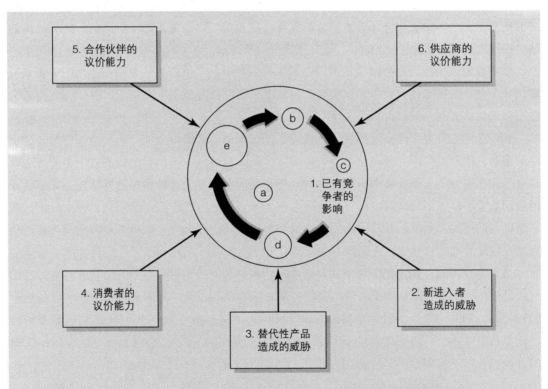

说明：一个圆圈代表一家公司，例如 ⓐ 代表 a 公司，公司的盈利规模用圆圈大小代替，六力用数字清晰标明，公司间的竞争情况用实心箭头表示。

图 4.3　六力模型

再考虑下在线图书销售行业：Amazon 和 Barnesand-noble.com。这两家都是美国境内的大型网上书店，但它们也拥有许多地区性的竞争者，比如 Powells.com。这些竞争对手之间的竞争是很激烈的。供应商的议价能力较低，进入门槛也是适度的。客户的议价能力很高，这使得产品价格低，公司盈利能力有限。替代型产品的威胁很低。然而，电子书可能会破坏纸质书籍行业，因为出现了类似 Kindle 这样的更具吸引力的产品。

相比之下，每年都有许多新公司进入计算机软件行业。客户的议价能力是适中的，替代型产品的威胁很低。以此，行业的盈利能力很高。然而，公司之间的竞争也是很激烈的。

竞争性分析解释了你如何比你的竞争对手做得更好。根据定义，做得更好意味着不同。当公司是独一无二的时候，它们就能够实现卓越的绩效。它们能够做一些其他人没有做的业务，同时其他人也无法复制它们的模式。在军事竞争中，战略是指将军们打算如何赢得战争的大规模作战计划。与之相反，策略这个词，指的是小规模操作，例如指挥小规模战役 [Clemons and Santamaria, 2002]。在第一次遭遇竞争对手后，战略计划通常就会改变，因为竞争双方都会对现状做出回应并调整自己的战略。

互补者是向公司的产业链出售互补产品的公司。**互补产品**能够改善或完善另一个产品。例如，索尼的 PlayStation 4 和任天堂的 Wii 的互补者是生产在这些主机上运行的电子游戏的公司。没有充足的互补产品供给，玩家对游戏机产品的需求也将大打折扣。汽车的互补产品包括能够使汽车安全、快速地进行长途旅行的州际公路系统，以及大量的、分散的、便利的加油站。相比之下，如果没有合适的、广泛分布的电力补给站，电动汽车可能不会有广阔的未来。

供应商的议价能力部分取决于供应商和买家的数量。当供应商的规模很小而消费者只有零星几个时，大买家往往会主导供应商公司。汽车组件行业就是一个例子。这个行业拥有为数不多的大型买家，它们占据了主导地位。

创业公司往往是一个行业的新进入者。因此，新创企业应该弄清行业的准入门槛、替代品的威胁，以及供应商、客户和互补产品商家的议价能力。分析市场结构的一个主流方法就是拿公司在充分的市场竞争中所需具备的规模和其所在市场的总体规模进行比较。如果行业内公司数量不多，新公司可以很容易地进入市场并获得一定的份额。套用六力模型分析，在一个准入门槛高、竞争低、替代品的威胁低、消费者议价能力低、供应商实力低及互补产品商家议价能力低的行业中，新创技术企业会有更好的表现。

做行业分析时，确定竞争对手并且描述行业的盈利能力是很有必要的。行业调查的常用方法是使用标准普尔的报告或者价值线投资调查法。例如，某一刚刚进入生物医学设备行业的新公司，它的主要竞争对手是 Medtronic 和 Boston Scientific 公司。我们注意到这些公司的平均总投资资本回报率是 15%。价值线法预测该行业的未来增长率为 13%。这些指标反映出，该行业对于那些产品特色突出且价格公道的企业是非常有吸引力的。

4.4 SWOT 分析

制定战略计划的第四步和第五步（表 4.1）表明，战略应基于公司的优势和机遇，同时避免或减轻其劣势和威胁。正如在第 2 章和第 3 章中讨论的那样，新公司专注于获得能让它们在行业中取得成功的能力和资源。此外，新公司一般使用表 2.6 所示的方法来发掘有价值的机会。因此，战略包括了四方面问题：公司的优势（strength），劣势（weakness），机会（opportunity），以及竞争环境中受到的威胁（threat）。这个分析通常被称作 SWOT 分析，它通过帮助企业分析其优势、劣势、机遇和威胁，进而找到最适合企业自身的目标。

公司的优势是它的资源和能力；劣势是组织的局限性或者是能力与资源的匮乏；机会是其成功进入一个新行业或推出新产品的可能性；公司受到的威胁是竞争环境中不受其控制的行动和事件。

Amgen 公司是一家领先的生物制药公司，它的 SWOT 分析如表 4.4 所示。SWOT 分析通过引导式提问，使企业认清自己的优势与劣势、机会与威胁，进而扬长避短、趋利避害，从而制定出适合自己的战略。企业遇到的威胁包括市场的变化、监管的变化及产品开发的延期。机会包括需求的增加、重复的使用与购买及支付意愿的提升。

表 4.4 安进公司的 SWOT 分析

组织内部	外部环境
1. 优势 研发和生产生物制剂的专家（例如：微生物和抗体）； 高利润率的产品和有限的竞争	1. 机会 新市场、新需求、新配方； 发掘出更有效的治疗方式以维系利润增长
2. 劣势 没能够发现新疗法以避免利润的下滑	2. 挑战 制药公司向生物制剂领域的拓展； 生物制剂公司间的竞争和价格战

如图 4.4 所示，我们可以从三个维度来判断机会。最安全的战略是：通过现有的方式、使用现有的方法来向现有的客户传递新的产品。我们可以这样命名这三个维度：产品、客户和方法 [Black and Gregersen, 2002]。方法指的是把产品销售给客户的方式或手段。最危险的战略是使用一种新方法将某一新产品卖给新的客户。亚马逊网站是通过线上销售这种新方式向消费者（现有客户）出售书籍（现有的产品）。

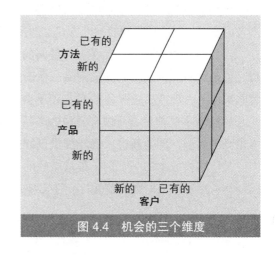

图 4.4 机会的三个维度

4.5 进入壁垒

进入壁垒是企业进入某行业需要付出的成本。潜在竞争者进入某个行业所需要承担的成本越大，进入壁垒就越高。表 4.5 展示了六个潜在的进入壁垒。因为较低的生产成本只存在于特定范围内的或者是拥有大规模生产能力的公司中,因此规模经济是其中的一个进入壁垒。飞机设计和生产行业就是这样一个例子。进入这个行业是困难的,因为新公司很难以价换量 [Barney, 2002]。

成本优势与规模无关,它是由现有公司所拥有的,并且能阻止新企业进入的优势。例如,现有的公司可能拥有专有技术、经验、有利的地理位置和学习曲线优势。这些都是新进入者的障碍。

表 4.5 行业的潜在壁垒

1. 规模经济	3. 产品差异化	5. 政府管制
2. 成本优势	4. 人为阻碍	6. 转换成本

产品差异化指现有企业所拥有的品牌识别度和客户忠诚度,这对新进入者构成了障碍。例如,Dell、HP 和 Apple 公司都拥有自己的品牌和客户忠诚度,这使得一家新的个人电脑公司很难以较大规模进入这个行业。当然,对于只追求个人电脑市场中的某一利基市场的专业制造商来说,这种障碍可能就不那么重要了。现有公司的名誉或品牌资产是一个强大的进入壁垒。提供债券评级是一个有吸引力的行业,因为它不是资产密集型的,并且拥有很好的利润率。然而,如果一家新公司试图进入这一市场,它将不得不与拥有较强声誉的 Standard and Poor's 和 Moody's 这两个对手进行竞争。

人为阻碍指现有公司努力建造进入壁垒以增加新加入者成本。它们可以利用降价、推出新产品或品牌建设等来向新加入者传递一个信号:如果它们尝试进入,它们将受到强烈的回击。

政府管制也是进入市场的一大壁垒。例如,电视广播行业需要接受政府的管控。对新进入者而言,应对这种限制的一种方式是选择有线电视等其他传播渠道——例如,Fox 频道。

经济市场以两种形式存在:可替换的和不可替换的。可替换的产品是包括大宗商品如杂货、可乐饮料和汽油在内的日用品。在诸如半导体制造设备的不可替换的市场中,一旦消费者购买了某一项产品或服务,他们便不会轻易替换任何设备,因为转换成本很高。

转换成本是消费者从现有公司的产品切换到新进入者的产品所需支付的成本。当这些成本很高的时候,即使新进入者能提供更好的产品,消费者也有可能被锁定在现有公司的产品中。关于转换成本的一个例子是从微软的操作系统转换到苹果的操作系统。用户不仅需要购买一套应用于苹果电脑的新软件,还需要培训员工使用新软件。

网络 2.0 时代的低进入壁垒

网络 2.0 时代对一些创业者来说是诱人的,因为这个市场似乎相对容易进入。对他们来说,这是一个进入壁垒低、具有增长潜力的行业。创建一个网站无须太多资本投入,只需要技术和编程知识即可。这个行业为缺少本金的创业者提供了发展机会。网络服务不需要实体的分销渠道,在世界范围内都可以便捷访问。

4.6 获得可持续的竞争优势

公司会努力维持其竞争优势——因为这些独特的因素能赋予公司一个更为优越或有利的竞争地位。竞争优势是公司的核心竞争力和战略的体现。

如图 4.5 所示,公司在创新、效率、产品质量、客户关系及供应链关系方面的能力的不同,导致了产品的差异化和生产成本的不同。科技型公司致力于设计和生产低成本、高质量、有特点的产品。正如表 4.6 总结的那样,企业区别于其竞争对手的四种方式是:利基、成本、差异化,以及差异化和成本的结合。

利基战略旨在瞄准某一大的市场中的一个或两个小的细分市场板块。这种细分可以是地理位置上的,也可以是产品或价格上的。低成本战略建立在高效的流程管理之上。差异化战略的目标是以公司的独特能力为基础去创造与众不同的产品。差异化—低成本战略,即达到低成本和差异化的最佳组合状态。

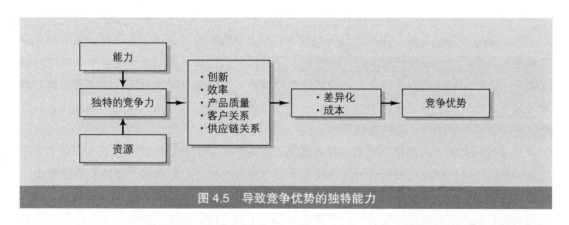

图 4.5 导致竞争优势的独特能力

表 4.6 四种常见的战略类型以及它们的特点

要素	不同的战略类型			
	利基战略	低成本战略	差异化战略	差异化—低成本战略
特有能力	关系	流程、物流	创新和关系	创新和流程
产品差异化	中	低	高	中
市场细分	1—2 个细分市场	大众市场	多个细分市场	多个细分市场
范例	Getty Images Zncyte	RadioShack Wal–Mart	Intel Microsoft	Dell Southwest Airlines

利基企业通常只需很少的资本就能够迅速实现财务成功。通常情况下,对于针对大众市场的供应商而言,利基业务实在是太小,因此遇到的竞争也很少。一个利基市场可以是地理位置上的,也可以是产品或价格上的。利基业务通常从一个细分市场开始,并以核心竞争力及良好的消费者和供应商关系为基础发展。

位于明尼苏达州威诺纳的 Fastenal 公司是美国最大的螺母和螺栓的经销商。它使用低成本战略进行制造和分销,有大约 2 200 家商店,年销售额超过 20 亿美元。每家商店都至少有一辆运货卡车,以便给客户运送货物。该公司把为客户提供优质服务放在首位。目前,公司拥有一支 4 100 辆的货车队伍为客户提供服务(www.fastenal.com)。

Intel 的竞争优势

自成立以来,Intel 始终秉持着技术领先、快人一步及控制重要市场这三大原则。Intel 在微处理器供应商中占主导地位,90% 的个人电脑使用其产品。它也是闪存、嵌入式控制芯片和通信芯片的主要制造商。它在生产、管理和开发半导体设施方面的能力是独一无二的。体现 Intel 技术领先战略的例子是:它发布了一种可以取代硅的新材料,这种材料不仅能减少热和电的泄漏,同时还可以提高密度(每单位晶体管数量)。几十年以来,Intel 已经有了一个成功的差异化战略。

Southwest 航空公司是一家典型的以低成本和利基战略取胜的公司。它最开始只在德克萨斯州进行运营,使用标准化的波音 737 飞机,并只提供达拉斯、休斯敦和埃尔帕索地区的航线服务。该公司雇用高效率的员工,使用一个低成本、短途的点对点系统,以实现频繁、准时地起飞。最终,Southwest 航空公司的业务向西部各州和国内其他地方扩展。因此,它的战略也演变为了差异化—低成本战略。

许多盈利高的公司都建立在差异化的基础上:为客户提供他们想要的、但竞争对手无法提供的东西。这种供应的独特性可以体现在产品、服务、销售、运输或产品的安装过程中。通过为客户提供的各种交互活动或服务也可以获得差异化。一些出售个人电脑的公司试图通过提供优质服务来实现差异化。不同于其他的摩托车制造商,Harley-Davidson 借钱给消费者用于购买摩托车。

Miox 是一家位于美国新墨西哥州的生产水净化系统的公司。传统净水方式是使用高活性的、危险性高的氯气。Miox 公司开发出一种技术,只需要使用盐和水就可以净化水质(www.miox.com)。

Paychex 是另一个使用差异化—低成本战略的例子。它提供薪水管理服务,并且通过服务中小型企业挣到了第一桶金。Paychex 提供的服务物美价廉,这使公司很快扩展了知名度。一旦满足了客户需求,该客户的转换成本就将大幅提高。迄今为止,Paychex 的收入已经超过 20 亿美元。它为超过 572 000 家公司提供服务。在过去的 20 年中,该公司的年收入增长率都超过了 18%。

面对索尼、Microsoft 和 Napster 等竞争对手,Apple 的音乐播放器以其卓越的性能和友好的操作界面,成功地在数字音乐领域中拔得头筹。什么样的战略使 Apple 大获成功呢?Apple 在 2001 年就推出了 iPod,但是一直等到 2003 推出 iTunes 这个在线音乐商店后,iPod 才正式流行起来。2012 年,Apple 公司 iPod 的销量突破了 3 500 万台。此外,iTunes 在第一年卖出了 4 亿首歌曲,并于 2011 年达到了 160 亿。Apple 在 2007 年推出了 iPhone,在 2008

年推出了APP Store。随着各种应用数量的快速增长，Apple在手机市场实现了差异化。在iPod和iPhone的成功之后，Apple公司又向前迈出了一步——在2010年推出了iPad。iPod、iPhone和iPad容易操作、方便携带，并能够与包括iTunes和iCloud在内的其他Apple产品实现自动同步功能。Apple公司使用了表4.6中的差异化—低成本战略迅速获得了成功。

IKEA的顾客是那些不富有的、可能有孩子的、需要为生计奔波的年轻人。这些客户愿意放弃一些服务来获得低成本的家具。IKEA自己设计的那些低成本的、模块化的、便于安装的各式各样的家具就展示在自己的大型商店中。尽管IKEA是低成本导向，它同时也会提供一些差异化服务，比如延长营业时间和提供店内儿童照看服务。它的竞争优势源于差异化—低成本战略。

竞争优势是在满足客户需求的前提下，存在于产品或服务上的显著差异。因此，竞争优势可以建立在低成本或者差异化的产品之上，或者两者兼具之。大多数公司通过提高运营效率来降低成本。为了超越竞争对手，它们也努力创新并提供优质服务。

所有的公司都在通过模仿其竞争对手的产品、服务特点和创新这样的方式来削弱竞争对手的力量。可持续的竞争优势是一种能够在一段时间内保持的竞争优势，一般用年来测量。公司市场价值 MV 由竞争优势 CA 及其持续的时间 D 衡量：

$$MV = CA \times D \tag{4.1}$$

这说明，公司的市场价值与竞争优势的大小或规模成正比，并依赖于该优势的预期持续时间。一家拥有20年专利保护和强大竞争优势的制药公司的确会得到高估值。

公司竞争优势的持续时间 D，是竞争对手模仿或创造出同类产品的困难程度函数。当竞争对手难以复制和获取这种必需的、独特的技能和资产时，困难就出现了。GE在电力行业拥有可持续的竞争优势，它比该领域所有的竞争对手都拥有更高的利润率。

价值创造的金字塔如图4.6所示。公司核心竞争力构建于坚实的资产基础之上。通过利用其核心竞争力和知识，企业开发新的产品、流程，进行竞争优势的构建。公司竞争优势的可持续性取决于其不断创新的能力。最终，在长期竞争中获胜的公司将是那些擅长创新的公司——而不是那些改善现有状况的公司[Reeves and Deimler, 2011]。

约瑟夫·李斯特（Joseph Lister）是改善卫生条件的坚定倡导者。1876年，他受邀在费城的一个医学会议上发言，同时出席会议的罗伯特·伍德·约翰逊（Robert Wood Johnson）被李斯特的演讲深深打动了。1886年约翰逊和他的两个兄弟成立了Johnson & Johnson公司，生产无菌的外科敷料。在取得了一些成功之后，Johnson & Johnson逐渐开始多元化，现如今以生产药品和医疗器械

图4.6 价值创造的金字塔

为主。它的产品，如泰诺、邦迪创可贴和李斯德林漱口水，声名远播且质量可靠。Johnson & Johnson 的核心竞争力是能够生产并推广那些可靠又有用的产品。这使得公司在过去的一个世纪中保持了可持续的竞争优势。

在表 4.7 中可以看到可持续竞争优势的十种类型及其范例。

表 4.7　可持续竞争优势的十种类型

类型	实例
高品质	HP
网络规模	eBay
低成本	Wal-Mart
产品设计和实用性	Google
市场细分	Facebook
丰富的品类	Amazon
产品创新	Medtronic
有效的销售方式	Pfizer
产品选择	Oracle
知识产权	Genentech

4.7　联盟

许多公司的战略都是以竞争为主，而忽视了合作的重要性。竞争与合作战略的复杂混合，被称作"竞合"（coopetition）。新公司拥有的新颖性和创新能力会吸引供应商、消费者、竞争对手和合作伙伴的注意力，他们将组成一个价值网络。图 4.7 展示了这样的一个价值网络。所有的参与者都被连接起来并参与到这个行动网络中去。图 4.8 展示了一所大学的价值网络 [Brandenburger and Nalebuff, 1997]。一所大学的互补者包括中小学教育、当地的住房、社区活动及电脑厂商。在高等教育的价值网络中，所有的成员都是连接在一起的。大学要想获得成功，必须与它的供应商、消费者、竞争对手和互补者形成合作。竞争对手可以被看作敌人，但很多情况下他们也可以成为合作伙伴。

作为合作网络中的一部分，科技公司制定战略时，也需要考虑其互补产品的情况。创新的生态系统是由引领企业与它的互补者共同组成的 [Gawer and Cusumano, 2008]。平台战略需要有引人注目的愿景和强大的领导力。平台产品或技术提供的核心功能需能在平台内共享。Google 和 Microsoft 是平台领导者的典型代表。

价值网络对于创业公司来说是很重要的，因为它们需要努力地积累成功所需的资源与能力。利用互补资源的价值很重要 [Hitt et al., 2001]。例如，一家小型的、新创生物技术公司和一家大型的制药公司都可以从一个联盟中获益。生物公司提供新的技术和创新，而制药公司提供分销网络和营销能力来使新产品成功地实现商业化。此家大型制药公司也能通过其合作伙伴的创新产品来获取价值。因此，公司通常会寻找那些与之拥有互补的资产和能力的合作伙伴。这是一个能增强每个参与者价值的合作关系。

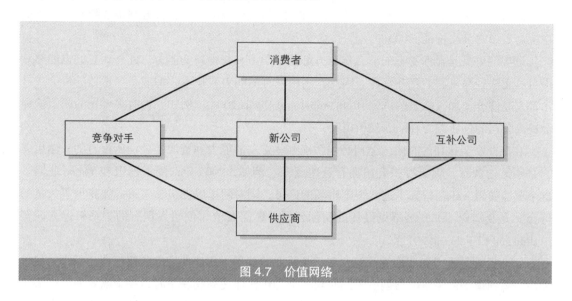

图 4.7　价值网络

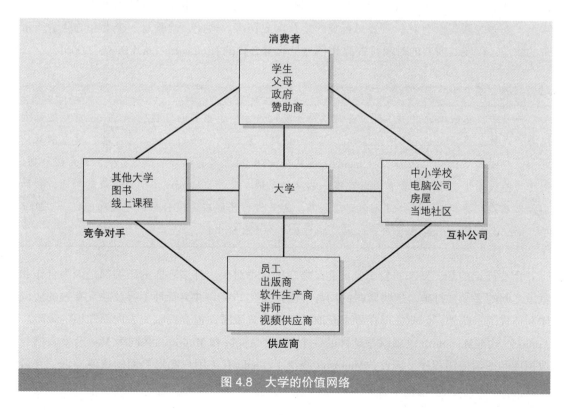

图 4.8　大学的价值网络

没有一个初创公司能拥有所有必需的能力和资源。联盟网络可以有效地帮助它们快速成长。**合伙企业**或**联盟**往往是两个及两个以上的公司组成的，它们愿意互相配合以实现一个相互兼容的目标，因为这个目标对任何一方来说都难以单独完成 [Spekman and Isabella, 2000]。积极的公司会主动行动，而不是被动地对事件做出回应。积极形成战略联盟是创业活动的一个重要维度，它使得一家新公司能够获得其所没有的但却必需的战略资产。所有的联盟都建立在知识、产品、资本和技术的流动上。当共同利益和承诺对所有各方都很清晰时，联盟的功能是最强的 [Lee et al., 2005]。

联盟的好处是显而易见的。合作双方都能够学习和获得新的能力。此外，它们也能够获得自身无法轻易复制的互补资源。因此，利用现有的能力或技术，抑或是探索新的机会或技术都是驱使公司加入联盟的诱因 [Rothaermel and Deeds,2004]。例如，拥有多样化的联盟伙伴会提高公司的创新能力 [Phelps, 2010]。

在选择联盟伙伴的时候，公司必须明确哪些必需的能力和资源是公司所没有的。然后，它必须通过观察，确定哪些公司拥有这些资源。例如，2005年，阿里巴巴和Yahoo联盟。这个联盟使得Yahoo得到了进入中国市场的许可，同时阿里巴巴也从Yahoo处获得了大量的资金和专业知识。那些名不见经传的初创公司可能需要依靠创始人现有的关系来建立联盟 [Hallen and Eisenhardt, 2012]。

创业者们总是得到这样的建议：在整个行业的背景下构建他们的联盟组合，而不是仅仅关注一系列单一的关系。当创业者同时与多个合作伙伴建立起联系时，一个高效率的联盟组合就出现了 [Ozcan and Eisenhardt, 2009]。同时，联盟也对一个组织的管理能力要求很高。事实上，太多的联盟也会对一家公司自身的运营构成伤害。因此，检验每一个潜在的联盟所带来的收益，以及其需要的时间、资源和精力是非常必要的 [Rothaermel and Deeds, 2006]。

手机和游戏

随着手机越来越普遍，手机设备的软件开发迎来了一个重要的发展机会，手机游戏的巨大潜力逐渐被发掘。Jamdat开发出了包括"宝石迷阵"在内的一系列手游。为了推广这些游戏，它必须与诸如Verizon Wireless和Cingular（现在是AT&T）之类的移动电话服务供应商形成联盟。因为这些服务供应商掌控着手机游戏唯一的分销渠道。此外，Jamdat还作为游戏发行商，帮助其他游戏开发商和手机服务供应商建立联系。游戏发行已经成为该公司的主要功能之一。2006年，Jamdat被Electronic Arts公司收购，现已更名为EA Mobile。

需要谨记的是，互补的公司也可能是潜在的竞争对手。许多联盟的破裂都是因为合作和竞争之间的平衡被打破。这些紧张的局势可能是文化冲突、冲突管理不善及缺乏有效的协调体制造成的。此外，创业公司在寻求获取其所需的资源时，也会面临失去内部知识的风险。Apple公司的Macintosh电脑就是这样的一个例子。Apple和Microsoft共同为Mac开发表格、数据库和图形应用程序。因此，Microsoft获得了Apple有关用户图形界面的重要知识，并最终开发出了Windows操作系统 [Norman, 2001]。但是，知识的共享对实现最大化的成功合作来说是十分重要的。例如，当 Starbucks 将咖啡店开在 Safeway 超市中时，它要确保 Safeway 的员工能熟知 Starbucks 的做事方式，从而保证 Starbucks 的品牌和体验能得到保持。

正如图 4.9 所示，联盟包括多种类型，它既可以是一个短期的合作项目，也可以是大型的并购行为。

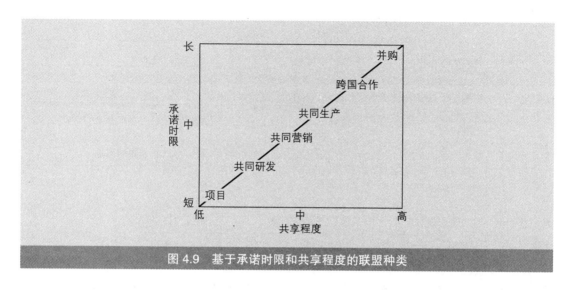

图 4.9　基于承诺时限和共享程度的联盟种类

促进合作成功的一个方法是在项目中轮流当领导。相比之下，那些一直由同一家公司控制的联盟，或者那些需要对每一个决定都达成共识的组织，往往拥有较少的创新 [Davis and Eisenhardt, 2011]。表 4.8 列出了有效管理联盟的五个原则 [Hughes and Weiss, 2007]。

表 4.8　联盟的五个原则

1. 明确合作方式、发展合适的合作关系
2. 设置绩效评价指标，而不仅是朝着合作目标前行
3. 强化差异，而不是弱化
4. 鼓励非正式交流合作
5. 管理内部利益共享者以确保联盟成员都会为联盟的成功做出努力

4.8　战略与市场相匹配

如果说长久以来，某家公司始终比其竞争对手表现更好，那么这家公司可以说是成功的。制定最佳战略的另一种方法是：使公司战略和市场步伐相匹配。表 4.9 总结了三种竞争方法 [Eisenhardt and Sull, 2001]。

第一种方法是：在行业中建立市场地位并且保卫它。公司的目标是找到能依靠自己的能力抵抗外部竞争的最佳定位。通过预测图 4.3 中的六种力量的变化并对其做出回应，可以保证定位方法的可靠。

表 4.9 竞争战略的三种类型

	基于地位	基于资源	随机应变
途径	确立一个定位然后捍卫它	发挥品牌、专利、资产等资源的作用	把握新兴机会
公司的基本问题	我们应有怎样的定位	我们应该成为什么	我们如何采取下一步行动
基本步骤	找到一个具有吸引力的市场，建立、强化并巩固自己的地位	需要获得独特的有价值的资源	选择一个或两个核心的战略流程模块并利用它们指导接下来的行动
最适环境	缓慢变化的、已知的市场	变化适度的、已知的市场	剧烈变化的未知的市场
竞争优势持续期	较长（3～6年）	较长（3～6年）	短（1～3年）
危机或困难	难以改变现有处境	难以开发新资源	难以选择最佳机会
行动目标	盈利性	长期主导	增长和盈利

第二种方法主要针对资源，比如专利和品牌，并试图使这些资源优于其竞争对手。例如，Southwest 航空公司凭借其强大的品牌优势，向其顾客推出了自己的 Visa 卡。

第三种方法叫作"随机应变"，它建立在灵活和简单的原则上 [Eisenhardt and Sull, 2001]。使用这种方法来制定战略的公司通常会选择一些重要的战略过程，并建立一些简单的原则加以引导，以使其在变幻莫测的市场中屹立不倒。这些战略过程可以是关于创新、联盟或者客户关系的。以 Apple 公司为例，它选择了用户界面设计、客户关系管理和定制专用产品作为自己的基本战略。随后，它根据情况再进行调整。

在最初的几年里，Cisco 公司一直使用创新战略来应对随时可能出现的商机。随后，为了应对快速变化的市场，它转而使用策略。我们把这些新兴市场中的基本指导原则归纳为简单原则列在表 4.10 中 [Eisenhardt and Sull, 2001]。这些规则使得公司在快速变化的市场中获得竞争力，比如在有很多科技型新创企业的新兴市场中。

表 4.10 新兴市场的一些简单原则

规则	动机	示例
边界	确认该追逐什么机会	Cisco 并购准则：并购公司中的员工数不得超过 75 人
优先权	排列可能存在的机会	期望得到投资回报
时机	平衡公司现状和所选机会之间的关系	产品必须何时交付
退出	知道何时从机会中退出	关键团队成员退出

我们以橄榄球比赛为例来了解新兴行业的战略规划。假设一支美式橄榄球队在触地得分后拿到了球，但是比赛时间只剩下两分钟。此时球队决不能恐慌，它对这种情形早已有所准备。此时，它应该切换到"不抱团"式的进攻模式，并在防线内进行四分卫的混战。

不确定性在战略制定过程中非常普遍。只有实践过之后才能判断某一战略是好是坏。战略制定可以被认为是公司的一种能力：在这个过程中会产生和使用到许多不同的方法，而过去成功的方法只是这很多选择中的一部分而已。

山姆·沃顿（Sam Walton）的零售店以低成本战略而闻名。他将自己的零售店设立在一些相对偏远的地区，进而获得了差异化。他的第二个特色是创立了能有效激励员工的公司文化。随着竞争的出现，他又基于信息技术开发了一个高效的分销网络。沃顿的这些简单战略和运营原则是Wal-Mart成功的重要因素。

除了将战略与市场环境相匹配，战略成功还取决于另外两个关键因素（见表4.11）：首先是与某一行业相关的竞争力，其次是行业中的竞争情况[Shepherd et al., 2000]。一位曾经参与谢泼德（Shepherd）研究项目的风险投资人说道，在一个竞争不太激烈的行业里具有强大的竞争力，这才是最好的战略。在这种情况下进入某个市场对企业来说是有利的。

表4.11 决定成功战略的要素（以优先级排序）

1. 行业相关的能力：独特的能力
2. 竞争对手：行业竞争不激烈
3. 进入时机：在合适的时机较早进入该行业
4. 学习能力：通过获取技术、知识和资源来深入了解市场
5. 领先时间：领先者率先进入和出现第一个跟随者之间的宝贵时间差

某种程度上，新企业的成功取决于企业内部的独特能力与该行业要求的主要成功因素的吻合程度。这种吻合度越高，公司就拥有更大的竞争优势。如果企业能够对不断变化的市场环境迅速做出改变和回应，那么就能获得可持续的竞争优势。此外，与诸如供应商和经销商这样的关键利益相关者建立联盟是重要的，这样可以对新进入者构成壁垒。

每一个企业战略都是独一无二的，因为它是资源、环境、目标、能力和公司价值观的独特组合。如图4.10所示，消费序列的不同阶段能体现不同公司的战略差异[McGrath et al., 2001]。这个序列的每一个步骤都可以使用独特的方法、工具和管理手段。每一个新的科技公司都应该审视这个消费序列，并决定在哪一环实现产品或服务的差异化。

电脑制造商Dell公司的强大在于：它的直销模式可适用于三种不同的客户群体。Dell的直销模式包含了消费序列中所有的15个步骤。CDW（www.cdw.com）是HP公司的中间代理人，主要提供客户服务。它有庞大的销售团队，可为每名顾客分配一名服务人员，以帮助客户选择出最适合的电脑配置。CDW的销售模式涉及消费序列的第三到第十个步骤。

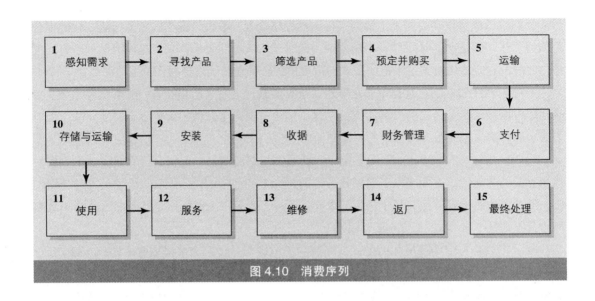

图 4.10 消费序列

4.9 有社会责任感的公司

企业所采取的任何战略行为都会不可避免地影响到其利益相关者的福利：客户的、供应商的、股东的和社会的。战略可能会提高一些利益相关者的福利，但同时也会损害另一些人的利益。新公司的领导人在构建战略时既要满足利益相关者的经济和社会诉求，又要保护该地区的社会和环境。在商业计划中阐释清楚新公司在社会责任和企业伦理方面的战略对公司发展也是有益的 [McCoy, 2007]。

地球上的生活质量取决于如图 4.11 所示的三个因素。在社会中的生活质量取决于自由平等、机遇、健康及对社区和家庭的维护，这可以被称作**社会资本**，或者社会资产。经济增长和生活水平的提高对所有人来说都是重要的需求，我们称之为**经济资本**，或者经济资产。最后，世界或者某个地区的环境质量可以被称为**自然资本**。这三个因素之间的相互关系构成了总的生活质量。生活质量包括服装、住所、食物、水及安全的污水处理在内的生活必需品。除此之外，生活质量还包括对机遇、自由及合理的物质和文化福利的使用 [Dorf, 2001]。

企业管理者、政府官员和环保主义者在做决策时需要充分考虑到这三个因素。我们将这些因素的总和定义为**三重底线**。

企业需要在提高人们生活质量的同时尊重自然与社会，因此公司仅应在必要时才去利用自然资源，并且及时补充这些资源以达到均衡。

由于所有的生物都是相互连接和相互依存的，因此公司领导人可以使用三重底线法寻求他们之间的平衡。人、公司、文化价值观和社群决定了经济、生态和社会这个整体的稳定性。公司或者社会做的决定需要考虑三重底线中的所有三个要素。

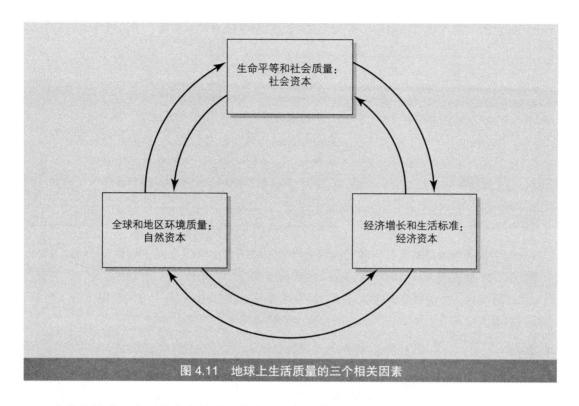

图 4.11 地球上生活质量的三个相关因素

有些人认为,公司的存在是为了最大限度地提高整个社会的福利。但对另一些人来说,公司唯一的目标是利润最大化。我们认为,公众福利也应包括在公司的利益之中 [Wang and Bansal, 2012]。公司的目标之一是获得利润,但社会服务也是公司的一个隐含属性。在许多方面,对社会负责的行为也会对公司自身有益——公司在为其股东追求利润的同时,也应谨记它对员工、对社会、对环境的义务。越来越多的公司把企业责任感作为它们价值主张的一部分。例如,亨利·福特认为,他应该支付给工人足够的工资,使他们能消费得起他们自己生产的汽车。这一决定最终受益的还是福特汽车:该公司不仅成为具有吸引力的雇主,也成功地刺激了产品需求。此外,社会责任感可以作为公司的一个重要的差异化因素 [Russo, 2010]。

历史上许多优秀的公司都倾向于追求一个混合的目标——赚钱只是其中的一个目标,但不一定是最重要的那一个。Merck 公司的首要任务是患者福利。对 Boeing 来说,航空技术的进步是最重要的。盈利能力是公司生存的重要条件,但许多有远见的公司并不会把它当作自己的终极目标。Johnson & Johnson 应对 1982 年泰诺危机的表现就是对公司信条的坚守。在这场危机中,七名芝加哥地区的居民因为氰化物污染事件而死亡。尽管死亡事件只发生在芝加哥,但 Johnson & Johnson 以一亿美元的代价,快速销毁了美国市场上所有的泰诺胶囊。

图 4.12 的社会道德矩阵展示了面对社会责任挑战的四种可能的反应。左下象限(第三象限)反映的是公司根据规范和习俗行事。右下象限(第四象限)代表了顺从行为——法律法规强制要求的负责任的行为 [Martin, 2002]。

这两个较低位置的象限代表了公司对社会价值观和法律的基本承诺。在图 4.12 中,这两个较低象限（第三和第四象限）的行动并不会给企业带来太多赞誉，因为这是企业应该做的。公司道德发展的一个最重要的阻碍就是仅仅做到应该做的。

> **Solazyme 公司用微藻类生产燃料**
>
> Solazyme 公司成功将盈利目的与社会使命相结合。它的两位创始人，乔纳森·沃尔夫森（Jonathan Wolfson）和哈里斯·狄龙（Harrison Dillon）在艾默里（Emory）大学读书时相识。一开始，他们试图用低成本的植物糖类生产燃料。公司的目标是用生物质资源，如糖和玉米作物的废料，生产可再生能源。如今，Solazyme 已经成为一家上市公司，专门生产用于地面和空中运输、营养、皮肤和个人护理产品的可再生油类。

在两个较高象限活动能获得较高的社会赞誉。战略利益象限（第一象限）的活动因为会获得客户、雇员或法律部门的积极回应，因此可能会增加股东价值。通过创造良好的消费者声誉和社区支持，公司可能从这些行动中最终受益 [Russo, 2010]。右上方的象限（第二象限）包含一些能造福社会和环境的活动，但是这也给公司带来了一些成本。

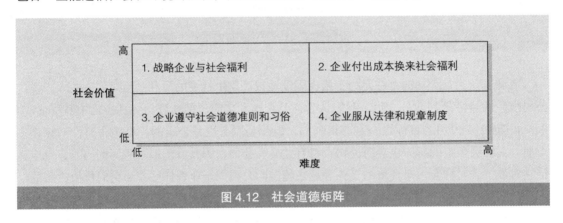

图 4.12 社会道德矩阵

Patagonia 是一个活跃在左上角象限（第一象限）的典型公司。1979 年，伊冯·乔伊纳德（Yvon Chouinard）建立了这家公司，主要生产、设计和销售高性能户外服装，同时这家公司还注重保护自然环境。公司过去一直使用低强度纤维制作衣物，并从 2000 年起转而使用有机棉。Patagonia 在设计和开发产品时遵循三个标准：产品质量，对环境的影响，以及美学价值。为了履行它对环境可持续性的承诺，公司让一系列知名的环保主义者作为自己的发言人。此外，它还常常与其他服装企业分享关于环保面料使用的信息。

刺激金字塔底部的需求可以帮助企业进入左上角象限。例如，创业者可以通过与穷人合作去创造有价值的、能盈利的新产品/服务来帮助他们 [Prahalad, 2005]。尽管个人的收入水平较低，但贫困社区的总体购买力实际上是相当大的，许多国家都有这样庞大的市场。在这些市场上，创业者需要摒弃他们对高毛利率的关注，转而关注在传递社会和环境效益过程中的投资回报率 [Prahalad and Hammond, 2002]。

环境挑战是进入左上角象限业务的另一个机会。与环境恶化做斗争的公司可以同时做到盈利和对社会有益 [Dean and McMullen, 2007]。通过整合清洁能源、耐旱作物、鱼类养殖、生物多样性等方式，新的技术和商业模式可以建立一个可持续发展的世界 [York and Venkataraman, 2010]。因为我们正在转向清洁能源，所以非化石燃料能源，比如风能、太阳能、水力、地热和生物燃料都将在未来十年得到发展。随着创业者找到应对巨大机会的新方法，新的科技公司也将随之涌现 [Sachs, 2008]。

右上角象限（第二象限）的行动最终会使股东获益。然而，为了社会福利而损害公司利益的行为起初却很难得到股东的支持。例如，如果只有一家汽车制造商决定要添加安全气囊，那么它将损失一些利润。如果这种行为是强制的，在这种情况下，所有汽车制造商都可以在相似的成本下提供额外的社会福利。在公司联盟中，需要合作双方都同意在付出成本的情况下提供福利，这样行动才能持续。

公司对社会和环境的贡献，能促进公司业绩提升、吸引投资人和雇员。请访问 Starbucks 的网站：http://www.starbucks.com/responsibility。Starbucks 的社会友善行为增加了其员工的忠诚度，降低了他们的离职率，Starbucks 因此节约了超过 4 000 万美元。墨西哥水泥公司 Cemex 在开发新市场时，会帮助当地低收入家庭盖房子以解决它住房问题 [Austin et al., 2007]。做好事会提高公司的声誉。但是，当公司没能建立起他们的"好邻居"的形象时，这些行为也可能适得其反。表 4.12 列出了前 14 家最具有社会责任感的公司。

表 4.12 具有社会责任感公司的典范		
BMW	GE	P&G
Cisco	Google	Steelcase
Disney	Johnson & Johnson	丰田
FedEx	Microsoft	UPS
HP	Nordstrom	

4.10 聚焦 Google

1998 年，当拉里·佩奇和谢尔盖·布林还在斯坦福大学读研时，他们就组建了谷歌公司。该公司最初专注于互联网搜索领域，他们的竞争对手是 Yahoo、Excite 及其他搜索服务商。在不断创新中，Google 建立了自己的竞争优势。随着广告技术、软件、移动应用程序和云计算功能的不断发展，Google 的差异化策略不断完善（见表 4.6）。这一系列创新让 Google 进入了许多市场。

Google 提供了许多低成本或免费的服务，并利用"免费的力量"获得巨大成功。Google 发达的基础设施，例如带宽、服务器、存储及其他硬件是这一切的基础。它的商业模式、基础设施和不断的创新使得竞争对手很难与之匹敌。此外，Google 与使用或开发安卓系统的合作者达成战略联盟，以此来扩大并维护它的商业利益。Google 还履行了它对环境、教育和扶贫的承诺。Google 在波士顿大学企业公民中心和声誉研究所公布的企业社会责任指数中排名第二。

4.11 小结

新创企业的战略是付诸行动。在面对重要的问题（机会）时，战略就为企业实现盈利和解决问题提供了一个行动路线图。企业希望通过这样一个独特的、可持续的战略来解决遇到的问题，并为消费者和公司创造一个既有利又有益的结果。好的战略需包括以下几点：

- 对公司核心能力的认知
- 对行业和创业环境的深刻了解
- 对公司的优势、劣势、机遇、威胁的深入了解
- 详尽的竞争对手分析，以及六力模型分析
- 导致可持续竞争优势
- 能为客户提供独特价值的差异化、低成本、差异化—低成本或利基战略
- 缔结联盟，以及对社会负责

⊃ 原则4

初创企业清晰的发展路线图或战略应指出企业该如何以对社会负责任的方式实现目标并获得可持续竞争优势。

⊃ 音像资料

访问 http://techventures.stanford.edu 观看专家讨论本章内容。

- Neutralizing Competition is a Speed Game   Geoffrey Moore   MDV
- Social Responsibility from the Ground Up   Mitch Kapor   Foxmarks
- Facing Competition: Creating a Barrier to Entry   Tien Tzuo   Salesforce.com

4.12 练习

4.1 Zipcar 创新了汽车租赁的模式（www.zipcar.com）。这家公司于 2000 年年末在波士顿成立。用图 4.2 中的六个问题描述 Zipcar 的战略。它的战略是可持续的并能使其获利的吗？

4.2 播客、博客、在线照片共享、在线视频、微博是五种流行的分享方式。使用图 4.3 中的六力模型来描述这一行业的性质，并分析它们的竞争状况。

4.3 Nektar 是一家创新型的制药公司，它在药物种类方面实现了产品差异化。浏览 Nektar 的网站及其公开的信息，并使用表 4.6 和 4.9 来描述它的战略。

4.4 在 20 世纪 90 年代，DVD 播放器得到了广泛使用，DVD 租赁市场由此繁荣。

NetFlix公司（www.netflix.com）创立的在线DVD租赁服务开辟了一个新市场。浏览NetFlix的网站并确定其基础战略。它面临的战略挑战是什么？考虑NetFlix出现的时机：这个时间是太早还是刚刚好？Wal-Mart、Amazon和Apple公司是如何将它们的在线服务与NetFlix区别开来的？

4.5　eBay在试水绿色市场后创立了worldofgood.com，并将其定位在环境友好的小众市场。浏览这个网站，描述它的社会使命，并描述它如何与eBay公司的使命相吻合。

4.6　找到一家已经存在了逾100年的科技公司。现在这家公司处于怎样的行业环境和宏观环境中？描述这家公司历史中出现的重大行业和环境的改变。这家公司保持了可持续的竞争优势吗？如果答案是肯定的，它是如何做到的？

4.7　许多网络搜索引擎厂商正在转向移动本地搜索市场。为移动手机用户提供本地特有的信息被认为是无线运营商和本地广告商的一个巨大机遇。选择一家提供移动手机本地搜索的公司，并为这家公司创建价值网络（如图4.7）。

创业挑战

1. 使用表4.4的格式做一个SWOT分析。
2. 从表4.6中选择你的战略。
3. 根据4.7节的描述创建联盟。
4. 用一到两句话描述你的战略，使其可以在你的员工和合作者之间传播。.
5. 为什么你的公司需要具有社会责任感？你将如何做到这一点？

第 5 章

创新战略

> 任何问题都有更好的解决办法，找到它！
>
> ——托马斯·爱迪生
> （Thomas Edison）

▶▶ 什么样的创新战略对技术型企业是有益的？

是否成为领先者对于所有的创业者而言至关重要。通过"机会窗口"这个模型，创业者能够决定何时进入市场以把握住机遇。创业者需要时时保持警觉，也需要避免过早或过晚进入市场。创业者还会建立自己的创新战略，这一战略将新技术、创意和创新转化为最终的商业化产品或服务。新创企业往往通过这样的新产品或服务来重新塑造整个产业。

5.1 领先者 vs. 跟随者

许多创业者认为，创业是一件"快者生，慢者死"的事情。发布新产品或进入新市场的公司希望能够保住自己的竞争优势，以获得长期的高额利润。在本节中，我们将思考什么样的环境对于领先者是有益的。**先发优势**指的是，公司通过率先推出新产品或进入新市场而获得收益。

我们将行业划分为成熟型、成长型和新兴型三种（见表5.1）。**成熟型行业**的利润增长缓慢，稳定性高且竞争激烈。**成长型行业**的利润增长速度适中，稳定性和不确定性也适中。**新兴型行业**是由于产品、客户或行业背景发生变化而产生的或被重新改造的行业 [Barney, 2002]。新技术创业企业往往诞生于充满不确定性的新兴行业中。

作为先行者，先发企业需要承受开发和推广新产品的成本，包括教育和引导消费者和供应商的费用。甚至，由于新兴行业具有很高的不确定性，企业在开发产品、制定战略和公司运营的过程中很可能犯错误。跟随者可以吸取领先者的经验教训，站在领先者的肩膀上继续前行。一些公司成功践行了**跟随者战略**。

新兴市场的早期进入者（第二或第三梯队）有更多的时间开发产品并进行商业化，如果能够把握住资源并成功等到机会的眷顾，他们也能够从中受益 [Agarwal et al., 2002]。很早进入市场却没有维系下去的例子有很多。Pets.com、Helio 和 Amp'd 移动等都在尚未建立起稳定的用户群以前，就因为耗尽资金、无法维持运营而倒下了。对于大多数新创企业而言，创业过程就像马拉松，是否能走到最后和你何时起步并没有很大的关系。

表 5.1 三种行业类型及其特征

特点	行业类型		
	成熟型	成长型	新兴型
收入增长	慢	适中	快
稳定性	高	适中	低
不确定性	低	适中	高
行业规则	固定	流动	未确立
竞争力	高	适中	低或无

在很多情况下，企业为了获取强品牌认知度和顾客的高转换成本，选择"先入为主"。这就是领先者战略受追捧的原因，因为一提起某一品类，领先者的品牌往往被最先想起。然而，一个研究发现，领先者虽然能够获得巨大的销售领先优势，但也可能因跟随者的快速进入而遭受巨大的成本损失 [Boulding and Christen, 2001]。领先者的投资回报率要低于跟随者。

当然，在很多情形下，领先者具有压倒性的优势。像餐饮和零售业这样的成熟型行业，大家总是争前恐后地寻找绝佳的地理位置。例如，Starbucks 总在寻找城市最繁忙的街区，然后获得一席之地。在合适的时间、合适的地点，如果能够拥有与之相匹配的竞争能力和组织经验，领先者就能够有所斩获。

如果市场秩序不完善或不够稳定，那么进入市场还为时尚早。如果成功所需要素在一定的产业周期内保持稳定、不会改变，那么市场就是稳定的。Amazon 进入在线书店市场后，建立起了一系列的知识产权标准和市场标准。然而，作为领先者，Amazon 耗费了巨大成本，其先发优势也受到跟随者——BarnesandNoble.com 的挑战。不过，Amazon 还是通过持续不断的创新，保持了领先地位。

经验曲线指：工人随着经验的增长而获得的生产率的提升，如果先行者能够在曲线的最开始进入市场就能获得低成本优势。通常，这种低成本能对后来者造成威慑 [Shepherd & Shanley, 1998]。在新兴产业中，新技术企业往往选择先进入市场，这样就能在品牌、成本、转换成本等方面树立优势。表 5.2 概括了领先者战略可能面临的优势和劣势。

当技术创新程度和消费者接受度均快速上升时，领先者可能陷入落后的地位 [Suarez & Lanzolla, 2005]。然而，如果领先者能跟随客户和供应商的变化而不断创新，那么就能在变化

的市场中获得优势 [Langerak & Haltink, 2005]。新技术创业企业要挖掘自身的创新能力以树立竞争优势。尽管已经有诸如 Wal-Mart 和 Target 这类的大型零售商的存在，Amazon 还是在电子商务的蓝海中开拓了新兴市场。

表 5.2 领先者的潜在优势和劣势

潜在优势	潜在劣势
制定行业标准和规则	随着竞争加剧，优势难以为继
低成本	上涨的研发成本
开发并保护智力成果	被其他公司侵犯专利和知识产权
攫取战略资源	获取的资源成本
增加了供应商的转换成本	产品设计需求的不确定性，一旦方向错误，要付出巨大代价
增加了客户的转换成本	当转换成本过高时，用户不愿意购买产品

跟随者超越领先者并获得更高利润水平的例子数不胜数。出众的能力和能够树立起竞争优势的战略是企业脱颖而出的关键（图 4.5）。不幸的是，领先者基于六力模型做出的战略选择可能是不明晰且不准确的（图 4.3）。通过从领先者的错误中吸取教训，跟随者能够实现快速赶超。领先者还可能因消费者需求、企业能力、行业环境的不确定性而受挫。

不过，率先进入市场的初创公司可以率先与供应商、客户甚至是竞争者建立关系，随之形成的信誉和品牌力则是跟随者无法企及的。先发优势通常可以在市场和公司内部不确定性较低的情形下获得。不过可惜的是，大多数新创企业会面临大量的不确定性且在进入市场前需要审时度势 [Kessler & Bierly, 2002]。在可预测的市场中，创业者应该强调进入市场的速度。在一个不确定的市场环境中，新创企业可以通过产品测试、专家小组和其他市场调研的方式来测试市场反应。

承诺是为了实践未来的预期而在当下做出的行为。领先者的决策通常具有很强的约束力并且具有深远的影响。先发行为可以制止潜在竞争对手进入，但也可能导致沉重的不可挽回的经济负担 [Sull, 2005]。

机会的评估时期称为机会窗口。在机会窗口期率先进入市场会带来丰厚的现金流，如图 5.1。但是机会所处阶段的不确定性会给新创企业带来很大挑战。如果领先者错误地预估了窗口期的时间，那么现金流将会大打折扣。

创业者的目的是判断什么时候停止搜寻信息、进入市场，以获取最大化收益。如果信息不充分，企业可能过早地进入市场并遭受巨大损失。然而，如果收集信息的时间过长，公司可能要失去先发优势。当发现额外知识的边际收益要低于进入市场的边际成本时，创业者就应该停止搜寻信息并进入市场 [Levesque et al., 2009]。

领先者需要能够先于竞争对手捕捉到现有技术和行业的发展方向。现如今，个人电脑都具备了强大的多媒体应用功能，而在 20 世纪 80 年代早期，大多数人都没有意识到游戏在个人电脑发展过程中可能起到的重要作用。1982 年成立的 Diamond 多媒体公司专注于生产个人电脑周边产品，如显卡和加速插件板等。它们极大地提升了用户的游戏体验。最终，Diamond 的先发战略和领先的产品吸引了 IBM 和 Tandy（当时分别是世界上排名第一和第二的个人电脑生产厂商）的注意。一方面它们不断提高公司自产个人电脑的多媒体性能；另一方面它们继续购买 Diamond 的产品，以给用户提供更好的服务。1995 年，Diamond 上市，它通过出售 30% 的公司股份变现 1.26 亿美元。它的创始人李（Lee）成功地捕捉到了个人电脑的未来发展方向，Diamond 的先入者地位和坚持不懈的创新让它在计算机和游戏市场中大获成功。

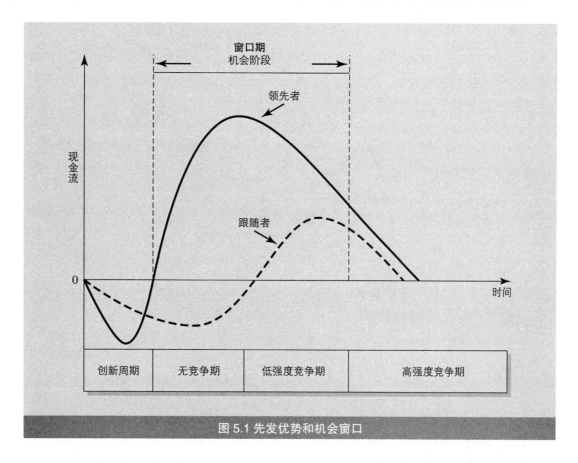

图 5.1 先发优势和机会窗口

不过历史也充斥着很多失败的领先者案例。Apple 公司的 Mac 系统超越了 DOS 系统，而后又被 CPM 操作系统赶超，最终 CPM 操作系统成为早期个人电脑操作系统市场的领先者。在 Gillette 成功推出安全剃须刀之前，安全剃须刀其实已经存在了十余年。由此可见，好的产品需要将需求和设计完美融合，并且在满足客户需求的时候也能够很好地被客户理解。领先者一般并不完全具备这些特征。Prodigy 是第一代商务电子邮件系统，但它却没能很好地被市场接受。第二批进入的 CompuServe 也同样未能获得成功。等到后来的 AOL 和 MSN 具备了合适的特性后，才逐渐被市场接受。

企业进入机会窗口后都会加快发展的步伐。感受到紧迫性,很多初创公司会展现出惊人的发展速度,这一反应过程如图 5.2 所示。因果图可以帮助描绘系统中的因果关系。变量间的因果关系通过箭头表示。例如,带 * 的箭头表示,如果紧迫感上升,决策速度也会上升。当公司因为客户的突然下降而倍感压力时,它就会进一步强化自己的产品设计、开发和销售能力。然而,不可避免的延时(D)会减缓能力提升的速度。能力提升后,公司期望客户能够购买它们的产品,但客户的购买谨慎性会造成延时的又一次出现。缓慢的用户增长导致销售额的下降和紧迫感的上升 [Perlow et al., 2002]。要想减少紧迫感带来的不良后果,就需要减少在能力建设和客户获取过程中的延时。

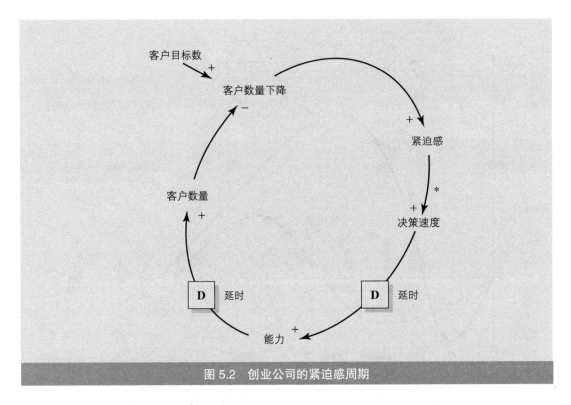

图 5.2　创业公司的紧迫感周期

Google 是一个把握住合适时机进入市场的成功典范。Google 于 1998 年进入互联网搜索引擎市场,彼时互联网搜索市场已经处于稳健发展的阶段。1995 年,还是斯坦福大学在读博士的拉里·佩奇和谢盖尔·布林相遇了。在接下来的 18 月里,他们合作开发出了一套新的搜索引擎,这一引擎是基于关键词和网页浏览量的排名搭建的。浏览量的测度方法之一就是链接到这一网页的网站数。Google 公司的愿景是"整合全世界的信息",此外,他们还允许少量诱导性较弱的广告出现在页面上。

1998 年年末,他们准备好商业计划书,并从家人、朋友和天使投资人处融资 100 万美元。1998 年,Google 搬出车库的时候,日搜索量是 1 万。1999 年年末,Google 的日搜索量达到 300 万,同时 Google 也收到了 2 500 万美元的风险投资。2004 年 8 月,Google 上市,并以每股 85 美元的价格售出 2 000 万股原始股。2009 年,Google 的市值达到 1 500 亿美元。

Google 的竞争优势在于它的搜索技术和其他技术能力。只要具有技术创新，企业就能在任何一个迅猛发展的市场中占有一席之地。

李彦宏和徐勇创立的百度是利用地域市场差异和技术把握住机会窗口的又一成功案例。在互联网搜索领域工作数年后，李彦宏意识到十多亿中国民众需要一款属于自己的中文互联网搜索引擎，来更好地服务每一个中国人。1999 年百度成立，之后四年间百度不断深耕细作，并成长为中国技术实力最强的公司之一。2004 年，李彦宏认为公司的技术储备已经足以为中国市场提供最一流的搜索引擎体验，于是公司开始迅速地进行品牌推广。2005 年，公司的收入迅猛增长。百度对搜索技术和中国市场的投入和了解让它迅速成长为全球第二大搜索引擎。

历史学家马基雅维利在《君主论》（17 章）里曾说道："君主在信任他人或者采取行动时必须谨慎，但也不要杯弓蛇影、杞人忧天。他应当明察慎思，实行仁道，有节制地做事，以免过分自信而轻率鲁莽。"创业者也应该耐心地、深思熟虑地前行，同时，创业者还应时刻保持着自己的激情和动力。如果机会窗口在很遥远的未来，创业者应该放弃这个机会，并找寻其他更可行的机会。如果机会窗口即将打开，创业者在采取行动时应更谨慎一些。

SVB：在最适当的时机出现

20 世纪 80 年代早期，美国政府放松了对银行业的管制，这激发了人们对于创新型银行的需求。同一时期，旧金山地区的美国银行无法继续给高科技公司提供贷款。与此同时，SVB（硅谷银行）的一位创始人开始同对此机会感兴趣的银行家们频繁碰面。一切准备就绪之后，他迅速采取行动，于 1983 年成立了 SVB（参考网站：www.svb.com）。SVB 成立以来，它在 Cisco、Electronic Arts、Intuit、JDS Uniphase、KLA Tencor 及 Veritas 等成功的高科技公司的早期成长过程中扮演着十分重要的角色。毫无疑问，SVB 的故事是把握恰当时机的一个良好的范例。

5.2 模仿

模仿是"向优秀看齐"的最佳方式。很多杰出的创业公司的兴起都是基于对现有公司的复制或模拟，这些公司是创业者曾经供职过或偶然接触过的 [Bhide, 2000]。创业者之所以会从模仿开始，是因为他们相信他们能同所模仿的公司表现得一样好、甚至更好。在考察过美国其他地区不同的折扣零售商后，山姆·沃尔顿在阿肯色州成立了第一家 Wal-Mart。沃尔顿曾经说过："我做得最多的事情就是模仿别人。"技术专家在出席交易展览或论坛时，常常对自己企业能够习得并生产的新产品展示出浓厚的兴趣。

然而令人失望的是，大多数对于伟大产品的模仿都以失败告终 [Szulanski & Winter, 2002]。模仿的困难源自对伟大公司的不了解。进一步说，把某种成功的商业模式从一个背景应用到另一个背景的过程充满着不确定性。新创企业仅凭一己之力很难模仿成功，因为他们往往只能看到成功公司的表象，而不能掌握它的真谛。所以，最好的方式是模仿细节。成功的公司通常都会对用户的反馈快速地做出反应。

1986 年，霍华德·舒尔茨（Howard Schultz）离开星巴克，在西雅图开设了自己的第一家咖啡厅——Il Giornale。这是一家意式咖啡馆，不仅提供意大利歌剧表演，服务员们还统一佩带蝴蝶领结。最初，Il Giornale 被设计成站立式咖啡厅（一种在意大利十分常见的形式），并且不提供脱脂牛奶。之后根据用户的反馈，通过结合西雅图本地特色，舒尔茨对意大利式咖啡馆进行改良，获得了巨大成功。如今，这家咖啡厅提供座椅，服务员也无须穿戴领结，并且提供脱脂牛奶。

步步紧跟的精确模仿是模仿的最佳方式之一。然而我们需要意识到：管理和领导力的核心精髓是无法单纯依靠模仿而习得的。成功公司的伟大领导者拥有不能轻易被看透和模仿的技巧和能力。

一旦新创企业成立并投入运转，客户的反馈意见对于企业的本地化发展十分重要。舒尔茨喜欢意大利咖啡馆的体验，但最终还是选择调整经营模式以适应西雅图本土的需求特征，最终创造了一套成功的商业系统和模式。6 个月后他很快在西雅图开设了第二家分店，1987 年在温哥华开设第三家。1987 年 8 月，舒尔茨收购了 Starbucks 所有的门店和咖啡设备。之后他将自己的咖啡馆和 Starbucks 进行合并，沿用 Starbucks 的名称。截止到 2013 年，Starbucks 在全世界已经开设了超过 20 000 家门店，并获得超过 130 亿美元的营业额。

美国 JetBlue 航空公司就是对 Southwest 航空进行模仿并获得成功的一个典型案例。2000 年 2 月，JetBlue 航空开通了纽约到佛罗里达劳德戴尔的航线，为保证低成本运营，这个航线仅由两驾飞机执行飞行任务。2002 年，JetBlue 航空便成功上市并融资 1.5 亿美元。这是一个成功的模仿案例。

5.3 技术和创新战略

正如在第 2 章中所讨论的那样，创新的形式形形色色——渐进式创新、架构式创新、模块式创新、破坏式创新等，并且发明的来源也多重多样——公司、实验室、大学及开放式技术社区等。不过，大多数的发明并未真正商业化，因此也没有成为真正意义上的创新。发明指的是新产品或新流程的开发，而创新是新产品或新流程的应用及它的成功商业化 [Hall & Rosenberg, 2010]。只有约 6% 的来自独立发明者的发明最终获得商业化 [Astebro, 1998]。在现有公司中，发明商业化的成功概率要高 4 倍左右，不过依旧有 3/4 的发明没有能够获得商业化。尽管成功率很低，完备的创新战略对于创业公司而言仍旧是最重要的要素之一。

从发明到商业化的道路十分漫长。切斯特·卡尔逊（Chester Carlson）在家中厨房内发明了复印工艺——通过将图像转化为能吸引油墨粉末的静电电荷来进行复印操作。1942 年，他将这一工艺申请了专利。不过多年过去，他的工艺专利并没有吸引到现有公司的兴趣，于是他向 Battelle 研究中心寻求帮助。随后 Haloid 公司于 1946 年购买了这一专利。Haloid，即 Xerox 的前身，基于这一工艺在 1949 年推出第一款产品。1960 年，Haloid 公司最终成功推出第一款办公用复印机——Xerox 914。

1968 年，约翰·乔宁（John Chowning）发明了 FM 合成技术来制造电子声音。不过使用 FM 合成技术的第一款商业化产品——音乐键盘，于 1982 年才推出。而直到 20 世纪 90 年代这一技术才被应用于手机电话铃声，此时距相关发明的出现已经 30 余年 [Nelson, 2005]。

熊彼特强调，独立的创业者为产生新产品、服务、原材料和组织方式进行的发明创造是商业组织、技术变革过程和经济增长的关键。创新战略的制定需基于公司自身的能力和知识特征。持续的产品和流程创新能让公司维系战略优势。图 5.3 阐述了不同公司间的创新和竞争周期。竞争对手间的创新行为为客户提供了新的价值，促进了客户需求和产品销售的增长，也提升了创新者的市场份额。每一家在市场中参与竞争的企业都需要付出很大的努力，以保证在创新周期中不处于落后的地位。

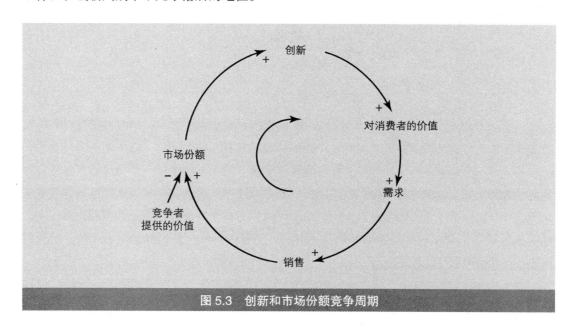

图 5.3　创新和市场份额竞争周期

尽管发明者会将技术机会授权或售卖给他人，但创立新企业仍然是发明商业化的重要机制。通过这一机制，创业者可以将新产品、新工艺和多样的组织形式变为现实。其中，将创新发明进行商业化的决策过程会受到三大要素的影响：创业团队的兴趣、相关行业特征及发明自身的特征。在第 1 章到第 4 章的内容中，我们已经重点讨论了前两类要素。当然，创业团队首先一定要对发明带来的机会感兴趣，并且确定所在行业欢迎这种新产品。在这一章中，我们将探讨发明自身的特征。

技术发明是否能实现商业化，受到以下三个维度的影响：重要程度、新颖性和专利保护范围 [Shane, 2011]。重要程度反映了某项发明的经济价值，发明越重要，其经济价值越高，给创业者带来的机会回报也越高，其商业化的可能性也更高。很多发明的商业价值有限，因此也就无法吸引创业者的关注。发明重要程度的一个关键性决定要素是：它是否能够满足真实的需求。例如，如果一个发明致力于提高客户便捷性，但客户却连试都不试，那么这个发明投入市场后肯定会失败 [Christensen, 2002]。所以，"闭门造车"的创新战略最可能失败。

新颖性测量的是在不考虑经济价值下，新发明与现有成果的差异程度。新颖的发明具有成为颠覆式创新的潜力。新颖程度反映的是发明商业化后生产的市场效应。颠覆性的技术会打破原有公司的能力壁垒，因为颠覆式技术依靠的是新的能力和资源。最后，专利保护范围描述了对这项发明的知识产权保护的范畴。这三个商业化维度如表 5.3 所示。

表 5.3 发明商业化的影响因素

1. 创业团队对这项业务的兴趣、所具备的能力和经验
2. 发明所在行业的特征
3. 发明的特征：
● 发明的重要程度：经济价值与潜在回报
● 发明的新颖性：该发明与现有发明的差异
● 知识产权对专利保护的范畴

  迪恩·卡门（Dean Kamen）是过去 30 年中最知名的发明家之一，他拥有超过 440 项发明，涉及婴儿护理设备、胰岛素注射器、轮椅替代品等 [Brown, 2002]。2001 年，卡门发明了 Segway——一款电动滑板车。他在滑板车的底部平板中加入了陀螺仪，使得滑板车的稳定性和自平衡性更好。这辆滑板车没有刹车闸、引擎、减速闸或变速挡。使用者通过身体前倾来让车前行，后仰来改变方向。发明者说，Segway 可以自如地在冰面、雪地甚至石头间行走。尽管 Segway 是一项颠覆式的发明并申请了专利，但它的经济价值仍然是个未知数，毕竟目前它还没有被市场广泛接受。

  图 5.4 展示了发明逐渐发展为业务的过程。让我们借助这一过程来重新评估 Segway 电动滑板车的潜力。不同的用户使用，如快递员、仓库工人或城镇居民，会带来不同的结论。当然，也有可能，以上提及的都不是这项设备最好的应用场景。

  做是否将一项发明商业化的决定是比较困难的，很大程度上取决于这项发明的新颖性程度。破坏式或颠覆式创新将给主流客户带来完全不同的体验，并且一开始该产品有可能在一些关键性能的表现上不那么尽如人意。所以，主流的用户并不太愿意接受颠覆式的产品。因此，颠覆式创新最开始只能在新兴的、不确定的市场中使用。

  如图 5.5，颠覆式技术通常不会直接服务于主流市场。它往往从利基市场开始，但最终会进入低端市场。例如，如今的声音识别软件还不到 95% 的精确度。但是，声音识别软件还有很多低精确度的需求，如语音邮件、电话客服或 iPhone 的 Siri 声控软件。因此，这一创新已经进入了低端市场并逐渐向更广阔的应用领域拓展。

  美国 20 世纪 60 年代兴起的折扣商店就是一个颠覆式创新的例子。顾客流动性的提升增强了开在城镇边缘的折扣店，例如 Kmart 的竞争力，弱化了市区中心位置的竞争优势。Kmart 这样的折扣商店开创了一种新型的商业模式：低成本、高存量、高周转。从 70 到 80 年代，这类折扣店的商品品类从低成本耐用品逐渐拓展到低成本耐用品和非耐用品兼顾，并进入大众市场，Target 和 Wal-Mart 就是大众市场的佼佼者。零售行业最新的颠覆式创新来自于 Amazon，它从线上书城起家并逐渐发展壮大成线上百货商场。此外，现在很多人也将 3D 打印视为颠覆式创新，预测它将从高度细分的应用领域逐渐拓展到主流应用领域。例如，MakerBot Industries 就是如今走在 3D 打印最前沿的一家创业公司，它已经销售了超过 6 000 台打印机，预计这家公司的销售额还将会大幅提升。Amazon 创始人杰夫·贝佐斯（Jeft Bazos）已经投资了这家创业公司。总而言之，颠覆式创新应最先应用于利基市场。新创企业通过匹配相应的资源和能力满足了利基市场的需求之后，最终会进入主流市场。

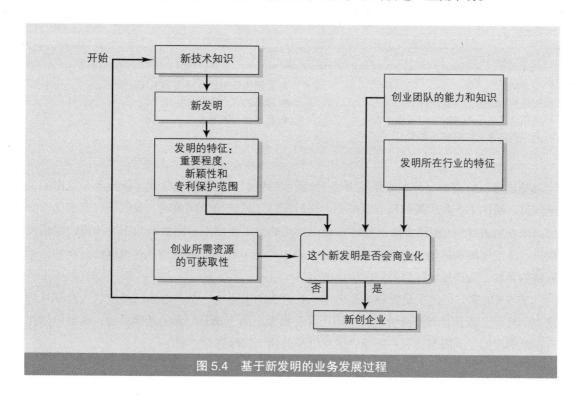

图 5.4　基于新发明的业务发展过程

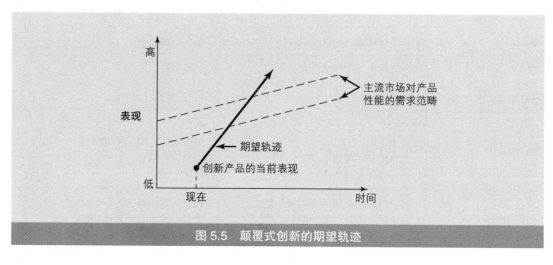

图 5.5　颠覆式创新的期望轨迹

5.4 新技术企业

通常,创业者会发现一项新技术,然而却不知该把这项新技术应用在何处。因此,新技术可以被描述为问题的解决方案。第一家使用这项技术的公司和技术最好的公司都不一定会胜出。相反,找到这项技术最合适的应用方向的公司才能取得成功[Balachandra et al., 2004]。

表5.4给出了一个有吸引力的创新战略所应具有的元素。任何新企业都应当拥有一群目标客户、一到两个关键利益、短期的回报周期和专属优势。最后,新企业团队必须具备必要的核心竞争力才能开发并应用新技术。

表5.4 创新战略所应具备的要素

- 明确的客户
- 可维护和防御的专有优势
- 可用金钱衡量的关键客户利益
- 利用新技术所需的核心竞争力
- 短期内获得经济回报和正现金流
- 较高的客户收益价格比
- 获得必要的资源

描述潜在应用的一种方法是使用表5.5所示的模型。它简要地描述了新技术,给出了关键假设,阐述了企业所需的核心竞争力,最后标注了可能的应用范围。我们通过两家虚构的公司来介绍表5.5的使用方法。旋转发动机公司的例子介绍了一家生产车用发动机、船用发动机、重工器械和休闲汽车的新技术企业。表中列出了它的市场挑战,并根据已给出的创新战略的要素,为该技术找到最好的应用方向。

表5.5的第二个例子是燃料电池公司。在过去的十年中,燃料电池已经成为大众瞩目的焦点。然而,真正具有经济价值的应用还没有出现。由于缺乏配套的基础设施,燃料电池在汽车上的应用受到限制;另一方面,燃料电池的储能属性越发凸显。

表5.5 两家新科技公司

企业	旋转发动机公司	燃料电池公司
技术	先进的旋转式汽油发动机技术	氢燃料电池技术
关键假设和收益	提高发动机效率和减少污染	接近零污染
核心能力要求	发动机设计和制造	燃料电池的设计与制造
潜在的应用	1. 汽车 2. 海用(船) 3. 割草机等小型家电 4. 雪地摩托和越野车	1. 汽车 2. 小型的、本地的发电机 3. 电池替代品 4. 海用(船)
市场的挑战	1. 客户对旋转引擎的有限接受能力 2. 缺乏关于旋转引擎的服务 3. 收益在客户看来并不明确	1. 有限的氢燃料电池基础设施 2. 收益在客户看来并不明确 3. 燃料电池的可靠性未经证实

具有经济吸引力的新技术应用包括：半导体、基因组学、支架疗法、激光和无线电话。如图 5.6 所示，所有这些技术的实现过程都经历了这四步，这是技术创新所必须经历的。

任何一项新的、有吸引力的技术必须是可行的、可制造的，并能提供有价值的产品性能。在良好的商业模式和战略指导下，新技术企业可以在一个相当短的时间内实现盈利。

研发一款能取代化石燃料的新能源是一项极具挑战性的创新 [Carr, 2008]。它的主要挑战在于找到一个低成本、高效能的可再生燃料，如风能、地热能、潮汐能、生物质能和太阳能技术等。并且这些创新必须是高效的、稳定的、可持续的和低成本的。解决全球变暖问题，创造绿色科技，这要求创新者开发出可行的、低成本的、能快速投入使用并进行规模扩张的创新 [Krupp and Horn, 2008]。

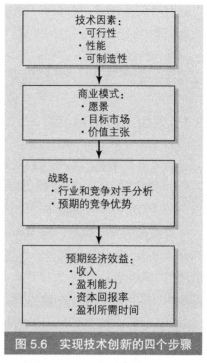

图 5.6　实现技术创新的四个步骤

图 5.7 使用电冰箱技术作为例证，展示了技术创新过程的模型。19 世纪后期，电力、电动马达、制冷科学都已出现。随着电冰箱的发明（1915 年前得到广泛传播），这些非连续的创新造就了一个全新的行业。图 5.7 所示的创新模型可以用来描述现今流行的各项新技术。

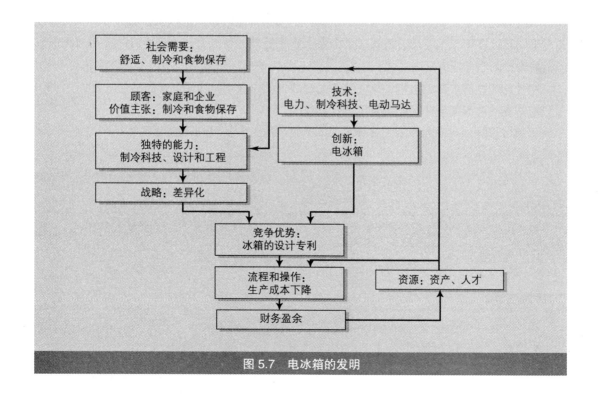

图 5.7　电冰箱的发明

技术创业者用一种有利可图的方式将技术和商业结合起来。创业是技术创新过程的基本驱动因素 [Burgelman et al., 2004]。总结起来，技术创业就是建立一家新企业，它通过创建新的、独特的资源分配方式（包括技术）以满足客户和社会的需求，从而为参与其中的各方带来利益（财富、工作、价值和进步）。

5.5 聚焦 AgraQuest

1995 年，帕姆·马龙（Pam Maronne）和他的几个同事在加利福尼亚的戴维斯成立了 AgraQuest 公司。AgraQuest 的目标是开发防治害虫的天然产品，用以替换农民常用的化学杀虫剂。该公司研发的 Maronne 已经被证明是既天然环保又有效的。

通过使用专有技术，AgraQuest 公司的科学家们分析了成千上万个可以保护植物免受昆虫、线虫和植物病原体侵害的自然微生物。随后他们选择其中最有希望的候选品进行进一步的研发。AgraQuest 公司的创新战略建立在专有工艺和专利的基础上。专利覆盖了微生物及其应用，以及新型的天然化合物和混合物。

2012 年，德国的 Bayer CropScience 公司以 4.25 亿元收购了 AgraQuest。Bayer 将使用 AgraQuest 公司丰富的创新产品建立一个绿色产品技术平台。Bayer 计划为农民提供综合病虫害管理计划以减少抗药性农作物，并使粮食产量最大化。

5.6 小结

成功的创新企业大多选择提前进入市场。它们在紧迫感和深思熟虑中取得平衡。大多数公司都能通过合作（无论是与公司还是个人合作）提高创新能力。几乎所有的公司都会建立创新战略，以供可持续发展之用。

- 先行战略会在新兴市场中树立显著的优势，但这并不是成功的保证。
- 创新战略为商业化发明提供了行动路线图。
- 通过设计颠覆性的产品或服务（"杀手级应用"），企业可以重塑产业。

⊃ 原则5

创新战略应建立在创意、发明和技术的基础上，以价值网络为依托，不断地把新产品和服务进行有效的商业化。

⊃ 音像资料

访问 http://techventures.stanford.edu 观看专家讨论本章内容。

- Three Types of Innovation　　　　　　Judy Estrin　　JLabs

- Facing Competition Through Innovation   Reid Hoffman   Linkedin
- Out Innovate Bigger Competitors   Aaron Levie   Box.net

5.7 练习

5.1 描述一家作为先行者而取得成功的企业，并将其与一家作为快速追随者而取得成功的企业进行比较。

5.2 选择一个你感兴趣的行业，尝试找到一个适合模仿的公司。描述行业机会并且阐释你是如何从模仿中获益的。

5.3 访问一所大学的网站，查看该大学是否存在技术授权办公室（例如斯坦福大学 http://otl.stanford.edu）。如果有的话，找到该校有特色的技术。你能看到某个特色技术隐含的商业机会吗？这所大学的技术授权办公室鼓励创新吗？如果是，是怎么鼓励的？

5.4 假设一位发明家给你带来了一个拥有震动刷头和倾斜把手的电动牙刷，且该发明符合美国牙科协会的设计标准。该发明家已经提交了一份初步的专利申请。同样，你也尝试过了这款牙刷并且觉得使用起来很方便。通过使用表 5.3 中的因素，对这项发明做简要陈述。你会推荐它进行商业化吗？

5.5 描述 Take Two Interactive 公司所使用的互动软件游戏开发技术（www.take2games.com）。用 4.7 节所述的内容描述 Take Two Interactive 的价值网络。

5.6 Zebra 技术公司是条形码标签的解决方案提供商，该公司产品主要用于自动识别系统和数据采集系统（www.zebra.com）。使用技术发明的三个维度（重要程度、新颖性、专利保护范围）来描述 Zebra 技术公司。

创业挑战

1. 根据图 5.1 所示的进入时机来描述你的公司。
2. 总结你的技术战略和创新战略。
3. 你的产品或服务是一个颠覆性创新吗？为什么？

第二部分

概念开发与企业形成

对于创业者来说,写作一份商业计划书是必需的。这份商业计划能够在机会识别、市场规模估算、竞争威胁分析、产品战略制定、销售与分销策略制定、资源需求及潜在财务结果分析等方面对团队成员起指导作用。在吸引投资人和说服新人加入时,一份好的商业计划书将会是一个极有价值的工具。随后,创业团队将会尝试运用商业计划来规避相关风险,同时利用创新思维来增加成功概率。一个好的商业设计将为企业带来规模经济和范围经济。

管理团队同样需要积极参与到产品的设计与研发过程中来。研发原型产品与迭代产品有助于企业推出能最大化满足客户需求的产品。在关注产品设计与研发的同时,创业团队同样需要制定企业的营销与销售策略。该策略除了需要鉴别目标客户外,也需要明确企业产品的自身定位,并拟定分销策略。营销既包括传统营销,也包含新媒体营销和营销分析。而销售规划则需要在直接与间接销售、电话销售与当面销售之间找到平衡。

本书中所讲述的创业技巧可以帮助创业者创建新企业,也可以用于现有公司的创业项目中。大型的公司则可以用此来应对"创新者窘境",并创立新公司。

第6章

商业故事与商业计划书

"创业的方法是：大胆的规划，积极的执行。"

——克里斯汀·博维
（Christian Bovee）

>> 企业是如何组建的？商业故事与商业计划书有什么作用？

创业者通常会采取创办新企业的方式来抓住机会。在本章，我们将会阐述创办新企业的五个步骤。其中，撰写商业故事和商业计划书尤为重要。商业故事是关于为何在当下建立这个企业，以及如何能够取得成功的企业纲要。接下来，我们将详细讲述如何撰写商业计划书。在建立企业前向潜在的风险投资人展示商业计划书，是非常有必要的。

6.1 创办新企业

表 6.1 展示了创办新企业的五个步骤。新创企业将会依循这些步骤来准备一份不仅适合团队本身，同时也适合投资人和商业伙伴的商业计划书。这个过程能够运用到各种类型的企业中：无论是独立型新创企业还是公司新创企业，小规模的还是大规模的，针对小众市场的还是大众市场的，家族式的还是特许经营式的，是否营利性的，以及尝试颠覆式的抑或是渐进式创新的。

公司新创企业同样需要准备一份商业计划书以供母公司审阅并获得支持。即表 6.1 第五个步骤中的投资人是其母公司。我们将会在第 10 章讨论公司创业及其应当采取的法律形式。

在创业过程中，领导人的才能，如真知灼见和果决的执行力，对企业的有效运行至关重要。他（她）既要能激发下属的积极性，又要能够管理好各种信息与资源使企业盈利。新创企业的业绩是由一系列公司维度的因素导致的，这些维度将会在表 6.1 中体现。机会的质量、和创业愿景的契合度、独特的资源和能力会带来企业竞争优势。在此基础上会产生基于某个行业的企业创新战略。行业吸引力和机会有关，它会影响企业的盈利潜力和预期收益。资源的获取能力及吸引人才的能力则依赖于该新创企业的魅力。因为资本通常会流入机会充足且足够吸引人的行业中，所以行业环境将决定企业可利用资源的数量。此外，创业团队所拥有的相关的行业能力，也就是该行业的经验与知识水平，将会提升创业成功的可能。

表 6.1　创办新企业的五步过程
1. 识别与筛选机会。构想创业愿景与理念陈述，同时建立初始的核心创业团队。描述关于价值主张与商业模型的最初构思。
2. 改善该想法，确定其可行性，同时准备一份使命声明。对该商业想法进行调研和验证。创作一份商业故事和附有执行摘要的商业计划书大纲。
3. 准备一份包含财务规划与组织结构的完整商业计划书。
4. 确定所需的财务资源、物质资源及人力资源的数量。为企业准备一份财务模型并决定必要的资源，同时准备一份获取这些资源的规划。
5. 确保从投资人、人才及盟友处获得必要的资源和能力。

企业若想成功，识别并获取所需的资源和能力至关重要。对于基于持续创新力的高增长企业来说，智力资源是成功的关键因素。保证企业全生命周期的资源和能力供给是必需的。

正如图 6.1 所描绘的一样，商业计划书主要关注企业的建立阶段。企业组织结构的最初形成过程应遵循企业战略。合适的组织架构，以及持久的竞争力和创新力，能给企业带来可持续的盈利。

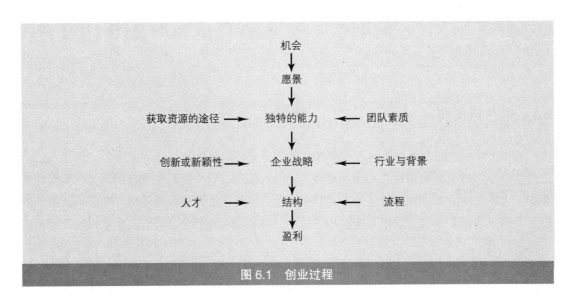

图 6.1　创业过程

创办新企业过程中的最大风险就在于无法完成表 6.1 和图 6.1 中全部的步骤。不幸的是，一些拥有高超技术能力和素质的创业者常常会忽略制定企业战略。另外一个风险则是商业计划书中对于组织结构以及流程与人才的管理规划不足。随着机会与其应对方式的变化，商业计划书同样需要不断改变。

6.2 理念概述和创业故事

理念概述和创业故事是创业的第一步。一旦创业者准备创业，那么准备一份创业理念概述就很有必要了。该概述是一份对可能出现的问题以及企业打算如何解决此问题的简要陈述。表6.2给出了理念概述应包括的要素。例如，Twitter的商业理念可以简述为"能让用户撰写并发送简短文字信息的在线社交网络和微型博客"。

表 6.2 理念概述的要素
● 解释相应问题或者需求，识别目标客户
● 解释本公司提供的解决方案，以及该方案的独特性
● 说明客户将会愿意为该方案买单的原因

故事指的是对真实或想象事件的叙述。它以类似于商业计划书的方式描述一系列的挑战、计划、行动与结果。创业故事和商业计划书在定义机会、概念、原因、影响及结果时相辅相成，互相配合。故事应善用情节与波澜来俘获听众的想象和兴趣。故事应讲明该企业的顶层目标、观念上的挑战，以及实现目标的方式。创作一份语意连贯且富有魅力的故事对于创业者来说将会是一个很有用的交流工具，因为创业故事可以使他们的观点与计划吸引来更多的兴趣和支持。想要行之有效的话，故事的内容必须同听众的兴趣和背景相一致。一份精心创作的故事会尤其强调新创企业的目标与优势。一个引人入胜的故事能够使人们对该企业的动机、特色及能力充满信心 [Ibarra and Lineback, 2005]。

故事是建立新的企业、获得必要资源及产生新财富过程中的一个必要的过程 [Lounsbury and Glynn, 2001]。故事适用于公司新创企业或独立型新创企业。故事在新企业的产生过程中十分重要，它通过替企业树立积极的社会形象和盈利能力，吸引各种资源。此外，故事能够使得新企业合法化，帮助它们被大众认可和接受。好的商业故事会吸引财务与人力资源，帮助企业获得行业内认可。创业者必须使外界了解自己企业的特质和潜力，尤其是那些能提供必要资源的人。

作为Netscape和Healtheon的创始人，吉姆·克拉克（Jim Clark）为这两家公司准备了很好的故事。在Healtheon的故事中，他结合了自己的亲身经历。1995年年末，吉姆·克拉克曾身染疾病，这一经历使他感受到美国医疗行业的官僚化，以及由此带来的繁重的纸质版行医记录的整理工作，他将自己的这些不满和需求用文字记录下来。他设想了一种解决方案：每个病人拥有一串密码和一份电子记录，而医师则通过互联网收费，不需任何第三方的参与和干扰。他绘制了一张体现医疗行业参与者的图，如图6.2所示。他

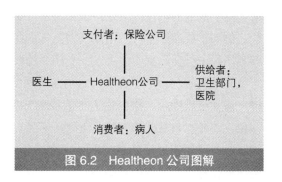

图 6.2 Healtheon 公司图解

将自己的公司作为整个行业的枢纽置于图的正中,以互联网的形式提供解决方案。克拉克讲述的故事对于美国人而言至关重要,它描述了一个激动人心的挑战和机会,并给出了解决方案。通过他引人入胜的故事,克拉克筹集到了数百万美元建立了 Healtheon 公司,该公司后来被 WebMD 收购 [Lewis, 2000]。

在为新企业建立合法性认同的过程中,故事讲述人必须在既有挑战和企业独特性之间保持平衡。出于投资谨慎性考虑,投资人可能会质疑创业故事的可靠性。

初创公司不应在某个单一要点的阐述上投入过多精力。要点列表能够把一系列项目精简为几个要点,同时减少了对细节和动机的阐述。要点列表所表达的含义通常是笼统的而且并不对挑战和关系做出具体的说明。此外,要点列表通常不会说明一些关键的假设。然而一份好的故事包括了故事相关的挑战、关系、假设等所有细节。在展示中可以使用要点列表,但应该要点突出。

如表 6.3 所示,新创企业的故事包含三个要素 [Shaw et al., 1998]。第一步是通过描述行业和社会现状、现有关系和机会来构建故事。故事应该是关于一个人或是一群人的,他们所遭遇的挑战听众能够感同身受。

接下来的第二步,故事讲述者通过描述企业面临的挑战引出戏剧性冲突,并说明自己的企业能够解决这样的问题,同时还要指明潜在的关键障碍与问题。在第三步里,讲故事者阐述商业计划,商业计划有助于克服障碍、保障必要资源,并促成解决方案的执行和最终的成功 [Ibarra and Lineback, 2005]。

表 6.3 故事的三个要素

- **搭建框架:**完整且清晰地定义当前的形势、参与者与机会。保持这些因素的微妙平衡。
- **介绍戏剧性冲突:**一个小刺激或是需求会打破这种平衡。描述挑战和机会,以及一个可以获得成功并构建起新平衡的商业计划的必要性。
- **达成解决方案:**展示一个连贯的计划,描述新企业如何克服障碍并沿着既定规划走向成功。

世界能源危机是一个能很好体现故事的作用的例证。能源是工业文明的命脉,也是摆脱贫困所必需的。然而,当前能源流通的方式却高度受限于局部与全球的环境条件与环保进程。因此,开发一种新的、更加适合的能源体系,以及与其相配的资源,就是当今社会的挑战。这个挑战的解决方案是一种新型的能够将太阳能有效转化为当前可用能源形式的科技手段。例如,能够产生燃料电池所需氢气的太阳能转化系统就是一种可能性。科技企业如果能够利用这个机会,就能够讲述一个伟大的故事。

令人振奋的故事不仅要揭示当前的困境,还需要提出新颖的解决方案。当听众们将自己带入该故事当中时,他们的认同感和参与度就大大提升了。依靠创业故事给大家留下的深刻印象,商业计划就能够更有效地调动资源、激励投资者们。

故事比逻辑论证能更有效地帮助创业者们传递愿景与想法。事实能够传递信息,而故事则能够传递意图。创业者们需要事实来支撑起他们的计划,也需要一个故事来传达企业的目

标和存在的意义 [Gargiulo, 2002]。

BET：兜售一个故事

1980 年，罗伯特·约翰逊（Robert Johnson）产生了一个好创意：创作针对黑人观众的电视节目。约翰逊会见了一些投资人并讲述了他的创业机会和故事：为黑人观众提供能够引发他们价值观与经历共鸣的电视节目。这个故事产生了巨大的经济效益，获得了丰厚的资源。结果，Black Entertainment Television（BET）成功在美国创立。（详见 www.bet.com）

因此，一个好故事足以吸引大家的注意力、让大家记住。我们可以忘记要点，但一个绝佳的故事是难以忘怀的。它描述了在面对现实和挑战时，创业者为期望和希望奋斗的画面 [McKee, 2003]。下面是一位创业者讲述的故事：

"我与我父亲的关系十分亲密。1999 年，他充血性心脏病发作，这病在当时是不治之症。一个午夜，在等候进一步检查时，我父亲不幸逝世。这些检查是如此的不合适以至于他们毁了我的父亲和我自己。后来我发现存在一种新的已申请过专利的血液检查方法，然而由于食品药品管理局（FDA）回应得很慢，其原本的发明者已经放弃确权了。而我们的早期测试说明这项低成本检查方式有着良好的效果，能有效地协助治疗。

我们的公司，Heartease，目前亟须 100 万美元来完成 FDA 的认证过程。我们有关于该项检查效用的数据与证明。我们团队需要您的肯定与资金支持。同时，也许今后您的双亲也能因此获益。"

最终，就像好的书籍或是电影一样，创业故事也会从"煽动性的事件"过渡到美好的结局。借助同事和助手的帮助，创业者会把挑战和障碍转化为新的机会，并取得成功。

6.3 商业计划书

一旦创业团队已经选定了一个既有吸引力又可行的机会，他们通常会创作一份详尽的商业计划书来描述这个商业机会。**商业计划书**是一份描述企业的创业机会、产品、背景、战略、团队、所需资源、财务收益及产出的文件。在表 6.4 中列出了商业计划书的要素。商业计划书有许多用途，比如为企业吸引人才和资源。当然，并不存在一种特定的方式来撰写商业计划书，而且相当多的成功企业并没有一份正式的商业计划书 [Brinckmann et al., 2010]。尽管商业计划书并不是完美无瑕的，但是通过撰写商业计划书能使创业者明确一些创业过程中的关键性细节。

表 6.4 商业计划书的要素

- 执行摘要
- 机会：质量、增长潜力
- 愿景：使命、目标、核心概念
- 产品与服务：价值主张、商业模式
- 背景：行业、时效、规章
- 战略：进入时机、销售、经营、市场分析
- 组织：结构、文化、人才
- 创业团队：能力、认同感
- 财务规划：会计假设、现金流、利润
- 所需资源：财务、物质、人力资源
- 不确定性和风险
- 金融收益：投资收益
- 产出：投资人和创业者的现金收益

正如丹尼尔·哈德森·伯纳姆（Daniel Hudson Burnham）曾说过（1909）：

"不要去做细小的规划，它们并不能使人热血沸腾，最终也不一定能实现。要做宏伟的规划，目光放长远、行动要果决。要记住，一个宏伟的、合逻辑的框架思路一旦成型，就永远不会消失，即使我们已经逝去，它仍旧会是一个鲜活的、富有生命力、坚韧的东西。要记住我们的子孙将会去做曾经羁绊住我们的事情。用行动实践梦想、点亮人生之路。"

商业计划书是企业的蓝图以及行动纲领。它能使创业团队成员对企业的基本情况有所掌握。通过一起精心创作这份商业计划书，团队成员得以统一思想。未来的职业经理人和其他的雇员同样希望看到这份商业计划书，以此来评判该企业以及他们和该企业的匹配度。

在进行外部融资时，绝大多数投资人都会要求看企业的商业计划书。对所有参与者来说，听取创业公司财务规划方面的一些理念和设想是有益的。商业计划书通常应少于20页，并应准备好支持材料以供审阅。

商业计划书是企业构建过程中的重要部分。然而，许多企业会选择先起草一个简要计划，然后在建立企业后的几个月之内再将其完成。也就是说，商业计划书是必要的，但并不需要在初始阶段就完整地完成。事实上，在半导体或纳米科技等动态行业中，灵活性才是成功的关键，死板地遵守规划反而有害 [Gruber, 2007]。因此，创业团队必须认识到规划是需要实时更新的。

商业计划书让团队成员了解市场、客户及团队自身情况。在一份商业计划书中，可能会出现至少一到两个大的缺陷，但它们都是可以得到改善的。表6.5列举了商业计划书中十个常见的缺陷。创业者可以审视这些缺陷并努力修复它们。

续表

表 6.5 商业计划书的十个常见缺陷	
● 缺乏问题解决方案或所需技术	● 不完备的收入和利润的驱动因子描述
● 不明晰、不完备的商业模式和价值主张	● 对商业标准的描述极其有限甚至缺失
● 不完备的竞争分析和市场规划	● 缺乏焦点和合理的使命
● 对未知性和风险的描述不足	● 太多从上而下的假设，例如"我们将获得1%的市场份额"
● 团队缺乏所需能力	● 对客户的需求或痛点的认识有限

好的商业计划书是基于市场、产品和营销计划构建起来的。商业计划里不仅涉及对广阔的、具有潜力的市场的追寻，还包括具有极强知识产权成果在内的产品计划，以及有着高回报率的销售计划。创业者的相关行业经验对撰写商业计划书十分有用。谢青（Ken Xie）在创立 Fortinet 公司以前，曾创立过一家提供远程安全访问产品的公司——Netscreen。Netscreen 曾是这个行业的领头羊，并且最终以 35 亿美元的价格被 Juniper 收购。

由于谢青在 Netscreen 积累了多年经验，他对安全市场以及客户在网络安全方面面临的问题都有着很好的理解。他知道客户会使用多个应用软件来抵御各类安全威胁。管理多个软件并不容易，有时即使拥有多个安全软件，公司仍旧能被外部人员渗透。谢青认为如果他能够开发一款集多种功能为一体的性能卓越的网络安全产品，肯定会受到企业的青睐。该产品效果更优、成本更低，同时比多软件方案更易于管理。谢青很了解在哪里可以找到那些有能力开发这个产品的人员，因为这些人员要么曾经为他工作过，要么是竞争对手公司的员工。

谢青组建了一个顶级的团队成立了 Fortinet，并在纳斯达克上市。Fortinet 被公认为是单一安全管理软件的领导者。谢青不仅发掘了一批杰出的开发者，他还雇用了销售人员来进行渠道伙伴销售模式，这个模式曾在以前的公司获得过成功。

像谢青这样的创业者们能够借助他们先前的知识、客户人脉和专业人员人脉来创造伟大的产品和成功的销售计划。

正如图 6.3 展现的，商业计划书可用于协调新企业所有参与者的利益。商业计划书解释了人员、资源和机会是如何同某项业务联系在一块的，这项业务能让所有的参与者——员工、投资者、供应商及盟友们受益 [Sahlman, 1999]。请回顾 2.5 节结盟的相关内容。

在起草了商业计划书之后，创业团队还应该准备一份执行摘要。执行摘要囊括了商业计划书的精华部分，对许多小企业来说，它甚至可以视为一个简短版的商业计划书。当读者们看完执行摘要后，他们理应对创业者们想要如何运作自己的企业有一个清晰的认识。一份成功的执行摘要要善于吸引读者的注意力和想象力，让他们想了解更多。

执行摘要包含六个要素（表 6.6）。该概要应当不长于三页。大部分专业的投资人会要求将该摘要以邮件形式发送给他们。要记得概要的目标是激励别人来阅读完整的计划书或是进行进一步的商谈。

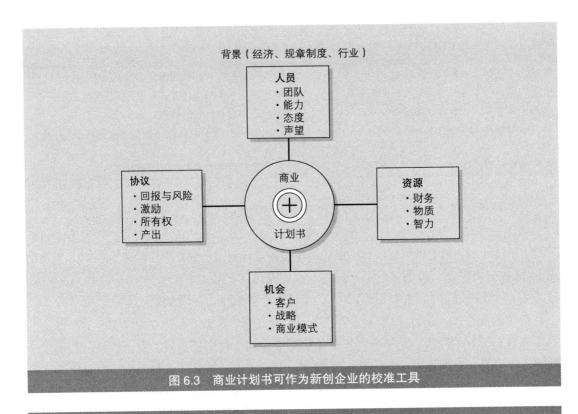

图 6.3　商业计划书可作为新创企业的校准工具

表 6.6　执行摘要的要素

1. 包含问题和解决方案的商业理念
2. 市场、客户和行业分析
3. 营销销售战略
4. 组织结构轮廓和同盟结构
5. 三年以上的金融规划摘要
6. 融资历史和投资项目

6.4　电梯演讲

通常创业者会有机会将他们的创意讲述给潜在的投资人或盟友。我们在 6.2 节中讨论了一个引人入胜的故事的重要性。创业故事的简短版本通常被叫作**"电梯演讲"**，名字来源于与投资人同乘电梯时，创业者有大约两分钟的时间讲述创业故事。偶遇投资人（例如在电梯里）会给创业者们一个简要描述自己企业的机会。一个精心准备的简短的企业故事可能是一块有效的敲门砖。

讲述小故事的目的是为了进入下一阶段，在下一个阶段，创业者能够讲述更长版本的故事并获得新的同事、伙伴和投资人。因此，创业者应认识到并没有足够的时间来详述细节。相反，创业者应当精简地介绍市场机会并诚邀对方进行一场详细的谈话。简短的企业故事表示创业者了解他们所做的业务，并能够有效地将它表达出来。

简短的创业故事以介绍开头，随后是对机会的介绍，继而是新企业的潜在效益。让小故事有效的诀窍在于吸引听众的注意力，使他们确信共赢的承诺，并为随后的项目做准备。比如，小故事可以以这样一个有意思的问题开头："如果宜家可以提供照看孩子的服务，为何电影院不能呢？"

小故事应当传递出企业的愿景，在 Genentech 的例子里，它是这样讲述的："我们发明并研制了生物科技药物产品来舒缓、治愈心血管疾病、肺炎和癌症。"伟大的愿景能够为企业提供发展动力。

以下是一些讲述小故事的技巧。首先，演讲者应当使用听众可以理解的术语，并聚焦某一部分内容。其次，应当使用具体的意象和例子而非含糊抽象的语句。再次，通过暴露当前解决方案的空白地带，阐释自己企业的存在价值，来让听众产生兴趣和好奇心理。理想状况下，这会让听众产生情感共鸣。最后，演讲者一定要对该创意充满激情，表现出对这个问题和解决方案的极大热忱 [Heath and Heath, 2007]。

Intuit 的电梯演讲

在 Intuit 公司的筹备阶段，斯科特·库克是这样描述他的企业的："主妇们需要支付整个家庭的账单。账单的整理和支付过程让她们无比厌烦。她们需要一个计算机程序来帮助她们。然而，当前的财务软件并不快捷，学习成本也很高。我们的解决方案是一个快捷易学的应用程序，甚至不需要说明书。所以账单支付者们需要 Quicken（即所说的软件程序）！"

6.5 内容注释表

完整的商业计划书可使创业者们将脑海中的关键商业问题具体化。构造商业计划书的方式有很多种，有丰富的素材、结构和模板可供选择。商业计划的过程就是把想法变成机会的过程，此过程关注创业成功的关键因素。本节余下的内容将会对一份典型的商业计划书进行分析。附录 A 提供了一份精心准备的执行摘要的范例。

➲ 执行摘要

执行摘要是商业计划书中最重要的一部分。许多投资人根据该部分来决定是否进行进一步的讨论（比如尽职调查）。执行摘要要包括商业计划书里展示和论证的关键问题。愿景和使命陈述协助阐述创业机会。

- 为什么这是一个大问题？客户为什么愿意为其买单？
- 企业打算如何解决客户的问题或需求？
- 为什么该企业是独一无二的？
- 经济回报有多少？为什么这是一个很好的增长机会？
- 团队由哪些成员组成？有哪些合作伙伴？

1. 机会和市场分析

投资人喜欢投资大机会。开头应展现对客户深刻的理解,并解释为何该问题或痛点很重要。进行客户市场划分能够使投资者相信该企业能够在目标市场占有一定份额。

- 该企业能解决什么问题或是需求?
- 客户或目标客户是谁?
- 目标市场有多大?其增速如何?
- 当前市场环境如何?有利还是不利?

参考:第2、3、4章

2. 解决方案和概念

许多的产品描述要么过于"宏观",要么过于夸张,要么过于关注产品本身并寄希望于通过介绍新科技来彰显创意价值,这么做都会使产品失去可信力。此外,技术或专业术语以及日常用语的均衡使用十分重要。而且,详述价值主张与商业模式能够从一开始就给企业带来收益。

- 产品或服务是什么?
- 描述客户在使用该解决方案之前和之后的变化。客户的价值主张是什么?为何它能吸引客户?
- 哪些客户认可并愿意为产品买单?
- 这项业务中有什么是独一无二和无懈可击的?
- 企业的商业和经济模式是什么?财务利润有多可观?

参考:第3、4、5、16章

3. 营销和销售

这一节应当清晰地描述如何成功地向目标客户出售产品。客户发展战略和产品开发战略一样重要,也需要被广泛地理解和传播。它需要和产品发展保持同步,以增加创业成功的概率。企业的商业模式和定价策略也应清晰地体现在销售战略中。

- 什么营销媒介最适合目标客户?最合适的产品销售渠道是什么?(例如直接销售还是间接销售)
- 哪些人是拥有购买力的消费决定者?谁能影响他的购买决定?
- 预期销售周期是多长?
- 可以利用哪些合作伙伴进行推广和营销?

参考:第4、9章

4. 产品研发和经营

此刻,读者已经确信创业者确定了目标市场,也知道如何创造收益。这一节聚焦于产品研发及推广。研发所使用的任何关键技术都应该解释清楚(图表会有所帮助)。长期的产品目标被证实可以带来持续的利润增长。这一节将解释企业所需资金的数量和融资时间问题,也是财务模型中重要的组成部分。
- 该产品处于什么研发阶段？
- 完成并运送该产品需要哪些资源？明确需要哪些资源（比如工程建造、工具、供应商、原材料、伙伴、相关客户）。
- 研发过程的关键时间节点和里程碑事件是什么？
- 在每个节点上，可以规避的风险有哪些？
- 产品生产和产品交付的价值链是什么样子的？
- 是否存在专利、商业机密或其他的竞争优势？
- 是否有任何需要清除的监管上的障碍？

参考：第 5、8、13、14 章

5. 团队与组织

组建团队对企业成立和同外部组织交流至关重要。掌握当前创业团队与企业愿景的匹配程度将有助于投资人和合作方了解需要补充哪些人才，以及如何帮助企业。

- 创始人和早期关键员工的背景和角色是什么？
- 描述团队成员的热情和技能，以及为什么要创业？
- 还需雇用什么样的关键人员？
- 预计每个职能部门需要多少人？
- 公司是否拥有知名的顾问或是董事会成员？

参考：第 10、12、20 章

6. 风险

新创企业通常面临四种主要的风险：科技／产品，市场／竞争，管理／团队，以及财务。许多伴随着机会而来的风险基本已囊括在商业计划书的前半部分。例如，潜在的竞争威胁应当在产品和销售章节里有所体现。在处理公司相关的风险时，要想清楚如何在未来的一两年内管控风险。定量分析也会对读者有帮助。确定哪些风险需要管控至关重要，这样可以使读者对创业者有信心。

- 关键的产品研发风险和外部依赖是什么？
- 哪些措施可以规避产品的执行风险？
- 主要竞争者有哪些？你的产品跟他们的有何不同？
- 大型企业能轻易进入该市场吗？有可替代的产品吗？
- 有哪些消费者、合作者或产品战略能够用于消除竞争者威胁？

参考：第 3、4、7 章

7. 财务规划和投资选择

虽然在最后才讨论财务规划，但财务决策却贯穿于整个商业计划书中。如果企业在产品研发、经销、销售和其他职能上均能成功运转,其财务数据必然足以吸引来投资。应通过列举和本企业类似的企业来确保任何的财务假定和结果都是可行的。投资人想要知道所需资金的具体数额,以及将取得哪些可衡量的成就。分段投资能使投资者和创业者更好管控新企业的风险。财务规划应包含一个整合了公司销售和产品里程碑、计划融资事件及现金流的时间表。

- 为了达成市场与产品开发的阶段性目标,所需资金的数量是多少?
- 企业何时能产生正的现金流?
- 假如创业成功了,企业的增长机会是什么?
- 创业初期以及稳定阶段的预期财务利润是多少?
- 竞争对手企业的利润和增长率是多少?
- 关键的财务假定是什么?

参考:第15、16、17、18、19章

附录 详细的财务规划

一系列更加详尽的财务预测与假定都包含在附录中。财务预测是企业估值的起点。一定要保证读者能够清楚懂得用以完成该财务计划的方法。

- 五年详细的现金流量表、损益表和资产负债表(第一年每月提供,以后则每季或每年提供)。
- 在做财务估计时所用的财务假定(例如客户渗透率、定价及运营资本假说)。
- 本行业中的购买决策是周期性的吗?
- 企业最大的成本是什么(例如工程研发、调整性测试、批量生产以及营销)?
- 销量增长时产品和销售成本如何变化?
- 是否考虑售后服务和维修?

参考:第16、17章

6.6 聚焦 Amazon

1994年,杰夫·贝索斯创立了Amazon。贝索斯在20世纪90年代初期就对互联网进行了调研并确定了他认为能够在网上销售的商品种类。早期,他的关注点在书籍上面。传统书店的存货有限,并通过涨价来抵消店面租金和员工成本。此外,出版商对哪些客户购买了何种书籍的信息知之甚少,这不利于他们的营销工作。而Amazon通过减少成本,能给客户和出版商带来更大的利益。

1995年,贝索斯撰写了他的商业计划书,详细描述了相关人员、资源、机会和协议(图6.3)。他雇用了一个团队制作了Amazon的网页,并注册了Amazon.com的域名。随着时间发展,Amazon拓展了自己的产品类型。2006年,它发起了云计算服务;2011年,它凭借Kindle Fire进入了平板电脑市场;2013年,Amazon成立了AutoRip数字音乐服务。Amazon

在不断地进入新的市场并朝着自己的规划愿景前进。

6.7 小结

有天资并接受过教育的创业者能够通过学习以下的概念和原理掌握创立新的企业的过程。

- 机会、愿景、价值主张和商业模式
- 概念、可行性和故事
- 财务规划、法律形式和商业计划书
- 资源获取计划
- 执行与发布过程

创业者可以通过故事和商业计划书来描述他们通向成功的具体路线。大部分创业者通过撰写商业计划书来加深自己的思考，锻炼自己的沟通能力，并检验其中的关键性假说。

⊃ 原则6

创业者能够习得创办新企业的过程，用撰写故事和商业计划书的形式来表达自己的意图和目的。

⊃ 音像资料

访问 http://techventures.stanford.edu 来观看关于本章内容的专业评论。

- Purpose of a Business Plan   Tom Byers   Stanford
- Make Meaning in Your Company   Guy Kawasaki   Garage
- Work Backwards From the Customer Diego Piacentini Amazon

6.8 练习

6.1 TerraPass 把环保事业商业化，通过销售能源投资项目来抵消环境污染的负面影响。比如拥有高耗油量汽车的司机如果对环保事业进行了资助，就可以获得一枚纸贴贴在车上，以此减少他们对环境造成的污染。为此项业务撰写一份概要。（www.terrapass.com）

6.2 某个新企业研发、销售手机电子游戏。这些游戏教导幼儿读书、识字和算术。该企业需要 100 万美元来进行全国范围的产品宣传。请准备一个简短的小故事来说服创业投资人。

6.3 使用 6.3 节中的图表来评估附录 A 中的商业计划书。

6.4 商业计划书是为哪些人准备的？为什么？根据图 6.3，解释商业计划书是如何平衡主要利益相关者关系的。

6.5 商业计划书应包含哪些竞争信息？你将使用哪种框架来分析？

6.6 商业计划书应包含哪些关键的企业风险信息？在商业计划书中对这些风险表达悲观或是乐观态度是否重要？

创业挑战

1. 创作一份简要的、属于你自己企业的商业计划书。
2. 描述你撰写商业计划书的步骤。
3. 为你自己发现的机会写一份执行摘要和创业故事。

第7章

风险与收益

> 我们最值得自豪的事情不在于从不失败，而在于每次跌倒后能够站起来。
> ——奥利弗·哥德史密斯
> （Oliver Goldsmith）

▶▶ 随着规模的不断扩大，企业该如何管控种种不确定性和风险？

针对特定问题提出全新解决方案的企业通常会面临结果上的不确定性。发生在不确定市场上的行为当然会有遭受延误或损失的风险。尽最大可能消除、管控风险是创业者的职责。

新创企业会随着产品需求的增加不断扩大规模。而且，人们希望规模经济能够出现，这样当需求与销售量增加时，单位产品的成本将会减少。规模经济能减少产品的单位成本是由于固定成本被数量众多的产品分担了。网络经济存在于很多基于网络形式建立的行业，这种经济形态促进了行业标准的产生。

7.1 风险和不确定性

创业者追求远大的目标，这要求他们承担比在成熟公司或政府部门工作高得多的风险。将新颖的产品引进市场存在着不确定性。当某种行为的结果一定发生时，它才被称作**确定的**。确定的事情是可靠的或可确保的。比如，当我们抛出一块石头时，它一定会落到地上（而不是浮在空中）。

某种行为的结果是未知的或是可变的，那么这种结果就是**不确定**的。**风险**是损失发生的概率。损失可以是经济上的、实物上的或是名声上的。当克里斯托弗·哥伦布（Christopher Columbus）开始第一次找寻新大陆的航行时，他就冒了经济、名声及身体伤害等方面的风险。农民群体的收成则容易受到一些不可预知因素如洪涝灾害或其他特殊天气状况的影响。

几乎所有人都是风险厌恶者或是风险规避者。从逻辑上说，创业者会尽力规避或减少某种行为的风险。例如，农民会购买保险来减轻极端天气的影响。下文掷硬币的例子是对风险厌恶的一个简单说明 [Bernstein, 1996]。

掷硬币游戏

你面临以下两个选择：一是获得确定的 50 美元；二是掷硬币，其中有 50% 的概率赢得 100 美元。如果你选择 50 美元的话，该馈赠是确定的。尽管在长远看来（多次进行该游戏）该游戏的预期收益也是 50 美元，但某次掷币的结果是不确定的，其获胜概率是 50%。当获胜概率是 100% 时，你当然会选择掷硬币。但当获胜概率是 70% 时，你会选择掷硬币吗？你会在什么样的获胜概率下选择掷硬币呢？如果你可以接受的获胜概率是 70%，那你是风险厌恶的；如果只有 40%，那你是一个风险喜好者。当然，进行这个游戏的意愿还取决于你的整体财富水平和这 50 美元的损失的比较，以及进行该游戏你从中得到的乐趣。这个游戏揭示了几乎所有人，也许包括你，都是风险厌恶型的。

创业者通常被认为是风险接受者。然而，大多数优秀的创业者们都极为重视风险管控 [Gilbert and Eyring, 2010]。选择承受何种风险是一种重要的能力，该能力是基于经验和良好的判断力而形成的 [Davis and Meyer, 2000]。我们通常假定：新创企业的高风险会给该名创业者带来更高的回报。创业者通常有能力通过采取一些有效措施来降低企业的风险，这就好比是表演高空走钢丝的人会在身下设置一个强力保护网。实际上，通过承担预计的风险、利用核心竞争力，大部分创业公司可以减少或管控风险，并创造价值。生活的一切都是在管控风险，而不是消除风险 [Brown, 2005]。

创业者在很多方面跟投资经理很像，选择投资一些特定机会，而不是所有诱人的机会。当我们分析风险时，我们考察远期的结果，试图估计潜在的结果及结果的变动。风险是对将来可能出现结果的潜在变动性的度量。也就是说，风险是损失的概率。表 7.1 列举了四种不确定性的等级 [Courtney, 2001]。我们预期的投资收益理应和其不确定性等级相匹配。

表 7.1 不确定性的四个等级		
不确定性等级	风险等级	例子
1. 明确又简单的结果	非常低	购买短期国库券
2. 有限的可能性	低	在奥运会期间兜售体育用品
3. 可能性的范围广	中	在新的市场里推出改良产品
4. 有无穷的可能性	高	创立企业来设计、销售基于燃料电池的革命性的能源产品

面对机会时，创业者的行为方式和股市里投资者的做法类似 [Sternberg et al., 1997]。他们

在可预期的风险级别内寻求机会，并试图"低价买入、高价卖出"。低价买入指的是追求还没有被广泛接受的或不受青睐的创意；高价卖出指的是为成功的企业找到现金买主，并令该买主相信该企业会产生巨大的收益，而且现在就可以收获企业已经创造的一些财富。和投资行为一样，"投资你所了解的生意"是一个很好的原则。因此，只有真正知道并了解核聚变的人才能够成功地追求这个巨大同时也充满风险的机会。创业投资者应当估算企业的风险，并通过知识来管控或者减少这些可承担的风险。

对于大多数创业者来说，最好的方法是实验——测试和试错。发现新的机会后，创业者应着手建立企业，并评估早期的反馈。如果反馈良好，就保持前进。倘使下跌时的损失不大，而上涨时潜在收益却很高，那么创业者们通常会选择承担风险 [Sull, 2004]。亨利·福特（Henry Ford）曾说："失败是重新开始的起点。"

成功的创业者同样会根据重要性和可承受性对风险分类，他们将毁灭性的风险列为第一位，战略性风险列为第二位，操作性风险列为第三位。他们同样会在商业计划书中指出依存关系：在计划书中的某部分出现了失误或延误会影响计划书中的其他部分。鉴别并区分了风险的危害性大小之后，创业者就可以在对新创企业投入过多资金以前，率先管控或减少最关键的风险了 [Gilbert and Eyring, 2010]。

创业投资者应该思考"**后悔**"这一概念，这里我们将其定义为个人能够承受的损失数量。人们看待损失和潜在收益的态度是不一样的。人们感知到的"后悔"程度大小取决于他们的财富水平、年龄和心理满足感。再次考虑掷硬币的例子。如果你在第一轮输了50美元，结果会让你沮丧。而如果让你感到的后悔程度是200美元，那么，如果你连玩4局都输掉的话，你就会达到"后悔"的水平。因此，创业者们需要评估他们对于可接受损失的"后悔"水平，并限制在创业型公司的投资规模。如果创业者愿意放弃1年的收入（如5万美元）并愿意在新企业中投资其6万美元的积蓄，那么他的"后悔"水平就是11万美元。

创业者能够承担的风险程度千差万别，但大多数人会选择保留一些私人积蓄，以免一次失败就导致无家可归甚至食不果腹。如果某人能够拥有一些积蓄可以东山再起，那么他可能更容易接受风险。

企业调整风险后的价值 V，可表示为：

$$V = U - \lambda R \tag{7.1}$$

在这里，U 为表面价值，λ 为风险调整常数，通常大于1，R 为下跌损失或者后悔水平。λ 值越大，创业者越风险厌恶。$\lambda=1$ 时我们是风险中性的，$\lambda=2$ 时我们是风险厌恶的（Dembo and Freeman, 1998）。如果你的后悔水平是 $R=11$ 万美元，且 $\lambda=2$，要达到要求的 $V>0$，或

$$U > \lambda R \tag{7.2}$$

因此，要求的表面价值 U 要大于22万美元。创业者可以使用情景和经济分析来估算潜在的企业表面价值 U。

应对不确定性的策略应是：分阶段进行创业，并保留、调整企业核心竞争力和战略的能力，以便在下一个阶段继续操作。因此，让我们再次考虑风险厌恶型创业者的例子，其 $\lambda=2$。他/她能够在企业上投入6个月的时间，并且 $R=5.5$ 万美元。那么，最低要求的表面

价值将仅为 11 万美元。在 6 个月后，创业者调整商业战略、改善公司运营，并基于一个新的表面价值 U 计算企业的价值，以决定是进行下一阶段的创业活动还是直接关闭这家公司。

大多数公司需要增强它们的战略能力来应对各种高不确定性。情景—规划技巧对于在不确定环境下进行决策是很有帮助的。

风险反映了不确定性的程度，以及和结果相关的潜在损失，该结果可能由单一或是一系列行为所导致。风险包含两个要素：潜在损失的严重性和这些损失的不确定性。在大部分新创企业中，创业者和投资人会估计潜在损失的严重性或大小，以及损失的不确定性。我们提供了一种风险的度量方式：

$$风险 = 损失程度 \times 不确定性 \tag{7.3}$$

损失程度（H），是创业团队察觉到的潜在损失的大小。损失程度是一个创业者放弃的工资收入即机会成本（OC）加上创业者需要投入的资本投资 I。因此，

$$风险 = (I + OC) \times UC \tag{7.4}$$

不确定性 UC，是由预期结果的变动性来衡量的，这可以由产生损失（或失败）的可能性来描述。基于这些因素，创业团队可以对新企业做一个选择（继续创业或停业），正如图 7.1 所示。很高的损失程度也许并不能令创业者放弃有着潜在高收益的新企业。是否继续创业取决于团队成员面临的风险大小以及他们对于不确定性程度的认知。当然，潜在收益的估算取决于计算过程中所做出的一些假定。

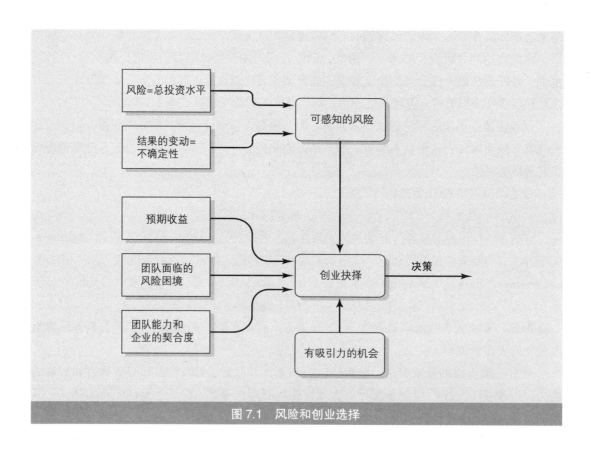

图 7.1　风险和创业选择

新创企业之所以会存在不确定性，是因为产品、生产过程和管理的新颖性[Shepherd et al., 2000]。新创企业之所以存在不确定性，是因为新开发产品在市场销售、生产过程和管理上的新颖性[Shepherd et al., 2000]。新产品在市场上销售但缺乏对市场的了解，也缺乏对顾客的认识。生产过程的新颖性与创业团队掌握的有限生产工艺知识相关。管理的新颖性涉及创业团队一些必要能力的缺乏。规章以及法律条款的变动同样是不确定性的一个来源。这些来源在表7.2中列出。

应重视失败的风险或者经营不善的表现。根据美国中小企业管理局（SBA）的统计，大约一半的小型企业中会在4年以内被其他公司收购或是离开市场。当然，以一个不错的价格被收购也有可能是创业者所追求的成功。毫不夸张地说，四分之一的创业型公司会在4年以内停业，但是对于造成损失或带来收益的因素却并不清楚。

表 7.2　不确定性的来源

1. 市场不确定性
- 消费者
- 市场规模和增速
- 渠道
- 竞争者

2. 组织和管理不确定性
- 能力
- 财务优势
- 人才
- 学习技能
- 战略

3. 产品与工序不确定性
- 成本
- 技术
- 原材料
- 供应商
- 设计

4. 监管和法规不确定性
- 政府规章
- 联邦、各州法律及当地条令
- 标准和行业规则

5. 财务不确定性
- 成本和资本的可用性
- 投资的预期收益

科技企业通常存在四种类型的风险：技术、市场、财务和团队。应当尽力检验和排查这四类风险来源的各种可能性。战略风险管理包括设置战略以防备下跌的风险。在风险中存活的关键是评测和应答[Slywotzky and Drzik, 2005]。

科技型创业者通常更为关心如何快速地参与进市场中，而较少关注确定性。相关风险的不确定性会随着市场、产品和管理的新颖性减弱而降低。新颖性和不确定性是类似的，因此，我们可以预期到不确定性会随着市场、工序知识和管理能力的增加而降低。因此，新颖性会随着时间的推移而降低。图7.2展示了管理风险和不确定性的过程。

只要存在着不确定性，通常都存在着通过信息的获取来降低风险的可能性。事实上，信息就是风险的反面。信息和知识的获取改善了机构的表现和适应能力。创业者始终在高度不确定的环境中做决策，而企业的内部结构则会反过来修正企业的表现结果。新的企业经理可以从过去学到如何表现得更好。这些经验能够增强企业对变化环境的适应力，因为企业经理的战略决策决定了之后的结果。使用从经验中得到的新信息来调整企业的战略和执行战略的行动是降低风险较为稳妥的做法。合适的战略可能包括为团队增加新人、结交新的盟友、降低成本或改善与顾客的关系等。

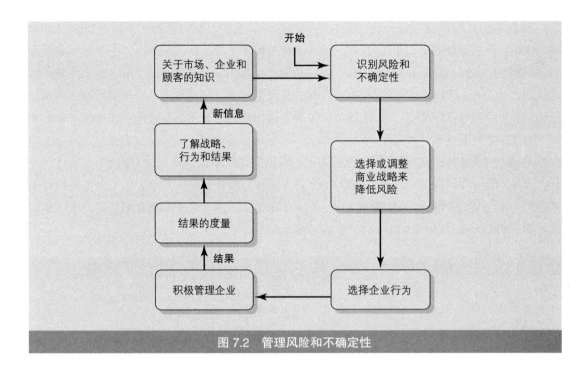

图 7.2　管理风险和不确定性

1902 年，亚瑟·皮特尼（Arthur Pitney）获得了手动邮资机的发明专利，并希望它能代替邮票。皮特尼认识到他的首要风险源于法律规章，因为美国邮政局控制了所有的邮资服务。在一连串的碰壁之后，直到 1918 年沃尔特·鲍斯（Walter Bowes）加入，二人成立了 Pitney Bowes。多亏了鲍斯的说服技巧，他们最终在 1920 年获得了手动邮资机的许可证，最终克服了规章上的障碍并建立了自己的企业。许多创业者都容易低估各式各样的风险。

Symantec：风险与回报

1981 年，个人电脑软件行业的先驱者高登·尤班克（Gordon Eubanks），创办了 C&E 软件公司来开发集成的数据库管理和文字处理产品。1983 年，硅谷 KPCB 的风险资本家约翰·杜尔（John Doerr）对尤班克进行了投资。Symantec 是一家人工智能软件公司，尽管其拥有自然语言识别这项有意思的技术，但它仍旧在发展路上举步维艰。杜尔建议尤班克兼并 Symantec 并将其技术应用到 C&E 的产品中（如图 7.2 所示）。尽管尤班克将这次技术整合视作一次妥协，他仍旧被这次交易的积极方面打动了——合并后，C&E 拥有大份额所有权、来自 KPCB 的额外现金投资，以及领导新企业的机会。在 1984 年的后半年，Symantec 重获新生，其研发的自然语言数据库管理软件拥有文字处理能力。

很显然，即使拥有额外的风投资金，Symantec 也不可能凭借单一产品存活下来。1985 年，在 Symantec 数据库管理软件的第一版发行前的几个月，尤班克雇用汤姆·拜尔斯（Tom Byers）来发掘新的收入来源并拓宽产品线。拜尔斯想到了为当时流行的 Lotus 1-2-3 电子表格增加特性的软件工具产品存在市场。尤班克为应对风险和不确定性调整了 Symantec 的战略。Symantec 使用了类似书籍出版的战略：为了获取打包销售软件的权利，Symantec 向开发者支付的类似于版权费。

1987年，尤班克使公司进一步多元化。如果Symantec能够上市，它得以以1 000万美元的现金应付票据收购Breakthrough软件公司。Breakthrough的项目管理软件Timeline使得Symantec的收入迅速翻番，这在Lotus销售额迅速削减的当时显得至关重要。

同样是在20世纪80年代后期，尤班克对行业中的两大新兴趋势迅速采取行动。首先是随着越来越多的电脑连入互联网，电脑病毒迅速传播；其次是图形用户界面（GUI）的迅猛发展，例如Macintosh。为了快速应对改变的环境，尤班克做了几个关键的决策和收购。

泰德·施莱因（Ted Schlein）曾作为拜尔斯的下属供职于Symantec的发行部，他认识到防病毒软件市场的潜力巨大，并促使Symantec发行了第一个成功的商业防病毒软件：Symantec杀毒软件Macintosh版（Symantec Antivirus for Macintosh, SAM）。在接下来的岁月里，Symantec在该领域进行了多次并购，其中包括Peter Norton电脑公司，网络安全最终成为Symantec的核心业务。此外，尤班克还收购了两家Apple电脑软件公司，供职其中的开发者十分擅长开发基于用户图形界面的软件。这些并购帮助Symantec做好了应对接下来的十年的准备：所有的软件都基于Windows或者是Macintosh系统运行。

最终，对Symantec来说，发售和分销逐年增加的产品成了成功的关键。认识到软件市场正迅速走向成熟，某些大型公司正成为行业的寡头，尤班克聘请了约翰·莱恩（John Laing）为全球销售总监，以及聘请了鲍勃·戴克斯（Bob Dykes）作为首席财务官。莱恩及戴克斯都是曾在大型公司工作过的专家，他们为公司制定了必要的制度以应对即将到来的飞速增长。

1989年，Symantec上市时，拥有264名员工，4 000万美元的销售额，300万美元的净利润和15款产品。在整个20世纪90年代，尤班克领导下的Symantec全力研发网络安全技术。1999年，尤班克从Symantec首席执行官的职位上退休，其继任者是来自IBM的约翰·汤普森（John Thompson）。汤普森延续了公司关注企业安全的传统，在2005年与Veritas软件合并之后，Symantec的业务延伸到了整体数据可靠性领域，并随之成为世界上最大的软件公司之一。2012年，Symantec拥有近乎70亿美元的营业额，超过20 500名员工，在超过40个国家设立分公司，拥有超过120亿美元的市场资本总额。像Symantec这样的行业领导者无时无刻不在管控风险和收益。

通过类似资产组合管理的做法，企业可以管控由无法预测的顾客行为所导致的问题。顾客组合应该多样化，以便能够在公司所能承受的风险水平上产生期望的收益。顾客是有风险的资产。正如股票一样，获得客户的成本应当反映其可能产生的现金流价值。客户与生俱来的风险调整能力拥有巨大的能量[Dhar,2003]。

对于门外汉来说，成功的新企业似乎仅仅是在正确的时机恰好拥有了正确的创意。然而，是创业者们将这些碎片串联起来，使得它看起来像偶然得之，实则是基于可靠的信息进行精准的盘算才使其发生。正如假日酒店的创始人查尔斯·卡蒙·威尔逊（Charles Kemmon Wilson）所言："机会经常出现，当你拥有擅于听到它的耳朵，擅于看见它的眼睛，擅于把握它的手，以及擅于利用它的头脑，机会就会来临。"[Jakle et al., 1996]

计算新创企业的潜在风险和回报的估值方法，需要回答表7.3所呈现的四个问题。一般而言，创业者希望预期收益能显著高于潜在损失。

表7.3 评估风险和回报
1. 在可能性最大的情况下，描述预期的收益和其发生的概率
2. 描述最坏情况下的预期损失及其发生的概率
3. 描述最好情况下的预期收益及其发生的概率
4. 确定创业团队和他们的投资人所能承受的最大损失，要包含投资成本及机会成本

7.2 规模和范围

在这一节里，我们考察企业的规模和范围的战略影响。**企业规模**指的是企业活动范围的大小。企业活动的规模可以由它的营业额、销售数量或其他度量指标来描述。**规模经济**基于这样一个概念：销售数量的增加会导致单位成本的下降。规模经济通常是将固定成本（例如租金、总务及管理费用，以及其他经常性开支）分摊到更多的销售数量 q 上面。图7.3描述了规模经济效应。单位成本会减小，直到在 q_m 达到最小值。通常情况下，当 $q > q_m$ 时，单位成本会增加，这是由于高产量的协调难度会另外导致单位成本的增加。

当在生产、分销、服务或是其他商业环节中存在显著的规模经济效应时，大型公司（达到某阈值）相比小型公司会有成本上的优势。因此，小型的、新进入的公司需要使他们的产品的质量更具有差异性，而不是一味地降低价格。当小型的、新进入的公司逐渐成长后，也能够逐渐减少自己的单位成本，并在价格上同大型公司进行竞争。

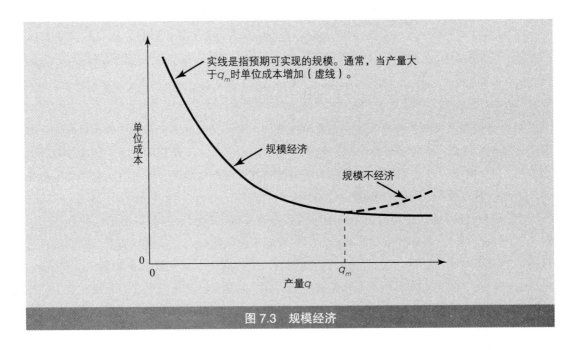

图7.3 规模经济

Google 的竞争优势

Google 可持续的竞争优势在于其搜索引擎的创新性。网页搜索引擎基于计算机科学的相关算法,提供零误差的搜索结果 [Hardy, 2003]。Google 的搜索引擎提供了非常棒的搜索结果,让人们乐于一直使用它。其营业额在 2001 年达到了约 1 亿美元,此时 Google 成立仅仅 3 年。2004 年,Google 首轮公开募股筹集了 12 亿美元资金。截止到 2013 年,Google 的营业额已经超过了 500 亿美元。Google 首要收入来源是网页上的广告,通过销售给定关键词权利的方式来收取费用,当关键词被输入时相关广告会首先出现在页面上。拥有极高的搜索流量,Google 从非常高的规模经济效应中获益丰厚。

另一个与规模相关的概念是可扩展性。**可扩展性**指的是一个公司在多种维度下能够扩张的范围。可扩展性有多种测量方式,包括每年销售量、收入额及客户数量等。这些维度并不是相互独立的,因为在一个维度上的提高能够影响其他维度。易于扩展的企业相比那些不容易扩展的企业来说更具有吸引力。

能力的提升带来了企业的增长。**能力**是采取行动或干某些事情的能力。任何企业在销售量提升时都需要进行工序流程、资产、存货、现金及其他因素的扩张。可以轻易扩大自己产能的公司也是易于扩展的。例如,当企业扩张时,其营运资本也会增长。**营运资本**指的是企业的流动资产减去流动负债。对于新创企业来说,营运资本的来源包括长期或短期的借贷、固定资产的销售、新的资本注入及净利润。新创企业获取新资本和资产的渠道会影响其扩张的能力。管理好企业的可扩展性是成功的关键。想要不落后于竞争者,企业必须尽力去预测需求的增长并迅速行动,以保证自己能够满足预期的增长需求。这项战略可能是有风险的,因为涉及了在确认需求规模之前就进行投资。生产产品的总成本 TC,可以用下式描述:

$$TC = FC + VC \qquad (7.5)$$

在这里,FC 是固定成本,不随产量改变而变动;可变成本 VC 随着产量改变而变动。$VC = c \times q$,c 是每单位成本,q 是产量。图 7.4 展现了以上关系。表 7.4 描述了四种类型企业的可扩展性和规模经济。

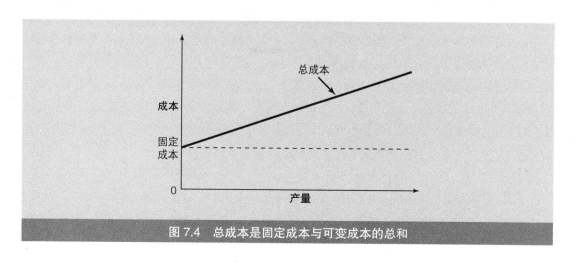

图 7.4　总成本是固定成本与可变成本的总和

表 7.4　四类企业的可扩展性和固定及可变成本的影响

企业类型	规模经济	可扩展性	固定成本	可变成本	主导战略	启动所需资金
1. 基于人才（如咨询）	低	中	低	高	人才招聘	低
2. 基于人才与知识资产（如外科整形、清洁能源技术）	中	中	中	中	保证有形资产与人才	中
3. 基于有形资产、知识和材料（如生物科技、半导体科技）	高	低	高	低到中	保证有形资产	高
4. 基于有少量有形资产的信息类（如软件、影视）	高	高	高	低	保证人才创作软件或影视作品	高

基于人才的企业（例如咨询公司）的优势是起步资金要求不高。只要能够招聘到新的人才，公司就能够扩张，然而其缺少规模经济效应。基于人才和有形资产的企业的优势是只要能够确保足够的资金，就能够扩张。基于有形资产的企业（例如钢材公司）必须要在扩张时确保有新型的工厂、设备和资金投入。基于信息的企业需要在创作软件或电影时提前投资，其有着很低的可变成本和高规模经济效应。

公司范围是所供应的产品或者是可利用的分销渠道的范围（或两者兼有）。多个产品或业务部门所共用的一些资源（例如生产设施、分销渠道等）会产生**范围经济**。例如，P&G 的单品广告和营销费用很低，因为其品牌覆盖的产品范围很广。P&G 的一次性纸尿裤和湿纸巾业务就很好地诠释了范围经济效应。这些业务共同分担了研发某种用于新产品的原材料及技术的成本。并且，一支销售队伍可以同时将两种产品推销给超市买家，而这两种产品由同样的分销渠道运送过来。这种资源共享的现象使得两种业务产品比起竞争者更具有成本优势 [Hill and Jones, 2001]。

Facebook：追求范围经济

Facebook 是一家在北美和欧洲有着巨大市场份额的社交网络公司。Facebook 想要充分利用自己巨大的用户基数优势，便在 2007 年上线了 Facebook 平台业务，这允许任何开发者来创作小型网页应用以便用户们将其添加到个人配置中。这些应用充分利用了 Facebook 的综合社交联系潜力，囊括了游戏、事件宣传、礼品赠送和视频分享等各种功能。截止到 2013 年，超过 900 万个应用和站点已与 Facebook 整合。Facebook 正在吸引着试图利用其自身巨大的范围经济的开发者们的青睐，这种范围经济正源自于 Facebook 在市场上的成功。

规模经济和范围经济都减少了单品成本。对于一个工厂，其**生产能力**——给定时间内的生产数量——需要持续保持高水平。北美与欧洲通过修建铁路降低了运输时间，增加了原材料的供应。在铁路运输和电报通信领域的技术突破使得生产能力有了极大的提升。1870 年，Union Pacific 铁路与 Central Pacific 铁路在犹他州普瑞蒙特瑞（Promontory）市接轨，横跨整个美国 [Beatty, 2001]。1929 年，美国已经成为世界领先的工业生产者。规模经济和范围经济的存在使得美国成为低成本的商品生产者和分销者。

新创企业的战略必须要考虑到规模经济和范围经济。Global Solar 是一家位于加利福尼亚州的新创企业，其商业模式就是基于规模经济。Global Solar 采用一种名为紧凑型菲涅尔反射镜的新技术聚集阳光，并通过水蒸气驱动涡轮机来发电。太阳能发电站需要巨量的反射镜来为锅炉集中足够的太阳光。对巨量反射镜的需求决定了 Global Solar 的发电站比其他新建的太阳能企业更大。2008 年，Global Solar 造了美国第一个太阳热能系统生产厂房来测试新技术。

7.3 网络效应与收益递增

近些年，人们越发认识到，网络经济已成为新创企业重要的一部分。**网络经济**出现在"互补产品的网络对需求有决定性作用"的行业中（这也被称作网络效应）。举个例子，手机的需求实际上依赖于其可以呼叫的其他电话数量。当越来越多的人使用手机，手机的价值也就上升了，因此提升了对手机的需求。这是一个正反馈循环，随着更多的人参与这个过程，过程参与者的价值随之提升，因此需求增加，导致更多的人参与这个过程。

图 7.5 揭示了 Windows–Intel（Wintel）个人电脑的正反馈过程。随着 Wintel 个人电脑数量的增加，开发软件应用的动机也随之增加（这是一种互补产品）。当越来越多的软件出现时，个人电脑对于用户的价值也就增加了。随着个人电脑价值的增加，其需求也就越来越大，这就导致了个人电脑的数量不断增长。

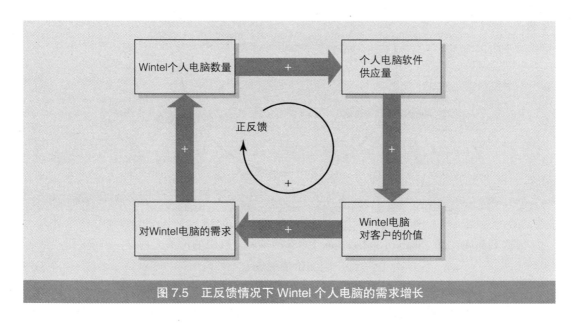

图 7.5　正反馈情况下 Wintel 个人电脑的需求增长

网络包含了电话网络、铁路网络、航线网络、传真网络、计算机网络、ATM 机网络及因特网等。整体的趋势是朝着"越大越好"的方向发展。正如图 7.6 所表现的,随着时间流逝,会有赢家出现(A 公司),以及竞争者的消失。在个人电脑领域,Wintel 占领了最大的市场份额,而 Apple 则占领了剩下的份额。总体来说,网络效应呈现出一种不断强化的特质,正如图 7.7 展现的那样。

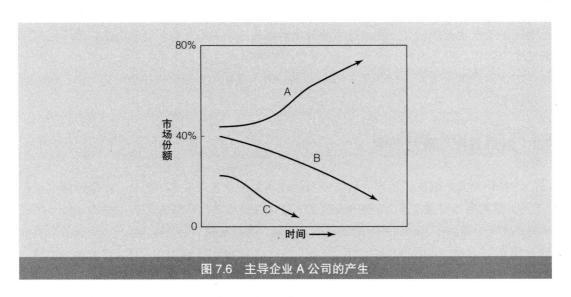

图 7.6 主导企业 A 公司的产生

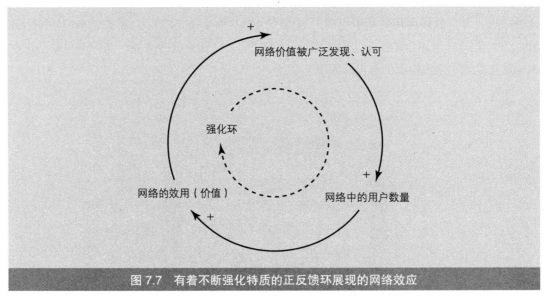

图 7.7 有着不断强化特质的正反馈环展现的网络效应

根据 Bob Metcalfe [Shapiro and Varian, 1998] 的推算,网络的价值大约是:

$$网络价值 = kn^2 \tag{7.6}$$

在这里,k 是一个由所在具体行业决定的常数,n 是网络中参与者的数量。基于这个模型,随着 n 的增加,网络价值飞速增长。这个简单的模型假设所有的参与者都是等值的,但在实际中这并不总是成立。处于网络经济中的公司的动机就是保障自己的市场份额，并最终占领统治地位。这是存在于 Amazon 和其他互联网新创企业背后的基础理论。当然，尽管市场份额可以迅速增加，但却不一定能够盈利。假若某公司能够拥有既对客户具有高价值，又与相应互补产品十分契合的产品，那么它在市场份额和盈利性之间的平衡会帮助该公司走向成功。

当营业额比成本增长得更快时，网络经济就开始发挥功效了。20 世纪 90 年代末，Webvan 致力于成为一家线上杂货商。它不得不投资仓库、重卡及物流系统，由此造成了高昂的成本和存货，成本的上涨速度远超过利润增长速度，并最终导致公司面临破产。

收益递增指的是随着生产或被消费的产品或劳务的总量增加，产品或劳务的边际收益也随之增加 [Van den Ende and Wijaberg, 2003]。收益递增使得一个已经领先的企业，就像图 7.6 中的 A 公司，变得更加领先。该理论说明，拥有一个逐渐成为行业标准的成功产品的企业会享受到收益递增和销量递增的成果。然而，我们并不能够保证越来越大的市场份额（图 7.6 中的 A 公司）就一定会有高利润。并且，我们也不可能提前预测究竟哪一家公司会达到市场垄断地位。倘若一个产品或是一家企业或是一项技术——在市场中竞争的某一项——通过优良品质或明智战略引领了全行业，那么收益递增就会放大这项优势，该产品或是企业或是这项技术也就能够继续锁定市场。Microsoft 的 DOS 系统在经历了与 CPM 和 Apple 的拉锯战后最终在个人电脑操作系统领域获得了主导地位。

许多进入新行业的企业都有潜力成为最终领导者，但仅仅只有一到两家企业能够最终存活。产品并不是独立存在的，它需要互补产品来使其更具有价值。体现网络经济下收益递增的例子有航空业和银行业。随着某航空公司拓展城市业务，该航空公司对于客户来说价值就提高了。另一个著名的例子就是 eBay，它在线上拍卖市场占有垄断份额。eBay 是第一个在互联网上以类似于拍卖的形式连接私人买家和卖家的企业，其成长非常迅速。随着越来越多的稀有商品在 eBay 上拍卖，越来越多的买家都被吸引到这个平台来竞标。同时，这些增加的投标者也吸引了更多的卖家，因此塑造了 eBay 的市场主导地位。值得注意的是，eBay 从第一年起就开始盈利了。

尽管梅特卡夫定律（Metcalfe's law）阐明了网络价值的基本思想，但它仍旧只是对现实的模拟。每个节点（参与者）的价值是不一样的。并且，一些环节可能会更强，而另外一些则会更弱。客户既看重网络中的节点数量，同时也重视其中的关键环节。图 7.8 展示了一个拥有 5 个节点和 8 条链接的网络。要注意，该例中并非所有的节点都会与其他节点相连。考虑一

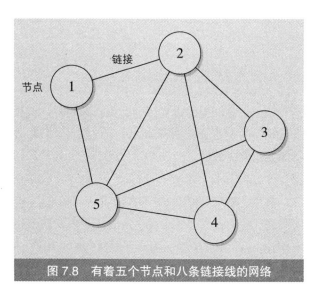

图 7.8　有着五个节点和八条链接线的网络

个拥有 100 个分支网点的银行网络,大部分顾客只会光顾自己所在地区和邻近地区的分支网点,而不会光顾其他网点。对于客户来说,他们看重与个人账户有关联的当地分支银行、网络抑或是电话。因此,网络的设计者们必须分析客户的需求,并基于掌握到的最准确的信息来创办企业。

考虑 Southwest 航空的例子。西南航空并没有有形的分支部门,也不借助旅游代理商。它使用电话或是互联网来联通自己的网络。它强烈地鼓励自己的客户使用互联网方式而不是电话方式来联系自己。有形部门对于银行业来说是必要的,但对航空业却不一定。美国 Wells Fargo 银行在许多杂货店内都设立了自己的小微营业点,因为它认为客户既看重自己的有形节点(即分支部门),也重视互联网渠道。

整体来说,知识型产品会呈现收益递增的趋势。尽管预付的研发成本很高,但是之后的产品单位成本却很低。知识型产品同样具有网络效应,即越多的人使用该产品,其价值也随之提高。

Facebook 的网络效应

21 世纪早期,形形色色的社交网站都在竞争客户资源。2004 年,马克·扎克伯格成立 Facebook 时,还是哈佛大学的大二学生,准备通过它来使同一班级的学生们互相联系、一起学习。仅仅一个月,超过一半的哈佛本科生注册了该项服务。起初,只有哈佛学生有权限使用该服务。而随着该网站逐渐地扩张,范围随即覆盖了常春藤联盟的其他大学,并随之向所有的大学和高中生开放。2006 年 9 月,Facebook 向所有用户开放。

自那以后,它成了互联网上最火的社交网站。根据皮尤研究中心(Pew Research Center)的数据,2013 年,Facebook 拥有超过 10 亿用户。在 18 到 29 周岁的人群中,92% 拥有社交网络账号,其中 89% 的人拥有 Facebook 账号。据说有 85% 的美国本科生注册了 Facebook。现在,Facebook、Orkut 和 Friendster 正在竞争成为全球社交网络的领头羊。你觉得这三家巨头谁能够获得网络效应?

7.4 风险与回报

追求更高回报的过程蕴含着更高的风险。假设创业者和投资人都是理性人,他们将会要求高风险的企业具有更高的潜在年化收益。我们在图 7.9 中阐释了风险—回报模型,预期收益的变化模式是:

$$ER = Rf + R \qquad (7.7)$$

其中,ER 是预期收益率,Rf 是无风险收益率(比如短期国库券),R 是风险溢价。高风险和高收益的投资会要求在一定时间 T 内,获得超过 30% 的年化收益率,T 可以是 3 到 7 年不等 [Ross et al., 2002]。而一项颠覆性的应用或创新则被要求在 T 年内拥有超过 40% 的年化收益率(图 7.9 中的 a 点)。

节能灯（CFLs）是传统白炽灯的节能型替代品，其最多可节省 75% 的电能并能够替代大部分家用灯具。来到美国后，中国人严兆强（Ellis Yan）发现了 CFLs 蕴藏着的巨大机会，在 CFLs 还未引起市场上大厂家注意的时候，他开始生产这种节能灯。CFLs 现在被视作传统照明的环境友好型解决方案。2011 年，他位于俄亥俄州的公司 TCP Inc., 已经占领了美国半数以上的市场并产生了 3 亿美元的营业额，这对他的投资无疑是一个巨大的回报。

通常，若想获得中等回报、承担中等风险（图 7.9 中的 b 点），企业可以通过使用渐进式技术创新（而不是颠覆性的技术变革）和商业模型变革来实现。技术上的温和改进加上商业模型上的渐进变革能够促成一个有吸引力的风险—回报模式 [Treacy, 2004]。

7.5　风险管控

新的技术和创新给现有企业带来了严峻的挑战。变革为竞争者们创造了风险，企业需要管控风险。商业风险不断增加，新创企业需要管控由此带来的战略性风险：因危险隐患、操作风险及竞争威胁造成的损失。管控风险需要提前预测威胁并消除它们 [Slywotzky, 2007]。倘使企业知道如何管控风险，那么风险和回报是可以分开的。消除风险应基于对客户的精准了解、独一无二的价值主张及可取胜的盈利模型。

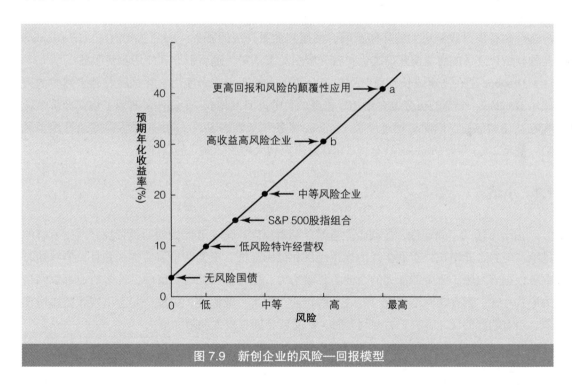

图 7.9　新创企业的风险—回报模型

随着工业和科技变革的产生，管理良好的企业可以随时准备应对各种挑战。企业可以通过自查产品、品牌和商业模型中的潜在挑战来管控风险。影视租赁商店 Blockbuster 没能成功管控风险，输给了拥有新型商业模型的 Netflix 公司。2007 年，Apple 公司推出 iPhone 时，

Motorola、Nokia 和 Blackberry 亦损失了大量的市场份额。iPhone 优良的设计、简洁的交互界面及相机等植入技术迅速吸引了一批对价格不敏感的顾客。当丰田推出 Prius 混合动力汽车时，Ford 和 GM 汽车也遭受了重创。Prius 的高能效和高科技使后两者的汽车相形见绌。

在经济衰退期间，人们对资本的高风险会尤为关注。然而，新创企业普遍对风险而不是经济下滑更为敏感。对新创企业来说，关键在于创始者们的管理能力，他们在该行业的前期经验，以及采用的新科技是否合适当下。尽管在衰退时期很难找到投资者，但还是有投资者存在的。创业者应通过节俭的商业计划、合理定价的产品吸引新的客户，以便企业可以在衰退期坚持下去。

最后，无论在什么经济状况下，创新始终是新创企业成功的核心元素。创新可能发生在资本市场不景气及资源有限的时期，亦可能发生在经济状况良好、投资活跃的时期，实际上，对大部分有着好创意的创业者来说，他们通常是在困难时期采取行动的[Graham, 2008]。

7.6 聚焦 Dropbox

2009 年，麻省理工的毕业生德鲁·休斯敦（Drew Houston）和阿拉什·费多斯基（Arash Ferdowski）成立了 Dropbox 公司。Dropbox 是一项为客户提供照片、视频和文件的云存储服务公司。Dropbox 基于"免费增值"的理念：Dropbox 的基础服务是免费的，但仍会有许多客户选择付费以升级到更大的存储空间，使用其他更高级的服务。因此，我们可以把 Dropbox 这种高增长公司的商业模式描述为：首先吸引免费用户，随后引导其使用收费服务。

Dropbox 正在飞速成长，现有用户会介绍更多的新用户来使用。并且随着越来越多的人使用 Dropbox，分享的机会也在增加，服务的价值亦不断增长。Dropbox 体现了规模经济效应和收益递增效应。同时，通过缩放 Dropbox 服务和基础需求，Dropbox 团队很好地管控了风险。截至 2013 年，Dropbox 已有了 5 000 万用户和大约 3 亿美元的营业额。

7.7 小结

由于市场的不确定性，新创企业总是伴随着风险。创业者要做的就是管控并减少所有的风险。随着企业增长，它们会经历规模经济和范围经济、更低的单位成本。并且，能够随时准备根据需求来扩张生产能力的企业更具吸引力，这被称作是可扩展的。许多行业都以网络的形式存在，都存在网络经济。随着一些行业出现了行业标准，少数公司会出现收益递增现象。当有创意的设计解决了关键问题时，产品就会拥有极大的附加值。

⊃ 原则7
....
创业者努力管控风险，追求规模经济、范围经济与网络效应，同时试图实现企业的可扩展性。

音像资料

访问 http://techventures.stanford.edu 来观看关于本章内容的专业评论。
- Realities of Consumer Internet at Scale　　　　John Lilly　　　Greylock
- Motivation Through Equity and Risk Taking　　Bill Gross　　　Idealab
- Risk Is a Necessity for Exploration and Growth　Peter Diamandis　X PRIZE

7.8 练习

7.1　选取一个知名的创业公司或者一个你感兴趣的新创企业，使用表7.2列出的不确定性来源讨论该公司将在近期面临的三种风险。并查找一篇关于该公司的文章，列出文中讨论了哪些风险。

7.2　今天有新创企业向一位投资者寻求1万美元的投资。3年内有70%的概率会得到2.8万美元的回报。你会推荐这项投资吗？请描述你的推理过程。

7.3　一位风险厌恶型创业者的风险调整常数 $\lambda = 2$。在第2年企业开始盈利之前，她的机会成本是10万美元，并且她还投入了共5万美元的个人储蓄。请计算在第2或第3年她所能接受的最低年回报。

7.4　检验图7.9的有效性。请利用你最喜爱的金融网站或报刊查证以下问题：前一年无风险的国库券收益率是多少？前一年S&P 500产生的收益率是多少？挑选一家新近上市的新创企业并查询其前一年的收益率（或是自从首次公开募股以来的收益率）。

7.5　对任何新创企业来说，第一笔收入或者是客户订单都是极为重要的。请调查互联网行业、生物科技行业及清洁技术行业公司获取首次收入所用的平均时间。倘若你在这三种类型行业内进行投资，该结果会如何影响你对这些企业的看法？由此带来的时间风险该怎么管控？

7.6　描述诸如Facebook、Twitter，或Linkedin这样的社交网站或是职业网站是如何利用网络效应来实现扩张的。

7.7　本书的5.1节讨论了先行者与追随者路径。那么在拥有网络效应和收益递增效应的市场中，这项决策的重要性会有什么改变呢？

创业挑战

1. 描述你的企业所面临的主要风险。你会怎么做来减轻这些风险？
2. 你的企业有什么潜力来实现规模经济和范围经济？你的企业是否可扩展？
3. 描述你的企业实现网络效应的潜力。

第 8 章

创造力和产品研发

> 知识就是力量，对原因的无知会阻碍结果的产生。
>
> ——弗朗西斯·培根
> （Francis Bacon）

》》基于连续性和及时性，组织如何构建促进产品/服务研发的环境？

近二十年来，产品的生命周期正在变得越来越短——很大程度上是由于科技的迅速更迭。为了跟上环境高速变化的步伐，企业必须建立一种能够促进新的创意、理念和方案产生的环境。锐意改革的企业建立在六种资源之上，如表 8.1 中所示。在产品设计和开发环节，新颖的创意、理念和方案可转化为产品和服务。该环节与展现新产品的具体细节有关。原型是一项产品或服务的模型，能够帮助企业了解客户所需商品的正确形态。情景是一系列未来可能发生的事件或结果的思维模型。优秀的产品研发依赖于表 8.5 所列出的五项工作。

8.1 创造力和发明

创造力是指使用想象力来创造新创意、新事物或新方案的能力。创造性思维是大多数新创企业的核心竞争力，创业者努力在自己的团队中留住更多有创造力的人员。创新者通常在观察已有的方案、实践过程或产品时思考一些新的或不同的东西，新创意大多由此而生。这些创意构想是发明的基础，而发明能够引发创新。因此，立志于创新的企业必须要首先鼓励和支持创造力。

创新性企业是基于表 8.1 所示的六种资源而成立的 [Sternberg et al., 1997]。为了创造新的事物，需要了解某个特定领域的知识以及行业所需的知识。领域可以是科学、工程或者营销，特定领域的知识则可以是电路设计或是市场调研。

表 8.1　创新性企业的六大资源

- 相关领域和特定方向的知识：了解究竟什么才是新颖的
- 识别关联、重新定义问题、想象并分析可行的创意和方案的能力
- 以新颖方式思考问题的创新型思维
- 采取行动的动力
- 机会导向型人格，以及应对变革的开放胸怀
- 创造支持创新、减弱风险的环境

所需的智力指的是发现事物间的联系、重新定义问题、想象并分析可行方案的能力。创新者的创造性思维体现在他们解决问题的方案的新颖性中。创新者乐于见到新事物的产生并随时准备着变革。最终，创新者会了解整个问题的背景，并愿意承担合理的风险。具有大部分这些技能的人通常是敏锐的，也就是说，他们感知或习得事物之间关系、获取创意及方案的能力是与生俱来的。

图 8.1 展示了创造性思维的过程。它起始于对一个问题的描述，然后进入一段时间的孵化期。随后，经由头脑风暴产生视角和创意。最终，会形成原型产品展示给潜在的客户。这个过程可能会使创业者重新修改最初的问题或解决遇到的麻烦，并开始第二轮的创造性思维过程。创业者会不断重复这个循环，直到原型产品能够解决相应问题为止。

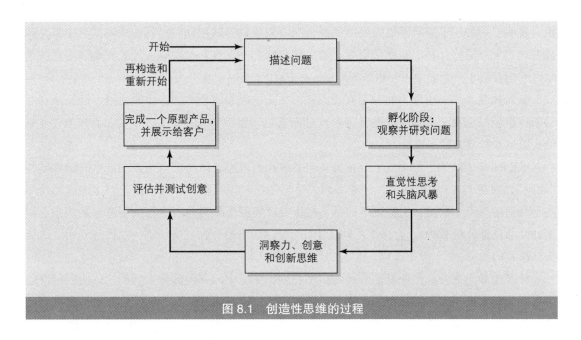

图 8.1　创造性思维的过程

创新同样可以视作一个涉及多个人物形象的过程，这些人物形象都有各自的技能和观点。最初的三个形象扮演学习的角色：人类学者观察相关行为并深度理解人是如何与产品、服务及其他人相互动的；实验者不断地将新创意制作成原型产品；跨领域者则考察其他行业情况，从中借鉴相关创意。随后的三个形象担任组织角色：跨越障碍者创造出一套克服潜在障碍的诀窍；合作者让不同的团队联合起来；领导者则召集并鼓舞整个团队。最后的四个形

象担任构筑性角色：体验设计师设计出用户体验良好的作品；布景师负责利用现实环境来使团队成员的工作更为便利；护理人员提前准备并照顾团队成员的需求；陈述者将项目以令人信服的故事的形式传达给大家 [Kelley and Littman, 2005]。

图 8.2 解释了"创新引擎"的概念，说明不同的内部和外部因素是如何共同促进创造力的。创新引擎的三个内因是知识、想象力和态度：知识为想象力提供燃料；想象力是将知识转化为新想法的催化剂；最后，态度将这架创新引擎开动起来。创新引擎的三个外因是资源、生存环境和文化：资源包括了创业社区中的各种资产；生存环境是围绕在创业者身边的物理空间、制约因素、激励因子与团队力量；最后，文化指的是创业社区中的集体信仰、价值观和行为 [Seelig, 2012]。

图 8.2　创新引擎

创业者可以通过改进以上六个因素来增强创新能力。通过重构问题、联系创意和反思假定的方式可以增强想象力 [Seelig, 2012]。例如在 1954 年，凯·祖福尔（Kay Zufall）想要为幼儿开发一种新的玩具。她并不喜欢市场上的幼儿橡皮泥，因为它们太硬。正巧，她的妹夫正好发明了一种用于清洁墙纸的面团式混合剂。祖福尔尝试把它应用到橡皮泥塑形中来，并且发现它十分柔软且易于塑形和切割。随后她和妹夫一起将它重塑成一种既安全又多变的产品，并为其起了一个名字——PlayDoh [Sutton, 2002]。

头脑风暴是增强想象力的一个有效方式。在头脑风暴过程中，许多人通过一起交谈和互动来产生新的创意。头脑风暴通常需要极好的规划、组织和执行。表 8.2 列举了八条有效率的头脑风暴指导方针。

头脑风暴团队的思维模式十分重要。想要变得有效率，队员们应该遵循某些头脑风暴的"规则"，这在表 8.3 中已列出。创业者们天生易于即时评判创意，这可使他们迅速过滤掉那些不合适的观点。然而，头脑风暴的意义在于混合各种想象力来产生新的创意。某些企业，例如商品设计公司 IDEO，会在工作环境中张贴表 8.3 中的头脑风暴规则，以提醒其团队成员头脑风暴的意义。

除了想象力之外，创业者们同样可以增强创新引擎中的其他部分。例如，创业者可以通过谈话和观察来深入了解潜在的客户，以增强市场营销方面的知识。创业者们也可以把自己的知识运用于不同的领域。举个例子，蒂娜·齐莉格（Tina Seelig）在斯坦福大学医学院完成了自己的神经医学博士学位。毕业后，她打算投身商界，因为她意识到自己的专业知识能够直接运用到商界中。尽管没有管理学学位，她仍旧拥有与其高度相关的知识。能够把所学知识运用在不同境遇，是一种创造性的问题解决方式。

态度的重要作用在于保持着勇于尝试的意愿以及完成挑战、解决问题的欲望。研究显示，人类的大脑是可塑的，拥有积极的学习导向型态度的人拥有与其他人不一样的思维能力。

表 8.2　头脑风暴的指导方针

- 正确的成员：头脑风暴团队应该是多元化的，相对较小的，并不应有内部派别纷争
- 正确的挑战：头脑风暴团队应该聚焦于某一挑战
- 正确的心态：头脑风暴团队应该以创新、包容为主旨，避免存在批判的、评估的心态
- 正确的移情：头脑风暴团队应该着重理解那些受到该挑战影响的人
- 正确的激励：头脑风暴团队应该使用问题假设、极端场景、类推、技术和趋势探索等条目
- 正确的简化：头脑风暴团队应该保证每一个成员的参与度，同时需要保持谈话氛围的新鲜感和活跃度
- 正确的执行：头脑风暴团队应该有具体手段来保证观点在会后能被认真考虑，并得以妥善实施

来源：Liedtka and Ogilvie, 2011。

表 8.3　头脑风暴的"规则"

- 延迟做决定：不要把头脑风暴所擅长的"产生创意"与"创意评判"所混淆
- 捕获所有的创意：即使那些看起来无关的，甚至是"不好的"创意都可以成为其他创意的基础
- 鼓励天马行空思维：疯狂的想法也能导致深刻的洞见
- 在一段时间内只进行一段对话：倾听其他组员
- 依据其他人的创意：考虑如何修正或延展某一创意，并产生新的创意
- 采取视觉化方式：使用图像和图表而不仅仅是文字来表达创意
- 追求数量：与质量相比应该更加强调数量

来源：Seelig, 2009。

最后，生存环境对于提升创造力起到了重要的作用。生存环境的一部分是有形的环境本身。大部分的创业团队都使用明快的颜色、开阔的空间、易于移动的家具、白色书写板甚至游戏器械等来凸显特色。这些有形的环境通过激励非正式的互动，提供便捷的记录灵感的条件来促进创造力。

生存环境还包括激励和团队动态。所有的企业都需要一种能够维持创新的文化，这种文化促使团队成员提出新方案。新创企业的领导者在建立这种文化的过程中至关重要；那些授予员工更多自主权的企业通常会拥有更高水平的创造力 [Zhang and Bartol, 2010]。领导者同样需要致力于营造一种有助于创造力产生的合作式的文化氛围。合作的团队更易于实现创新型突破，这是因为他们能够博采众长；他们更不容易失败，这是因为这样的团队通常会拥有更加严密的选拔过程 [Singh and Fleming, 2010]。

通过落实制度规范、奖惩措施和能够培养创新的激励手段等，公司领导者影响着公司文化。即使是那些没有在领导岗位的员工，纵使无法直接对公司文化施加影响力，他们也能够通过强化创新引擎的其他部分来影响公司的文化。比如通过提升想象力，他们为企业创造出了机会，而这最终会影响整个企业的文化。

表 8.4 表达了管理工作环境中的创造力的几点想法。然而，这些想法可能会与传统的管理实践相冲突 [Sutton, 2002]。在管理创新思维（或者探索思维）与落实行动之间存在着冲突

是很正常的。新的创意和发明依赖创造力，然而，把这些发明推向市场却可能需要一些常规的过程 [Freeman and Engel, 2007]。新创企业会努力顺应这两种趋势。随着企业的成长，需要建立一种能够在强化创造力的同时也能够有效执行的商业程序 [Freeman and Engel, 2007]。

表 8.4　传统型管理实践与创新型管理实践

传统型	创新型
雇用"快速学习者"（学习组织规章）	雇用"慢速学习者"（学习组织规章）
雇用你喜欢的，使你舒适的人	雇用使你不自在的甚至你不喜欢的人
雇用你（可能）需要的人	雇用你（可能）不需要的人
使用职业面试来筛选候选人，尤其是新员工	使用职业面试来获取新创意，而不是筛选候选者
鼓励员工关注、服从上司和同事	鼓励员工忽视、反抗上司和同事
寻找令人愉快的员工，保证他们不会内斗	寻找令人愉快的员工，使他们内斗
鼓励成功，惩治失败和渎职	鼓励成功与失败，惩治渎职
决意进行某件很可能成功的事情，然后说服自己和其他人该事情一定成功	决意进行某件很可能失败的事情，然后说服自己和其他人该事情一定成功
想出一些合理可行的事情，然后计划去完成	想出一些奇异不可行的事情，然后计划去完成
发现并留心那些对公司业务有影响的人	避免和那些无聊的客户、评论者和仅仅想谈论金钱的人接触
从那些看起来已经解决了你所面临的问题的人那儿认真学习	不要试图从那些声称已经解决了你的问题的人那儿学习任何东西
记忆并复制企业过往的成功	忘记过去，尤其是你企业的成功史

来源：Sutton，2002。

8.2　产品设计和研发

新创企业的早期任务之一是新产品的设计和开发。创业团队希望研发出新颖的、能够占据领先地位的产品或服务。企业的领导力在整个研发过程中占据中心地位，这也是新创企业的优势之一。不仅如此，小型新创企业有能力整合成功开发某一产品所必要的专业能力 [Burgelman, 2002]。

近些年，产品的复杂性大幅提升。随着产品功能的增多，预测产品需求的复杂性也呈指数增长。同时，在大多数市场上，变革的概率也在增加，这进一步降低了使用传统方法预测未来产品需求的可行性。其结果是，创业者们需要重新定义所面临的问题：从改善预测手段到降低对长期精准预测的依赖性。因此，许多产品设计者们试图在研发过程中保持产品的灵活性。如果某项设计或研发项目的变动成本很低，那它就可以被称作是灵活的。随后，项目负责人就可以做出产品设计决策，以使得产品可以轻松地适应各种改变 [Thompke and Reinertsen, 1998]。不确定性是所有设计和研发项目中不可避免的问题，而且大多数的创业者们都对此感到棘手。真正的挑战在于在规划和学习之间找到正确的平衡。对于大多数努力获得市场份额的创业者来说,对学习保持开放的态度是必要的 [DeMeyer et al., 2002]。

产品的**设计**是新颖的产品创意或概念的具体细节的展示。设计过程指的是在产品的形式和功能的研发过程中,对相关人员、概念及信息进行的组织和管理。在某种方面上说,设计的作用在于将新颖的概念和现有的制度环境进行连接。比如说,托马斯·爱迪生基于已存在的设施和文化,经过设计描述了电力照明的概念。结果后来他成功地发明了电灯照明系统,作为煤气灯的替代品,电灯迅速获得了公众的接受。新产品需要超前,然而这种超前不应该剥夺用户的熟悉感,而这种熟悉感对于理解和使用新产品是必需的。随着新产品开发过程的不断深入,最后的挑战在于发掘出能够定位、描述这项新创意的令客户感到熟悉的方式,但是也不能和客户的传统的行为方式有太多的绑定。创业者必须在新颖度和熟悉感、接受度和冲击感之间保持平衡 [Hargadon and Douglas, 2001]。

托尼·法戴尔(Tony Fadell):恒温器的突破

托尼·法戴尔是一个典型的突破型思想者。当他还在 Apple 公司工作的时候,就开发出了便携式移动音乐播放器 iPod。他随后成了 iPhone 的关键研发人员,iPhone 使得 Apple 公司一跃成为世界上最高市值的企业之一。托尼从现有的产品入手,思考如何改进它们。从 Apple 离职后,托尼研发了 Nest Learning 牌恒温器。在给家庭购买恒温器时,托尼意识到家用或办公用的恒温器还是十几年前的老样子。这些设备拥有很少的功能,同时十分不智能。利用自己的知识,他重新构想了一种易于使用的恒温器,它能够通过手工方式或是互联网方式进行操纵。他的发明颠覆了一个数十年来停滞不前的市场。目前,在家庭、办公楼、商贸城及餐厅内,有大约 2.5 亿台传统恒温器,Nest Learning 将努力取代它。

只有基于可靠且经得住考验的设计原则和方法,才会出现优良的产品或服务 [Brown, 2008];只有深入了解客户的需求,即以客户希望的方式制作、包装、推广、销售及扶持产品,才能够推动创新。图 8.3 展现了整个开发过程 [Thompke and Von Hippel, 2002]。整个开发过程包括了产品设计和产品结构、形态设计及测试过程等。iPad 和 Tesla 跑车的设计就极具艺术美感和创意。产品的外形和触感是用户体验的重要组成部分。优秀的产品不仅应该在外观上吸引消费者,同时还应易于使用和理解。同时,消费者还需要产品具有实用性。幸运的是,由于创新过程是逐步实现的,因此消费者们得以大量参与进产品设计的过程中 [Nambisan, 2002]。优秀的设计师们不仅要考虑到产品质量,同时还要关注产品的软性福利,例如温情关怀、口碑和用户社区等。

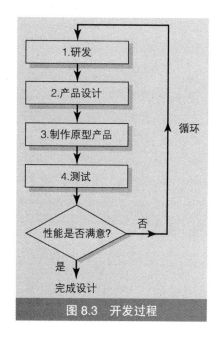

图 8.3 开发过程

设计是美学和基本需求的融合。玻璃茶杯在吸引人的同时必须要实用。然而，设计同样包括了妥协和局限。如即使是在设计上饱受赞誉的 Maglite 手电筒，也同样存在光束暗纹的缺陷。

成功的产品设计和开发需要做到如表 8.5 所示的五点要求：承诺、眼界、即兴创意、信息交换和合作精神 [Lynn and Reilly, 2002]。在充满着合作精神的新创企业里，这五点要求并不难达到。产品团队（在新创企业里可能就是所有的员工）需要清楚产品的发展前景，并合作完成任务。

表 8.5 产品开发的五点要求

- 高层对设计过程的承诺和投入
- 即兴地、反复地开发一项原型产品
- 对产品有着清晰且稳定的前景和目标
- 信息的共享
- 团队人员的相互配合与合作

来源：Lynn 和 Reilly，2002。

图 8.4 展现了产品的设计过程，即图 8.3 的第 2 步。首先是根据消费者的诉求设定产品的目标和特性（步骤 A）。在可能的情况下，潜在顾客也应该"被参与"到设计过程中。

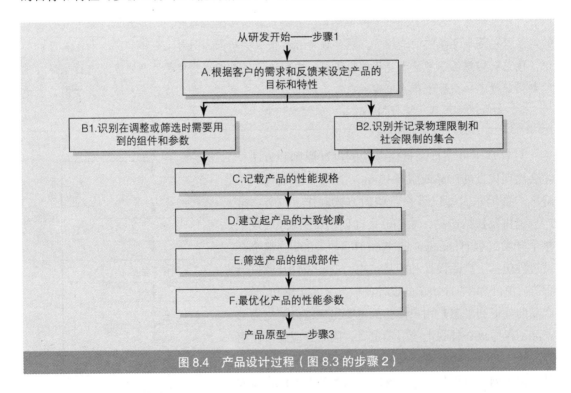

图 8.4 产品设计过程（图 8.3 的步骤 2）

客户的意见能够传递出好产品所需拥有的特质 [Lojacono and Zacoai, 2004]。潜在顾客能够为新的产品提供创意，为了获得顾客持续不断的反馈，应该把他们吸纳进产品开发过程中 [Ogawa and Piller, 2006]。企业发现，通过"观察"潜在顾客，而不是通过问卷调查或是采访的形式，能够收获更多关于产品需求的重要信息。

在图 8.4 的步骤 B 中，需要确定调整的组件和参数，产品的规格也需要明确。产品规格是对产品的精准描述。同时，物理限制和社会限制的集合也应该确定下来。接下来，需要建立起产品的大致轮廓，同时记录下产品的组成部分。最后，产品在一个合理的成本水平内达到最好的性能和稳健性，实现性能参数的最优 [Ullman, 2003]。**稳健的产品**指的是对老化、元件变异和环境条件相对不敏感的产品。准备一份稳定的设计方案指的是使性能和质量的波动最小化。所有的设计都涉及性能、成本、物理因素和其他限制条件的权衡取舍 [Petroski, 2003]。任何设计的成功和失败最终都需要市场来检验。

可用性是用户体验质量的一种度量方式。可用性是表 8.6 中列举的五种因素的组合。市面上常见的可用性不佳的产品有 DVR 和 DVD 播放器。新产品应当通过"五分钟测试"，即顾客能在很短的时间内熟悉、掌握产品的操作。具有极佳可用性的信息科技产品有 iPhone、Skype、Twitter、Gmail 和 Wikipedia 等。

表 8.6　可用性的五点因素

- 易于学习：学会操作该产品需要多长的时间？
- 使用效率：用户需要多长时间来完成必要的操作步骤？
- 记忆性：用户能够记住如何操作产品吗？
- 差错率和严重性：用户错误操作的频率如何？这些错误严重吗？
- 满意度：用户喜欢操作该产品吗？

设计系统指在特定架构内使用大量模块的组合。所谓**模块**，是独立且可替换的单元，能够和其他模块一起组合成一个更大的系统。在模块化设计中，改变单一组合对其他组合及整体系统的性能几乎没有影响。以 iPod 为例，iPod 是 Apple 公司的工程师使用大量的标准化、可替换的元件和模块组装而成的。这种方式能增加产品设计的预测性。当然，这同时也增加了竞争对手研发出类似产品的可能。

实际上，大部分产品都包含相互之间具有一定依赖性的模块。举个例子，汽车包含了车轮、引擎、车身及操控系统等相互依赖的元件。由相对相互依赖的元件模块组成的产品更不容易被竞争对手仿制，并有可能比由单纯独立的模块构成的产品拥有更好的性能 [Fleming and Sorenson, 2001]。

设计师们在努力创造新颖产品的同时，也努力使该产品与当前产品保持相似性，以打开市场。许多新的设计都源于改变原有的组件、特质或整合方案 [Goldenberg et al., 2003]。设计师们不断探寻以新的方式将现有产品重新设计、移走或是复制。

随着时间流逝，拥有主导设计的产品将获得市场的青睐。所谓**主导设计**，是指在某一类产品中占据优势的单一设计框架。Microsoft 的 Windows 操作系统就是其中一个例子，它被广泛运用于个人电脑中。最终，主导设计会与其他体系有深层次的联系，比如 Windows 的使用会影响硬件接口以及其他在电脑上运行的软件程序。

产品平台指的是由一系列的模块和界面组成的共同架构，在该架构上能够有效地开发和创造一系列的衍生产品。举个例子，Google 公司的 Android 与 Apple 公司的 iPhone 皆试图成为智能手机应用的引领平台。企业将目标定为新型平台来满足核心用户群的需求，但同时也会通过增添、替换或移除功能特性的方式来设计平台，以便其能够随衍生产品的改变而改变。优秀的平台能够在各代之间提供平缓的过渡途径，以防止客户和分销渠道被打乱。HP 的打印机及其辅助电子和软件产品构成了一个平台范例；尽管 HP 生产了多种打印机，但这些产品所采用的电子设备和软件都比较相似。

8.3 产品原型

只要条件允许，新企业都应当为自己的产品建立原型。**原型**是指产品或服务的基本模型，它能够传达出关键的特性，但同时能够被持续修正。原型能够用来识别、测试产品的各项需求。新创企业能够利用原型来重构它们的商业模式和战略。

原型可以是图片、草图、实物模型或图表等物品。原型可以是有形的、电子化的、图示的或是其他各种媒介的组合。软件行业使用测试版本（beta visions）的软件原型来获得主要客户的反馈。例如，Microsoft 公司发布可供免费下载的 Windows 8 测试版本，随后利用客户的反馈来改善正式版的产品。

Ford：原型的威力

亨利·福特计划制造可自动推进的载具。然而，他没办法说服任何一个人来对此进行投资。为参加格罗斯·波因特（Grosse Pointe）汽车大赛，福特造出了一辆原型车，此时转折出现了。福特参加了比赛并取得了胜利。第二年，即 1902 年，福特又一次取得大赛的胜利。该项胜利吸引了投资者，福特汽车公司随即建立起来。

在电影或是戏剧的创作过程中，许多人会使用草图、情节串联图板和视频来描述产品，以方便熟知流程关系和进行日后的修改重构。图 8.5 展现了原型的迭代开发过程。一般重复两到三次该过程就足以形成一个令人满意的原型。

计算机模拟这种新技术能够使原型的开发既快速又便宜。**快速原型迭代**（Rapid prototyping）是指快速开发以供审阅和修改的原型产品。早期

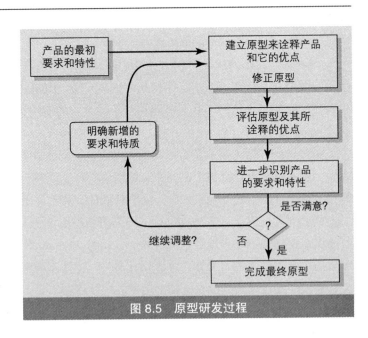

图 8.5 原型研发过程

的模型可能很粗糙，它的存在是为了让设计团队对自己的产品有个直观的认识。使用高质量的计算机图像有助于创意的实现。BMW 使用计算机来帮助工程师们实现可视化汽车设计与撞击测试 [Thompke, 2001]。BMW 为工程师们提供了个人建模系统、仿真的加工车间和软件程序 [Gershenfeld, 2005]。

产品研发公司 IDEO 认为，原型应当是"粗糙的、现成的、准确的"。当和 Gyrus ENT 公司一起研发鼻窦炎外科手术工具时，IDEO 的雇员证明了原型的价值。在一次讨论中，10 名外科医生想要尽力说明使用当前工具的不便之处。一名 IDEO 的经理随手拾起一个胶卷盒、一支记号笔和一只小夹子并把它们捆在一起来充当原型。这个物理原型使得谈话能够进行下去，外科医生们用它来解释自己的诉求。这个简陋的原型尽管粗糙，但却能以此来修正想法。原型创造能使客户参与进产品的开发过程中，并反馈使用信息。最后，IDEO 和 Gyrus 研发出的这款鼻窦炎外科手术工具每年的使用次数超过 30 万次。

在原型开发阶段应尝试多种产品创意，并挑选出最好的设计进行深度开发 [Dahan and Srinivasan, 2000]。保有多种产品概念选择，有利于保持应对市场和科技变化的灵活性。在网站创造一个静态或动态的虚拟原型以供供应商、客户和设计师测试是可能的。建立和测试虚拟原型比实物原型花费更少，因此使用互联网可以进行更广泛的产品调研。而且基于互联网的原型能够同步测试多种创意，这有助于降低新产品引进过程中的不确定性。

SaltAire Sinus Relief 公司生产了一种鼻腔喷剂来缓解鼻窦炎和过敏性鼻炎的症状（www.saltairesinuswash.com）。它使用喷剂瓶来将药剂喷入鼻腔中来缓解相关症状 [Ridgway, 2003]。两名纽约的医师在 1997 年成立了这家公司，他们建立了一系列的原型来供人们尝试。基于自己的知识，他们向其他医师展示了一个修正后的原型，并在 2000 年发布了自己的产品。这项具有发明专利的药剂瓶最终获得了创新设计奖。

对于创新者来说，原型设计是一种既可推广新的技术，也可测试该技术应用价值的机制。很久以前，人们就设想在危险环境下使用机器人以替代人类。许多机器人公司都曾尝试制造出能够在灾害区域和其他危险环境下工作的机器人，但都没有成功。1997 年，iRobot 公司展示了 Urbie 机器人的原型。这是第一款可以商业化的、能爬楼梯的机器人，该原型向市场证明了 iRobot 公司已经克服了技术的限制。截止到 2013 年，iRobot 公司的营业额已经超过了 4.3 亿美元，其产品在超过 7000 家零售店销售。Urbie 曾被用于从世贸大厦的废墟中搜救人员，以及探索军事上极端危险的区域。Roomba 机器人（Urbie 的商业版本）使用和 Urbie 类似的技术来清洁地板和吸尘，已经售出 300 万个。

多数企业会选择将早期版本的产品推向市场，并依据市场反馈不断改进。这些企业会进行一系列的市场调研，将不同的原型引入不同的细分市场中。最初的产品设计并不是产品开发过程最重要的，而是最初的一步。作为开发过程的第一步，它没学习过程以及之后的更有针对性的步骤那么重要。一些软件程序会采取快速原型制造技术，利用潜在的客户群来进行早期的版本测试。

8.4 情景

面对复杂而又不确定的挑战,在规划自身的战略时进行一系列的情景分析将会使新创企业受益匪浅。所谓**情景**,指的是对可能发生的事件或结果的一系列猜想,有时也被称为心智模型。一些基于行业背景和少数相关可能事件的现实情景有助于决策者做规划。情景是关于多种元素如何在多种假定之下互动的,是对未来生动的描述。情景规划的目的并不是为了预测未来,而是为了开拓思维,灵活地解决问题,以及懂得如何质疑传统智慧。正如史蒂芬·柯维(Stephen Covey)和 A. R. 美林(A. R. Merrill)[1996] 所说:"预测未来最好的方式是去创造它。"

情景分析需要从两个步骤中习得:构造一个情景,并从该情景中学习 [Fahey and Randall, 1998]。图 8.6 展示了情景的关键要素。情景试图解答关键问题,并基于相关驱动力及故事的逻辑进行陈述。该故事会得到广泛的认同和有用的结论。情景是对未来情形的描述。情景不是预测,而是可能出现的结果。一般四到五个情景就能涵盖组织现有核心问题所带来的所有可能结果。

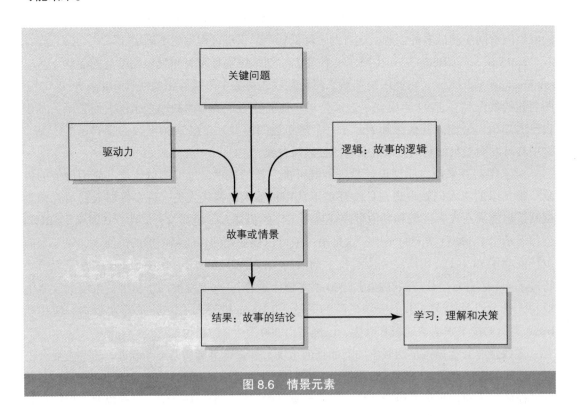

图 8.6　情景元素

创业者们通常会思考某项新的技术究竟是不是颠覆性的或是非线性的,以及是否会对市场产生深远的影响。而情景分析有助于定义某项新技术的影响度和时间框架。

图 8.7 展示了电动汽车销售情况的情景分析。电动汽车的故事能够建立起多个可能的情

景，这些情景能够用于了解市场中的机遇。

情景有时也会成为一些不切实际的妄想。2001 年，一些未来主义者——乔治·基尔德（George Gilder）和其他人——创造了一个电力通信行业经过过度繁荣后走向消亡的未来情景。这个情景却忽略了监管问题以及产能过剩的可能。实际上，情景有时可能会过于天马行空 [Malik, 2003]。

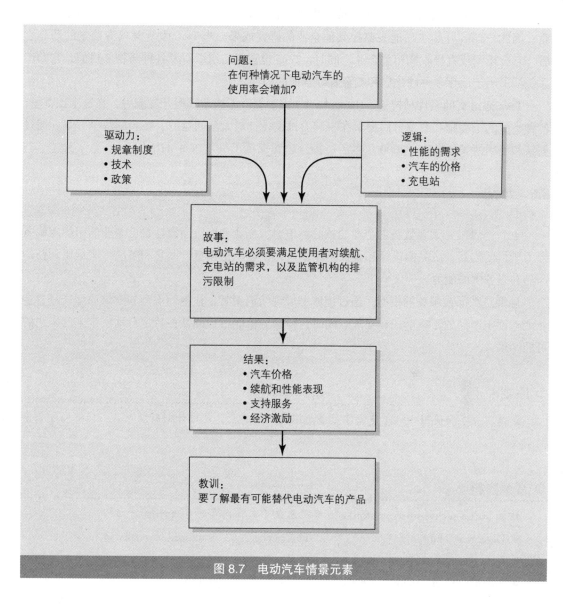

图 8.7　电动汽车情景元素

8.5 聚焦 Teva Pharmaceuticals

Teva 公司是一家国际制药企业。它的总部位于以色列,在以色列、北美、欧洲及南美都设有厂房。Teva 研发、生产、销售常用药物、专利药物及活性药物成分。2012 年,Teva 的累计销售额超过 200 亿美元。

最近四十年,通过兼并新兴的或是发展中的制药公司,Teva 已经成长为全球性的大企业。因此,Teva 开始主动地去监控其他企业的研究成果。当 Teva 发现某项有前景的药品之后,它会投资或直接收购相关企业。同时,Teva 也在自己组织研发各种药物。目前,它的产品包括了用于治疗多种硬化症和帕金森综合征的药物。

Teva 通过赞助编程马拉松(Hackathons)大赛提升了快速模型开发能力,在这个比赛里,各种类型的工程师和开发者们聚集在一起尝试设计针对大型问题的、新颖的解决方案。通过创新和使用情景分析法,2000 年以后,Teva 公司保持了每年 20% 的增长率。

8.6 小结

创新性思维是大多数新创企业的核心竞争力。创业者们应当设计自己企业的组织架构并致力于推动创新。产品的设计和开发基于创造力,以及把创意、概念和解决方案运用到新的产品和服务中的能力。

原型是产品或服务的模型,通过把原型展现给消费者,让他们观察和尝试原型产品,企业能够锁定产品的正确形式和功能。同时,情景分析能够检测某种特定行动所带来的未来的可能结果。

⊃ 原则8

获得、分享和使用知识是建立学习型组织的必备要素,是设计创新型产品、保持高增长率的重要途径。

⊃ 音像资料

访问 http://techventures.stanford.edu 来观看关于本章内容的专业评论。

- Divergent Thinking   Tina Seelig   Stanford University
- Ideas Come from Everywhere Marissa Mayer   Google
- Product Development Process David Kelley   IDEO

8.7 练习

8.1 利用图 8.2 说明你会如何影响企业的创新能力？

8.2 "终端客户"在产品设计和研发过程中应起到什么作用？所有的客户都知道他们想要什么吗？

8.3 Capstone 涡轮公司是一个微型燃气轮机的研发商、装配商和供应商。它的主要客户存在于场内电源生产和混合电力汽车市场上（www.capstoneturbine.com）。利用图 8.6 的格式，为 Capstone 创作一个未来五年发展的情景。

8.4 作为服务平台，网络提供内容和服务的优势是众人皆知的。请思考几个具体的例子，描述网络对于产品原型和产品设计开发的影响。

8.5 许多软件开发方法应用于快速设计和功能实现（例如敏捷软件开发、极限编程等）。选择这些方法中的两个，对比每一种方法想要解决或改善的产品设计和研发过程。

8.6 《科技纵览》（*IEEE Spectrum*）杂志在 2005 年 9 月刊登了一篇文章（www.spectrum.ieee.org/sep05/1685），列举了有史以来代价最为高昂的软件开发的失败案例。搜寻"Software Hall of Shame"栏目并选择你最感兴趣的案例。尝试描述为什么知识管理的失败以及学习型组织应有的行事风格的缺乏会导致这样的结果。

创业挑战

1. 检查你的创新强项及需要改进的方面，和团队成员们一同交流。
2. 讨论你的产品的可用性和稳定性。
3. 描述你开发产品原型的具体规划。

第 9 章

市场营销和销售

> 成功的营销等于 90% 的准备加 10% 的展示。
>
> ——勃兰特·坎菲尔德
> （Bertrand R. Canfield）

吸引顾客、提供服务并留住顾客的最佳方式是什么？

在企业从籍籍无名直至取得成功的过程中，市场营销和销售扮演了关键的角色。企业开始一个新的生意时，必须创建市场营销和销售的计划来描述目标客户类型。这个计划应当包括产品定位以及一系列可能吸引并使客户满意的元素，包括价格、产品、推销和配送渠道。以下几步能够帮助你的计划获得目标市场的认可和接受：

- 描述产品
- 描述目标客户
- 明确市场营销目标
- 从市场调研中搜集信息
- 创建市场营销计划
- 创建销售计划
- 设立市场营销和销售岗位

9.1 市场营销

市场营销指企业用其产品吸引、服务并留住顾客所进行的一系列活动。市场营销通过适当的媒介和方式将正确信息传递给目标客户。市场营销的任务是帮助创造产品、确定产品价格，同时将产品价值传达给顾客。理想情况下，市场营销使顾客和产品开发者"心有灵犀"，帮促研发者识别客户没有说出口的但却很重要的需求。

营销计划书的目的是描述达到市场营销目标所需要的具体步骤。营销计划书是一份书面文件，通常作为商业计划书的一部分出现，其内容包括产品营销计划的行动步骤。彼得·德鲁克（Peter Drucker）[2002]曾说过："商业目的是创造客户，因此便具有两个基本的功能——

市场营销和创新。市场营销和创新产生效用，其他的活动都是成本。"

在第 3 章中，我们讨论了价值主张和商业模式的构建。在第 4 章和第 5 章，我们讨论了整体商业战略和市场分析的基本元素。基于这些商业元素，我们需要提出市场营销策略并创建市场营销计划。表 9.1 展示了市场营销计划的六个基本元素。

表 9.1 营销计划的六个元素
● 市场营销目标　　　　　　　　　　● 市场调研和策略 ● 目标客户群细分　　　　　　　　　● 营销组合 ● 产品描述　　　　　　　　　　　　● 客户关系管理

市场营销计划的第一个基本元素是清晰地陈述营销目标。第二个基本元素是识别、细分一个或多个目标客户群。细分目标客户群的目的是帮助我们谨慎地选择适合的客户，并针对他们开展营销活动。第三个基本元素是产品描述，以及供应情况描述。基于对产品和供应情况的了解，我们需要预期客户的反应，并提出策略来吸引和留住客户。接下来，需要描述营销组合，包括价格、产品、促销和出售地点（渠道）。最后，描述销售和服务活动计划。

市场营销计划通过营销方案得到执行。计划描述我们如何将产品投放到市场，如何吸引、服务并留住那些对产品满意的消费者。图 9.1 展示了市场营销和销售活动的过程。新创企业会与客户交流产品信息、产品销售方案和服务客户方案等。当客户购买了该产品之后，他们就向卖家提供一些关于购买情况和产品使用方面的信息。

市场营销和销售计划从盈利机会和商业模式之中产生，如图 9.2 所示。

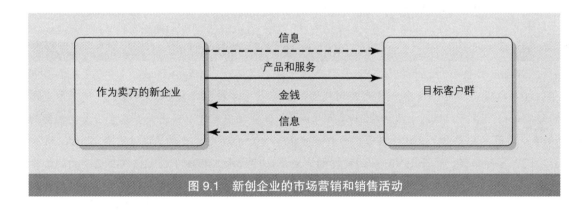

图 9.1　新创企业的市场营销和销售活动

9.2　营销目标和目标客户群细分

营销目标陈述是对于市场营销项目目标的清晰描述。营销的目标可包括销售额、市场份额、利润、地区计划和客户增长等。这些目标应当能量化，且有时间限制，例如"在德克萨

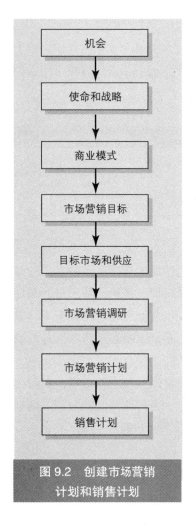

图 9.2 创建市场营销计划和销售计划

斯州和俄克拉荷马州的初始销售阶段,我公司将会在第一年销售 1 000 单位的产品。"

谁才是消费者?他们为什么愿意购买?弄清楚这两个问题的答案十分重要。这些特定市场或者消费者的组合被称为目标客户群。**细分市场**由一群具有相近需求的人组成,他们彼此之间可能具有地理位置、购买力和消费观念方面的关联。**市场细分**是将市场分成具有不同购买需求和消费习惯的细分市场的过程。不同的细分市场需要不同的市场营销策略。例如,对于基于互联网销售的业务而言,不同的年龄层就是不同的细分市场,他们不论是对于消费的偏好,还是消费的额度都会有巨大差异 [Abate, 2008]。新的企业常常会选择一个细分市场作为其初始市场营销的目标,企业会十分小心地从地理变量、人口变量、心理学变量及其他变量角度描述这个市场中的消费者 [Winer, 2000]。地理变量包括所处城市、区域及居住类别,例如"城市居民"。人口变量包括年龄、性别、收入、受教育程度、宗教及社会阶级等。心理学变量包括能影响消费者需求的因素,如生活方式和个性差异等。准确的市场细分能识别最值得追逐的客户群体,能告诉公司出售什么样的产品给这些群体。市场细分和消费者一样都会随着时间改变 [Yankelovich and Meer, 2006]。

InVision:正确的时间,正确的产品

InVision 科技公司设计、制造电子行李筛分系统(www.invision-tech.com)。它成立于 1990 年,主要提供机场安全设备,通过 X 射线断层摄影技术来侦测爆炸物。它的目标市场是美国机场行李筛分业务,但这个市场在 2001 年 "9·11" 事件之前发展十分缓慢。在袭击发生之前的 10 年,公司一共卖出了 250 台机器,而在袭击发生之后的两年内就卖出了 750 台。InVision 也计划进入国际市场。由于 InVision 的成功和专业成熟的技术,2004 年被 GE 以 9 亿美元的价格收购。

三星 Galaxy 的目标客户群是:渴望拥有功能全面的、尖端技术的无线设备的年轻人。新创企业可以设计计划来吸引和留住目标客户。针对目标客户群进行市场营销能将企业所有的能量都集中于获得目标市场上的新客户。新的企业常常在早期定位于过多的市场,导致在建立起客户基础前就已将资源消耗殆尽。表 9.2 列示了关于目标市场的四个重要问题。

表 9.2　关于目标市场的四个重要问题

- 是否存在企业能够进入且客户愿意购买该企业的产品/服务的细分市场？
- 客户是否认为这些优势优于其他选择（的优势）？
- 目标市场有多大？其增长速度如何？
- 该细分市场能否作为进入其他市场的跳板？

来源：Mullins，2006。

Flexcar：重新定义客户群

汽车租赁业务针对想要短期内使用但不想长期拥有车辆的人群。这个解决方案对于生活在城市中心的人群尤其具有吸引力。总体而言，在稠密的城市区域，比起车辆的所有权，人们更加趋向于拥有车辆的使用权，因为前者往往具有高成本。1999 年，尼尔·彼得森（Neil Peterson）在西雅图创立了 Flexcar，并将其推广到洛杉矶、旧金山、华盛顿特区和圣地亚哥。

随着企业的发展，拥有或出租一辆新车的平均成本变成了每月 625 美元，而车辆共享项目的成员在车辆上的支出平均每月不超过 100 美元。Flexcar 最初的目标客户是个人，但它很快发现，个人不是企业最大的利润增长来源，中小型企业才是，因为这些企业不想承担维护自有车辆的成本 [Stringer, 2003]。2007 年，Flexcar 和 Zipcar（www.zipcar.com）合并。2013 年，Avis 又以 5 亿美金的价格收购 Zipcar。

作为一个明智的经理人，你应当找出最好的客户，然后进行市场细分。**最好的客户**具有以下特点：重视你的品牌，无论你的产品是否促销都会规律性地购买，将你的产品推荐给他的朋友，不会轻易选择你的竞争对手的产品，等等。创业者们应该识别出他们的客户细分市场，并据此定位自家产品，以期很好地服务于这些客户 [Ettenberg, 2002]。

9.3　产品和产品供应

产品的特点和主要属性通常在商业计划中就已体现。可以使用产品定位图来展示产品。通过向买家阐述产品的主导优势，所有的产品都可以在一定程度上进行区分。通过设计产品和形象，在目标客户的意识中形成独特印象的行为，被称为**产品定位**。

产品定位能使企业自家的产品与同类产品区分开来。例如，Volvo 意味着安全，而 FedEx 则代表"隔夜快递"。产品定位图展示了产品本身的特点。图 9.3 展示了 Instagram 相比于其他图片分

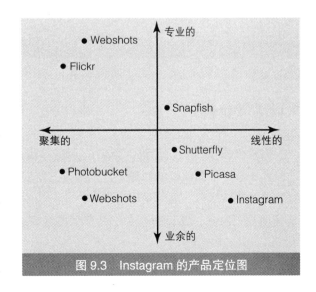

图 9.3　Instagram 的产品定位图

享应用的特点和定位。接下来需要做的就是通过市场营销清晰地向目标客户传达产品定位。

产品定位应关注于能体现产品价值主张的一些关键属性。如图9.4所示，定位陈述能帮助定位产品。一旦有了产品定位，接下来就是产品供应了[Moore, 2002]。**产品供应**向客户传达产品的主要价值和优势。**独特消费主张**是关于自家产品区别于竞争产品的关键消费者利益的陈述。

例如，Instagram的独特消费主张是：

Instagram提供了一个编辑照片并与家人朋友分享的简单方式。

联邦快递的独特消费主张是：

我们隔夜就能送达您的包裹——我们保证。

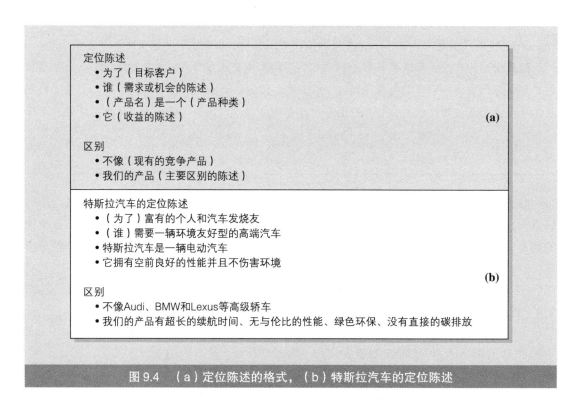

图9.4　（a）定位陈述的格式，（b）特斯拉汽车的定位陈述

9.4 品牌价值

在第4章中我们讨论过，新创企业应当具有以下竞争优势：低成本、高质量、出众的消费者关系、不断改进的性能。许多科技型新创企业将产品特性与品牌结合在一起，用以与竞争产品进行区分。**品牌**是用以识别企业产品的名字、符号、标志的集合。品牌使消费者能精确地识别商家，并长期存在于消费者的意识之中。众所周知的品牌有很多，比如Intel、Philips、索尼和三星等。

品牌价值是消费者意识中对品牌的感知价值，可以用表9.3中的四个维度描述[Aaker

and Joachimsthaler, 2000]。品牌知名度是树立品牌的第一步。产品的质量和声誉帮助树立品牌价值。产品的质量口碑和活跃度形成品牌的印象。品牌代入感是指消费者通过个人的和情感的关联与品牌产生联系的行为。例如，品牌代入感存在于 Harley-Davidson 的车主与该摩托车品牌的情感联系之中。换句话来说，当商家履行承诺时，顾客以品牌忠诚度作为回应。Apple、Canon、Facebook、GE、Google 和 Intel 都是具有巨大品牌价值的科技企业。

品牌对价值的承诺是区分产品的核心要素。这个承诺与消费者有紧密的关联，好的消费体验往往能带来消费者的品牌忠诚度。许多消费者都愿意为有一定知名度的品牌付更多的钱，例如 Apple 的商标，这会给他们带来社群的归属感。强大的品牌会使消费者对该公司的产品产生良好的预期。一个成功的企业品牌应当是普世的，但同时也能通过不同的解读来吸引不同的群体。某些公司的商标或标志可以被不同文化背景的人接受，但他们所理解的含义却并不一定相同，这就是成功的品牌。

企业的品牌应当以顾客为中心，着力于产品和服务的提供。相比之下，企业的声望则关注企业在供应商、监管者、雇员、媒体及地方社区内的可信度和口碑。总的来说，企业价值来自于将好的产品带给消费者，声望来自于社区和利益相关者的好评 [Ettenson and Knowles, 2008]。这两点对于企业的成功都很重要。

表 9.3 品牌价值的四个维度

- 品牌知名度或熟悉度
- 感知到的产品质量和活跃度
- 品牌代入感：连接消费者与品牌
- 品牌忠诚度：对产品的依赖

一些品牌，例如 Nike、Harley-Davidson 和 BMW，已逐渐变成了一种象征 [Holt, 2003]。当某个品牌提供了能引起消费者共鸣的故事时，它就变成了象征。最有说服力的故事是对叛逆者的叙写。Harley-Davidson 正是这样吸引了一群摩托车狂热者，一群渴望与众不同的叛逆者。

因此，树立品牌的一个方式就是，先确立对于目标客户的独特利益，然后对这一隐含属性进行描述。例如，Intel 公司将"优质"作为产品的利益点，接着连续的市场营销活动将"Intel 的集成电路具有可靠的高性能，是有着高质量的前沿产品"这一信息传达给了消费者。

9.5 市场营销组合

表 9.4 中展示了**市场营销组合**的四个元素。**产品**是指服务于消费者需求的物品或服务。市场营销计划描述了区分产品的主要方法。例如，Coca-Cola 通过独特的螺纹商标瓶与一般的可乐区分开来；Shutterfly 通过更高水平的印刷过程和运送方式，用高质量区别于竞争者；Apple 则是用直观的用户界面和优美的造型来区分自己与其他数据产品。

价格策略可以用来区分企业的产品。沃伦·巴菲特（Warren Buffet）曾明确地说："你支付的是价格，所得到的是价值。"例如，Amazon 销售的大部分书籍都有 7 折优惠，并且满 25 美元包邮。价格是一个灵活的因素，不同的折扣、优惠券和支付期限都可以在试销市场上进行检测。通过估计需求、成本、竞争对手的价格，然后采用适当的定价方式，可以初步设定价格。有效的定价需要收集、整合所有有关企业的策略目标、成本结构、消费者偏好、需求、竞争对手的定价和策略意图等信息 [Nagle and Hogan, 2006]。定价的方法和策略可以是追求最佳的市场份额、最高的产品溢价或者最大化的利润。价格的下限是生产该产品的成品，上限是估算的消费者可以从产品中获得的价值（见图 3.3）。在充分研究竞争对手的定价策略后，新创企业可以在试销群体中进行价格测试。

表 9.4 市场营销组合的四个元素

产品	价格	促销	地点
产品种类	市面价格	公共关系	渠道
质量	折扣	广告	位置
设计	信用条款	销售队伍	仓储
特征	支付期限	直接信息	履行
品牌名称			
包装			
担保			
退货政策			

举个例子，现在我们需要对一种教科书进行定价。假设这种教科书总的市场需求为每年 10 000 本，你的竞争对手已经决定将其产品价格设定在 60 美元至 80 美元之间，每年对新的教科书的需求可以表示为：

$$D = 10000 - kP \tag{9.1}$$

其中，D 为需求数量，k 是一个估算的敏感性常数；P 为美元价格。生产新书的固定成本为 30 000 美元，可变成本为每本 10 美元。这本书和竞争对手的书在质量和知识的清晰程度上有差别。此时，在 \$60 到 \$80 的可选价格范围中，我们应当怎样设定价格呢？如果你的目标是获得最大的市场渗透率，那么你应当选择最低的价格，即 $P=\$60$，因为这会带来最大的需求。如果市场调研显示市场对价格敏感，并且得到估算值 k=90，那么当价格被设定在 \$60 时，需求为 4 600 本。此时，毛利（$GP=$ 收入 – 成本）为：

$$GP = R - (VC \times D) = (D \times P) - (VC \times D) = (P - VC)D \tag{9.2}$$

其中，R 为收入，VC 为可变成本。当 $P = \$60$ 且 $k = 90$ 时，毛利为 \$276 000。如表 9.5 所示，如果你将价格提高到 \$70，毛利会下降。使得毛利最大的价格取决于敏感性常数的值。如果我们重新假设 $k = 80$，我们从该书中能获得的毛利如表 9.5 所示。注意当 $k = 80$

时，$70 是能够获得最大利润的价格。同时需要提醒的是，k 的估值来自于经验和研究，并且会随着时间而改变。

表 9.5 给定 k 和 P 情形下的毛利

		价格 P		
		$60	$70	$80
敏感性常数 k	90	$276 000	$259 000	$166 000
	80	$230 000	$234 000	$222 000

在许多行业中，消费者偏好低价，市场竞争者并不具备定价权。定价权属于那些免于激烈竞争的企业，如大学提高学费，医院收取更高的医药费；或者形成实际的垄断，如有线电视的经营者等。由于世界上有大量的产品提供者，大多数成熟企业经营中都面临着平价甚至降价的情况。

新创企业可以从图 9.5 所示的三个定价策略中进行选择。许多新创企业使用价值定价法，因为需求对于价格十分敏感，并且新的企业不具有品牌价值。需求导向法探测不同价格下的产品需求量，并尝试估算一个价格以使企业获得好的市场份额和长期盈利能力。拥有尖端产品的科技企业常常使用溢价定价策略。

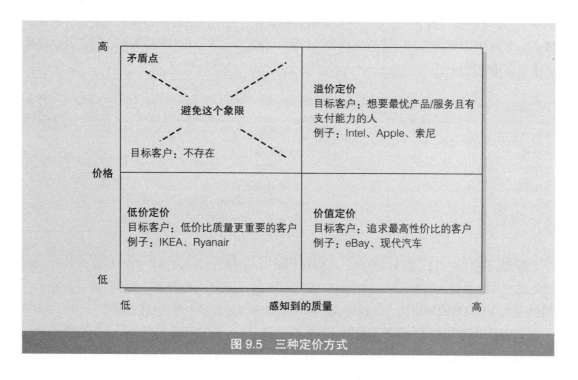

图 9.5 三种定价方式

新的科技企业常常提供不同于以往的、价值导向的产品。由于这些新产品或服务的特性鲜为人知，因此很难进行定价。许多新的产品都具有质量和性能不稳定的特点。这些新产品为了吸引消费者，会提供担保——对于规定性能的合约或保证，这种方法十分有用。其他的可行方法是提供质量定价——当产品表现较差时，按规定给予一个价格的折扣 [Bhargava, 2003]。

然而，由于消费者在面对不熟悉的产品时，常常将价格作为质量的信号，企业还是应当注意定价不要过低 [Marn et al., 2004]。

使用传统增长模型，企业可以通过创造并销售满足市场需求的产品来刺激新需求，并从中获得好处。随着客户基础的扩大，产品越来越流行，利润会逐渐显现，这些利润会被用来投资于能带来新的销售和收入来源的项目中。一部分利润可以通过品牌价值获得，并且有很多种技术能够实现，包括超高定价（aggressive pricing）、聪明促销（savvy promotion）和广告。

促销包括公共关系、广告和销售方法。选择想要推广的内容和媒介是一件复杂的事情。**广告**是一门传递销售主张并在消费者脑海中形成独特的产品定位的艺术 [Roman, 2003]。最开始的产品信息能引起消费者对新企业的关注。查尔斯·雷夫森（Charles Revson），Revlon的联合创始人，曾说过："在我们的工厂里，我们制造口红；在我们的广告中，我们出售希望。"许多产品和服务同样在出售希望，比如减肥产品和相亲服务。相比之下，Twitter和Facebook的产品是社区，Instagram经营的是艺术表达，Smule则以音乐作为产品。广告可以提高品牌知名度、创造价值，为初创的科技企业带来额外收益 [Ho et al., 2005]。

创业者可以选择各种各样的媒介来投放广告，包括网页、社交网络、纸质媒体、广播和电视等。表9.6列出了一些常用的市场营销的媒介。社交网络近来变得尤为重要。例如，Facebook拥有10亿用户——将近全世界人口的七分之一。在9.6小节中我们会讨论社交媒体在市场营销中的角色。

表 9.6　常见的市场营销媒介

●广播和播客	●商品目录
●报纸	●商业信息广告
●杂志	●网站
●电视和视频	●社交网络
●电子邮件	●博客和百科
●电话推销	●展示会和演讲

社交网络同样可以支持口碑推广（口口相传）。值得进行口碑推广的产品通常具有一些独特的、具有吸引力的属性，例如BMW的Mini Cooper或者一种新型的抗癌药物。此外，它们也应当具有高度的可得性。最新的衣服和饰品通常通过青春少女的口碑推广。

口碑营销通常被称为**病毒式营销**。这个概念基于一个由来已久的现象：人们会将使他们受益的事物告诉别人。PayPal进行过一次成功的病毒式营销活动，其现有用户每推荐一个人注册并使用其服务，PayPal将会给现有用户和新注册用户返现10美元。这次营销活动花费了PayPal上千万美元，但成功地在网上引发了重大的反响。Hotmail，最早的免费电子邮件服务之一，在每一封 Hotmail 发出的邮件底部都附有一个小的 Hotmail 广告。这个策略有效地将 Hotmail 快速地推广出去。消费者避开广告的方法多种多样，例如使用数码录像机看视频，不听广播而去听播客和音乐，使用能屏蔽垃圾邮件的电子邮件过滤器等，这些变化使得口碑推广变得越来越重要。

Tesla 的 Roadster 是一款高性能的运动汽车，其零售价超过 100 000 美元。它是全电动汽车，续航能力超过 200 英里。Tesla 利用名人和科技先锋来进行口碑营销。该车的预购者名单一度超过 1000 人，其中包括 Google 的两位联合创始人和明星阿诺德·施瓦辛格、马特·达蒙。无论是传统的媒体还是流行的网络媒体，都使用大篇幅刊登出名人驾驶这辆车的照片。虽然被放上预购名单需要交 5 000 美元定金，但这次口碑营销引起了公众对特斯拉汽车的极大兴趣。

选址意味着选择产品的分销渠道，包括门店的地理位置在内。分销渠道是将产品带给最终用户的一个必要过程。出版商会通过多种渠道将书卖出，例如通过实体书店、定向推销和网上书店（例如 Amazon）等。每一个行业或多或少都有其分销系统。创造性地使用不同分销渠道的卖家能够获得差别优势。

在个人电脑行业，Dell 电脑通过手机和互联网直接将产品销售给最终用户，而 HP 公司则主要通过零售商和增值分销商销售电脑。当同时使用多种并行渠道时，由于各渠道和领域（地域或者消费者）利益诉求的不一致，就会产生渠道冲突 [Brynjolfsson et al., 2009]。

许多科技企业会将它们的产品卖给别的制造商，制造商将这些产品作为组件生产出最终产品。例如，Intel 为 Dell 电脑提供微处理器。

利用互联网作为分销渠道导致了消费者、零售商、经销商、制造商和服务供应商之间关系的转变。互联网为企业提供了跳过或缩减中间商、直接与消费者进行交易的选择。但是，在开展电子商务，绕开传统分销渠道之前，商家应当明白什么样的产品适合网络营销。例如，信息产品十分适合电子分销，而体积庞大的低利润商品如宠物食物更适合传统分销。

Intel Inside 活动

20 世纪 80 年代末，Intel 决定将广告宣传的对象从电脑制造商改为真正的电脑购买者。在此之前，消费者选择个人电脑时只关注制造商是谁，例如 HP、Dell、IBM，而不关注电脑内部组件是由谁提供的。通过将广告的重心放在消费者身上，Intel 创造了大众对公司和产品的品牌认知，并且树立了消费者对于个人电脑内部微处理器的品牌偏好。

Intel 的第一步是创作一条新的广告语："Intel，内置的计算机（Intel: The Computer Inside）"。第二步，Intel 选择带有"英特尔在里面（Intel Inside）"标语的漩涡标志贴在电脑上。接下来，Intel 将它的新的微处理器命名为奔腾（Pentium）。最终，Intel 在 20 世纪 90 年代个人电脑的蓬勃发展中成为领导者，成功地为电脑组件树立了品牌。

许多企业依靠互联网进行销售和试验。P&G（www.pg.com）使用公司网站对消费者进行抽样调查 [Gaffney, 2001]。这个方法让 P&G 得以测试新产品和营销组合。P&G 40% 的试验都是通过网络进行的。2000 年 8 月，当 P&G 准备投放佳洁士牙贴时，它事先对预定的 44 美元的价格进行了测试。P&G 通过电视和杂志吸引人们参与测试，并给注册参与调查新产品的人们发送了邮件。在最初的 8 个月中，P&G 就在网上卖出了 144 000 套净白牙贴。

Microsoft、Yahoo 和 Google 应运而生后，成了主要的互联网广告平台 [Vogelstein, 2005]。互联网广告正在取代报纸和杂志成为新的广告宠儿。当用户在网络上搜寻某样商品时，Google 等会将一则该类产品的广告恰到好处地投放在用户面前。

新兴的企业必须决定如何以及在哪里花钱推广。它可能拥有数个产品类别，需要将有限的营销预算用在很多的地区。为了做出决定，新兴企业应当搜集每个地区和国家的信息，并将资源分配给能够有机会带来最大利润的地区和产品 [Corstjens and Merrihue, 2003]。

9.6 社交媒体和市场营销分析

近几年来，世界已经发生了剧变：智能手机、平板电脑等移动设备开始大肆扩散；Facebook 和 Twitter 等社交网络应运而生；已经可以捕捉、分析来自网站互动、社交网络、呼叫中心和智联设备的海量数据。

这些改变为那些想要利用这些新技术的企业带来了大量的挑战和机会。传统的商业模式和金融交易系统逐渐瓦解，而适应 21 世纪的新的商业模式正在快速显现。最近几年移动电子商务的迅速崛起，诞生了 eBay 和 Square 等新型支付平台，而新型的用户平台，如 Google、Apple 和 Facebook，早已深入人心，这些都代表着消费者评价和购买产品的新方式。

在这个新范式中，消费者拥有了更多的力量，因为他们能更加轻易地获得产品和价格信息，可以从朋友和熟人那里获得关于产品和服务的专业知识和体验经历。消费者甚至有了新的购买方式，例如团购和以租代买等。同时，公司同样拥有了与潜在客户和消费者紧密相连的能力，公司与消费者/潜在客户的关系不再只是卖家和买家的关系，而更像是一种持续的、不断发展的关系。在这个新的纪元中，公司通过固定和移动设备，使用消费者偏好的沟通方式（例如，电子邮件、Twitter、短信、电话、在线聊天或面对面会议），根据消费者独特的需求和兴趣，与他们进行直接的信息交流。

社交媒体和市场营销分析是这些变化的核心。社交媒体网络鼓励在线的社区互动。这些社区通过互联网运营，社区成员可以通过个人电脑和移动设备联系，网页内容在固定设备和移动互联网上都可以获得。在这些媒体网络中，人们表达并分享他们的兴趣，讨论他们的喜恶，分享关于几乎所有话题的观点，例如音乐、职业、服装、旅游、教育和体育等。市场营销分析从这些千差万别的社交媒体网站上获得、搜集信息，再将它与公司数据库中的数据进行合并，以获得针对潜在客户和消费者的深刻洞察力。这些分析使公司的营销和销售活动具有高针对性。通常而言，信息可以细致到个人层面。

Wells Fargo 资产研究发现，当公司将包括市场营销、销售、客户服务和电子商务整合起来后，公司会具有一个 500 亿美元的软件市场。市场营销分析让营销和销售人员能更高效地工作。并且，这让广告商和出版商能够更有针对性地投放广告，以带来最高的点击率和最大的销售额。市场营销分析工具也能够提出具有价值的竞价关键字、搜索引擎优化建议和搜索营销方案等。

表 9.7 列举了具有代表性的新型市场营销工具，它们都利用了社交媒体和市场营销分析。通过使用这些新的工具，市场营销和销售行为被永远地改变了。许多销售过程的前端，包括潜在用户识别、品牌和产品认知、产品信息的提供，以及最初的客户接口，都正在向网站和移动设备转移。市场营销越发强调对大量信息的有效分析，从社交媒体上收集大量信息，从而决定在最合适的时间向有兴趣的潜在客户和消费者发送产品信息。企业正在使用市场营销分析来预测消费者的兴趣。市场销售部的主要重心从传统的营销活动（需求开发、价值定位、品牌化）转变为通过分析数据确定在何时把什么内容传递给消费者。因此，有效率的企业都有关于市场营销、销售和客户服务的整合方案，以便公司无论是进行电子商务，还是传统商务，都可以在最大化地满足客户需求的同时，也能获得最大的利益。

表 9.7　社交媒体的新型营销工具及案例分析

- 营销的高效工具（营销自动化平台）
- 搜索引擎高频检索工具
- 电子邮件营销工具
- 进行消费体验评估与管理的网站或移动工具
- 销售工具
- 重新定位
- 刺激消费者信息披露
- 消费者满意度测量工具
- 社交监控分析
- 文本分析
- 社交媒体
- 客户参与

9.7　客户关系管理

企业与客户的关系质量直接影响企业的内在价值。**客户关系管理**（CRM）是与客户的一系列交流。这些交流包括：（1）经济交易；（2）作为交易主体的产品描述；（3）交易发生的空间；（4）交易发生的情境 [McKenzie, 2001]。要想使客户关系变得富有成效，企业必须有效地管理公司产品之于顾客的吸引力、顾客的喜好转变、对顾客的营销及挽留住顾客的过程。这些关系通过简要的实时交流来进行搭建和管理。这些交流发生在顾客与企业的关系空间之中，如图 9.6 所示。交流的第一部分是关于产品的经济交流。这个交流所发生的空间可以是实实在在的空间，比如展示厅，或者是虚拟的，比如展示物品的网站。交流的情境包括顾客已知的一切以及顾客的现状。

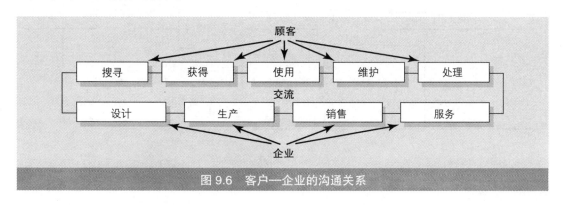

图 9.6　客户—企业的沟通关系

CRM 体系的一个必要步骤是客户数据库的构建。对于银行和零售企业而言，构建数据库相对简单，因为它们与客户有着高频率的直接互动。对于无法和最终用户直接互动的企业，例如半导体和汽车制造商，这一过程就变得相对困难 [Winer,2001]。客户数据库可以用于客户关系管理活动，例如客户服务、忠诚计划、酬谢计划、社区建设及客户定制等。

CRM 能够让企业更快地收集顾客信息、识别有价值的客户，并通过提供卓越的服务来增进客户忠诚。通过 CRM，客户可以为企业提供新的想法，成了企业构建产品和服务的新的能力来源 [Prahalad and Ramasamy,2000]。不幸的是，许多公司的电话接听系统设置得非常复杂，这会阻碍消费者寻求帮助，使得客户和公司的关系疏远起来。

当企业员工能够与顾客充分交流时，CRM 就达到了最优状态。一个能充分吸引顾客和雇员的管理过程，可以为企业和顾客双方都带来富有成效的结果 [Fleming et al.,2005]。

Progressive 公司使用 CRM 和顾客实现 24 小时实时联系。公司通过直接和代理人两种方式销售汽车保险。Progressive 的信息系统让顾客可以在网上管理他们的账户，包括在线支付账单、在保险中新增汽车或驾驶人等。客户无论何时都可以使用公司的网站、电话呼叫中心获得理赔服务。Progressive 的理赔代理人会快速地到达事故现场，通过无线网络使用笔记本电脑与公司实时交谈。

图 9.7 描述了 CRM 和总体的市场营销过程。CRM 能帮助企业更准确地进行营销调研，更有效地留住客户，以及优化营销组合。

企业都想拥有回头客。对于产品很满意的顾客并不一定会是回头客，因为满意是对产品评价的量度，而忠诚才是对消费行为的量度。因此，顾客调查能够衡量人们的看法，但对于估计将来的消费行为并不可靠。忠诚不是看法 [Klein,2003]。**忠诚**是顾客对于某一产品或产品系列的承诺的量度。忠诚度的测量相比满意度的测量更加困难。准确有效的满意度测量能够帮助企业识别当下业务的缺陷，而准确有效的忠诚度测量则是一种前瞻性的工具，可以帮助企业设定合适的战略，把握住想要保留的顾客。

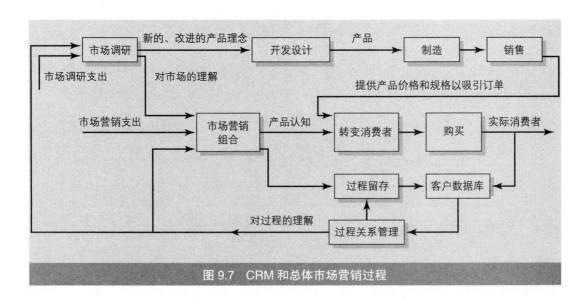

图 9.7 CRM 和总体市场营销过程

> **Salesforce：吸住客户**
>
> CRM 工具可用来整合和管理客户的活动。例如，Salesforce（salesforce.com）使企业能够追踪现有和潜在客户，并提供服务、销售和支持管理。另一个 CRM 供应商是 SugarCRM。

客户定制，或者被称为一对一市场营销，是能使产品根据单一顾客的特点进行定制化（改变）的过程。企业使用 CRM 系统来抽取每个顾客的需求和偏好特点。客户定制使公司和顾客能够共同发掘顾客的需求。数字化的产品，如音乐文件，可以很容易地做到客户定制，制造商同样也能够针对消费者的不同需求提供定制化的产品 [Winer, 2001]。比如，BMW 曾在消费者中推广在线设计定制汽车、在地方代理商取车的理念。

9.8 技术和创新的扩散

大多数创业公司的产品都包含了新的理念或技术。基于对某项创新的优势、成本和风险的感知，消费者会在某个特定的时间点接受这项创新。**创新扩散**描述了创新在潜在受众之间传播的过程。创新是指有别于以往的，可被人们接受的产品、过程或想法。创新向潜在的受众展示了解决问题的另一种方式，但关于这种方式是否比原来方式更好仍然是不确定的。扩散理论的主要目标是理解和预测某项创新的扩散速度和扩散模式。

创新并不一定能够快速地传播。早在 1601 年，英国海军就知道坏血病这种比战争、事故更致命的疾病是可以治愈的，可以通过在海员的饮食中加入柑橘类水果来避免。然而，直到 1795 年——几乎两百年后——英国海军才接受了这一方法 [Rogers, 2003]。即使是最好的想法也常常遭受怀疑和阻力。

创新的扩散取决于潜在接受者对于创新的五个特征的感知，我们将其列举在表 9.8 中。接受者对于这些特征的感知直接影响了他是否会接受创新。1947 年，黑白电视机诞生。在 1950 年之前，只有 10% 的家庭接受了这一创新；而到 1960 年，90% 的家庭都拥有了电视。电视机的快速普及源于其优于广播的特性：与室内设施的高兼容性、低复杂性、易操作性，以及观赏性。个人电脑的普及过程却十分缓慢。1982 年个人电脑就诞生了，但直到 2007 年，也只有 2/3 的家庭拥有个人电脑。个人电脑复杂的操作和高额的成本阻碍了消费者对它的接受度，它对于潜在用户的相对优势也并不明显。

表 9.8 创新的五个特征

- **相对优势**：创新产品相比现有的产品或解决办法有明显的优越性。这一优势表现为更高的经济效益或者更佳的性能。
- **兼容性**：创新产品和潜在接受者的现有价值观、知识、经验和经历的良好匹配度。
- **复杂程度**：潜在接受者对创新产品理解或使用的难易程度。复杂程度越高，接受速度越慢。
- **可试用性**：潜在接受者在接受之前体验该产品的方便程度。可试用性越高，接受速度越快。
- **可观测性**：创新产品的优势能在多大程度上展示出来。可观测性越高，接受速度越快。

正如个人电脑的例子所示，为了充分理解消费者接受创新产品的可能性，十分有必要将他们正经历的"痛苦"和接受新产品解决方案所带来的"痛苦"进行比较。例如，没有个人电脑和文字处理机时，消费者可能因手写文件难以更改或手工对账过于烦琐低效而痛苦。但是，接受个人电脑也为他带来了"痛苦"——不仅表现为昂贵的价格，也表现为阅读安装手册、研究产品、排队等候、安装软件等过程所付出的时间和努力。只有当消费者认为收益超过痛苦时，他们才会接受某项产品 [Coburn, 2006]。

在一个高速革新的科技领域，消费者可能会延长购买周期，因为他们相信更好的科技产品马上就会到来。例如，许多人选择不购买等离子电视，因为他们认为液晶电视马上会面世。如果消费者等待了足够长的时间，他们可能就会"跳跃"过一整个科技阶段，正如非洲和亚洲的通信发展直接跳过了陆上通信线，而直接进入了移动电话通信 [Economist, 2006]。

创新的扩散过程通常呈 S 型，如图 9.8 所示。如果扩散过程符合 S 曲线，那么接受者的分布曲线就是一个正态分布，如图 9.9 所示，其中 Sd 为标准差。图 9.9 展示了五种创新接受者类型，表 9.9 对其进行了具体的描述 [Rogers, 2003]。

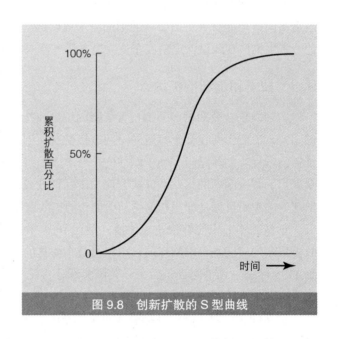

图 9.8 创新扩散的 S 型曲线

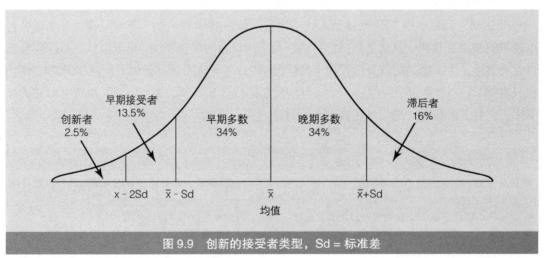

图 9.9 创新的接受者类型，Sd = 标准差

表 9.9　创新接受者的五种类型
- **创新者**：想要领先一步，渴望尝试新的事物。他们有能力处理复杂的、未完善的想法，并有大量财力来帮助他们应对创新的不确定性和潜在损失。
- **早期接受者**：与潜在接受者的联系相比于创新者更为紧密。他们通常是意见领袖，向潜在接受者提供关于产品的信息和建议。他们是远见者。
- **早期大众**：仅比平常人早一些接受创新。他们通常经过了深思熟虑，并且有时犹豫不决。由于规模庞大、与其余潜在接受者联系紧密，他们将早期接受者和大部分人口联系了起来。同时他们的接纳也是创新进入高速扩散阶段的信号。他们是实用主义者。
- **晚期大众**：接受创新仅因为经济上的需要和来自同龄人的压力。虽然他们和早期大众一样占据了人群的很大部分，但他们往往拥有更少的资源、更加保守，在接受创新之前需要更多关于创新的价值的证据。
- **滞后者**：是最后接受创新的人。他们隔离于其他的接受者，十分重视过去的经历和传统。当他们需要冒着风险尝试创新产品时，他们是最严重的怀疑论者。

9.9　跨越鸿沟

从早期接受者向早期大众的过渡十分困难，因为这需要吸引实用主义者。如图 9.10 所示，这个在远见者和实用主义者间的巨大裂隙被称作**"鸿沟"**[Moore,2000]。早期接受者或者说远见者是独立的机会驱动者，能够快速地认清创新所带来的利益。然而，早期大众，或者说实用主义者，他们强调分析，需要创新提供已证实的结果。

一旦产品越过了这道鸿沟，其他人就会购买这一产品，因为观察和使用产品会更加容易[Rohlfs,2001]。对于新业务而言，越过鸿沟是一件颇具挑战性的任务。例如，早在 20 世纪 60 年代，第一部视频电话就已诞生，然而直到 2003 年 Skype 的出现，这项技术才开始成为主流，并且又花费了几年，才真正跨过了鸿沟。另一个例子是 3D 电影，这项技术诞生于 1953 年，但当时应用 3D 电影的不便远超过其收益，3D 技术的应用在 20 世纪 90 年代止步不前[Huntington,2003]。到 21 世纪 10 年代 3D 电视诞生时，制造商才又推进了这项技术，然而 3D 技术仍然没能跨过鸿沟。

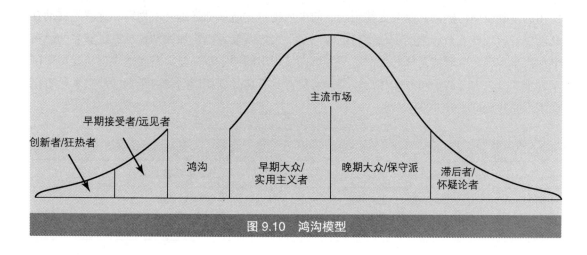

图 9.10　鸿沟模型

1999年，本田汽车在美国市场投放了混合动力型汽车。2000年，丰田汽车也跟着推出了Prius，并很快获得了狂热者和远见者的接受。混合动力型汽车如今已经变得越来越流行，并早已越过鸿沟，成为汽车销售的主流产品。

数字摄影在鸿沟前停滞了超过10年（1985—1995）。其原因是缺乏个人电脑和能够处理数字影像的软件，以及当时照片打印机的昂贵价格[Ryans et al.,2000]。

许多高科技产品存在兼容性和复杂性的弱点，难以理解和操作。因此，潜在的用户需要学习如何使用它们，了解它们工作的原理。提供这样的产品的企业需要对用户进行相关培训。有时候，这些培训的成本可能会十分高昂，且十分耗时。

创新者并不一定擅长教育，然而，所有接受创新产品的人都必须成为一个学习者。即使是最简洁易懂的设计也可能带来学习上的挑战。自行车看上去很好骑，但对于大多数成年人来说，学习如何骑自行车是一个困难的事，因为在学会前，他们不得不一次次跌倒。教会成年人骑自行车就是教会它们应对挫折。为帮助用户学习，创新者大多放弃了使用健全的培训课程和详细的说明文档，而是习惯在网页上简单地列举出常见问题。鼓励用户阅读使用说明书的效果微乎其微。创新者常常试图将教学的成本转移给消费者，其结果是创新产品的接纳被拖延甚至停止。

有好的想法的创新者别无选择，只能通过创新的媒介或直接教学教育潜在接受者。他们应当认识到如果他们真的想要克服消费者的抵制情绪，他们需要平衡易用性和易学性之间的难易程度[Schrage,2002]。

鸿沟模型和产品的扩散特征可以用来解释潜在接受者从10%发展到90%所需的**扩散期**。表9.10展示了一些创新产品的扩散期。

期初，许多人认为人们可能需要10年或者更多时间来接受DVD。到2003年，DVD播放器和光盘的销量比上年度翻了一倍。DVD的销售快速地克服了两个潜在阻碍：（1）DVD光盘相比于录像带更高的价格；（2）DVD播放器无法进行录制的缺陷。如今，通过宽带和卫星电视传播的应需型视频对DVD和蓝光市场的持续增长形成了挑战。

许多创新者面临着先有鸡还是先有蛋的问题——为了使用一款新设备，用户需要可广泛使用的基础设施。然而，给率先使用产品的少数用户建造基础设施并不划算。这就是移动互联网设备的现状。另一个例子是燃料电池汽车。用户需要氢燃料加油站，没有足够多的燃料电池汽车，谁会来建造这样的加油站呢？市场呈现出的网络特征让消费者适应创新变得很困难。现如今，大量的公司彼此相连，某一消费者是否接受创新产品取决于别的消费者是否接受该产品[Chakravorti,2004]。

表9.10 一些创新产品的扩散期（美国）

创新产品	扩散期（年）
电话	70
移动电话	60

续表

电力	40
个人电脑	30
手机	30
互联网接入	18
彩色电视	16
DVD 播放器	15
动脉支架（用于心肌充血恢复）	8

注：扩散期是指从 10% 发展到 90% 的潜在接受者所需要的时间。

另外一些产品则面临另一个困境，即它们的价值取决于拥有兼容性产品的人群数量。例如，只有大量的用户使用电子邮件和短信功能时，电子邮件和短信的价值才能够体现。一旦这些产品到达临界数量时，它们就能像流行病一样扩散开来。扩散性蔓延有三个特征：传染性；蝴蝶效应；巨大的改变不是逐渐发生，而是在一瞬间完成的 [Gladwell, 2000]。**临界点**是用户数量激增的临界数量或阈值。这种跳跃性增长常常发生在网络中，在某一时刻，当足够多的人持有某个产品，产品价值会获得显著的提升，接着这个产品就将势不可挡。从 1992 年发出第一条短信，直到 20 世纪 90 年代末手机网络竞争者允许用户向网络外发送短信，以及手机在年轻人间流行开来，这个时候短信使用才得到了快速的增长。因此，2000 年是临界点。

当接收者收到一条有意义、能引起其共鸣的信息，且此信息在接收者的脑海中挥之不去并促使他将这条信息传送给别人时，流行就开始了。有说服力的信息常常由受信任的代理人传达，并驱使购买者行动。因此，一条难忘的、有激励性的，由受信任的代理人传递的、具有传染性的信息能够帮助产品达到临界点，进而一举跨过鸿沟。

Twitter：到达临界点

临界点在社交网络中尤其明显。Twitter，作为一个微博网站和移动应用，在 2009 年经历了爆炸式增长。它的用户增长到了 1 800 多万人，相比于 2008 年增长了超过 200%，超过了其他所有同类型平台。到 2013 年，Twitter 的用户数量超过了 5 000 万。通过有影响力的用户发布感染性信息，这个网站逐渐获得关注。例如，许多纽约时代专栏作者开始在 Twitter 上发表讯息，他们的部分读者也随之被劝说加入进来。

创业者为新产品创造愿景，并创建市场营销计划来帮助潜在的接受者理解创新产品的价值，使他们对企业发出的信息做出反应。这条信息必须是有说服力的、可信的和可理解的。当新创企业提出了应对"潜在消费者对产品知之甚少"这一问题的解决方案时，他们更有可能获得投资者的资金，并且成功地使产品跨过鸿沟。

市场营销可以描述为：采取必要的策略来创造、扩大并维持企业在所处市场中的地位。

为了跨越鸿沟，市场营销策略必须要吸引并留住实用主义者。他们关注质量、服务、易用性、可靠性，以及互补产品的基础设施建设（常被称作"整体产品"）。

对于一个小型的新创企业而言，跨越鸿沟可能意味着将精力集中在某个特定的细分市场或者在本地运营，并随着销售增长逐步扩张。跨越鸿沟需要通过与合作公司一起装配整体产品，以满足特定目标市场上实用主义购买者的需求 [Moore, 2002]。

9.10 个人销售和销售团队

所有的业务都涉及**销售**，销售的含义是通过交换机制，将产品从一个人或机构传递给另一个人或机构。销售包括识别消费者需求，并使产品或解决方案与这些需求匹配。对于许多科技企业而言，这个过程被称为销售和商业开发。大多数企业会雇用专业的销售人员与购买者进行接触。在一个小型的新创企业中，销售人员可能同时拥有多种角色，比如产品开发和市场营销。

新创企业应当制定销售战略和行动计划。接下来，企业的管理者需要确定目标客户，招募、培训、激励营销人员。他们还需要管理消费者和销售人员之间的互动。此过程受到购买者的需求和销售人员业务能力的影响。成功的销售——客户互动能为企业带来订单、利润和回头客。

销售科技产品十分困难，因为产品本身可能不具备如房子、西装等商品的有形性。消费者可能会花更多的时间考虑是否购买科技型产品，此时销售人员应该推动消费者做出决定。因此，科技行业的销售人员必须对产品有着充分的理解，并能够准确地说明产品的优势。

当我们的消费者是企业时（经常被称为B2B行业），交易的背后可能存在多个决策者，但产品的最终使用者只是他们中的一两位。然而，其他的决策者包括：提出购买建议的人，比如信息技术人员；就合约进行谈判的人，比如采购员；等等。多个决策者的参与可能会使销售复杂化，并延缓成交日期。从第一个合约到最终交易行为完成所需要的时间被称作**销售周期**。销售周期可以短至一天（比如在Google上购买广告位和在eBay上进行拍卖），也可以是几个月（比如为医院的放射实验室进行评估、选择精细的核磁共振仪器）。当需要提前规划某项采购计划时，采购的决策过程将会被延长。在科技企业制定商业模式和财务计划时，必须对销售周期的长度做出估计。

从1955年到1990年，IBM倚仗它机敏的、训练有素的和干劲十足的销售人员获得了成功。IBM的销售人员非常了解电脑和顾客需求。托马斯·沃森（Thomas Watson），IBM的前任CEO曾说过："伟大的科技创新与强大的销售团队联合起来是战无不胜的。"

对于一家拥有创新产品的科技企业而言，销售人员必须充分理解产品本身，并且能为顾客提出新的解决方案。新创企业的每个人都有以下责任：（1）识别、创造购买者；（2）提供创造性的解决方案；（3）进行盈利性的销售。在许多新创企业中，员工们可以轻松地完成前两个步骤，却对第三步敬而远之。没有实际上的销售，初创企业注定会失败 [Bosworth, 1995]。这三个步骤的目的是确定购买者的需求（或者潜在的痛点），创造对应需求的解决方案，并将其卖给购买者。

解决方案销售过程展示在图 9.11 中。销售人员首先识别目标市场并和一位潜在的购买者进行接触，接下来销售人员会确定客户面临的问题和需求，并基于这些需求创造和提出解决方案。这个解决方案的好处应当清楚地被表述出来。然后，销售人员征求订单，如果客户给予了积极的回应，就确认订单。这个过程与买衣服类似：销售人员首先和你进行接触并确认你的需求，接着他向你展示了一到多个解决方案（选择），然后你试穿了这些衣服，查看尺码和外观。销售员会对每一个方案做出评论并和你进行讨论。当你们就某一方案达成统一时，销售员会向你征求订单。如果你同意，销售员会在收银机写下订单。这个过程和为政府和企业采购电脑一样，尽管后者更复杂。销售人员展示自己的产品，表示他们的关心，并提供关于产品、信息一致性、权威和稀缺性的证明。在某种程度上，销售建立在说服的技巧上，我们会在之后的 13.2 章节进行讨论。

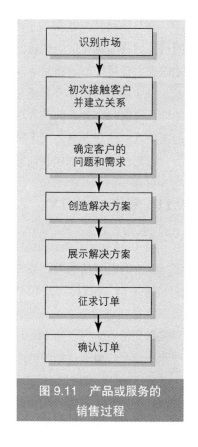

图 9.11 产品或服务的销售过程

新创企业常常使用他们自己的人员来管理销售过程，但却通过合同雇用别人，即销售代表，来进行实际的产品销售。表 9.11 展示了关于使用公司销售人员和独立的销售代表的优势和劣势。在销售人员和独立的销售代表之间取得均衡对新创企业来说至关重要。

以正确的速度扩大销售团队同样重要。新创企业通常在新产品还没有做好准备以前就急于扩大销售团队的数量。新创企业应以一小群销售人员起步，让他们尽可能地了解消费者对产品的反应。然后，利用这些反应来改进产品和销售/市场营销策略，当销售量快速增长后再扩充销售团队 [Leslie and Holloway, 2006]。新创企业需要将精力集中在客户需求上，客户需求是产品、服务和产品元素的集合。它们应当为客户的需求提供解决方案 [Charan, 2007]

表 9.11 公司内销售人员和独立销售代表的比较		
	优势	劣势
公司销售人员	● 充分了解你的产品 ● 相对容易管理 ● 提供客户的反馈 ● 支付佣金和薪水	● 高固定成本 ● 地理分散性 ● 雇用和训练的时间和成本 ● 旅行费用
独立销售代表	● 支付佣金 ● 较少的雇用和训练成本 ● 地理分散 ● 已建立和消费者的关系 ● 低固定成本	● 为多个企业服务，难以专注 ● 难以管理 ● 较少反馈客户信息 ● 对你复杂的产品理解不充分

新兴的科技企业在刚起步时可能会使用专注的、直接的销售团队来创造需求，并向主要的目标细分市场渗透。然后，随着企业加速成长，再向其他细分市场和销售渠道过渡。清楚地识别主要目标市场和关键客户对新创企业十分重要 [Waaser et al.,2004]。

缺少对自身产品及其质量的了解，会使得新创企业在竞争中败下阵来。企业可以利用试用期、担保和服务合同等方法克服这一问题。许多新创企业往往在创造好的产品、制定可靠的市场营销计划方面表现优异，却不能成功地达到预期的销售额。

国际市场营销和销售问题我们将在第 15 章讨论。

9.11 聚焦 DirecTV

自 1994 年正式推出卫星电视服务以来，DirecTV 已经成为世界上最大的卫星电视提供商之一、有线电视的两大巨头之一。

DirecTV 的目标客户包括美国的家庭、小型企业，以及快速增长的拉美中等收入阶层等。这家公司为树立具有辨识度的品牌付出了巨大的努力。DirecTV 以酷、简单、良好的客户关系为特点。它使用 Facebook、Twitter 和 YouTube 来联系客户和潜在消费者、补充它的品牌和产品。它也通过精细的市场营销分析投放广告和服务。

自 1994 年推出以来，DirecTV 的订阅者已经超过了 3 500 万。DirecTV 得以跨越鸿沟的关键在于，它发现市场更加关心互动和定制化的内容提供，例如体育，而不是频道的选择范围和数字图像质量。因此，DirecTV 在发展过程中调整了它的营销策略。

9.12 小结

每个新创企业都需要创建市场营销计划，用以描述如何吸引、服务并留住顾客。由于新创企业在起步阶段一般都没有客户，因此企业必须谨慎地识别能够体现产品价值的目标市场。市场调研可以提供关于消费者、分销渠道、沟通方式等信息。

新创企业会通过创造产品的定位陈述，设置包含价格、产品、推销和渠道市场营销组合来吸引消费者并满足客户需求。大多数新创企业在产品扩散阶段都面临着跨越鸿沟的挑战，即如何吸引到实用主义和怀疑论的消费者。市场营销过程包括描述或实施以下元素：

- 产品描述
- 目标客户
- 市场营销目标
- 市场调研
- 市场营销计划
- 销售计划
- 市场营销和销售人员

➲ 原则9

完善的市场营销和销售计划能使新创企业有效地识别目标客户、设定市场营销目标、销售产品及建立可靠的客户关系。

➲ 音像资料

访问 http://techventures.stanford.edu 来观看关于本章内容的专业评论。

- Marketing by Surfacing the Product　　　Jack Dorsey　　　Square
- Marketing a Start-up　　　Donna Novitsky　　　Big Tent
- Stay on Simple Messages　　　Adam Lashinsky　　　Fortune

9.13　练习

9.1　电视投放广告和互联网投放广告的费用仍然存在差异，并且人们留在两种媒介上的时间也各不相同。Google 的成功很大程度上源自于它很好地利用了这种巨大的差异。请调查比较（a）电视广告费用和互联网广告费用；（b）人们花在看电视上的时间和使用互联网的时间。Google 是如何利用这个差异的？预测还有什么主要的社会趋势会持续地驱使广告费用向新媒介转移？为什么？

9.2　随着移动电话在全球范围内的爆发式增长，这一通信设备在几乎任何地方都可以使用，许多市场营销和广告企业正在研究如何利用这一普遍性。解释为什么营销者们将移动电话视为重要的营销平台。你预计移动广告将会面临怎样的挑战？

9.3　什么是病毒式营销？给出一个通过病毒式营销来推销产品和服务的创业公司的案例。病毒式营销为什么在其中起作用（或没起作用）？

9.4　Facebook 和 Twitter 是两家快速成长的社交网络公司，它们的根据地都在美国，产品都遍及全球。请试着为这两个企业制作产品定位图。

9.5　BusinessWeek 和 Interbrand 对国际百强品牌进行年度排名。查阅最新的调查结果并找出一个新的上榜者。描述这家公司的市场营销目标和目标客户群。

9.6　强大的品牌建立在创新和广告之上。调查 Genentech、Merck 和 Apple 公司的品牌价值，并解释造就它们强大品牌的原因。

9.7　高清电视（HDTV）是一个新兴的电子消费技术。讨论与高清电视相关的市场营销挑战（例如，搭建一个集内容、用户和内容发布于一体的生态系统）。你认为以下两种情况将对高清电视产生什么影响：（a）与 DVD 竞争（DVD 是上一代科技）；（b）新兴替代品，例如在线数字电视、个人电脑和移动设备？利用表 9.9 中的五种类型来描述市场对于高清电视的反应到达了哪一阶段，以及每个群体用了多长时间来接受高清电视。

9.8　找出一个使用间接销售渠道模型的高科技企业。它使用的是哪个模型？为什么它会选择间接销售模型？

创业挑战

1. 针对你的企业,描述你的目标客户和目标细分市场。
2. 根据图 9.4 中的模板制定产品定位陈述。
3. 简要描述你的产品的市场营销组合。
4. 你的企业将怎样销售产品?如何建立客户关系?
5. 调查你企业所在的行业,确定该行业的销售周期。

第10章

企业的类型

> 即使你找到了正确的方向,但逆水行舟不进则退。
>
> ——威尔·罗杰斯
> (Will Rogers)

》》新创企业的形式有哪些?什么是企业创业?

用于建立新企业所需的合适的法律和组织形式会因为一些因素而改变,这些因素包括环境、人员、法律、赋税、文化和社会规范。在本章里,我们将会考虑创业者们为实现目标所采取的不同的企业组织形式及法律形式。新创企业的范围从小企业或咨询服务企业到高增长、高影响力企业。当创业者建立一个新企业时,他们必须就这些关键问题做出抉择。举个例子,参见图 10.1 中建立新企业的准备工作。一些重要的社会企业通常会以非营利性企业的形式存在。

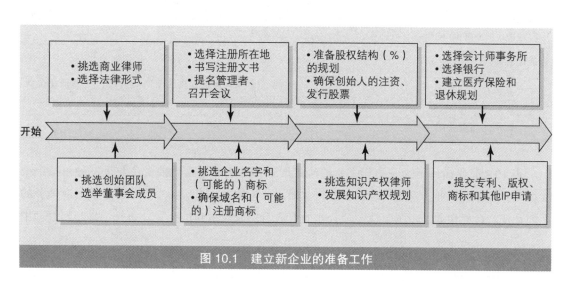

图 10.1 建立新企业的准备工作

公司内创企业（corporate new venture，CNV）是独立企业的一种特殊存在形式。它产生于现有的大型公司，但是能够保持自主性和独立性。公司内创企业是创业领域的重要组成部分，实现了多项革新。受限于已有的负担或能力，公司难以应对一些重要的新机遇。然而，公司内创企业却有助于强化大型公司，使其焕发活力。

10.1 企业的法律形式

在创立企业时，创业者需要选择企业的法律形式。创业者应该选择一种能够有利于新企业的商务、税赋以及资本募集目标的法律形式。法律形式的选择，在部分程度上取决于企业管理人想要如何处理联邦税赋。出于税收目的，我们将会介绍两种法律形式：**常规纳税公司**（regular taxable corporations）和**流通实体**（flow-through entities）。这两种形式的特点在表 10.1 中有所描述。**公司**是一种区别于其所有者的法律形式。流通实体，有时也被称作传递实体（pass-through entity）[1]，是一种将全部收益和损失都直接传递给企业所有者的公司形式。而**常规纳税公司**的利润不仅在公司层面需要缴税，在企业所有者层面也需要缴税。这实际上就导致了对任何收入（比如分红）的双重课税现象。

有四种主要的流通实体形式可供选择。它们分别是：只有一个所有者的独资企业（sole proprietorship），这是最简单的形式；合伙企业（partnership）；S 类公司（S-corporation），其税负方式类似于合伙企业，得名于美国国内税法（IRC）的 S 条款；以及有限责任公司（Limited Liability Company，LLC）。

表 10.1 公司的法律形式

形式	税赋
1. 常规纳税公司 C 类公司（C-corporation）	对公司的利润课税，同时对公司分发给所有者的收入课税
2. 流通实体 ● 独资企业 ● 合伙企业 ● S 类公司 ● 有限责任公司	流通实体所有盈亏直接流向所有者，不单独在企业层面课税

表 10.2 简要描述了这五类新企业的法律形式及其组成要素。**独资企业**是一种由某个个人拥有并经营的企业。这是一种简单的企业形式，它需要所有者一个人承担企业所有债务的无限责任。**合伙企业**是由两个或多个合作所有者自愿联合组建的企业。每一个参与到管理中

---

[1] 也称为财务透明体（financial-transparency entities）。——译者注

的合伙人都对企业经营负有责任。合伙企业经营的任何责任都由所有者全部承担①，这也是大多数创业者成立有限责任公司或公司的重要因素。

1937年HP成立时，它的企业形式是合伙公司，威廉·休利特和戴维·帕卡德同为同权合伙人。1939年，他们卖给了Disney电影公司八台振荡器，这是他们的第一笔生意[Packard，1995]。1947年，注册成为公司后的HP拥有了可延续的生命和有限的所有者责任。

总体来讲，许多企业在初期都以独资或合伙的形式存在，但很快会转为有限责任公司LLC或公司形式。无限责任对所有者或合伙人来讲风险太大，因此公司在取得初步进展之后仍旧保持这类形式显然是不明智的。大部分的投资者们仅仅愿意投资常规公司或LLC，这是因为他们想要规避任何超出投资额以外的责任。在常规公司和LLC中，个人责任不超过投资数额。

表 10.2　美国五种新创企业的法律形式组成要素

因素	独资企业	合伙企业	常规C类公司	S类公司	LLC
所有者个人责任	无限	无限	有限	有限	有限
税赋	所有者个人所得税形式	合伙人个人所得税形式	公司层面的盈利税和所有者的个人所得税	对直接流向所有者的盈亏课税	对直接流向所有者的盈亏课税
企业延续性	由所有者终结	由合伙人解散	永久的	永久的	不定
成型成本	非常低	低	中等	中等	中等
筹措资本能力	低	中等	高	中等	中等

公司的有限责任特性源于公司本身是法人的事实，以与公司的所有者区别开。倘若公司破产，相关程序开始生效，则债权人仅仅对公司的资产，而非所有者的私人财产拥有索取权。因为责任有限，所以使用LLC或公司的形式比独资形式更为明智。

许多小企业应当考虑LLC或S类公司的形式。这些形式允许最初的商业损失直接传递或流通到所有者，这些损失通常可以用其他渠道的收入来抵消。

有限责任公司是小企业的理想型所有权形式。它使得所有者担负有限的责任，同时也拥有独资或合伙企业的税负优势。因为LLC拥有企业生命的延续性、参与者责任的有限性以及税负优势等特色，所以LLC对家族基金投资的企业吸引力巨大。

S类公司作为流通实体而被课税。成为S类公司，企业必须满足所有者以及股本类型等方面的具体要求。S类资格可在美国国税局（IRS）获取，随后可以转化为常规C类公司。某些创业者更偏好于这种形式而不是LLC。同LLC一样，S类公司通常需要转化为常规C类

---

① 合作所有制比如A、B和C三人各出资33万美元创立了某企业，但企业经营不善，欠债1 000万美元。清算公司时，合伙人A和B的全部个人资产合计100万被还债，而C的私人资产超过上亿美元，结果C需要归还900万元的债务。——译者注

公司来接受风险投资或者是公开发股。但不同于 LLC，S 类公司在投资人数量上有限制，其有可能无法接受外国投资者的投资。

随着企业的增长，将 LLC 或 S 类公司转变为常规 C 类公司将会是一个更加明智的选择，这是因为常规 C 类公司有一些潜在优势。常规 C 类公司能够通过免税股本交换（tax-free exchange of stock）形式被另一家公司收购或兼并。常规 C 类公司涉及的法律问题有：所有者和投资者的数量、募集资金的需、企业的长期目标、有关财务和健康医疗，以及退休规划等问题。

如果新创企业的目标是筹集大量的启动资金，并最终成长为拥有巨大体量的公司，那么常规 C 类公司更为适合。C 类公司拥有有限的责任、无限的生命、接受风险投资家和其他风险投资的能力，以及在出售时更高的灵活性。

常规 C 类公司的形式适用于打算从专业投资人和投资公司那里获得投资的企业。C 类公司允许发行多种股票，包括普通股和优先股。尤其需要注意的是，C 类公司中的投资人能够购买可转让优先股，这是风险投资的最常见形式。

公司或 LLC 需要遵循各州的法律程序。形成公司的过程被称为注册成立（incorporation）。在美国，注册成立的法律步骤十分简单。例如，某团队选择在加利福尼亚州注册，那么向州政府秘书长投递注册文书并支付手续费用即可。注册证书会写明：公司名称，经营宗旨，登记者的名字和住址，用于偿还损坏的预备金和代表企业的管理者、员工、政府官员等开销，以及注册资本（包括股份总数和股本类别）[Bagley and Dauchy, 2007]。公司的所有权份数被称作股份。

LLC 的组织章程（articles of organization）与注册章程（articles of incorporation）类似，包括公司名称、公司持续时间及组织者的名字与住址。经营协议（operating agreement）与公司章程有些类似，其会列出所有者权益以及 LLC 的经营方式。LLC 的所有者通常被称作"成员"（members），他们的所有者权益即利益（interests）。这些名词与 C 类公司中的股东和股份类似。

通常，企业会在自己所在州注册成立，尽管也不排除一些企业因为法律原因或是业务的容易程度而选择在其他州注册成立。美国大部分获得风险投资支持的公司是在特定几个州注册的，例如加利福尼亚州、纽约州和特拉华州。与其他州相比，这三个州拥有更加有序、稳定及透明的公司法——这些特性会最终降低投资者所承担的风险。也就是说，由于风险投资者和他们的法律顾问们对于这些州法律约束下的筹资实务更为熟悉，交易的速度和效率会大为提升。

最后，在某些州还存在一种新型的公司——公益类公司（Benefit Corporation 或 B 类公司）。公益类公司立志去达成社会目标、企业责任和信息透明度等多方面要求。B 类公司将社会和环境的正效益包括进它们的目标之中。它们不仅仅要考虑到自己股东（shareholders）的权益，同时也要考虑到各类权益相关者（stakeholders），包括工人、企业所在的社区，以及环境等。不仅如此，B 类企业需要发布年度报告来详细陈述其社会、环境表现。B 类企业的这些特征并不影响其纳税状况。因此，B 类企业的课税原则和 C 类企业或 S 类企业相同。

10.2 独立企业与公司内创企业

不同类型的新企业有着不同的目的。表10.3描述了五种新创企业类型。每种类别都有一系列相互区别的特征。我们可以将**小企业**（small business）描述为独资企业、合伙企业，抑或是由少数人掌控的企业。例如咨询公司、便利店以及当地书店等。一般来说，小企业通常少于30人，年收入低于300万美元。

利基企业（niche business）利用有限的机会或市场使企业得以自主运营、慢速成长。该类企业通常少于100人，年营业额低于1 000万美元。但在偶然的情况下，利基企业也会成长为巨型企业。

高增长企业（high-growth business）的目标是建立有重大影响力的企业，它需要一大笔启动基金。而**颠覆型创新企业**（radical-innovation business）则追求将重大的科技创新商业化，并以此树立重大影响力的新企业。这些类型的企业是本书关注的重点。

表10.3 新创企业的5种类型

类型	营业额增速	最可能的规模	解释	目标
小企业	慢	小型	独资、家庭企业	通过服务顾客，为合伙人提供财富
利基企业	慢到中等	小型到中等	开拓有限的机遇或市场	提供平稳的增长和不错的收入
高增长企业	快	中等到大型	需要大量投资，能够追求重大创新	重要的新兴企业
非营利组织	慢	小型到中等	为成员或社会需求服务	为社会需求服务
公司内创企业	中等到快	大型	是已存在公司的独立子单位	建立重要的新兴业务或独立的公司

非营利组织（nonprofit organization）是有着特定社会目标或慈善目标的公司或成员协会。在全世界范围内，每年都有上千家非营利机构成立以满足重要的社会需求。最著名的非营利机构就是国际红十字会（www.ifrc.org）。

另外一种类型的新创企业是由现有公司建立，以全资子公司或衍生公司的形式来创建的新企业。这个过程可以被称作**公司内创企业**。

独立企业（independent venture）是指不被既有公司所有或控制的新企业，包括了表10.3中的前四种类型。独立企业通常不会被潜在机遇的领域选择所限制，却经常会受到有限资源的限制。公司内部创业的机会选择通常会限制在与母公司一致的业务领域范围内，然而，公司创业会得到母公司的海量资源支持[Shepherd and Shanley, 1998]。

尽管独立企业和公司内创企业面临着相同的外部环境，但不同的能力和资源限制使得它们使用不同的战略。独立企业拥有更大的灵活性，所需资源比公司内创企业少。与此同时，独立企业能够集思广益，而公司内创企业通常会受到母公司的指导与掌控。因此，独立企业有着高灵活性、高适应性及高激励的优点，而公司内创企业则在（从母公司）获得珍贵的人才和资源方面有优势。

不同类型的企业涉及不同层次的创新水平和雇佣关系。表10.4阐述了企业在这些维度上的不同。

本章的主要内容将关注内部创业——公司内创企业。然而，我们将首先了解非营利性企业和社会企业。

表 10.4 创业转化的类型

劳动力市场地位	创新与新颖性	
	低	高
自我雇用（self-employment）	独立承包人、小企业业主	风投资本支持的独立分公司
依附性雇用（dependent employment）	传统招聘	内部创业和公司创业

来源：Sorensen and Fassiotto, 2011。

10.3 非营利性社会企业

新创企业的目标是为社会创造财富。通常，财富是指经济财富。然而，许多创业者同样追求为社会创造社会财富。非营利性医院的产品是病人的健康。医院是否是营利性的仅与征税者有关，与其他人并无干系。非营利性机构可以是企业、成员协会或是慈善组织，它提供服务而不赚取利润。非营利性组织允许产生财务盈余，但不能将财务盈余分发给它的管理员、投资者或雇员。与此同时，非营利组织不存在所有者。所有的盈余都应当用于机构使命。如今，非营利性组织通常被称作"not-for-profits"或"NGOs"。平均大约每两名美国人中就有一人在非营利行业中担任过志愿者。

非营利组织通常在社会行业工作，致力于解决或减少诸如饥荒、流浪、污染、毒品滥用及家庭暴力等问题。它们还致力于提供基础的公众物品，例如教育、艺术和医疗卫生等，这些公众物品无法仅通过市场获得。非营利组织弥补了政府失灵、为新项目提供创意，是普通公民追求实现社会理想的有效载体。

美国女童子军组织（Girls Scouts）的目标是培养有正确价值观、丰富技能、自尊自爱的年轻女性。红十字会的目标是使遭受过自然灾害的社区恢复自我修复的能力。从这个角度来讲，非营利机构是应社会需求而成立的。

建立非营利性企业应当由社会机会的性质以及创意的非营利性所决定。一些主要依赖于志愿者或是会员的社会功能机构，比如教堂、博物馆、剧院、社会俱乐部、工业协会、信用联盟及农民合作社等，通常是非营利机构。

非营利性机构的成立应当遵循表6.1所示的五个步骤。组织的愿景应当是创造社会价值，而非经济价值。许多非营利组织能够称为社会服务机构。因此，伴随着风险和不确定性，创业团队必须致力于创造新企业的社会价值。

商业计划书一旦完成，就应该考虑所需的财务和人力资源了。如何获取必需的资金、吸引人才呢？关键在于找到拥有与新企业相契合，同时有信心和能力来为管理性决策提供独立判断的人员。

满足美国国家税务法规501（c）(3)小节所列条件的机构即慈善组织。这些机构有着宗教、教育、科技、文学及（或）慈善目标。向这些机构的捐赠可免除税负，不被课处财产税。非慈善性的非营利性机构主要服务于其会员，同样也是免税的，但是捐赠品通常并不减免税费。非营利性机构通常会考虑经营相关业务来产生净盈余。然而，它们通常会低估成本，并在收益方面过于乐观[Foster and Bradach, 2005]。

领导非营利性企业不仅需要具有领导才能，同时还要对企业的社会事业有所坚守。位于俄勒冈州波特兰的Goodwill Industries在其领导人迈克尔·米勒（Michael Miller）的领导下，成功发展成为拥有40亿美元收入的企业[Kellner, 2002]。本书中讨论的战略和方法对非营利性企业也很有帮助。举个例子，非营利机构需要利用技术来提升运营效率和活动范围。它们同样需要考虑与互补企业合伙结盟。依靠IBM的资源和专家，非营利性组织Women in Technology和IBM合作组织了面向女中学生的工程夏令营[Austin et al., 2007]。

非营利组织同样面临独特的挑战。举个例子，非营利组织通常难以就服务对象达成一致。对红十字会来说，客户是医院、献血者还是捐款人呢？谁会是服务的最终受益者？由于非营利企业并不和传统企业一样受制于市场，它们能够持续评估自己活动的有效性和效率性则显得至关重要[Bradley et al., 2003]。如若经营妥善，非营利行业同样能够和盈利行业一样催生出大体量、高影响的企业。在大多数国家中，非营利组织提供了大部分的医疗服务。

非营利组织的一个特殊形式是顾客联盟（consumer cooperative），这是一种从属于会员的业务。会员/所有者制定政策、挑选经理，通常还会收到现金分成。联盟的例子包括信用联盟（credit unions）、住房合作社（housing co-ops）、食品合作社（food co-ops）以及公用设施合作社（utility co-ops）等。1938年，登山爱好者劳埃德（Lloyd）、玛丽·安德森（Mary Anderson）和其他23名登山者在西北太平洋组建了Recreational Equipment, Inc.（REI）。这个团队组建了消费者联盟来为自己提供质量优良的户外装备、衣物和靴子，户外活动包括了远足、登山、野营、骑车以及其他的运动。在60年之后的今天，REI已经成长为专业的户外装备供应商，在美国拥有125家零售店，通过网络（www.rei.com）、电话、邮件的直销形式为超过300万名活跃会员提供服务。

社会企业通常以非营利组织形式出现。正如第4章所谈到的，关怀所有利益相关者（包括广义范围内的社会）对任何企业的长期成功都至关重要。社会企业和其他企业在核心价值主张上有所不同。传统企业的价值主张通过服务新产品所在市场来创造经济利益。社会企业则注重能增进社会的某个部分或整体利益的大范围、可转化的价值。社会企业能够感知到自身的财务现状，然而它们并不准备获得巨额的经济收益[Martin and Osberg, 2007]。社会企业既可以采取非营利的形式，也可以采用营利的形式。

由拉里·布利连（Larry Brilliant）建立的Google.org是互联网企业Google的慈善分支。

其宗旨是消除全球贫困、资助新能源方案、保护环境。该机构资助了大量企业，总金额超过了 7 500 万美元。它拥有 Google 公司 300 万股股份，并且每年 Google 也会将百分之一的年利润提供给 Google.org。Google.org 的一些主要的项目包括：百英里耗油 1 加仑的电动车，以及利用风能和太阳能产生电力的可再生能源的营利项目。该组织的一个长远目标是通过可再生能源支持 Google 公司的巨量能耗。要知道 Google 的数据中心每年都会消耗巨量的电能。Google.org 期望找到新技术来降低该项成本。

大卫·格林（David Green）：社会企业家

大卫·格林在一些发展中国家创建了多个小企业来制造便宜的医疗器械，例如人工晶体和助听器等。这类营利机构在不损害质量的前提下制造低价的医疗器械来满足贫困人口的需求 [Kirkpatrick, 2003]。可关注 www.aurolab.com。

所谓**社会创业者**（social entrepreneur）是指一个人或团队为响应机会所创立的企业，它在满足经济和环境需要的同时还能为社会带来福利。社会创业者聚焦于客户的社会福利，同时还留意经济和环境的成本与收益。其目的是利用创新来增益社会和公共物品（social and public good）。[Jackson and Nelson, 2004]。

社会创业者首先是创业者。因此，和所有创业者一样，他们会察觉机会并不懈地追逐机会。他们大胆行动而不会被当前的资源情况所限制；并且他们会持续投入到创新、适应和学习的过程之中 [Dees et al., 2002]。社会创业者注重自己企业的可扩展性（scalability），以寻求在大范围内，而不是仅仅对当地产生影响 [Martin and Osberg, 2007]。因此，他们尤其注重能够提升工作成效的科学技术。

社会创业者的关键成功因素

社会企业需要具有所有非营利性机构的特质，同时需要使人们信服它能使用更少的资源来实现更多的社会利益和价值。Kiva Microfunds（因为 Kiva.org 而被人熟知）是为发展中国家的小企业提供贷款的世界级领导者。Kiva 在数十个国家中建立了在线银行平台，发展了一批意向借款人，并在发展中国家内部找到了一系列可贷机遇。Kiva 聘请擅长金融、电子商务以及社区构建的人才；之后又说服了一些关键的企业家和商务人员加入进来，这些人包括了来自 PayPal 的丽玛尔·莎哈（Premal Shah）以及来自 LinkedIn 的雷德·霍夫曼（Reid Hoffman）。最终该公司成功说服了媒体和公众聚集在其事业周围。Kiva 是非营利创业公司中的成功典范，它在世界范围内创造了一个广阔市场。

在某些条件下，社会创业者会比普通创业者更有优势。在使命的指导下，社会创业者努力整合、利用多种资源。他们能够通过商业计划书来吸引志愿者、客户、合伙人及投资者，这将进一步促进企业使命的实现。在社会当中，企业的成功程度等于其改善人们生活、优化社区的程度。社会创业者致力于创造社会价值 [Dees et al., 2002]。

非营利性组织 Trees, Water, & People（TWP）是社会责任型企业的典范，它肩负着保护环境和社会的使命（可以参考 www.treeswaterpeople.org.）。具体而言，它的使命是在生态退化的区域重新培育树林，在美洲中部种植速生树木。该组织决定从需求方来看待这个问题，它想要减少木材燃料的需求量。TWP 和俄勒冈州的 Aprovecho 研究中心合作引进了一种高效能的燃烧炉，比传统的绝热肘形燃烧箱节省五成到六成的木材燃料。该炉子还能够通过烟囱导出有毒气体，防止身体健康受损。TWP 将这些省燃料的炉子作为奖励颁发给重新在土地上种植森林的萨尔瓦多的农民们。由此，节省能源、改善健康和退耕还林同时得以实现。

10.4 公司内创企业

基于开创重要的新业务单元或机构的目的，由一个现有公司所建立的新企业可以被称为公司内创企业。一些人将这个过程称作**内部创业**或**公司内创业**（intrapreneurship）。新业务企业的建立依赖于领导这项工作的创业团队。公司创业利用公司的现有资源和能力，识别、开发之前未曾探索的机会。

这通常涉及新业务的出现和旧公司的复兴 [Wolcott and Lippitz, 2007]。我们主要通过以下方面区分公司创业（corporate venture）和项目：(1) 对公司的新颖程度，(2) 与公司已有活动、组织机构以及产品的相对独立性。公司内创企业的特点在表 10.5 中有所描述。内部创业和普通的产品研发过程在相对自治性、创新的自由程度及创业领导力方面有所不同。

表 10.6 总结了公司内创企业的优势和劣势。公司内创企业能够获得母公司在资本、人力、供应商、技术及品牌方面的帮助。在另一方面，在预算和管控上，公司内创企业可能会受到母公司的限制。并且母公司可能没有新企业所需的技术或人才。事实上，研究显示，来源于母公司的资源优势并不总是能给公司内创企业带来更好的表现 [Shrader and Simon, 1997]。要使公司内创企业更加成功，给予其更多的自治权，使其不受母公司的控制和限制十分必要。

表 10.5 公司内创企业特点

● 相对公司现有产品来说，新企业的产品具有新颖性和创意性	● 重大创新的潜质
● 独立性或半自治性	● 创业团队的独特领导力

表 10.6 公司内创企业的优势和劣势

优势	劣势
● 获取资本的能力	● 可能受制于公司预算
● 获得人才的能力	● 多层控制和审核过程
● 在设计过程中愿意帮忙的供应商	● 相对于独立企业的有限自治
● 重视市场规划	● 难以获得有能力的创业人才
● 母公司品牌带来的正效应	● 相比独立企业可能更加不愿追逐高风险、高回报的项目
● 获取母公司的产品线和技术的能力	● 获得母公司有限的技术

公司内创企业和独立的新创企业在多个维度上有差异，这在表 10.7 中有具体阐释。然而，成功的因素却几乎相同：机会、愿景、坚持、能力、资源、科技创新、战略及执行。公司内创企业的成功与其增长和盈利性正相关 [Phan et al., 2009]。图 10.2 中描述了这样一个关系。致力于创业的成熟企业是有革新意识、敢于先发制人、持续更新自身的企业。

表 10.7　独立企业和公司内创企业的对比

维度	独立企业	公司内创企业
团队	行业内最好的	获得公司内最好的资源
范围	聚焦于整个公司	研发团队着手企业运营
文化	被动的，团队导向的	公司文化
"合同"	十分详尽的商业计划书	逐渐详尽
激励	股权（整个团队）	多个因素：红利，职业成长等
监督		
何人？	董事会	高层管理
何时？	月度	设计评审
外部反馈	客户，新投资人	客户
财务目标	IPO 或并购	盈亏平衡点、投资收益
计划的改变	董事会的快速行动	多层审批

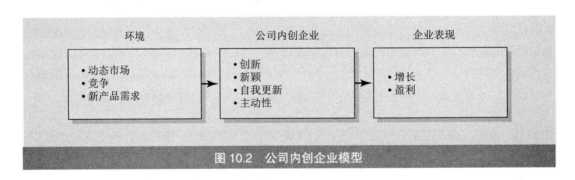

图 10.2　公司内创企业模型

现有公司——例如 HP 或者是 Intel——内部的创业者，通常会就机会、所需的资源、能够产生的价值创作出一份计划书。创业者需要对技术和客户有详尽的了解，并对接下来的事项形成详尽的规划 [Sull and Spinosa, 2005]。

公司创业有四个基本模型：在机会主义者模型（Opportunist Model）中，无畏的"项目冠军（project champions）"会尽力克服公司内部的障碍、建立新概念。在促成者模型（Enabler Model）中，员工们会在获得足够资源的情况下发展新的概念。在生产者模型（Producer Model）中，至少在最初阶段，公司会给予新业务机构自治权和有限的资源。最后是倡导者模型（Advocate Model），公司为新企业提供企业自治权和各类资源来鼓励公司创业。图 10.3 阐释了这些不同公司的创业途径。对特定的公司来说，选择什么样的模型取决于企业的目标，例如公司是想变革整个新机构，还是只想改变新机构的某部分 [Wolcott and Lippitz, 2007]。

以往经验告诉我们，大型公司并不擅长将机会转化为可行新业务。这个缺陷是由大公司内部的官僚主义和不灵活性所导致的。现有公司依据高度精确的战略进行管理，边界管控也非常严苛。公司以前的成功能够使得公司内部的一些假定、流程、关系和价值观变得僵化，从而导致公司的惰性。以上这些因素都很难解决，因此，建立新的独立机构，例如新的企业单位、附属机构或是新企业，就显得尤为重要。

通常情况下，大型公司的挑战是保证公司内创企业不受公司内部部门的压力和控制，并让公司内创企业努力"忘记"母公司的商业模式 [Govindarajan and Trimble, 2005a]。通常，公司内创企业需要保有一定的自治权以应对创业团队和商业计划书的调整。同时，大型公司所拥有的资源和能力通常是独立创业者需要努力拼搏才能够得到的 [Katila et al., 2008]。和个人不同，企业通常拥有创新所必要的资源、能力和知识。因此，关键问题在于如何达到整合过程中的微妙平衡。表 10.8 列出了部分可用于实现该平衡的方法。公司应当通过有规律的试错过程来发展出自己的战略，在已有优势的基础上、在保持自治权的同时努力去整合 [Garvin and Levesque, 2006]。

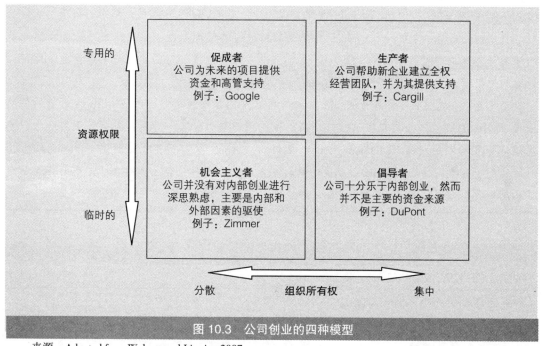

图 10.3　公司创业的四种模型

来源：Adapted from Wolcott and Lippitz, 2007。

Apple：公司创业

1985 年，Apple 电脑公司面临多个挑战。曾经风光无限的 Macintosh 电脑面临被 IBM 的全新个人电脑及其复制品超越的挑战。在 Macintosh 获得巨量盈利之时，Microsoft 和 Intel 正迅速地将个人计算机商业化。Apple 希望借图形用户交互界面（GUI）超越其他公司，然而 Microsoft 适时引入了 Windows 系统。另一个困境则是 Macintosh 平台在软件上依赖于

Microsoft。Apple 的确拥有少量的应用团队，然而，它却无力吸引其他的独立开发者。

1986 年，Apple 剥离了 Macintosh 的应用团队，组建成 Claris 公司，由比尔·坎贝尔（Bill Campbell）领导。比尔将 Microsoft 作为首要竞争对象，他迅速从 Apple 内部招聘了有才能的高管。Apple 将应用软件业务和部分员工转给了 Claris。Apple 同意为 Claris 提供至多 2 000 万美元的运营资本，作为回报，Apple 将持有新企业八成的股份，以及随时回购剩下两成的期权的权利。Claris 的企业文化是避免一切和 Apple 的联接。他所有的员工都被给予了新企业的股票期权。工资和福利都被削减到与普通的硅谷创业企业相当。无论成功还是失败，Claris 都将独自承担，将不存在安全网。Claris 的策略是开发一套能够联立在一起使用的应用套件。这种策略和微软所强调的应注重特征而不是易用性完全相悖。短短 3 年里，Claris 通过企业并购和自身发展，成长为拥有超过 9 000 万美元盈利的国际型公司。

Claris 的雄心反而成为其失败的原因。坎贝尔和他的团队对 Apple 乏力的销售增长量感到无奈。与市场份额相比，Apple 更看重高盈利，而 Claris 已经完全占领了 Macintosh 电脑的市场。1990 年，在 Claris 公司准备 IPO 的前夕，Claris 透露了一个引起争议的发展战略：其想要进入 Windows 应用市场。当 Apple 的高管察觉到这项战略时，他们显然是不高兴的。他们担忧 Claris 将会使 Windows 系统比 Macintosh 更有吸引力。让 Claris 诧异的是，苹果公司最终决定执行其拥有的 Claris 回购期权。Apple 努力想要维持原有的管理团队，但在几个月内管理团队就纷纷离开去建立自己的新企业。直到今天，Claris 仍旧是一个 Apple 的全资附属企业，然而，他对软件市场已经没有什么影响力了 [Komisar, 2000]。

近十年，将 Claris 的故事和 Apple 的 iPod 项目对比起来显得很有意思。Apple 近期的复兴依赖于为将 iPod 打造为具有突破性的产品所做的创业努力，这个产品线包括了无线版本、便携媒体设备和家用网络产品 [Sloan, 2005]。2008 年，Apple 发布了 iPhone 产品。iPhone 结合了 iPod 和智能手机的特征。Apple 如今成功地转变为了一系列科技企业的结合体，随时在重新定义和创造业务。那么 Apple 究竟从 Claris 的经验中学到了什么呢？

表 10.8　公司发展新企业的一些策略
在试错战略与激情、纪律之间取得平衡
● 在深入研究前首先缩小选择范围
● 近距离、小范围观察顾客，明确他们的需求
● 使用原型产品来检验产品、服务和商业模式的假设
● 不要用财务来衡量进步
● 明白应该何时——以及基于什么基础——来终止初创企业
在运营和发明创造之间取得平衡
● 作为新兴企业的领导者，应当任命敢于挑战传统的经理人
● 雇用有经验的人来组建企业的监察部门
● 获取某些重要的能力，而不要贪多嚼不烂
● 强迫新旧部门来共同承担经营责任

续表

在新企业的一致性与整合性之间取得平衡
● 让来自不同部门的执行官和经理人指导新企业 ● 制定处理新业务的相关标准 ● 通过结合散点型与实线型隶属关系将正式监督与非正式支持结合起来

来源：Adapted from Garvin and Levesque, 2006。

10.5 创新者困境

正如在第 2 章和第 5 章所讨论的，颠覆性的创新者会完全改变行业结构，并可能导致已存在公司的消亡 [Christensen and Tedlow, 2000]。现存的公司会听取它们现有客户的意见，然而这些客户通常不会表露出对激进创新的需求，除非该项创新已经被引入到市场中。最终，创新产品不断完善并开始挑战现有的产品，然而现存的公司这时候才想起来追赶就已经太晚了。在创新公司改善产品并占领市场的时候，现存公司已经失去了市场份额。创新产品起始于主流市场之外，随后不断地完善自己的功能。现存公司无视新的、潜在的创新将使其自取灭亡。

对于成功的企业来说，另外一个问题就是**自噬效应**（cannibalization），它指的是引进新的产品从而与公司原有产品相竞争的现象。当企业不想引进新产品从而与原有产品竞争时，它们往往会陷入一种错觉，即如果自己不去研发新产品的话，其他公司也不会去研发。当一项新的机会出现时，新进入者往往会更加灵活，因为它们不需要考虑已经存在的产品与业务 [Burgelman et al., 2004]。

Intel 曾面临过竞食问题。1998 年 Intel 发布了 Celeron 处理器以替代传统的 Pentium 产品线。Celeron 的性能比 Pentium 低，但能耗小，这使得 Celeron 迅速流行开来。Intel 因而获得了额外的市场份额，同时对 Pentium 及其后继产品几乎没有产生不良影响。

对许多大型企业来讲，对创新的追求通常需要让位于对已有能力的有效开发，取悦现有客户，以及对原有技术进行的不断改进。随着人员、创意和技术的不断发展进步，现有系统的改变幅度将会越来越大，创新最终演变为突破。现有机构倾向于开发与它们原有产品形式相关的革新技术，因为该项技术能够加强它们已有的能力。而当革新技术与之不相关时，通常是新建机构会开始利用这一技术。

现有公司能够利用自己设计的、具有颠覆意义的新产品来获取新的客户，并产生新的盈利增长点 [Jiang et al., 2011]。现有公司能够提前应对新产品的威胁，而非坐等该威胁出现。对现有公司来说，投资颠覆性创新至关重要。某些公司，例如 Apple 与 Novartis 懂得利用当下并且探索未来。这就是一种套期保值投资的形式 [Bhardwaj et al., 2006]。然而，一项颠覆性的革新技术通常需要有新的能力、资源和珍贵的关系网。不仅如此，想要有效地追求一项新技术，就可能会影响已存在业务的某些部分。因此，对现有公司来讲，建立自主经营的公司内创企业或有自己管理权、目标、人事和奖惩机制的附属企业可能才是最佳选择。举个例子，Apple 和 Novartis 将它们的新单位从原始部门中拆分开来。每一个新单位都拥有自己的产品线、结构和文化，同时保留能够被更高一级的部门整合的管理结构 [O'Reilly and Tushman, 2004]。当 IBM 面临微型主机的发展机会时，它在佛罗里达州建立了一个自治的业务单位来研发销售 PC 机 [Christensen and Raynor, 2003]。

10.6 公司内部的创业激励

成熟的公司应当努力去建立公司内创企业来试验那些新兴的、新颖的以及具有导向性的发明，来创造新的增长点。为了追求各种机会，公司应当去鉴别并鼓励公司创业者 [Kacperczyk, 2012]。所谓公司创业者，是指那些能够在公司内部找到新的创业机会并担当领导责任的公司员工。3M 内部的公司创业者亚特·弗莱（Art Fry）推动了便利贴的商业化。3M 公司内部有一项规定，研究人员可用 15% 的工作时间来思考创意，而不需要管理人员的批准。

为了能让公司内创企业有效创新，在母公司中需要有一个拥护者 [Greene et al., 1999]。该拥护者应该是母公司中的执行官或领导人，这样才能保证子公司源源不断地获得支持与资源，不畏惧母公司的束缚。该拥护者保护了新创企业，保证其能得到必要的资源。该拥护者对公司内创企业给予信任，在逆境中坚持支持公司内创企业，并确保公司内创企业能够得到适合的人员 [Howell et al., 2004]。该拥护者保证了资源转移渠道，如图 10.4 所示 [Lord et al., 2002]。

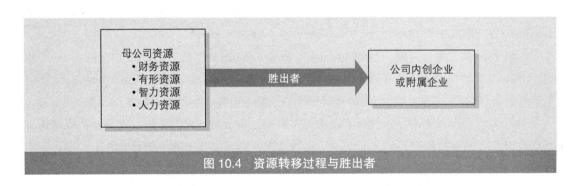

图 10.4 资源转移过程与胜出者

由于领导公司内创企业总会有失败的风险，许多潜在的公司创业者选择避免参与进来。他们担忧因为失败而失去自己原有的地位。除了这些个人风险外，还有其他因素影响着公司创业。这些因素包括回报、管理支持、资源、组织架构、风险接受度、职位设计及内在动机等 [Marvel et al., 2007]。对公司创业者的激励可以包括股权报酬、红利及企业内部晋升（一旦预期业绩实现）。

数年前，Virgin 航空的一名雇员注意到伦敦希思罗机场的跑道边有一些空位。短短几天内，他就取得了这些空位的租赁权，并设计了在跑道边设立检票口的计划。结果，Virgin 成为希思罗机场中第一个为经济舱客户提供不用排队就可以提供登机服务的航空公司。作为对该名员工的回报，该雇员获得了晋升 [Hamel, 2001]。

规划公司内部创业者的薪酬回报，是一件非常重要的事情。通常情况下，公司内创业者如果被给予过高的经济回报会受到同事们的忌妒，这是因为公司内创业者是依赖公司内部资源进行创业的（而独立创业者需要自己创造资源）[Sathe, 2003]。表 10.9 中列举了一系列公司内创业者可能得到的激励。激励包括社交激励，例如认可、支持以及鼓励个人或团队主动去创新和探索新机会的文化环境。员工们获得灵活的时间安排来探索尚未得到批复的项目。同时，高度的自治权以及有效的经济奖励或是晋升同样能够激励公司创业者。创业者们一般拥有更低的风险厌恶程度，同时追求行动独立 [Douglas and Shepherd, 2002]。他们的这些偏好可以被公司内创企业所运用。

表 10.9 公司内部的创业激励

- 支持、认可那些创造并捍卫新创意和机会的员工
- 支持个人或团队主动去开发新创意的文化环境
- 灵活的时间安排以支持对尚未得到批准的项目进行探索
- 高度自治权
- 有效地回报：晋升、股权、红利

当然，经理人同样也要支持公司内创企业。公司可能打算每年成立四个新的企业，并预期至少会有一个新企业能够创造出重要的新业务。为了实现该目标，公司可能会支付高管薪酬来支持公司的新创企业。另一项激励措施是给高管们奖励公司的股权。当高管们拥有自己管理企业的股权时，他们会更加有热情来增加这些企业的长期价值 [Zahra et al., 2000]。

成熟的公司倚重新创企业来把握创新机会。更大型的成熟公司还需要认识到可能给公司内创企业带来障碍的因素：熟悉性（familiarity）、成熟性（maturity）及类似性（propinquity）[Ahuja and Lampert, 2001]。熟悉性使得公司内创企业以母公司的流程来处理日常事务和获取知识；成熟性指的是支持一些已经成熟的知识而不是新颖的知识；最后，类似性指的是支持一些与已知方案相类似的方案。通过正确给予员工和管理人员激励，公司能够创造出成功的公司内创企业。

10.7 创建与管理公司内创企业

曾经的行业巨头们能够在业绩增长乏力之后重新焕发生机吗？这些成熟的公司能够利用公司内创企业来改变业绩表现吗？许多研究指出，对大型公司来讲改变业绩是一件十分困难的事 [Majumdar, 1999]。一些结构因素，例如固有的复杂度、形式主义和僵化性，都不利于重获高业绩表现和重新定位。大型的企业和机构不仅仅在结构上更加迟缓，随着时间的推移，文化也会更加僵化，这是因为其在行事方式上的一成不变。正如 Visa 的创立者迪伊·霍克（Dee Hock）所言，真正的问题从来都不是想出有创意的新想法，而是在于如何将旧思维从脑中清理出去。

然而，大型公司并不总是处于劣势地位。大型公司拥有足量的知识积累和智力资本。并且，这些公司还拥有许多聪明的员工，他们拥有创业倾向，并善于利用公司的智力资本。吸

收能力是指企业在实现创新过程中利用外部知识的能力。因此，只要能通过吸收或利用这些知识获得回报，公司内创企业能够一直利用这些内部的或外部知识。企业能否成功创新取决于利用已有知识储备的能力以及学习新知识的能力 [Cohen and Levinthal, 1990]。

对现有公司来说，通过新创企业的形式利用新机会是一项明智的选择。现有公司能够建立的业务形式包括：新的独立公司，衍生企业，将业务机会转移至公司中已有的产品研发部门，或者是批准一个新的项目等。图 10.5 展示了这四种业务形式以及它们的业务关联性（operational relatedness）和战略重要性（strategic importance）。业务关联性指的是新的业务机构是如何与现有资源和能力联系起来的；战略重要性指的是新业务机构长期运营对母公司的成功所具有的关键意义。对于追求高业务关联性与高战略重要性的公司，建立公司内创企业是最有效的手段（图 10.5 中的第一象限）。最好是将公司内创企业看作是洞察力的源泉，它不仅能为母公司指明战略方向，同时也可提供潜在的大额收益 [Burgelman and Valikungas, 2005]。

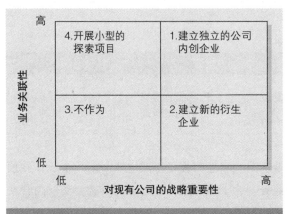

图 10.5 创业机会的四种类型以及相应的企业形式

有着低战略重要性和低业务关联性的机会（第三象限）最有可能让企业不愿意去开展项目，又或者是开展一个小型的项目直到战略重要性变得明晰起来。

有着高战略重要性然而低业务关联性的机会可能会让公司选择建立衍生企业（第二象限）。**衍生机构**是指在现有公司内部建立、然后独立经营的机构。母公司会提供一些资源和能力让附属机构走向独立。通常母公司会持有附属机构少于多数的股权。

一个有着高业务关联性然而低战略重要性的机遇（第四象限），开展小型的探索性项目通常是不错的选择。

Cisco 建立了一个名叫 Andiamo Systems 的衍生机构，专门制造电开关设备。Cisco 贷给 Andiamo 4 200 万美元的款项，并承诺还会提供至多 1.42 亿美元的贷款。Cisco 拥有 Andiamo 44% 的股权。2004 年，思科又以 7.2 亿元的价格从 300 名员工股东的手中买下了其余下的 56% 的股权 [Thurm, 2002]。

公司内创企业和传统的机构内研发管理方式是完全不同的。公司内创企业与传统公司的产品研发过程相比可能会更有风险，同时内部成本管控也会更加灵活。实际上，不让创业投资受到这些管控的制约是公司内创企业以及衍生企业在公司外部选址的原因之一。

并且，公司创业既能带来经济方面的回报，也能带来战略方面的回报。而在纯风险投资中，投资人把经济收益视作是首要的。公司创业首先应当遵循风险投资的偏好原则，但在无关风险投资时，应该平衡经济和战略上的双重目标。

大型的公司通过寻找并资助新的创意，为颠覆性、低成本的发明制造机会 [Wood and Hamel, 2002]。表 10.10 描述了找寻、评估及资助新的创业实体的三步策略。首先，在整个公司内部开展对新机会的讨论。其次，建立挑选、资助最好创意的方案。最后，把预算控制权交给新企业管控，并不让传统的经理人控制新企业的预算。

表 10.10　公司内创企业的建立条件

- 增加创新的源头：新的想法通常是通过讨论产生并完善的。参与的人数越多，所得到的高质量的创意也就越多。
- 建立一个收集、评价创意的过程：建立一个论坛来评价不同方案的价值，保证最有价值的方案能够获得资金。
- 不要让传统的执行官来控制预算：许多执行官倾向于保护自己的部门，不愿意在崭新的未经测试的企业上消耗资源。

为了让公司内创企业发挥最大的作用，经理人应当遵循表 10.11 中列出的一些原则。监督公司内创企业的过程完全不同于从已有业务单位中获利的过程。

通过影响组织成员对组织利益的看法，公司创业者能够获得大家对新创意的认可。如果一项新的倡议想要被认可并被纳入公司的官方战略中，它就一定要与公司的目标联系起来。大多数的大型公司倾向于将新企业业务和它们的核心业务分离开来。公司内创企业可看作是洞察力的源泉，它不仅能为母公司指明战略方向，同时也可能提供潜在的大额收益 [Burgelman and Valikungas, 2005]。

表 10.11　从公司创业中获取价值

1. 保护新的企业不受到短期的压力
2. 需要认识到并不是所有志愿为公司内创企业工作的员工都是合适的
3. 不要期望公司内创企业能产生和公司核心部门一样的结果
4. 以组合思维模式（portfolio mindset）进行管理，而不是项目思维模式（project mindset）
5. 随时准备学习，这是因为新的市场和已有市场很不一样
6. 设立阶段目标，分阶段地管理新企业
7. 不要过早地停止冒险——尽可能地吸取教训
8. 持续评估学习转移机制（learning-transfer mechanisms）以保证创意和教训能够被广泛分享

来源：McGrath et al., 2006。

由母公司经营的业务和其内创企业经营的业务要素在表 10.12 中有所展示。通常情况下，母公司拥有充足的资产、营业额、奖惩机制及管理机制，它们能够促进增长、维护公正、确保政策的稳步实施。公司内创企业则需要通过奖励创业行为与创业韧性，撬动资产来创造新的现金流。同时，公司内创企业想要吸引母公司最优秀的人才。将公司内创企业和母公司分离开来可以使公司内创企业灵活、快速地行动以抓住机会。

表 10.12　母公司和公司内创企业的业务要素对比

要素	母公司	公司内创企业
资产	保护并利用	开发经营
营业额与增长	现有收益的增长	创造新的现金流
管理	依照政策和程序	需要果断行动
报酬	保证公平性、平等性	奖励创业精神、奖励业绩
人力资本——人才与知识	留住人才、积累知识	吸引最杰出的人才，将母公司中最精炼的知识转移到公司内创企业中

许多公司会采取一种组合策略，即拥有数个公司内创企业的所有权。基于商业计划书以及公司内创企业形式分析，这些公司会逐渐创立新创企业。该过程如表 10.13 所示 [Albrinck et al., 2002]。在该过程的每一个阶段，母公司都必须要考虑下一步的最优选择。步骤 1 中，随着创业冠军和创业团队的确定，公司内创企业初具雏形。步骤 2 则包括创作最初的概念陈述书，并列出商业计划书的要素。步骤 3 是完成一份完整的综合性的商业计划书。步骤 4 将主要聚焦于选择公司内创企业最优的组织形式，而这将基于母公司的长期目标来考虑 [Miles and Colvin, 2002]。最终，在步骤 5 里，公司内创企业依靠从母公司获得的必要的资源、人才及能力而成立。

在步骤 4 里，组织形式的挑选应当努力符合母公司的需求和战略。举个例子，3M 通常会将公司内创企业合并入公司现有部门或是将其直接转为一个新的部门。与之相反，Barnes and Noble 则将其网上书店作为一个新的公司拆分出来，以图日后上市。

表 10.13　建立公司内创企业的五个步骤

1. 筛选、确定机会。创建愿景。确定创业拥护者和创业团队。
2. 精炼概念并确定是否可行。准备概念陈述书和愿景陈述书。拟写商业计划书大纲以便回顾和获取支持。
3. 准备一个完整的商业计划书。确定领导人选。
4. 确定公司内创企业的最优形式：内部业务单位、分支企业、子公司或内部项目。
5. 利用从母公司获得的人才、资源及能力成立企业。

理查德·布兰森领导的 Virgin 集团公司创立的新企业多达 200 多家，遍布传媒、航空及音乐行业。在 Virgin 集团内部，商业创意随处可见，员工一旦有了好想法，都可以直接与理查德·布兰森联系。理查德·布兰森还为员工们主持一些聚会，以便他们分享创意。某位员工曾经提议创建一项婚礼服务项目，包括婚礼礼服、酒席承办、旅行机票及酒店预订等服务。该员工后来成为 Virgin Bride 的首席执行官。Virgin 集团近来正在准备筹建完全独立的公司内创企业（请参考 www.virgin.com）。

Landmark 通信公司在 1981 年成立了内部企业 Weather Channel [Batten, 2002]。借助

Landmark 强有力的支持，Weather Channel 成为顶尖的气象信息源企业。凭借着 Landmark 的人才、知识、资源和能力，新企业和有线电视运营商达成了数笔交易，发展迅速。1996 年，Weather Channel 开展了互联网服务。Weather Channel 的成功源于 Landmark 的巨量资源投资。尽管在一开始广受争议，Weather Channel 最终还是击破了各种怀疑论点，这与 Landmark 的资产和能力是分不开的。

现有公司拥有组织市场以及将一项创意转化为能够量产、销售以及分发到客户手上的商品的能力。创业者们能够有效且快速地探索一项新技术，并实现从技术上可行到满足客户群需求的飞跃。同时拥有以上两种能力的员工能够帮助自己的公司有效地应对市场变动的挑战。

许多新的创造由先驱企业引进市场，随后市场就进入了学习模仿阶段。现有公司能够识别出这些创新点并迅速地投入到创新—商业化过程中，这期间需要充分利用其生产、销售及研发新产品的能力。

Guidant：Eli Lilly 成功的衍生企业

在 20 世纪 90 年代早期，制药业巨头 Eli Lilly 成立了一系列的内部企业来研发医药设备。到 1994 年为止，Eli Lilly 已经成立了 4 家内部企业，主要集中于心血管疾病的相关医疗设备领域。1994 年 9 月，Eli Lilly 将这些企业组建成一个新的公司，即 Guidant，并协助其成功完成了首轮公开募股。1995 年 9 月，Eli Lilly 撤走了所有的股权，Guidant 成了一家独立的公司。Guidant 是一个从一组内部企业成长为领先公司的绝佳的例子。2006 年，Guidant 拥有接近 40 亿美元的年营业额，并被 Boston Scientific 以 270 亿美元的价格收购。

图 10.6 展现了市场的生命周期，例如手机行业。第一个阶段是颠覆性技术的引入阶段，例如贝尔发明的电话机。随后在第二阶段，开始出现了关键性应用。之后，产品的主导设计出现，市场开始增长（第三阶段）。在第四阶段，随着产品用户的增加，工艺创新开始。当市场开始成熟时，实验性创新在第五阶段出现。成熟阶段后期，开始注重改善客户关系（第六阶段）。在衰退阶段，商业模式开始更新（第七阶段）。最终，行业关系的逐步瓦解酝酿出了新的结构化创新（第八阶段）。

表 10.14 简述了这八种类型的创新 [Moore, 2004]。想要使现有公司重现生机，领导者们就必须选择一种合适的创新方式，而这取决于行业所处的生命周期。

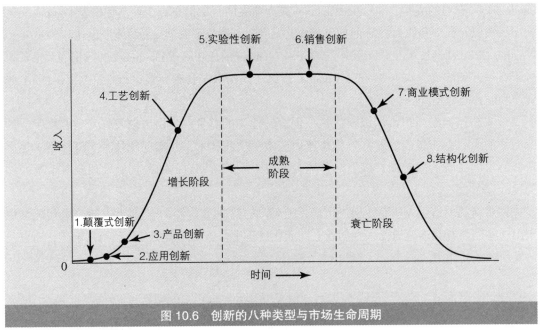

图 10.6 创新的八种类型与市场生命周期

来源:Moore,2004。

表 10.14 市场生命周期中的八种创新类型

创新类型	阶段	描述
颠覆式创新	极早期	技术飞跃
应用创新	早期	技术应用催生了新的市场——杀手级应用
产品创新	增长的早期	改进性能,主导设计出现
工艺创新	增长的后期	更为高效的工艺流程
实验性创新	成熟期	改善用户体验
销售创新	成熟期	改善市场客户群关系
商业模式创新	衰亡期	重新构造价值主张与价值链
结构化创新	衰亡期	应对行业内的结构性变革

许多评论家认为,在面对激进的技术创新时,现有公司将会逐渐走向消亡。然而,这种现象实际上并不普遍,也不是不可避免的。当公司做好准备的时候,它能够有效地应对全新的技术创新事件。经历过动荡、创造过或松散连接或独自存在的分支部门、拥有关键互补性资产的企业将有很大的机会赢得颠覆式创新的挑战 [Hill and Rothaermel, 2003]。

10.8 聚焦 Twitter

2006 年，杰克·多西（Jack Dorsey）创建了线上社交网络服务企业 Twitter。Twitter 迅速火遍全球，2012 年已拥有超过 5 亿注册用户。用户能在 Twitter 上接受、发送至多 140 字的文字信息。这些信息即人们常说的"Tweets（推文）"。

Twitter 最早是广播公司 Odeo 的一个内部项目。2006 年，杰克·多西、伊万·威廉姆斯（Evan Williams）、诺拉·格拉斯（Noah Glass）和 Odeo 的一些员工成立了 Obvious 公司。随后他们获得了 Odeo 公司及其资产，这当中就包括 Twitter.com。2007 年，Twitter 被拆分出来成了独立公司。

作为 CEO，多西领导公司获得了风险投资企业的数轮投资。在 2007 到 2012 年的这段时间里，Twitter 筹集了大约 1.6 亿美元。2013 年，Twitter 拥有大约 1 亿美元的营业额，并且广告收入还在不断增加。Twitter 的商业模式是基于其他公司的广告营收，这些公司期望它们的广告能够覆盖 Twitter 的广大用户范围。

10.9 小结

新兴企业一共有五种：小企业、利基企业、高增长企业、非营利组织及公司内创企业。当小企业和利基企业逐渐成长并将目标转向全球的时候，它们就为社会做出了巨大贡献。高增长企业，包括激进的创新企业，在促进增长、提供就业机会以及有影响力的产品或服务方面功不可没。新企业中有一种特殊的类型，即非营利组织，指服务于特定而重要的社会目标的机构。

最后，公司内创企业有助于增强创造力与创新思维，这为现有的大型公司提供了新的活力。对许多公司来讲，对创新的追求以及创造一家独立于已知结构之外的新企业可能会使这些公司重焕生机。公司内创企业需要适量的灵活性、独立性以及资源来创造全新的业务。

⊃ 原则 10

提供适当的独立性、资源及人员，能够催生现有大型企业产生新企业。

⊃ 音像资料

访问 http://techventures.stanford.edu 来观看关于本章内容的专业评论。

- Sustainability for Nonprofit Organizations — Kavita Ramdas — Global Fund for Women
- When Big Companies Get Stuck — Geoffrey Moore — MDV
- Attitude and Approach to Innovation — Sue Siegel — GE

10.10 练习

10.1 调查前一年成立的新企业数量。试将你所收集的数据按照表10.3的企业类型进行分类,并比较每一种类型的企业数量。不同类型的企业有怎样的增长率?这种现象能用经济走势解释吗?

10.2 斯坦福大学的社会创业课程和非营利组织"点亮世界基金会"(www.lutw.org)正在联手为墨西哥、中国及印度的人们提供安全廉价的照明灯具。工程学院和商学院的学生们正在设计一种能满足农村居民需求的台灯。与国际非营利组织合作,尝试为你学校制定一个社会创业项目的计划书概要。

10.3 2001年,Zimmer控股(www.zimmer.com)作为Bristol-Meyers Squibb的全资子公司和公司内创企业成立。Zimmer设计、销售整形外科产品。Bristol-Meyers Squibb以10∶1的比例兑换了Zimmer的股份。研究Zimmer的创立过程,考虑对Bristol-Meyers Squibb来说,设立这种衍生公司的决策是否正确。

10.4 传统报刊业正在逐渐没落,许多文章已经在讨论报刊业应当如何彻底改造自身。大量的报刊机构应当如何应对这个挑战?对报刊业来讲,下一个最优的应对策略是什么?可以查阅图10.6来思考潜在的选择。

10.5 许多新创的清洁技术企业会依赖现有公司的资助或是合作关系。请挑选一个新近成立且拥有公司背景的清洁技术企业。这种投资行为是否影响了新企业的结构?新企业期望从大型公司的支持中得到什么?大型公司期望从投资新企业中获得什么?

10.6 试着描述一个企业风投公司(例如Intel、SAP Ventures、Eli Lilly、Google Ventures、Dow Corporate Venture Capital或者GE Equity)的投资理念。它们如何做到同母公司的战略方向相一致?

创业挑战

1. 利用表10.3,试着描述你们团队选取的新企业的特定类型及其法律形式。

2. 前往State of Delaware的网站(http://corp.delaware.gov/howtoform.shtml)下载"如何成立公司(How to Incorporate)"数据包。请确定哪一种公司形式最适合你们的企业并填好相应的表格。也可以使用其他州或国家的类似表格。假设你们的企业是一家公司内创企业,请根据表10.6描述采取这种形式的优缺点。

第三部分

知识产权、组织和运营

　　新创企业需要十分小心地保护自己的知识产权。交易机密、专利、商标可以为企业提供长期的价值并为潜在竞争者创造进入门槛。如果有着重视合作、用成绩说话的企业文化和完善的员工保障计划，企业就能够吸引优秀人才。企业为了获得源源不断的动力，应提前规划以获取相应的资源和能力。运营计划中应详细制定运营、流程和生产的管理方案。一些环节的外包、关键资产及技术获取的计划将有助于企业的早期壮大。最终，如果发展到足够壮大，创业团队将具有兼并其他项目的潜力，因此应制定全球性的运营规划，以进一步刺激企业的发展。

第 11 章

知识产权

当一扇门关闭时,另一扇门就会打开。可我们常常对着关闭的门后悔不已,以至于看不见那扇打开的门。

——亚历山大·格雷厄姆·贝尔
（Alexander Graham Bell）

≫ 创业者应该如何保护新公司的知识产权？

新创企业需要制订计划以建立和保护自己的知识产权。将公司的商业秘密、专利、商标和版权适当地组合，会成为企业非常有价值的专利资产。对于许多建立在创新与科技基础上的新公司来讲，知识产权可以在市场竞争中给企业带来极大的竞争优势。许可证书，包括大学研发创新的许可证书，可能成为新技术的重要来源或者公司收入的潜在来源。

11.1 知识产权保护

知识产权是一种凝结着人类智慧的知识资产，应受到法律的保护 [Davis and Harrison,2001]。财产是指为某人所有的、有价值的东西，如土地和珠宝等。另外，财产可分为不动产（或者实物财产）和知识产权。**知识产权**（IP）是指为个人或企业所有的、有价值的无形资产。实物财产和知识产权的对比如表 11.1 所示。

表 11.1 实物财产与知识产权的比较

因素	实物财产	知识产权
多用途	使用独占性、不可被多对象同时使用	被一家公司使用，无法禁止其他未授权的公司使用
贬值	贬值、耗尽	不会贬值和耗尽
保护和防侵犯措施	通常可以强化并保护所有权	强化并保护所有权的代价高昂

由于知识和创新是企业在竞争中成功的关键，因此知识产权的管理对大多数企业都至关重要。对许多企业来说，知识资产是财富和竞争优势的源泉。对知识产权的保护可以使企业拥有非常有价值的资产，例如对 MP3 音乐或音频标准的专利保护。

相对于实物财产，保护和执行合法拥有的知识产权更加困难。公司该如何辨认另一家公司有没有盗用自己的知识产权呢？未经授权的抄袭和知识产权的非法使用都很难去识别和证明。一个人在商店里买了书和 CD，他有权利和另一个人分享，但如果他复制这本书或 CD 转卖给其他人，这便是违法的。

鉴于捍卫知识产权的困难性，制定一套抵制知识产权盗用的策略似乎会起一定作用 [Anand and Galetovic, 2004]。合理的策略包括在创新产品上压制对手，或者与竞争对手合作申请专利，来达到保护知识产权的目的。

知识产权法的目的就是为了平衡两个冲突的利益群体：公众利益和个人利益。公众利益源自发明创造、音乐、文学和其他形式的知识表达形式的创造和传播，而个人利益源自对个人创造的奖励和在一定时间限制内获得垄断利益。

在为一家公司工作的过程中，如果某位员工创造出一种新产品，而这种产品又是在公司业务范围之外的，那么谁将拥有这项知识产权呢？这家公司还是这位员工？如果是在周末产生出了新的想法，知识产权该归谁？企业应该谨遵财产法和道德规范，以规避知识产权归属问题的复杂化，以及由此产生的争夺战。它们还要熟知所有的雇用协议，因为员工的雇用协议中一般都对知识产权的归属有明确的限制。例如，大多数大学都要求它们的研究生和教职工签署一份文件，承诺他们利用学校资源或在学校赞助的项目中所获得的任何发明或发现，知识产权都归该大学所有。

显而易见，如果企业准备申请专利或者使用一些专有性的技术时，这个企业和它的员工在申请初期就不应该把技术细节泄露给外界。不过最终，该企业的投资者、商业伙伴或其他外界机构都会要求企业向他们透露更多的技术信息。此外，企业有时会发现对知识产权的战略性透露会降低其他企业的研发投入，从而降低竞争的激烈程度。

许多以技术起家的企业要打开市场并从中盈利，通常都要花费好几年的时间。一般来讲，这些新的企业都是建立在知识产权的基础上的，例如专利技术。当创业者的个人知识水平被视为企业知识资产中最关键的部分时，在其后的几年内，这位创业者就有望留在这家企业。公司为保证创业者的积极参与，也会通过雇用协议或者给这位创业者期权等手段来留住他 [Lowe, 2001]。

知识产权极其重要，而侵犯别人的知识产权将会付出极大的代价。有研究人员估计，知识产权市场每年都高达 1 000 亿美元。在 IBM 公司，专利技术和授权证书占据着企业收入来源的 15%。相反，Research In Motion，黑莓手机的制造商，则为它的侵权行为向 NTP 公司支付了 6.125 亿美元的赔偿金。

理查德·斯迪姆（Richard Stim）在 2012 年出版的《专利、版权和商标》（*Patent, Copyright, and Trademark*）一书非常值得创业者们参考。创业者们对自己在知识产权方面的自我充实固然重要，但在面临知识产权问题时，创业者们最好还是去寻求专业的法律协助。技术方面的律师事务所一般都是在帮助创业企业获得第一笔投资后才对其收取服务费用。在帮助创业企业正常运行并盈利 3 到 6 个月后，这种律师事务所会收取一定的股权比例（如 1%）作为回报 [Henderson et al., 2006]。如果这个企业最终像 Electronic Arts 或者 Google 一样成功的话，负责该公司案子的代理律师就会从中获得巨大的利益。

知识产权的保护方法可以有很多种，最常用的有商业机密、专利、商标和版权等。下面我们会分别讲述这几种常见方式。

11.2 商业机密

商业机密是指由公司或个人拥有并且作为秘密来维护的机密性的知识资产，商业机密可以给公司或个人带来商业竞争优势。商业机密包括知识、方法、想法、配方等形式。商业机密的生命周期是无法预测的，可口可乐的配方就被作为商业机密持续了一个世纪之久。然而，在某些情况下，商业机密可能会遭到泄露，如商业盗窃、公司内部人员违反商业机密的保密性或独立再开发，以及倒序仿制等。商业机密的保密程度取决于知识产权的自身特点及其使用程度。应保证商业机密（如公司使用的配方、运算法则以及经验诀窍）不被除少数几个人以外的其他人获悉。如果这项知识或技术不得不使公司里的大多数人知道，那么要保护这项机密不被其他人抄袭或者模仿就变得十分困难。

许多产品的生产程序是可以掩藏在公司的墙幕之下的。例如，生产集成电路的方法是很常见的，然而最优生产程序却十分复杂。拥有最佳生产程序的半导体公司将其生产方法和生产程序作为公司机密来保护，以此来保持公司的竞争优势。不过，即使公司对外很注重保密，也难以避免公司内部人员掌握了方法和技术之后脱离公司自立门户的风险。

公司必须要在保护公司商业机密和信息共享这两个相互排斥的需求之间合理地权衡取舍。必须要让公司员工清楚地知道他们所掌握的知识和技术属于公司的商业机密，并且他们应该对外界保密。对许多公司来说，在员工内部普及公司生产技术是企业成功的必要条件，因为生产技术只有被实践运用才能发挥它作为竞争优势的功能。

保密协议是保护公司商业机密的一种方法。保密协议是一种用于保护某一利益团体的某些信息不会分享给第三方利益团体的法律契约。比如，两家准备合作的公司需要跟对方分享自己公司的技术成果，为了确保另一方不会将其透露给外界，可能会签订保密协议。

企业一般会在员工雇用协议中加一条非竞争条款，这项条款要求员工不得加入本公司竞争对手的公司，或者创立与本公司形成竞争关系的公司。签订非竞争条款的目的是为了保证员工不会拿着公司开发的技术或者经验诀窍为自己的竞争对手服务 [Marx, 2011]。然而，非竞争条款的执行程度在美国境内千差万别，例如，在加利福尼亚州，除公司股东外非竞争条款基本是无效的。

11.3 专利

　　亚伯拉罕·林肯（Abraham Lincoln）引入美国专利法律制度可以称之为人类历史上最重要的三件大事之一 [Schwartz,2002]。**专利**（patent）是指在一定时间（专利权有效期内）和区域（法律管辖区）内，任何单位或个人未经发明人许可都不得制造、使用或销售专利产品。在美国，专利一经许可，使用期限是 20 年。一项发明专利是专利申请国家对专利申请人知识产权的保护。专利的保护对象包括有价值的新型机器、生产出的产品、工业生产程序及对现有技术的改进，还包括新的化合物、食品、药品及其生产过程。

　　实用专利（utility patent）旨在保护新的、有用的、非显而易见、充分具体的流程、机器及产品。例如如今被航空旅客广泛使用的安全剃须刀和拉杆箱都有专利保护。

　　设计专利（design patent）旨在保护原创的、装饰性的并且非显而易见的产品设计。例如，Apple 公司为 iPad 的矩形屏幕设计的弧形边角申请了设计专利。另外，还有一种**植物专利**（plant patent），是针对通过无性繁殖研发出的植物新品种进行的专利保护。

　　商业模式专利（business method patent）是实用型专利的一种，主要涉及对生产过程或方法的发明与所有权的保护，如 Amazon 的"一键式"订购过程。以前商业模式专利被美国法院大幅采用，然而在当前的法律体系下，商业模式专利的使用范围已经被大幅削减。

　　发明只有在具有原创性和使用性的情况下才可以申请专利，它必须代表了人类艺术领域的一项重大突破，而不是仅仅在现有基础上做修改。这样可以排除创新性不显著的专利，限制专利数量。已有专利产品的改进只有在其他方面满足专利申请方法才会被授予专利。但是，这项专利的发明者不会被赋予已有专利相关的权利。一般来讲，专利往往在生物或者化学领域运行较好 [Shane, 2005]。

　　专利是一种个人属性的财产，它可以被出售给其他人，或者作为抵押品抵押，或者作为遗产传给发明者的遗产继承者。因为除专利拥有者之外，其他人不得制造、使用或销售该发明，因此专利的所有者可以通过授权、收取版税或者其他的赔偿方式，从而给予其他人制造、使用或者销售这项专利的权利。如果有人未经许可擅自使用已经被授予专利的发明，其专利持有人有权向法院就此侵权行为提起诉讼，并要求侵权者做出金钱上的赔偿，同时向法院提出一个法律禁令，以防止侵权者进一步的侵权行为 [Elias and Stim, 2003]。一项专利只保护专利申请中所陈述的内容，因此发明者在申请专利时应该尽量对其发明进行多方面的描述，并且尽量细致，以避免同以前的专利造成冲突。

　　申请专利时，申请者需要在申请表上对专利进行清晰简明的描述。另外，专利具有区域性，专利所有者只在专利界定的范围内对专利享有独占权利，如果他们想要自己的专利在多个国家享受特权，就需要在每个国家都分别申请专利。

　　美国临时专利申请是一种向美国专利与商标局提交的一种法律文件，目的在于帮助专利申请人建立较早优先权。该临时申请包括对发明的描述，但不包括正式的专利权利要求或其他详细信息。临时专利的有效期限只有 12 个月，申请人必须在 12 个月内提交正规的非临时专利申请，然后要经过标准的审查过程。申请临时专利也赋予了申请人使用"专利未决"

（Patent Pending）术语的法律权利。

一旦被授予专利，专利所有者可以启动一系列的专利保护程序，包括发布通知，在与专利相关的产品或服务上标明专利所有的标签，监控该专利的使用情况，通过合法途径制止已经确认或可疑的专利侵权行为等。专利保障了专利所有者的权利，避免了其他人在没有任何补偿的情况下使用其专利，但是，专利所有者必须自己执行这项权利，如发通知告诫侵权者，或者如果有必要的话，诉诸法律。有时候，模仿者能够巧妙地绕过专利规定的权利设计出新产品或者研究出新方法。

专利的价值是很高的。2011年8月，Google以125亿美元的价格收购了Motorola。虽然当时Motorola处于亏损状态，但Google看中的是Motorola持有的、有着巨大价值的移动专利。智能手机和平板电脑正逐渐成为客户连接互联网的首选终端设备。与此同时，基于云计算的移动应用软件展示了巨大的发展前景。不能参与移动互联和云计算所带来的风险对Google来说是无法承受的，因此它才收购了一家掌握移动计算机处理技术的公司。也许更重要的是，Google获得了Motorola的一系列专利，这将使它能够参与进快速发展的移动互联和云计算领域。

在制药和医疗器械行业，专利制度被证明是行之有效的。一台笔记本电脑可能涵盖了许多家公司所掌握的超过500个专利发明，但一种药物通常只会覆盖一项单一的专利。因此，制药公司通常拥有强大的知识产权地位。

在许多行业，公司急于捕捉它们的技术成果，以前所未有的速度申请专利，20世纪80年代的几项法律条文和法院判决的变化也加大了专利保护力度。1985年，Polaroid起诉Kodak侵犯其一次成像相机专利权，并获得超过9亿美元的赔偿金，这个案例强调了专利侵权诉讼案中的专利优先权。最近，美国法院发现三星电子侵犯了Apple公司数项专利，并在2012年裁决三星支付给Apple公司10亿美元作为赔偿。法院裁决也已经扩大了专利的主题，包括转基因生物、软件，以及在某些案例中的商业方法。

表11.2显示了美国近几年专利授予数量的增长情况。2012年，美国专利和商标局颁发了近26.9万项专利。公司也越来越多地围绕专利和知识产权制定自己的创新战略。例如，IBM公司仅在2012年就被授予了超过6 400项专利。

表 11.2 美国专利授予情况

年	1980	1990	2000	2010
授权数量	66 200	99 100	176 000	244 300

发明专利的申请费用很昂贵，单个专利申请花费在填写申请表、审查、发行和律师费上面的成本就高达2 000美元。另外，侵权诉讼的费用也是很高的，证明侵权需要提交专利文件及侵权产品或程序的相关资料。初出茅庐的创业者可能不具备为其所有的知识产权申请专利并为可能的侵权行为进行诉讼的全部资金。因此，他们必须搞清楚什么时候开始申请专利是可行的。首先，创业者应该对引领企业走向成功的最基本的核心科技进行评估，如果一

项科技发明并非公司的核心科技,那么这项科技就不应该申请专利。其次,创业者应该考虑竞争者能否很容易地创造出本公司的专利替代品,如果是这样的话,那么这项科技就不应该被申请为专利。另外,创业者还应该考虑一下其他成本更低并且行之有效的知识产权保护措施,如商业机密等。

与此同时,创业者还应该意识到,在与其他公司谈判时,专利是一个很重要的谈判筹码,在筹集资金方面,专利是公司创新能力的象征。因此,明智的创业者应该看到专利的其他功能,而不仅仅是对某一项发明创造的保护。在开发和维护专利组合方面,新创企业要遵循表 11.3 列出的步骤。

表 11.3 专利战略制定

1. 确认专利组合的目标
2. 确认智力资产和相应的支持条款
3. 确认适合用于申请专利的资产
4. 草拟发明披露和专利申请需要的信息
5. 制定专利授权、保护、拓展的系列计划

11.4 商标与公司命名

商标是用来识别产品或服务来源的任何特殊的字母、文字、符号、数字、图形、声音或者三维标志。商标的持有人有权利合法使用该商标。美国法律规定,商标的注册者使用商标来标明其产品或服务的权利受到法律的保护,商标注册之后是可以更新的,只要注册者证明其商业用途即可。新创企业应考虑将其名字、象征物、标识注册为商标。众所周知的商标包括 Kodak、Apple、Google、NBC,以及 Yahoo。

商标所有者有权采取法律措施,阻止任何对公司利润造成损害或者再利用的侵权行为。在当今激烈的市场竞争中,商标权是新兴企业最有价值的资产之一,商标所代表的商誉和消费者认可度具有巨大的经济价值,因此新兴企业应该花费精力和金钱去将其合理地注册和保护起来 [Sandner and Block, 2011]。

好的商标是企业品牌形象不可或缺的一部分。当商标能与公司联系起来,并且为这个公司所独有,那么该商标就拥有了价值。Apple 公司和 Intel 公司的标识就是好商标的代表。2012 年,美国有 243 000 个新注册的商标,估计美国至今共有 180 万个已注册的商标。公司可以提交一份"意图使用"商标申请书,但是公司在注册该商标之前就应正在使用该商标。

当一个商标失去了它的独特属性,成为一个通用名词时,公司就失去了商标的专有使用权,例如阿司匹林、热水瓶、玻璃纸这些曾经全都是商标,后来成了专有名词。然而,Coca-Cola 公司和 Xerox 公司就成功地保护了自己的商标。

公司的名字往往是它最重要的标识。新公司命名应该做到让人过目不忘、与公司产品或服务相关,并且具有吸引力。将公司名字用作公司网址域名也有助于加深公众对公司名字的印象。一个好的名字能代表企业的特色,让企业与众不同,给消费者留下深刻的印象。在

理想的情况下，公司的潜在消费者看到公司名称的同时就能大致了解公司的产品或服务。例如，Facebook 就是虚拟世界里的一张张脸谱，LinkedIn 将一个个人连成一张人脉网。许多公司也用它们创始人的名字命名，例如 Dell 和 Craigslist。一些公司使用有创意的名字，例如 Twitter 和 Uber。还有一些公司使用它们公司所在区位的名字，例如 Silicon Valley 银行和 Allegheny Technology。

好的名字可以传递关于该公司独特功能的微妙信息，例如，Tinker Toys 这个名字能唤起娱乐精神。名字还可作为市场营销工具，因为消费者很容易记住、拼写并谈起公司名称。杰夫·贝佐斯（Jeff Bezos）选择了 Amazon.com 这个名字，因为它传达了一个宏观的理念，而不是某一产品 [Leibovich,2002]。

在确定公司名字之前最好咨询其他人，以避免名字中出现使人误解的消极意义。Intuit 的创始人斯科特·库克（Scott Cook）在为其新公司命名时，否决了 Instinct 这一名字，因为它听起来像"it stinks"（太臭了）[Taylor and Schroeder, 2003]。一旦选定某个名字，就要进行名字搜索，以确保在此之前没有人用过这个名字，这样的话，公司名字就可以在相应国家机关进行注册了。如果公司设想将来要跨国经营，那么在美国商标注册局将公司名字注册为商标是明智之举。

1984 年年底，莱纳德·博扎克（Leonard Bozack）和桑德拉·勒纳（Sandra Lerner）用自己的积蓄注资了自己的第一家公司，并将其命名为 cisco，这一名称来源于公司注册地旧金山（San Francisco）的最后几个字母。勒纳按照美国金门大桥的样子为公司设计了徽标。最终，他们将 cisco 的首字母大写，用 Cisco 作为公司最终的名字 [Bunnell, 2000]。

在给新公司命名时，应该确保该名字不会在其他语言情境下产生令人尴尬、负面的意思，蕴含不良寓意。另外一个要注意的因素是可读性，开发出 Linux 程序的软件公司将自己命名为 Red Hat，并设计了一顶小红帽子作为自己的徽标。令人难忘的、强有力的好名字的案例还有很多，例如 Wal-Mart，Intel，GE 和 Microsoft。如果是公司性质的，则必须在公司名字后面加上"公司"两字。另外，除非公司满足附加条例，否则公司名字里不能包含"保险""银行"等词汇 [Bagley and Dauchy, 2007]。

一旦新的企业确定了它的名字，接下来就应该为自己的公司网址和邮箱地址预留一个名字。公司应该尽早测试域名的可用性，因为这样可缩小公司名字和商标的选择范围。最好的情况是可以合法使用同样的公司名字和网址域名，例如 Google 和 Yahoo。

11.5 版权

版权是指原创作者对其作品所享有的权利，其他人不得随意打印、复印及出版他们的原创作品。在如今的版权法规定下，版权的有效期是作者生前加上作者去世后的 70 年。由于版权的保护自动依附于某一件特定的作品，加之美国版权局规定，为某一件作品注册版权只需要提交一份简单的表格，因此只需要很少的资源就可以获得著作权保护。

著作权的保护对象可以延伸至作家、作曲家和艺术家的作品，并且其保护的内容涉及作品的表达而不是它的主题。这是很重要的，因为版权只阻止了其他人对原创作品的复制和使用，并不阻止对其主题的使用。因此，软件程序、书籍和音乐被保护免受复制，但其创作思路可被其他人使用。

版权所提供的保护是比较有限的，例如在软件领域，法院已经缩小了版权保护的范围。在防止程序被全盘复制或者核心部分被抄袭方面，版权是最有效的途径。版权的保护功能主要集中于软件功能方面，例如底层算法、数据结构和多媒体技术协议。版权还可以保护程序的图形用户界面。

11.6 授权与大学技术转移

授权是指在不转移所有权的情况下通过协议将知识产权转移给其他公司的行为。**授权书**是另一家公司可以合法使用该知识产权的保证，通常由授权人和被授权人签订一份合同，并且被授权人要支付给授权人相应的费用。

许多公司拥有大量尚未开发或正在开发的专利，这些专利都可以被授权利用。例如，IBM 公司广泛地授权自己的专利使用许可证，每年从中获取的使用费超过 10 亿美元。IBM 公司是美国拥有专利技术最多的公司，并且广泛地对外授权其软件专利。但是，尽管大多数新企业意识到知识产权可以成为它们公司最有价值的和灵活的资产之一，它们却不知道所持有的专利的潜在盈利能力。

授权可以形成商业模式的核心。例如，通过授权，软件程序可以得到更广泛的受众。Microsoft 的大部分收入都来自授权使用 Office 办公软件和 Windows 操作系统。Dolby 实验室也从向电子产品制造商授权产品中获得了巨大的利润。杜比实验室之所以能成功，一方面是因为其卓越的技术水平，另一方面是因为它对使用其技术的其他公司进行合理收费。

新的企业可以向其他公司授权其知识产权的使用权，用于非竞争的、互补的用途，并通过这种方式获得不菲的收入。授权的好处包括分散风险、实现市场扩张渗透、赚取授权费用及测试新产品和新市场等。不过授权许可也有风险，例如侵权以及被授权公司不履行授权合同等。

通过授权其他公司使用自己公司的产品，新的企业可以节约推广产品的时间和资源。第三方技术拥有者的授权条款中规定了新公司对授权的专利拥有使用、分配、修改和再授权的权利。授权条款是建立在新公司虽然拥有巨大潜力但同时缺乏资金的基础上的。例如，一家公司可以免除或减少被授权公司的前期收费，但一旦该公司发行了它们的产品后，它们会要求该公司支付给它们一定的销售收入提成作为回报。

Rambus 的专利池

Rambus 公司成立于 1990 年，并于 1997 年在纳斯达克上市。该公司的大部分收入来自芯片接口技术的专利授权费，Rambus 的客户包括索尼、Intel、AMD、Infineon、NEC 和东芝。2012 年，Rambus 的收入达到 3.12 亿美元。

建立在大学研发技术基础上的新创企业需要获得该大学的授权许可。即便这个学生或者老师既是技术的发明者又是将该技术投入市场的企业创立者，这项知识产权也是归该大学所有的，因为大学提供了实验室空间、发明者的薪水和其他帮助发明者进行研究的资源。因此，发明者必须获得大学的授权许可证。发明者兼公司创立者如果不想使自己的研究成果归大学所有，应该谨慎地使用大学资源进行发明研究。

创业者为了拿到大学的授权许可，通常要支付给大学一系列费用，包括前期费用、年费、相关产品收益的一定百分比及公司成立后的一部分股权。大学可以授予独占许可，只赋予某一家公司开发这项发明的权利。或者大学还可以授予非排他性许可，为多个企业同时提供该项权利。通常，大学会将这两种方法组合起来，在一个领域或者一个地理区域内授予独占许可，例如北美。

获得大学授权后，大学可为技术发明者提供市场营销和知识产权方面的援助。此外，发明者还可以与大学分享该技术的收益。通常收入是这样分配的：除去专利费和管理费之后，三分之一归发明者（或者发明团队）进行再分配，三分之一归发明者所在的部门，三分之一归学校。

11.7 聚焦 Apple

Apple 成立于 1976 年 4 月 1 日，注册于 1977 年 1 月 3 日。公司最初成立的目的是为了销售 Apple I 型电脑套件。史蒂夫·乔布斯（Steve Jobs）和史蒂夫·沃兹尼亚克（Steve Wozniak）设计、集成了这个电脑套件里的内容，售价 666.66 美元。Apple II 于 1977 年 4 月 16 日上市，并将电子表格程序 VisiCalc 囊括进来。1980 年 12 月 12 日，Apple 以每股 22 美元的股价上市。

20 世纪 80 年代初，Apple II 型电脑的操作系统遭到其他公司的克隆复制。1982 年，Apple 打赢了一场历史性的官司，法院从此决定版权法可以保护嵌入在计算机芯片中的软件 [Roberts, 2012]。在此后的时间内，Apple 精心设计了自己的知识产权保护策略，包括每个产品的外观设计专利、实用新型专利、商标、版权和商业机密等。在 2012 年和 2013 年间，Apple 又在移动设备方面打赢了另外一场与三星公司的法律战争。

11.8 小结

新公司所有的参与者都应熟知公司获得、构建和保护知识产权的计划。商业机密、专利、商标和版权在适当的组合下可以成为有巨大价值的知识资产。对高增长的科技型企业来讲，知识产权可以作为一个强有力的竞争优势。通过专利授权可为公司带来收入。另外，建立在大学研发技术基础上的新企业需要获得大学的授权许可。创业者们应该避免表 11.4 中列出的十个具有违法隐患的错误。

表 11.4　具有违法隐患的十个错误

- 没能获得可靠的法律援助
- 拖延法律问题的处理
- 拖延知识产权的管理流程
- 没有授让条款就发行创始人股份
- 没能尽早组建公司
- 没有签订保密合约就将知识产权公开
- 在某潜在竞争对手公司任职时就开始创业
- 在商业计划中夸大事实或过度承诺
- 在创业初期没有成功注册公司名
- 没有签订保密的、禁止披露的非竞争合约

⇨ 原则11

知识产权和公司名字可以成为引领企业走向成功的市场竞争优势。

⇨ 音像资料

请浏览网址 http://techventures.stanford.edu 观看专家对于本章内容的讨论。

- Protect Intellectual Property　　　　Martin Nichols　　　　DLA Piper
- Keeping Company Secrets　　　　　Adam Lashinsky　　　　Fortune
- The Role of Lawgers in the Startup Ecosystem　　　　Gordon Davidson
- Fenwick & West

11.9　练习

11.1　三个朋友决定组建一家公司，专门为医药企业设计、制造纳米技术设备。迈克尔·罗杰斯（Michael Rogers）已经在 HP 公司工作了 12 年，他独立设计了一项纳米制造技术并为之申请了专利；史蒂夫·阿莱格罗（Steve Allegro）是一名研究生，他开发了用于制造纳米技术设备的软件程序；艾莉西亚·西蒙斯（Alicia Simmons）是 Alletech 软件公司的首席财务官，她是一位管理技巧及经验都很丰富的经理。他们可以立即注册公司么？如果可以的话，使用罗杰斯的专利会产生什么样的问题？西蒙斯知道 Alletech 软件公司一些制造方面的商业机密，她可以将其用于自己的新公司么？

11.2　练习 11.1 中提到的新公司的三位创始人正在为他们的公司命名，有两个备选名称：一个是 Advanced Nanoscience &Technology，另一个是 Nanoscience Applications，你认为这两个名字如何？你能想出更好的名字么？

11.3　Apple Inc. 和 Apple Corps 在音乐业务方面存在着商标使用权的争议。Apple Inc. 拥有风靡全球的音乐设备 iPod 和网上音乐商店，而 Apple Crops 是由披头士乐队于 1968 年

成立的多媒体公司，旗下的子公司有 Apple Records，Apple Electronics，Apple Film，Apple Publishing 和 Apple Retail。简要描述双方的辩词，并说明为什么保护自己的商标对公司如此重要。

11.4 描述一个具有隐含意义的公司名称及其利弊（例如，Xerox、Kleenex 和 Google）。

11.5 Mayo 诊所为其研发出的新一代治疗鼻窦炎的方法申请了专利，但实际上，这项专利阻止了其他人在没有 Mayo 批准的情况下销售治疗该病的抗真菌剂，最近 Mayo 将向一家制药公司授权其专利。请问专利在推动疾病的治疗方面有作用吗？

11.6 2012 年，Apple 和三星公司进行了长时间的专利大战。请描述三星生产的产品并说明它们侵犯了 Apple 哪些专利。三星是如何解决这次专利危机的？

创业挑战

1. 你公司的知识产权中最关键的因素是什么？
2. 如何保护你公司的知识产权？

第 12 章

新创企业组织

> 两个人作为一个团队一起工作比三个人单独工作的产出更多。
>
> ——查尔斯 P. 麦考密克
>
> （Charles P. McCormick）

▶▶ 创业者如何组织、奖励带领企业走向成功的员工？

在发掘到创业机会及其强大的商业价值后，一位或者两位创业者会聚成一个创业团队、制定创业计划，并创建一个组织来执行它。团队成功的关键就是团队成员具有不同的核心竞争力，并且能够团结合作。新公司还会建立顾问委员会制度和董事会制度，在公司运行的时候为公司提供指导和咨询。在公司成立初期，公司的高层领导就应该到位，这样这些领导必须能够吸引、激励其他人进入公司，为公司效力。

随着企业的成长，企业管理者应该担负起保持企业良好运行的责任。企业的领导者是这个企业的精神支柱，应该具备良好的情商。随着企业的发展，公司要致力于打造组织文化，增进团队成员之间的友好信任。领导者和团队要努力构建社会关系和人脉网络，以促进企业内部及企业之间的合作。

知识资产和智力资本是企业潜在的财富来源。知识在整个公司的共享能促进企业的发展，增强企业的核心竞争力，从而使企业更具创新性和竞争优势。大多数科技型企业都与知识、知识产权密不可分，必须加强这方面的管理。建立学习型组织有利于创造和分享新知识。

12.1 创业团队

新公司的成立往往源于一个好的创业机会，一到两个初创者认识到了这是个机会，然后产生创建公司的念头来开发这个机会。经过一个短暂的创业时期，他们会意识到团队的重要性，因为只有团队才能拥有领导组织所需要的所有能力。我们将**团队**定义为几个具备互补能力的人的结合,他们致力于一个共同的目标、共同承担责任。一个真正的团队,不是一个简单的组合,其成员都具有强烈的团结意识,共同为他们的集体产出背负责任。相对而言,没有球员的篮球队无法运行,没有共同目标的网球运动员也无法走向成功。

创业团队通常由一群掌握某一领域专业知识、具备领导才能和管理能力的人组成。在知识密集、发展较为迅速的行业,创业团队常常能战胜那些单打独斗的创业者,因为新公司要求的不仅仅是某一个人的能力,而是多种能力的组合 [Beckman et al., 2007]。引领企业成功的是一系列互补能力的组合。因此,团队的优势在于将一群具有不同特点、技能、知识和能力的人聚集到一起,他们每个人在自己的特定领域内都是专家 [Fischer and Boynton, 2005]。如果团队成员之间有一些相似之处,在很大程度上可以促进团队的沟通,使团队决策可以迅速地执行;而成员之间的差异则给予了这个团队更多发挥创造性的空间,这对促进技术型企业的市场开发大有帮助 [Furr et al., 2012]。

维诺德·科斯拉(Vinod Khosla)认为,创业者组建团队时,应该建立一个"基因库"。通常情况下,创业者通常通过他认识的人来组建团队。但科斯拉的建议则与之不同,他认为创业者们应该补充他所不知道的东西:目前团队缺乏什么视角、技能、专业知识和经验?他建议创业者严格定义职位的标准,以确定最佳的人选来填补这些角色。通常情况下,这些人已经在为其他公司工作,需要把他们从其他公司挖出来。通过填充所有空白、建设一个世界级的团队,新公司将有更大的成功机会 [科斯拉,2012]。

通常情况下,创业团队由二到六个人组成,他们需要制定商业计划、确保资金,并注册公司。确保每个团队成员都做出贡献并发挥关键作用对团队的成功至关重要。杰夫·贝索斯,Amazon.com 的创始人,认为团队规模应遵循"两个比萨规则":两个比萨饼就够整个团队吃,否则这个团队很可能过大。

公司领导者的能力对新公司十分关键,因为其他人是否愿意加入这家公司是基于领导者的诚信、经验和承诺的。通常,我们称这些企业的领导者为**创始人**。还有另一种情况就是初创团队的所有成员都称为创始人。创始人具备优秀创业者的所有特征:激情、承诺和愿景。创业者了解以信息化为基础、以知识为驱动、以服务为增长点的经济的长期影响。他们知道新型企业要求什么:迅速将产品推入市场,灵活应对市场变化和不断自我更新。他们能够认识到,对于任何处于创立初期的公司而言,拥有技能和工作积极性的人是公司成功运营的核心。

此外,这些新企业必须具有适应性,做好因为商业背景变化而变化的准备。随着市场和客户状况的变化,公司的组织安排必须做出相应调整。新成立的公司往往面临这种改变的必要性所带来的挑战,因为它们的资源和能力通常有限。强有力的团队能够确保公司在战略、结构、系统和资源方面不断重组。新的创业团队必须有能力平衡变化、效率、一致性和及时性。团队里必须有能够获得外部资金来源的人。新组织的优势之一是,人们可以运用活跃的思维做事,而不是用先例作为行动基础 [Pfeffer and Sutton, 2000]。

团队的高效性还取决于成员间拥有共识和良好的团队合作。团队成员应该支持团队、有强烈的参与意识,而不是单单完成"创业者的任务" [Shepherd and Krueger, 2002]。每个成员应该对提出建议、尝试可能不成功的新事物、指出潜在的问题和承认错误等行为习惯感到舒适。团队应该营造一个各种想法都可以随时迸发的空间氛围，并定期召开会议交流这些想法。创新通常产生于适当的提问、信任和团队开放性 [De Jong and Elfring, 2010]。这种团队会一直试图创造最具潜力、最有价值的产品 [Estrin, 2009]。表 12.1 列出了高效团队的几个特点。

表 12.1 高效团队的特征

- 所有成员共享领导权和团队任务所有权
- 在非正式的氛围下团队成员会不断沟通
- 团队成员对团队任务和目标有共识
- 相互聆听、求同存异
- 大多数决定都通过协商达成
- 经常对工作进行反馈
- 任务和工作分工明确
- 合作努力是常态
- 团队成员自行设定项目阶段目标
- 团队成员互相信任
- 团队成员有学习和分享的精神

迁徙的雁群

冬季，迁徙的雁群从北向南呈 V 形飞行。每个鸟儿扇动它的翅膀的时候，都会给紧随其后的同伴带来一股向上抬升的力。通过 V 型队形，整个雁群的飞行距离比各自单飞要远至少 71%。同样，朝着一个共同方向行进的人们如果可以合作起来，便可以更快地到达目的地。每当有一只雁掉队时，它会感到单飞的阻力并选择迅速回归队伍，充分利用团队的优势以助力自己迅速飞行。因此，整个团队都能很好地合作，向着同一个方向前进。当领头的雁累了，它转回队伍的最尾端，另一只雁便承担起领头雁的位置。整个雁群在最困难的工作面前采取轮流工作的方法。有时候后面的雁会发出鸣叫声以鼓励在前面飞行的雁。

来源：Muna and Mansour, 2005。

虽然创业者在构建团队时通常关注全职员工，但将董事会和顾问委员会作为团队的一部分也很重要。法人公司或有限责任公司都有董事会。**董事会**是一个由负责公司整体事务的关键管理人员和外部成员组成的团体。董事会通常由该公司的创始人以及一个或多个投资者构成。一家新成立公司的董事会一般在三个人以内。随着其他投资者的加入，董事会的人数也会随之增加。董事会是公司的监管者，负责选拔和任命首席执行官（CEO）和公司其他管理人员。公司董事应在公司所涉足的行业具备丰富的知识和能力。董事会是合法组成的组织，其职责是代表股东权益。五个人的董事会可能包括两个内部高管、两名投资者代表，以及一名独立董事。董事会必须向股东披露公司章程、公司管理层、年度报告，以及针对投资者或银行的任何金融产品。董事会的成员有受托责任，这意味着按照公司及其股东的最大利益行事是他们的法律责任。

新公司的董事会不同于大型企业设立的董事会，这种不同体现在几个关键领域，如表 12.2 所示。例如，新创企业的董事会成员往往有深厚的行业知识和巨大的经济动机。然而，他们的利益更加多元化，他们的投资利益和企业绩效之间可能存在利益冲突。在此，我们建议创业者们考虑一下，随着企业的发展壮大，董事会构成应该如何变化。

表 12.2 新创企业和上市公司的董事会比较

	新创企业	上市公司
董事会作为内部管理机制	是	是
委托代理关系对等程度	高	低
公司成熟度、整体不确定性、冗余资源	低,高,低	高,低,高
董事的经济奖励	高	低
董事的专业知识	高	低
董事利益多样性、利益冲突性	高,高	低,低

在选择董事时，应当关注董事候选人的专业知识和背景 [Tuggle et al., 2010]。最重要的是，董事会的成员应该看到公司每个重大决策的正反两面。董事应该为更好地治理公司而努力。他们应该熟知公司的战略，并且让每个人都专注于企业创新战略的实施。新创企业寻找的董事应精通以下一个甚至多个才能：审计和财务、战略、营销和销售。

董事薪酬通常会以股票的形式支付。若干年后，董事会的成员应该获得公司丰厚的物质奖励。这可以通过授予他们公司的股票期权或限制性股票来实现。

如果企业选择成立顾问委员会，顾问委员会的成立将为公司提供建议与资源。顾问委员会成员拥有良好的声誉和丰富的技能、知识，能为公司的发展提供良好的建议。顾问委员会是非受托机构，不从事企业的法律或官方行动。因此，顾问如果没有承担公司的法律或者官方职务时，他们将免于法律责任。顾问委员会也有最低限度的费用支出，如出差、报销。他们也可被授予股票，不过通常他们的报酬和参与权都小于董事会成员。

运行良好的董事会和顾问委员会，对公司发展具有重大引导作用。他们在信任、尊重和坦诚方面的风气与一般的董事会和顾问委员会不同。团队成员可以随意挑战其他人的设想。他们有责任为董事会的良好运转做出贡献。此外，他们会评估自己的表现，无论是集体表现还是个人表现 [Sonnenfeld, 2002]。表 12.3 列出了优秀的董事会及顾问委员会的五个目标 [Finkelstein, 2003]。

Lending Club 的董事会

Lending Club 是一家成立于纽约的新创企业，公司旨在摒弃中介、直接连通消费者和小企业贷款市场。该公司向借款人提供比从传统银行借款利率更低的 P2P 贷款业务。Lending Club 成立了一个由一些资历较高的银行和金融界高管组成的董事会，包括约翰·麦克（John Mack），Morgan Stanley 前董事长；劳伦斯·萨默斯（Lawrence Summers），克林顿担任总统时期的财政部秘书；汉斯·莫里斯（Han Morris），VISA 的前主席及 Citi Markets and Banking 首席财务官；以及玛丽·米克（Mary Meeker），在 Morgan Stanley 工作时她是世界上最知名和受人尊敬的技术分析师之一。借贷俱乐部 Lending Club 采纳董事会的意见，同时董事会成员的声誉也增加了公司贷款模式的诚信度和有效性。

来源：Muna and Mansour, 2005.

表 12.3　董事会的五大目标

1. 热衷于建设性冲突，特别是同 CEO 的
2. 避免破坏性冲突
3. 团队协作程度
4. 关注战略层面而非细枝末节
5. 决策考量全面

12.2　组织结构设计

组织结构设计是组织在以下几个方面的设计：领导和管理安排；选拔、培训员工以及人事待遇；共同的价值观和企业文化；组织结构和领导风格。表 12.4 列出了组织的九个要素，需要注意的是列表中的最后四个元素可以被视为组织设计的元素。

公司**人才**包括公司的所有人员，通常被称为雇员。领导团队和公司的经理负责与雇员进行有效的沟通，领导公司往正确的方向发展。共同的价值观和企业文化是企业所有成员所共同享有的指导思想和工作意义。企业的组织架构是公司运行和进行活动的正式安排。企业风格是企业成员在一起工作的方式，例如员工合议或团队导向。

能让一个团队最大限度地提高生产力、激发创新活力的最佳组织途径是什么？大多数成功的创新型企业包括很多小单元，在这些小团队中，成员可以互相自由地沟通、独立追求自己的机会，并免于中央的微观管理。他们避免阶层和官僚结构，并就行动保持沟通 [Joyce et al., 2003]。创新在中等分散程度的组织中产生的速度最快。过度的团结和过度的分散都是有害的。团队最好的组织设计是组织中的某一个小单元或团队与其他团队竞争，产生不同的想法，但维持一种彼此相对自由、开放式的沟通氛围 [Diamond, 2000]。

表 12.4　组织的九要素

1. 使命和愿景	6. 人才
2. 目标	7. 领导团队和管理能力
3. 战略	8. 共同的价值观和文化
4. 能力和资源	9. 结构和风格
5. 过程和流程	

以能力为基础的战略依赖于公司人才在一个张弛有度、松紧结合的组织结构下运行。因此，等级结构需要被网状结构代替，官僚体制需要转变为灵活的程序，管理层的管理角色需要演变成关系维护者 [Bartlett and Ghoshal, 2002]。这种能够有效地适应变化的灵活的组织通常被称为**有机组织**。

组织绩效是员工个人活动和行为的成果。成功企业的员工会保持行为的统一性。因此，新企业往往是以公司的内部关系为特点的人际网络体系。一般情况下，公司以一个团队的形

式创立，随着公司的发展，逐渐演变成一系列跨职能的团队。

Southwest 航空公司的强大生产力来源于对主要资产——飞机和人力——的有效利用。Southwest 航空使用**关联式协调的方法**（relational coordination, RC）来描述员工如何有效行动，以及他们如何看待自己与其他员工的关系 [Gittell, 2003]。通过目标共享、知识共享和相互尊重，RC 得以频繁地、及时地解决问题。对所有的新企业来说，提高 RC 所需的三个条件是相互依存、不确定性和时间限制。

组织结构设计的模型如图 12.1 所示。组织的三大活动是：运营、创新和客户关系管理（CRM）。这些活动都围绕着企业的主要目标，即创造并保持可持续的竞争优势开展。创新、运营和 CRM 三者的融合会给企业带来强大的竞争优势。互联网和内联网可降低三项活动之间的交互成本。大多数新创企业都是有优势的，因为它们的新颖性对集成如图 12.1 所示的三项活动很有帮助，这能使它们迅速获得竞争优势。

新公司一般从创业团队或一个几乎没有默认职能部门的**合作架构**发展而来。在合作架构内部，运营单位是由 5 至 10 个成员组成的团队。好的合作架构可以自我组织和自我适应。**自组织团队**是受益于个体的多样性和强大互动网络的团队。团队成员的协作努力再加上网络的自组织行为能为公司带来超额利益，通常被称作增大效应。

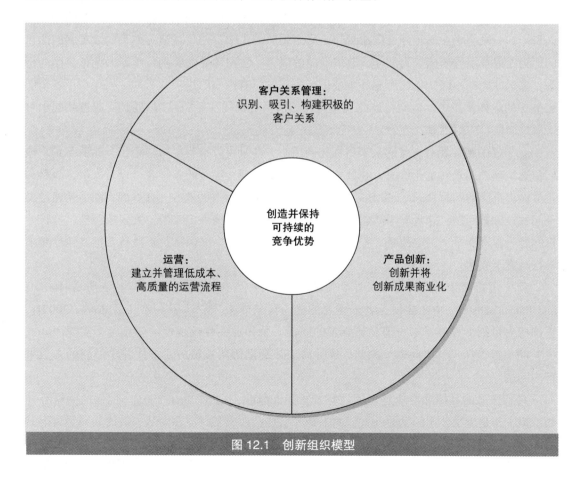

图 12.1　创新组织模型

> **Palo Alto Network：经验丰富的领导团队**
>
> Palo Alto Network 的创始人、管理团队和董事会有丰富的从业经验，这使得他们能够开发出业界领先的产品，从而在与老牌企业的竞争中获得显著的市场份额，获得更高的市场估值。尼尔·祖克（Nir Zuk），Palo Alto Network 的创始人、Netscreen 的首席技术官（Netscreen 后被 Juniper Networks 收购），同时他也是 OneSecure 的首席技术官（OneSecure 公司与 Palo Alto Network 是竞争关系）。Palo Alto Network 管理团队成员在过去的 15 年里曾经都是一些最重要的网络安全公司及相关技术的关键驱动者，包括状态检测、安全硬件和入侵防御等。工程团队则具有提供高品质网络和安全解决方案的出色经验，例如 Check Point、Netscreen、McAfee、Juniper Networks 和 Cisco。当 Palo Alto Network 准备上市时，它聘请了马克·麦克劳克林担任顾问，此人曾经在顶尖的安全公司 Verisign 担任总裁、首席执行官兼董事。

12.3 领导力

领导力是通过帮助员工获得知识、能力、工具和方法，来影响和激励他们共同努力以实现共同目标的过程。领导力对新创企业至关重要，通常体现在新公司中的一个或两个领导人身上。一家新企业的领导可以被看作是爵士乐队的主唱，他具备演奏熟悉的或者新的曲目的能力，以及引导乐队合力创作、改编歌曲的能力。公司领导人要动员组织去调整自己的行为，这样才能在不断变化的商业环境中茁壮成长。应对挑战的途径和行动往往存在于各个层级员工的集体智慧中，他们将彼此视作资源（这些资源往往是跨越国界的），通过共同学习来解决问题、应对挑战。

一个好的领导者对企业的未来目标充满信心，并且可以很容易地描述出企业的愿景。他们传达清晰的愿景和企业价值，并且相信能够将其实现。优秀的领导者可以对人员、战略和挑战做出正确的判断 [Tichy and Bennis, 2007]。判断是领导力的核心，良好的判断力是通过发现问题、分析问题，并听取团队建议的一系列实践性环节锻炼出来的。大多数领导者擅长分析问题、促进变革、制定战略、安排所需采取的行动，然后该团队负责执行、推进领导要求的行动直至成功。

新公司的领导人应对日常工作和挑战性工作的方式差别很大，如表 12.5 所示 [Heifetz and Laurie, 2001]。企业的领导者最重要的能力是培养人才、运用人才 [Davidsson, 2002]。正确应对挑战、发挥员工价值是领导者的职能。公司在面临挑战性的问题时，需要团队成员共同承担责任、解决问题。因此，领导者应该帮助团队成员应对挑战并学习新的方法来解决问题。

具备谦逊的品质和专业意识的领导者才能支撑起公司 [Collins, 2001]。他们的确雄心勃勃，但主要是为了公司的发展壮大，而不是为了自己功成名就。在团队成员的共同努力下，领导者方能拥有打造优秀公司的动力。他们寻求可持续的成果、提出新的方法来应对挑战，同时在日常工作中保持明确的目标和方法。领导力是在变化的形势下，仍能获得新的组织方法和技能的能力。领导者应鼓励内部讨论,让员工积极参与并加深对问题的理解,最终共同达成能维持公司持续优势的战略。

表 12.5 应对日常和挑战性工作的领导力

领导者的不同角色	日常工作	挑战性工作
方向	定义问题和可能的解决方案	定义挑战和问题
团队和个人责任感	厘清并定义角色、责任	定义并讨论为应对变化,进行角色和责任调整的必要性
冲突	重新排序并减少冲突	接受有价值的冲突并用其来定义新方法和战略
规范和价值观	强化规范和价值观	重新塑造规范和价值观
指导和培训	为已有员工提供训练	指导并训练新员工

图 12.2 反映了四种不同的领导风格 [Northouse,2001]。领导者的行为既是具有指令性的(任务),又是具有支持性的(关系)。指令行为通过发出指示,确定目标和评估方法,设置截止期限,定义成员职能,以及描述目标实现过程,来协助团队成员完成目标。支持性的行为涉及双向沟通和向团队成员表示社会支持和情感支持。

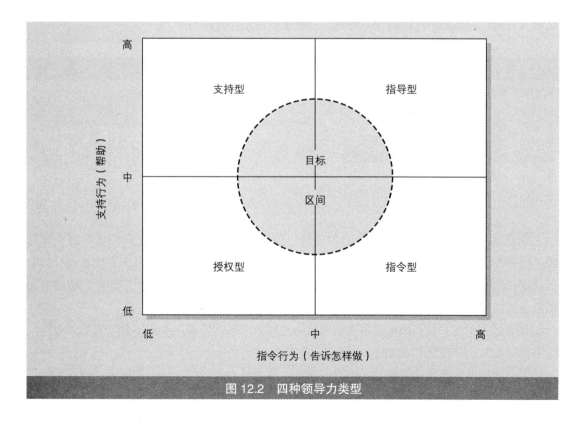

图 12.2 四种领导力类型

在使用支持型风格时，领导者并不只专注于目标，而且采取支持性的行为使员工在完成任务的同时学到技能。指令型领导提出员工需要达成的目标和达成目标的途径，然后认真地监督他们。指导型风格要求领导者专注于目标的实现，并给予下属鼓励。当领导不太爱发号施令，而是能够激发员工的信心时，就是授权型领导风格。领导人应视工作情况的需要和员工的需求而采取不同的风格。新技术企业的负责人在创业初期将最有可能使用指导—支持型风格。在企业成长期间，领导者可能会灵活使用四个领导风格。

如表 12.6 所示，领导者应该表现出七种特质，即权威、决断、聚焦、关爱、指导、交流和以持续提升为中心 [Collins and Lazier, 1992]。领导者要赋予企业一个清晰且具有说服力的愿景，以激发团队的高性能。他们要避免让企业目标浮于口头。他们还要力争通过及时地建立新的能力和开发新的产品，为企业创造可持续的竞争优势。领导人偏好那些可以被清楚理解和执行的简单概念。他们的目标就是让行动贯彻到企业中每一个人。创业领袖在制定高标准，引领企业走向成功的过程中使用的是协作式风格。

领导的核心是指导。事实上，领导者是通过教学的方式在领导他人。在一个组织中，教学是思想和价值观传输的方式。领导是帮助别人看到他们面临的局面，并且为之采取应有的措施，这样他们才能使企业按照预定的方向发展。组织绩效是个人行动和行为的成果。在成功的公司里，人们做"正确的事情"。这些公司都拥有有效的领导者，他们创造条件使他们的下属拥有做出正确决定所需要的信息、权力和激励。当公司具有了有效的领导力，组织各层级人员的行为都是相互协调和一致时，公司才得以发挥自己的潜力。

表 12.6　领导者的七大特征

- 权威：言行一致
- 决断力：能够在有限的、不足的信息下行动
- 聚焦：排好优先级并依此执行
- 关爱：建立良好的关系和社会资本
- 指导：向所有成员提供有效的反馈和指导
- 交流：鼓励沟通、交流愿景
- 持续提升：保持公司内的学习氛围和能量流动，保持乐观

领导者拥有前瞻性的眼光，他们的热情可以传递给追随者们，并使他们从中感受到希望。这种传递的关键是诚实和信用。两者均有的领导者具有高度的自我意识、执着而深刻的价值观和信仰。领导力的五大职能在于挑战现状、激发共同愿景、促使员工行动、塑造个人形象及激励员工行动。

拥有强大内在力量和恒定价值观的领导人是团队成员的依靠。他们不会强化个人力量、懂得激励他人，并表现出谦虚的品质和非凡的能力。

如何才能成为伟大的领袖？一项研究揭示了成为伟大领袖的一个关键属性：扭转逆境并在逆境中学习的能力 [Bennis and Thomas, 2002]。本尼斯（Bennis）和托马斯（Thomas）将这些经历称为"熔炉"。这些经历使领导者更加强大、更加自信。领导者之所以称为领导者，

不仅因为他们优秀的个人性格,还因为他们在成为领导者的过程中所经历的事情,他们将从这些经历中学习成长,以应对未来的挑战。这些伟大的领导人还具有强大的适应能力以及应变能力,而这些能力并不一定是与生俱来的[Khurana, 2002]。拥有这些经历后,他们就很有可能成为有能力的领袖。

最后,领导者是企业的精神领袖。领导者的**情商**(EI)包含四种心理能力:自我意识、自我管理、社会意识和关系管理,如表12.7所示。自我意识是指了解自己的情绪、情感和目标,以及这些东西对他人的影响的能力。自我管理是控制情绪、表现出乐观精神和适应性的能力。社会意识是对他人情绪以及组织内思潮的感同身受。关系管理包括激励、影响、冲突管理和团队合作。

根据戈尔曼(Goleman)及其同事的理论,领导者和管理者如果拥有这些能力,他们就有了很高的情商,在管理团队时会更有效。他们的自我意识和自我管理能力有助于获得同事的信任和信心。强烈的社会意识和关系管理能力可以帮助他们赢得同事的忠诚度。拥有同理心、精于世故的人往往比那些缺少这些能力的领导者更善于处理人际纠纷,更善于在完全不同的环境中寻找相似点,更容易打动人,使他们朝着预设的方向行进。

表 12.7　情商四要素

- 自我意识:意识到自己的情绪、情绪优势和劣势,并充满自信;对自我情绪的理解力
- 自我管理:诚信、适应能力、乐观主义、情绪的控制;自我情绪的控制能力,并且正直、诚信
- 社会意识:同理心和对组织思潮的洞察,对下属和客户需求的理解程度
- 关系管理:通过激励、影响、催化、冲突管理和合作的交流来实现

具有较高情商的人往往能忠于自己的内心,积极乐观地思考,有效地表达情感,以及在与人交往时灵活处置、随机应变。

我们称领导者和管理者与他们的下属保持沟通的行为为共鸣,这是对团队情感的加固。人们在共鸣时,他们是"同步"的,拥有"相同的波长"。懂得共鸣的领导人利用情商来传播工作热情、化解冲突[Goleman et al., 2001]。合作良好的团队通过建立和管理情感意识和社会意识,使团队产生共鸣。

12.4　企业管理

管理是一系列保持组织良好运行的过程,如计划、预算、组织、人员配备和控制。管理者关心资源的分配,并且可能特别关注常规任务。新创企业的管理层将努力完成所有保证公司正常运转的任务。新公司的管理与创业领导力一样重要——二者都有重要价值。管理者的目标是让公司的生产经营活动能够按照预定计划进行。经理人设定目标、努力工作、认真地选择公司资源,以实现企业战略。目标使工作变得有效率,这是因为管理者可根据目标谨慎地利用资源,如时间和金钱。

当需要信息或帮助时，管理者会动用自己的个人人脉。这些非正式的人脉网络也是公司社会资本的一部分。懂得通过商业网络建立人脉资源的人将会是有价值的管理人才，他们可以跨越边界，帮助公司建立子关系网，使组织良好运行 [Cross and Prusak, 2002]。

管理者善于识别模式、从不充分的事实中提炼总结。优秀的管理者是准备充分的、节俭的、诚实的人。让员工坚持重要的战略举措，并始终保持对这些举措的关注，是企业在竞争中取得成功的关键。优秀的企业拥有优秀的战略和能力，以及执行战略必要的机制。公司运营和程序的持续性是公司竞争优势的一部分。管理者注重业绩、反馈和决策制定。他们还能及时地将公司资源组合在一起以应对情况变化。如果环境变化速率已知，他们可以通过合理的资源安排使公司在一年至18个月内获得新生。

管理者通过描述理想的结果，而不是路径来设定预期。公司员工一旦知道管理者所希望的结果，就会找到实现预期的最佳路径。最优秀的管理者懂得激励自己的员工，为他们提供获得成功的机会，认可和表彰他们的成就、工作、责任感与成长进步 [Harzberg, 2003]。管理者需要告诉员工他们的工作范围和职责、能获得的支持、所担负的责任。然后，当他们取得好成绩时奖励他们 [Simons, 2005]。

优秀的管理者能让团队成员取得良好的工作表现。他们让员工参与到决策制定中来，向他们解释为何做出这样的决定，并讲明发生改变之后他们应该怎么做。他们还根据团队成员的表现向他们提供反馈。当员工寻求反馈并根据反馈中的批评做出改进时，团队就能够获利。对于面临许多转变的新公司，开放式的反馈对所有工作人员都十分重要。当人们开始询问他们的工作表现与管理目标的差距时，他们的工作就能更好地与组织目标相统一 [Jackman and Strober, 2003]。

所有成功的管理者都精于制定、履行和改造承诺。目前所采取的任何可以塑造组织未来行动轨迹的行动都可称之为承诺。管理承诺采取多种形式，从资本投资到人才决定到公开声明，每种形式都对公司发挥持久的影响力。承诺可能会妨碍对不断变化的条件做出及时反应。管理人员应该学习识别承诺何时会发展成为障碍，并做出改变。然后，他们可以用新的承诺替换旧的。制定承诺、改写承诺是重要的管理技巧 [Sull and Spinosa, 2005]。

新公司的管理是复杂的。管理者要平衡五个方面：思考、分析、公司的动态环境、公司关系及变化 [Goslingand Mintzberg, 2003]。思考促进理解。分析可产生更好的组织安排和公司绩效。对公司环境的理解可以增强企业区域性和全球性的活动。与其他企业的合作关系和稳定的行业关系对公司的发展很重要。此外，一个有价值的管理者需要根据公司的表现及时地对公司做出相应的调整和改变。有效的管理者将这五个方面交织在一起，管理企业的成长和业绩。

如果管理者在对一项商业提案做决策之前，可以证明这项提案的效力，那么他们就能做出更好的业务决策 [Pfeffer and Sutton, 2006]。首先需要提供证明提案有效的证据或事实。然后从逻辑推理和这项提案对公司适应性中寻找差距。管理者应该考虑进行试验程序、试验研究及小试验，以便给管理者提供事实和见解，从而使公司的管理更为有效。

12.5 人才招聘及留存

新公司如果希望从人力资源中获益,那他们在创业伊始就应该招聘到合适的人才。该企业需要明确在众多申请者中,他们最需要的关键技能和属性是什么。"努力为公司找到好员工"的招聘理念对公司的招聘并非十分有帮助。相反,新企业必须尽可能明确他们所需人才的具体属性。科技型创业公司倾向于寻找那些拥有强大的专业技术、思维活跃、有意愿并且能够在创业型公司中承担起一些关键角色的人。新创企业的成员应该具备以下素质:灵活性、经验、技术知识和自我激励的创造力。也就是聘请一个"已经打赢过比赛的伟大的运动员"。新创企业同时也在寻找能在相互信任、自由争论、信息共享、开放的环境中迅速适应并茁壮成长的人。

也许一个新员工的最重要的素质是熟练掌握所需的技能,并具备快速学习的能力。学习能力对科技创新型创业企业来说是最重要的 [McCall, 1998]。大多数新创企业更倾向于吸引那些具有延伸性工作能力的人,这样的人才能给公司带来收益 [Bechky and O'Mahony, 2006]。延伸性工作能力是指人们能够比较容易地从已有的能力中延伸并形成新的能力,以满足公司的新需求。具有延伸性工作能力的员工能力极强且学习能力快。

新兴企业的成长和生存既取决于明星职员,又依赖于优秀的辅助性人才 [DeLong and Vijayaraghavan, 2003]。明星职员可以对公司的业绩做出重要贡献。然而,公司的未来也取决于有能力的、业绩稳定的员工。这些稳定的表现给公司的适应力带来稳定性和深度。此外,这些踏实的员工对组织更为忠诚。

识别、吸引和留住优秀的人才是很困难的。为了让企业尽可能地发展,企业应该通过现有的团队成员和公司的供应链渠道进行招募。通过明确界定企业所需的最关键的能力和经验,企业可以在众多候选人中更加专注地搜索,从而找到更适合公司需求的人选 [Fernandez-Araoz, 2005]。企业还应该考虑将企业的招聘过程看作是销售过程而不是购买过程。换句话说,企业不仅要着眼于筛选申请者,也应该努力激发、吸引潜在的雇员。为确保可以招聘到人才,新企业经常使用试用期或者项目的方式来与应聘者建立临时关系。实习也是常见的方式,如果公司和实习生互相认可,那么实习生将会变成公司的全职员工。

新创企业的人才努力、快速工作,试图以较高的报酬进入市场。他们致力于获得成功,抵制任何偏离既定目标的倾向。他们以重大的责任、参与感以及获得较大的财产收益为动机。其实,他们内心的承诺是和现实的以及潜在的激励相一致的。虽然获胜对他们很重要,但他们的目标是取得整个企业的胜利,而不是个人的胜利。Kleiner Perkins 公司的风险投资家约翰·杜尔(John Doerr)说,当他阅读一个商业计划时,"我首先会看创始团队的背景资料。对于我来说,最重要的是团队、团队、团队。其他人可能会说,个人、个人、个人,但我对团队这个整体更感兴趣 [Fast Company, 1997]。"

能否吸引和留住核心员工取决于薪酬、工作设计、培训和关系网。薪酬制度包括工资、奖励及公司股权。新企业需要提供合理的薪酬和福利。新创企业的员工可能要在公司成立的初期阶段牺牲一些经济利益，同时使公司的财政收支达到平衡。因此，为员工提供合理的利益和股权机会是很重要的。对创业公司来讲，为员工提供健康福利可能是吸引人才的必要手段。大多数科技企业甚至在企业达到盈亏平衡之前就给他们的员工提供健康福利。

新公司的所有者权益对大多数新员工来说有极大的吸引力。公司的所有权如果分配合理的话，能带来更高的生产率、降低员工流动率、吸引优秀人才，并提高产出 [Rosen et al., 2005]。**股票期权**是指员工可以在未来某一个时期以一个固定价格（拟定价格）购买公司的股份。一旦公司股票的市场价格高于发行价格，股票期权则产生收益。股票期权一般需要分批次、经过几年的时间才能授予完毕。例如，一个新员工可能会收到 10 000 股，每股 1 美元的期权，期限为 4 年。这相当于每年 2 500 股。股票期权给员工在未来以预定的价格购买公司股票的权利，从而激励他们努力提高生产力和创新能力，最终提高公司的市场价值。

员工持股的目的是创建一个可以替代部分工资报酬的非现金机制，这是企业为了吸引和留住员工必须做到的。新创企业可能无法提供吸引优秀员工所需要的现金补偿。相反，它可以提供股票期权。从一开始，Starbucks 决定授予每一位员工与其基本工资水平相称的股票期权，并称之为"咖啡豆"期权计划。Google 在公司内部广泛增发股票期权从而创造了数以千计的百万富翁。

股票期权的一种替代形式是**限制性股票**，这种股票制度以特定的价格发行给某位雇员并为其在一段时期内保留购买权，比如说，1 年、2 年或者 3 年。有些人称这种类型的股票为"预留股份"。新公司需要通过这种手段来增加股权的水平，提供限制性股票，并要求员工在一定时期内持有其股份。例如，一个员工可以拥有 10 000 股、每股 2 美元的保留股票，成熟期为 2 年。如果股票的价格升值到 10 美元，股票的价值收益为 80 000 美元。如果股票价格下跌，限制性股票仍然具有价值，然而如果期权到期时股票价格仍没有升值，那么该期权就贱如草芥。2003 年，Microsoft 开始发行限制性股票代替股票期权。

尽管报酬是吸引和留住员工的重要手段，简单地依赖于物质奖励还是不够的。许多科技型创业企业都使用了包括挑战性工作、同侪控制以及特定任务能力筛选在内的组织结构设计和文化方式。一家年轻的科技企业要想成功，几乎没有什么比留住核心技术人员更重要的了，他们的知识是公司最宝贵的资产 [Baron and Hannan, 2002]。因此，企业的领导者需要对他们的员工信守承诺、维持信任。

遵从表 12.8 所示的六个原则，可将忠诚可靠的员工和合作伙伴保留在新创企业里 [Reichheld, 2001]。仅仅依赖于物质奖励是不够的。良好的沟通、信任和待遇对于留住人才和合作伙伴是必不可少的。高标准的尊重、体贴和诚信是新创企业中的所有成员都需要的。通过对理想的忠诚，公司得到了来自员工和合作伙伴的忠诚。

表 12.8　留住忠诚员工和合作伙伴的六个原则

1. 宣扬你的做法：向员工与合作伙伴沟通企业的愿景、目标和价值，并付诸实践
2. 合作伙伴也要成功：与你的供应商和合作伙伴达成双赢
3. 有选择地招聘：选择与公司的价值观相一致的人，团队成员要经过精挑细选
4. 使用有才干的小团队：大多数任务都交给小团队完成并给他们决策权，提供简单的决策机制以便团队迅速采取行动
5. 对优秀业绩给予高回报：奖励能提供长期价值和盈利能力的员工，提供可观的薪酬、福利和公司股权
6. 认真倾听，直言不讳：用诚实的、双向的沟通来建立信任，告诉员工他们的表现和所处的位置

来源：Adapted from Reichheld，2001。

12.6　企业文化与社会资本

企业文化是由企业员工共享的一系列价值观、规范和仪式的组合，支配着员工之间以及与其他利益相关者之间相互作用的方式。企业文化会对企业内部成员的思考和行动方式产生强大的影响力。**企业价值观**是关于企业应该使用何种行为准则，追求哪些目标的信念和想法。企业价值观包括创业精神、创造力、忠诚和开放性。

企业规范是将一些适当行为强加于企业成员的一系列准则和期望。企业规范（非正式的规则）包括员工如何相处、工作时间的弹性、着装规范，以及各种通信手段如电子邮件的使用。**企业仪式**是有助于组织成员凝聚在一起的仪式、活动和惯例。企业仪式的例子有每周一次的聚会、野餐、颁奖晚宴、员工晋升认可仪式等。

创新型企业的价值观和信念有利于促进员工间协作、激发创造性和冒险精神 [Jassawalla and Sashittal,2002]。这些公司用一些企业故事和惯例来加强这些价值观和信念。

Intel：保持创业者精神

已成为个人电脑标准配置的半导体品牌的 Intel，使用三个原则来保持创业精神的活力：首先，领导者必须愿意解决复杂的问题。在技术产业中，挖掘更深领域的知识无可取代，因此 Intel 致力于研发新产品。其次，最有效的管理者不怕改变规则。诸如"Intel 在内"的品牌运动是一个极不寻常的营销理念，打开了 Intel 直接与消费者接触的第一步。最后，在 Intel，管理者很少劝勉任何人去承担工作或任务，而是试图去激发员工尝试新东西的热情和激情 [Barrett, 2003]。

文化是通过群体来表现的。群体是建立在共同的价值观、兴趣和社会互动的模式之上的。公司文化与公司所处的商业环境相匹配是公司竞争优势的关键。创始人通常通过强烈的价值观、规范和员工联系在一起，包括长时间的紧密合作。新企业团结度是非常高的。他们的目标是一致的——存活下来并取得早期成功。新创企业往往由朋友和前同事共同成立，他们在组织内部表现出很强的擅交际特性。员工拥有高度的组织认同感和成员意识。

Apple 公司早期的员工将自己定位为"Apple People"。创业公司经常赞助有仪式意义的社会活动。

HP 公司培养了一种称作"HP Way"的文化 [Packard, 1995]。这种文化在一份关于企业目标、价值观和公平正义的规范声明中有所体现。企业承诺向员工给予安全保障、满意的工作并分享利润。例如，在 1981 年的经济衰退中，HP 削减了员工 10% 的工资和工作时间，而不是裁员。

Zappos：享受工作

Zappos 以其文化闻名于世。这种文化不仅为员工创造了一个极好的工作环境，也塑造了 Zappos 与消费者的交往方式。Zappos 有 10 个渗透到企业内部的核心价值观。员工可以去做任何正确的事情，客户被给予的信任在网络零售商中也是前所未有的。Zappos 的每位员工都被授权去做让消费者满意的事情。Zappos 的每个经理都要花费 10% 到 20% 的时间来进行团队建设活动。这种文化似乎收效不错：超过 75% 的销售额来自 Zappos 的回头客。

创业公司在成立初期通常都具有较强的亲和力和强大的团结精神，这些品质都与创始人的领导力密不可分，如 HP 公司。一旦创始人离开企业或者企业面临其他挑战，企业可能就难以保持这种文化了。几位优秀的创始人创建了 Yahoo，他们相似的文化使得 Yahoo 获得了快速发展。但是到了 2000 年，他们狭隘的目光使 Yahoo 停滞不前了 [Mangalindan and Hoang, 2001]。Google 成功的一部分原因在于，Google 的公司文化在其世界各地的网点都得到了贯彻落实。这对用户体验的一致性大有助益。

组织文化中最强大的元素或许就是信任 [Covey, 2006]。**信任**是对个人或组织的可靠性或诚实品质的坚定的信念。相信那些与我们一起工作的人是非常重要的。汉迪（Handy）提出了信任的七个原则，如表 12.9 所示。团队是由许多我们信任的人组成的，但新成员需要赢得我们的信任。所谓的信任，是指企业对员工在完成组织的目标和任务时所展现的工作能力和投入度表示有信心。每个团队成员必须能够自我更新、主动学习、快速适应。一旦失去信任，该名员工就需要被重新分配工作，或离开企业，或被约束起来。团队成员之间需要建立同盟关系以保证相互信任。人们需要时常见面以保持同盟关系。最后，组织，就像人一样，需要不断地证明他们是值得信赖的。

良好的沟通是构建健全的、信任的社会的重要途径。知道什么时候说话，什么时候保持沉默对任何工作者来说都是一个重要的技能。新企业需要依靠开放性和创造性来获得成长、并变得有效率。谨慎地提出适宜的问题，避免冲突是很重要的。当大家因企业面对的障碍而情绪激动时，保持沉默是明智的。尽管如此，任何企业的管理者都必须欢迎各种想法和评论。组织必须努力保持思想的流动。打破沉默可以使新鲜的想法源源不断地从组织的各个层面产生，这可能会使组织的绩效提升到一个全新的水平 [Perlow and Williams, 2003]。

表 12.9　信任的七大原则

1. 信任不是盲目的：信任你不太了解的人、没有长时间观察他们行为的人以及没有和你朝共同目标努力的人都是不明智的
2. 信任需要边界：在生活的某些领域，信任人是明智的，但不一定是在所有方面
3. 信任需要不断地学习：团队中的每一个人必须能够自我提升和学习
4. 信任是艰难的：企业错误地信任了某人表现在员工辜负企业的期望或不再可靠了，这时这些员工必须离开，或被重新分配，或被限制权限
5. 信任需要圈子：团队的成员需要建立自己的同盟
6. 信任需要接触：个人接触是必要的，团队成员需要时常见面以维系他们的信任和同盟
7. 信任是挣来的：企业期望得到员工的信任，就必须不断地证明自己是值得信赖的

来源：Adapted from Handy, 1999。

一项针对成功公司的研究发现，以绩效为基础的文化建设是企业成功的核心原因 [Joyce et al., 2003]。这项研究表明，成功公司的文化都以表 12.10 中的四项原则为基础。基于绩效文化获得成功的企业例子有 Intel、Cisco 和 GE 等。任何有潜力的公司都需要专注于绩效，定义绩效并建立一种文化强化它。

表 12.10　以绩效为基础的企业文化的四项原则

1. 激励每个人尽其所能
2. 用赞扬和绩效奖金来奖励成就，并不断提高绩效目标
3. 创造一个具有挑战性、有回报又有趣的工作环境
4. 建立、传达并坚持清晰的企业价值观

来源：Joyce et al., 2003。

企业领导应开发设计一种令所有员工都满意的工作场所。员工感受到的信任、尊重越多，对决策的参与度越强，员工就越能体验到归属感和工作的快乐 [Bakke, 2005]。

Cisco 的公众声明

Cisco 的企业文化要求所有员工都对企业的商业行为负责。此外，它们的经营战略中包含了发扬企业公民意识的相关内容，例如提升全球运营社区的质量、扩大员工数量，以及在公司内部建立信任。

Cisco 自成立至今都在蓬勃发展，这离不开其以开放沟通、授权、信任和诚实为基础的企业文化。这些价值观位于企业决策的首要位置。Cisco 通过道德的职场行为、慈善、社区和社会倡议，以及员工素质来表达这些价值观。

来源：Cisco Systems Annual Report, 2003。

有效的组织设计和文化，以及良好的人才招聘和保留机制，可以使公司发展出社会资本。社会资本由一个网络之中人们的积极联系积累而成[Coleman, 1990]。在本书的第1章和第4章中也谈到了社会资本。社会资本是指个人和组织网络中的可用资源[Baker, 2000]。这些资源包括信息、观念、信任、金融资本、合作、社会结构和情感支持等。这些资源存在于关系网络中。社会资本依赖于你所认识的人。社会资本，如金融资本，如果被明智地使用可以有效提高生产率。公司通过其行为建立或消耗社会资本。关系网络往往和技术、土地、资金或其他企业资产一样重要。

社会资本倾向于自我增强和累积。成功的合作建立起联系和信任，这些社会资本会促进企业未来在一些无关的工作方面的合作。具有社会资本的企业表明企业在人才保留和提升方面做出了承诺。他们也会使远距离的团队定期见面。他们会给员工一个共同的目标，并使他们遵守承诺。这同时也要求企业向供应商和客户发出相同的信息。此外，社会资本可能会因为员工之间信任的下降、工作地点变动或自身原因而耗尽[Prusakand Cohen, 2001]。

社会资本由三个维度组成：结构、关系和认知。结构维度关注企业建立的关系的整体格局；关系维度涉及组织中个人之间关系的本质；认知维度涉及同一个社会网络中员工的视角或认知的共享程度[Bolino et al., 2002]。社会资本是有价值的，因为它有利于协同工作、降低交易成本，使企业员工之间能够交流信息。换句话说，它提高了协调能力和组织能力。

好的知识共享可以增强信任、优化决策。团队精神可以激发创造性，促进创造性的合作，以及保持良好的精神状态。信任是社会资本发动机的燃料，反过来社会资本又能产生更多的信任。当一个组织的人说他们的公司很政治化，这往往意味着该公司的信任度很低。具有强大资本的组织是一个有着共同价值观和良好信任的共同体。此外，社会资本可以延伸到公司以外，这种关系也是以共同的价值观和信任为基础的。

对社会资本的开发、利用及其管理可以提高公司绩效[Lee and Kim, 2005]。能促进创造力产生的网络可提高产品质量和生产效率。把技术人员、设计师与消费者的创新潜力整合起来，协同参与活动可以提高产品性能[Florida and Goodnight, 2005]。社会资本可为链接其他资源提供更好的渠道[Kalnins and Chung, 2006]。另一方面，它可以弥补其他类型的资本缺乏[Packalen, 2007]。对于大多数技术企业来说，社交网络应该是密集和繁复的，并且能链接外部和内部的资源需求[Cross et al., 2005]。企业应该不断调整自己的社会资本来改变资源需求[Maurer and Ebers, 2006]。

IBM 的指导原则

路易斯·郭士纳（Louis Gerstner）于1993年1月加入IBM公司，并使IBM获得了成功。在他入职的第一个月，路易斯·郭士纳为公司制定了一组原则，内容包括[Louis Gerstner, 2002]：

- 我们是一家科技公司，对产品质量的承诺高于一切。
- 我们企业的组织架构应尽可能地避免科层化。
- 我们的思考和行动要具有紧迫感。

- 出色、有奉献精神的员工能让这一切都实现，特别是当他们作为一个团队一起工作的时候。

路易斯·郭士纳还描述了IBM的文化："最后，组织无非是利用员工的集体能力来创造价值。"到2002年，路易斯·郭士纳离开IBM时，IBM已发展成为一家致力于践行其创业原则的强大的技术公司。

12.7 管理知识资产

资产是公司控制或获得未来收益的潜在来源。如第一章所述，知识是一种资产，是一个潜在的财富来源。知识的创新和管理可以带来新应用和新产品，从而创造财富。**知识**是在某一专业领域对信息、事实、想法、真理和原则的感知和占有。智力资本是企业知识资产的总和。这些知识资产包括公司员工所掌握的知识、知识管理过程的有效性、客户和供应商关系的效能，以及员工之间共享的技术知识等。知识资产可以是好的做法、新的想法、协同增效、洞察力和突破性的过程。因此，如第1章所述，一家公司的智力资本（IC）是人力资本（HC）、组织资本（OC）和社会资本（SC）的总和。

从新思想的诞生到推出新产品，知识的创造和开发是新产品开发过程的核心主题。事实上，整个新产品开发过程可以被视为一个将新知识具化为产品的过程 [Rothaermel and Deeds, 2004]。

公司的知识创造和共享活动可以用图12.3来表示 [Leonard–Barton,1995]。商业知识的价值在于使用，而不是占有。知识的价值只有在共享时才能体现出来。使用当前的知识合作解决问题是公司四个知识活动的第一个；第二个是在公司应用新的流程和工具；第三个活动是为了构建知识库而试验、学习；第四个活动是企业从外部获取知识。

通过创造和共享知识，公司可以加强员工的技能和能力，并把知识嵌入在流程和管理系统中。知识在实践和使用中实现价值。新创企业的战略路径与其知识资产和能力紧密相连。因此，如果公司并不具备开发某一机会所需的知识，我们可以说该公司有一个知识缺口。获取知识来填补这一缺口将是这家公司成功的关键。

公司的知识包括：（1）认知知识（"知道是什么"）或基本掌握一门学科；（2）高级技能（"知道原理"）或用知识解决复杂的实际问题的能力；（3）系统理解和直觉（"知道为什么"）或因果关系的深入了解；（4）创造力（"在意什么"）或成功的意愿、动机和适应性。前三个形式的知识可以存储在该公司的系统、数据库或操作技术中。第四个形式通常存在于公司的文化中 [Quinn et al., 1996]。

先验性知识与自然现象有关，比如科学发现，以及对材料属性、波浪和自然的实用见解。规范性知识是关于技术的——操纵过程和公式，例如编写一个软件。这两种形式的知识增长及相互作用改变了20世纪的世界经济 [Mokyr,2003]。

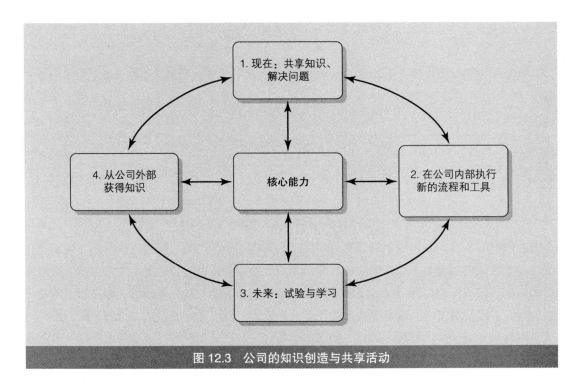

图 12.3　公司的知识创造与共享活动

知识是创新和行动变化的源泉。它为公司的创新行动和创业行为提供了潜力。随着新信息的增加，公司需要开发利用这些信息的途径 [Ferguson et al., 2005]。知识在组织内广泛的应用能为企业创造财富。Microsoft, Amgent 和 Intel 等公司掌握的知识，如专利发明、软件、营销计划和熟练的员工，占公司总资产的 70%— 90%。

新企业成长的部分原因在于企业知识库的价值的增加。**知识管理**是收集、组织和传播知识的过程，目的在于提升公司的竞争优势。新企业管理知识的四个步骤如表 12.11 所示。第一步是识别和评估知识在公司里的角色。知识是如何被创建、存储和共享的？第二步是确定能为公司创造价值的专业知识、能力和知识资本。然后，检验这些知识资产的独特性和价值。

第三步是建立一个投资和开发计划，用以维护和获取知识资产。最后，该公司可以改善知识创建和分享的过程。虽然知识资产是为数不多的通过共享来增加价值的资产，新公司需要认真决定哪些知识可以共享，哪些知识应该保密。技术企业尤其如此，知识产权通常是它们的关键资产。

表 12.11　新创企业的知识管理

1. 角色：识别和评估知识在公司里的角色
2. 价值：识别能够通过产品和服务创造价值的专业知识、能力和智力资本
3. 计划：创建一个公司智力的投资计划，以防止企业知识的泄露并对其进行合理利用
4. 改进：改进新企业内的知识创造和分享的过程

新兴公司应对竞争对手有所了解，这在应对竞争的变化和挑战时是十分有用的。**竞争对手情报**通过合法收集竞争对手数据的过程得到，包括与竞争对手的产品、服务、分销渠道、定价政策和其他事实相关的保密数据。获取竞争对手情报的合法手段包括收集公司报道、新闻发布、行业报告和访问竞争对手的网站和展会展位。

知识值得关注，因为它告诉企业如何做事，如何做得更好[Davenport and Prusak,1998]。新兴创业公司的关键技能是将知识转化为产品和服务。通过嵌入企业的产品、程序、流程和实践，新技术转化成为行动。知识的嵌入是公司的可持续竞争优势，因为很难被竞争对手模仿。

12.8　学习型组织

新企业通过学习和适应新的挑战和机会而成长强大。**学习型组织**擅长创建、获取和共享新知识，擅长将新的知识和见解运用于活动和行为中。技术企业产生、获得知识并在员工中共享知识。最终，组织会根据知识来调整其行动和行为。学习型组织擅长五种活动：系统性解决问题，试验新方法，学习自己的经验和历史，学习他人的经验和最佳做法，以及快速有效地在整个组织中转移知识。学习型组织是主动的，富有想象力的和积极的。它试图塑造未来而不是被动做出反应。学习型公司会进行调整以适应自身学习的过程，并增加机会、进行改变、灌输给员工创新的欲望。学习型组织用新假说面对未知，并测试它们以创建新的知识。因此，学习型组织创新并生产新知识，将之运用于开发新产品和服务。

不会促成某种行动的信息不是知识。知识来自于将信息付诸行动的能力。知识就是力量，使一个组织拥有不断提升自我的能力。知识的力量取决于该公司提供一个支持性环境的能力———一种奖励克服各种障碍、共享知识的文化。懂得激励员工协同工作并分享他们知识的公司会成功地进行知识管理工作。知识管理有几个好处：它鼓励创新，鼓励思想的自由流动，提高员工留存率，使得公司拥有实实在在的竞争优势，并且有助于降低成本。

创业公司的决策是公司加工知识和学习的能力的体现[Minniti Bygrave,2001]。当创业者在不确定的环境中做抉择时，他们往往通过边干边学来获得知识。随着时间的推移，创业者会重复选择最有前途的行为，丢弃那些导致失败的行为。因此，创业是一个基于学习的过程，它允许创业者从成功和失败中学习。GE 的前首席执行官兼主席杰克·韦尔奇（Jack Welch）将学习过程描述为："最后我相信我们用无边界的文化创造了世界上最伟大的企业——一个学习型企业"[Welch,2002]。

西门子是一个国际化的企业，它采用共享网络（ShareNet）使 190 个国家的 19 000 名技术专家能够互相连接、共同解决问题。例如，一个项目经理试图找出在亚马逊热带雨林铺设电缆的危险系数，以此来确定他的项目需要的保险类型。他在共享网络上提出了这个问题，随后在几个小时内，一位在塞内加尔曾遇到类似情况的项目经理就回答了这个问题。他因此在电缆埋入地下之前就得到了正确的、可操作的信息，从而节省了几百万美元的保险费用[Tiwana and Bush, 2005]。

正所谓一叶障目不见泰山，管理者和创业者往往对他们的企业和所处的环境有着错误的认识。然而，他们可以反思自己的行为所造成的影响，然后相应地修改他们的方式方法。愿意寻求并明智地利用反馈信息是学习知识的最有效手段 [Mezias and Starbuck, 2003]。

创业者的学习过程如表 12.12 所示 [Garvin, 1993]。在发展新业务的每个阶段，创业者都会遇到需要解决的挑战和问题。公司可以使用图 12.4 所示的方法解决问题并从成功与失败中学习。

表 12.12　创业学习的过程

步骤	问题	结果或需要采取的行动
1. 明确问题或机会	我们想要改变什么？	想要得到的结果
2. 分析问题或机会	问题的主要起因是什么？	确定主要原因
3. 产生可能的解决方案	我们如何进行积极的改变？	列出可能的解决方案
4. 选择方案并制定计划	最好方式是什么？	建立标准选出最佳方案并制定计划来完成
5. 实施计划	如何有效地实施计划？	监控实施过程
6. 评估结果并从中学习	结果同预期的差距？	确定问题已被解决。为何方案有效？

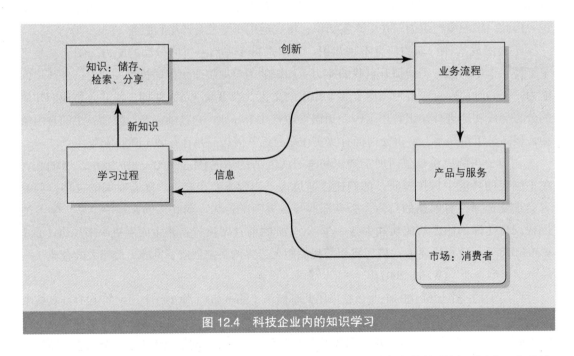

图 12.4　科技企业内的知识学习

组织内学习将组织视为一个思想体系。组织依靠反馈来适应变化的世界。因此，组织包括复杂的过程，如预期、感知、想象以及为了学习而解决问题。新技术企业采纳并改进这种方法是非常重要的。

改进项目过程可以产生两种类型的学习。理论学习是指通过使用统计和科学的方法创建理论，从而更好地理解因果关系的过程。实践学习是实践某一理论，并观察其产生的积极结果。理论学习要求知其所以然（know why）——让团队了解问题发生的原因。实践学习要求明白怎么做（know how）——团队已经实践了某一理论并且知道如何应用它、让它正常工作。设计一个能同时进行理论学习和实践学习的项目十分有用 [Lapre and Van Wassenhove,2002]。

要使学习潮在公司里广泛流行，必须让知识在整个组织里得到广泛、迅速的传播。想法只有在被广泛共享而不是被少数人保留时才能发挥最大的影响。多种机制可以实现这一过程，包括书面、口头、可视化报告、知识库、人员轮换计划、教育、培训、正式和非正式的网络。组织需要培育有利于学习的环境。新企业必须努力留出时间进行反思和分享。此外，抑制知识流动的边界必须减少，这样学习才能是共享的。新企业可从消除学习的障碍中获益，所以学习是组织工作的重中之重。

Genmab 公司成立于 1999 年，该公司基于人类抗体开发治疗慢性衰弱疾病的产品。Genmab 由荷兰科学家丽萨·德雷克曼（Lisa Drakeman）创建，她当时正在另一家公司工作。她提议创建一家公司，但美国风险资本家不愿意投资，因此公司成立于哥本哈根，研究设施却在荷兰。公司在 2000 年首次公开发行股票（IPO）。2008 年，它的市场价值达到 25 亿美元，成为世界前 20 名的生物科技公司。这家公司通过学习创造了巨大的知识财产，然后将知识财产通过 IPO 转换为金融资产。

如果管理得当，学习型组织在面对快速变化的市场环境时，可以通过不断重塑竞争优势来应对挑战。学习型组织可临时改变、调整组织结构，以满足预算和时间安排的灵活性，这对于满足不断变化的市场需求来说非常重要 [Brown and Eisenhardt,1998]。能够适应变化、拥有学习能力的公司是成功的公司 [Galor Moav,2002]。

知识是存储在文件、数据库和人们的思想中的。知识产生于学习的过程，如图 12.4 所示，这是一个导致知识增加的社会过程 [McElroy, 2003]。知识由员工所共享并嵌入公司的业务流程中。创新诞生在公司的业务流程、产品和服务中，如图 12.4 所示。公司学习和创造新知识有助于产生创新、识别新的机会 [Lumpkin and Lichtenstein, 2005]。

Genentech：从先前的经验中学习

20 世纪 70 年代早期，罗纳德·凯普（Ronald Cape）（MBA、生物学博士）、唐纳德·格拉泽（Donald Glaser）（诺贝尔物理学奖获得者）、彼得·法利（Peter Farley）（拥有 MBA 学位的医生）、卡尔文·沃德（Calvin Ward）（科学家），摩西·阿莱菲（Moshe Alafi）（风险资本家）组建了 Cetus。当时生物技术产业刚刚开始起步。作为这个行业的第一个公司，又拥有诺贝尔奖获得者的支持，Cetus 吸引了许多大拿加入顾问委员会。不幸的是，没有一个 Cetus 的员工或顾问知道生物技术公司应该是什么样或应该做什么。因此，Cetus 拿出钱，与任何有意愿的企业（不管它是哪个领域）结成伙伴关系。最终的结果是，Cetus 的项目从健康科学到农业，再到寻找更好的制作工业酒精的流程都有所涉及。20 世纪 80 年代早期，Cetus 认识到它需要聚焦。随之将 70% 的研发支出放在卫生保健领域，引入职业经理人来运营公司，而且积极与分析师和媒体接触。不幸的是，在那时，Cetus 已经失去了许多支持者和投资者。

由于Cetus缺乏发展方向，一些董事会成员带着他们的经验离开了Cetus、成立了自己的生物科技公司。他们深信集中发展才是更好的路，而投资者似乎也同意。罗伯特·史旺生（Robert Swanson）熟悉Cetus的商业策略，他是硅谷Kleiner Perkins的一位年轻的风险投资家。1976年，也就是Cetus成立5年后，史旺生与当时还是加州大学旧金山分校教授的赫伯特·博伊尔（Herbert Boyer）接触，想基于他与斯坦福大学教授斯坦利·科恩（Stanley Cohen）已完成的研究，成立一个新的生物技术公司。期初，博伊尔只给史旺生安排了20分钟的礼貌性会谈，但事实上却变成了长达3小时的会议。最终，史旺生说服了博伊尔，当他们离开酒吧的时候，史旺生和博伊尔已经决定成立Genentech公司（"基因工程技术"之意）。

史旺生离开Kleiner Perkins，深入学习科学，成为一个亲身实践、深入参与的CEO。博伊尔也从加州大学旧金山分校请假并深入参与其中。史旺生和博伊尔努力建立起一个在许多方面与传统制药公司相对立的创新型公司。为了吸引博士后候选人离开学术界，他们给雇员提供股票期权，并且将研发部组建得像一个学术实验室：科学家们工作时间灵活，穿着随便，允许发表他们的研究。

1980年，Genentech公司成为第一个上市的生物技术公司，每股定价35美元，发行数百万股。开盘半小时内，股价曾一度高达89美元，并以70美元的收盘价结束了第一天的交易。Genentech的股票发行价打破了以往许多的IPO纪录。今天Genentech仍然是一个管理良好的学习型组织。

来源：Lax, 1985；Swanson, 2001；Teitelman, 1989；Robbins-Roth, 2000.

12.9 聚焦 Zntuit

Zntuit提供个人理财、小企业金融和会计方面的软件。这些软件产品帮助个人和企业处理金融任务。Zntuit成立于1984年，1993年上市。2012年，收入接近40亿美元。

Zntuit采取了全公司范围内的产品再改造计划。公司鼓励所有员工寻找新的机会。Zntuit创造了一个创意协同平台，以便员工能分享他们的想法、获得支持和建议。Zntuit也培养了快速试验的文化。这种快速试验方法能提高员工的归属感和合作意向，从而检验可能会使公司成功的假设和反馈。随着试验的不断增多，员工对失败的恐惧会大大降低。因此，支持创新的企业文化能使企业不断成长。

12.10 小结

新创企业依赖于具有互补能力且目标一致的一组人。包括董事会和顾问委员会在内的创业团队能帮助监测和促进公司的增长。因此创业者设计的组织结构应能促进这些团队成员的协调与合作。公司的领导人努力激励团队成员，培育创新文化。随着公司的发展，职业经理人加入组织，执行新公司的具体任务。公司还要创建一系列薪酬体系，强调"买进"或所有权——授予股票期权和限制性股票。高效的组织精心管理知识资产并且不断地努力学习。

原则12

有效的领导者，加上良好的组织计划、合作的绩效文化、健全的薪酬方案可以使组织上下的目标相一致。

音像资料

访问 http://techventures.stanford.edu 观看专家讨论本章内容。

- The Scaling of Vision　　　　　Vinod Khosla　　　　　　　　KPCB
- Founding Teams　　　　　　　Ashwin Navin and Ping Li　　BitTorrent
- Leadership and Capability　　　Carly Fiorina　　　　　　　　HP

12.11　练习

12.1　调查当前比较厉害的科技型企业的起源，创建者是谁？他的什么背景、能力和素质使他或她得以胜任这个新角色？下一个被雇用的人是谁，为什么？

12.2　Genentech（www.gene.com）的文化以严谨的科学、严密的行业秘密保护和严格的规则著称。其主要原则是：优秀的科学家能做出好的研究，从而产生好的产品，然后产生好的公司。描述 Genentech 的文化规范和惯例。

12.3　Take-Two Interactive（www.take2games.com）开发娱乐软件游戏。它的收入从 1997 年的 1 900 万美元增加到 2008 年的 1.5 亿美元。描述这个拥有大约 2 100 名员工的 Take-Two 的组织架构设计。用图 12.1 来确定其组织架构模型。

12.4　Red Hat 公司是最主要的 Linux 软件和服务的经销商。该公司有 4 500 名员工，2012 财年收入为 13 亿美元。使用 12.6 小节的概念，描述公司的企业文化。

12.5　24/7 Customer 服务于希望把呼叫中心和客户关系管理活动外包给印度的美国公司。使用该公司的网站所提供的信息，描述这个公司的创始团队。此外，描述其组织架构设计（www.247customer.com）。

12.6　调查 Googel 的企业理念 "Googel 的十条法则"（www.google.com/corporate/tenthings.html）。Googel 的 "不作恶" 是什么意思？这些语句是如何转化为实际行动的？其在 Googel 的组织结构和文化中是如何体现的？

创业挑战

1. 描述你的创业团队和组织架构安排。
2. 讨论你成立董事会和顾问委员会的计划，为这两个组织提名候选人。
3. 描述你将用于管理公司的知识活动和学习活动的方法。

第 13 章

资源获取与组织

> 想要获得没有风险的利益,没有困难的经验,不工作就获得报酬,这和不出生就想生存一样是不可能的。
>
> ——A. P. 古泰夫

▶▶ 创业者该如何有效地获取并管理创立企业所必需的资源?

为了挖掘所需的资源,创业者需要在资源和人才市场上建立可信性和合法性。创业者还需利用说服技巧来获得稀缺资源。

对企业来说,选择一个好的地理位置或者像虚拟组织那样运行都是可行的选择。本章我们会研究加入一个地理集群的好处。企业在内部保持关键功能的同时,还需建立外包职能的计划。当公司在努力变得更具创新性和竞争力时,它们也在寻求通过把部分职能外包给那些能做得更好、更便宜的公司来控制成本。不过,为了有效地管理这些供应商,这些企业面临着如何保持凝聚力和协调性的挑战。我们将在第 18 章中讨论寻找金融资源的问题。

13.1 获取资源和能力

创业精神的另一个定义是不局限于现有资源去追求机会 [Stevenson,1999]。这一观点强调了创业者可以定位和获取资源。例如,当一个创业团队需要法律顾问时,它可以让律师参与。当它需要一个电路设计师时,可以雇用一个。然而,资源通常是稀缺的,吸引有才华的员工或财务投资者并不容易也并没有保证。公司的竞争优势来自于执行一个资源与能力相结合的独特策略。如果这些资源和能力是稀缺的,新公司需要通过竞争来获取这些资源和能力。

新企业的创始人试图通过获得关键的组织和个人的支持,来获得所需的资源与能力。例如,他们请求其客户、供应商和投资人承担一些风险,支持新企业,这将在第 18 章进一步讨论。

这种寻找资源的活动可以表示为如图 13.1 所示的周期 [Birley,2002]。创始人要求所有的参与者在信任周期内相信他们的机会、愿景和故事，并投资他们的公司。为了使企业前进，创业者需要说服周期里的人相信他们。如果创业者得到一些愿意加入企业的人才，这将有助于说服供应商。如果创业者让一些客户初步承诺购买该产品，金融资本的持有者（如银行家和投资者）将变得更加感兴趣。创业者重复这个循环，慢慢建立起自己的信誉，换句话说，创业者在向信任周期的成员展示新企业的合法性和真实性 [Zimmerman and Zeitz, 2002]。合法性和真实性是社会判断的有利条件，可以使新企业获得资源。只有他们相信公司是有效的、有价值的、被需要的、团队是有能力的，稀缺资源的持有者才会为新企业提供资源。新公司的合法性越高，它可以得到的资源越多。

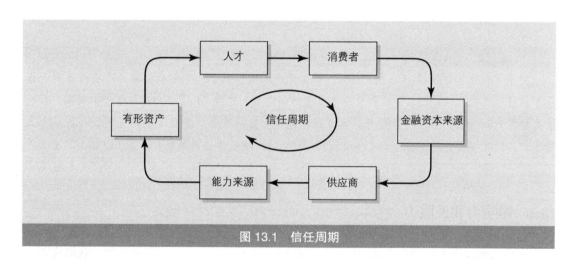

图 13.1 信任周期

新企业可以利用列在表 13.1 中的来源构建它的合法性。新公司可以加入行业协会、进行安全认证、从有才华又受尊重的个人处获得承诺。专利、版权和商业秘密也有助于构建合法性。新企业应该关注可以获得最大回报的合法性行为。企业在通过信任周期获取必要的投资资源时，需要依赖合法性。新公司需要获取、构建和使用合法性以获得必要的资源来创立企业并使其顺利成长。创建、构建和保持公司信誉或合法性对任何企业的领导者来说都是关键任务。他们确定所在行业中有影响力的人，并接触他们以便他们了解这个机会。例如，获得可靠的著名风险投资家的支持可以增加公司的可信度 [Hsu, 2004]。新公司的领导者识别、创建新的经济或社会机会，决定公司位置、组织形式和资源利用 [Wennekers ei al.,2002]。

表 13.1 合法性来源

- 监管：法律制裁、资格认证、证书
- 社会：公平对待、认可、网络、形象
- 行业：有吸引力的、受人尊敬的行业，广为熟知、理解的商业模式
- 人才：著名的、受尊敬的人
- 位置：行业集群内、有利的位置、可见性
- 知识产权：商业秘密、专利、版权

聪明的新企业领导人会按照上市企业的标准来管理他们的公司 [Carl,2007]。他们心里的打算是，它最终会发展成为一个重要的企业。他们会雇用优秀的律师和会计师。他们寻找最好的员工和可用人才，包括引人注目的董事会成员和顾问委员会成员。新企业应该努力从一开始就瞄准成为最好的。

表现出较高的社会能力和情商的创业者将大大提高获得资源的概率。拥有高水平的社会资本（如良好声誉和广泛社会网络）的创业者将获得对他们的成功至关重要的人。一旦获得这样的资源，他们的社会能力将决定企业的发展 [Baron and Markman,2003]。

为了吸引资源，创业者会创作公司故事，并讲述给潜在的合作伙伴和视察者听 [Downing,2005]。此外，他们可以使用顾问和指导帮助他们建立信誉、创作故事 [Chrisman et al.,2004]。

艾伦·列维（Aaron Levie）为 Box 寻求资源

艾伦·列维于 2006 年 3 月创立 Box，提供低成本的、基于云存储的，以及可在一系列光谱设备包括台式电脑、笔记本电脑和智能手机上协同使用的软件。Box 最初定位于个人买家，但列维很快意识到可以把 Box 卖给企业。卖给企业需要大量的资金。截至 2013 年 1 月，列维从私人投资者、风险投资公司、私人股本公司和 Box 曾经的战略伙伴公司那里筹集了 3.12 亿美元资金。

13.2　影响力和说服力

影响力和说服力在创业者获取资源的过程中发挥了重要作用。他们是销售、获取资源、并购投资交易过程的一部分。在理想情况下，每一个创业团队都需要具有卓越说服力的人 [Cialdini,1993]。谈判技能往往可以比正式的权力关系更能影响他人的行为。

说服力是可以传授、习得和应用的 [Cialdini,2008]。说服的六个原则如表 13.2 所示。第一个原则是喜欢原则。它指出人们喜欢取悦那些真诚地喜欢他们的人，也喜欢与他们一起工作。人们可以发现共同利益和联系，并给予真诚的表扬和赞美。第二个原则互利性原则指出，人们可以通过展示自己期望的行为从而从别人那里获得回应。向别人提供帮助或信息可以鼓励互惠。第三个原则社会认同原则指出，人们寻找和响应他们所信任的人。第四个原则一致性原则指出，人们坚持验证承诺，也就是坚持那些自愿的、公开的声明。那些公开的口头或书面承诺很可能会一直跟着他们。第五个原则权威性原则指出，人们高度重视专家。因此，显示贵公司的专业知识和能力十分有用。最后的稀缺性原则指出，人们喜欢稀缺或独特的产品。因此，非常有必要解释和证明自己能带来独特的利益，并有机会获得独占优势。

表 13.2　说服别人的原则

1. 喜欢
- 人们喜欢那些喜欢他们的人
- 发现共同联系并衷心地夸奖和赞扬

2. 互利性
- 人们以同样的方法对待他人
- 给他人你想获得的

3. 社会认同
- 人们支持他们信任的人
- 使用客户评价书和受信任的领导的推荐信

4. 一致性
- 人们坚持他们认定的东西
- 要求自愿的、公开的声明

5. 权威性
- 人们高度信任专家
- 展示和陈述你的专业性

6. 稀缺性
- 人们喜欢稀缺产品
- 描述独特的利益

来源：Cialdini, 2008.

Celtel：一种更好的方式

随着移动电话在过去几十年中的迅速普及，全球大型电信公司加大了对基础设施的投资。在这快速的发展中，由于非洲的不稳定、腐败和贫困，使得非洲在这波发展浪潮中在很大程度上被忽略了。试图在非洲做生意的公司经常面对不愉快的现实：贿赂是做生意的前提。莫·易卜拉欣（Mo Ibrahim）曾是非洲电信公司的顾问，1998 年他认为时机已成熟，并成立了 Celtel 移动通信公司。

Celtel 移动通信公司是一个移动电话服务的提供商，拥有十分有效的商业模式。易卜拉欣将运营范围扩大到泛大陆水平而不是非洲的个人市场业务，从而消除低效率。这个大规模也增加了 Celtel 的社会地位和政治影响力，让他无须应付各种行贿就能经营。这样，易卜拉欣能够利用积极的影响力来实现他的目标，而不是采取不道德的经济激励。

13.3　地理位置和动态集群

地理位置的选择会对新企业产生持久的影响。创业者需要根据他们的消费者、未来的员工、供应商、合作伙伴和竞争对手来选择自己的地理位置。地理位置不仅对零售和餐饮企业至关重要，它对所有公司都很重要。地理位置的选择标准如表 13.3 所示。知识型企业需要定位在熟练员工和竞争者丰富的地区。做生意的成本是位置选择的另一个重要因素。此外，所有员工都能负担得起的住房费用是很重要的。公司应该是一个当前员工和未来员工都会喜欢的地方。因此，它应该有好的学校、良好的治安和交通。

表 13.3　企业选址的标准

- 潜在员工和顾问的可得性
- 竞争公司的可得性
- 陆地和航空交通
- 生活质量——教育、文化、娱乐
- 交易成本
- 配套设施的可得性
- 接近市场
- 支持服务的可得性
- 负担得起的房价

区位优势是基于知识的流动、关系和机构的易达性建立的。任何人、在任何地方都可轻易获取众所周知的想法和技术，因此它们就不能作为一个竞争优势。区位优势，比如靠近大学方便获取知识和研究，因此就可以成为一个独特的优势 [Audretsch et al.,2005]。公司靠近一些关键要素是很重要的 [Weterings and Boschma, 2009]。这些要素包括客户、竞争对手、供应商、风险投资机构和相关领域的其他公司。此外，在创始人长期生活的地区创立的企业往往会表现得更好 [Dahl and Sorenson, 2012]。

公司应该尝试主动与强大的本土机构建立联系，如行业协会、大学、专业学会等。创业者应该利用当地所拥有的机会。长期的竞争优势依赖于竞争对手的难以模仿。基于地理位置的创新优势可能比完善业务流程所带来的创新优势更加长久 [Porter, 2001]。

工业地区的企业主要受益于专业供应商、专业劳动力、知识传播的成本经济本地化 [Best, 2001]。因为新企业受益于新知识、有能力的供应商和可用的人才，因此它们应该考虑定位在一个可以方便地获得所有这三个因素的地区。跨地区的创业活动在国内不同区域之间显著不同。新企业选址的典型代表如表 13.4 所示。

表 13.4　科技行业的创业活动中心

美国西部： 博尔德、洛杉矶、波特兰、盐湖城、圣迭戈、旧金山和硅谷、西雅图
美国东部和南部： 奥斯汀、亚特兰大、波士顿、纽约、匹兹堡、罗利达勒姆、华盛顿特区
亚洲： 班加罗尔、北京、上海、新加坡、悉尼、台北
欧洲/中东： 柏林、赫尔辛基、伦敦、特拉维夫
南美洲： 圣地亚哥

集群是某一领域的、相互关联的公司的地理集中。集群包括在某一领域或行业内的企业、供应商、行业协会、金融机构和大学等。拥有众多电影企业和基础设施的好莱坞集群就是一个很好的例子。如果一个新公司想进入电影行业，在洛杉矶选址可能是比较明智的选择。

新兴集群的一个很好的例子是以色列的高技术集群，通常被称为"硅溪（Silicon Wadi）"。2012 年，以色列的风险投资额达到 8.67 亿美元，其中大部分都流向位于这个集群的公司。虽然这只占硅谷风投数额的一小部分，但是这个集群正在迅速增长。它提供了一个有利于技术企业形成的环境：精英大学、风险投资公司、由大公司运营的研究中心、能吸引有才华的工程师的地理位置。

创业企业可以通过加入拥有竞争或互补能力和资源的公司集群从而获得区域优势。集群内的新公司更有可能找到需要的员工和基础设施 [Iansiti and Levien, 2004]。位于集群的公司有更好的产品创新、更高的销售增长率和存活率。一般，好的集群可以提供想法、榜样、非正式论坛和人才来源 [Gilbert et al., 2008]。

集群促进竞争和合作。公司结盟、招募彼此的人才、相互竞争，所有这些都在同一时间进行。集群也能为新公司提供大量的人才、知识和供应商，以方便其进入某一产业。由独立和非正式的公司和机构组成的集群代表了一个稳健的组织形式，它能提供高效性和灵活性等优势。

此外，集群有利于新业务的形成。首先，进入壁垒比其他地方较低。其次，在集群工作可以更容易地感知到产品和服务方面的差距。最后，新公司也会为别人创造市场机会。例如，企业推出新产品可能会为当地生产配套产品的企业带来好处。

能够提供配套产品的公司对新企业的成功至关重要。在旅游行业集群地，如纽约，游客的体验质量不仅取决于主要景点的吸引力，也取决于互补企业的质量和效率，如酒店、餐馆、购物中心和交通系统等。因为集群成员是相互依赖的，一个企业的良好性能，可以促进其他企业的成功。

旧金山南部的区域叫作硅谷，是一个电子行业、医疗器械、绿色科技和互联网公司的集群。人才和思想的连通性和流动性是硅谷的特色。支持机构包括创业者、风险投资家、律师、顾问、董事会成员、大学和研究中心。硅谷科技公司在新颖的和创新的动态环境中成长起来。这种环境是创业者、公司和专注于追求创新和商业化的机构之间协作的结果。硅谷拥抱改变、支持创新和不同 [Florida，2002]。它展示了所有支持创新的集群的特性，如表 13.5 所示。

表 13.5　支持创新的集群特征

- 高质量人力资源
- 当地大学的研究
- 投资资金的可得性
- 有代表性的消费者
- 法律法规
- 基础设施完善
- 接纳全球化
- 成功的榜样
- 适度的监管和税收
- 供应商和互补企业
- 竞争者
- 顾问、律师和会计师

Cypress 半导体公司的创始人，T. J. 罗杰斯（T. J. Rogers）的观点代表了硅谷普遍的创业态度，他说 [Malone, 2002]："在硅谷让我们与众不同的是——我们是真正的资本家。我们投资的领域没有安全网。你可能破产，你可能撞到墙上，每天都有数十家公司倒闭，这就是生活。"

动态的、发展中的工业园区不断地提升自己的能力、资源，并不断将创新进行商业化。集群的边界可以由整个行业的参与者定义，可能延伸到政治边界。区域集群是一个能带来更好的机会、更多的风险资本、更多受过良好教育的人才和更大的成功可能性的良性循环。独立活动的集群可以降低成本、形成竞争优势。

一旦创业者选定了企业所在的城市或地区，下一个任务就是要找到合适的设施。公司建筑物必须符合组织的需要，并随着公司的发展扩张。对于大多数新企业来说，租赁现有的设施是最经济的选择。对于一些更成熟的公司来说，它们有能力购买而不是租赁。大多数新创企业都需要把它们的资金用在创新和营销上。

最后，创业者应该仔细考虑企业布局。**布局**指安排设施从而提供一个高效的工作场所。这可以通过使效用或功能与空间结构一致来达成。今天的设施已经取代了私人办公室和实验室，变成了没有墙的公共空间和开放式区域。部分原因是因为创新是一个社会或协作活动，工作空间布局应该容得下整个团队。新公司为了促进合作，应起始于一个拥有极少墙壁和门的开放的设施内。研究表明,人与人之间的沟通与他们之间的距离成反比。例如,我们与坐在 6 英尺远的人交流的可能性是坐在 60 英尺远的人的 5 倍 [Allen, 2000]。因此,公司需要尽可能避免独立的设施。设施的中心最好是一个有咖啡吧和会议桌的公共区域。我们如此设计设施是为了灵活性和协作。

13.4 垂直整合和外包

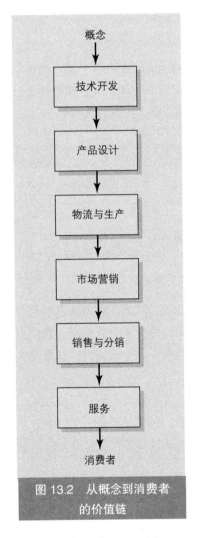

图 13.2 从概念到消费者的价值链

新公司通常拥有有限的资金资源,无法独自承担所有的运营活动及其所需的所有功能。识别能为公司创造竞争优势的潜在的资源和活动的方法是价值链。公司的**价值链**是将输入转化为客户所重视的输出的一系列业务活动,如图 13.2 所示。新创企业的问题是决定价值链的哪些活动将通过公司完成,哪些活动将由其他公司完成(外包)。一个新兴的公司需要关注价值链上的某一些活动,剩下的外包给别人。**垂直整合**是企业拥有的或管控的某一业务的价值链活动的程度。

在这一章,我们讨论价值链和将公司内部活动进行外包或保留的抉择。在第 14 章,我们返回到价值链,讨论如何管理和操作价值链以获得竞争优势。分析四个问题:(1)价值;(2)稀缺性;(3)被模仿的能力;(4)使命和组织。在许多情况下,可能需要延长公司的活动以控制价值链上的某一特定的活动,特别是当该公司对表 13.6 的四个问题都给予肯定回答时。

许多公司都在行业产能普遍过剩的高度激烈的全球竞争市场中活动。在这样的环境中,它们被要求无情地削减成本以实现盈利。这通常需要大量**外包**以将生产环节转移到海外,转移到劳动力更低廉的地方。

如果公司决定外包,即意味着它希望获得成本优势或利用供应商的优越能力或取得规模经济 [Weigelt and Sarkar, 2012]。获得供应商的卓越能力和成本优势可能更有利。例如,某一新公司不能为员工提供优越的、便宜的、内部运营的自助餐厅和食品服务。当进行内部活动更便宜、更容易时,那么新公司可能考虑内部进行。然而,开展价值链上的某一个活动最好的理由,是它对公司的成功在战略上至关重要。通常情况下,产品设计和营销不能外包,因为它们对大部分新技术企业是至关重要的。

表 13.6　新企业如何选择价值链上的活动
1. **价值**：这项活动是公司产品价值的主要来源吗？ 2. **稀有性**：这项活动包含由公司控制并且竞争对手很难得到的资源或者能力吗？ 3. **难以模仿**：竞争对手模仿新公司的资源或能力时有成本劣势吗？ 4. **组织使命**：这项活动对公司的使命重要吗？公司组织开发这个有价值的、稀缺的、难以模仿的资源或能力了吗？

在回答了表 13.6 四个问题之后，个人电脑行业的新公司可能会选择控制产品设计和营销，并外包其他功能。而包装食品业务的公司可能会试图控制产品所有的设计、制造和销售功能，并依靠其他公司提供技术开发、分销和服务活动 [Aaker, 2001]。

随着公司外包更多的功能，差异化竞争的范围缩小了。几乎所有的常规活动都是低价值的、普通的、容易模仿的，而且不是公司的核心使命。因此，大多数新创企业会外包日常服务，如工资、会计和其他行政服务。由于廉价的通信和网络工具的标准化，管理外包服务的交易成本已经下降。管理与重要战略外包代理的关系远比应对一个普通的供应商更复杂。在许多情况下，与关键外包代理签订合作协议是必需的。外包失败的原因通常包括不完整的合同，较差的控制功能，以及没有计划终止策略 [Barthelemy, 2003]。如果管理外包功能的责任被明确地分配给企业里的一个或两个人，失败应该是可以避免或控制的。

与供应商和客户的交易成本是最重要的成本类型。交易活动耗时且容易出错。因此，公司使用技术将其与供应商的采购和承包交易自动化。折扣经纪公司 Charles Schwab & Company 通过为其客户和供应商提供交易成本优势迅速打开了证券经纪市场。另一个为其客户和供应商提供低交易成本的公司是 FedEx[Spulker, 2004]。

尽管新公司应该考虑将一些业务活动外包，但外包可能会带来一些问题。对于外包活动而言，如果供应商未能按时、保质地交付所需的结果（或活动），那么新公司将会面临巨大的困难。表 13.7 总结了适合新企业内部化的活动。如果某一活动或组件的需求是高度不确定的，那么最好将这个活动内部化。如果只有少数几个强大的服务或组件供应商，则企业的外包活动就有可能面临这样的风险：供应商借助自己的权力不在约定的成本和时间下完成外包活动。如果公司的技术是独一无二的，则该公司可能出于保密原因而将其内部化。

有时公司会外包那些在将来具有盈利能力的增值活动。为了获得可持续竞争优势，保留这些可使公司在未来获取关键优势的增值功能是很重要的 [Brown, 2005]。

1917 年，亨利·福特在底特律附近的胭脂河建立了一个垂直整合的机构。自给自足的工厂不仅为汽车车身生产钢材，也生产从引擎到挡风玻璃的所有零件。福特自己的森林是木镶板的来源。对福特来说，集成意味着控制所有的活动。新公司无法承受这种类型的垂直整合。它太贵了，而且风险太大。伴随着垂直整合而来的是重重风险，因为这意味着对大笔投资、单一用途的管控和承诺。在不断变化的经济环境下损失灵活性是危险的。今天，福特汽车公司只负责设计、组装和销售车辆。所有模块和零部件都由供应商和合作伙伴提供。在不久的将来，汽车公司可能只做设计、工程和营销车辆的核心任务。其他的一切包括组装都可能由零部件供应商完成。

表 13.7 适合新企业内部化的活动

因素	活动适合内部化的原因
成本	内部生产的总成本更低
需求预测	不确定性高
供应商数量	强大的供应商少
所有权、非专利的技术	需要保护商业机密
增值功能	公司未来的可持续竞争优势的来源

Salesforce.com 的外包模式

Salesforce.com 作为一个应用服务提供商（ASP），使用"软件即服务"模式提供服务。该公司通过 Web 浏览器在线"出租"软件 [Clark, 2003]。客户使用 Salesforce.com 来管理他们的销售人员，同时 Salesforce.com 也允许其他软件开发人员在其网站上出租他们的软件。这是一个新奇的想法。这项服务的一个障碍是大多数企业不希望自己的敏感信息存储在自己以外的任何计算机中。创业公司应该使用这种外包服务吗？

在线购物体现了垂直整合的挑战和机遇。Webvan 成立于 1999 年，提供了线上购买杂货和非杂货物品服务，并送货上门。在经历几轮的风险资本投资和首次公开发行（IPO）之后，Webvan 在几个城市提供当天送货上门服务。为了提供这个服务，Webvan 觉得有必要建立配送中心。Webvan 希望通过建立一系列的拥有机械传送带和自动送货机器的仓库来降低成本。Webvan 的送货服务成本是巨大的，其每个仓库的造价成本都高达 3 500 万美元。随着利润率低至 2%，Webvan 难以盈利。在花费了超过 12 亿美元后，Webvan 于 2001 年 7 月倒闭了。它的失败，是因为它有一个有缺陷的商业模式，即需要把大量钱投资在昂贵的分销和服务活动中，如图 13.2 价值链所示。

相比之下，英国的 Tesco 提供的网上购物服务是可以盈利的。Tesco 使用了一种新的渠道——互联网，来接触现有客户及新客户。Tesco 将在线订购服务与客户到实体店取货或付费邮寄的方式相结合。Tesco 利用现有的商店，而 Webvan 则需要建造新的仓库，构建广泛的快递服务网络。这说明了为什么沿着价值链高效运作是盈利的关键。

13.5 创新与虚拟组织

虚拟组织通过互联网、传真、电话联结起合作伙伴和供应商，以提供资源或产品。在这种情况下，该公司的价值来源于与合伙人和外包代理的联系。然而，这种价值很常见，也很容易被模仿。

Amazon.com 不仅运营自己的在线商店，还运营 Target、Toys-R-Us 和 Circuit City。Amazon 已经成为为传统巨头客户提供网络服务、物流和消费者服务的外包代理。GSI Commerce（www.gsicommerce.com）是一个外包公司，为 25 家体育零售商经营电子商务业务，其客户包括 Sports Authority 和 Athlete's Foot，旗下有 Global Sports 线上商店。Global Sports 持有商品、管理库存、进行交易和服务客户。它对每个零售商的线上销售收入收取一个个位数的提成。对消费者来说，在 Global Sports 购买商品就像他们从当地零售商购买一样。Global Sports 为零售商减轻了构建和维护昂贵的电子商务基础设施的负担。此外，由于 Global Sports 承担所有的成本，它使得客户的电子商务业务从一开始就盈利。反过来，Global Sports 因为其业务规模增长而赚钱。此外，Global Sports 不需要在广告和营销费用上花钱，零售商会帮它们做宣传。

公司使用外包和网络整合资源以解决特定的项目和问题，而无须建立永久的组织机构。虚拟组织使用计算机和网络来构建集成系统。例如，从应用服务提供商 ASP 那里"租"软件应用程序。

[24] 7 Customer：外包范例

作为美国的创业公司，2003 年，[24]7Customer 从 Sequoia 资本获得了 2 200 万美元的第一轮风险投资。该公司最初服务于想把办公业务外包给印度的美国公司。现如今，通过互联网，7Customer 把客户服务和技术支持服务外包给印度和其他国家的公司。[24]7Customer 现在有超过 8 000 名员工，公司也处于盈利阶段 [Vogelstein, 2003]（参见 www.247-inc.com）。

新的创新公司可以通过许可、联盟、租售（预定）获得新想法。灵活的、动态的公司知道最好的想法并不总是产生在自己公司内部。引进新的想法是一个很好的构建创新板块的方式 [Rigby and Zook, 2002]。此外，也有越来越多的公司愿意外包它们的想法和技术。

建立虚拟组织会带来一些挑战。虚拟公司在合作伙伴和外包供应商间建立信任、协作、凝聚力时会遇到困难。创新企业需要投入时间和资源以维持同虚拟企业的关系 [Kirkman et al., 2002]。

13.6 获取技术与知识

对于许多公司来说，有效地使用和管理外包职能可以成为一个竞争优势。开放式架构价值链是一个强大的商业模式 [Moore, 2000]。精明地利用其他公司的优势来满足特定需求可以提高生产率。例如，一个电子系统可能由 Intel 微处理器、Micron 内存和 EMC 存储器组成，由 Solectron 组装，Ingram 分销。

新公司需要确定哪些任务是核心业务，哪些是情境业务。当任务的结果直接影响公司的竞争优势，那这个任务就是核心任务，其他的都是情境业务 [Gottfredson et al., 2005]。核心业务与情境业务的比率能直接有效地测量公司创造的价值。

创业所依赖的公司资产在过去的十年发生了改变。关键资产不再是工厂和实物资产，而是技术、科学和知识[Hill et al., 2002]。创业者努力通过新技术的可用性来判断新产品的可行性。随着新技术的出现，例如基因组学，创业者看到了新药物的机会。

新创企业也需要引进和重组知识库。引进方式包括许可技术、购买技术和雇用知识渊博的员工。

新技术企业开发或索取新技术。它希望这项新技术能成为产品开发的基础。例如，新企业在超导体方面可能拥有强大的科学技术能力和知识，这种新技术公司将会寻求在电力工业和电子工业行业发展应用。

任何成功的新技术都具有如表13.8所示的七个特征[Burgelman, 2002]。这些类别或特征是有用的，因为它们适用于所有行业。例如，新的超导技术可以以更低的成本向半导体制造商提供金属超导力，并且很容易使集成电路具有低成本、高运营、可靠性、可服务性和与正常电路的高兼容性。在这种情况下，我们会有一个非常强大的电子行业的新技术。

表13.8　新基础技术的七个特点

- 功能绩效：基础功能绩效的评估
- 获得成本：最初的总成本
- 便于使用：使用因素
- 运营成本：每单位的服务成本
- 可靠性：服务需求和使用寿命
- 服务能力：修复坏设备所需的时间和成本
- 兼容性：和系统内部其他设备的匹配度

Cisco的收购秘诀

Cisco系统公司热衷于购买技术。从1993年到2012年，Cisco收购了159家高科技公司。并且很多并购发生在1999年和2000年。在此期间，创业者都希望去成立一个公司然后被Cisco收购。尽管Cisco收购的数量已经急剧下降，购买新兴技术仍然是其增长战略重要的一部分。

为了整合被收购公司，Cisco使用文档模板记录关键的人才和技术。Cisco仔细思考要留下哪位人才，这需要好几个月才能做决定。该公司不进行敌意收购，通常只收购地理位置接近且"市场一致"的公司。Cisco首选已经生产出产品但仍没有在市场上站稳脚跟、没有广泛的消费者基础的公司。其次，Cisco遵守不裁员政策，强调保留原公司的员工。在20世纪90年代末，Cisco收购的公司员工流失率远低于5%，一些高管经常被并入Cisco的高层。

在技术方面，研发和产品部门与Cisco公司的其他产品部门整合，并且马上贴上Cisco品牌的标签。此外，被收购公司的任何非标准技术都会被消除，其员工立即获得Cisco自己的基础设施和核心应用程序的使用权。Cisco大多数收购都能在60到100天内完全集成。

13.7 聚焦 Netflix

Netflix 是一个 DVD 递送和流媒体点播的供应商。公司成立于 1997 年，总部设在加州的洛斯加托斯。今天，Netflix 为 5 000 万名会员提供了超过十万份影片资源。Netflix 的竞争对手包括 Amazon、Dish Network、Comcast 和 Hulu。

由图 13.1 所示，Netflix 拥有了资源与能力。它在硅谷的位置使其能够通过员工的可用性和毗邻公司的互补资源获得集群动力优势。Netflix 也外包一些功能，比如 DVD 的寄送。

在竞争激烈的流媒体市场，Netflix 试图获取和使用新技术。2013 年，它拿出 10 万美元来奖励那些改进云技术的架构师和开发人员。

13.8 小结

成功的创业者善于定位和获取建立自己的公司所需要的资源。他们需要资金、人才、知识和实物资产来启动和发展业务。他们利用这些稀缺资源来构建信誉和合法性。通常，他们擅长讲有说服力的故事来展示他们的愿景和潜力。通常，他们使用说服技巧来及时获取所需的资源。

创业者也创建外包和保留业务的计划，他们通常会保留产品设计和市场营销业务。他们利用互联网来与合作伙伴和供应商沟通、管理他们之间的关系。

◐ 原则13

高效的新创企业会使用说服技巧、信誉和区位优势获得所需的资源，并以此建立一个协同合作的外包和内部功能的组合体。

◐ 音像资料

访问 http://techventures.stanford.edu 观看专家讨论本章内容。

- Outsourcing　　　　　　　　　　　　Jeff Hawkins　　　　Palm
- Reflections on Combining Companies　　Phil Libin　　　　　Evernote
- Being Small Inside of Big　　　　　　　Teresa Briggs　　　　Deloitte

13.9 练习

13.1　2005 年，Google 发布了 Google Earth 和 Google Map，并向所有的网络开发人员都免费提供了性能卓越的绘图和可视化功能。2006 年，Amazon 发布了被称为 S3 的网格存储 Web 服务器 S3，即简单存储服务（Simple Storage Sevice）。Amazon 将其定位为一个高度可扩展的、可靠的、低延迟的和低成本的数据存储设备。2007 年，Facebook 通过 Facebook 开发者 APIs 开放其社交网络第三方小部件。这三家公司所追求的商业模式是什么？这些网络服务是如何影响新企业的资源获取策略的？它们的这些做法获得成功了吗？

13.2 谁是你知道的最有说服力的人？利用表13.2，描述这个人如何使用他/她的合法性来源。

13.3 四个最受美国科技公司欢迎的位置是波士顿、旧金山海湾地区、奥斯汀和西雅图。使用表13.3，分别为一家骨科医疗设备公司和清洁技术公司找到最具吸引力的地点。

13.4 选择一家当地的新创企业（或选择世界其他地方的企业）。该企业在产业集群里吗？公司能利用当地的什么资源或优势呢？为什么公司坐落在那里？

13.5 把信息技术外包到另一个国家或大洲是一个强大的趋势。这种行为的主要动机是什么？企业如何以及为什么参与这一趋势？新创企业的外包风险有哪些？

创业挑战

1. 你计划如何吸引人才和资源？
2. 你选择什么样位置？描述你使用互联网技术的计划和商业计划。
3. 描述你的企业将要外包的业务。

第 14 章

运营管理

真正的智慧是对知识的创造性运用，而不仅仅是对事实的累积

——肯尼斯·瓦恩布雷纳

（D. Kenneth Winebrenner）

▶▶ 新创公司如何建立一套用于创造、生产、供给产品的运营流程？

大多数企业都会在价值链的各个环节进行一连串活动来提升价值。价值链的每一个要素都能够提升产品价值。新创企业通过管理价值链将最终产品提供给客户，也通过移动、存储、跟踪部件和材料等方式增加合作伙伴的价值，并努力确保及时、高效的服务或产品的生产。沿着价值链信息流可以整合分散的任务。高效运营的企业通过制定和沟通测量标准来提高效率和时效性、达到业务的精益求精。

运用网络以及相关技术，新创企业可以建立一个强大的虚拟组织。网络可以用来作为一种及时高效的、与合作伙伴进行信息交流的方式。这组合作伙伴可以从公共的工作计划着手，管理如何分配共同的任务，并观察相互依存关系如何影响共同计划。管理好这样相互关联的任务可以更好地预测产量并按时生产。

14.1 价值链

正如第 13 章里所讨论的，公司的目标是提供满足客户需求的产品。**价值链**是一系列将投入转换成顾客重视的产品的活动。价值链的每个环节都有增值作用，如图 14.1 所示。信息流可以从客户、销售和服务环节返回，因而价值链可以使得客户价值最大化。产品不仅仅是有用品特点的东西，还渐渐具有服务的属性。产品和服务是以价值创造系统的活动和关系为基础。此外，随着时间的推移，价值链中的每个要素都具有被不断改进和完善的能力。对于一个新创企业来说，沿着价值链的能力开发和价值链条的设计可以使公司获得强大的核心

竞争力。此外，客户通过交流他们的偏好和优先顺序参与到价值创造中来。如表 14.1 中所示，了解客户能使生产者更好地满足客户需求。

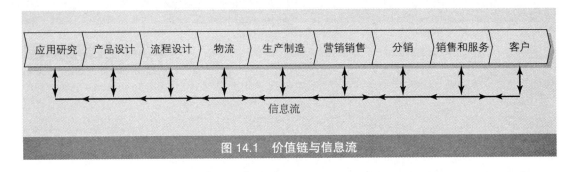

图 14.1　价值链与信息流

表 14.1　了解客户

- 偏好
- 购买条件
- 决策过程
- 消费者行为
- 功能需求

　　高度一体化的公司提供了价值链中大部分的功能。这种方式适合具有高度依存性的价值链活动。对许多成熟公司而言，其价值链上各环节的功能变得相互独立，以至于每个板块的价值都能得以体现。到某个特定时间点，价值链断裂，大量的独立企业参与到此活动链中。例如，模块结构已成为今天汽车制造商们所采用的主流模式。它们从几个主导的供应商那里采购子系统，而不是从众多的小供应商那里采购独立的部件进行组装。为了满足汽车装配需求和消费需求，这些子系统中的架构（刹车、操纵杆、底盘）正变得越来越依赖于那些供应商 [Christensen et al., 2001]。

　　每个行业都有自己的进化速度，这种进化不断侵蚀其竞争优势。在一个高速更新换代的产业里，公司必须具备重新设计价值链的能力，以获取可以带来竞争优势的新资源 [Fine et al., 2002]。在设计或者重新设计价值链时，价值链中的每个环节都会被分配一个经济增加值（EVA），用以解释知识资产与战略资产。战略资产存在于那些具有相对竞争优势的公司。战略资产包括物流、生产及分销资产；知识资产主要存在于研究设计、市场营销及服务功能之中。新公司应该保留高增长价值的职能，外包低增长价值的职能。然而，如果一个产业更新换代迅速，公司或许会决定保留关键性的职能来从战略上应对内在的变化。通常来说，保留高增长值的生产活动和关键的战略优势，而将低增长值的生产活动进行外包是一个合理的方法。

　　在价值链中实行纵向一体化的公司将有机会选择高增长价值的平台，且更具有竞争力。Intel 是一家同时做集成电路和电路板的制造商，但它也在原始设备制造商（OEM）协议下与个人电脑公司一起组装个人电脑。

　　Zara，一家拥有 1 000 个店面的欧洲服装零售公司，保留了它的制造能力而不是将它外包出去，进而能够快速跟上时尚需求的变更脚步。其他公司或许可以制造出更便宜的衣服，但是战略性资产的保留使得 Zara 具备了快速交付新产品的能力。信息流（见图 14.1），从店面返回到设计师那里，他们重新设计产品去满足客户不断变化的理念及品味。就时尚而言，没有比时间更重要的了 [Helft, 2002]。Zara 每两周就有新产品送达商店，一些新产品在几天之内就能到达店面。

物流对流转、仓储、零部件、原材料及设备进行组织管理。物流是公司竞争优势的基础，因为一个具有快速、精准物流的公司能够第一时间响应客户。物流系统通常基于电子网络，诸如供应链网络。企业通过提高追踪效率、运输能力、处理时间及交付速度来快速服务客户。Apple 公司是一个很好的例子，物流是其竞争优势。当然，Apple 也做一些总装，它通过供应商与合作伙伴来制造所有的产品。Apple 不从自身的库存中获利，由于订单需求量较大，Apple 可以从供应商处获得较大折扣。此外，Apple 还利用订单数量大的优势从航空或者陆地运输方面获得折扣。事实上，Apple 产品的销量越来越好，这使它的供应商即使只为 Apple 一家生产产品，仍然可以获得规模经济的优势。因此，Apple 也可以以平价定制配件。

物流听起来像简单的搬运货物的商业交易，但是它正随着用户需求的及时性和定制化服务而变得越来越复杂。新技术以及互联网的大量运用开创了信息共享的新方法。公司正试着根据客户命令而生产（即按单生产，built-to-order，BTO），而不是对需求进行估计，然后从库存中调取产品。BTO 尝试避免在没有采购订单的情况下生产产品。Modcloth 是价值链管理的一个典型案例。Modcloth 在客户确定需求并付款以后才开始让它的外包制造商生产服装。

互联网可以促进价值链的信息流动 [Hammer, 2001]。使用这种信息并根据价值链来与同伴一起紧密地进行设计和管理生产活动，能够提升效率。谁能从效率的提升中获得利益呢？通常来说，像 Wal-Mart 和 Home Depot 这样的公司可以通过承担分销、销售及服务功能来获取其供应商创造的重大价值。此外，通过使用互联网，Amazon、eBay 这类公司已经成为电子销售和分配的渠道。与此同时，诸如 Nokia 这样的公司提供了无缝制造、分销、销售和服务等活动。管理价值链是一项艰难的任务，新创企业很难同时承担起价值链各个环节的管理活动。

Wal-Mart 的利润率低于 4%，其他一些连锁超市的利润率低于 2%。显而易见，节省 1 美分就相当于挣到了 1 美分。自从 1980 年 Wal-Mart 采用条形码以后，它就成为一种主流。现在，Wal-Mart 要求它的供应商在它的供应品货盘上都使用无线射频识别技术。无线射频通过电脑来保存和传递信息。Wal-Mart 就像指挥管弦乐队一样来管理它的供应链。

价值链中的中介存在的意义在于：交易的各方通过雇用中介来节省成本。雇用零售商来销售产品将花费 20% 的收入。直接销售是否会更便宜一些？互联网能够做到吗？

价值链的速度对任何新创企业来说都是很重要的。由于商品从设计到销售出去要经历很长时间，因此新创企业可能因商品存货不能及时销售出去而面临风险。因为大多数产品只有很短的生命周期，价值链必须运转得足够快。如果需要的话，Zara 可以在一周之内设计和制造出新的服装款式。与其相反，电影工作室会花费一年的时间制作一部电影并将它投放到市场。Dell 电脑系统是价值链管理的最佳范例，它使得客户可以按照他们的需求定制产品，并在 Dell 开始组装电脑之前支付货款。

> **E-Ink Holding：平板电脑和电子阅读器价值链的参与者**
>
> E-Ink Holding 研发的电子纸张技术能比其竞争产品多提供 50% 的对比率。它授权索尼、Motorola、Amazon 及 Barnes & Noble 使用其电子墨水技术。这些公司将电子墨水技术运用在它们的平板电脑及阅读器上，使得其产品的用户获得更轻松的阅读体验。

尽管商品和服务在很大程度上沿着价值链由底端向末端移动，但信息则是双向流动的。例如，对价值链每一阶段产品需求的信息会沿着价值链往上推，但关于供应方面的信息，如可用性、定价、及时生产等则沿着价值链往下传递。因为这是一个信息增强的过程，因此互联网在价值创造过程中起到了决定性作用。

新公司的持久的核心竞争力是它能连续不断地评估产业和技术动向、建立价值链来开拓当前机遇，然后选择高价值增长的生产活动的能力。

14.2 流程和运营管理

运营是一系列的活动，**运营管理**是指沿着公司价值链开展的各项监督、监测和协调活动。运营管理涉及生产商品和服务的过程。**流程**是对需要一次或多次投入的一个或一组活动进行转换和增值，并提供一个或多个输出的过程 [Krajew-ski and Ritzman, 2002]。流程是为创造产品或服务所进行的一系列活动，包括运营、方法、行动、任务或功能。它以产品的形式传递给客户价值。产品可以是传递给客户的有形物品，也可以为客户提供的服务，或者是这两个的组合 [Melnyk and Swink, 2002]。在工厂，流程是指将材料转化成产品；在保险公司，流程是指将客户信息转化为保险协议。流程网络有助于创造价值链每个阶段的价值。业务流程还可以为产品和服务增加独特的价值。

一个组织的业务流程应与它的战略和员工的能力相一致，如图 14.2 所示。这需要企业在企业战略、业务流程、迎合大众、保留客户之间保持平衡，以使得企业能够在企业理论的指引下健康发展，如图 14.2 所示。企业理论应该表示为愿景和目的。回想一下 eBay 的愿景声明："我们的在线系统帮助人们在地球上交易几乎任何东西。"

人体工程学使体力工作更容易、更简单。产品应符合人体工程学设计，工具使用也需要符合人体工程学。例如，Herman Miller 的铝合金椅子被誉为人体工程学的最佳典范产品。它通过悬挂系统提供最佳的身体支撑，还能适当通风以增强舒适感。

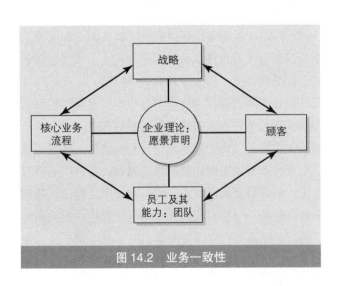

图 14.2 业务一致性

流程为客户和利益相关者带来价值。商业上的成功很大程度上来源于公司的执行力。因此，公司应该致力于卓越的工艺设计。图 14.3 是一个简单的业务流程的例子。这个流程的一部分可以实现自动化。

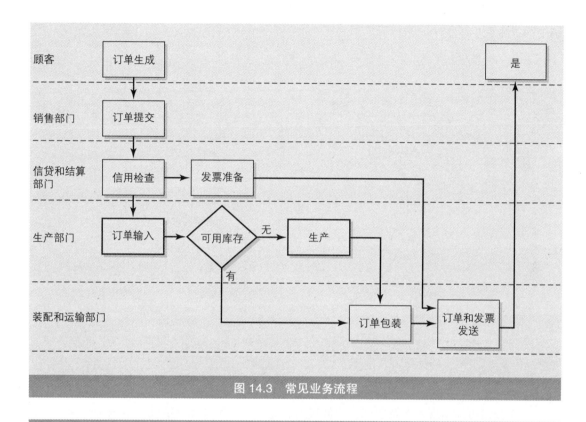

图 14.3 常见业务流程

Intel 的经营战略

戈登·摩尔（Gordon Moore）和罗伯特·诺伊斯（Robert Noyce）在 1968 年创建了 Intel 公司。他们首先招聘了一个运营主管，安德鲁·葛洛夫（Andrew S.Grove），让他成了 Intel 公司第三个雇员。虽然葛洛夫没有制造行业的从业经验，但是他们看中了他潜在的智慧和能力。葛洛夫负责产品设计和制造的按时、在预算内交付。这个职位的管辖范围涉及 Intel 的几乎每一个功能区，从市场营销到销售到工程。他的影响力、存在和态度感染着整个公司，据悉 Intel 成立后的前三年内，公司的大多数日常决策是葛洛夫决定的。运营管理对于英特尔公司的成功起到了至关重要的作用。

运营管理功能包括设计流程、质量控制、能力构建和运营基础设施。新创企业需要在某个创业团队成员的领导下来规划其业务或生产函数。服务公司和产品公司都需要设计和控制操作流程以提高效率、吞吐量、容量可用性、库存、资本开支和生产力。独特的运营管理能力可以成为公司的竞争优势 [Yonderembse and White, 2004]。

最好的投资回报往往出现在能将卓越运营（即始终如一的优秀服务）与持续快速的发展

相结合的公司。现如今,卓越的运营手段是必需的。投资者无情地惩罚那些无法满足这些期望的公司 [Lucier and Dyer, 2003]。卓越运营会带来更低的成本,如图 14.4 所示。规模经济会带来单位成本的下降,因此,价格也将下降。随着价格的下降,产品更有吸引力,销售量也会增加。随着金融资源的增加,投资市场和操作流程将导致更好的规模经济。这是一个非常强大的自我强化的循环。

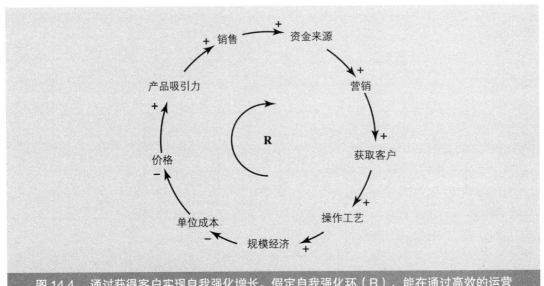

图 14.4　通过获得客户实现自我强化增长。假定自我强化环(R),能在通过高效的运营流程实现的规模经济下一直存在。

　　一个公司可以实现四个竞争能力:低成本、高品质、速度和灵活性。**质量**是衡量产品的性能和可靠性的标准。**性能**是产品满足或超过某些操作特性的程度。**可靠性**用来衡量产品的使用时间。**准时性**测量领先时间、交货时间和产品开发的时间。**灵活性**是衡量公司对客户的需求迅速做出反应的能力。在实现这些目标的同时,要保障工人的安全。

　　许多公司都采用了六西格玛的质量目标,目的是摒弃流程中的缺陷和偏差。六西格玛是测量流程与理想目标偏离程度的一个统计术语。六西格玛质量相当于每百万个中仅 3.4 个有缺陷。六西格玛方法试图打造低缺陷、低成本的产品 [El-Haik and Roy, 2005]。六西格玛质量是一个清晰的、结构化的过程,它因带有明确的任务和里程碑节点变得高度可重复。

　　消费者通常会对喜欢的或不喜欢的产品或服务体验做出反应,如包装、操作手册的清晰性或易用性。许多顾客认为消费是一种体验,而不是一个单一购买事件 [LaSalle and Britton, 2003]。大多数产品或服务既包括客观价值(如性能),又包括主观价值(如经验)。购买普通蜡烛可能只花费 1 美元,而若某个蜡烛的形状、形式和气味能够提供更为丰富的体验,其售价就可能达到 5 美元到 10 美元。因此,对于很多产品来说,产品的价值包括它的体验性、购买过程及执行过程。设计师需要识别、设计和实现客户体验,从而激起顾客积极性。

　　供应链管理的重点在于公司和其供应商的流程同步,以使材料、资源、信息的供应能和客户的需求匹配。今天，我们的目标是实现满足客户需求变化的商品库存最小化。由于产品越来越容易受到需求变化的影响，给定的产品线的销售可能会不尽人如意。但如果制造商决定去依靠库存，那么一旦库存售完，失去销售量，就会危及客户关系。

操作系统通过总系统的视角来创建高效的流程，被称为**精益系统**（lean systems）。灵活的或精益的系统的关键过程在于减少安装时间、提高利用率。灵活的系统能以较小的代价和时间损失快速响应需求、供给或进程的变化。它们经常使用**准时生产**（just-in-time, JIT）的方法，集中精力减少不必要的库存、去除没有附加值的活动。这个系统采用拉动方案，即以客户刺激生产。例如，汽车制造商用订单激活生产 [Liker, 2004]。

田口方法（Taguchi method）可用来设计和改善生产系统，它是一种汇集了稳健系统中的最优解的技术设计实验。该方法使用噪音这一术语来形容不受控制的变化，并指出，高质量的产品应该是不受噪声因素影响的。该企业生产系统的设计是它成功的关键 [Ulrich and Eppinger, 2004]。

公司以低成本争取优质服务。2012年，Google 的日页面浏览量为 70 亿。这些服务都基于 Google 所拥有的约 100 万台服务器来完成，每台服务器耗资约 2 000 美元。当某台服务器发生故障时，Google 会立即将它抽取出来、替换掉。Google 没有维修部门，它只进行抽出和替换。使用这种方法，Google 不仅可以节省资金，还可以保持系统 99.99% 的运营时间 [Barroso et al., 2003]。

创业公司通过自己和市场机会之间的交互来寻求发展独特的动态能力。市场提供了机会信号，它们以新产品回应。调整商业模式、生产能力和技能形式，能使公司对机会做出回应。在价值网络方面，企业专注于对自己的核心竞争力和他人互补功能的利用。

吞吐效率（throughput efficiency, TE）可以用公式 14.1 测量：

$$TE = \frac{VA}{VA + NVA} \quad (14.1)$$

VA 为增值时间；NVA 为非增值时间。举例来说，NVA 就像排队时间或系统停机时间。我们的目标是减少 NVA。

Gentex 是一家制作后视镜等汽车设备的公司，它用技术来控制成本、增加吞吐量（见 www.gentex.com）。Gentex 不断增强工厂自动化和监测系统，从 2001 年至 2003 年，吞吐量增长了 30% [Green, 2003]。

提升手术室的操作流程

Intuitive 外科公司使用手术机器人来做前列腺癌和心脏搭桥手术。其达·芬奇机器人获得测试机会时，因其能在一个小切口内精准地进行手术，迅速获得了外科医生的信任。虽然 Intuitive 外科公司的手术机器人已经被广泛地接受，但是公司仍然继续设法提高医生和病人的手术体验。小切口手术能使患者快速恢复，因此提高了卫生医疗保健体系的整体效率。Intuitive 外科公司试图使超声波和其他的诊断图像出现在同一屏幕上以供医生参考。让外科医生只针对一个屏幕进行操作，不仅能提高效率，还能提高实时手术体验（www.intuitivesurgical.com）。

14.3 价值网络

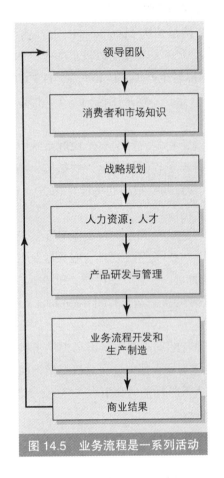

图 14.5 业务流程是一系列活动

正如图 14.5 所示，一系列经营活动可以看作是经营过程。该过程的另外一种定义为：在一个活动网络中完成一系列的相关任务。不同于线性过程的价值链，价值创造的过程可以被组织为一个**价值网络**。该网络没有中心，但是允许各元素和理念开放的交流和运动。在一个网络中，每个参与者专注于有限的核心职能 [Tapscott et al., 2000]。价值网络通常基于互联网来管理分散在各个公司的业务。价值网络由相关利益者网络组成，该网络可以产生、维持和加强网络内企业的价值创造能力。从长远来看，一个公司的成功与否取决于它建立和保持整个利益相关者网络关系的能力。这里强调的是关系，而不是作为最终组织财富来源的交易 [Post, 2002]。典型企业的价值网络如图 14.6 所示。

由 Amazon 组织和运营的价值网络包括 Ingram、Target、Toys-R-Us 等公司。Amazon 负责选择产品、提供定价和项目保障。Cisco 引导建立的价值网络向用户提供路由器和计算机，并且 Cisco 还负责产品的设计和营销，而其他参与企业主要承担制造、执行和现场客服等。Cisco 的价值网络如图 14.7 所示。回顾前面的章节，我们知道，CRM 表示客户关系管理。Cisco 定义了客户关系管理的目标并协调了价值网络的供应商。许多新企业运用互联网来有效协调它们的价值网络。

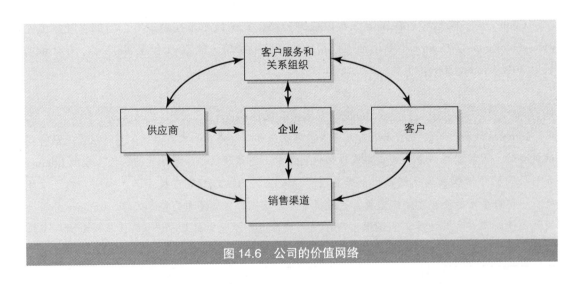

图 14.6 公司的价值网络

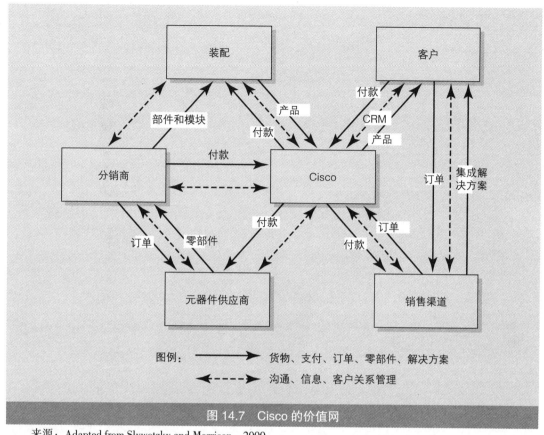

图 14.7　Cisco 的价值网

来源：Adapted from Slywotzky and Morrison，2000。

再来看看 IKEA 公司的运营管理策略，这家瑞典的家具公司拥有分布在 38 个国家的 332 家分店。它的经营策略是通过大型店铺生产和销售低价、耐损并且精心设计的家具。它的业务流程从识别迎合消费者需求的产品以及该低价产品的规格说明开始。接着，IKEA 要确定所使用的原材料以及承担装配业务的制造商。IKEA 从来自 55 个国家的约 1 800 家供应商手中购买原材料。再接着，就是设计产品和分配生产任务。生产结束后，产品将用纸箱包装并分拆运送到公司的 18 个分销中心并最终送达各个店铺。IKEA 不使用销售员来销售未装配的家具。客户选择货品，从相应的货架上取下包装箱并送到收银台，IKEA 通过提供设计方案、配件和生产的价值网络来实施低价策略和质量策略。

过去，企业会随自身发展而增加资产，而现在它们更倾向于增强价值网络。精心设计的价值网络会成为公司成长的强劲动力。当然，也有可能因此造成关系网络的复杂化以致失去控制。对价值网络中的企业进行有效管理需要新观念：公司形成的是没有等级层次的网络。有效实施的关键是将价值网络管理视为核心竞争力。

在当今这个快节奏、竞争激烈的世界，竞争优势源于对产品、流程和性能的有效的并行设计。从产品设计角度看，如何生产、如何使供应链协调运行对企业的成功是极其重要的。能够控制价值网络中的共生链的公司将获得最大利益 [Lawrence et al., 2005]。产品、流程和供应链的协调系统如图 14.8 所示。

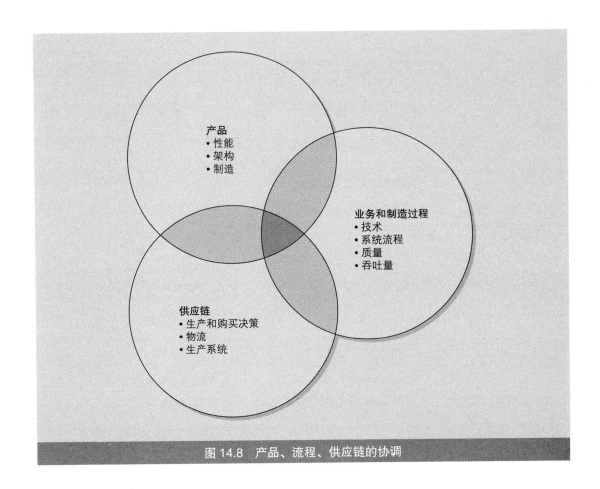

图 14.8 产品、流程、供应链的协调

14.4 互联网和运营

人们的交流网络很大一部分在使用互联网之类的技术手段。互联网的应用十分广泛。据估计，截止到 2013 年，80% 的北美人口和 2/3 的欧洲人口接入了互联网服务。而世界其他地区的互联网使用正在以同样的速度增长。互联网廉价、规范且无处不在，能够容纳数据、声音、视频、电邮等不同形式。它使人们能够真正地搜索、协作、整合与沟通。因此，创业公司可以在不同的渠道、发展阶段及供给情况下使用互联网，以同步经营活动。互联网最具革命性的一面也许是它能给予每个虚拟个体同样的信息获取权。正是这种透明性使得决定方从卖家转移到买家。再者，由于互联网的交易成本远低于传统渠道，公司可以把它的部分或者全部业务和供应转移到互联网上。

数字化的电子商务让交易在组织和个体之间发生。从 1995 年开始，电子商务运用互联网技术快速成长。1998 年到 2000 年间，风险投资向互联网新创企业投入了 1 200 亿美元。这些公司经常被叫作 "dot.coms"，其中著名的例子包括 Amazon、eBay 和 Yahoo。杰夫·贝索斯在 1995 年建立了 Amazon，并作为网上书店获得了数百万美元的投资。Amazon 向用户提供了便捷、廉价、品类齐全的图书和其他商品。1997 年 5 月，Amazon 通过首次向公众发售股票获得 5 亿美元的融资。截止到 2000 年，它一直占据着世界头号线上零售商的位置。互联网的另一个应用是以杂志、报纸为依托的信息传递，如《纽约时报》和《经济学人》在传统印刷版本外成功地发布了它们的在线版本。

同时，互联网还起到了三个重要的作用：个性化、定制化和版本化 [Luenberger, 2006]。**个性化**指内容的呈现要符合消费者个体的偏好和兴趣。它使用软件程序来找到消费者选择的标准并从中进行推断。例如，Amazon 提供了个性化的图书和音乐推荐。**定制化**指提供符合用户偏好的定制产品，如 Navigenics 公司通过用户的基因信息提供定制化的健康风险监测。**版本化**指建立不同版本的产品，并以不同的价格在不同的市场中销售，如《纽约时报》对每日的新闻提供免费在线阅读服务，但是对已归档的文章实行付费阅读。

虽然个性化和定制化是很好的想法，但是也存在一些令人担忧的地方。很多用户反馈他们在浏览个性化网站的时候没有看到任何的特别之处。通常，网站尝试定制化是很累赘的，并且很难完全满足客户需求。如果执行得好，定制化是非常有力的措施，因为消费者会积极地投入到定制化的选择过程中。当消费者想要将他们的爱好直接转化为特殊形式的产品的时候，定制化会是很强大的工具。

互联网的核心活动是搜索，它使用户在无限的项目的信息、想法、术语和问题中找到信息。消费者可以使用 Expedia、Travelocity 和 Orbitz 找到便宜的机票。对于互联网来讲，旅游服务似乎是一种理想的服务 / 产品，因为旅游是一个信息密集的产品，需要研究大量消费者的情况。

不是所有的客户都想在网上交易，大多数人喜欢有各种各样的选择。**混合模型**，有时被称为"虚实结合"，将互联网以及其他渠道都最大化地利用。混合模式可以拓展新的细分市场、扩大公司的全球影响力。联盟的成立是为了统筹每家公司的职能，例如 Drugstore.com 和 Amazon 的早期合作伙伴关系。

电子商务的优点是交易成本低、无处不在、范围广和信息量大。因为产品和价格信息在网上可以查到，所以许多行业的定价权已经在减少。此外，许多早期的电子商务企业为了赢得更多客户，会将它们的产品价格压低，但由于无法盈利而最终失败。企业必须具有竞争优势，以维持本身的运营。低价格并不一定能获利。由于互联网的广泛性，模仿品会大量出现，因而削弱了任何一个公司的竞争优势。

互联网企业有能力提供更为广泛的产品选择。对于小众市场而言，互联网提供商比实体店有优势。Amazon 和 iTunes 音乐商店就利用了这一优势 [Economist, 2012]。iTunes 已经成为世界上最大的音乐零售商。

14.5 战略管控与运营

战略管控是指在企业经营战略的实施过程中，为达到高效率、高绩效所进行的各项检查活动，如有需要，即可采取行动以提高绩效。战略管控的目标是保持公司的运作效率、质量以及对客户的响应能力。

为了评估战略的有效性，一些企业开发了**平衡计分卡**，它是一套公司特有的衡量标准，包括财务和运营指标。这能够使管理者快速、全面地了解整个公司的绩效情况。平衡计分卡既是一个战略制定工具，又是一种绩效报告。一个成功的平衡记分卡的具体实施目标要与组织目标相一致。商业运营区域显示：如何操作和处理才能为客户增加价值。客户区显示：公司应如何制定以客户为导向的战略和运营方式来增加财务价值。财务区衡量：公司是否增加了股东增值。学习和增长领域显示：基础设施应该如何支持创新和长期增长的战略目标。平衡记分卡如图 14.9 所示 [Kaplan and Norton, 2004]。

要建立有效的记分卡，企业需要确定绩效的根本驱动因素，并且进行衡量。寻找合适的措施，如可靠性、产品质量、客户满意度是具有挑战性的，但可产生巨大的回报。GE 的杰克·韦尔奇提出的口号是："每天找寻更好的方式"，这促进了业务流程的改进。随后，他又增添了衡量绩效的想法。这样一来，运营利润率从 1994 年的 1.2% 上升到 2000 年的 13.8% [Welch, 2002]。韦尔奇认为，运营系统的关键在于理解、学习和改进结果。

GE 的实时数据库

GE 副董事长盖瑞·罗杰斯（Gary Rogers）从数字仪表盘中获得灵感，提出了一个新的想法——不断更新公司的重要统计数据 [Tedeschi, 2003]。GE 的"实时数据库"给予数百个管理者即时访问公司电脑、平板电脑和智能手机的权限 [Tedeschi, 2003]。

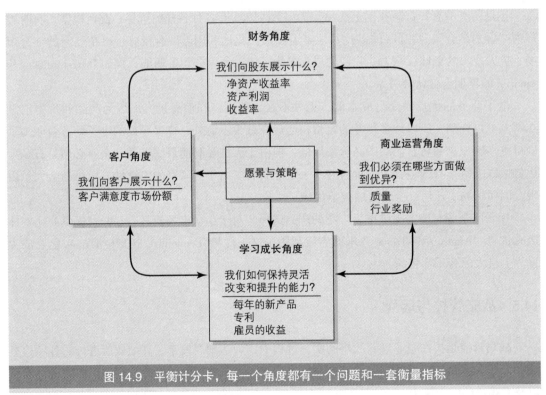

图 14.9 平衡计分卡，每一个角度都有一个问题和一套衡量指标

来源：Adapted from Kaplan and Norton, 2004。

新企业还应制定图表和流程图以显示它们是如何工作的。行动计划列出了一些将在未来采取的行动。为了记录公司事件发生的时间，公司应该准备一个时间表，以图表的形式列出公司所有重要的预计将在近期和中期达成的里程碑事件。甘特图是一种描绘每项任务和时间节点序列的序列图。甘特图，通过使用网格上的阴影条，比较计划和实际活动完成情况。时间轴是一种在视觉上对某一项目或活动的实际进度与计划进度进行比较的手段。时间轴允许参与者设想出计划的结束情况 [Yakura, 2002]。

任何规模的企业都可以通过使用甘特图里描绘的时间轴和里程碑事件来获利。如图 14.10 任务 B 的完成可以代表完成一个原型，任务 C 可以代表原型的测试。设定阶段性目标，然后努力准时达到这些目标是很重要的。

另外，里程碑路线图可以更多地使用图形和表格来代表活动、结果和时间，如图 14.11 所示，它描绘了实现预定结果的路线图。

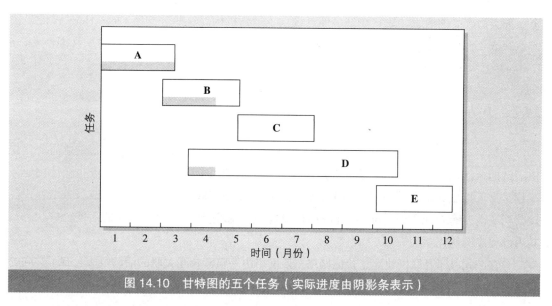

图 14.10　甘特图的五个任务（实际进度由阴影条表示）

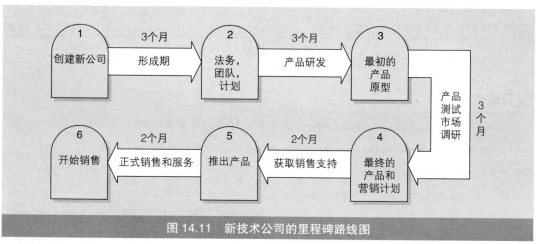

图 14.11　新技术公司的里程碑路线图

14.6 聚焦 Clean Harbors

Clean Harbors 是环境、能源和工业服务，包括危险废物处置的供应商。其客户包括众多世界500强企业以及联邦、州、省和地方政府。1980年，现任首席执行官艾伦·麦奇宾（Alan McKim）在马萨诸塞州的布罗克顿创办了这家公司。Clean Harbors 现已扩展到 470 多个地点，遍及北美。

对运营的有效管理一直是 Clean Harbors 增长的关键点。例如，该公司利用 GPS 跟踪公司的车辆，这使得它能够减少车辆损耗、更有效地分配资源。该公司还进行了各种收购以扩大它的资源和能力。例如，在20世纪90年代和21世纪初，它收购了一些焚化炉处理公司；2009年，它收购了为石油和天然气行业服务的 Eveready,Inc.，2012年，它收购了具有石油资源回收和再利用方面专业知识的 Safety-Kleen。

通过这些收购，Clean Harbors 已经逐渐打通了垂直整合的链条。由于 Clean Harbors 是一个服务实物产品的组织，故它在许多地点设立了运营机构。这些分支使 Clean Harbors 能最快速地获取资源。它还允许客户和合作伙伴广泛地参与进来。反过来，这些关系又能使 Clean Harbors 获取新的技术和知识。

14.7 小结

新创企业需要设计一套操作流程，以使它能够创建、存储和运输产品。新企业需要建立供应链的合作伙伴关系，这会使它在产品组装或制造的每个阶段都增值。服务企业使用业务流程是为了把服务组合在一起。新企业管理价值链以便有效地提供最终产品或服务给客户。该公司还需要有效地管理零部件和材料的运输。它力求达到合作伙伴之间的最佳合作状态及其内部程序的优化。

许多公司基于互联网建立了价值网络，该网络由一整套相互关联的活动组成。有了共同的时间表、关联的任务和同步控制，企业便可以通过管理该网络来保持业务流程的准时、高效。

⊃ 原则14

高效、实时的生产、物流和业务流程的设计和管理，可以成为新创企业的可持续竞争优势。

⊃ 音像资料

访问 http://techventures.Stanford.edu 查看专家如何讨论本章节的内容。

- Overcoming Some of the Early Mistakes of Dell　　Michael Dell　　Dell
- Develop Operating Range　　Sukhinder Singh Cassidy　　Joyus
- Navigating AgraQuest's Value Chain　　Pam Marrone　　Agraquest

14.8 练习

14.1 选择一个公司，利用图 14.6 的格式为这家公司勾画价值网络图。

14.2 Flextronics 为许多电子公司生产产品（www.flextronics.com）。它是一个全球性的公司，总部设在新加坡，拥有超过 17.6 万名雇员。该公司的核心竞争力是精益生产。Flextronics 和 Microsoft，Ericsson，Dell 这些公司的价值网的契合点在哪里呢？

14.3 中国是一个世界级的制造商，具有规模和成本优势。找出一个为欧洲公司组装电子产品的中国公司，并分析在制造业方面，中国和欧洲相比有什么优势呢？

14.4 使用新技术可以为公司注入新的活力，如塑料工业。物流、供应链和调度软件使某些成熟的制造企业的生产能力增加。这样的软件公司有 i2，Moldflow Quad 和 Keane。选择其中一个公司，描述该公司运营效率软件的实际提高效果。

14.5 据悉，约有 5% 到 10% 不合格药物会被返工或丢弃。质量检测是通过手工完成，并进行分批处理的方法。现有一家为药品制造商设计新流程的新创企业。它应该采用什么新的方法和途径把产品和业务出售给制药商呢？

14.6 描述和对比下列新创企业面临的运营挑战：（a）从事消费者网络服务的新创企业，（b）Apple 手机应用公司，和（c）电子设备公司。

14.7 描述和对比下列新创企业面临的运营挑战：（a）研发药物公司，（b）医疗器械公司，（c）生物燃料公司。

创业挑战

1. 描述你的企业所使用的关键业务流程。
2. 为你的企业绘制一条路线图，如图 14.11 所示。
3. 为你的企业起草价值网络图，如图 14.5-14.7 所示。

第15章

收购和全球扩张

机会难得，一个聪明的人永远不会放走它。

——贝亚德·泰勒
（Bayard Taylor）

▶▶创业者如何通过收购和进入新地区的市场来进行扩张？

创业者通常通过收购一个现有的公司并对其进行改进来创建一个新的业务领域。收购方试图使公司成长或者为公司创造新的价值。另一个策略是创业者创建自己的公司，然后通过收购其他公司来扩张自己的公司。一系列成功的收购可以帮助公司成为一个行业中强有力的领导者。然而，当两个公司的文化有显著差别时，将新收购的公司整合进现有的公司是一个很大的挑战。

大多数新公司在适当的时间，都会为国际化成长战略制定计划。全球化的力量是强大的，新企业为了自己的发展需要有一项这样的计划。

15.1 收购并追求协同效益

收购，是指一个公司购买另外一个公司。通常被兼并的公司放弃它的独立性，兼并的公司承担其所有的资产和负债。收购是企业创业的一种形式，尤其对已经建立的公司试图创新并且为组织注入更多的创业行为或新的产品线是非常有用的。因为运营业务的历史经验是一笔重要的财富，因此购买一个现有的业务可以降低生产新产品或进入新市场领域的风险。此外，购买一个已存在的企业业务对于公司现有业务也有很多好处，表现在客户、员工、产品、设备和地理位置等方面。然而，潜在的缺点也很明显，比如较差的地理位置、减少的资产、过时的库存、贬值的品牌、心灰意冷的客户或员工及盈利能力的缺乏等。

收购一家公司有三个主要步骤：（1）目标识别与筛选；（2）投标策略；（3）整合或转型。

寻找和评估收购候选者有时会很耗费时间。收购通常是建立在与预期的**协同效益**相适应的基础上，通过公司间的联合行动可以提高效率与成就。假设你筛选出一家公司，你确定它的价值为 V，竞标的可接受价格也是 V。然后你估计将你和创业团队创造的价值加入之后的新公司价值将是 V_N。那么，我们可以将协同效益（Syn）定义为：

$$Syn=V_N-V$$

协同效益是被收购方的预期增值。协同效益的来源可能是由于新的创业团队被引入公司而带来的能力和资源，从而使公司的收入增加或成本降低。当新创业者收购一个现有的业务时，协同效益就是创业团队代替所收购公司管理团队而产生的附加价值。新团队努力为被收购方团队的产品增加价值，这将使竞争对手很难进入并难以模仿。因此，收购方试图找到能被其管理团队增强的、拥有宝贵的和稀缺的产品创新的公司。

在找到一个好的收购项目后，收购方需要安排融资并对交易的条款进行谈判。这是一个很好的既可以避免招标竞争，又可以及时完成交易的方式。

eBay 和 PayPal

eBay 和 PayPal 宣布它们在 2002 年 7 月合并，并允诺将在多方面协同合作。新闻报道如下：

此举将帮助数以百万计的互联网用户进行在线购买和出售。eBay（全球在线市场）今天宣布，它已同意收购 PayPal（全球支付平台）。这对 eBay 电子交易平台是一个很自然的扩展，会帮助公司创建一个有效的全球在线市场。支付是 eBay 交易中一项重要的功能，将 PayPal 的功能整合到 eBay 平台上将从根本上增强 eBay 平台的用户体验，同时也能让买家和卖家的交易更方便、更高速、更安全。

来源：eBay Press Release，July 8, 2002.

对于收购方公司的估值我们将考虑使用三种常见方法：(1) 账面价值；(2) 市销率；(3) 市盈率。**账面价值**是公司的净资产（所有者权益），即总资产减去无形资产（专利、商誉）和债务。市销率和市盈率是比较公司在一个特定行业的收益。

以一个为伤者以及残疾人设计和制造整形设备的公司为例。会计咨询师确定的公司资产净值是 80 万美元。在过去两年中，该公司年度收入保持在 120 万美元。公司有几个专利产品，但并没有充分发挥其商业价值。因此，为公司设置的净资产或者是账面价值为基价 80 万美元。收入没有增长，因此会计师建议购买价值为其销售收入的一半，即 60 万美元。在过去的几年里，收益稳定在每年 10 万美元。假设一个零增长型公司的市盈率为 9，公司的市价为收益的 9 倍，即 90 万美元。假设这三种估值方法（80 万美元、60 万美元和 90 万美元），买方选择的目标价是 70 万美元，并试图确定一个合适的交易结构。最初安排可以是向卖方公司支付 20 万美元的现金以及在 4 年间用最优惠贷款利率支付余下的 50 万美元贷款。最终，估值和最终交易是买方和卖方之间谈判的结果。

收购经常以损害被收购公司的价值结束，这是由于被收购公司所有权的转让困难以及过高地估计了公司的价值。当收购者尝试过渡时，与被收购公司一起工作或者改变其既定的文化都存在困难。当两家公司在不同的地域有不同的产品或操作时，这种过渡是相当困难的 [Ellis et al., 2011]。买方和卖方之间的信任差异也是成功收购的一个挑战 [Graebner, 2009]。

进行收购之前，一个新创企业应考虑技术和客户的不确定性。如果不确定性高，可以考虑适当联盟，这通常会降低成本并能够限制公司的财务风险。当联盟显示出成效后，再进行收购可能较稳妥 [Dyer et al., 2004]。

1949 年，厄尔·巴肯（Earl Bakken）和帕尔玛·赫蒙斯利（Palmer Hermundslie）在明尼苏达州成立了医疗设备维修公司——Medtronic。公司早期的业务是：销售和维修医疗设备，并生产定制的设备。1957 年，Medtronic 研发了第一个可穿戴式外部心脏起搏器。三年后，Medtronic 购买了第一个植入式起搏器的专利。该公司已经成长为全球心脏起搏技术制造商的领导者。美国以外的销售市场是巨大的，但竞争也非常激烈。为了应对竞争，Medtronic 开始布局国际业务。1968 年，通过购买其在加拿大的销售代理公司，Medtronic 获得了对国际市场的直接控制权。之后 Medtronic 开始陆续收购其在美国的主要分销商，从而建立起直接销售力量，将产品销往世界各地。

在 20 世纪 80 年代，Medtronic 购买了 Johnson & Johnson 的心血管部门。此外，Medtronic 还收购了十几个其他的医疗技术公司，使其顺利进入新市场。并购了包括冠状血管成形术导管和指导导管的制造商、离心血泵的生产商和荷兰起搏器制造商。到 1990 年，通过内部发展和战略收购的结合，Medtronic 实现成功转型，从一个局限于产品线的公司变为一个国际化、多元化的医疗技术公司。在 20 世纪 90 年代和 21 世纪初，通过战略性并购市场领导者，Medtronic 一直保持着医疗技术行业的领先地位。

15.2 作为成长型战略的收购

收购和兼并可以作为零散产业的成长战略。兼并是指两家公司融合在一起。**收购**是一个公司购买另一个公司。兼并和收购之间的区别在于其中一家公司对于两家公司的控制程度，兼并的结果可能是各自控制。兼并比收购需要更高程度的伙伴之间的合作与整合。大多数情况下，兼并通常是发生在大小相当的组织中，而在收购过程中，一个组织会变得更大、更成熟。许多公司在兼并中受到两家公司的功能和活动整合不充分的影响。

在零散产业中，许多小公司在占有和争夺市场份额方面是有区别的。强大的力量正在推动产业整合成为寡头。一个**寡头垄断**行业的特点是只有很少的卖家。合并的激励措施在科技、媒体和电信行业非常明显，因为这些行业的固定成本很高，而与此同时对于每个额外的客户服务成本很小。

一个寡头垄断的行业，也就是一个市场上只有很少的卖家提供类似的产品，有时也是受欢迎的。它能产生效率，使得企业给消费者提供物美价廉的产品并能引领整个行业的标准，从而维持稳定的消费者。但是，寡头垄断也可以让一些企业能够以消费者和经济进步为代价来获取高额利润。它可以破坏行业竞争，因为竞争能有效地阻止企业以远高于成本的价格来定价。许多行业也面临着高昂的固定成本。现在，开办一个有代表性的半导体制造工厂的成本在 20 亿美元和 30 亿美元之间，相比之下，在 5 年前是 10 亿美元。一个基础内存芯片制造商必须出售更多的集成电路（芯片）来收回投资。这就是存储芯片制造商急于兼并的原因。

行业在公司的兼并中变得更加高效 [Sheth and Sisodia，2002]。在分散的市场中，行业中合并后的公司可以实现规模经济的协同作用。一个成熟行业中的新企业若恰逢该行业整合的成熟阶段，将会得到很好的机会。新进入者可以集中资源并在一个利基基础上有效地利用这些资源，然后收购小型竞争企业使之作为资源使用 [Santos and Eisenhardt，2009]。零散产业的一个例子是互联网服务提供商（ISP）。每个城市都有许多独立的互联网服务提供商，同时也有大型的竞争对手，如 Comcast 公司和 CenturyLink 公司。随着这些大公司不断巩固它们的力量，小的竞争对手正在衰落。

如果新联合的公司对于不远的未来有完善的经营计划，包括一些盈利能力的关键措施，那么兼并可以刺激增长。兼并后的公司应该重新部署非生产性资产，并且关注彼此共同活动的优化。

大多数研究表明，约有三分之二的兼并不会带来任何协同效应或收益。为了充分实现兼并的价值，兼并后的组织必须适当地整合。**横向兼并**是在一个类似的市场中生产和销售类似产品的公司间进行的兼并。Exxon 和 Mobil 的兼并就是横向兼并的一个例子。**垂直兼并**是在价值链上处于不同位置的两家公司进行的兼并。

在 1976 年，吉姆·麦肯（Jim McCann）拥有了自己的事业。他花了 1 万美元在曼哈顿买了一家花店并对其进行日常管理。在接下来的 10 年中，他又开了 12 家新店。他一直经营得很好，后来他离开了日常工作开始致力于花卉业务。1987 年，他用 200 万美元购买了陷入困境的 1-800-Flowers，并承担了其 700 万美元的债务。他把公司搬到纽约并将其与自己的鲜花连锁店合并。在这之后麦肯通过一系列很好的收购方案使 1-800-Flowers 不断扩张。在 20 世纪 90 年代，它的业务不局限于花卉，扩展到礼品。1999 年，Flowers 收购了 Great Foods（一家特色食品公司）。2001 年，Flowers 收购了 Children's Group（一家玩具和玩偶制造商）。Flowers 通过提供更多的礼盒产品、高价的糖果品牌及快递物品来扩大它的糖果业务。非花类物品，如烘焙食品、糖果和珠宝也都被提供在其网站上（www.800Flowers.com）。

表 15.1 展现了五种不同类型的并购 [Bower，2001]。第一类，目标在于在相对成熟行业中减少产能过剩。收购方试图关闭低效率的工厂，在降低成本的同时保留公司的技术和客户，以此来实现规模经济。2002 年，HP 和 Compaq 的兼并就是这种类型的一个例子。

许多交易是建立在获得收购公司的客户和减少产能过剩的基础上的。收购的目标是识别和留住最好的客户，并试图从被收购公司的客户列表中吸引新顾客 [Selden and Colvin，2003]。

第二类，当一个公司因成功地收购了当地的或区域性的公司而成为一个全国性的强大的公司时，地理延伸或积累效应就产生了。积累效应是为了达到规模经济和范围经济而设计的。

表 15.1 五种不同类型的并购

类型	减少产能过剩	地理延伸	产品或市场延伸	技术收购	产业聚集
目标	减少过剩的产能和增加效率	在地理上延伸公司的范围并建立规模和范围经济	延伸产品线或进入一个新的市场单元	快速增加新技术和功能	在一个行业或部门的聚集区域获得一个位置
例子	Daimler-Benz 和 Chrysler	Bank of America 和 Nations Bank	Tyco 和 Raychem	1993 至 2012 年 Cisco 兼并 159 家公司	Sirius 和 XM Radio
	HP 和 Compaq	Waste Management 和当地许多公司	eBay 和 Paypal	Medtronic 和众多医疗设备公司	Disney 和 ABC 电视与广播
问题	兼并后的公司要消除哪些过剩产能，以及如何快带达成目标	如何融合两个公司不同的文化	融合两种文化和分销渠道	高估技术收购和被收购公司领导人的缺失	聚集可能无法实现或者价值低

第三类，市场延伸，旨在延伸公司的产品线或让其进入空白市场。为延伸其产品线，eBay 收购 PayPal，方便了其客户的交易。

第四类，技术收购，旨在通过购买一个小公司快速获取新技术和功能。正如 13.6 节中所讨论的，在 20 世纪 90 年代，Cisco 通过收购一系列的小公司来构建其性能。第五种类型的并购是基于对未来聚集产业的看法。Disney 买了 ABC 电视和广播，欲将其内容和媒体渠道进行融合。通常情况下，公司通过收购来恢复企业的活力，并使企业绩效激增 [Vermeulen, 2005]。

Boston Scientific 与 Scimed：一个成功的整合

两家公司成功的整合是收购或者兼并的重要目标。例如，在 1992 年完成首次公开募股后，马萨诸塞州的 Boston Scientific 是一个很受尊敬的微创医疗设备行业的先锋企业。其积极的收购战略很快促成了其对明尼阿波利斯的 Scimed Life System 公司的兼并，这个公司是专门生产治疗心血管疾病血管成形术产品的公司。Scimed 也已经在欧洲和日本建立了一流的分销系统。经过几年的磨合，两家公司充分整合。借助于 Scimed 的产品、分销系统及团队，Boston Scientific 成为行业领导者。

HP 和 Compaq 的兼并实际上是基于减少产能过剩的技术收购。在这种情况下，保留下来的公司，HP，收购了 Compaq 的技术。由于 HP 公司错过了个人电脑和互联网转型，因而公司希望通过兼并来提高自身的竞争力 [Anders, 2003]。

表 15.2 列举了将被收购公司整合进收购公司的规则。关键的一步是任命一个全职总经理为两家公司在整合期间工作。整合工作从整合策略和整合计划开始。目标应该是实现短期内，即合约缔结六个星期之后的初步融合。另一个重要的步骤是建立一个整合团队协助整合经理工作。这个团队有助于构建兼并时的社会关系，并可以获得初步成效。整合经理的角色是将速度注入这个过程中，创建一个新的结构，使社会关系构建成功，如表 15.3 所示 [Aiello and Watkins, 2000]。兼并和收购的总体的数量因市场条件而异。

表 15.2 收购公司和被收购公司的规则

收购公司规则	被收购公司规则
● 使用高价值股票作为支付方式	● 需收购方支付现金,而不是股票
● 确定被收购公司的关键人物并同意其留下	● 关键人物在短期内会同意留下
● 决定保留谁,以及和谁能快速建立关系	● 避免签署非竞争协议或缩短其持续时间
● 控制其傲慢的行为倾向	● 向被收购公司的员工和经理解释益处
● 整合两家公司的文化和运营流程	● 告知员工谁留下,谁被辞退
● 任命一个整合经理或团队领导收购进程	● 重组时尊重员工

表 15.3 整合经理的四个角色

1. 加快进程速度	3. 构建社会关系
● 推动决策和进程	● 解释两个公司的文化
● 控制速度	● 积极出现在两个公司
	● 使人们走到一起来
2. 创建一个新的结构	4. 构建成功
● 创建联合团队	● 识别和沟通协同效应
● 领导一个整合团队	● 显示短期收益
● 提供新结构框架	● **展示企业效率方面的收益**

在被一家大公司收购后,创业公司的领导人经常继续发挥至关重要的作用。收购方公司的领导人往往忙于自己的生意而忽略了对被收购方员工提供有效的直接领导。此外,他们最初可能没有很好地理解收购业务而没能做出好的决策。即使在交易完成之后,这将使被收购方的经理继续领导他们的公司。被收购方的领导人可以通过关注员工具体的目标和时间表,通过帮助解决员工在新岗位、新领导下工作遇到的问题,增加其价值 [Graebner,2004]。

收购和兼并可能会像创造价值一样摧毁价值。只有当制定的战略有意义,公允价值是基于可实现的预期,管理专注于执行计划时,收购和兼并才会增加价值。例如,AOL 和 Time Warner 由于未能妥善管理新组织,价值就有损毁 [Klein and Einstein,2003]。

15.3 全球贸易

兼并和收购的一个常见的动机是进入新市场。公司在一个新的国家开展贸易时通常会采取这种策略。当前的全球化现象可以追溯到 1989 年柏林墙被推翻时,它标志着自 1945 年以来统治世界的原则划分结束。如果把冷战时期比喻为柏林墙,那么全球化就可以比喻为网络。全球化是全球自由市场资本主义的胜利。之前的全球化时代建立在运输成本下降的基础上。今天的全球化时代则建立在电信成本下降的基础上 [Friedman,1999]。**全球化**包括市场、民族国家和技术的整合,它使得人们及公司可以向世界上任何一个国家(地区)提供和销售他们的产品。在互联网浪潮和全球化中,公司可以随时随地进行销售。全球化的特点是速度、现代化、移动和距离的缩短。

新企业应该考虑全球化战略，哪怕最初只是想保持本地化。一个新的自动化设计公司在最初几年可能只考虑选择美国，但是后来便会考虑国际扩张。我们使用一个分类系统来研究全球化战略，如图 15.1 所示。

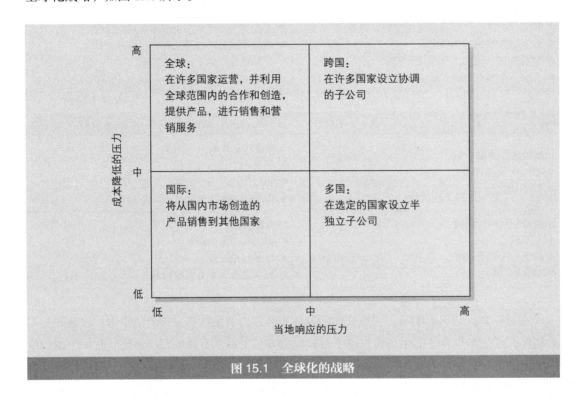

图 15.1　全球化的战略

一个**本地**或**区域**战略关注于一个公司的所有本地化活动，因为这是形成其竞争优势的途径。早期的公司通常会选择它们了解的并且初步尝试获得成功的区域性市场。这使它们能够了解它们的客户和他们为什么购买产品 [Bhidé，2008]。因此，新技术公司可能从本地开始，采用一些营销和销售方法。然后它可以走向世界。

最初保持在当地的另一个原因是资源的有限可用性。餐馆、零售商店和其他本地化的机会在本地是最好的开始。例如，Starbucks 在西雅图发迹，在完善了本地化运营之后才转移到美国其他地区。

多国战略要求在多个国家开展业务以更多地寻求资源许可。在这种情况下，公司需要为每个国家提供一个单独的产品和合适的市场营销战略。这一战略从成本上看是不合算的，但却能够使公司在许多国家设立独立子公司。Nokia 和 Sony-Ericsson 是运用多国化战略的例子。

在试图利用成本经济创造差异化的产品时，**跨国战略**可以被运用。这种战略取决于产品在国与国之间进行操作和转让而带来的产品流动。ABB 公司和 Caterpillar 公司是运用跨国战略的例子。

一个通过从国内市场向其他国家出口或者许可协议，将产品和能力进行转换的**国际战略**将会创造价值。这样做的一个好处可以接触到新的国际活动业务环境，公司可以了解不同的方法、产品和创新。Microsoft 和 IBM 是对应的例子。Microsoft 经常试图将相同的商业模式运用到其他国家。

Riverbed 科技公司和国际战略

Riverbed 科技（美国的一家基础产业公司）是一个区域网络（广域网）优化设备制造商的领导者。在不到十年的时间，广域网优化设备首次商业化并快速成长为数十亿美元的市场。因为不同国家间的广域网优化设备不兼容，因而多数大型客户都不愿意部署网络。因此，Riverbed 被迫在其成立之初提出了一个国际化战略。Riverbed 与它在许多国家现有的分销商和零售商进行合作，使企业迅速增长。Riverbed 今天在超过 30 个国家设有办事处。

全球战略强调在全球范围内创造新产品、进行销售和市场营销。公司使用在不同国家的设施和组织机构来创造产品，并在全球销售。例如 General Motors，Intel 和 HP。Intel 的总部设在硅谷，其国际业务已占其总营业收入的 70%。克瑞格·贝瑞特（Craig Barrett），Intel 前首席执行官，预计在未来几年最大的增长区域将是印度、中国和俄罗斯。这些市场几乎代表了世界的一半人口，并且最近刚刚对美国的科技公司开放 [Barrett, 2003]。每一个全球化战略的优点和缺点在表 15.4 中列出 [Hill and Jones, 2001]。

Suzlon 能源公司的全球化战略

Suzlon 能源由坦齐（Tusli Tanzi）于 1995 年在印度创立，是一个拥有全球化视野的领先的风力发电机制造商。该公司已在五大洲像印度、中国、德国和比利时这样的地方进行销售、研发和生产。它提供了完整的风力发电解决方案，包括咨询、制造、安装和维护客户。它已经迅速成长为最大的清洁能源跨国公司之一。2012 年，公司销售额超过 40 亿美元。因为公司的许多员工受地理距离、语言和文化的分隔，因此它的领导力面临着严峻的挑战（www.suzlon.com）。

表 15.4 四个全球战略的优缺点

	优点	缺点
多国	为当地市场定制产品的能力	未能降低成本和适当地向其他国家学习
跨国	降低成本以及向其他国家学习的能力	由于独立组织太多而难以实施
国际	本地响应能力 将独特的产品和能力转移到其他国家	对当地市场的浅层回应 无法降低成本
全球	降低成本和获得全球学习能力	缺乏当地响应能力 难以协调

一般来说，一个新兴的公司应该选择其中的一个战略进入全球市场，然后再确定什么时候、进入哪些国外市场。是否进入、时间和成本等因素决定策略的合理选择。一些行业在本质上是局部的，在其他方面则是国际化和全球化的。一个新的集成电路制造商需要快速构建一个

全球性的国际战略竞争市场。对于许多公司来说，扩张从当地开始，先发展到地区，进而发展至整个国家，遵循自然的发展过程。第一步是选择国家，建立适当的分销渠道和供应链。

国际机会存在于许多行业。Microsoft 和 Intel 在全球范围内销售它们的产品。伦敦的戏剧，例如《歌剧魅影》等后来到纽约表演，并最终进行全球巡演。降低成本、提高能力和符合当地需求的全球机会需要跨国战略或全球化战略。然而，实现这些战略所需的资源是巨大的。

Cisco 使用国际化战略在 150 个国家销售其产品，其收入中约 50% 来自国外。许多新企业或新兴公司需要考虑开展全球化战略以获得独特的能力或优势。表 15.5 列出了考虑进入全球市场的原因。反过来，一个新企业进入全球市场的速度依赖于竞争对手的行动、技术、公司知识和对外国市场的认知 [Oviat and McDougall，2005]。

表 15.5　新创企业制定全球战略的原因

- 获取廉价的劳动力或材料
- 绕过贸易壁垒
- 获取独特的技能和向别人学习
- 获得规模经济
- 为公司产品获取有吸引力的市场
- 这个行业是全球的，所有的竞争对手也是全球的
- 拥有一个享誉世界的知名品牌

在区域市场进行产品的全面开发和测试后再将其推向全球是传统的做法。因为新兴公司获得国外市场的信息与知识，以及管理外事活动的能力是有限的 [Julien and Pamangalahy，2003]，它们往往限制了自身的国际化努力。随着时间的推移，随着公司在本地区和世界各地都识别到相同的国际机会，它们必须在可用的资源条件下合理地追求这些机会 [Kuemmerle，2005]。成功的创业者会举一反三，它们用简单的规则推广经验教训 [Bingham，2005]。它们还能够根据不同情境的需要进行即兴发挥 [Bingham，2009]。

一个成功的全球创业企业通常会有国际化视野，强大的全球网络以及全球范围内广为需要的独特产品。世界各地的消费者需求越来越趋同，特别是包括汽车、服装、食品和饮料在内的消耗品，以及以电器和电子产品等为代表的耐用消费品。对于许多企业来说，全球消费主义促进了全球品牌的发展，这是为自己创造品牌资产。Apple、丰田和 Pfizer 是全球品牌。新创企业需要通过不同的途径谋划全球化布局。随着它们的行业变得全球化，它们必须对生产、管理和组织因素进行规划 [Farrell，2004]。

明智的新创企业从一开始就像全球化的公司那样进行知识产权保护，并致力于国际化运营。约翰·法雷尔（John O'Farrell），领先的风险投资公司 Andreessen Horowitz 的合伙人，他提议新创企业开发一个独立的全球战略以解决全球化运营的五个关键领域的问题：你的目标是什么？你会关注哪些国家并且顺序如何？你销售什么产品？你将如何打开市场？世界上不同地区的运营模式是什么？变得全球化可能会带来很大的回报，但是只有提前想好和完成强大的战术才行 [O'Farrell，2011]。

表 15.6 中列出了进入另一个国家或地区市场的五个可能性。出口是在其他区域开展业务的一个简单方法。然而，高昂的运输成本却成为一个劣势。发放许可并收费的做法成本较

低,对被许可方的营销和生产也可起到一定的控制作用。特许经营是许可的一种形式,遵循自己的运营规则和流程。这个方法可能失去对产品质量的控制。

与外国公司合资提供了获得合作伙伴能力的机会 [Yu et al., 2011]。但是,它也导致控制的减少。因此,必须注意调整双方的目标,并在一方远比另一方大时解决议价能力失衡的问题 [Lu and Beamish, 2006]。全资子公司让母公司行使完全控制,但这是一个代价高昂的控制方法。

表 15.6 进入国际市场的五种模式

模式	描述	优点	缺点
出口	向另一个国家销售货物	销往各地的能力	运输成本 代理困难
许可	利用知识和专利生产产品的合法许可	低成本进入	对许可的控制较弱
特许经营	获得出售产品时使用品牌、名称或经营方法的权利	低成本进入	缺乏对于质量的控制
合资企业	加入当地的实体企业	获得合作伙伴的能力 共享成本	缺乏控制
全资子公司	在另外一个国家注册公司	直接控制	高成本

McDonald's 和 Hilton 酒店通常采取特许经营的方式。Intel 和 HP 则是通过全资子公司。Fuji-Xerox 是 Xerox-USA 和日本富士胶卷(Fuji Photo Film of Japan)公司的合资企业。Harley-Davidson 直接向其他国家的经销商和分销商出口约 29% 的摩托车。

Honeywell 是美国财富榜前 100 强的大型国际企业。公司业务涉足航空航天、环境控制、先进材料、运输系统、制造业和流程工业技术等领域。Honeywell 的绝大部分员工生活在美国以外,并且公司 55% 的收入来自美国以外。

全球化正在随着市场的开放和管制的放松而逐渐扩大。如图 15.2 所示,全球化的力量是强大的 [Barkema et al., 2002]。许多新公司需要考虑全球因素在它们行业的影响,并创建一个响应计划。要想成功,全球创业者需要构建一个全球目标,建立联盟,创建和管理供应链,并学习如何在不同的文化和制度框架下建立一个相互信任的组织 [Isenberg, 2008]。

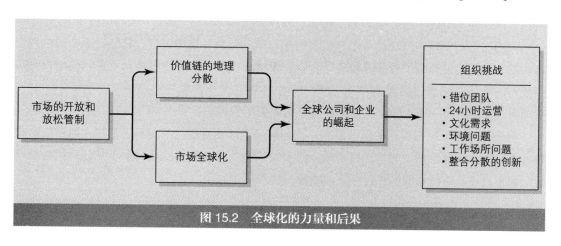

图 15.2 全球化的力量和后果

随着新公司的增长，它们需要发展全球关系并同来自其他文化的人们一起工作。文化智商是一个人适应新的文化环境和有效地与来自不同文化的人进行交往的能力 [Early, 2004]。影响文化智商的三个因素是认知、体力和情商。全球商业取决于良好的文化关系和聪明的文化智商。成功的全球团队成员应学会应对不同的国家、企业和职业文化。

欧洲工商管理学院（INSEAD）的伊夫斯·多兹（Yves Doz）定义了一个**多国**（metanational）**公司**拥有的三个核心功能：(1) 首先识别和获取世界各地的新兴知识；(2) 利用全球化的知识，超越竞争对手的创新水平；(3) 有效地在全球范围内通过生产、销售和运输将这一创新转化为价值 [Fisher, 2002]。Nestlé 等公司就是一个例子。其他的例子如 IBM 和 HP。或许最具挑战性的任务是获取知识和创新，并将它们整合到公司的能力和产品中。

竞争是类似于一个三维国际象棋的游戏。一个组织进入一个市场的行动可能会实现另一个市场的目标，但是其竞争对手却不会立即发觉。在市场之间存在着这种战略的相互依赖，因此竞争的复杂性很快就会使普通分析无用武之地。公司需要分析竞争格局，并预测发生在一个市场的行动会如何影响与其他市场的互动。

技术密集型产业的领头企业一般具有可进行全球化的核心能力。创新型企业在世界范围内努力汲取知识，获取协调能力。它们构建和发现新的资产和能力，并努力实现规模经济和范围经济。随着公司的成长，它们成为一个具有全球化能力和资产的企业 [Tallman and Fladmol-Lindguist, 2002]。

一个真正的全球性公司，比如 IBM、HP、Cisco 和 Intel，它们都作为一个独立的整合组织而运行。此类公司基于适合的成本、技能和商业环境在世界范围内调动人员和项目。这些公司作为一个"全球网络企业"而运营——一个致力于提供最佳业务流程的灵活整合的公司群组。这些网络不再是交易性的（基于合同的），而是依靠相互的合作和信任构建起来 [Branscomb, 2008]。它们依赖于创新伙伴的合作网络。

15.4 聚焦阿里巴巴

阿里巴巴由中国企业家马云创立于 1999 年，起初定位于一个连接中国制造商和外国买家的门户。这个公司现已经演变成"东方 Amazon"。2012 年，它整套的服务价值超过 500 亿美元，销售额（GMV）超过 1 600 亿美元。

阿里巴巴的门户网站现已有七种语言，支持来自世界各地的客户，它已走出中国成为全球性的力量。通过与电子商务企业进行合作、投资和收购，阿里巴巴推动了它们的增长。其中值得注意的是阿里巴巴在 2005 年收购 Yahoo 中国，使得阿里巴巴在新闻、电子邮件和搜索业务等领域占有一席之地，也使得其与 Yahoo 关系密切。

阿里巴巴继续扩张其在中国的范围，并与其他全球化科技巨头竞争，它往往通过战略投资和收购来实现此意图。阿里巴巴更乐于投资或收购技术成熟的企业，而不是花时间自己研发。阿里巴巴战略投资的例子包括新浪微博，以及高德地图。

15.5 小结

一个新企业在创建之初可能会被其他公司收购。或者，创业者也可以采取收购其他企业从而创建自己的新公司。大多数的收购是建立在对协同效应的合理预期的基础之上的，也就是兼并后公司的效益提升。收购可以用于效率提高、地理扩张、产品或市场扩展和技术收购。

⊃ **原则15**

一个明确的收购和全球战略对于所有的新技术企业都是很重要的，需制定好这样一个战略。

大多数新公司在地区或区域战略的基础上逐渐演变出向国际出口的发展战略。随着这些公司的成长，它们可能会从出口转变为在其他国家设立全资子公司。

⊃ **音像资料**

访问 http://techventures.stanford.edu 查看本章专家讨论的内容。

- Reasons to Acquire a Company   Dan Rosensweig   Chegg.com
- Getting Acquired by Google   Brett Crosby   Google
- Building Resistance Acquisition Hugh Martin   Pacific Biosciences

15.6 练习

15.1 收购方寻找能提供良好利润率、清晰的发展轨迹和公平收购价格的公司进行收购。选择一个感兴趣的行业并且列出选择收购候选对象的五项标准。

15.2 一个软件公司目前被列为收购对象，但是它已经有好几年没有增长了。该公司每年提供一个税前现金回报，所有者的薪水为10万美元，年销售额100万美元。作为这家公司的买家，您选择的折现率为14%。假设你可以将销售现金流的增长速度增加到2%。请计算你愿收购此公司的价格。

15.3 请描述这些公司的收购策略有哪些不同：Apple、Google、Microsoft、Oracle和Qualcomm。

15.4 选定一个通过收购进入国际市场的科技型公司。描述它的战略联盟和执行交易条款。这是成功的吗？它引发的关键挑战是什么？

15.5 采访不在公司总部所在国工作的技术主管。各种公司职能是如何处理的，如营销、销售、运营、发展？远离公司总部进行运营的关键挑战是什么？

创业挑战

1. 描述你自己企业作为成长战略的收购和兼并方法。
2. 为降低你的风险,结合图 15.1 和表 15.6 讨论走向全球化的方法并且描述你的计划。

第四部分

创业融资与企业发展

企业应该有一个清晰的收益模式、一个具有可实施性的盈利途径,以及一个利润分配计划。一个全面的融资计划是用来展示基于准确可靠的假设得出的增长潜力和盈利能力的。通过财务计划,可以分析投资资金的来源,并检验其有效性。完整的商业计划不仅需要关于该企业的引人入胜的故事,而且还需要关于交易事项的谈判技巧。一旦发起并融资,创业团队必须在合乎道德规范的要求下,坚持不懈地执行商业计划,并根据变化的情况做出调整。

第 16 章

利润与收益

利润是劳动与资本之和与管理相乘得来的产物。你可以通过雇用获得前两项资本,但最后一项只能通过灵感来激发。

——福斯特
（Fost）

▶▶ 新创企业该如何创造收入并实现正现金流？

一个新公司需要有一个销售模式来描述公司是怎样从消费者那里取得收入。随后,公司确定成本模式,并确定如何从收入中获得利润。收入和利润机制展现公司如何给它的消费者创造有利的价值,并且展示消费者是如何让新公司盈利的。许多新公司认为利润会自然而然地随着销售而流入,但现实中却发现利润并不能得到保证。想在长期不盈利的市场中获利是很难的。

一家新公司应当尽可能早地追求正现金流,在公司早期转向盈利。收益增长管理非常重要,因为不加控制的发展可能导致负现金流并且需要从外部投资者处融入新的资本。此外,公司需要有从其业务成长中为所有者获取利益的计划。创业者必须是现实的,并且认识到一个创业公司是可能会失败的。

16.1 收益模式

公司的**营业收入**是销售收入减去销售退回、销售折让。公司的**收益模式**是描述一个公司如何产生收益的,表 16.1 中列举了五种模式。多数公司采用产品**销售模式**,即通过向消费者出售某单位的产品来创造收入。例如,联想向消费者出售个人电脑、Intel 向电子企业出售芯片。

表 16.1　五种收益模式	
● 产品销售收入	● 交易费用收入
● 订阅（会员）费收入	● 合作收入
● 广告收入	

在**订阅收益模式**下，公司为消费者在一定时期提供内容或会员资格并收取一定费用。杂志、信息和数据来源、内容网站一般采取这种模式。《消费者报告》(Consumer Report)为杂志订阅者或在线订阅者提供信息并收取费用。这个模式也经常被俱乐部、合作机构、会员制组织所采用。科技公司有时有偿特许他人使用自己的技术。

广告收益模式被媒体公司所采用，例如杂志、报纸和电视广播，通过提供一定的空间和时间来进行广告，并且每一次广告都能带来收益。有能力为广告吸引观众和听众的媒体公司也就能收取最高的费用。Facebook、Google 和 Yahoo 的大部分收入都通过出售广告空间获得。

一些公司通过协助完成交易收取手续费。**交易费用收益模式**是以盈利为目的提供交易来源或交易活动，典型的这类公司有 Charles Schwab、Visa 和 eBay。

合作收益模式是通过介绍商机到合作的企业并收取介绍费或按收入的比例提成来获利。例如，房地产业和与 Amazon 合作的公司都采用这一盈利模式。

一些杂志和报纸，例如《纽约时报》(New York Times)和《经济学人》(The Economists)既通过订阅模式也通过广告模式获利。一些新型创新公司采用五种模式的混合形式。例如，Amazon 网站同时采用产品销售模式、交易费用模式和合作收益模式。Google 通过广告和许可他人使用自己的技术来获得订阅费用，从而实现盈利。

任何一个公司都需要确定自己的收益模式，并在潜在消费者身上检验其合理性。那么谁是消费者？目标消费者会为提供的产品买单吗？ Facebook 作为一个社交网络，在建立之初没有可行的收益模式。它尝试的第一个模式是之前 Google 所引领的广告收益模式。展示广告的确为 Facebook 创造了源源不断的收入，但由于通过移动终端浏览网页的用户越来越多，其盈利能力逐渐下降，Facebook 正面临寻找新的收益模式的挑战。一个新的选择是开发一款挖掘 Facebook 用户信息价值的搜索引擎。社交网络专家认为这个搜索引擎有潜力挑战 Google 的地位，因为它可以筛选并传送为每个人"量身定做"的推送，这些推送内容基于每个用户的 Facebook 好友的兴趣爱好而非传统算法得出。截至2013年，这个模式的有效性还在测试中。

JBoss：通过服务和支持获得收入

美国佐治亚州，亚特兰大市的 JBoss 公司有着不同寻常的收益模式和使命："JBoss 公司的使命是采用专业的开放源码模型来对当今企业的中间性软件的建立、传播和支持的方法进行改革。我们致力于实现创新和高质量的科技及服务，使 JBoss 成为企业和软件供应商的安全选择。"收入是通过为免费的软件提供支持来获得的。通过为开源软件提供专业的服务和支持，JBoss 在行业中找到了一个合适并且可以获利的利基市场。JBoss 在 2006 年被 Red Hat 公司收购（http//www.jboss.com.）。

由于公司还没有实现盈利，大多数初创公司在形成期都会采用收入标准，如用每个雇员的销售额来追踪他们的绩效。它们的目标是尽快实现每人 100 000 美元以上的销售额。大多数成熟公司的人均销售额在 200 000 美元以上，而科技公司的人均销售额有时可以超过 400 000 美元。

16.2　成本模式

成本动因指的是影响企业总成本的任意因素［Niraj et al., 2001］。通常，成本随着不同时间或不同产量而不同。成本的四个基本类型是：固定成本、变动成本、半变动成本和非经常性成本。固定成本不随产量变化，例如租赁费用和管理层工资。变动成本受产量直接影响并成比例地变化，例如销售佣金（随销售量变化）、原材料成本（随生产物品的数量变化）。半变动成本也随产量变化，但产量对其影响并不直接，而且半变动成本中包括一些固定成本的因素。例如，商店维持运营所需最少员工数（固定成本），但是当顾客增加时可以相应增加员工（变动成本）。非经常性成本的产生是非经常且不规律的，例如购买设备和建筑物［Hamermesh et al., 2002］。为了实现利润最大化，企业家需要清楚他们多种多样的成本动因和成本类型。

16.3　盈利模式

利润是收入减去成本得到的净回报。**盈利模式**是公司用来从收入中获取利润的机制。Google 的大部分利润靠拍卖出现在搜索结果和参与型网站上的文本广告获得。Microsoft 通过出售的 Windows 和 Office 软件的特许使用权盈利。GE 三分之一的利润来自于它的金融分支——GE Capital。报纸业的大部分利润来自分类广告，HP 和 Xerox 的大部分利润来自更换墨盒。

图 16.1 展示了产品的价值和产品价值在消费者和公司间的分配。为了保持盈利，公司要在维持或增加商品对消费者的价值的同时努力降低成本。为了产生利润，企业需要检查价值链上的每一个环节，并衡量其成本与产生的价值是否协调一致。

利润属于能在环境变化中保持竞争优势的公司。20 世纪 80 年代，PC 行业腾飞的时候，IBM 错误地认为利润会流向集成硬件和软件组件因而把发展操作系统的机会让给了 Microsoft。获得利润的关键是在价值链或产品构造中掌握独有的、增值因素。例如一个重要输油管道的所有权，控制用户界面的所有权，或者一个零售业务的独特地理位置所有权。掌握价值链中最重要的"增值"环节

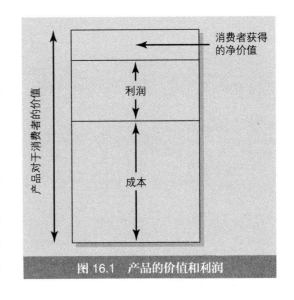

图 16.1　产品的价值和利润

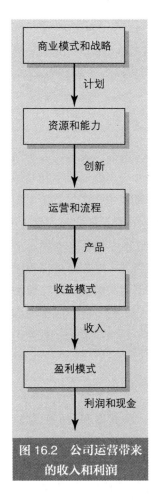

图16.2 公司运营带来的收入和利润

或别人难以企及的独特创新总会得到好处。

在公司发展的早期,公司对增长抱有一定的耐心,但对盈利却不一定能保持耐心。只有公司能盈利,才能够检验出消费者会为一个有利可图的产品买单这一假设[Christensen and Raynor, 2003]。

如图16.2所示,收入和利润机制都取决于公司的商业模式、战略、资源、能力、经营和过程。

最好的盈利状态是消费者对产品有高的认知价值且产品的生产成本低。图16.3所示的价值网格可以帮助企业判断自身获得高利润的潜力。较低的生产成本意味着该产品对于消费者的认知价值的单位价格是较低的。第一象限是企业渴望占领的高利润区[Chatterjee, 1998]。

多数新创企业会在一开始投入时间和精力去了解它们的消费者,然后它们用已有的知识为消费者创造改进方案。如图16.4所示,公司在建立初期亏本经营,但一段时期后开始盈利,我们把这段时间记作T。当然,最好让T的时长相对短,并且亏损的最大值NP较小[Slywotzky, 2002]。图16.4所示的利润曲线经常被称作"曲棍球球棒"期望。

预计一个细分市场的吸引力(潜在收益)是很有用的。在一个长期不盈利的细分市场中取得领导地位并没有太大价值[Ryans et al., 2000]。

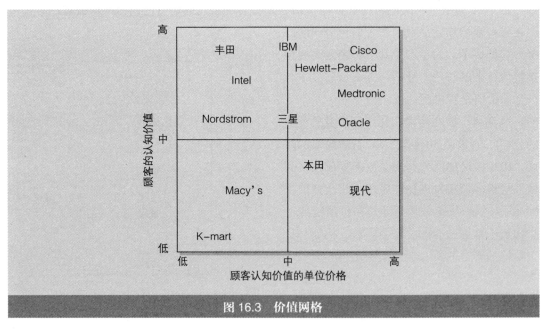

图16.3 价值网格

公司可以为其盈利能力创建一个度量标准，例如：

$$度量标准 = \frac{利润}{X}$$

其中，X是所选择的符合公司目标和商业模式的对象。如表16.2所示，公司选择不同的X来衡量自身的盈利情况。一个常用的利润衡量指标是**利润率**，它等于利润和收入的比值。

如图16.5，Amazon总裁杰夫·贝索斯用一个普通的2×2表格展现利润率。Amazon位于第三象限（左下），利润率低但产品销售量大。为了坐落在这个象限，公司必须非常高效。Amazon围绕效率构建商业结构，并且已经达到了杰夫·贝索斯制定的利润率目标。

在2000年电信业蓬勃发展时期，曾经经常采用如建筑租赁数等这些不能很好反映公司增长水平的指标。人们错误地认为提高办公场所的使用会使消费者数量增加［Malik, 2003］。

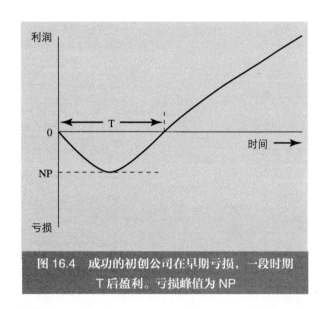

图16.4　成功的初创公司在早期亏损，一段时期T后盈利。亏损峰值为NP

表16.2　所选公司盈利状况的衡量指

X	度量标准	公司举例
顾客	利润/顾客	Gillette
员工	利润/员工	Abbott Labs
访问顾客	利润/顾客访问	Walgreens
产出（吨）	利润/吨	Nucor
收入	利润/收入	ExxonMobil

	低利润率	高利润率
低数量	避免落入该象限	BMW
高数量	Amazon	Apple

图16.5　利润率和销售量的组合

来源：Garrett, 2012。

一个能为客户创造高价值的即高度客户相关性的商业模式，将创造最好的盈利机会。最好的商业模式能为消费者改善既困难又耗时的购买过程。最有力的盈利模型之一是**基础产品盈利模式**。供应商建立庞大的基础产品用户群，随后庞大的用户购买供应商提供的消耗性商品。HP 公司正是采用这种模式，以低廉的价格出售打印机获得庞大的用户基础，依靠用户购买消耗性的墨盒盈利。表 16.3 展示了九种盈利模式［Slywotzky et al., 1999］。新的创业公司要明智地选择它所需的盈利模式，并努力在竞争市场中建立优势和弹性。

表 16.3 九种盈利模式

名称	描述	例子
基础产品模式	建立庞大用户群，并向其销售消耗品和升级产品	Dropbox，HP 打印机
保护创新模式	开发独创性产品并通过专利或版权进行保护	Merck，Microsoft
新商业模式	寻找未满足的消费者需求并建立新商业模式	Twitter，Square
价值链专业化模式	关注一条价值链上的一个或两个功能	Nucor，Intel
品牌模式	为产品打造有价值的品牌	Google，Apple
轰动模式	专注一系列大型项目	Pixcar，Schering Plough
利润乘数模式	建立一个能以多种形式再利用产品的系统	Samsung，Virgin Group
解决方案模式	从产品转换到独特的整体解决方案	GE，IBM
低成本模式	开发低成本的产品来降低每单位价值的价格	Ryanair，Airbnb

经营者总是知道哪些消费者相比其他消费者更有利可图。对一些新兴公司来说，公司的大部分利润可能只来自于百分之二十的消费者。更进一步，公司在最低效的消费者上花费的成本可能大于消费者为购买产品或服务支付的价格。所以，关注优质消费者忽略低效消费者是有必要的［Selden and Colvin, 2002］。

回顾利润等式：

$$\text{利润} = (P - VC)Q - FC \tag{16.1}$$

P 是价格；VC 是变动成本；Q 是销售总量；FC 是固定成本。盈利能力管理可以通过降低固定成本和变动成本、提高销售量或提高价格来实现。公司也许能发现一个愿意支付更高价格或者购买更多单位产品的客户群。如果不能，降低成本就是必需的。

另一个重要的用于衡量公司绩效的指标是现金流，**现金流**是留存收益的总和减去公司的折旧准备。如果没有正的现金流，公司可能最终会用尽所有现金并面临倒闭。利润和现金流模型关注收入模式和盈利模式的推动作用。

Amazon 用大幅度的折扣和免运费来刺激收入，但低营业毛利（P−VC）使它在形成期获得的盈利并不稳定。

许多大型零售商，比如 Wal-Mart，靠挤压运营中的低效、牺牲利润率来维持低价，以此提高销售量。HP 努力避免低价才维持其稳健的利润率。

所有创业者都需要找到一个适合自己公司的盈利模式。如果盈利能力很难实现，或是说需要在遥远的将来才能实现，这种情况下，结束创业可能是明智的选择。我们将在 16.6 节讨论终止创业的问题。

Cemex 是一家墨西哥水泥公司，过去它用每天出售的混凝土量作为利润衡量指标。但 Cemex 意识到它的顾客更加注重混凝土是否能准确及时地交付。之后公司采用了这一指标，公司利润随即增加了。这种盈利模式是商业模式的又一个创新。[McGrath, 2005]。

16.4 收益增长管理

新的公司通常努力产生收入和利润以实现它们的目标。许多团队倾向于让公司快速发展，尤其是在科技创业领域。创业团队对公司成长的投入程度被称作**创业强度**[Gundry and Welsch, 2001]。

对成长的投入意味着创业者愿意为此付出的牺牲。高速发展需要重要的融资来源，需要创业者寻找外部资本并且放弃公司的大部分所有权。低速发展的公司是指每年收入增长低于 10% 的公司，高速增长要求年收入增长超过 25%。许多高速增长公司在建立后的几年可以达到每年 50% 甚至更高的发展速度。那些寻求高速增长战略的科技创业者通常会选择以团队为基础的组织结构并且展现出高创业强度。更进一步，他们愿意承受实现高速增长带来的负担。表 16.4 列出了实现高增长的创业团队所需的品质。为了实现公司的高速增长，这些创业者愿意把个人或家族的利益放在一边并做出一定牺牲。

表 16.4　寻求高增长速度的创业团队展现出的品质

- 强烈的创业热情
- 愿意承担损失
- 愿意使用多种融资渠道
- 强调以团队为基础的组织结构
- 专注创新

成长中的公司需要使用现金应对运营、资产和管理等支出。如果公司发展过快，就需要源源不断地从投资者处筹集现金。而所需的现金量是由运营模式决定的，而运营模式又取决于公司的应收账款周期、资产和必要的营运资本[Churchill and Mullins]。总体上，大多数公司很难仅靠自有资金维持每年 15% 以上的增长率。一些资金密集程度较低的服务性企业可依靠内部融资实现 20% 到 30% 的增长，但很少有能靠内部融资实现每年 50% 或更高收益率的。为了实现高增长，面向外部的融资计划是必需的。

与生产性公司相比，服务性公司属于劳动力密集型而非资金密集型，因此它们的增长通常会提高成本而不是带来规模效益。一些强调服务的公司，例如 IBM、Starbucks、Southwest Airlines 已经成功实现了增长和盈利的同步，但其他公司还没有实现。成功的服务导向型企业要有能力维持低成本、增强客户忠诚度并取得比较优势。

公司的盈利水平可能是收入增长速度的一个函数，如图 16.6 所示。公司处于低增长速

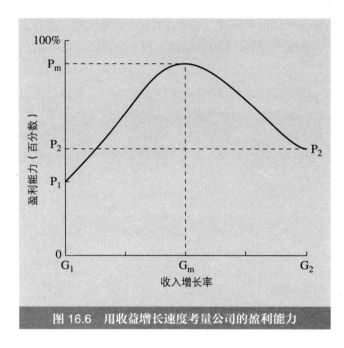

图 16.6 用收益增长速度考量公司的盈利能力

度如 G_1 时不能满足消费者需求，收益被其他竞争对手所获得。处于高增长速度如 G_2 时，公司难以有效率地运营，因此盈利能力只能达到 P_2。盈利能力达到最大值 P_m 时所需的收入增长速度为 G_m。新兴或刚成立的公司应当尽量估计出能使利润最大化的增长速度 G_m。对许多新企业来说，G_m 的范围在 20% 到 40% 之间。

公司的盈利能力可以用资本回报或者净资产收益率（ROE）来展现。因此，一种能够快速估计企业增长的方法，是看企业能否在不依靠外部融资的情况下以一个低于净资产收益率的速度增长。我们把**自然增长**定义为靠内部产生的资本所实现的增长。

我们可以用一个更复杂的等式来表示企业的可持续销售变化量与销售量之间的比率，[Ross et al., 2012]：

$$\frac{\Delta S}{S} = \frac{PM(1+L)}{T-[PM(1+L)]} \tag{16.2}$$

其中，PM 是销售利润率；L 是负债股权比率；T 是总资产销售比率。如果一个新公司没有负债（L=0），则

$$\frac{\Delta S}{S} = \frac{PM}{T-PM}$$

例如，如果 PM=0.1，T=0.5，那么，

$$\frac{\Delta S}{S} = \frac{0.1}{0.5-0.1} = 0.25$$

即公司的可持续增长率为 25%。考虑一个资本密集型企业，T=1，在 PM=0.1 时，求它的可持续增长率

$$\frac{\Delta S}{S} = \frac{0.1}{1-0.1} = 0.11$$

即它的可持续增长率是 11%。如果这个资本密集型企业负债经营，令 L=0.8，那么

$$\frac{\Delta S}{S} = \frac{0.1(1+0.8)}{1-[0.1(1+0.8)]} = \frac{0.18}{1-0.18} = 0.22$$

即可持续增长率为 22%。

一家新公司需要谨慎思考自己的期望增长速度和融资需求。用一个虚构的生物科技企业作为例子，它在 2008 年通过 IPO 融资 6 800 万美元。2010 年的销售额为 13 000 万美元，2013 年的销售额为 51 800 万美元，销售额年增长率达到了 44%。同时，该公司的长期负债从 13 500 万美元增加到 94 700 万美元，负债股本比率从 2010 年的 0.16 上升到 2013 年的 0.96。这个企业通过大量增加负债（以及随之而来的风险）实现了销售的快速增长。

服务性企业成立和扩张所需的资金都少于资产密集型企业。成立和发展一个服务性企业需要增加雇员数量。服务性企业的资本和资产密集度较低，所需负债水平低。Infosys 是一家印度外包公司，2007 年到 2012 年它的收入从 42 亿增长到 70 亿。该公司的负债率为负，因此 L=0。2007 年至 2012 年的销售利润率的平均值为 0.44，总资产销售比率大约为 1.01。那么可以计算出收入的可持续增长率为

$$\frac{\Delta S}{S} = \frac{PM}{T-PM} = \frac{0.44}{1.01-0.44} = 0.77$$

即可持续增长率为 77.7%。

为了实现稳定增长避免停滞，企业应当学会如何扩张，延长企业扩张阶段的时间，比竞争者更快地积累和应用新知识进行产品开发。创业者应当根据企业的知识、学习技巧和企业所拥有或正在增长的资产选择适合企业发展的计划。

快速的增长和高的盈利水平会掩盖组织的一些潜在问题，因为它们可能掩盖一些财务、人力和其他资源配置等问题的浪费性决策问题。增长带来的兴奋会掩盖领导或管理手段的不合理，还会掩盖有关长期问题的不合理的计划或错误导向。成功可能掩饰许多问题并滋生骄傲带来的危险。

新公司追求发展的动机是多样的，如表 16.5 所总结的。一个动机是为了吸引资本投资来拓展市场和生产线。并且，增长可以给员工带来自豪感，也使他们有机会获得更多经济上的回报。

表 16.5　新企业发展的动机

- 吸引市场扩张所需的资金
- 吸引有能力的团队成员
- 实现规模经济
- 发展声誉和品牌
- 给所有者和员工带来不断增长的盈利和经济回报

公司协调运用新资产的能力取决于它的组织和管理能力。高速增长非常考验企业的这种能力。对一个上市公司来说，可持续、可预测的财务增长非常重要。稳定性要求可控的资产和人员增长。每年 15% 以上的员工增长对任何机构来说都是一个挑战。Paychex 公司每年在薪酬上花费 20 亿，多年来该公司的平均收入增长率达到 18%。伴随着规模经济，它实现了每年 20% 的利润增长率。

大多数公司采用混合型的自然增长，既使用内部资源也使用外部资源。一个均衡的增长方法试图打破阻碍增长的障碍并提高企业的核心能力。一些公司，例如 Palo Alto Networks and Salesforce，已经实现了内部和外部财务的平衡增长并成功实现了每年 30% 甚至更高的收入增长。

大多数高度创新的公司会成为高增长公司 [Kirchhoff, 1994]。例如，微软在 1991—2001 年间每年的收入增长率为 29%，利润增长率为 35%。苹果公司在 2003 年到 2012 年间收入年增长率为 44%，利润年增长率为 51%。

Microsoft 对增长的追求

1975 年，两个大学生比尔·盖茨（Bill Gates）和保罗·艾伦（Paul Allen），开始开发并出售应用在最早的个人电脑上的软件。很快他们成立了 Microsoft。1981 年，行业巨头 IBM 决定进军 PC 市场并委托 Microsoft 开发操作系统。Microsoft 开发出的 DOS 很快成了行业内的主流操作系统。1986 年 3 月，Microsoft 通过 IPO 融资 6 100 万美元。1992 年，Microsoft 公布了 Windows 的第三个版本，标志着与 IBM 在操作系统上合作的结束。Windows 拓展了 Microsoft 提供的应用程序并极大提高了 Microsoft 的收入。

Microsoft 开发的应用程序为它持续创造了丰厚的收入。尽管开源的竞争对手带来的挑战越来越大，Office Suite 和 Explorer 等产品还是广泛地出现在了全世界的电脑上。2001 年后期，Microsoft 通过进入游戏主机市场在计算机游戏行业建立了自己的优势。最终，Xbox 360 赢得了市场份额并和索尼的 PlayStation3、任天堂的 Wii 一起成为广泛使用的游戏主机。Xbox 也为 Microsoft 带来了来自游戏销售的更多收入。

在保持作为软件开发公司核心竞争能力的同时，Microsoft 近年来非常聪明地增加了其收入途径。当前，Microsoft 又在用 Zune 音乐播放器和智能机技术寻求公司未来新的增长点。Microsoft 现在是世界第一的软件企业，这一地位已经保持了 30 年。2013 年，Microsoft 的收入为 780 亿美元，市值超过 2 900 亿美元。这个估值反映了 30 年来 Microsoft 持续的盈利能力和收入增长。

收入增长的来源包括品牌认知度的提升和国际扩张，如表 16.6 所示。没有几家公司能在面临严峻竞争时还提高价格。提供新的产品是一个有效的收入来源。例如 Apple 和 Google 都得益于成功地积极提供新产品。

表 16.6 收入增长的来源

- 品牌认知的提升
- 知识产权使用许可
- 国际扩张
- 其他公司收购
- 价格上涨
- 发布新产品

如图 16.7 所示，公司市场价值是三个驱动因素作用的结果 [Rappaport et al., 2001]。产量、价格和销售组合的变化会导致销售增长率的变化。营业利润率（税前利润与收入之比）是由四个因素决定的，如图 16.7 所示。投资增长率反映投资效率。经营杠杆指的是利润率的增长与新产品开发和产能扩张的前期费用的比率。基于这些因素，公司努力提高投资效率并减少运营成本。更进一步，提高产量、经营杠杆、规模经济、优化价格和销售量的组合可以提高销售增长率和营业利润率。

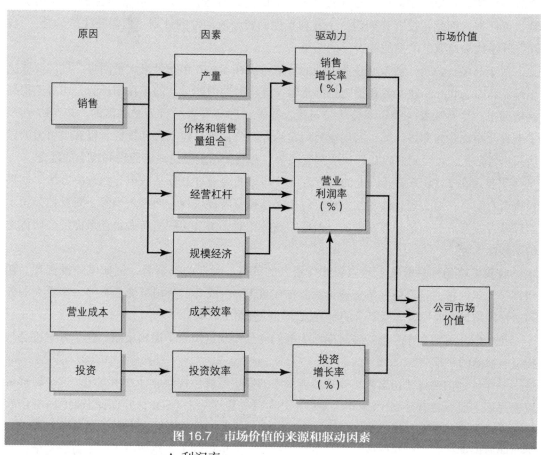

图 16.7　市场价值的来源和驱动因素

注：经营杠杆 = $\dfrac{\Delta \text{利润率}}{\Delta \text{产品开发成本}}$

Millennium Cell：市场价值是何时消失的？

无线设备例如手机和笔记本电脑需要电池作为电源。传统电池的一个替代品是小的氢燃料电池。Millennium Cell 公司中的斯蒂芬·唐（Stephen Tang）和他的团队用图 16.7 中的因素提高了他的投资和成本效率并增强了产品开发能力。不幸的是没有实现盈利。这家公司最终在 2009 年停产倒闭。

16.5 收获计划

假设一家成功的公司，投资者会想知道它关于提供现金回报的计划。**收获计划**定义了所有者和投资者从投资中取得经济回报的方式和时间。专业投资者一般希望在5—7年内能得到投资回报。因此，投资者期望一个有利于他们资金流动性的计划。但需要注意的是，"收获"并不代表商业上的挑战和责任的结束。

对于高增长公司，创新型企业创造的价值可以在4—10年间带来大量回报，具体要取决于行业和市场状况。建立者和投资者都希望在这段时期内能从新的正在增长的公司身上得到经济回报。这意味着一些让现金从公司流入投资者和所有者的行为是必需的。表16.7列举了五种公司收获的方法。把一家创业公司卖给并购公司是对建立者和投资者很有吸引力的做法。出售私人公司得到的收益形式通常有现金、并购公司的股份或者股份和现金的混合。

年收入在2 000万美元以上的高速发展公司可能会通过IPO从股市寻找解决方法。如果投资者有耐心，那么现金红利的发放可以用来给投资者提供现金回报。当然，安排把公司卖给经营者或者员工也是经常发生的。最后，一些相对小型公司的所有者也会考虑把公司传递给家族继承者。

收获策略的选择取决于建立者和投资者的偏好。专业的投资者，例如风险投资者，期望高额的年回报并且希望在第五或第六年前实现IPO。或者，公司可能会被另一家更大的公司——能满足专业投资者所要求的具有流动性的公司所收购。

创业团队可能会在一个特殊时期后为他们的公司制定出一个**退出策略**。这个方案也是与投资者协商的一部分。

一个计划内的将公司出售给管理者或员工的做法可能会在商业计划中列出。这个转移可以通过职工股票持有计划（ESOP）完成。公司首先建立一个ESOP，并保证ESOP所有借款都用来购买公司股票。然后ESOP再向银行借款，并且用借款购买所有者手中的公司股份。公司的股份被一个信托基金持有，公司每年提取一定免税的工资总额投入职工持股基金以偿还贷款。随着贷款清偿完成，股份就会释放并分配给员工。ESOP通过提供一个股票销售市场给所有者带来好处，同时它的税收优势对所有者和员工都有吸引力。

表 16.7 五种收获新公司创造出的财富的方法

- 将公司卖给收购的公司
- 通过IPO在公开市场发行公司股份
- 向所有者和投资者发放现金股息
- 把公司出售给管理者和员工
- 通过赠予和出售将公司转移给家族继承者

很少有事情在创业者或公司的生命中是比收获更重要的。如果没有收获的机会，公司的所有者和投资者将会否认这个公司已经创造了大量的价值。建立者在撤退或者让他们的资产组合多样化时可能需要收获策略。投资者可能需要取得回报来进行其他投资或通过其他方法获利。收获的时期是不确定的，但是一个收获战略能很好地帮助创业团队计划他们的未来。

一个适合的出售公司的时间应该是它非常成功的时候。这个时间来临的时候是评价或实施收获计划最好的时候。这时，公司需要决定出一个公司的真实价值，并从董事会取得建议。创业者经常因为个人的非经济原因出售公司，例如因为长期高强度地经营自己的公司而精疲力竭。从家人或朋友那里借钱建立公司的创业者因为承受着偿债的负担，应该更渴望卖出公司。此外，那些把自己大部分个人财富与公司绑在一起的创业者也更希望出售公司，因为这样他们就可以让自己持有的资产多样化。

当创业者决定出售公司时，他们对于买方的考虑不仅限于出价。公司领导者往往基于一些弹性标准选择买方，例如经营战略和组织上的契合度。他们关心自己员工的命运，也关心自己的战略能否继续延续。创业者正式拍卖自己的公司是很罕见的，他们一般是与自己觉得契合度比较好的少数潜在买方进行非正式商讨［Graebner, 2004］。

哈罗德·麦克马斯特（Harold McMaster）在1999年建立的First Solar公司生产镉碲薄膜太阳能电池板。2006年，这个公司开始盈利，并通过IPO大约融资4亿美元。随后，公司建立者卖出了一部分股份来收获自己的部分收益。他们通过持有公司的大部分股票保留所有权，并使一些股票在未来可以流通。

AIR：一个成功的收获案例

1994年，大卫·爱德华兹（David Edwards）是麻省理工学院罗伯特·兰格（Robert Langer）实验室中的一位研究生，他开始研究一种用大的、渗透性好的颗粒将药物直接运输进肺部的新型药物运输系统。虽然表面看起来这项技术要进入的市场已经饱和，但爱德华兹的方法潜力明显好于其他吸入给药系统。从这项技术的初始阶段开始，已经成功建立好几家生物科技公司的兰格（Langer）就意识到爱德华兹的想法有很大的商业价值，但1995年将这项技术许可给一家公共药物传输公司的尝试没能成功。

在这项技术还在初级阶段的时候，爱德华兹不愿意成立自己的公司，他在1995年离开MIT去宾夕法尼亚州立大学任职。在宾州时他仍不断改善传输系统，并且几乎每个月都去MIT拜访兰格。1997年初，爱德华兹和兰格对他们的进步感到非常满意，因此与特里·麦奎尔（Terry McGuire）进行了接触。麦奎尔是哈佛商学院的毕业生，现在是Polaris Ventures的建立者。兰格知道他是因为他曾经投资过几个兰格的商业创意。麦奎尔一开始对于是否投资这个技术很犹豫，这是因为它要进入的是一个拥挤的市场。出于对兰格这个一流的科学家和企业家的信任，再加上《科学》（Science）上一篇有影响力的文章和外部评价都肯定了爱德华兹技术的重要性，麦奎尔终于放下了顾虑。1997年的夏天，麦奎尔投资了25万美元并取得AIR公司11%的股份和另外购买9%股份的选择权作为回报。麦奎尔担任临时CEO，爱德华兹从宾大请假后回到波士顿为这个想法全职工作。1998年1月，这个公司在马萨诸塞州的坎布里奇设立总部。公司最早的三位员工都来自MIT的化学工程系。

他们的新办公地点刚刚安置好，兰格和爱德华兹就开始进行人体临床试验。随着他们科研的进展，外部团体也同样对此很感兴趣。创办者们制定了一个双重计划。对于超过专利保护期限的药品，他们将自己生产药品的通用版本。对新研发的药物，他们与主要的制药公司合作专门生产适应运输系统的药物。麦奎尔则专注于在缔结协约时，将 Polaris Ventures 这家公司在 AIR 公司的股权稀释程度降到最低。

作为一个新兴的公司，AIR 非常成功。它已经为早期阶段的技术融到了所需的资金，临床实验正在取得进展，而且形成有利的合作伙伴。然而，当求购者开始找上门来，AIR 需要谨慎考虑他们的请求。为了持续发展，AIR 需要大规模地扩大经营，并从一个小型研发公司转型为一个更大的制造公司。这个任务非常艰巨，并且只有少数生物科技公司实现了。仅在 AIR 成立一年半后的 1998 年下半年，Alkermes 公司就同意收购 AIR。1999 年 2 月，AIR 同意了 Alkermes 价值大约 1.25 亿美元的收购所有股份的请求。这个交易从各个角度考虑都是成功的，Polaris Ventures 从它的投资中获得了稳健的回报，AIR 的技术在战略上与 Alkermes 现有的药物传输系统相适合，并且 Alkermes 精明的领导团队和已经在行业内建立的声誉都能为 AIR 找到最合适的合作者。

这三位创立者目前仍活跃在生物科技行业。爱德华兹现在是哈佛大学的教授，2003 年春天参与创建了 Pulmatrix 公司，并且现在参与许多 NGO 的组建。麦奎尔仍是 Polaris Ventures 的普通合伙人，并且已经投资了其他处于早期的科技公司。兰格还是一如既往地硕果累累，他拥有多于 800 个已授权和申请中的专利，已经把他的技术许可给了超过 100 家公司，他被 CNN 和时代杂志评为 100 个最重要的人之一。

来源：Roberts and Gardner, 200, and www.alkermes.com。

16.6 退出和失败

很大比例的创业公司在开始的几年内就会关门倒闭。一些在他们不能实现最初的目标时选择结束，一些仅仅是因为用完了现金而结束。大多数企业家和投资者认为，新创企业的失败是由于不充足的管理技巧、不合适的策略、不充分的资本化和不利的市场环境所导致的 [Zacharakis et al., 1999]。对大多数创业者来说，导致他们失败的主要原因是团队缺乏经验和能力不足。

许多人通过修正自己的专业知识和认知，不断地从商业失败中学习 [Shepherd, 2003]。学习可以根据对企业失败越来越深入的了解和为避免重蹈覆辙所付出的努力来衡量。通常，创业者会过分自信并且高估自己的知识和技能，低估新企业固有的风险。而且，他们还可能高估自己掌控事情和人的能力。电信行业非常明显的失败案例有 Helio 和 Amp'd Mobile。

知道何时终止或结束一个公司，也许和知道何时该建立一个公司同样重要。**沉没成本**是指已经产生且不会被现在或未来的决定所影响的成本。换句话说，不论你今天或以后做出什么行动，投资到一个新公司的资金和时间都已经逝去。如果一个新公司没有按照计划进展，那么对这个公司的议程就要进行重新决策，如图 16.8 所示。对结束或继续一个公司的决定应当根据手中的信息重新考虑。如果公司已经用尽了现金或者市场对公司没有很好的反馈，那么选择退出也许是明智的。

Pandesic 是 SAP 和 Intel 于 1997 年合资成立的一家互联网公司，旨在为网络公司开发信息架构。它试图创立一个独一无二的电子商务方案，使所有在互联网上办公的公司的业务流程都能自动化。截至 1997 年 3 月，Pandesic 的员工已经增长到 100 人。一直到 1997 年年末，销售都不乐观，到 1998 销售还是没有好转。1999 年 4 月，它重组了销售人员，销售开始增长，但公司仍然不盈利。到 2000 年中期，Pandesic 有 400 名员工和 100 位顾客，但公司现金流仍为负（据说大约 8 000 万美元 / 年），最终公司在 2000 年 7 月倒闭。基于巨大的现金亏损和在较长时间内不会实现盈利的认识，最终做出了结束的决定 [Girard, 2000]。

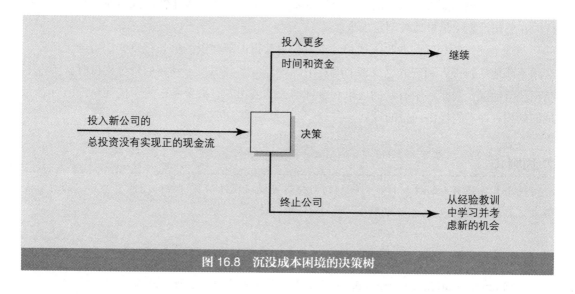

图 16.8　沉没成本困境的决策树

如果决定将公司继续经营下去，那么最好能将公司经营的下一个阶段作为转折点，设计出谨慎的干预计划，以提升沟通能力、合作能力，以及所有参与者相互之间的尊重 [Kanter, 2003]。

如果决定结束一个新公司，最好能从失败中学习。理论上来说，公司的失败并不代表参与其中的人也是失败的。重新站起来，从失败中学习，继续向前才是最好的过程。每一次退出都意味着新的开始。

是否要投资更多金钱和时间的决定需要建立在对沉没成本的理性和公司复苏与成功潜力的理性认识上。创业者可以重新评估形势，并决定是否还有值得投资更多金钱和时间的前景。

16.7　聚焦百度

2001 年 1 月，李彦宏和徐勇组建了百度，一家总部设在北京的网络服务公司。它提供搜索引擎和中文信息服务。

百度采用以广告收入为基础的收入模式。大多数广告收入与在中国刚刚兴起的网购相关。百度在移动设备和云储存市场也不断发展。

百度 2012 年收入为 223 亿人民币（35 亿美元），利润为 70 亿人民币（11 亿美元）。百度一直努力地通过调整收入和盈利模式来增加收入和利润。中国政府的支持、不断增加的消费者需求、不断拓展的百度服务都是百度强劲发展的助燃剂。

16.8 小结

一个新公司往往要规划它的收入模式来描述它怎样获得并增加收入。收入固然重要，但正的现金流和盈利能力对最终的成功更加重要。因此，具有易操作性的成本模式和盈利模式应该在公司计划中早早地被制定出来。

与现金流增长相匹配的收入增长管理对公司获得内部融资的增长很重要。否则，新公司必须不断地从投资者和贷方寻找新的融资来源。当许多公司找不到新的资金支持时就不得不结束经营活动。对于一个有好的成果和合理增长的公司，它需要考虑一个能让全部所有者因他们的投资而获得经济回报的计划。

⊃ 原则16

一个具备强有力的收入和盈利机制的新公司可以实现强劲且可控的增长，并为它的所有者带来良好的收益。

⊃ 音像资料

访问 http://techventures.stanford.edu 可以观看关于本章的专家研讨内容。

- Critical Early Decisions with Long Lasting Results   Robin Li   Baidu
- Why Google Won Desktop Search   Dan Rosensweig   Google
- Exit Strategy for the Single Product Company   Mir Imran   InCube

16.9 练习

16.1 一个公司的价值链如 14.1 节所讨论的那样，图 16.1 展示了利润和成本的划分。扩展图 16.1 来解释公司价值链中合作伙伴和供应方的利润和成本。

16.2 Google 使用一套复杂的收入模式和一个与之相关联的盈利机制。它有庞大的用户和广告客户基础，并把它的客户和零售商联系起来。描述 Google 的收入模式和盈利模式，并与 Yahoo 的收入模式进行对比。查阅近期的季度报告有助于对它不同业务单位之间收益的关系的理解。

16.3 Zipcar 为它的会员提供短期按需的车队使用服务（www.zipcar.com）。在开始这项服务之前，Zipcar 制定了一个如下的定价方案：需要交 300 美元的可返还的安全保证金、300 美元的年订购费和每小时 1.5 美元和每英里 40 美分的费用。请制定另一个可以盈利更多的定价方案。

16.4 Skype 提供网络电话（VoIP）和 PC 间的通话服务，电话服务开始是免费的。请具体描述一下 Skype 的收入和盈利模式。Microsoft 对 Skype 的收购改变了 Skype 的收入模式吗？

16.5 Salesforce.com 作为一家在线的服务提供商出售软件，它向每个用户每月收取 60 美元（www.salesforce.com）。描述它的收入和盈利模式。

16.6 研究并得出一个国家中最盈利的行业部门（盈利能力可以考虑相对值或绝对值）。高盈利能力的推动因素是什么？它是可持续的吗？可以持续多久？

16.7 比较 Microsoft、Apple、Dell、索尼和高通最近几年的年度损益表。计算每家公司的毛利率（售出商品成本除以收入）。对销售额、综合管理费用、研发费用完成类似的比率分析。用收入进行标准化后，这些比率可以告诉我们关于公司策略和经营的哪些信息？

创业挑战

1. 描述你的创业型公司的收入模式。
2. 描述你的创业型公司的盈利模式。
3. 利用表 16.7，讨论你的收获计划。

第 17 章

财务计划

> 预算不仅仅是算数问题，还是通过上千种方式寻求个人繁荣、阶级关系和国家力量的根源。
>
> ——威廉·格莱德斯通
> （William E. Gladstone）

▶▶ 创业者怎样描述新企业的财务要素？

创业者建立财务计划来了解企业的经济潜力，即这份计划对企业潜力做出估计。这份计划对企业潜力做出估计。当然，任何估计都是基于有关销售收入和成本假设的。创业者尽最大可能运用信息和他们的直觉来计算企业潜在的盈利能力。更进一步，他们需要确定每个月的现金流量来确定两到三年间所需的现金投资量。利润表和资产负债表对展现盈利能力和流动性也都是必需的。

运用对销售的估计，创业团队可以确定出要销售多少单位产品才能实现收支相抵，还可以更进一步地计算出几个关于盈利能力的衡量指标来展现企业给投资者的回报。最好的企业往往销售增长平稳，并且在早期就能够提供正的现金流和利润。

17.1 制订财务计划

一个有效的商业计划要建立在可靠的视野、商业设计或概念之上。它是商业理论的一种故事化的表达方式，这个故事作为一个商业模式必须在财务上具有一定意义。商业模式阐述关于消费者和实现收入和利润的价值主张。为了给顾客创造这种价值，一个新公司需要建立财务计划来描述预期收入、现金流和实现这些所必要的投资。任何商业的目的都是为其消费者创造价值，为其所有者的投资带来回报。财务计划提供对预计现金流和投资回报的估计。

创业者在建立财务计划时，必须能清楚地阐明他们关于销售和成本的假设。要实现预期的销售和盈利，需要花费多长时间，耗费多少资源？现金流的计算基于一系列的假设，我们把那些能勾画出的最有可能的结果称为**基本情况**。为了谨慎起见，我们还可以确定当期望并不像所设想的那样实现的情形，这种情况我们称之为**悲观情况**。**现金流**是公司一段时期内现金流出和流入的情况，它等于净利润减去现金红利支出再加上非现金支出（例如折旧费用）。本章末尾表17.10列出了会计和财务方面的术语。

创业者的目标是建立一系列可靠的财务预测，其中包括预计利润表。**预计**意味着在得到实际数据之前提供，预计利润表是对财务结果的预测。一系列财务预测的建立始于对销售的预测。消费者和销售增长的相关假设，然后就可以计算出一个两年或三年期的销售预测。这是第一步，如表17.1所示。第二步是得出在第一步的时间框架内对运营成本的估计。在第二步中，与预期销售相关的成本就会被计算出来。第三步是基于销售、付款和向供应商及其他组织付款的时间假设，计算这段时间内的预计收入和预计现金流。最后一步是计算两年期或三年期内的年度资产负债表。新企业开始的资产负债表需要假设初始投资和所需资产。请访问本书的网站来获取对建立财务计划有帮助的工具和链接。

现金流、资产、资产负债表和收入预测都是相互联系的，会计科目根据他们的本质被分到不同账目，被转换成货币单位，再被组织到财务报表里。基本的会计公式是：

$$资产 = 负债 + 所有者权益$$

这里，**资产**是公司所拥有的东西，负债是公司欠其他人或机构的数额。所有者权益是公司的资本净值（账面价值），表示为：

$$所有者权益 = 资产 - 负债$$

所有者权益是公司的所有权，通常分为普通股和优先股。资产和负债与收入和支出联系在一起，如图17.1所示。资产用来创造收入，负债对应支出例如租赁、支付或偿还贷款。账面价值是公司的资产净值并且经常被叫作会计价值。市场价值是每股股票价格乘以已发行股票的数量。需要注意的是账面价值不等于市场价值，市场价值是基于公司增长潜力的感知价值。

表17.1　建立财务计划的四个步骤

1. 销售预测
- 时间框架——两到三年
- 对每位消费者销售额、消费者数量、销售增长率做出假设
- 计算销售预测

2. 成本预测
- 对特定时间框架内业务开展的成本做出假设
- 结合第一步的销售预测计算成本

3. 收入和现金流预测
- 对特定时间框架内应收现金和应付现金的时点做出假设
- 在时间框架内以月为时间单位，结合销售预测和成本预测计算收入和现金流

4. 资产负债表
- 对资金和资产的初始价值做出预测
- 在第三步收入和现金流的基础上进行计算

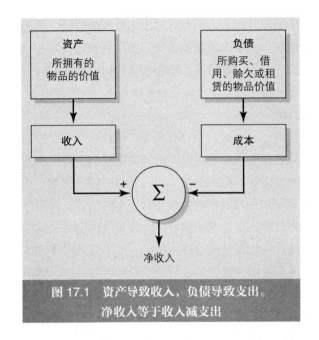

图 17.1 资产导致收入，负债导致支出。净收入等于收入减支出

财务计划对评估一个新企业的商业模式至关重要。有了可靠的假设，预测的结果有助于评价企业和它的财务可行性。财务计划结果的好坏与假设的质量是一致的。预测模型不可靠的一个原因就是所有的预测建立在某些使用者主观选择的假设之上［Riggs, 2004］。

新公司应该选择两到三个对现金流最有影响的商业参数，例如销售增长速率和新客户获取率等。然后再检验当这几个参数分别变化时销售的变化情况。这些对敏感度结果的分析可以给公司带来更有针对性和更好的决策。

17.2 销售预测

销售预测通常以月为基准建立两年期或三年期的。新公司的销售预测往往是财务计划中最薄弱的环节，因为新公司还没有真正获得销售额，公司只能基于不完全的信息得来的假设进行预测。

在本章中，我们观察一家叫作 e-Travel 的虚构的新公司。e-Travel 试图向消费者直接出售电子版的旅游指南书籍（e-books），消费者可以通过互联网下载电子书并在他们的平板电脑或其他设备上阅读。这种旅游指南类内容短的小的书籍的销售建立在拉力模型之上，因为只有当消费者需要阅读它们的时候才会订购。这与一般的推力模型（出版方印制图书并且尽力寻找买方）相反。对旅行者来说，平板比几本厚厚的书籍更为方便使用。运用关键字例如"Denver 比萨店"，读者就可以用检索功能更快地获取信息。

新公司需要建立一个财务计划，如前所述第一步是建立销售预测。e-Travel 已经与写旅游指南最好的作者们建立了联系。这些作者和出版方签订了协议并且为 e-Travel 提供全球超过 500 个城市、地区和休闲娱乐目的地的电子旅游指南。所有这些指南都按照统一格式写成，并且都有关键词识别。

e-Travel 期望在开始营业的前三个月卖出 1 200 本指南。每本售价 15 美元，网上订购后通过信用卡付款。基于市场调查，预期的销售增长率是每月 10%，悲观增长率是每月 1%。在预期的增长率下，3 年期的销售预测如表 17.2 所示。假设每月以 10% 的增速，销售额在第三年将超过 300 万美元。注意表中用黑色椭圆标出的重要结果。

表 17.2 预期增速下的销售预测

第一年

月	1	2	3	4	5	6
单位	0	0	1,200	1,320	1,452	1,597
每单位价格	$15	$15	$15	$15	$15	$15
销售额	$0	$0	$18,000	$19,800	$21,780	$23,955

第二年

月	1	2	3	4	5	6
单位	3,113	3,424	3,766	4,143	4,557	5,013
每单位价格	$15	$15	$15	$15	$15	$15
销售额	$46,695	$51,360	$56,490	$62,145	$68,355	$75,195

第三年

月	1	2	3	4	5	6
单位	9,768	10,745	11,820	13,002	14,302	15,732
每单位价格	$15	$15	$15	$15	$15	$15
销售额	$146,520	$161,175	$177,300	$195,030	$214,530	$235,980

测（每月 10%）

7	8	9	10	11	12	全年总计
1,757	1,933	2,126	2,339	2,573	2,830	19,127
$15	$15	$15	$15	$15	$15	
$26,355	$28,995	$31,890	$35,085	$38,595	$42,450	$286,905

7	8	9	10	11	12	全年总计
5,514	6,065	6,672	7,339	8,073	8,880	66,559
$15	$15	$15	$15	$15	$15	
$82,710	$90,975	$100,080	$110,085	$121,095	$133,200	$998,385

7	8	9	10	11	12	全年总计
17,305	19,036	20,940	23,034	25,337	27,871	208,892
$15	$15	$15	$15	$15	$15	
$259,575	$285,540	$314,100	$345,510	$380,055	$418,065	**$3,133,380**

17.3 成本预测

要确定开展业务的预计成本,新的创业团队必须考察它对工具设备和员工的需求。在 e-Travel 的例子中,它需要办公场所、电脑、软件和办公家具。作者们将持续更新他们指南中的信息,并在每月 15 号收到销售他们指南所得净收入的 12% 作为版权收入。开展业务的成本包括工资、营销和通信费用、日常办公用品开支。表 17.3 对 e-Travel 的成本假设进行了总结。每个新公司都需要建立详细到类似程度的一系列假设。

表 17.3　e-Travel 的成本假设

- 作者版税：次月 15 号收到销售指南所得净收入的 12%
- 信用卡：付给信用卡服务提供方 1%,销售过程中自动支付
- 办公场所租赁：每月 1 500 美元
- 有形资产（电脑、设备等）：每年 48 000 美元,4 年的使用寿命
- 设备折旧（美元 / 月）：

	第一年	第二年	第三年
	1 000	2 000	3 000

- 工资（美元 / 月）：

	第一年	第二年	第三年
总经理	4 000	5 500	6 500
副总	4 000	5 000	6 000
行政经理（兼职）	1 500	3 000	3 500
合计	9 500	13 500	16 000

- 社会保障税及其他福利费用：总工资的 15%
- 营销费用（美元 / 月）：

第一年	第二年	第三年
2 000	2 500	3 000

- 水电、办公用品、差旅、通信费用（美元 / 月）

第一年	第二年	第三年
2 000	3 000	4 000

- 利息支出：每月 1 000 美元（100 000 美元的贷款年利率为 12%,按月支付利息,5 年后偿还本金）
- 所得税：税后收入的 30%

17.4 利润表

利润表反映了一段时期内公司的经济效益。利润表的计算如图 17.2 所示 [Maher et al., 2004]。需要注意的,是运营成本经常被分为四个项目:销售和营销成本、管理费用、研发成本和折旧。也可以有其他不同的分类。

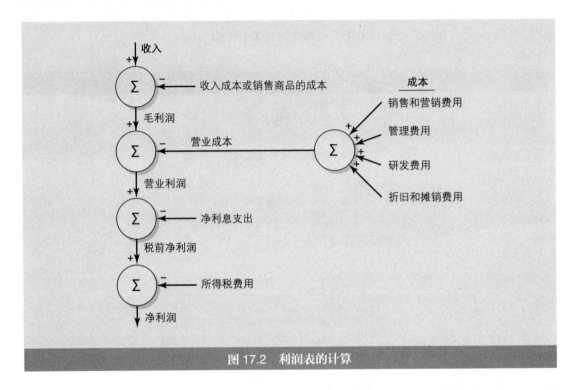

图 17.2 利润表的计算

e-Travel 的利润(盈亏)描绘了公司一段时期的表现情况,我们以 3 年为例。销售、成本和盈亏都按月呈现。利润表的目的是展现产生了多少盈利或亏损。由于 e-Travel 线上销售的特点,它没有已售商品成本。利润表如表 17.4 所示。这个公司到第五个月开始盈利,并且第一年的利润是 19 954 美元(基本情况下)。

17.5 现金流量表

现金流量表展现公司真实的现金流入和流出情况。当公司确实收到或支出现金时,现金流量表需要进行追踪。一个有正现金流的公司可以在不需要新的债务或权益资金时继续运营。如果一个现金流量表显示某一时期预计现金流为负,公司就将有必要计划新的资金注入。我们把现金流量定义为留存收益的总和减去公司计提的折旧 [Maher et al., 2004]。

正在增长中的公司需要现金来运行。详细的现金流动过程如图 17.3。公司在每个月月底计算它们手头的现金。因此,

$$TC(N+1) = (CF - 支出) + TC(N)$$

表 17.4 利润表

第一年

月	1	2	3	4	5
收入	0	0	18,000	19,800	21,780
成本					
作者版税	0	0	2,160	2,376	2,614
信用卡支出	0	0	180	198	218
营销费用	2,000	2,000	2,000	2,000	2,000
折旧费用	1,000	1,000	1,000	1,000	1,000
利息费用	1,000	1,000	1,000	1,000	1,000
办公场所租赁	1,500	1,500	1,500	1,500	1,500
工资	9,500	9,500	9,500	9,500	9,500
社会保障和其他福利	1,425	1,425	1,425	1,425	1,425
水电、办公用品、差旅、通讯	2,000	2,000	2,000	2,000	2,000
税前利润（亏损）	(18,425)	(18,425)	(2,765)	(1,199)	523
所得税（抵免）	(5,528)	(5,528)	(830)	(360)	157
净利润（亏损）	(12,897)	(12,897)	(1,935)	(839)	366

第二年

月	1	2	3	4	5
收入	46,695	51,360	56,490	62,145	68,355
成本					
作者版税	5,603	6,163	6,779	7,457	8,203
信用卡支出	467	514	565	621	684
营销费用	2,500	2,500	2,500	2,500	2,500
折旧费用	2,000	2,000	2,000	2,000	2,000
利息费用	1,000	1,000	1,000	1,000	1,000
办公场所租赁	1,500	1,500	1,500	1,500	1,500
工资	13,500	13,500	13,500	13,500	13,500
社会保障和其他福利	2,025	2,025	2,025	2,025	2,025
水电、办公用品、差旅、通讯	3,000	3,000	3,000	3,000	3,000
税前利润（亏损）	15,100	19,158	23,621	28,542	33,943
所得税（抵免）	4,530	5,747	7,086	8,563	10,183
净利润（亏损）	10,570	13,411	16,535	19,979	23,760

第三年

月	1	2	3	4	5
收入	146,520	161,175	177,300	195,030	214,530
成本					
作者版税	17,582	19,341	21,276	23,404	25,744
信用卡支出	1,465	1,612	1,773	1,950	2,145
营销费用	3,000	3,000	3,000	3,000	3,000
折旧费用	3,000	3,000	3,000	3,000	3,000
利息费用	1,000	1,000	1,000	1,000	1,000
办公场所租赁	1,500	1,500	1,500	1,500	1,500
工资	16,000	16,000	16,000	16,000	16,000
社会保障和其他福利	2,400	2,400	2,400	2,400	2,400
水电、办公用品、差旅、通讯	4,000	4,000	4,000	4,000	4,000
税前利润（亏损）	96,573	109,322	123,351	138,776	155,741
所得税（抵免）	28,972	32,797	37,005	41,633	46,722
净利润（亏损）	67,601	76,525	86,346	97,143	109,019

（单位：美元）

6	7	8	9	10	11	12	全年总计
23,955	26,355	28,995	31,890	35,085	38,595	42,450	286,905
2,875	3,163	3,479	3,827	4,210	4,631	5,094	34,429
240	264	290	319	351	386	425	2,871
2,000	2,000	2,000	2,000	2,000	2,000	2,000	24,000
1,000	1,000	1,000	1,000	1,000	1,000	1,000	12,000
1,000	1,000	1,000	1,000	1,000	1,000	1,000	12,000
1,500	1,500	1,500	1,500	1,500	1,500	1,500	18,000
9,500	9,500	9,500	9,500	9,500	9,500	9,500	114,000
1,425	1,425	1,425	1,425	1,425	1,425	1,425	17,100
2,000	2,000	2,000	2,000	2,000	2,000	2,000	24,000
2,415	4,503	6,801	9,319	12,099	15,153	18,506	28,505
725	1,351	2,040	2,796	3,630	4,546	5,552	8,551
1,690	3,152	4,761	6,523	8,469	10,607	12,954	(19,954)

6	7	8	9	10	11	12	全年总计
75,195	82,710	90,975	100,080	110,085	121,095	133,200	998,385
9,023	9,925	10,917	12,010	13,210	14,531	15,984	119,805
752	827	910	1,001	1,101	1,211	1,332	9,985
2,500	2,500	2,500	2,500	2,500	2,500	2,500	30,000
2,000	2,000	2,000	2,000	2,000	2,000	2,000	24,000
1,000	1,000	1,000	1,000	1,000	1,000	1,000	12,000
1,500	1,500	1,500	1,500	1,500	1,500	1,500	18,000
13,500	13,500	13,500	13,500	13,500	13,500	13,500	162,000
2,025	2,025	2,025	2,025	2,025	2,025	2,025	24,300
3,000	3,000	3,000	3,000	3,000	3,000	3,000	36,000
39,895	46,433	53,623	61,544	70,249	79,828	90,359	562,295
11,969	13,930	16,087	18,463	21,075	23,948	27,108	168,689
27,926	32,503	37,536	43,081	49,174	55,880	63,251	(393,606)

6	7	8	9	10	11	12	全年总计
235,980	259,575	285,540	314,100	345,510	380,055	418,065	3,133,380
28,318	31,149	34,265	37,692	41,461	45,607	50,168	376,007
2,360	2,596	2,855	3,141	3,455	3,801	4,181	31,334
3,000	3,000	3,000	3,000	3,000	3,000	3,000	36,000
3,000	3,000	3,000	3,000	3,000	3,000	3,000	36,000
1,000	1,000	1,000	1,000	1,000	1,000	1,000	12,000
1,500	1,500	1,500	1,500	1,500	1,500	1,500	18,000
16,000	16,000	16,000	16,000	16,000	16,000	16,000	192,000
2,400	2,400	2,400	2,400	2,400	2,400	2,400	28,800
4,000	4,000	4,000	4,000	4,000	4,000	4,000	48,000
174,402	194,930	217,520	242,367	269,694	299,747	332,816	2,355,239
52,321	58,479	65,256	72,710	80,908	89,924	99,845	706,572
122,081	136,451	152,264	169,657	188,786	209,823	232,971	1,648,667

这里，TC（N+1）是指（N+1）月月底的现金额，TC（N）是（N）月月底的现金总额，CF是这个月的现金流。

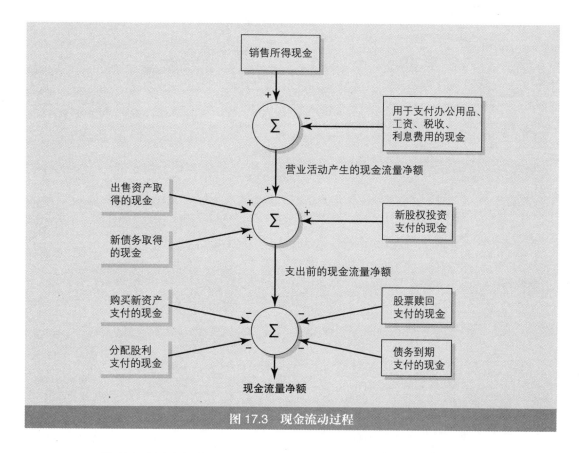

图 17.3　现金流动过程

e-Travel 的现金流量表如表 17.5 所示（基本情况下）。假设公司创立者投资 14 万美元，并从银行以个人财产担保贷款 10 万美元。这 24 万美元用于运营和最初长期资产例如电脑和设备的购买，如表 17.5 所示。期初投资的 24 万美元可以看作股本投资，因为贷款是两个创立者以个人财产担保的。在收入每月增速为 10% 的基本情况假设下，现金流很快会变成正的。

17.6　资产负债表

新公司需要在建立那年和之后每年年底制作资产负债表。资产负债表通过展现公司资产、负债和所有者权益来描述公司情况［Maher et al., 2004］。图 17.4 展示了公司年底需制作的资产负债表的格式。

e-Travel 的资产负债表如表 17.6 所示。资产负债表展现了资产，例如现金、设备、家具和累积折旧等情况。负债有应付贷款和作者的版权费。总的所有者权益包括 14 万美元的投入和留存收益。表 17.6 展现了第一年第一个月月末、第一年年末、第二年年末和第三年年末的资产负债表。基本情况下的资产负债表为 e-Travel 的财务实力提供了证据。

表 17.5 现金流

第一年

月	1	2	3	4	5	
经营活动						
净利润（亏损）	(12,897)	(12,897)	(1,935)	(839)	366	1,0
加：折旧	1,000	1,000	1,000	1,000	1,000	1,0
加：应付版税增加值			2,160	216	238	2
经营活动现金流	(11,897)	(11,897)	1,225	377	1,604	2,9
投资活动						
购买长期资产	(48,000)					
金融活动						
银行借款	100,000					
所有者投资	140,000					
现金增加（减少）	180,103	(11,897)	1,225	377	1,604	2,
期初现金余额	0	180,103	168,206	169,431	169,808	171,
期末现金余额	180,103	168,206	169,431	169,808	171,412	174,

第二年

月	1	2	3	4	5	
经营活动						
净利润（亏损）	10,570	13,411	16,535	19,979	23,760	27,9
加：折旧	2,000	2,000	2,000	2,000	2,000	2,0
加：应付版税增加值	509	560	616	678	746	8
经营活动现金流	13,079	15,971	19,151	22,657	26,506	30,7
投资活动						
购买长期资产	(48,000)					
现金增加（减少）	(34,921)	15,971	19,151	22,657	26,506	30,7
期初现金余额	229,048	194,127	210,098	229,249	251,906	278,4
期末现金余额	194,127	210,098	229,249	251,906	278,412	309,

第三年

月	1	2	3	4	5	
经营活动						
净利润（亏损）	67,601	76,525	86,346	97,143	109,019	122,0
加：折旧	3,000	3,000	3,000	3,000	3,000	3,0
加：应付版税增加值	1,598	1,759	1,935	2,128	2,340	2,5
经营活动现金流	72,199	81,284	91,281	102,271	114,359	127,6
投资活动						
购买长期资产	(48,000)					
现金增加（减少）	24,199	81,284	91,281	102,271	114,359	127,6
期初现金余额	609,544	633,743	715,027	806,308	908,579	1,022,9
期末现金余额	633,743	715,027	806,308	908,579	1,022,938	1,150,5

6	7	8	9	10	11	12	全年总计
90	3,152	4,761	6,523	8,469	10,607	12,954	19,954
00	1,000	1,000	1,000	1,000	1,000	1,000	12,000
61	288	316	348	383	421	463	5,094
51	4,440	6,077	7,871	9,852	12,028	14,417	37,048
							(48,000)
							100,000
							140,000
51	4,440	6,077	7,871	9,852	12,028	14,417	229,048
12	174,363	178,803	184,880	192,751	202,603	214,631	0
63	178,803	184,880	192,751	202,603	214,631	229,048	229,048

6	7	8	9	10	11	12	全年总计
26	32,503	37,536	43,081	49,174	55,880	63,251	393,606
00	2,000	2,000	2,000	2,000	2,000	2,000	24,000
20	902	992	1,093	1,200	1,321	1,453	10,890
46	35,405	40,528	46,174	52,374	59,201	66,704	428,496
							(48,000)
46	35,405	40,528	46,174	52,374	59,201	66,704	380,496
12	309,158	344,563	385,091	431,265	483,639	542,840	229,048
58	344,563	385,091	431,265	483,639	542,840	609,544	609,544

6	7	8	9	10	11	12	全年总计
31	136,451	152,264	169,657	188,786	209,823	232,971	1,648,667
00	3,000	3,000	3,000	3,000	3,000	3,000	36,000
74	2,831	3,116	3,427	3,769	4,146	4,561	34,184
55	142,282	158,380	176,084	195,555	216,969	240,532	1,718,851
							(48,000)
55	142,282	158,380	176,084	195,555	216,969	240,532	1,670,851
38	1,150,593	1,292,875	1,451,255	1,627,339	1,822,894	2,039,863	609,544
93	1,292,875	1,451,255	1,627,339	1,822,894	2,039,863	2,280,395	2,280,395

```
流动资产         ┌ 现金及等价物           流动负债         ┌ 应付账款
(一年内可以流动) ┤ 应收账款              (一年内清偿)     ┤ 应付费用
                 └ 存货                                   └ 短期负债

固定资产         ┌ 财产、厂房和设备       长期负债         ┌ 已发债券
                 └ (减去折旧)                             └ 银行贷款

其他资产         ┌ 无形资产(减去折旧)    所有者权益       ┌ 普通股
                 └ 证券投资                               ┤ 资本公积
                                                         └ 留存收益
```

总资产＝总债务＋所有者权益

图 17.4　资产负债表格式

表 17.6　资产负债表 （单位：美元）

第一年第一月月末		第一年年末	
资产		**资产**	
现金	180 103	现金	229 048
设备和家具	48 000	设备和家具	48 000
累计折旧	(1 000)	累计折旧	(12 000)
总资产	227 103	总资产	265 048
负债		**负债**	
应付贷款	100 000	应付版权费	5 094
		应付贷款	100 000
所有者权益		**所有者权益**	
实收资本	140 000	实收资本	140 000
留存收益	(12 897)	留存收益	19 954
所有者权益合计	127 103	所有者权益合计	159 954
负债与所有者权益合计	227 103	负债与所有者权益合计	265 048
第二年年末		第三年年末	
资产		**资产**	
现金	609 544	现金	2 280 395
设备和家具	96 000	设备和家具	144 000
累计折旧	(36 000)	累计折旧	(72 000)
总资产	669 544	总资产	2 352 395
负债		**负债**	
应付版权费	15 984	应付版权费	50 168
应付贷款	100 000	应付贷款	100 000
所有者权益		**所有者权益**	
实收资本	140 000	实收资本	140 000
留存收益	413 560	留存收益	2 062 227
所有者权益合计	**553 560**	所有者权益合计	2 202 227
负债与所有者权益合计	669 544	负债与所有者权益合计	2 352 395

17.7 悲观的增长率带来的结果

任何新创企业都需要全面考虑到可能发生的情况,并为最坏的情况做好准备。对 e-Travel 来说,我们假设当每月销售增长率为 1% 这一悲观情况发生了。表 17.7 总结了悲观情况发生时的结果。表 17.7A 展示了最早三年的销售预测。悲观情况下第三年的销售为 284 010 美元,然而基本情况下的预计是 3 133 380 美元。表 17.7B 展示悲观情况下的利润表。注意,公司在悲观情况下没有一年是盈利的。

表 17.7A 悲观增长率下的销售预测(月销售增长率为 1%)

	第一年		第二年		第三年
	全年总计		全年总计		全年总计
销售单位量	12 550	销售单位量	16 804	销售单位量	18 934
每单位价格	$15	每单位价格	$15	单位价格	$15
销售额(美元)	$188 250	销售额(美元)	$252 060	销售额(美元)	$284 010

表 17.7B 悲观增长率下的利润表(月销售增长率为 1%)

	第一年		第二年
	全年总计		全年总计
收入	$188 250	收入	$252 060
成本:		成本:	
版权	22 590	版权	30 246
信用卡支出	1 883	信用卡支出	2 521
营销	24 000	营销	30 000
折旧	12 000	折旧	24 000
利息	12 000	利息	12 000
办工场所租赁	18 000	办工场所租赁	18 000
工资	114 000	工资	162 000
社保及福利	17 100	社保及福利	24 300
水电、办公用品、差旅、通讯	24 000	水电、办公用品、差旅、通讯	36 000
税前利润(亏损)	57 323	税前利润(亏损)	87 007
所得税(抵免)	0	所得税(抵免)	0
净利润(亏损)	$57 323	净利润(亏损)	$87 007

	第三年
	全年总计
收入	$284 010
成本:	
版权	34 079
信用卡支出	2 840
营销	36 000
折旧	36 000
利息	12 000
办工场所租赁	18 000
工资	192 000
社保及福利	28 800
水电、办公用品、差旅、通讯	48 000
税前利润(亏损)	(123 709)
所得税(抵免)	0
净利润(亏损)	$123 709

我们在表 17.7C 中展示了悲观情况下的现金流量表。注意第三年第一个月的期末现金余额为负，此时需要注入现金来维持运营。

为了成为一个盈利的公司，e-Travel 在前两年需要实现每月超过 4% 的销售增长率。这个数据可以通过在电子表格中实验不同的增长率计算得到。

17.8 盈亏平衡分析

在建立财务计划的初始阶段，知道何时实现盈利是很有必要的。**盈亏平衡**是指销售总额等于总成本。销售总额 R 是：

$$R = Q \times P$$

这里，Q 为销售产品的单位数，P 为每单位价格。总成本 TC：

$$TC = FC + VC$$

这里，FC 为总固定成本，VC 为可变成本。因此，收支平衡点是公司既不盈利也不亏损时的销售量 Q。

基本情况下 e-Travel 第一年的固定成本为 221 100 美元，可变成本是销售额的 13%，因为版权费和信用卡支出分别是 12% 和 1%。然后，要计算 Q，我们有

$$R = TC$$
$$R = 221\,100 + (0.13 \times R)$$

或

$$0.87R = \$221\,100$$

因此

$$0.87(Q \times \$15) = \$221\,100$$

或

$$Q = 16\,943$$

因此，销售大约 170 000 本 e-Travel 旅游指南，公司就开始实现盈利了。

17.9 盈利能力的测量

新创企业的投资者对计算他们投资的年回报很感兴趣。**资本回报率** $ROIC$ 是每年净收益和公司总投资额的百分比。3M 公司和 IBM 公司 2013 年的 $ROIC$ 分别是 20% 和 32%。资本回报率也被称作**投资回报率** ROI。一个公司的 ROI 是

$$ROI = \frac{净收益}{投资额}$$

这里收益分配给了投资者。随着公司发展，实际上在一些时期并不一定把现金分配给它的投资者。在这种情况下，收入是留存收益，公司用留存的现金收益作为投资资金。随后留存收益被加到原始股本投资上一起作为所有者权益 [Riggs, 2004]。

表 17.7C 悲观增长率下的现金流量表

第一年

月	1	2	3	4	5	6
经营活动						
净利润（亏损）	($18,425)	($18,425)	($2,765)	($2,609)	($2,452)	($2,29
加：折旧	1,000	1,000	1,000	1,000	1,000	1,0(
加：应付版税增加值	2,160	22	21	22	21	
经营活动现金流	(17,425)	(17,425)	395	(1,587)	(1,431)	(1,27
投资活动						
购买长期资产	(48,000)					
融资活动						
银行借款	100,000					
实收资本	140,000					
现金增加（减少）	174,575	(17,425)	395	(1,587)	(1,431)	(1,27
期初现金余额	0	174,575	157,150	157,545	155,958	154,52
期末现金余额	$174,575	$157,150	$157,545	$155,958	$154,527	$153,2:

第二年

月	1	2	3	4	5	
经营活动						
净利润（亏损）	($8,234)	($8,064)	($7,895)	($7,712)	($7,529)	($7,34
加：折旧	2,000	2,000	2,000	2,000	2,000	2,0(
加：应付版税增加值	23	23	24	25	25	
经营活动现金流	(6,211)	(6,041)	(5,871)	(5,687)	(5,504)	(5,32
投资活动						
购买长期资产	(48,000)					
现金增加（减少）	(54,211)	(6,041)	(5,871)	(5,687)	(5,504)	(5,32
期初现金余额	149,039	94,828	88,787	82,916	77,229	71,72
期末现金余额	$94,828	$88,787	$82,916	$77,229	$71,725	$66,4(

第三年

月	1	2	3	4	5	6
经营活动						
净利润（亏损）	($11,416)	($11,220)	($11,024)	($10,829)	($10,633)	($10,42
加：折旧	3,000	3,000	3,000	3,000	3,000	3,0(
加：应付版税增加值	27	27	27	27	27	
经营活动现金流	(8,389)	(8,193)	(7,997)	(7,802)	(7,606)	(7,39
投资活动						
购买长期资产	(48,000)					
现金增加（减少）	(56,389)	(8,193)	(7,997)	(7,802)	(7,606)	(7,39
期初现金余额	38,330	(18,059)	(26,252)	(34,249)	(42,051)	(49,65
期末现金余额	($18,059)	($26,252)	($34,249)	($42,051)	($49,657)	($57,05

(月销售增长率为1%)

	7	8	9	10	11	12	全年总计
	($2,138)	($1,982)	($1,812)	($1,643)	($1,473)	($1,304)	($57,323)
	1,000	1,000	1,000	1,000	1,000	1,000	12,000
	23	24	23	24			2,362
	(1,117)	(960)	(789)	(619)	(450)	(280)	(42,961)
							(48,000)
							100,000
							140,000
	(1,117)	(960)	(789)	(619)	(450)	(280)	149,039
	153,254	152,137	151,177	150,388	149,769	149,319	0
	$152,137	$151,177	$150,388	$149,769	$149,319	$149,039	$149,039

	7	8	9	10	11	12	全年总计
	($7,164)	($6,981)	($6,798)	($6,615)	($6,432)	($6,237)	($87,007)
	2,000	2,000	2,000	2,000	2,000	2,000	24,000
	26	25	25	25	25	27	298
	(5,138)	(4,956)	(4,773)	(4,590)	(4,407)	(4,210)	(62,709)
							(48,000)
	(5,138)	(4,956)	(4,773)	(4,590)	(4,407)	(4,210)	(110,709)
	66,404	61,266	56,310	51,537	46,947	42,540	149,039
	$61,266	$56,310	$51,537	$46,947	$42,540	$38,330	$38,330

	7	8	9	10	11	12	全年总计
	($10,216)	($10,007)	($9,799)	($9,589)	($9,380)	($9,172)	($123,709)
	3,000	3,000	3,000	3,000	3,000	3,000	36,000
	29	29	29	28	29	29	337
	(7,187)	(6,978)	(6,770)	(6,561)	(6,351)	(6,143)	(87,372)
							(48,000)
	(7,187)	(6,978)	(6,770)	(6,561)	(6,351)	(6,143)	(135,372)
	(57,052)	(64,239)	(71,217)	(77,987)	(84,548)	(90,899)	38,330
	($64,239)	($71,217)	($77,987)	($84,548)	($90,899)	($97,042)	($97,042)

净收益和所有者权益可以提供一个叫作**股本回报率** ROE 的比率，ROE 的计算如下

$$ROE = \frac{净收益}{所有者权益}$$

运用表 17.4 和表 17.6 可得 e-Travel 第二年的资本回报率是

$$ROE = \frac{393\,606}{553\,560} \times 100\% = 71.1\%$$

投资者（所有者）回报在分配现金或者股本在公开市场定价的时候可以计算。假设 e-Travel 的原始投资者持有的所有权在第三年年底可以以 72 万美元卖出，投资者集团实现的乘数 M 是

$$M = \frac{720\,000}{240\,000} = 3.0$$

复利计算下 3 年期的年回报率是 44.2%，因为 $(1.442)^3 = 3.0$。因此，投资的年回报率 ROI 是

$$ROI = 44.2\%$$

注意我们把 24 万美元代入投资额。因为原始投资是公司创立者的总投资。我们把个人会签的贷款与创立者的股本投资同等看待。

表 17.8 总结了对企业家的 10 条核心会计原则。表 17.10 在本章末尾列出了一些财务术语和比率的定义。

表 17.8　对企业家最重要的十大会计原则
1. 财务报表中存在的最基本的等式是：资产＝负债＋所有者权益
2. 资产负债表反映了一个时点的财务状况，利润表反映一段时期内的财务表现
3. 利润表改变这个时期的留存收益
4. 会计纠纷几乎只和估值和时间有关
5. 五个估值管理的关键原则是：权责发生制、保守原则、一致性原则、可量化原则、历史成本原则
6. 因为估值需要判断，财务报表只是必要的估计
7. 账面价值很少等于市场价值，尤其是对长期资本和所有者权益来说
8. 经营的命脉是现金
9. 比率是得出财务报表意义的关键工具
10. 一个公司内部融资的能力是它股权回报率的函数

17.10 聚焦 SolarCity

SolarCity 是一个为房屋所有者、企业和政府机构提供能源的供应商。SolarCity 提供设计、安装，并提供符合客户需求的分析所需的能源需要和服务。高昂的先期投入是采用太阳能最大的障碍。用于一个大房屋的系统的先期投入可以达到 3 万美元。SolarCity 采用了一个独特的财务模式来克服这个障碍。首先，他、它们依靠美国政府拨款来补助安装系统的大部分成本。其次，SolarCity 向用户出租这个系统而不是只依赖前期付款。随着太阳能系统的使用，用户可以获得多于使用量的能源。并把多余的能源卖给公共事业公司。这些多余能源的销售可以反过来作为部分租赁费与支付部分 SolarCity。因此，许多用户发现他们的总成本几乎是微不足道的。

SolarCity 的财务模式很引人注目，但 SolarCity 近年来正在遭受巨大的成本危机。SolarCity 想要的可观的投资回报可能还需要 10 年左右。

17.11 小结

创业团队制定财务计划来确定公司的经济潜力，并把它展示给潜在投资者。财务计划使用基于公司潜在假设的预期数据，展示利润表和现金流量表，这两项财务报表可以用来制作资产负债表。第一年和第二年的报表使用以月为时间单位的数据，之后的两到三年使用以季度为时间单位的数据。还有，计算收支平衡所需的销售量非常实用。最好的创业公司可以使销售持续增长，并在公司生命的早期实现正的现金流和利润。

⊃ 原则17

可靠的财务计划基于最精确和可靠的假设，因此能展现新创公司发展和盈利的潜力。

⊃ 音像资料

访问 http://techventures.stanford.edu 可以观看关于本章的专家研讨内容。

- Exponential Growth　　　　　　Peter Thiel and Max Levchin　　　PayPal
- Extreme Relevance of Cash Flow　Elizabeth Holmes　　　　　　　 Theranos
- No Patience for Profitability　　　 Thomas Prescott　　　　　　　　Align Technology

17.12 练习

17.1 定义利润表、资产负债表和现金流量表之间的相互关系。你以为哪一个表对新创企业最重要，为什么？

17.2 收入模式的范例列在表 16.1。选择其中的三种收入模式，并说明每种模式在评估销售预期时可能遇到的困难。

17.3 Viscotech 公司计划进军光电系统领域，主要用于自动化的光学检测和检验生产部件的瑕疵。预测的财务收入如表 17.9 所示。公司计划以 100 万美元的股权融资和 50 万美元的 5 年期贷款作为初始投资。确定每年年末持有的现金量，每年的股权回报率和投资回报率。

17.4 一家新创公司成立时投入了 80 000 美元的初始投资（持有的现金）。公司每月创造 40 000 美元的销售收入，每月的运营成本为 36 000 美元。公司购买设备前 4 个月每月花费 30 000 美元。计算 12 月月末的投资回报，判断公司每个月月末持有的现金是否为正，有多少，什么时候需要注资。

17.5 一家软件公司的固定成本为 80 万美元，可变成本为每件产品 12 美元。如果每件产品价格为 50 美元，计算收支平衡时应该销售的产品数量（Q）。如果公司一年销售 50 000 件产品，这一年的利润是多少？假设公司的税率为 20%。

17.6 一家新公司 Sensor International 正在准备一个关于保障网络安全的新设备的计划。生产、营销和分销一包 6 个传感器的成本为 14 美分，给分销商的价格是 68 美分。一次性固定成本为 121 000 美元。计算收支平衡所需的产品数量。

17.7 继续习题 17.6，Sensor International 第一年卖出了 30 万包产品，第二年卖出 40 万包。如果投资者的初始投资为 10 万美元，计算公司第一年和第二年的投资收益。假设税率为 20%。

17.8 再次考虑习题 17.6 中的公司。当固定成本降低到 30 000 美元，并且公司通过调研今年只能卖出 60 万包产品。那么公司应当选择什么样的价格保证销售 60 单位产品是盈利的？

表 17.9 Viscotech 预测

	年 1	年 2	年 3	年 4	年 5
收入	1 500	3 400	5 900	10 600	15 400
税后收入	（500）	（100）	200	400	600
折旧	250	300	350	400	400
所有者权益均值	1 000	700	600	800	1 400
长期负债	500	450	300	200	100

创业挑战

1. 描述你公司用于制作财务预测的假设,草拟一份利润表。
2. 你的公司实现收支平衡和正的现金流要多久?
3. 你的公司到达那点需要多少累计现金?

表 17.10　会计和财务术语

资产:公司拥有或控制的能够客观计量的全部有价值的资源
资产流动速率:收入比净资产的比率,包括厂房设备、存货和营运资本
资产负债表:列出财政年度末,公司资产、负债和股东权益的财务报表
账面价值:公司的净值,用总资产减去无形资产(专利、商誉)和负债
现金流:留存收益的总和减掉折旧备抵
折旧:在固定资产预计寿命期内分摊其成本的一种会计程序
折现率:由于金钱的时间价值用于对未来收入和现金流折算的比率
红利:公司用净利润以现金或股票形式对股东进行的支付
每股收益:表明普通股每股净利润的术语
权益:公司净资产(账面价值)
财务报表:反映公司财务状况的报告,通常包括资产负债表和利润表
利润表:总结收入和成本的财务报表
负债:公司欠其他人的数额
净收入:某时期内的总收入减去总成本
预报表:提前提供的真实数据
留存收益:表示没有作为红利分配给所有者而是留存在公司中的利润
投入资本报酬率:净利润与投入资本的比率
投资报酬率:净利润与投资的比率
收入报酬率:净利润与收入的比率
所有者权益报酬率:净利润除以平均所有者权益
收入:销售减去返还、退款和折扣
现金流量表:用于计量和报告一段时期内由运营、投资和金融活动引起的现金流入和流出情况的财务报表
营运资本:公司流动资产与流动负债之间的差

第 18 章

资本来源

正如汽油使汽车奔驰一样，资本使社会进步。

——詹姆斯·特拉斯洛·亚当斯
（James Truslow Adams）

有哪些来源可以为新创企业的建立和发展筹集资金？

创业者可以利用第17章中详细探讨的方法进行财务预测，来估计公司所需的资金。考察财务预测和现金流量表可以清晰地知道在何时需要多少资金。本章强调如何吸引投资者对一个新创企业感兴趣，并创造出既满足企业资金需求又满足投资者投资收益需求的投资协议。我们在本章探讨可以获取资金的多种渠道。

创业者自己可能会提供一些创业所需的资金，朋友、家人也会适当提供一些帮助。政府的资助、自筹和众包也会为建立公司提供必要的资金。从商业银行或其他金融机构得来的债务融资也是一种选择。

大多数希望发展到较大规模的高增长公司都需要来自专业投资者，例如天使投资人和风险资本家的外部资金。通常，公司发展的过程中需要多轮融资。创业者需要明确给予投资者多少股份，要基于公司每个阶段的估值。

成熟的公司会采用首次公开募股筹集额外的发展资金，并给早期的投资者一个收获新兴公司创造的价值的途径。准备 IPO 对有发展潜力的公司来说是一个重要的里程碑。

18.1 新创企业的融资

新创企业的财务预测如第17章所述，可以帮助创业者得到头两三年的预计现金流。通过现金流量表，创业团队可以确定融资需求。一些新创企业几乎可以立刻实现正的资金流，并且创业者可以自己提供公司创立所需的资金。相反，如果新创企业需要一年甚至更长的时间现金流才能为正的话,那么适当的投资就是必需的。多数高科技公司需要几年时间才能实现正的现金流。

一个新创企业可能需要资金来购买固定资产,例如电脑和生产设备等。除此之外,新创企业还需要资金来维持运营并建立顾客基础。**营运资本**是用于支持公司正常运转的资金,它等于流动资产减去流动负债。财务资本对公司购买资产和提供营运资本来说都是必需的,随着公司的发展,对财务资本的需求通常会增加。为公司选择正确的资金来源和选择团队成员、公司地址等决策一样重要。这个决定会影响公司的未来发展。

寻找所需资金对创业者来说是一个难以解决且耗时的任务。敲定并完成一个投资协议也许要花费 3—12 个月。对许多创业者来说,先保证拥有一部分客户再寻求投资者是比较明智的。寻找合适的资金支持者需要好的商业计划和时间。在这个过程中要讲述公司的故事并回答种种问题。但透露专利信息让创业者很不安,因为重要的信息可能因此被泄露给竞争者。

许多投资者用很长时间审查公司的商业计划,和团队进行交流,最终却拒绝了提议。创业者必须做好谈判会失败的准备,即使一个投资者表现出很大兴趣,也要继续寻找其他投资者。继续寻找投资者不仅能在一笔交易失败后节省时间,也能提高在谈判中的地位。

财务资本对新创企业来说是可以得到的,关键问题是要知道从哪得到。创业者必须在融资前做好功课,要知道针对公司发展的不同阶段哪种融资方式是最适合的,然后了解从这些渠道获得资金要怎样运作,运作成功的关键是什么。

要寻求多少投资是一个困难的问题。创业者希望投资者能提供现金流变为正数前所有必要的资金。但多数投资者想把他们的投资分散到不同里程碑式的阶段的投资上。更进一步,多数投资者对所预测的项目持谨慎态度,并倾向于接受较悲观的预测或变化,投资者会把不确定性加入他们的计算,但创业者通常天生更加乐观。

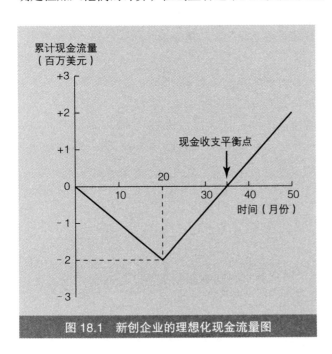

图 18.1　新创企业的理想化现金流量图

一个理想的现金流量图如图 18.1 所示。这个新创企业前 20 个月的资金消耗率为每月 10 万美元。从第 21 个月开始产生正的现金流,并在第 35 个月达到累计现金流的收支平衡点。这个公司需要至少 200 万美元的投资。

风险的不确定性可以导致预计结果的较大偏差。把公司发展划分为不同阶段可以帮助投资者在不同时期建立对公司的信心。但分阶段的投资要求创业者进行多次融资——这是一个耗时耗力的长期过程。

通常投资者和创业者双方拥有不对称的信息。投资者可能对行业信息知道得更多，而创业者更了解其中的风险。并且，确定知识产权的合理价值对投资者来说是困难的。一个专利价值多少？答案通常只有在法庭上才能得到。怎样评估这个团队的能力呢？此外，市场的动态变化也很难把握。例如，随着市场行情的变化，市场的估值乘数有所不同。反之，这些因素会使投资者和创业者有不同的看法[Gompers and Lerner, 2002]。

表 18.1　五个导致投资者和创业者有不同看法的因素
● 预测结果的不确定性　　　　　　　● 行业和金融市场的动态性 ● 信息不对称　　　　　　　　　　　● 创业者的财富风险集中于公司，而投资者的风险通过多 ● 知识产权和无形资产的估值　　　　　样化资产组合被分散了

确保投资资金需要在谈判阶段减少表 18.1 中列出的前四个因素。这个可以通过对风险、明确的目标、无形资产和领导团队的价值的充分讨论解决。同样，投资者必须建立信心，相信创业者在市场变动中能合理管理公司的信心。最终，双方需要就创业者将把财务资金集中投入公司而投资者将有一系列多样化投资达成共识。创业者的目标是寻找考察表 18.1 中所列因素的投资者。那些在这些因素上和创业者形成一致意见的投资者可以被称为联盟投资者。建议创业者寻找联盟投资者是因为他们会对变动的需求做出回应并提供必要的灵活性。识别有行业知识、运营能力和团队建设技能的联盟投资者，是成功获得融资关键的第一步。

18.2　作为实物期权的风险投资

投资者进行投资以得到未来取得现金回报的机会。专业投资者通常把机会看作一个期权。**期权**可以被定义为一种未来采取某种行动的权利（不是义务）。投资新创企业可以被看作投资一个收益不确定的机会。一个投资承载着许多风险，但也可能创造现在没有预见到但未来可能被挖掘出的巨大机遇。公司发展的早期要做的是探寻不同的商业路径进行投资并保持大量期权开放。一旦不确定性减少到可以忍受的范围，并且组织内对一个合理的路径存在广泛的共识，则对这个路径可以完全投入。持有期权的投资者有选择现在做决定还是以后做决定的权利。他们可以行使权利来选择继续参与下一个阶段还是放弃投资以减少损失。

在金融术语中，期权仅仅是可以在未来某个时刻以提前约定的价格购买某项资产的权利。**实物期权**是投资（或购买）未来某个真正资产——初创企业股份的权利。

哥伦布和伊莎贝拉女王的期权

克里斯托夫·哥伦布（Christopher Columbus）制定了外出寻找异国香料并在欧洲进行香料交易的计划。他是一位意大利航海家，1484 年向葡萄牙国王提出向西航行到达亚洲的提议，但没有得到支持。在之后的四年间，他向很多欧洲王室寻求支持。最终，1492 年，在多年没有结果的努力后，他终于得到了西班牙女王伊莎贝拉（Queen Isabella）和马德里法院（Court of Madrid）的支持。西班牙王室资助了 140 万西班牙金币（当时的货币），哥伦布投入了 25 万，这些钱大多来自于他的朋友和家庭。合同要求将他任命为舰队司令，并可获得在"他的领土"

上所有金银、宝石、香料利润的八分之一。

哥伦布带着一些黄金和大量关于如何到达新大陆的信息于1493年3月返回西班牙。女王伊莎贝拉购买了一种发现黄金和香料的实物期权。由于哥伦布的发现,她选择行使期权并派哥伦布、皮萨罗(Pizzaro)和科迪斯(Cortez)去新大陆探险,并为西班牙带回传说中的财富。几个世纪后,现在的专业投资者也经常购买新创公司的实物期权。例如,2005年彼得·蒂尔(Peter Thiel)、吉姆·布雷耶(Jim Breyer)和Accel的合伙人购买了Facebook的实物期权。

让我们来考虑一个风险投资的简化的数学模型。知识产权(知识)可以转化为经济资本来增加或创造现金流,并且战略资本可以发现新的机遇。我们认为,经济资本是一系列现金流的固有价值。战略资本是期权价值。

我们可以广泛地认为一个新创企业的投资的价值(V)是

$$V = IV + OV$$

这里,IV是固有价值,OV是期权价值。

净现值(NPV)是一个公司未来的现金流以一定比率(r)折现到现在的价值。一个公司的固有价值是用一个折现率(r)得到的净现值,它等于这个公司的期望回报。

一系列现金流(c_n)的净现值为:

$$\text{NPV} = \sum_{n=0}^{N} \frac{c_n}{(1+r)^n} \tag{18.1}$$

这里,$n = 0, 1, 2, \cdots N$,例如,一个创建两年的新创企业的净现值可能是:

$$NPV = -100\,000 + \frac{65\,000}{(1+r)} + \frac{35\,000}{(1+r)^2}$$

其中,$r = 0.15$,即企业的贴现率。因为$n = 0$的时候需要10万美元的投资,所以最初的现金流是负的。然后我们可以计算NPV如下

$$NPV = -100\,000 + 65\,000\,(0.870) + 35\,000\,(0.756)$$
$$= -100\,000 + 83\,000$$
$$= -17\,000\,(美元)$$

在这个例子中,固有价值(IV)等于NPV。但投资者在两年后有是否继续投资的选择权。通常,投资者通过初始投资获得以后再次投资的选择权。当信息随着时间改变,不确定性减少,随后阶段的投资被认为风险较小。

期权价值是一个四个要素的函数:期权到期时间(T),潜在资产价格的波动性或不确定性(σ),折现率(r)和新创企业的现时价格(P)和执行价格(X)。显然,有较长时间选择是否执行期权会增加公司未来的价值超过执行价格的可能性。公司未来价值的不确定性越高,投资者越愿意购买期权。不确定性可以用公司价格在一段时期(T)内的标准差(σ)来展示。如果是一个新创企业,可以用相似公司的标准差代替。

期权价值随着初始投资时的股票价格现值(P)与期权执行价格(X)的相对价值的提升而上升。P/X的比率随X下降而上升。期权价格同样随着折现率(r)的提高而增加,因为

未来现金流具有较高的折现率，因此高折现率使得期权更有价值。这四个因素对实物期权的影响见表18.2 的总结。

表 18.2 实物期权价值的四个影响因素

- 随着以标准差（σ）衡量的不确定性增加而增加
- 随着持有期权者决定是否执行的时间（T）增加而增加
- 随着当前股票价格（P）和执行价格（X）间的比率增加而增加
- 随着折现率（r）增加而增加

期权价格基于四个因素 $T, \sigma, P/X$ 和 r。期权价格可以写成

$$OV = f(T, \sigma, P/X, r)$$

期权价格随着这四个要素值的上升而上升。期权价格可以利用布莱克—斯科尔斯（Black-Scholes）的期权定价模型计算 [Boer, 2002]。期权定价计算器在 http://www.mystockoptions.com/black-scholes.cfm 网站上可以找到。另一个期权估值模型用到了决策树的二项式模型 [Copeland and Tufano, 2004]。

作为第一个估计，我们可以用一个线性函数来对 OV 进行如下近似：

$$OV = k_1 T + k_2 \sigma + k_3 (P/X) + k_4 r$$

这里，k_i 是不确定的常数。这四个要素的相对值较高时，期权价格会比较高，且可能超过高风险公司前几年的净现值。

让我们再次考虑之前段落中假设的例子。一个 10 万美元的初始投资包含一个可以选择两年后是否继续进行二轮投资的期权。因此，这个案例中时间期限（T）相对较长，公司的不确定性（标准差）高，并且折现率相对高。并且，如果初始投资时股票价格较低，比如说 10 美元，如果执行价格提前设定为 5 美元，那么这个期权的价值就相当高。如果一个投资者估计期权价值为 50 000 美元，那么这个投资的价值就是

$V = IV + OV$

$\quad = -17\,000 + 50\,000 = 33\,000$（美元）

通常，投资一个新创企业的价值大多来自于实物期权价值。

Genentech 的早期估值

创业者罗伯特·斯万森（Robert Swanson）和生物化学家赫伯·玻伊尔（Herbert Boyer）于 1976 年创立了 Genentech，利用基因拼接技术研发新药。Genentech 在没有盈利的情况下于 1980 年上市并融资 350 万美元。因为几乎看不到现金流，对 Genentech 的估值只依据了它开发拥有的知识产权和引进新药的潜力。Genentech 于 1993 年开始盈利，并在 2009 年被 Roche 收购。

仅仅从财务角度来看某项投资可能是冒险的，但如果把其未来行动的机会考虑进去的话，往往发现投资是可行的。然而，只要一项期权已经不能提供未来价值就应该将其舍弃。创业者有时会把没有前途的企业拖得过于长久，部分原因在于团队有一种信念：他们的企业将会克服怀疑和残酷现实并最终取得成功。

18.3 资金的来源和类型

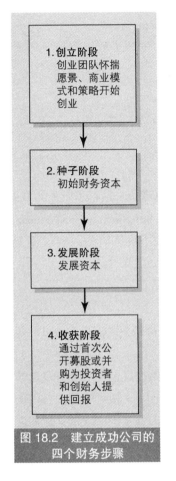

图 18.2 建立成功公司的四个财务步骤

图 18.2 展示了建立一个成功的公司所需的 4 个财务步骤。初始投资用来创立新创企业并且通常被叫作**种子资本**。第一轮的资本需求可能是有限的，资金可能已经由创始人或他们的朋友、父母准备好了。但多数科技公司在发展阶段需要大量资金并寻求专业的或资金充足的投资者帮助。此外，首次公开募股或者收购不仅可以提供更多资金，还给投资者、创始人和其他团队成员提供经济回报。

新创企业的财务资本有多种资源。表 18.3 列出了来源清单。资本分为两大类：权益资本和债券资本。**权益资本**指通过购买公司股票实现的对所有权的投资。股份持有者被称作股东。**债务资本**是指公司借入的必须在某个具体时刻返还本金并付息的资金，如银行贷款。债务资本通常不包含新创企业的任何所有权利益。通常，新创企业只有在市场上经过了一段时间并有了一些成功的信号如不断增长的收入和应收账款后才能获得债务资本。但在一些情况下，政府可能为借款提供担保，如美国的中小企业管理局提供的政府担保贷款。

公司创立时的股本融资通常是从创始人、朋友和家人提供的资金开始。其他股本投资者和出借者实际上希望创业团队自己能为新创企业投资大量资金，借此可以收到创业团队做出了很多贡献并有信心获得成功的信号 [Ogden et al., 2003]。一个衡量新创企业创立质量的实用指标就是创业者为新创企业投入财富的比例 [Prasad et al., 2001]。

来自家庭和朋友的投资是种子资本的极好来源，它可以帮助新创企业走得足够远，以吸引私人投资者或风险投资公司的资金。例如，1995 年 Mike 和 Jackie Bezos 给他们儿子 Jeff 创立的新创企业 Amazon 公司投资了 30 万美元。现在，这些股份已经价值当年投资额的好几倍。家人和朋友通常因为和一个或多个创始人的关系而愿意投资。但家人和朋友应该收到并查看所有的财务文件，更进一步，他们应该有能力承担投资可能带来的损失并能承受风险。

创业者也可以寻找那些愿意对前景好、发展快的公司进行股权投资的专业投资者。对新创企业投资的富人通常被称作**天使投资人**（angels）。据估计，在美国天使投资人一年能投资超过 50 000 家公司。风险资本家是投资基金的职业经理人。美国的风险资本家每年可以投资超过 5 000 家公司。这两类团体的投资量会因经济状况的好转而增加。天使投资人和风险资本家最近几年的投资总量几乎相同。

表 18.3　资本的来源

- 创始人
- 家人和朋友
- 小型企业投资公司
- 小企业创新研究计划资助（美国）
- 富人（天使投资人）
- 风险资本家
- 银行
- 租赁公司
- 已建立公司
- 公开股票发行
- 政府基金和信贷
- 客户预付款
- 养老基金
- 保险公司

已建立的公司同样可以直接投资创业公司。有时候，已建立公司和新创企业建立合作发展协议，旨在研发新技术并为新创企业提供资金。许多科技公司也有它们自己的风险投资团队，可以直接投资创业企业以获得部分所有权。表 18.4 详细列出了在成长阶段几种股权资本来源的优缺点。

表 18.4　主要发展资本来源的对比

资本来源	数额	优点	缺点
个人（天使）	1 万到 100 万美元；低到中等水平的耐心和专业知识	不会造成公司股权的稀释；由于对协商和尽职调查要求最低，因此进展速度快	缺乏足够资金支持资金密集型创业机会；可能缺乏长期的视角；可能缺少好的建议
风险资本公司	100 万到 2 000 万美元；高水平的耐心和专业知识	拥有大量可以使用的资金；提供雇佣帮助和其他服务；能快速提高公司声誉和信用	要求更大比例的公司所有权；期望对主要决定能发挥较大作用；可能在组建执行领导团队时过于积极
企业风险投资	500 万到 5 000 万美元；中到高水平的耐心和专业知识	造成中等程度的企业股权稀释；提供分销和生产改进的帮助	造成其他潜在关系的问题（如公司竞争者）；可能将创业公司的知识产权置于风险中

最后，公司可以通过在股票市场首次公开募股的方式获得财务资本。只有最有资历和经验的团队在有突出的机会时才能在建立公司的早期就进行首次公开募股。

新创企业总体的投资过程如图 18.3 所示。融资的种子阶段可以通过朋友和家人实现。天使投资人可能提供 A 轮融资。风险投资者通常在 A、B、C 轮提供资金。然后投资银行通常协助 IPO 和私募。我们将在后续小节中详细介绍不同的融资选择。

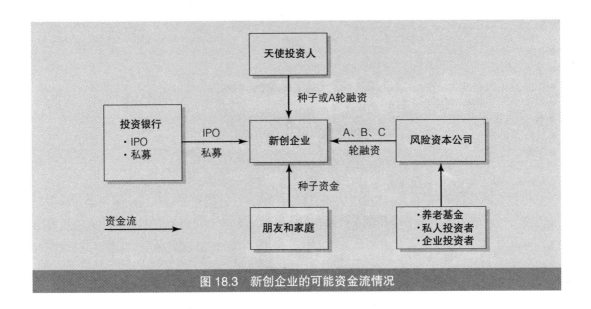

图 18.3 新创企业的可能资金流情况

18.4 自筹与众筹

用来自创业团队、朋友和家人的适度资金创立新创企业的融资方式通常被称作**自筹**。这个术语来源于俗语"自力更生"。自筹一个公司意味着通过自身努力建立一个公司。对许多只能给投资者提供较温和回报的公司来说,最好能吸引认识创业者的投资人。专业投资人每年只能支持很小部分的创业公司,他们寻求投资那些比较能提供高回报率、有稳固的竞争优势、有完善的商业计划和创业经验丰富的创始人的公司。

自筹公司通常起步时规模较小,并逐步积累经验和专有技术。因此,自筹的创业者通常从相对保守的商业计划开始并聚焦一个机会,寻找能实现收支平衡和正现金流的快速途径。他们也努力采取措施减少开支以增加现金流,例如从客户处获得预付款,延迟支付供应商的款项,与其他公司共用员工、资产和商业空间等 [Winborg 和 Landström, 2000]。

许多公司适合自筹的模式。虽然实际数字很难达到,但仍有 75% 的创业公司是自我筹资建立的公司。它们维持低成本运作,寻找被竞争者忽视的市场,并逐步构建自己的业务。当投资者和出借者不愿提供必需的资金时,创业者通常必须自己提供大部分的创业资金 [Quadrini, 2001]。

最终,随着公司寻找到新的机遇,保守的新创企业可能转变为巨大的成功。例如,Princeton Review(一家教育咨询公司)创立时,当地已有许多水平参差不齐的家庭教师。最后它在全国市场找到了自己的位置并与 Kaplan 连锁机构进行竞争。

彼埃尔·奥米迪亚(Pierre Omidyar)在 1995 年的劳动节建立了拍卖网站 AuctionWeb,当时他还是一家软件公司的全职员工。作为一个资深的软件开发员,奥米迪亚被在互联网上开展业务的机遇深深吸引了,他的期望是为拍卖中的买方和卖方在互联网上提供一个完美的市场 [Cohen, 2002]。他在劳动节假期里用家庭网络服务提供商提供的个人网站编写了一套程序。他能找到的最好的域名是 eBay.com。整个 1995 年秋季，AuctionWeb 主持了上千笔拍卖交易。到 1996 年 2 月，奥米迪亚的互联网服务提供商开始向他征收费用，因此他开始对每一笔交易收取小额费用。从 2 月开始，AuctionWeb 实现盈利。到 4 月份，AuctionWeb 实现了 5 000 美元的收入。6 月，收入翻倍到 10 000 美元，奥米迪亚决定辞去全日性工作。他迅速吸引了好友杰夫·史科尔（Jeff Skoll）成为工作搭档。史科尔起初的角色是公司顾问，他从 1996 年 8 月开始全职工作。到 1996 年后期，他们搬离奥米迪亚的房子，搬到加利福尼亚州坎贝尔的一幢写字楼里。到 1996 年 10 月，AuctionWeb 一共有 4 名员工，而那个月它主持了 28 000 笔交易。AuctionWeb 尽力节俭并控制成本。到 1997 年 1 月，网站主持了 200 000 笔交易，并且公司预计在 1997 年实现超过 400 万美元的收入。1997 年早期，奥米迪亚和史科尔写下了他们的第一份商业计划并开始寻找投资者。1997 年 6 月，一家风险投资公司 Benchmark Capital 花 500 万美元买下该公司 21.5% 的股份，并把公司名称改为大家熟悉的 eBay。

自筹的一个好处是即使犯了一些错误也可以继续进行。对于新的、未经检验的产品，许多创业者低估了克服消费者惯性和保守主义的时间和营销成本。即使创业者可以用一些方法使投资者忽视他们有限的资历和经验，但如果对自己面临的市场不确定，或没有应付投资者压力的经验，创业者最好还是不要争取外部投资。

自筹公司通常遵循 5 条原则：（1）从小做起，并探明市场；（2）从顾客处学习，并调整商业模式；（3）调整收入和盈利机制；（4）将成本最小化；（5）一旦新创企业开始发展就扩张公司，但要保证成本曲线低于收入曲线。通常情况是运用自筹资金可以潜移默化地使新创企业长期保持节俭及财务自律的习惯。实践中，一些调查显示过量的资金来源反而可能对新创企业有害［Hvide and Møen,2010］。因此，风险投资家盖伊·川崎（Guy Kawasaki）告诉创业者"即使有 1 000 万美元在银行也应该自筹"。自我筹资的优点和缺点如表 18.5 所列。

Siebel 的建立

汤姆·希柏（Tom Siebel）在伊利诺伊大学获得了 MBA 和计算机科学的硕士学位。毕业后，他于 1983 年加入了 Oracle 公司。1992 年，希柏和帕特·郝斯（Pat House）建立了 Siebel System 软件公司。在最初的 18 个月，他们每个人都不拿薪水，但可以获得股权。希柏说："这不是为了挣钱，也不是为了上市，也与创造财富无关。这只是一种尝试，尝试建立一家难以置信的高品质公司。"［Malone,2002］Siebel System 在 2005 年被 Oracle 以 60 亿美元的价格收购。

越来越多的创业者也开始在早期阶段使用众筹的方式融资。**众筹**指个体聚合成一个集合，每个人贡献一部分来成立公司。作为他们投入资金的交换，这些贡献者可能得到公司的优先待遇、公司制造的产品，某些情况下也可以得到一小部分公司股权。

不同国家对众筹模式下所有权上的法律限制有所差异。在美国，2012 年的 JOBS 法案为公司在美国证券交易委员会登记注册的众筹平台发行证券提供了豁免。在豁免条例下，投资者无须官方认证，并且也不用局限于 2 000 个投资者的数量限制。公司可以在 12 月内出售 100 万美元的证券。

表 18.5 自我筹资的优点和缺点

优点	缺点
● 灵活	● 不能为成长阶段筹资
● 保持所有权	● 缺乏对未来的资金保障
● 创始人能控制运营	● 缺乏专业投资人的建议
● 寻找投资者花费的时间较少	

一些众筹网站，例如 AngelList 和 Kickstarter，都作为平台把个人投资者和寻求资金的公司联系在一起。这些网站发展十分迅速。例如，AngelList 从 2010 年的 1 500 家公司成功筹资发展到 2012 年的 38 000 家公司 [Bergl,2013]，Kickstarter 从 2010 年 2 800 万美元的项目筹资额增长到 2012 年的 32 000 万美元 [Popper,2013]。

18.5 债务融资和资助

有一定销售额和现金流的新创企业可以考虑采用短期或长期债务融资。债务为公司提供金融杠杆并使公司可以提高每股收益率。只要公司有稳定的收入且大于应为所借资金支付的利息时，金融杠杆就可以发挥作用。当然，如果公司的净收入低于所借资金的利息成本时，每股收益率就会下降。因此，大多数新创公司在实现稳定发展前都会避免使用金融杠杆。

对盈利的公司来说，债务融资可能比股权融资更易于实现且成本更低。任何盈利的公司只要愿意支付足够高的利息率就能借到资金。借入者不用交出公司的所有权或控制权——除非无力支付利息。并且，利息的税收减免会缩减债务融资的实际成本。但债务会将公司置身于另一种风险：如果公司没有足够的利润偿还债务，公司存亡危机立现。

当签订一笔贷款时，出借人首先要看一个公司的现金流。因此对一个现金流有限的新创企业来说获得贷款比较困难。但有时，新创企业可以借助中小企业管理局（SBA）的担保获得贷款。在这种情况下，联邦机构并不实际借款，而是银行提供借款，但联邦机构通常会用银行缴纳的费用和纳税人基金为 75% 的贷款额提供担保，并且会支付担保部分的损失。2012年，SBA 为 54 000 名借款人的 219 亿美元借款提供了担保。

资产抵押借款对新创企业也是可行的。公司可以用流动资产或固定资产，例如应收账款和设备或财产，作为抵押来借款。资产售后回租也是另一种保证现金的方法，即放弃一些资产如建筑或设备等。当然，租赁设备或资产就是一种直接形式的借入。

还有，许多新创企业会采用信用额度的方式作为短期借贷的一种形式。公司支付一些费用获得所需资金的借入权。

债务融资在一段时间后必须返还，一些新创企业符合资助资格，资助既不需要返还，也不需要放弃公司所有权。有许多资助早期的、小规模公司的基金。小企业创新研究计划（SBIR）是美国政府一项由 SBA 协调的项目，一些政府机构通过它会向小公司提供资助。"小企业"是指美国以盈利为目的且员工少于 500 人的公司。小型企业技术转移计划（STTR）是一个相似项目，但它聚焦于发展小型企业和非营利性美国研究机构如大学间的合作关系。SBIR 和 STTR 每年一共可以向小型企业提供 20 亿美元的资助。有关这两项计划的信息可以从 SBA 处获得（www.sba.gov）。

全国大学生发明家与创新者联盟（NCIIA）也是美国的一个机构，其高阶 E-Team 资助旨在帮助大学生把对产品或技术的想法发展出原型并帮助他们保护知识产权。高阶 E-Team 资助的金额从 1 000 美元到 20 000 美元不等，资助时期从 12 个月到 18 个月不等。更多的信息可以从 NCIIA 处获得（www.nciia.org）。美国其他类似的资助还有 DARPA 资助和许多联邦政府和地方政府提供的资助。

因为高增长的公司通常都依托前沿的研究，包括在大学中进行的研究，因此创业者寻求国家或地方政府的研究经费是一个明智的做法。虽然这些资助通常都仅仅旨在支持科研行为，但他们对新兴的能源公司、纳米技术公司和医药公司来说很重要，因为它们面临的技术挑战是首要风险。

18.6 天使投资人

天使投资人是很富有的个人，通常就是有经验的企业家进行投资以获得新创企业的股权。"天使"这个名词最早用来指为新的百老汇音乐剧作品提供支持的人。天使投资者是与新创企业具有相同的未来愿景，并提供支持、建议和资金的人。在某种意义上，天使投资人可以为新创意的腾飞提供翅膀。天使投资人通常对要投资的新创企业所在行业有自己的见解和兴趣。

天使投资在新创企业投资领域发展迅猛，它对那些已经用尽自筹能力但仍不足以吸引风险投资公司的新创企业来说是理想的资金来源。例如，在通过向家人和朋友筹资建立 Amazon 之后，杰夫·贝佐斯转向天使投资人，他从多个天使投资人处一共获得 120 万美元的资金。2011 年，天使投资人大约投资了 66 000 家美国公司，总投资额约 225 亿美元。

天使投资人通常因为他们对行业的了解、被机会所吸引和潜在回报而投资。他们可能对早期回报不是很重视，并享受和新创业者一起工作的过程。天使投资人是他们所支持的公司的投资人、建议者和指导者。他们可能会帮助新创业者确立商业模式，寻找顶尖人才，建立业务流程，在市场中检验他们的想法，并吸引更多的资金。天使投资人往往投资距离较近的公司，并且只投资早期阶段的公司。他们投资的多数新创企业都是由商业伙伴或天使团体推荐的。天使投资的典型特点如表 18.6 所示。

表 18.6 天使投资的典型特点

● 天使投资人对新创企业所在行业有经验	● 创业者有吸引人的品质，如正直、可塑性强
● 位于距离天使投资人交通便利的地方	● 良好的营销和发展潜力
● 由信任的商业伙伴推荐	● 寻求 5—100 万美元的投资要付出 10%—40% 的所有权

天使投资人可能是有益的投资者，但有时他们会过度专横并给新创企业带来负面影响。选择合适的天使投资人很重要，所以创业者也应该仔细考察潜在投资者的资质和能力。

在一些地方，天使投资人会聚集起来建立天使投资人团体。这些团体一起筛选投资机会。例如，天使投资队（Band of Angel）每月在硅谷集会，听取新创企业的展示（www.bandangels.com）。天使投资人团体在许多城市都有。

孵化器，例如 Y-Combinator，在一些方式上可以发挥天使投资人的作用。Y-Combinator 会提供 14 000 美元的种子资金及建议和联系，作为交换它平均要拿走公司大约 6% 的股份。Y-Combinator 还可以接受可转换债券。**可转换债券**是一种以事先约定好的价格转换成新创企业股票或等值现金的债券。可转换债券是一种兼具债券性质和股票性质的混合证券。对新创企业来说，可转换债券的利率低于不可转换债券，因此可以降低支付数额。对投资者来说，它可以带来转换成股票时潜在的升值，同时也可以用现金支付避免价格下跌。

1976 年，斯蒂夫·沃兹（Steve Wozniak）和斯蒂夫·乔布斯（Steve Jobs）在乔布斯的卧室里设计出了 Apple 1 计算机并在他家制作了模型。为了建立公司，乔布斯卖掉了他的汽车，沃兹卖掉了他的计算机，共筹得 1 300 美元。用这笔资金加上当地电子供应商的信贷，他们建起了第一条生产线。后来，乔布斯遇到了麦克·马拉奎尔（Mike Markkula），他曾任 Intel 的营销经理，现在是一位富有的天使投资人，他投资了 91 000 美元现金并以个人名义向银行提供了 25 万美元信贷的担保。乔布斯、沃兹和马拉奎尔每人持有 Apple 电脑公司三分之一的股份［Young, 1998］。天使投资人马拉奎尔于 1997 年成为 Apple 的主席。

Google 的创始人谢尔盖·布林（Sergey Brin）和拉里·佩奇（Larry Page）在 1998 年接触了 Sun Microsystems 的共同创始人安迪·贝克托森（Andy Bechtolsheim），贝克托森听完对新创企业 15 分钟的描述后，他就给 Google 开了一张 10 万美元的支票。到 1999 年，美国 KPCB 风险投资公司和 Sequoia 风险投资公司同样进行了投资。

18.7 风险资本

风险资本是新创企业的一个资金来源，它由投资专家代表风险投资基金的投资人管理。管理风险投资基金的人被称作风险投资者。这些基金通常投资有高回报潜力的新创企业。私人风险投资公司寻求这些高回报公司的股权参与。每年，在美国有超过 5 000 家新创企业得到来自风险资本的资金。风投公司在投资前要进行详细的筛选和尽职调查。它将其他风险投资者带入融资环节，并为新创企业准备了合同和限制条款（称作投资合同意向书）。风险投资公司通常对有巨大潜力的科技公司感兴趣。

典型的风险投资公司会通过多样化其投资组合以获得足够多的投资数量。每个风险投资公司都有几个经验丰富的全职投资人作为合伙人。他们凭借金融知识和投资技巧进行有潜力的投资。通常，风险资本投资是分段性投资。因此，新的信息和每个阶段风险的降低能使风险投资者做出更好的决定。新创企业通常设有阶段性目标、里程碑，以及到达这些里程碑的截止日期。从风险投资公司获得的第一轮融资资金一般在 100 万到 500 万美元之间。随着后续阶段更多风险投资基金的参与，联合投资可能达到 5 000 万到 1 亿美元。

许多创业者建立公司为的是独立自主，却发现他们有了一类新的合作者——往往成为公司董事会一员的风险投资家。大多数风险投资家寻找能在未来五六年获得盈利且年收入在 1 亿美元以上的公司。那些能预测高增长风险的企业家也很有可能成为风险投资家［Florin,2005］。

一个包含 20—30 家公司的风险投资组合总体的年回报率可能达到 30%。其中，也许一半的新创企业失败了或只能提供低回报，但幸运的是有两三家新创企业可以提供 50%—100% 的高回报。因此，风险投资公司要寻找潜在回报率每年至少为 50% 的新创企业，显然这些候选公司必须都是高增长潜力的公司。

风险投资家在遴选阶段采用的四个投资要求是：一是他们熟悉的行业；二是投资额大于 100 万；三是公司处于适合的阶段；四是年潜在回报率在 40% 以上。创业团队过去的业绩也会被仔细查看［Gompers 和 Sahlman,2002］。

风险投资家偏好于阶段性融资，四个阶段如表 18.7 所示。风险资本通常用于发展和成长阶段，尤其强调发展阶段。风险投资资金是期限有限的资金［Zider,1998］。风险投资公司通常想在 5 到 10 年内实现投资回报。收获的实现方式一般是首次公开募股或被已设立的公司收购。

表 18.7　风险资本投资阶段

1. 种子或创立阶段：组建团队、规范计划、完成初始安排；向天使投资人、朋友和家人融资
2. 发展阶段（A 轮融资）：产品开发和建立模型，准备投放市场；向风险投资基金融资
3. 增长阶段（B 轮或 C 轮融资，和其他必需的融资）：投放和成长阶段；向风险投资公司和成熟的公司融资
4. 完成或成熟阶段（首次公开募股）：竞争环境下的成熟公司；通过在股票市场上公开发行融资

Workday 和 Amazon：多种方式融资

新创企业在发展成大公司的过程中可能需要更大的资本投资。Workday 获得了 2.5 亿美元的风险投资后，2012 年又通过 IPO 获得了超过 6 亿美元的资金。相比之下，Amazon 从风险投资家处获得 800 万美元的投资并通过 1997 年的 IPO 获得 5 400 万美元的资金。Amazon 不像 Workday 一样采用债务融资获得发展资金，Workday 于 1999 年获得了 12.5 亿的债务融资。

风险投资家期望新创企业能在一个融资阶段的结束到下一阶段开始之前实现期望的目标，通常被称作阶段性目标。每个阶段的阶段性目标示例如表 18.8 所示。每个阶段性目标对公司来说就像每个阶段的迷你计划。例如，阶段性目标可能是在 6 个月内完成工作模型。创业者应该设立一系列阶段性目标，然后把融资活动和完成阶段性目标联系起来［Berkery,2008］。

表 18.8　每个融资阶段的目标

阶段	阶段性目标 = 期望结果
种子	组建初始团队并完成商业计划
A 轮	完成产品研发、吸引早期顾客
B 轮	产品测试、获得一定收入，证实顾客接受度
C 轮	高速的销售增长和国际化扩张

有一类特殊的风险投资资金只对那些造福社会或承诺开发有利于资源和环境可持续性的产品的公司投资。例如，硅谷社会风险基金（Silicon Valley Social Venture Fund），即我们所熟悉的SV2，它致力于投资旧金山地区能促进社会变革的机构（www.sv2.org）。Omidyar Network公司则为那些给社会带来正外部性的营利性公司提供资金支持（www.omidyar.net）。

风险投资基金关注吸引人的、具有突破性的和高增长的行业。20世纪80年代它们集中于计算机和生物技术领域，20世纪90年代集中于通信和互联网领域。21世纪初关注的领域包括生物医学设备、基因、能源和移动计算。21世纪10年代集中于移动电话、商业软件、大数据、互联网和医药设备领域。通过投资前沿行业，风险投资家希望在重要领域建立新的领先公司并获得巨额回报。

风险投资家通常会执行以下职能或更多：（1）为新创公司提供资金；（2）为公司的其他参与者提供项目评估；（3）为公司发展提供专业知识服务；（4）在公司初期是所有参与者的核心协调者；（5）能介绍其他潜在顾客、雇员、合作者和未来的投资人。这些非财务贡献的重要性也不能被忽视［Bertoni et al.,2011］。有风险资本支持的公司，其产品研发往往更高效，合作活动更加积极，管理决策更加灵活［Hsu,2006；Arthurs and Busenitz,2006］。

在新创企业发展阶段的典型交易中，两到三个风险投资家组成的团体一般会用500万到1 500万美元的投资换取40%—60%的优先股。优先级的股票给风险投资家提供了优先于创始人、家人、朋友和其他第一阶段投资者持有的普通股。他们将在清算时获得资产的优先清偿权。另外，风险投资家还享有重大事件的投票权，例如公司的出售或IPO的时机。他们通常要求有董事会的席位。

风险资本是针对高潜力公司，具有高风险、高回报性质的资本。风险投资家计划得到50%甚至更高的年回报和对新创企业建立时的保护以及控制。大多数风险投资合约（交易）的结构都偏向于风险投资家，如果计划不能照常进行可能会把创业者置于不利地位。但是，风险投资机构可以带来大额投资和通向公开市场发行的道路［Fitza et al.,2009］。不同种类投资的风险收益组合如图18.4所示。风险投资家位于高风险、高收益的组合尾部。

美国的风险投资家在20世纪90年代的10年间，投资于新兴公司的资金为年均250亿美元，并在互联网和通信业爆炸期间，于2000年以1 060亿美元达到顶峰。2003年至2012年间，

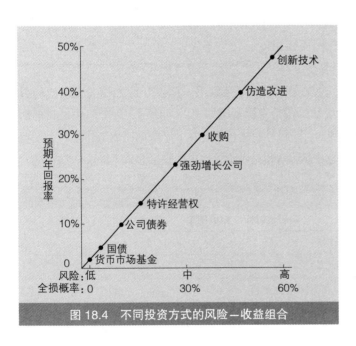

图18.4　不同投资方式的风险—收益组合

全球范围内的对科技公司的风险投资以及 IPO 情况如表 18.9 所示。

表 18.9　2003—2012 年全球范围内的技术风险投资及 IPO 情况

年份	风投交易数量	风投金额（百万美元）	IPO 数量	发行数额（百万美元）
2003	5 550	26 321	5	276
2004	5 752	32 218	25	4 300
2005	5 646	33 682	29	1 495
2006	6 124	39 119	22	1 923
2007	5 870	39 978	83	8 509
2008	5 723	41 690	9	961
2009	4 130	31 700	22	1 952
2010	4 813	39 700	65	5 570
2011	5 300	56 100	54	7 532
2012	6 813	50 300	65	2 1554

来源：Preqin Private Equity Database and Thompson Venture Economics。

风险投资家通过在早期购买私人公司的股份并用资金帮助管理，使新创公司逐步取得不断增长的收入、利润和现金流，从而获得回报。大赢家一般能在 4—5 年后获得 10 倍于初始投资的回报。初始投资的 10 倍也就意味着 5 年间 58.5% 的年回报率。如果一个风险投资家在公司早期投资了 500 万美元，那么他／她所持有的股份在 5 年后就有可能价值 5 000 万美元。如果风险投资家拥有公司的一半股权，那么这个公司 5 年后一定价值 1 亿美元。

从风险投资家和公司创始人的角度来看，好的风险投资交易所应具备的特点如表 18.10 所示。在高速发展的行业由有能力、有经验的团队引领一个巨大的机遇，是非常吸引风险投资家的。有了好的风险投资家作为合作者，新创企业的创始人就可以实现他们建立资本雄厚的公司并在所处行业做出一番大成就的梦想了。同时，创立团队也要意识到风险投资意味着有丧失公司股权、控制权甚至公司发展方向改变的高风险。美国风险投资公司的名录可以在美国风险投资协会的网站上找到（www.nvca.org）。

表 18.10　吸引风险投资的公司所具备的特点

- 在高速发展且竞争者较少的行业有发展成领军公司的潜力
- 有高能力和高投入的管理团队，有较高的人力资本（天才）
- 有较强的竞争能力和可持续的竞争优势
- 有可行的退出机制和获利策略
- 对新创企业合理的估值
- 突出的机会

- 创始人投入公司的资本
- 对竞争者的认知和可靠的竞争策略
- 有可行的商业计划,展现如何在几年间获得正现金流
- 展现出产品设计上的进步和较好的销售潜力

新创企业可以用表 18.11 中所列的 5 个步骤保障公司资本。每个步骤都需要花费时间,完成所有过程大约需要 3—12 个月。在目前的科技市场环境下,从来不缺乏好的创意,缺乏的是有经验、能力和尽职尽责的创业者。投资者努力找到最好的创业团队进行投资。

表 18.11　完成风险投资交易的 5 个步骤

1. 确定所需资金的数额及用途
2. 定位出合适的风险投资人并确保争取到引荐机会
3. 确定在融资环节需要降低哪些风险
   - 团队风险:雇用优秀员工
   - 资金风险:有充足的资金来实现阶段性目标
   - 技术风险:确保技术可以用于产品
   - 市场风险:传递非凡的客户体验
4. 就估值和所有权结构达成协议
5. 就交易合同的详细条款(投资条款清单)达成协议

FedEx:使命必达

弗雷德·史密斯(Fred Smith)用他的家庭自有资金于 1973 年建立了 FedEx。他租赁了几架飞机并建立了连接 25 个城市的运输网络。他知道能否获得更多的融资取决于一个坚实的开始,所以他用两周时间进行系统测试,跨国运输空包裹。1973 年 4 月中旬,他的公司开张了,为了扩展网络,史密斯向风险资本家求助。他获得了风险投资,因为他向 FedEx 投入了自己的资金,降低了认知风险。到 1975 年,FedEx 开始盈利,1978 年 FedEx 首次公开发行股票。

18.8　公司风险投资

大型公司例如 Intel、Microsoft 和 Cisco 也会投资外部的新创立公司[Chesbrough,2002]。**公司风险投资**指公司基金对不是自己旗下的创业公司进行投资。在这种情况下,现有的已建立的公司作为风险投资家。公司对它们的风险投资项目可能有不同的目标[Gaba and Meyer,2008]。许多情况下,公司风险投资家会寻找能与自身公司产生协同关系的新创公司投资。另一种方式是公司风险投资家利用自己的行业知识进行投资,并通过投资获得高额回报。公司投资家也经常运用外部的企业项目作为识别和管理潜在的并购目标的机制。

Microsoft 对许多能帮助自身互联网业务发展的新创公司的投资都可以成为战略投资

的例子。其他公司也会对帮助能激发或扩大投资者自身产品市场的创业公司进行投资。例如，Intel 向超过 1 100 家公司投资了总额超过 79 亿美元的资金，旨在培育能促进 Intel 芯片业务的技术。另一种可能的公司投资策略是投资对公司以后发展有价值的创业公司，就像 Applied Materials 和 TEL 对半导体材料公司的投资。对这四种形式的公司风险投资的总结如图 18.5 所示。

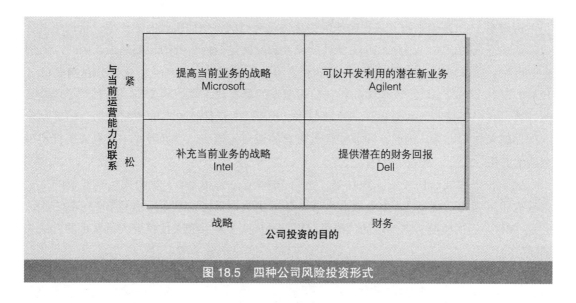

图 18.5　四种公司风险投资形式

许多创业公司会得益于公司风险投资，因为大公司可能是很好的合作伙伴，而且融资成本也低于常规的风险投资。还有，获得公司风险投资可以帮助提升创业公司的可信度，还比常规风险投资家要求的控制力度小。也许公司风险投资最大、最重要的好处是可以建立公司风险投资家和新创立公司间的强合作关系，将大公司的力量和新创企业的创新能力在战略上结合起来[Mason and Rohner, 2002]。对那些需要专用互补性资产或者在高度不确定环境中运营的小企业来说，公司风险投资尤其对自身发展有利。

同时，创业者对此也需要小心谨慎。公司风险投资家投资时通常是为了识别潜在的竞争者，并且深深知晓他们的利益与这些创业公司不一致。而且，公司风险投资家会要求更长的交易关闭时间和清算获益的权利。他们还可能阻挠创业公司与他们的竞争者合作并限制退出机会。

18.9　估值

估值准则是投资者如天使投资人或风险投资家用来给新创企业赋予金钱价值的计算方法。对许多运营中的公司来说，确定净现值是最好的选择项目的方法。但一个新创企业只有不确定的预测现金流，投资者很难用预测现金流作为可靠的衡量标准。即使潜在的现金流可以被预测出来，投资者又该如何确定新创企业每股的公允价值呢？

理论上来说，公司的价值等于所有现在或以后支付的股息或现金分红的现值。新创企业没有历史数据来预测未来现金流。还有，潮流和社会的动态变化都会影响公司价值的确定。因此，确定创业公司价值比较困难。

折现现金流是用一个折现率在每年年末对未来现金流进行折现以计算现值的方法（见等式 18.1）。让我们用折现现金流方法开始为新创企业估值。ABC 公司有如表 18.12 的预计现金流，因为公司还没有开始运行，这些预测有很大的不确定性。如果在第一年进行投资，投资者应当要求多高的所有权比例呢？计算中的折现率应该是多少？

折现率（r）是未来收入或现金流因为金钱具有时间价值而折现时的比率。折现率对公司来说是资金的成本。因此，折现率对投资者来说就是他们投资的预期回报。因此，新创企业可能会提议采用 15% 的折现率，而投资者可能要求 30% 或更高。麦克纳尔蒂(McNulty) 和他的同事［2002］已经发现生物科技公司融资的真实成本大约为 35%。还有对于现金流的计算，我们需要有 6 年或更多的预测数据。但是，6 年甚至更多的预测数据会随着年份的增加越来越不可靠，因此，除非能提供可靠的现金流预测，投资者并不愿意采用折现现金流的方法。

风险投资家或天使投资人想在第 5 至第 10 年通过公司 IPO、收购或买断股权的方式来获取投资回报。现实中，IPO 或收购在 6 年或更久以后才能实现。查看如表 18.12 所示的对 ABC 公司的预测，第 5 年的价值可以用一种风险投资家和天使投资人都认可的方法来确定。

表 18.12 ABC 公司的预测现金流及利润

年份	1	2	3	4	5	6
销售	0	1 000	2 500	5 000	8 000	10 000
利润	2 600	210	400	650	1 000	1 200
现金流	21 100	0	500	1 200	1 500	1 800

新创企业估值准则使用目标年份（N）预计的销售额、利润、现金流，以及预计的 N 年后 5 年的收益增长率（g）。投资者在第 1 年年初的投资为（I）。投资者要求 N 年的年投资回报为 G。因此，投资者 N 年后期望的回报是初始投资 I 的 $(1+G)^N$ 倍，因此

$$CR = (1+G)^N \times I$$
$$= M \times I \quad (18.2)$$

这里，CR 是资本回报，M 是投资乘数。因此，如果投资者在 A 轮融资阶段投资 110 万美元，并且预期 5 年间的投资年回报率 G 为 45%，那么：

$$M = (1+0.45)^5 = 6.41$$

因此，

$$CR = M \times I = 6.41 \times 1.1 = 7.05$$

投资者要求的所有权比例为：

$$PO = \frac{CR}{MV} \times 100\%$$

这里，MV 是第 N 年新创企业的预期市场价值。

为了计算第 5 年的市场价值，我们可以用有可比性的公司的价格收益比率或者说**市盈率**来估算第 N 年的市场价值。有：

$$MV = PE \times EN \quad (18.3)$$

这里 EN 是第 N 年的收入。在这个例子中以第 5 年为例，EN = 1 000 000（见表 18.12）。可比公司的市盈率通过观察同行业的市盈率并考虑今后几年收入的预期增长率得到。这个例子中，我们可以假设第 5 年后的几年间收入增长率为 20%。然后考察行业数据，我们预计合适的市盈率为 16%。因此，有：

$$MV = 16 \times \$1\,000\,000$$
$$= 16\,000\,000（美元）$$

然后要求的所有权比例为：

$$PO = \frac{CR}{MV} \times 100\%$$
$$= \frac{7.05}{16.00} \times 100\% = 44\%$$

市场价值还可以用可比公司的市销比（PS）计算得出。如果可比公司的市销比 PS = 2.3，那么市场价值 MV = PS × S。ABC 公司的市场价值为：

$$MV = PS \times S$$
$$= 2.3 \times 8\,000\,000 = 18\,400\,000（美元）$$

那么投资者所有的所有权比例为

$$PO = \frac{CR}{MV} \times 100\% = \frac{7.05}{18.40} \times 100\% = 38.3\%$$

运用这些计算，投资者可以合理地预计到在 A 轮融资中获得 40%—50% 的公司所有权。鉴于销售和盈利预测的不确定性，公司的估值是在短期内获得巨大成功潜力的函数。这个简单的例子假设 5 年期间不需要其他融资。

Netscape 是由伊利诺伊大学 Mosiac 网络浏览器的合作开发者马克·安德森（Marc Andreesen）和 Silicon Graphics 的创始人及前 CEO 吉姆·克拉克（Jim Clark）成立的。作为天使投资人，克拉克于 1994 年 5 月给 Netscape 投资了 300 万美元。作为一个受人尊敬的创业者，克拉克之后用 15% 的股份给 Kleiner Perkins 这个最早的风险投资公司提供了 640 万美元（每股 2.25 美元）的投资机会。Netscape 的销售额在运营的第 6 个月飞速达到了 1 600 万美元[Lewis,2000]。IPO 之前，克拉克拥有 30% 的公司股份，安德森拥有 12.3%。17 个月内，他们实现的种子股份的乘数是 37.3。Kleiner Perkins 在短短 13 月内在一轮投资的基础上实现了 12.4 的乘数。Netscape 在互联网繁荣时代是第一家备受瞩目的公司并获得了巨额回报。对 Netscape 估值（每股价格）情况的总结如表 18.13 所示。

表 18.13　Netscape 四个阶段的估值

阶段	日期	每股价格（美元）	新投资（百万美元）
种子	4/94	0.75	3.1
A 轮	7/94	2.25	6.4
B 轮	6/96	9.00	18.0
IPO	8/96	28.00	160.0

公司发行股票时，就会得到一些投资（INV），公司把**投资前估值**称为 PREMV（pre-money value）。那么，

$$投资后估值 = 投资前估值 + 投资$$

当**投资后估值**为 POSMV（post-money value），则有：

$$POSMV = PREMV + INV$$

出售给投资者的公司比例为：

$$\frac{INV}{POSMV} \times 100\%$$

假设 EYZ 公司的融资阶段如表 18.14 所示。风险投资家在 A 轮以每股 90 美分的价格进行投资，并在购买后获得了 40% 的公司股份。在下一个阶段 B 轮，公司没有完成阶段性目标，投资者要求降低每股价格至 50 美分。因为每股价格下降，所以这轮融资被叫作下降回合。下降回合的结果是投资者在公司所有权上获得了显著增加。如果公司实现或超额完成了阶段性目标，下一轮融资就可以是"价格上升的"。还有，创业者会试图向其他投资者寻求投资来考察市场价格情况。

LinkedIn 利用风险资本多轮融资的经历如表 18.15 所示。

表 18.14　EZY 公司的融资阶段

阶段	投资者	每股价格（美元）	FFF[*]持有的所有权	风险投资家持有的所有权
种子	创始人 朋友 家人	0.10	100.0%	—
A 轮	风险投资团队	0.90	60.0%	40.0%
B 轮	风险投资团队	0.50	34.0%	66.0%

[*] 指创始人、朋友和家人。

表 18.15　LinkedIn 的风险资本融资

	日期	投资（百万美元）	估值（百万美元）
A 轮	2003.11	5	15
B 轮	2004.10	10	N/A
C 轮	2007.01	13	N/A
D 轮	2008.06	53	~1 000
E 轮	2008.10	23	~1 000
IPO	2011.05	202	4 250

来源：多个网站和文件。

阶段性融资的时机对还没实现收支平衡的公司的 CEO 和 CFO 来说至关重要。公司要用早期融资获得的现金弥补负的现金流。我们用**烧钱率**表示以月为时间单位的流入资金减去流出资金。因此，如果一家公司在银行有 80 万美元的存款，每月的消耗速率为 10 万美元，那么除非降低烧钱率否则它将在 8 个月后耗尽资金。

许多公司不能合理地使用资金，所以最好保持尽可能低的烧钱率。另一种方法是开展新一轮融资，如果可能的话还要避免股权被稀释。

Amp'd Mobile 的倒闭

大的机遇经常可以造就成功，但不总是这样。由彼得·阿德顿（Peter Adderton）在 2005 年建立的公司 Amp'd Mobile 是一家位于加利福尼亚的移动网络运营商。作为一家目标人群是年轻职场人士的移动通讯服务提供商，它努力用前沿的技术例如无线 3G 网络来提供手机传递多媒体信息的能力和先进的社交网络的能力。2007 年，Amp'd Mobile 倒闭了（见第 11 章）。公司用尽了之前 5 轮融资获得的 3.6 亿美元。公司只有 175 000 位用户，不能产生足够的收入来抵消运营成本。许多人认为 Amp'd 没有对用户进行适当的信用检查，因此带来了大量的拒付者。

18.10　首次公开募股

公司第一次公开发行股票被称作**首次公开募股**（IPO）。新发行的股票以现金认购的方式向所有感兴趣的社会公众出售，在美国，IPO 是在证券交易委员会（SEC）注册登记的出售公司部分所有权并在一家股票交易所挂牌上市的行为。首次公开募股需要投资银行作为金融中介机构帮助承销证券。投资银行要完成的工作有制定发行方案、定价和承销新证券。适合 IPO 的条件如表 18.16 所示。

表 18.16　适合 IPO 的条件

- 市值超过 2 亿美元
- 销售额高于 1 亿美元
- 利润率高于 14%
- 资金回报率高于 14%

新创企业有三个进行 IPO 的可能原因：筹集新资金，流动性需求，以及形象或品牌。第一，许多高速增长公司需要超过 3 000 万美元的大额资金输入，而公开市场比较适合大数额融资。第二，流动性——把公司所有权转化为现金的能力——可以通过 IPO 提高。第三个原因是通过公开公司所有权建立商誉。表 18.17 总结了 IPO 的优点。

表 18.17 也列出了 IPO 的缺点：（1）发行成本；（2）信息披露和审查；（3）承受短期压力；（4）可能失去控制权。对于小于 2 500 万美元的小规模发行，成本可能是发行总额的 15%。对典型的融资 5 000 万美元的发行来说，总成本可以达到发行额的 10%。准备所有文件所需的时间对小型新兴公司来说也是繁重的。而且披露和审查对公司也是一种负担，任何小的过失都会给公司股价带来大灾难。许多公司还要承受公布的季度收入增长无法实现的压力。最后，市值少于 3 亿美元公司往往会出现交易稀少和流动性不足的问题。满足表 18.16 所列条件的公司较适合 IPO。

表 18.17　IPO 的优缺点

优点	缺点
- 可以通过后续增发筹得新资金 - 流动性：把所有权转化为现金的能力，使投资者和创始人有获利的可能性 - 关注度：培育品牌和声誉	- 所需的发行成本和努力 - 信息披露要求和运行审查 - 获得短期成果的压力 - 可能失去控制权

IPO 的流程如表 18.18 所示。

表 18.18　美国 IPO 程序

1. 考察股票市场情况和 IPO 可能性，考虑萨班斯－奥克斯利（Sarbanes-Oxley）法案的合规成本
2. 走访多家投资银行并从中挑选两到三个，选择一家有 IPO 经验的律师事务所
3. 召开组织大会并安排筹备进程
4. 草拟申请说明书并开展尽职调查，做好转变为上市公司的准备，包括关注董事会和委员会组成、信息披露控制和内部控制
5. 完成登记说明书，提供给财务印刷商，并在 SEC 登记
6. 收到 SEC 的初步意见，修改申请说明书并把第一次修改添加到登记说明书中，向 SEC 提交反馈意见书
7. 管理层为"路演"做准备
8. 收到 SEC 的进一步意见，将第二次修改添加到登记说明书汇总。解决 SEC 提出的问题，印制初步招股说明书并开始营销活动
9. 向潜在大投资者进行"路演"
10. 和 SEC 解决最终问题，对登记说明进行最终的修改，并要求 SEC 公布登记说明的有效性。为发行定价并着手销售股票

IPO 的时机至关重要因为 IPO 市场非常不稳定，IPO 市场在 1998—2000 年、2006—2007 年非常好，在 2001—2003 年、2008—2009 年情况很不好。2003—2012 年的 IPO 数据见表 18.9。

引发互联网浪潮的 IPO

20 世纪 90 年代，硅谷因突然出现的 IPO 而闻名。高需求导致股票在第一天发行后受追捧，使得股票收盘价格远远高于开盘价格。1995 年发生了罕见的情况，当年 8 月年轻的创业公司 Netscape 在建立 16 个月后就公开发行股票，因为股票的受欢迎导致了贸易结算延迟了两小时。这一天，股票价格几乎上涨到了初始价格的 3 倍，收盘价格几乎是初始发行价格的 2 倍。Netscape 以让世界上的主流用户能使用互联网而知名。这次史上最火爆的 IPO 所激发的投资者对科技公司 IPO 的兴趣在之后的好几年都未减退。Google 公司 2004 年的 IPO 也起了相似的作用。

确定发行价格是主导的投资银行为首次公开募股必须做的最重要的事情。发行价格过高或过低都会使发行人面临潜在的成本。如果发行价格太高，就有可能发行失败并结束发行。如果发行定价低于真实的市场价格，发行人的现有股东就要承受机会损失。

IPO 营销过程包括路演。路演是主承销商和公司高级管理人通过在大城市进行展示或与基金经理进行一对一会谈将公司推介给潜在投资者（机构投资者）的行为。

Amazon 成立于 1994 年 7 月，1995 年 7 月开始正式开展业务。到 1997 年 3 月 31 日，第一季的销售就达到了 1 600 万美元，但仍在亏损。杰夫·贝佐斯希望让公司上市获得更多资金并建立公众的认知。来自贝佐斯、天使投资人和 Kleiner Perkins 公司的投资为 900 万美元。1997 年 2 月，Amazon 选择 Deutsche Morgan Grenfell（DMG）作为协助上市的投行并开始准备向美国证券交易委员会提交的材料。Amazon 首次公开募股共出售了 300 万股，每股价格 18 美元。IPO 之前它的每股收入约为 1.8 美元。因此，公司公开发行的市销率为 10。1997 至 2002 年间，Amazon 的销售从 1.48 亿美元增长到 15 亿美元，但仍没有盈利。

如果一家公司想在有利的市场条件下进行 IPO，那么最好从一开始就为满足 IPO 的条件做准备。因此，公司计划上市时要满足所有制作招股说明书应满足的制度要求。这意味着要有经得住审计的财务报表、完善的管理团队、可持续的竞争优势和独立董事制度。许多公司还会为 IPO 采取增信措施，雇用有声望的管理者和董事来提高股价［Chen et al., 2008］。

招股说明书或销售文件是提供给 SEC 审阅并通过的信息中的一部分。招股说明书中的信息必须有条理，按照逻辑顺序排列，易于阅读，便于理解以获得 SEC 的通过。招股说明书里最常见的项目有：招股说明书摘要、公司及其业务描述、风险因素、款项用途、股息政策、资本化情况、股权稀释情况、管理层、所有者和财务报表等。

LinkedIn 2011 年 IPO 的招股说明书封面如图 18.6a 所示，目录表如图 18.6b，摘要页、发行页和财务报表数据总结分别如图 18.6c、18.6d 和 18.6e 所示。LinkedIn 通过发行 780 万股股份筹得了 3.528 亿美元。

招股说明书

7 840 000 股

A 类普通股

领英公司发行 4 827 804 股 A 类普通股，内部抛售者出售 3 012 196 股 A 类普通股。我们将不会从出售股票的股东那里获得任何收益。这是我们的首次公开发行，目前本公司的 A 类普通股不存在于任何公开市场。

这次发行之后，我们将有两个类别的官方普通股：A 类普通股和 B 类普通股。A 类普通股和 B 类普通股的持有者除了投票和转让外将拥有相同的权利。A 类普通股每股有 1 票投票权。B 类普通股每股有 10 票投票权，并且可以在任何时候转换为 A 类普通股。已发行的 B 类普通股将大约占本次发行后投票权的 99.1%，被我们的合伙创始人和董事会主席 Reis Hoffman 占有的 B 类普通股将大约占已发行股票投票权的 21.7%。

我们的 A 类普通股已经在纽约交易所申请挂牌，股票代码为"LNKD"。

投资我们的 A 类普通股存在风险，参见第 13 页开始的"风险要素"部分。

股价：每股 45 美元

	发行价格	承销折扣和佣金	LinkedIn 的收益	销售股东的收益
每股	$45.00	$3.15	$41.85	$41.85
总计	$352 800 000	$24 696 000	$202 043 597	$126 060 403

我们授予了承销商最多购买额外的 1 176 000 股 A 类普通股的权利来满足超额配售。证券交易委员会和联邦证券监管部门还未决议是否通过此次证券的发行以及此招股说明书真实性、完整性。任何与此相悖的表述都是违法行为。

承销商预计在 2011 年 5 月 24 日将 A 类普通股面向购买者发售。

MORGAN STANLEY   BofA MERRILL LYNCH   J.P. MORGAN

ALLEN & COMPANYLLC   UBS INVESTMENT BANK

2011.5.18

图 18.6（a） LinkedIn 招股说明书封面示例

目录表	
	页码
招股说明书摘要	1
风险要素	13
前瞻性声明的特别说明	33
募集资金用途	35
股息分配政策	35
资本化	36
稀释	38
选定的合并财务数据	40
对管理的讨论及财务状况和经营结果的分析	44
业务	74
管理	92
高级管理人员报酬	99
关联交易	117
主要股东及售股股东	121
资本存量描述	126
未来可能出售的股票	133
非美国 A 类普通股持有者的所得税条款	135
承销	138
法律问题	142
专家	142
哪里可以获得更多信息	142
合并财务报表索引	F–1

你只能信赖本招股说明书中包含的信息或已在证券交易委员会登记备案的其他说明书。我们、售股股东和承销商都没有授权任何人提供以上两种信息来源以外的任何额外信息。我们和售股股东只在法律允许的范围内出售并寻找买方。本招股说明书所载信息只在本次招股书之日保证精确，而不管招股书的递送日或 A 类普通股的出售日。

直到（包括）2011 年 6 月 12 日（招股说明书日期后的第 25 天），所有影响这些证券交易的经销商，不论是否参与此次发行，都可能被要求提交一份说明。这是经销商除了作为承销商提交招股说明的另一项关于他们未出售的配发或认购股份的义务。

对美国以外的投资者：除了在美国，我们、售股股东和承销商都没有在其他行政管辖区内做允许发行、持有、分发此招股说明书的举动。你需要提醒并注意是否在美国以外有对发行和分发此招股说明书的限制。

图 18.6（b） LinkedIn 招股说明书目录表

招股说明书摘要

以下的摘要突出了包含于本招股说明各部分的信息,但并没有涵盖你做投资决定时所需的所有信息。在你投资 A 类普通股之前,你应该认真阅读完整的招股说明书,包括我们的合并财务报表、招股说明书中包含的相关说明、"风险要素"和"对管理的讨论及财务状况和经营结果的分析"标题下的信息。

LinkedIn 公司

我们是全球最大的职场社交平台,在超过 200 个国家和地区拥有超过 1 亿的用户。通过我们的专有平台,会员可以在线创建、管理并分享他们的职业身份,建立并加入他们的职业社交网络,接触被分享的知识和见解,寻找商业机会,使他们更有效率、更成功。

我们相信在职场方面我们是最广泛、最精确、最易加入的社交网络。我们相信我们正在通过大规模地将能力和机会联系在一起,为全球的职场人士、公司和专业组织创造显著的价值。我们相信使用我们平台的职场人士、公司和专业组织只是刚刚开始挖掘这个平台的力量、潜力及潜在的专业信息数据。

我们的综合平台为会员提供解决方案,包括应用程序和工具,让他们搜索、联系并进行业务沟通,了解有吸引力的职业机会,加入行业团队、研究组织,并分享信息。我们平台的核心是创建了职业档案的会员,他们的个人档案可以被其他会员和有网络连接的任何人(除非会员选择不允许)接触到。我们相信我们的平台能让我们的会员更有效地竞争,做出更快、更好的决策,并在职业发展中完全展现潜力。

我们的商业策略的基石是会员第一。我们为会员提供的服务多数是免费的。我们相信这个方法是持续建立足够多用户的最好方法,实现了有益的网络效益才能使解决方案更有效、雇佣承诺水平更高、为所有会员增加价值。

我们为所有规模大的公司和专业组织提供解决方案,旨在在我们的全球网络中识别特定人才,使他们的员工更有效和成功,建立品牌意识,并对他们的产品和服务进行营销。使用我们解决方案的公司和专业组织包括大型公司、中小型公司、教育机构、政府部门、非营利性组织和其他类似组织等。我们目前为公司和专业组织提供的产品有雇佣方案、营销方案和奖金分配等。我们的雇佣方案正在通过给主动寻找工作者而且给不主动转变工作的被动参与者提供独一无二的渠道,形成获得人才市场。我们的营销方案使得公司能接触到大量有实力和资金的职场人士,并和他们就相关产品和服务取得联系。

我们通过线下的市场推销和线上途径向公司和专业组织出售我们的雇佣方案和营销方案获取收入。我们还从那些订购了额外服务的用户那里获得收入,他们可能是个人用户,也可能是公司或专业组织的代表。我们努力保证我们的雇佣方案、营销方案和奖金分配方案既能给客户提供高价值,又能与我们的用户有高度关联。

我们相信这个收入策略适当地将用户、消费者和我们的整体网络的目标结合在一起,并且能支撑我们达成持续收入和收入增长的财务目标。

图 18.6(c) LinkedIn 招股说明书摘要页

(续)

随着我们的网络形成规模和我们产品供应的扩大，我们取得了显著的增长。2009 到 2010 年，净收入增长了 102%，达到 1.23 亿美元；净利润增长了 487%，达到 1 940 万美元，调整后的 EBITDA 增长了 227%，达到 3 330 万美元。截至 2011 年 3 月 31 日，3 个月的净收入增长了 110%，达到 4 920 万美元；净利润增长了 14%，达到 30 万美元，调整后的 EBITDA 增长了 46%，达到 420 万美元。参见下文中"调整后的 EBITDA"概念的解释，以及如何从调整后的 EBITDA 得到净收益（亏损）。

我们的使命

我们的使命是把全球的职场人士联系在一起使他们更有效、更成功。用户第一是我们的理念。我们相信把用户的需求放在优先地位是实现我们使命最有效的也是经济的做法，并能为我们的股东创造长期价值。我们将继续把精力集中于用户最感兴趣的机会。我们的长期方案使我们能够投资、创新和开拓我们行业中尚未开发的领域，以增加我们专有平台和广泛数据的价值定位。

我们的解决方案旨在能使职场人士实现自己更高水平的发展和职业成功，能使公司和专业组织寻找和联系到全球最有能力的人。

我们的愿景

我们的愿景是为全球的每个职场人士创造经济机会。这个愿景不仅适用于我们的每个员工，也适用于每个 linkedIn 用户，他们每个人都有为他人创造经济机会的能力。我们相信这是社交网络的基本力量。

我们的机遇

我们相信，我们正在通过大规模地将能力与机会联系在一起转变人们工作的方式。我们的目标是提供一个能在职业图表中展示每个人职业经历、技能和其他职业相关数据，包括同事间的联系和业务联系的全球化平台。

我们为我们的用户提供以下重要的便利：

● **管理他们职业身份的能力**。通过用户建立、管理和掌握的个人职业档案，我们再重塑用户呈现他们的职业身份的方式。我们的会员可以根据自己的意愿分享他们档案中的信息，这些数据都可以被在线搜索到。用户公开信息的精确度与我们搜索引擎的优化技术相结合，往往能使他们的职业档案处于或接近搜索结果的顶端，并增加对我们用户职业身份的认知。

● **增强建立和参与他们职业网络的能力**。我们通过把用户的职业档案和与他们有直接或间接关系的人联系起来的方式使他们能建立自己的职业社交网络，建立不断扩张的职业图表。以这种方式，用户运用我们的平台与其他他们信任并认为有价值的人联系起来，也可以了解到他们并不认识但被他们的职业网络中的其他人知道并信任的人。通过接触丰富且不断更新的档案和职业图表信息，用户可以更好地利用他们已有的和新建立

图 18.6（C） LinkedIn 招股说明书摘要页

(续)

的人际联系。
- **接触知识、见解和机遇的途径**。我们相信,我们是一个提供综合并丰富的实时新闻、观点和其他专业知识的可靠来源。我们的专有平台为用户提供解决方案,能让他们搜索和了解到由职场人士、公司和专业组织创造的见解和机遇。这些呈现给每个用户的信息和机遇都是基于他们的档案和职业图表的个性化信息,这样就能给用户提供他们感兴趣并相关的信息使他们更有效和成功。

还有,公司和专业组织也可以用我们的解决方案实现巨大收益,例如吸引新员工,更全面地理解、留住和聘用员工。我们为公司和专业组织提供以下便利:

- **匹配人才和机会**。借助全球最大的线上职业社交网络,我们为公司和专业组织提供成规模地与全球专业人才库接触的能力。我们大量的雇用方案使公司和专业组织能利用我们平台上的分析来发起并建立一个联系主动和被动型人才的渠道,包括人才自动匹配、发布职位、聘用并培训应试者、简化申请程序和验证信息。我们相信我们的解决方案比传统的招聘方式,例如聘请第三方人力资源公司来确认和筛选申请者,更节约成本,也更有效率。
- **有效的营销渠道**。通过我们的营销方案,公司和专业组织能够建立、提升和控制它们的公司身份认同,并提升品牌认知。我们的营销方案,包括我们的自服务平台,能让公司和专业组织实现 B2B 营销、生产消费者营销和面向大众的营销。营销人员运用我们的方案建立线上的品牌和公司身份认知,传播商业出版物和附属品,开展有高度目标性的营销活动并获得大量的消费者认知,所有这些都是成规模且节约成本的,这对资源有限的中小型公司和专业组织格外有吸引力。我们的专有平台利用病毒式扩散、社交媒体、口碑推荐和我们丰富的用户创造的数据来有效地将用户、公司和专业组织与相关的产品和服务联系在一起。
- **定向广告**。我们的用户群体构成了网络上一批最富有、最有实力、高教育水平的用户。根据 Nielsen 公司 2010 年 12 月发布的数据,我们网站的美国访客代表了更多的决策者,比许多其他知名商业网站的美国访客有更高的平均家庭收入,并且有更多的大学生和研究生访客。我们的营销方案给广告投放者提供基于用户档案信息的识别目标受众的能力,档案信息包括用户头衔、职位、公司名称、公司规模、行业和地理位置等。另外,我们详细的广告活动报告给广告投放者提供能最大化实现他们广告预算的分析。
- **提高员工生产力**。我们是职场线上网络的中心枢纽,也是公司和专业组织与他们的员工分享信息和见解的平台,因此能增加员工的生产力。例如,是我们会员的员工可以加入小组来分享信息、文章、链接、访谈和观点。另外,是会员的销售从业者能够通过获得信息识别领导者和决策者来加速他们的销售进程,通过一个共同联系人向其他人发出介绍请求,这样既可以提高他们的效率,也可以潜在地避免陌生电话的推销。

我们的竞争优势

我们相信下面所列的优点能为我们在实现机遇潜能方面提供竞争优势:

图 18.6(c) LinkedIn 招股说明书摘要页

（续）

- **只关注职场**。作为我们只关注职场的结果，我们已经在网络上建立了超过 1 亿用户的全球最大的职场社交网络。不论是作为提供档案信息的数据库，还是给职场人士提供应用程序和工具的供应商，我们都已经建立了强大的品牌。我们的应用程序和工具能帮助用户更有效地在线展示他们的职业身份，更有效率地建立并参与他们的职业社交网络，接触商业分析使他们更高产和成功。

- **庞大且不断增长的全球会员库**。我们的会员库在快速持续地增长，几乎每秒都在增加新的用户，这主要依靠我们平台的口碑和网络效应。我们几乎用了 500 天来积累最初的 100 万用户。2008 年到 2010 年，我们的用户基础以 76% 的复合年增长率增长。截至 2011 年 1 月，超过 50% 的用户来自美国以外的国家和地区，并且我们的用户库包括了 2010 年财富 500 强排行榜上所有公司的高级管理人员。

- **具有强大网络效应的商业模式**。用户规模的大小和增长、使用我们平台的公司和专业组织的数量，以及我们的用户创造的丰富且准确的信息的数量，提高了我们的所有网络参与者的价值。更庞大的用户库能提供更多建立用户职业联系的机会，以及为公司和专业组织提供更多识别和吸引人才的机会。同时，越来越多的公司和专业组织加入我们的网络，也增强了与那些受益于职业见解和机遇的用户的相关性。我们相信我们社交网络的广度和深度是难以被复制的，并展现出显著的竞争优势。

- **强大且可靠的职业数据来源**。我们专有的平台拥有、过滤并对不断增加的用户创造的信息进行索引，包括更新用户的职业档案、联系方式、活动和推荐。用户选择分享更多的数据，他们就能从社交网络中获得更大的价值。最终，用户都更愿意分享关于自己的准确且详细的信息。我们运用流经我们平台的信息提供更相关的检索和信息来提高生产力。自我们成立以来，我们提供了易于使用的管理方式，可以使我们的用户选择他们和谁分享什么信息，而且我们相信我们已经清楚且始终如一地知道怎样使用这些信息使会员、公司和专业组织受益。

- **庞大的消费者基础**。上千家公司和专业组织使用我们的雇佣方案和营销方案。2010 年，我们的雇佣方案被近 3 900 家公司使用。截至 2011 年 3 月 31 日，我们的雇佣方案被近 4 800 家公司采用，包括 73 家世界 100 强企业。我们的消费者也包括许多中小型公司，他们用我们的平台来扩展有限的招聘资源。2010 年，我们的营销方案被超过 33 000 个消费者使用。广泛的消费者基础不仅为我们提供了多样性，也提供了对其他新消费者的市场检验。

- **专有的技术平台**。我们的专有软件程序和技术使我们能完成大规模的实时数据分析和计算分析，为我们的方案提供支持。我们分类和查询大量结构化和非结构化数据来个性化相关信息。例如，我们一个主要的个性化推荐功能每天通常要处理超过 75 兆字节，2010 年近 20 亿人的搜索是在我们的网站上完成的。

图 18.6（c） LinkedIn 招股说明书摘要页

	本次发行
发行的A类普通股	
来自我们	4 827 804股
来自售股股东	3 012 196股
总计	7 840 000股
本次发行后流通的A类普通股	7 840 000股
本次发行后流通的B类普通股	86 658 627股
本次发行后流通的A类普通股和B类普通股总计	94 498 627股
我们提供的超额配售权	176 000股
募集资金用途	我们计划将募集得来的净资金用于补充营运资本和一般经营目的，包括进一步扩展我们的产品开发、现场销售组织和用于资本支出。另外，我们可能用一部分募集资金收购互补性业务、技术和其他资产。我们将不会从售股股东对股票的出售中得到任何收入。参见第35页的"募集资金用途"。
风险要素	参见始于第13页的"风险要素"以及本招股说明书中谈论的其他投资我们A类普通股前您需要考虑的要素。
纽交所股票代码	"LINKD"

截至2011年3月31日，发行后A类普通股和B类普通股合计数量是建立在之前没有A类普通股流通和已流通的89 670 823股B类普通股（包括可转换优先股）基础之上的。不包括：

- 截至2011年3月31日，根据修订及重述的2003股权激励计划授权同意的以每股加权平均执行价格5.86美元执行流通期权所发行的16 221 375股B类普通股。
- 2011年3月31日后，根据修订及重述的2003股权激励计划授权同意的以每股执行价格22.59美元执行流通期权所发行的1 559 080股B类普通股。
- 根据2011股权激励计划为日后发放和发行预留的13 659 553股股票，将会在此次发行完成后生效，包括：
  - 根据2011股权激励计划为日后发放和发行预留的2 000 000股A类普通股，以及
  - 根据修订及重述的2003股权激励计划（在2011年3月31日后为落实已授予的期权购买了1 559 080股B类股票后，再加上2011年3月31日之后为修订及重述的2003股权激励计划预留的13 000 000股）预留的11 659 553股B类普通股，在2011股权激励计划生效后，这些股票将会与为2011股权激励计划预留的A类普通股相加；以及
- 为2011职工购股计划预留的3 500 000股A类普通股，将在本次发行完成后生效。

除非特别声明，本招股说明书中的信息（除了历史财务报表）假设：
- 把我们的普通股重新划分为同等数量的B类普通股和A类普通股；
- 与此次发行相关的修订和重述的公司证书已经生效；
- 本次发行完成前所有流通的优先股立即自动转化为总计45 647 201股的B类普通股；并且
- 不执行承销商的超额配售权。

图18.6（d） LinkedIn招股说明书发行页

合并财务数据摘要

下面的表格总结了我们公司的合并财务数据。您在阅读此合并财务数据总结时应与包含在本招股说明书其他部分的"对管理的讨论及财务状况和经营结果的分析"、我们的合并财务报表及相关注释相结合。

我们列出了本招股说明书其他部分包含的已审计的2008、2009和2010年年底的合并利润表,2009和2010年底的合并资产负债表。还列出了本招股说明书其他部分包含的未审计合并财务报表中的未审计的截至2010.3.31和2011.3.31的3个月合并利润表,以及相应未审计的合并资产负债表。我们已经准备了与已审计的财务报表基本原则相一致的未审计财务报表,并且已包括我们的观点、所有调整,一起构成我们认为对公允展示财务报表中内容有必要的倾斜调整。我们的历史结果不一定能预测未来结果,我们的中期业绩也不一定能预测全年的结果。

	年末12月31日			3个月末3月31日	
	2008	2009	2010	2010	2011
	(单位:千美元,除每股数据外)				
合并利润表					
净收入	$ 78 773	$ 120 127	$ 243 099	$ 44 716	$ 93 932
成本和支出					
收入成本(除去下面单独列出的折旧和摊销)	18 589	25 857	44 826	8 305	16 783
销售和营销	16 986	26 847	58 978	10 454	29 361
产品开发	29 366	39 444	65 104	12 141	24 735
管理费用	12 976	19 480	35 064	6 672	13 614
折旧和摊销	6 365	11 854	19 551	3 940	8 159
总成本和支出	84 282	123 482	223 523	41 512	92 652
经营收入(亏损)	(5 509)	(3 355)	19 576	3 204	1 280
其他净收入(亏损)	1 277	230	(610)	(346)	449
税前收入(亏损)	(4 232)	(3 125)	18 966	2 858	1 729
备付所得税	290	848	3 581	1 043	(349)
净利润(亏损)	$ (4 522)	$ (3 973)	$ 15 385	$ 1 815	$ 2 078
分配给普通股股东的净利润(亏损)	$ (4 522)	$ (3 973)	$ 3 429	$ —	$ —
分配给普通股股东的每股净利润(亏损)					
基础	$ (0.11)	$ (0.10)	$ 0.08	$ 0.00	$ 0.00
稀释	$ (0.11)	$ (0.10)	$ 0.07	$ 0.00	$ 0.00
加权平均股数计算普通股每股净收益(亏损)					
基础	42 389	41 184	42 446	41 966	43 726
稀释	42 389	41 184	46 459	44 228	51 459
归属于普通股的每股估计净收益[1](未审计)					
基础			$ 0.17		$ 0.02
稀释			$ 0.17		$ 0.02
加权平均股数计算普通股每股估计净收益					
基础			88 091		89 373
稀释			92 104		97 106
其他财务和经营数据					
调整后的EBITDA[2]	$ 5 461	$ 14 651	$ 47 959	$ 9 078	$ 13 282
注册会员数(期末)	32 307	55 111	90 437	64 177	101 528

(1)每股估计净收益的计算假设所有流通的优先股和普通股分别在本次发行完成前截至2010年12月31日和2011年3月31日前转化成88 955 943股和89 670 823股B类普通股。

(2)我们定义EBITDA是净利润(亏损)加上备付所得税、其他净(收入)支出、折旧和摊销、股权激励。请参考下文中"调整后的EBITDA"获取更多信息,以及关于调整后的EBITDA与净利润(亏损)调和的信息,我们采用了符合GAAP要求的最直接、最具可比性的财务方法计算和呈现。

图18.6(e) LinkedIn招股说明书财务报表数据总结

（续）

上述利润表中包含的股权激励如下：

	年末12月31日			3个月末3月31日	
	2008	2009	2010	2010	2011
			（单位：千美元）		
收入成本	$ 298	$ 370	$ 439	$ 89	$ 183
销售和营销	513	657	1 225	250	1 098
产品开发	1 214	2 346	3 248	690	1 603
管理费用	2 580	2 779	3 920	905	959
股权激励总额	$ 4 605	$ 6 152	$ 8 832	$ 1 934	$ 3 843

	截至12月31日		截至2011年3月31日		
	2009	2010	实际值	估计值[1]	调整后的估计值[2]
			（单位：千）		
合并资产负债表数据					
现金和现金等价物	$ 89 979	$ 92 951	$ 106 060	$ 106 060	$ 304 304
净设备机器	25 730	56 743	65 782	65 782	65 782
营运资本	71 885	66 734	64 629	64 629	262 873
总资产	148 559	238 188	265 332	265 332	463 576
可赎回可转换优先股	87 981	87 981	87 981	—	—
可转换优先股	15 413	15 846	15 846	—	—
所有者权益总计	9 082	36 249	46 530	134 511	332 755

（1）估计列反映了在本次发行前把所有流通的优先股和普通股自动转化为 89 670 823 股 B 类普通股。
（2）调整后的估计值反映了（a）在本次发行前把所有流通的优先股和普通股自动转化为 89 670 823 股 B 类普通股，以及（b）招股说明书中提到的我们出售的 827 804 股 A 类普通股按照首次公开发行价格每股 45 美元出售，扣除了承销商折扣和佣金，以及我们要支付的预计发行费用。

图 18.6（e） LinkedIn 招股说明书财务报表数据总结

18.11 聚焦 Tesla

Tesla 汽车是一家设计、生产和销售电动汽车和传动系统部件的位于加利福尼亚的公司。Tesla 有两种车型：跑车 Tesla Roadster 和豪华轿车 Model S。公司的 CEO 伊隆·马斯克（Elon Musk）想把 Tesla 打造成电力交通工具的独立生产者。

Tesla 是一个利用多种资金来源获得早期成长资本的典范。它在 5 轮融资中筹得了约 2 亿美元的资金。马斯克作为共同创办者，向 Tesla 投入了大量自己的资金。也有其他富裕的个人和许多风险投资公司参与其中，例如 Google 公司的共同创办人谢尔盖·布林和拉里·佩奇。2009 年，德国 Daimler AG 向 Tesla 投资 5 000 万美元。公司还从美国能源局得到了 4.65 亿美元的贷款。2010 年，Tesla 在纳斯达克上市（代号 TSLA）并筹得 2.26 亿美元资金。

2012 年，Tesla 的收入超过了 4 亿美元，2014 年实现了收支平衡。

18.12 小结

新创企业的创业领导者会做出一系列财务预测,它们可以用来估计所需的投资资金和何时需要投资。创业者运用这些信息寻找投资资金。对第一轮或种子阶段,创业者可能依赖自己的资金和来自朋友、家人的投资。最终,大多数科技公司需要来自其他人例如被称作天使投资人的富人和被称作风险投资家的专业投资者的大量投资。

以每一阶段阶段性目标实现情况为基础的多阶段融资可能是最好的获得投资的方式。一个实物期权是在未来某个日期购买某项资产的权利。因此,风险投资家通常运用带有阶段性目标的阶段性投资对新创企业投资的机遇进行投资。对高影响力的创业公司,公司潜力的未来价值是最具吸引力的。

运用风险投资估值方法,可以确定一家新创公司的价值并按协议实现所有权的划分。随着期望的收入增长和盈利的实现,公司和投资者们可能希望执行卖出股份的期权。可以通过首次公开募股(IPO)或被更大的公司收购来收获由投资者、创始人和员工一起创造的价值。

○ 原则18

对新创企业和发展中的公司来说,存在多样的投资资金来源,要对各种来源进行详细的比较并小心地应用。

○ 音像资料

访问 http://techventures.stanford.edu 可以浏览专家关于本章内容的探讨。

- Corporate-Backed "Smart" Money   Lisa Lambert   Intel Capital
- Start on Your Own   Mark Suster   GRP Partners
- Understanding Early Valuations   Dana Mead   KPCB

18.13 练习

18.1 Viscotech 公司如练习 17.3 所描述。确定一个在第一年年初投资 100 万美元的天使投资团队可能要求百分之多少的所有权?如果 Viscotech 不能偿还银行 50 万美元的贷款,它将需要 150 万美元的股权融资。天使投资团队会对这次投资要求多少股权呢?假设每年的贷款利率是 10%。

18.2 格伦·欧文(Glenn Owen)的科技公司需要 1 000 万美元的启动资金。预测显示建立后第 5 年的收入为 1 000 万美元,销售额为 8 000 万美元。风险投资公司期望在 IPO 之前的 5 年间得到每年 50% 的收益率。你对这家新创企业的估值是多少?风险投资家应当期望得到多少比例的所有权?对估值和回报率进行敏感性测试。

18.3 DGI 公司的一系列预测数据如表 18.19 所示，对预期的和悲观的情况都进行了展示。公司希望在第 5 年盈利。公司想在第 1 年建立前获得 100 万美元的初始资金，在第 2 年年末得到 100 万美元资金用于扩张。作为风险投资公司的咨询方，请准备一个呈交给 DGI 的投资出价。假设 DGI 公司所在行业的市盈率是 15。

表 18.19 DGI 公司预期情况和悲观情况下的收入和净收入预测

年份	1	2	3	4	5
预期收入	0.84	2.82	5.44	8.35	11.55
预期净收入	0.18	1.25	2.67	4.17	5.86
悲观收入	0.42	1.41	2.72	4.18	5.78
悲观净收入	(0.11)	0.26	0.77	1.25	1.81

18.4 处于早期的软件公司的 CEO 希望从风险投资家那里寻求 500 万美元的资金。第 5 年合理的净收入预测为 500 万美元，市盈率为 20。此外，第 5 年的销售预测为 2 500 万美元。假设后续融资不会带来股权稀释，那么如果风险投资家的期望收益率为 50%，他需要获得公司多少股份？在风险投资家购买股份前公司已发行的股票有 100 万股。风险投资家每股应支付多少钱？

18.5 一家纳米技术领域的新创企业想寻求第二轮融资。这一年，它的收入为 200 万美元，下一年的预计盈利为 20 万美元，收入为 300 万美元。公司从一系列新投资者处获得了 100 万美元资金，公司应给新投资者多少股份？假设在之后的 5 年，公司可以保持利润以每年 25% 的速度增长。

18.6 阐述阶段性融资对投资者和对创业者的目的和价值。

18.7 对什么类型的公司和环境来说，资助可以被看作是非常有吸引力的资金来源？哪些情况下资助不太适用？

创业挑战

1. 你的公司将采用哪种资金来源？
2. 你为什么选择这些来源？
3. 最初需要多少资金？融资的目的是什么？
4. 你计划把公司股份的多少出让给外部投资者？

第 19 章

交易展示和谈判

> 领导力就是能够铭记昨天的错误,分析今天的成就,充分想象和审视未来的能力。
>
> ——斯坦利·C. 艾琳
> (Stanley C. Allyn)

▶▶ 新创企业要怎样展示愿景和故事?怎样和投资者谈判?

新创企业的创建者需要讲述关于他们公司未来发展的故事。将公司解决一个重要问题的新颖方法进行充分展示,能够建立起公司的可信度和信任,进而可以促成一笔投资。

这个整合好的故事和商业计划要展现该商业方案如何在一个合理的期限阶段内获利。投资者们对良好的回报会很感兴趣,他们也想确认自己是在和值得信任并且有能力的创业者合作。

与投资者的交易谈判是这个过程中重要的一环。通过谈判,可以巩固也可以毁灭与投资者的关系。协议的条款应当强调实现潜在回报的方法,以及如何在投资者和创业者之间分配风险。

19.1 展示

投资人团队、天使投资人、潜在员工、合作者和供应商们都希望新的创业团队能够口头展示它的商业计划。这些会议的目的是说服他们合作、支持并参与新创企业的建立。有效的说服是一个通过谈判和学习最终得出共同愿景的过程。以前,人们认为说服是一个简单的过程:阐述立场或计划,列出支撑观点,然后诉诸行动或提出交易请求。现在,大多数可能的投资者和合作者都希望能参与与创业团队的对话。创业团队列出风险并征求反馈和其他解决方法。说服涉及妥协和与投资者及其他相关参与者建立联系。

新创企业必须能向投资者和客户推销他们的计划。推销想法存在固有的困难。当客户和投资者面临一个需要大额投资，并且在未来很多年后才能得到回报的庞大项目时，他们自然都是厌恶风险的。如果这个项目不是源自他们自己的组织，他们会更加厌恶风险。

优秀的说服者首先会建立可信度；其次，他们用与听众一致的方式构建自己的目标；再次，他们提出可靠的论据支持自己的计划；最后，他们与潜在投资者或合作者建立良好的关系。表 19.1 总结了这个四步走的说服方法 [Conger, 1998]。

表 19.1　说服四步法

1. 在投资者、合作伙伴、客户、人才面前建立可信度
2. 构建与投资者或合作伙伴一致的公司目标，并说明公司特有的优势
3. 提供坚实可靠、吸引人的论据来支持商业计划
4. 与投资者和合作者建立良好的关系

可信度和信任是长时间随着经验增加而建立起来的。因此，得到信任最便捷的方法就是寻找创业者已经了解的人合作。否则，创业者的个人纪录和声誉就会格外重要。建立新创企业所需的专业技能必须一直存在于创业团队中。建议复习一些 13.2 节中关于影响和说服的概念。

商业计划必须对潜在投资者和合作者有强烈的吸引力。新创企业针对投资者或合作者的目标而构建独特的利益是非常关键的。下一步是提供有力的证据来支持这个商业计划。用一个生动的例子或类似案例对让计划生动起来会很有帮助。最后，与投资者或合作者建立良好的关系也很重要，此间创业者要体现出他们对这个计划的投入和担当，并展现出他们对项目的热情。

一个好的展示可以捕捉听众的注意并让他们对创业者试图解决的问题做出回应。这是一种"推销"，有四个要点如表 19.2 所示。

表 19.2　推销四要点

1. 对消费者来说，所聚焦的是一个令他们不快并需要解决的问题
2. 许多因这个问题感到不快的消费者愿意花钱解决这个问题
3. 针对这个问题，这个公司有一个可以盈利的并且可行的解决方案
4. 这个团队在过去能有效地做出计划并执行，未来也可以执行得很好

回答表 19.3 中列示的九个问题对成功地展示商业计划也很有用处。当然，还存在其他问题，但这九个问题大部分时候都是必须展示的一部分。提前在一些值得信任并可以提供建议的同事或朋友面前预演也会很有帮助。

表 19.3　展示商业计划时需要回答的九个问题

1. 产品是什么，它要解决的问题是什么？
2. 这个产品的独特优势是什么？
3. 谁是消费者？
4. 如何分销和出售该产品？
5. 在第一年和第二年有多少人会购买这个产品？
6. 设计和制作这个产品的成本是多少？
7. 销售价格是多少？
8. 什么时候可以达到收支平衡？
9. 谁是团队核心成员，他们的资质是否够建立这个公司？

信任几乎是所有持久商业关系的基础。商业计划的展示是赢得潜在投资者和合作者信任的一种方式。信任、信心和关系都是随着时间逐渐建立的。讲述公司的目标需要调动听众的积极回应：如果这个公司成功了会带来什么样的变化？人们会有更好的生活或能享受这个新的替代品吗？

一个成功的项目介绍经常遵循10/20/30准则，即10张幻灯片、20分钟、30号字的文本。大多数面向投资者和合作者的展示都应该在10张幻灯片的基础上展示20分钟。每页幻灯片至少用30号字。这样会让听众保持兴趣，并让展示者集中介绍关键点［Kawasaki, 2004］。表19.4列出了一个10页幻灯片示例的概要。著名的风险投资家盖伊·川崎在他的网页blog.guykawasaki.com上详细介绍了这些幻灯片。

表 19.4　一个 10 页幻灯片的展示示例	
1. 公司名称、展示者名称、合同信息	6. 技术和相关过程
2. 问题的描述：需求和市场	7. 营销和销售计划
3. 解决方案：产品和关键优势	8. 领导团队和经验
4. 商业模式和盈利能力	9. 财务预测摘要
5. 竞争情况和策略	10. 现状和资金需求

在任何展示中，展示者都应传达出解决这个问题的紧迫感和对这个解决方法有效的强有力的承诺。好的演讲者会在第3页和第4页幻灯片强调独特的收益。

听众被高质量的想法打动但更被展示者的创造力和创新所影响。投资者或新的创业团队成员想成为这个创造性合作中的一部分。听众会期待看到创业者对这个可能的解决方法带来的大的改变或跨越的热情和依据。更进一步，展示的目标是吸引听众让他们成为创造性合作的一部分。最好的结果是展示者成功地使自己显得像创新类型，并且让他们的听众把自己看作创立这个新企业过程中的创造性合作者［Elsbach,2003］。

19.2　关键问题

我们在第6章讨论了商业计划的建立，在19.1节中讲了商业计划的展示。在商业计划被展现给少数潜在投资者之后，他们的批评和建议可能会是要求调整商业模式或商业计划中的其他部分，又或许必须要改进产品使它更吸引人。提供一个消费者"可以有"和一个消费者"必须有"的产品是不同的。例如，维生素片是"可以有"的，但如果有人头疼，阿司匹林或布洛芬是"必须有"的。要考虑这个产品是解决消费者问题的完整方案吗？还是只是解决方案中的一部分？

投资者会问：创业者会全心投入这个公司吗？这个机遇在未来有大的发展潜力吗？我们可以认识并降低风险吗？有让我们收到投资回报的途径吗？预计的增长率有吸引力吗？

文字版的计划书和口头展示应该结合在一起，作为一个整体。使用过时或不准确的数据会使投资者产生疑问，没有事实根据的假设也会破坏一个计划。例如，这个计划包括对竞争者诚实的认知吗？热情固然重要，但事前准备也很关键。

商业计划和与之相关的故事可以看作一个拱门的楔石，如图19.1所示。商业模式和领导力的所有要素结合在一起构成了企业整体。

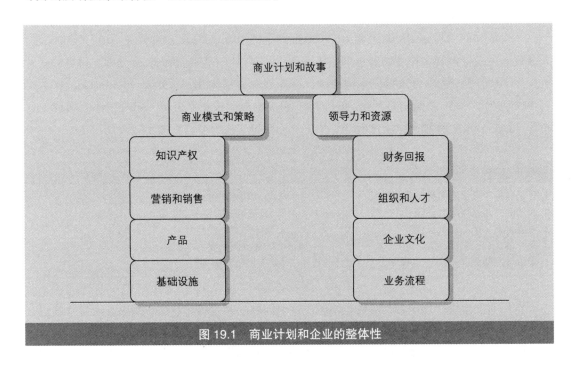

图 19.1　商业计划和企业的整体性

如果这个公司在展示时已经有了付费用户，这对证实商业计划的可行性将有帮助，如果公司已经快要盈利会更有利。投资者需要投资的理由。他们想看之前的订单、条款清单或消费者清单。这些是对客户的证明和他们对这家公司产品的评价。

1968年，戈登·摩尔（Gordon Moore）和罗伯特·诺伊斯（Robert Noyce）离开Fairchild半导体公司创立了Intel，他们同时也带走了安迪·格罗夫（Andy Grove）和其他几个同事。在Intel，他们看到了制作硅晶体管和之后的集成电路的机会。摩尔和诺伊斯在他们的领域都是领军者，并且认识旧金山的风险资本家亚瑟·洛克（Arthur Rock）。一天他们问洛克是否能筹资300万美元来创立Intel公司。洛克当天晚上就提供了300万有担保的投资。摩尔和诺伊斯很有名，并且能掌控一个对他们新创企业有利的交易，但实际上大多数创业者并不这么幸运。

如果新创企业的领导者没有庞大可靠的社交网络和背景，那么他们需要很努力地寻找投资者并令投资者满意。他们必须使投资者相信他们的商业计划是一个能开拓重要机遇的一次性机会。

19.3 谈判和关系

进行过商业计划展示和后续的讨论之后，投资者或合作者可能对这个潜在的公司有了信心，但持不同的期望。因此，投资者和创业团队可能对公司的评价和协议的适当条款有不同观点。一个好的协议既能公正地满足新创企业的需求，又能使公司和投资者的关系在未来更融洽。因此，协议的定价和条款必须针对关系的未来发展进行权衡。如果可能，新创企业需要在结束一个亏本协议时有其他选择。有了好的选择，新创企业可以离开亏本协议。新创企业应该了解自己的利益和不成交时自己的其他选择。价格、控制权和所有权比例通常都是谈判的关键点。

投资人一般会参与针对创业背景、市场数据和商业计划中关键因素的检查过程。这个过程叫作**尽职调查**，包括在落实投资协议中的条款之前核实商业计划中提供的事实和数据。

协商出一个公正的协议是可以学习的一种技巧。大多数创业者在与投资者谈判这个问题上经验有限。**谈判**可以定义为一个在相互依赖但没有共同偏好的团体中决策的过程。例如一个经理和员工为加薪而谈判：他们相互依赖但对结果有不同的偏好，员工希望加薪，但经理想要员工有更好的表现。

最好的谈判应该产生有效的、明智的共识，并且不会破坏各集团间的关系。一个明智的或好的共识能满足双方合法利益，公正地解决问题并且可持续 [Fisher and Ury, 1991]。谈判需要努力避免各方固执己见，而是要尽可能达成共识。

谈判可以基于表 19.5 中所示的四个原则进行，有助于得到一个对各方都有利的协议。努力把个性从讨论中剔除出去并避免固执己见。努力让所有人参与达成公正的协议。讨论各方集团的利益和目标并避免僵化的立场，然后制定出几个可能的各方利益提升方案。最后，选择结果可以衡量的最好的方案。

谈判经常会陷入僵局，这时候最好尝试改变谈判的范围和顺序。一个或多个能更广泛地看待各因素的谈判桌外的团体可能会创造出更好的结构。例如，他们在交易中引入新的团体和条款并尝试满足各集团利益 [Lax and Sebenius, 2003]。

投资者往往有基于投资回报和收到回报的时间期限的目标。创业者往往有基于增长、成功、成就和投资回报的目标。双方集团需要协助创造一些好的选择，这样交易才有调整的空间。最终，各集团会选择对各方需求都有公正解决方案的交易。这个交易应当包括可测的结果，以及当协议结果没有实现时对所有权或其他因素的调整。此外，这个交易应当是投资者和创业者长期合作的好的开始 [Ertel, 2004]。

表 19.5 谈判四原则

1. 集中于问题（任务或交易）描述，不将人为因素带入讨论。目标：所有参与者都在解决问题
2. 关注各个团体的利益诉求，而不是他们的初始状态。目标：每个团体说出他们的诉求和相关的目标
3. 创造促进各方利益的多种选择或可能性。目标：多种实际解决方案
4. 达成公正客观的最终交易。目标：真实、可衡量的标准

在任何谈判中，各方都必须从两个选项中进行选择：接受交易，还是选择最好不成交。通常，最好不成交的选择意味着继续寻找并和新的投资者谈判。因此，创业团队评价时会把接受交易和寻找其他潜在投资者进行对比。类似地，另一方会考虑将这笔交易与失去这笔交易带来的好处进行对比。当达成交易比不成交而失去一个好机会能更好地满足投资者利益时，投资者会接受这个交易。因此，新创企业的谈判问题就是理解和形成投资者的看法，并帮助他们在他们自己的利益中选择你想要的［Sebenius，2001］。

做出一个投资决策时，风险资本家需要考虑三种风险：市场风险（为产品建立消费者），技术风险（技术或概念发展的程度和不被潜在竞争者威胁的程度），以及管理风险（创业团队的技巧和领导层发展新创企业的能力）。风险投资家想知道这个阶段的投资会降低哪种风险。

估值和所有权的区别通常反映在对新创企业未来表现情况预期的差别上。因此，订立一些视制定措施或事件的结果而定的或有条款是比较明智的。在合同中使用或有条款能让各集团就未来发展有所期望而不是争论。具备或有条款的协议可以包括如下指标的条款：收入、利润或协议期间争取到的消费者数量。实际的结果会导致一个协议的股权百分比。例如，如果阶段性目标实现，投资者就同意70/30（公司比投资者）的股权分割比例，如果目标不能实现就要保留一些股份调整为60/40的股权比例。投资者和新创企业可能对多种未来事件得出不同的结论，例如销售、市场份额和竞争者的行为。任何分歧出现的时候也就是草拟一个双方都认为对自己利益有帮助的或有条款的时候。或有合约使得双方团体共同分担风险。

一个常用的达成股权共识的方法是提供一个把股权与实际水平相连的认股权证。认股权证是一个得到普通股票的长期选择权，通常采用名义价格。例如，如果预定的表现水平在规定的日期没有实现，投资者就可以收到一个可以得到协议约定数量股份的认股权证［Smith and Smith，2004］。

一个会让谈判变得更复杂的问题是创立团队带来的股权稀释。投资者通常会要求一个反稀释条款来防止自己的股权份额被稀释。这个反稀释条款可能会被后续融投资中的低估值所激活。投资协议中的所有条款通常被叫作**投资条款清单**，投资条款清单需要被新创企业的律师检查。投资条款清单是资金供给者的出资条款清单，它列出了投资数额以及投资者希望创业者如何使用这笔钱。关键是要记住这只是条款清单，创业者可以否决这个提议，并在最终接受出资前对其中的所有条款进行谈判。《企业家的商业规则指南》（*The Entrepreneur's Guide to Business Law*）是有关这一问题很好的一本参考书［Bagley and Dauchy，2011］。

19.4 投资条款清单

投资交易中的条款对创业者至关重要。专业投资者关心的问题都列在表19.6中。很明显，诚信和正直在投资者和创业者间很重要。出价最高的风险投资家不一定是创业者在交易中最想要的。另一个出价没有那么高的风险投资家也许是发展公司更好的合作者。通常，创始人被要求随着时间赚取（领取）他们的股份。

表 19.6　投资条款清单中要解决的问题	
● 投资者团队的所有权比例	● 担保的形式
● 投资的时点	● 为未来员工保留的股权
● 投资者的控制权	● 反稀释条款
● 创业团队制定的股权	● 接管期限多轮投资中的阶段性目标（注资周期）
● 要求 IPO 的权利和限制权利	● 股票期权计划

专业投资者一般想得到优先股，**优先股**有在普通股之前得到分红和清偿的权利。考虑到完成融资协议的所有因素，新创企业需要雇用律师来检查交易中的所有条款，也可能代理创业企业进行交易谈判。

任何协议中的条款都应该反映出企业在后续获得更多资金的可能。许多协议让公司后续融资的价格很难有吸引力。通常，协议制定是基于所有事情都按计划发展的假设上———一个不可能实现的假设。对未来的计划应该包括吸纳新资本的合理方法。在需要引入新资本的情况下公司就有义务对现行交易的投资者提供保护。

投资条款清单应当强调取得潜在回报的方法，以及在投资者和新创企业间的风险分配。新创企业最好能降低对投资者的价格，并让投资者一起分担新企业的未来风险。投资者寻求对他们投资的保护，新创企业寻求资金输入，但也需要保留寻找未来资金输入的权利。对投资者购买的股票来说，过度的保护条款应当以较低的价格卖掉。如果可能的话，投资者应该尽量为所有权支付更低的价格，并与新的新创企业共担风险。

19.5　聚焦 LinkedIn

LinkedIn 于 2002 年 12 月建立，2003 年 5 月上线。它是一个主要被职场人员使用的社交网络。这个网站支持多种语言，覆盖超过 200 个国家的 2 亿多用户。

LinkedIn 团队在他们发展这家公司时面向投资者和合作者进行了多次展示。考察了关键问题后，Sequoia Capital 在 2003 年投资 LinkedIn。Greylock、Bain Capital 和其他投资公司也先后在 2005 年、2006 年的后续融资中加入 Sequoia Capital 的行列。LinkedIn 在 2011 年 5 月 19 日迎来了首次公开募股。它的 IPO 招股说明书在第 18 章中可以找到。

LinkedIn 有一个基于职场人员获得有利的社交网络并进而建立销售、推荐网络的强大的商业模式。目前，LinkedIn 正在发展它的移动端呈现和对利益集团、相关媒体的利用。

19.6　小结

一个新创企业的潜力可以通过正式的展示传达出来。通过展示创业者的故事，潜在投资者、新员工或合作者们可以了解机遇并对团队领导层的能力有一定认知。

当投资者开始对新创企业感兴趣，关于估值和进度里程碑的谈判就开始了。开展有利于维持和加强与投资者关系的谈判很关键。创业者会一致处于谈判的状态中，直到履行协议和转移资金时。所有谈判都持续地围绕着产品、团队、进程、商业模式和知识产权的问题进行。

⊃ 原则19

展示吸引人的创业故事、与投资者达成交易的谈判技巧,对所有新创企业来说都至关重要。

⊃ 音像资料

访问 http://techventures.stanford.edu 可以浏览专家关于这章内容的探讨。
- Tips for a Good Pitch   Heidi Roizen
- Energetic Fundraising   Peter Diamandis
- The Potency of Effectire   Stancristensen

19.7 练习

19.1 商业计划竞赛活动给创业者提供了展示他们商业计划的机会。美国的 Clean Tech Open 组织了这样的比赛(www2.cleantechopen.org)。访问网站,研究获胜者的简介,然后完成一个令你最感兴趣的公司的简单的报告。

19.2 作为一个新的科技公司的 CEO,你和你的团队对公司的估值是 1 000 万美元(投资前估值),并且找到了一个有意向的风险投资公司,但风投公司的估值是 600 万美元。下一年收入的估计为 600 万美元,且可以实现盈利。请确定一个能实现双方妥协且合理估值的谈判方法。

19.3 什么是投资条款清单?假如你是创业者,请列出三条你想实现的投资条款清单中的具体条款。假如你是风险投资家,列出你想实现的三条具体条款。为什么让双方对最终交易结果满意很重要?

19.4 风险投资家评估一家新创企业要考虑的关键因素都有哪些?说一说对于投资者和创业者来说哪些评价的因素最有可能不同?

19.5 投资者可以提出什么交易条款保证创业者在公司情况好和坏的时候有同样的激励?创业者可以提出什么交易条款保证投资者在公司情况好和坏的时候有同样的激励?

19.6 为什么投资者和创业者都对最终交易结果满意很重要?如果不这样谁会有损失?

创业挑战

1. 阐述你公司的"电梯演讲"(参见 6.4 节)。

2. 列出向投资者展示你的公司时的提纲。

3. 草拟一个投资条款清单,列出你的公司的资金需求、你有兴趣出售的公司份额(例如股份数量或占总股份的百分比)和你认为的其他重要的谈判内容。

第 20 章

带领企业走向成功

做得好比说得好更重要。

——本杰明·富兰克林
（Benjamin Franklin）

▶▶ 成功企业是怎样将可靠的商业计划转变成实际运营的？

制定商业计划对新创企业来说非常重要，但成功地执行计划也是必要的。执行计划是一门将战略与现实结合的学问，它把企业的目标和人力匹配起来以实现期望的结果。执行要将概念转化为真正的商业实践。

新企业要经历从建立到成长再到成熟的不同阶段。处于不同阶段的企业需要不同的管理技巧和组织安排。创立阶段的企业在其发展的过程中需要把合适的人安排在合适的岗位。

组织，例如人，需要不断学习适应变化。识别挑战并做出反应的组织能增强新企业的韧性。适应变化的能力可能是企业唯一真正的可持续优势。更进一步，为了实现长期成功，企业需要行为的道德规范。

20.1 执行

执行是使战略与现实相契合的学问，把企业的目标和人力匹配起来实现预期的目标 [Bossidy and Charan, 2002]。通常，成功的企业和它竞争者的唯一区别就在于执行计划的能力。

从根本上看，执行将概念转化为商业实践。例如，一段时间后，企业可能发现自己的模型有缺陷，或者销售渠道不如之前预测的那么有吸引力。每个新企业都会在达到目标前遇到困难，此时就需要再次确定愿景并重新执行。成功的商业实践转化需要坚持不懈的毅力。

虽然会有失误，但创业团队必须着眼于长期战略的实行。例如赛勒斯·菲尔德（Cyrus Field）对铺设横跨大西洋、连接美国和英国的电缆进行了四次尝试。凭借使用新型的蒸汽机——大东方号（the Great Eastern），他在努力了9年后于1866年实现了这一目标。这个传奇的例子是对爱迪生的名言"天才是1%的灵感和99%的努力"生动的诠释。更近一些，20世纪90年代后期，随着欺诈的增多，eBay面临巨大的挑战。1998年，线上拍卖企业开展了反欺诈运动。不付款的竞拍者会在中止竞拍30天的惩罚前收到一个警告。同时，eBay通过伦敦Lloyd's保险公司提供免费保险。结果，eBay变得比以前更加成功。

执行要遵循商业计划中的策略。执行也是判断企业运营状况、采取措施提高运营水平、确保问责的一个过程。任何有可靠商业模式和战略的企业还需要同样好的执行商业模式和战略优势的水平。在制定商业计划的过程中，所有创业团队成员把他们的期望和策略融合在一个达成共识的清晰的指导方针中。这样，团队就知道他们需要做的事了。下一步是对事情是如何发生的达成共识。在什么时间之前谁应该完成什么工作？团队一起制定短期目标和优先级，之后把任务分配给个人。奖励和认可与及时的业绩表现是挂钩的。因为错过截止期限的成本很高，所以制定合理的截止期限很重要。最终，一个新企业的成功依靠的是所有团队成员的执行能力，而不是一个全知全能的创业家的决策能力。表20.1展示的六个问题有助于实现可靠执行。

表 20.1 执行的六个问题

- 为什么这个目标优先？
- 行动和预期结果是什么？
- 行动怎样才能实现？
- 团队中都有谁及各自责任是什么？
- 活动什么时候完成？
- 在哪里完成？

创业企业需要具有广泛能力的团队成员，这样一个人就可以负责多个任务。如果有必要，可能需要额外的人致力于完成独特的或困难的任务。这些任务完全来自企业的战略。创业团队确定在某个特定时间企业要实现的目标，并把这些任务分配给每位成员。切实地评估重要任务所需的努力和时间很关键。运营计划的要素有任务、进度计划和目标。领导团队需要权衡任务和目标让运营计划切实可行。一个具体的、书面的运营计划可以帮助企业有效地发展。对完成情况和运营计划的回顾会帮助企业完成任务。好的执行要以明确的优先级、合理的假设和持续控制的表现为基础［Mankins and Steele,2005］。

执行是一项困难的工作。目标和截止期限的设置应该由那些要完成这项任务的人来设定。建立优先级是实现可靠执行中很重要的一部分。任务可以分为"必须做""应该做"和"可以做"三种，应该尽最大可能保持"必须做"的行为的优先级。运用可衡量的目标、必做任务清单和截止日期清单可以帮助企业提高执行能力。

广泛包容和理解的企业文化也会帮助企业员工执行其战略。在浓厚的企业文化和较少的正式规范下，员工可以自主地决定自己的行动并履行好。新企业可以招聘、培训、奖励员工来使他们对自己的行为负责［Chatman and Cha,2003］。

在企业刚刚建立的初期，实现并增加收入是企业主要的目标。企业早期一个重要的衡量指标是收入与支出和所使用资产之和的比率，被称为商业指数（BI），即，

$$BI = \frac{收入}{支出 + 资产}$$

企业的目标是通过使收入的增速大于支出和资产的增速，让 BI 指数平稳地增长。

新企业的发展过程中，一个实用的衡量执行情况的指标是人均销售额比率。一个成功的科技企业每位雇员应至少有 20 万美元的销售额。例如，Netapp 作为一个新兴的存储和数据管理企业，其每位雇员的销售额大约 50 万美元（www.netapp.com）。

一个新创企业在发展过程中经常在经营问题上渴望一些帮助。帮助的一个来源是新企业的供应商和消费者。他们所具有的某些深入的能力是新企业可以获得的。通常那些大企业希望新企业能成功，会在难办的问题上伸出援手。

真正伟大的企业在执行力上是完美无缺的。它们源源不断地提供达到消费者期望的产品。更进一步，它们还授权消费者代表在市场前沿回应消费者多样的需求。几乎任何竞争优势都能很快地被模仿。因此，新企业需要在执行上超过它的竞争者。这需要轻许诺、重实效。企业要实现的目标是通过持续地改进执行过程、培训员工、消除低效来实现几乎完美的运营执行，就像 United Technologies 这些企业所做的那样[Joyce et al., 2003]。

执行可能因为几个原因而出现失误，例如：（1）允许战略随着时间摇摆；（2）没有做到同步，同步意味着在对的时间向对的消费者销售对的产品[Hrebiniak, 2005]。企业犯下一连串的错误然后摧毁了企业[Mittelstaedt, 2005]。没能识别出错误并进行改正可能是致命的。根据保罗·格拉汉姆（Paul Graham）（Y-Combinator 的一位著名投资家）的说法，"杀死一家创业企业"的共同失误包括不成功的招聘、选择错误的平台、启动太早、花费过多资金、没有关注在具体的用户问题上[Graham, 2006]。

最终，如果一家企业在它发展的所有阶段给顾客的表现好于顾客的期待，那么它就会被认为执行力好。执行力好的企业通常都围绕主流的愿景和充分理解的长期战略进行组织。它们在新方法、产品和人力上会持续地投资[McFarland, 2008]。

吉姆·柯林斯（Jim Collins）[2001]描述了建立一个出色企业的七个步骤，如表 20.2 所示。如果一个新企业能很好地完成下述大部分步骤，它将获得很好的成功机会。

表 20.2 建立出色企业的七个步骤

1. 领导力：对企业发展有志向，有强烈的意愿和决心，追寻可持续的结果，保持自身谦逊
2. 人力：选择适当的人，安排他们在适当的岗位，制定走向成功的规划，并和每个人交流
3. 成功：坚信企业会在长期成功，面对现实并做出回应
4. 组织原则：用你的热情、能力和经济机制建立企业的核心原则
5. 文化：建立有秩序的文化，每个人都要对结果负责，保持专注
6. 技术：选择增强企业实力的科技应用
7. 势力：通过不断地开展创业项目，慢慢积累实力

GE：创业型领导

杰克·韦尔奇已从 GE 的 CEO 位置上卸任，他可能是美国 1985—2000 年间最知名的首席执行官。他提出了许多执行的原则和方法，例如"群策群力（work-out）"计划和"高速列车（bullet-train speed）"计划。韦尔奇知名度高的关键在于他对企业中重要问题简单但有力的观点[Lowe, 2001]。他坚持让每个经营单位成为它自身市场中的第一或第二。虽然 GE 是一家庞大的企业，但它今天仍保持着活跃的创业氛围。GE 满足上述柯林斯提出的七条出色企业的标准。

20.2 企业的发展轨迹

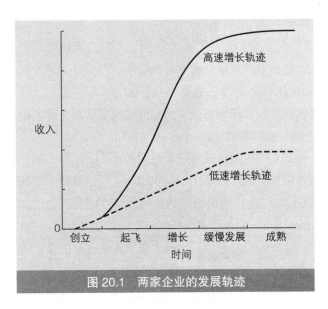

图 20.1 两家企业的发展轨迹

新企业通常呈 S 型轨迹发展，如图 20.1 所示。企业发展的五个阶段是：创立阶段、起飞阶段、增长阶段、缓慢增长阶段和成熟阶段。在创立阶段，企业进行自我构建，积累必要的资源并发布产品。第二个阶段是起飞阶段，收入开始增长。增长阶段通常盈利水平最高，且经营者期望扩展其供应的产品或想为新的消费者或区域提供服务，如图 20.2 展现的那样。这个阶段同样要承担高风险，因为企业缺乏实现这些新目标的经验[Roberts, 2003]。

终于，企业的增长速度在缓慢增长阶段放缓。最终，企业到达成熟阶段。图 20.1 展示了两家企业的一条高速增长轨迹和一条低速增长的轨迹。高增长企业实现了每年 40% 甚至更高的增速，低增长的企业有大约 10% 的年增长速度。

需要漫长创立期来进行产品研发的科技创业企业需要在产品研发的各个阶段都有所建树并在期间筹资。它们需要在投资者群体中展现可信度并建立起信任关系。企业的 CEO 或领导层需要执行一个有创造

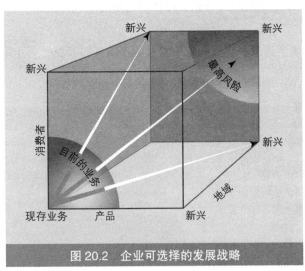

图 20.2 企业可选择的发展战略

来源：Roberts, 2003。

性且真实可靠的策略,这个策略需要融合投资者和雇员的利益 [Kleiner, 2003]。

从创立阶段到起飞阶段的转变可能要承受很大压力,因为那些适应小规模和早期阶段的管理实践将不再适用,管理者也会经历沮丧,对出现的问题不知所措。高速增长的企业会面临波动的局面,骤变和混乱将会出现。例如,新产品被投放到市场,营销计划不断变化,新雇员加入企业,决策非常缓慢,等等。在高增速下,新资本的吸纳是必要的。长时间的工作变得普遍且员工潜力逐渐被耗尽。随着企业发展到新的阶段,最初的创始人可能会离开,并代之以专业的经理人。

一个在低速增长轨迹下的新企业可以享受较短的每周工作时间和较少的竞争者,但可能面临着有限的盈利和获取资本的途径。

当一个新企业进入起飞阶段,对资本、资源和员工的更多需求会要求实现更规范化的流程和逐渐正规的交流。起飞阶段要求管理技巧、预算、会计和采购能力。等到企业进入增长阶段,企业要走向任务的分散化和授权化。这时,企业可能会增加负责这些任务的中层管理人员,这些任务可能有:采购、执行和销售。在缓慢增长阶段,保持收入景气要求创新和强调革新的创业型领导。表 20.3 展示了每个阶段及在每个阶段分别要实现的目标。

表 20.3 企业发展的阶段及不同阶段的目标

创立阶段	● 设计、制作和销售,开发机遇 ● 研发产品并推向市场 ● 建立核心业务 ● 强调创造力 ● 非正式沟通
起飞阶段	● 运营效率 ● 再次明确并强化商业计划 ● 引入新程序 ● 向质量和用户服务方面投入 ● 沟通变得正式 ● 强调领导者的指挥
发展阶段	● 扩张收入和市场份额 ● 开拓生产线 ● 适当的等级制 ● 转向分散化结构 ● 强调工作的负责和问责制
缓慢发展阶段	● 企业的巩固和革新 ● 要求较强的领导力 ● 需要新的举措 ● 管理运营资本 ● 强调协作和革新
成熟阶段	● 新的创新 ● 强大的文化和历史 ● 寻求新机会的人员的发展 ● 强调合作和革新

企业发展时，创业团队会非常忙碌。快速的增长会给他们带来巨大的压力。业务发展超出了生产设备和管理能力所支持的范围。一般管理危机会在第三年或第四年到来。此时公司容易出现质量下降、交付时间延误、消费者不按时付费等超越公司管理基础的状况。随着企业进入增长阶段，领导团队需要问：在这个阶段企业需要什么？当企业高速发展并需要强大且专业的管理知识时，就会有创始 CEO 离开的趋势。

eBay 是一个实现了从起飞阶段成功过渡到增长阶段的典型案例。拥有成功的网站和风险资本投资，eBay 从 1997 年开始寻找带领它进入增长期的管理者。它找到了梅格·惠特曼（Meg Whitman），她有丰富的经验和扎实的营销资历。惠特曼 1998 年上任，上任之后立即就投入了 1998 年 9 月的 IPO 任务中。1998 年第一季度，价值超过 1 亿美元的物品在 eBay 上被转手，并且企业的月收入超过了 300 万美元[Cohen, 2002]。eBay 出售了企业 9% 的股份筹资 6 280 万美元。首次公开募股每股价格为 18 美元，股价在开市时就跃升到每股 53 美元。惠特曼为出售者和购买者打造了一个值得信赖的交易品牌。到 2008 年她卸任 eBay CEO 一职时，eBay 已经成为拥有 85 亿美元收入、实现了 25% 的营业毛利率的强大的拍卖企业了。

在增长阶段，CFO 的财务管理也同样重要，CFO 要管理运营现金（现金流）、资本支出和任何营运资本的增加。资本投资的时间和方式可以给企业的盈利带来有益的影响。

在增长阶段，竞争也在同样升温。大多数基于技术的产品会经历技术诱发的竞争，如图 20.3 所示[Hirsh et al., 2003]。随着太阳能板和混合发动机技术的发展，消费者期待更好的效果和更低的生命周期成本。对这些需求做出反应的企业会获得持续成功。

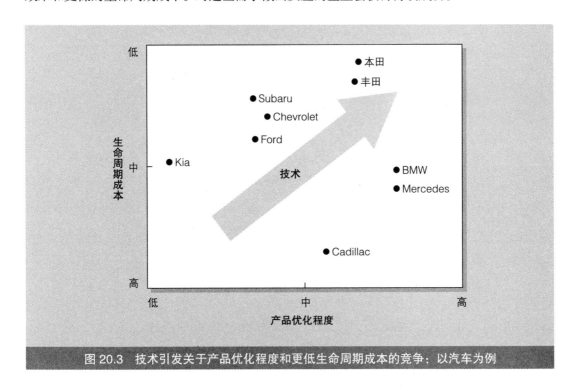

图 20.3　技术引发关于产品优化程度和更低生命周期成本的竞争：以汽车为例

当企业接近缓慢增长阶段时，组织结构应该向等级制转变。等级制能帮助我们管理复杂又庞大的组织。并且，在等级制下，人们可以看到自己的职业阶梯，易于接受整个组织体系，并认同其中的一个亚单元。等级制的结构以权力和地位作为奖励，它也许是管理大企业事务最合适的结构。领导者应努力保持小企业所有的优势——授权、团队合作、共享领导力，同时接受等级制给大企业带来的好处 [Levitt, 2003]。

通常，类比可以帮助我们理解对交易的管理。我们可以把处于创立阶段和起飞阶段的企业想象成一个在进行很棒的即兴演奏的爵士乐队。这个爵士乐队有不到 20 个成员，并且所有成员都了解其他人，他们采取无缝的轮流领导。有一些成员可以演奏多种乐器。当一个企业成长到超过 50 人时，它开始转变成像一个有独立分部的管弦乐队——弦乐组、管乐组、打击乐组。乐队需要一个协调领导，就是指挥。他（她）有一个要大家遵循的策略，这个策略描述了乐队该如何呈现每个乐章。他们作为一个整体演出，就像一个成长中的企业那样。

企业成长中的变化也会对它的管理和结构提出挑战。Cisco 在 1995 年到 2000 年间的收入增长速度每年都超过 50%，主要通过股票换股权的方式收购小企业。到 2002 年，Cisco 的增长暂停了，其目标变成控制成本。过去 Cisco 的格言是"更快、更多的收入"，新 Cisco 的格言是"更慢、更好、更盈利"。从 1999 年中期到 2000 年后期，Cisco 的员工翻了一倍，从 22 000 人增加到 44 000 人。2001 年，当贸易伙伴不购买 Cisco 的产品和服务后，Cisco 突然停止增长了。电信公司发现它们自己建设规模过度，并向 Cisco 订购了过多的设备。于是在 Cisco 的历史上，收入第一次下降了。到 2001 年夏天，销售缩水到了 6 个月前的三分之一。到 2003 年，Cisco 裁员 8 500 人 [Thurm, 2003]。

Iridum：走向错误

1991 年，Motorola 创立了子公司 Iridum，用来建立可以使地球上任何位置的用户实现通信的 66 颗低轨道卫星。1998 年，企业发布了它的服务，每部手机收费 3 000 美元，通话每分钟 3 美元。然而到 1999 年，Iridum 申请破产。正如 Iridum 的 CEO 说的 [Finkelstein and Mooney,2003]："我们是一个典型的没有成功推出产品的 MBA 教学案例。首先，我们实现了一项了不起的科技成就，然后我们想知道怎样从这上收益。"不是所有企业都能成功地到达增长阶段并向后发展。

低迷和不景气在每个行业都会发生。新兴企业对这些考验做出的反应可能带领企业走向复兴和成功，也可能走向混乱和失败。很少有企业能飙升到软件制造商 Novell 一样的高度，又跌落到这么低，并为生存努力挣扎。Novell 成立于 1983 年，它有一个强大的竞争对手——Microsoft，并且经历了收入和盈利水平的巨大波动。20 世纪 80 年代早期，Novell 在通信网络操作系统市场上处于领军地位。20 世纪 90 年代早期，Novell 错过了互联网转型而丢失了市场份额。在 20 世纪 90 年代的沉浮中，Novell 尝试在埃里克·施密特（Eric Schmidt）的领导下实现复兴。为了带领企业走出缓慢增长阶段，施密特尝试复兴企业的创新活动。1999 年，Novell 推出了适应通信网络和互联网的新软件。但 Novell 的收入仍然不景气，盈利能力还是

难以重树。2001年，施密特出任了Google的CEO。

经济低迷时期的管理和经济高速增长时期的管理同样具有挑战性。在经济低迷时期，顾客付款会变得缓慢，供应商也会处于疲软状态，并且可用的新资本会枯竭。如果可能，新型企业可以重新规划一个积极的工作安排，在避免过度反应的同时通过更新和强化策略来进行经济衰退时期的管理。经济衰退是一个把过去一笔勾销并回到经济现实的机会。每一次衰退都是一次重建核心业务的机会。与传统智慧相反，衰退期的胜利者往往避免多样化，相反他们集中力量于自己的核心业务，并更新他们的策略。他们保持长远的眼光并努力获取员工、供应商和消费者的忠诚度［Rigby, 2001］。例如，在多年的适度增长后，Cisco在2001年选择离开一些消费者相关的业务，并返回向数据中心出售解决方案的交换机和路由器核心业务。专注于核心业务并更新策略，企业可以看得更加长远。在控制成本的同时，企业为下一次经济复苏做好准备。如果一个企业有足够的财力，选择性收购对未来来说可能是一个明智的举动。

企业需要什么样的CEO

作为Kleiner Perkins的创始人和合伙人，蓝迪·科米沙（Randy Komisar）[2000]认为在新企业发展的不同阶段需要三种类型的CEO。他用不同的狗的特征进行描述。新创企业的第一个CEO应该是"猎犬"：他要根据最初的愿景组建核心团队和产品，并进而获得必需的资源。第二个CEO是"警犬"：他要能找到前进的路径，并寻找到合适的市场和有利可图的消费者。第三个CEO是"爱斯基摩犬"：他有很好的执行力，能带领已建成的企业稳健地前进。

另一个流淌在企业生命中的组织结构问题是高管更替问题。随着企业走向不同的阶段，它通常需要更换CEO，尤其是在增长非常缓慢或非常快的时候［Boekwer and Wiltbank, 2005］。随着需求变化，董事会和投资者会质问现任者是否有能力在后续阶段管理企业或带领企业进入下一个阶段。

创业者通常不能从创立模式中转变出来，因此在成为一名高速增长企业的优秀的管理者的道路上备受磨难。那些让创业者在成立和初始阶段获得成功的习惯和技能会破坏他们领导更大组织机构的能力。创业者在企业的早期往往会像他们应该的那样关注细节和任务。随着企业发展，领导者需要领导更庞大、更复杂的机构。创业者要学会怎样通过增强商业关系、网络、战略能力，从任务导向的方法转变到协调的方法来促进企业发展［Hamm, 2002］。但是，只有少于40%的创始CEO带领企业获得了二轮风险投资，并且高速增长的企业非常可能替换CEO［Bailer, 2003］。

如果创始人持有企业大量的股权，他们就更有可能保留下来［Boeker and Karichalil, 2002］。强调可靠的机会和高速增长的创始人会面临两难的困境。一方面，在投资者必要的资金帮助下企业会发展得更快，并且财富价值会增加。但另一方面，创始人需要向投资团队割让一部分控制权和对重大事情的决定权。如果创始人想变得富有，他们可能就要割让控制权；如果创始人想保持控制，他们可能就要考虑较缓慢的发展路径并要求较少的投资。多数创始CEO最初既想要财富，又想要控制权。在财富和权力之间的选择需要创业者考虑清楚对他们来说成功意味着什么［Wasserman, 2012］。

成功的高管更替可以带来优异的组织表现［Dyck et al., 2002］。随着企业从一个阶段发展到另一个阶段，高管更替是很必要的。高管成功更替的四要素是：顺序、时机、技巧和沟通，如表20.4所示。使用接力赛的类比，成功交接接力棒和团队的整体表现是正相关的。当在职者和继任者对交接的时点和交接方法有共同的认识时，更替将是有利的。

表 20.4 高管更替的四要素和接力赛的类比	
顺序	保证继任者有适当的能力和经验来领导企业在下一阶段的发展。创立阶段的执行者要有很强的创业技能，起飞阶段的执行者要有良好的组织技能
时机	保证领导力的接力棒在适当的时间迅速地从现任者传递到继任者手中
接力棒传递技巧	传递接力棒所用的方法。保证接力棒按照预期交接，并且现任者对权力放手
沟通	现任者和继任者融洽地合作并清晰地沟通

20.3 适应型企业

没有商业计划能在与现实的终极碰撞中存活。市场和竞争情况的变化要求企业对变化做出反应。创业者必须确认他们组织建立所基于的假设是不是与当前的事实匹配。

成功的创业者对他们的消费者和产品有深入的认识，并且知道在特定的历史时刻他们的消费者看重什么。还有，他们会从自己的经验中学习，并很快做出调整［Koehn, 2001］。

Flexcar（www.flexcar.com）是由尼尔·皮特森（Neil Peterson）在西雅图成立的一家为汽车用户提供按照时间共用汽车服务的企业。他认为，用户可以根据使用时间与其他愿意共享开汽车的企业一同使享汽车而不用自己买车。这种做法在欧洲很流行，但皮特森发现西雅图人还是喜欢拥有自己的车。他很快把营销活动转向大学和商业机构，这样商业模式和推销言辞会更合理［Thomas, 2003］。Flexcar和Zipcar在2007年合并。

发展中企业的领导者所面临的最大的任务之一是：反复调整企业以使它适应新的机会和向竞争挑战。领导层团队需要在不断变化时期的持续革新过程中重新改变策略，这个过程被叫作"战略性学习"［Pietersen, 2002］。适应性组织的领导要具有的一个关键能力是适应能力。这些领导者不会被遇到的困难所阻止，而是汲取经验教训继续向前。阿道斯·赫胥黎（Aldous Huxley）［1990］这样说："经验不是一个人经历的事，而是这个人面对他遇到的事做了什么。"**战略性学习**是适应性学习中的一个循环过程，共有4个步骤：学习、聚焦、结盟和执行。这个学习和执行适应过程如果做好了可能成为一个企业可持续的比较优势。具有挑战性的导致不连续的事件有新技术、全球化、互联网、解除管制、趋同现象和通道非中介化等。因此，领导层需要将企业资源聚焦于商业环境变化中的最优机会。

一个**学习型组织**会把握、创造、分享知识并采取行动，会在获取新知识后修正自己的战略。这类企业是**适应型企业**——根据市场环境的需要改变自己的战略或商业模式。菲利普·卡恩（Philippe Kahn）是 Borland 和 Lightsurf 的共同创办人，他把适应力比作即兴演奏[Malone, 2002]："我不知道创业者是什么，但对我来说这就像爵士音乐家和古典音乐家的区别。我认为，古典音乐家是要为大企业工作的人，爵士音乐家要为小型乐队演奏并且知道怎样即兴创作。我认为这是个恰切的类比，也是他们真正的区别。"

在一个有着共同的价值和目标的 10—20 人的小型新创企业，一个非正式的更新策略的流程就足够了。随着企业发展，它需要根据竞争市场状况的需求不断更新它的策略。这时，适应能力就成为必要的组织能力。领导团队需要从经验中学习，调整策略并执行这些改变。学习处理变化、非连续性事件和不确定事件并用及时的方式调整，是成为新创企业领导者必备的技能[Buchanan, 2004]。

风险的有效管理对成功至关重要。积极主动地评估风险可以帮助企业做出减缓风险的调整。例如，作为 Amazon 的领导者，杰夫·贝佐斯总是问自己哪些地方可能出现问题，并且考虑应对下滑的方法。表 20.5 列出了成为适应型企业的成功 CEO 所应具备的品质。

学习型组织，就像 12.8 小节中描述的那样，往往运用图 20.4 中所示的学习流程或循环。学习过程的目标是在更新的循环中产生新的策略。第一步由对竞争市场、行业动态、企业优势及劣势的形势分析（参见第 4.4 小节）构成。这一步骤的结果是洞察问题和可选择的应对措施。第二步是制定愿景、任务、策略和调整后的商业模式。这一步的结果是认清理想策略和现实情况之间存在的在企业绩效、资源和能力等方面的缺陷。第三步是调整结构、流程、人员和企业文化使其为新策略服务。这一步的结果是对于商业计划的调整。第四步是执行新的调整后的商业计划。这一步的结果是企业实际调整后的表现。当实际履行了一段时间后，这个学习的循环会再次开始。公司不断重复这个战略学习周期，不断地学习和调整自己。

有效的学习包括不断地提出关于消费者、竞争者、能力、资源和盈利能力的关键问题，创业者不应该只依靠过度的自信和过度使用前期资源，而阻碍他们学习和进行调整的意愿。最适度的信心是建立在愿意相信知识可以帮助企业学习和调整，并以此帮助企业决策和向前发展的水平上的[Simon and Houghton, 2003]。

表 20.5 CEO 应具有的品质

易失败的品质：	易成功的品质：
● 狂妄自大	● 谦逊、思想开放
● 对自己对问题的解答过于自信	● 尊重现实，爱学习，爱质疑
● 低估主要障碍和风险	● 仔细考察可能出现的不利后果和所有风险
● 依赖过时的经验	● 质疑所有决定，寻求更好的改善和学习的机会

来源：Finkelstein and Mooney, 2003。

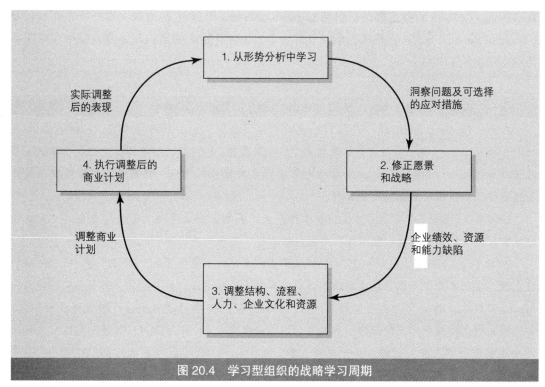

图20.4 学习型组织的战略学习周期

来源：Adapted from Pietersen, 2002。

企业通常会在具体任务失败、产品研发失败、产品发行失败或某个季度收入没有达到预期后进行事后调查。这种调查可以使企业找出失败的原因并据此进行调整。很少有企业会在成功后进行事后调查，但企业通过分析成功因素和内外部因素的作用可以学到很多东西，这个分析可以使企业避免过度自信 [Gino and Pisano, 2011]。

多数组织面临的挑战来自所有可能的方面，这对他们的创造力和想象力提出了很大的要求。**弹性**是一个可以学习并提高的能力。一个有弹性的组织会采取行动学习并坚定地接受现实、坚持积极的价值观及拥有强大的适应能力 [Coutu, 2002]。企业要对它所处的竞争位置有清晰准确的认识，然后要有走出苦难的能力。有弹性的领导者会建立一个新的、改进后的未来愿景。有弹性的企业的价值体系要能唤起有意义的和崇高的目的。第三个要素是在可获得的条件下创造未来的能力——一种即兴寻找解决方法的创造性和能力。存活下来的企业会把即兴发挥看作一种核心技能 [Coutu, 2002]。高弹性的组织拥有解读问题的微弱信号的能力并对此做出反应。被反应诱发的行动是回应变化和信息最好的方法 [Coutu, 2003]。一个确认威胁和缺点的方法是引进旁观者来检验企业的弹性和它的流程。

21世纪早期，IBM在硬件市场逐渐丧失份额，在软件行业也没有按照与其他竞争者同样的速度发展。许多人对IBM会继续成为信息技术领域有意义的参与者持怀疑态度。在当时CEO彭明盛（Sam Palmissano）的领导下，企业放弃了非核心增长的业务，包括PC制造，并大大投资于有更高利润率的软件业和云计算机业。IBM完成了大量关键收购，包括购买Price

Waterhouse Coopers 的咨询部门，包括 Cognos、Netezza 和 SPSS 在内的大型分析企业，以及 Filenet 和 Rational Software 等核心系统软件企业。IBM 开始继续增长和繁荣，股价在彭明盛任职期间增长了 73%。

Amyris Biotechnologies：适应新行业

Amyris Biotechnologies 是一个值得一提的适应型企业。它于 1993 年成立，创始人杰伊·柯林斯（Jay Keasling）博士当时还是伯克利大学的一名教授。2004 年，它收到了比尔和梅琳达·盖茨基金会提供的 4 300 万美元，用以生产细菌产生的抗疟药物——青蒿素。依据拨款条款，Amyris 要以成本价出售药物不能营利。

2005 年，Amyris 成功地用微生物技术生产出了药物。企业现在既有研发资金又有合成生物学方法论上的重要经验。它正处在由微生物工程到高效化工厂转变的转折点。

2006 年，Amyris 和它的新 CEO 约翰·梅洛（John Melo）发现了一个新的机会。随着能源价格上涨，生物能源作为世界能源需求的解决方案越来越被看好。拥有生物工程界独有的能力，Amyris 可以在生物能源行业占据领导地位。Amyris 在 2015 年通过首次公开募股筹资 8 500 万美元用来进入用蔗糖产生能源的生物能源行业。当规模成为一个难题时，约翰·梅洛和 Amyris 再次根据市场需求进行调整，并开拓进入第三个产业——化妆品和香水行业。2012 年，企业又有效地适应了市场需求并进入其他产业。

从新企业建立初始就打造成为适应型企业是明智的。竞争优势在很大程度上取决于一个组织持续的变化和自我革新的能力。领导者通过建立和重建一个共享的愿景和团队学习来实现这个目标 [Gabor, 2000]。适应型组织努力在复杂的市场环境下学习如何管理。复杂、非线性、不可预测的市场不断挑战企业领导者，让他们学习怎样管理持续的变化。在很大程度上，图 20.4 所示的反复的适应性流程是企业在动态经济环境中唯一可持续的优势。

20.4 道德规范

人生中充满了困难的道德考验。道德规范是一系列人的行为准则的规范。道德规范提供了被社会所接受的处事规则。道德原则关注人行为的善恶，并通常作为人行为的规则或标准。因此，一个共同的道德规范应该是：不说谎。当然，这样的原则解释起来很有主观性，例如"善意的谎言"。

道德规范关注正确的（符合道德）的事。社会同样会建立法律来规范行为。例如，美国的法律规定，贿赂和收回扣是违法的。法律解释也是主观的，付一定费用给帮助销售的人可能是合法的，但行贿是违法的。

不管盈利还是不盈利，新企业的成功都取决于赢得竞争。竞争的市场环境会给创业者施压，这可能使他们做出不道德的行为 [Mishina et al., 2010]。企业领导者发现在不损害消费者或利润的情况下很难和其他竞争者公平竞争。Enron 和 WorldCom 事件都展示了当竞争压力战胜了道德原则时会出现的糟糕问题。

道德行为可能会超越法律，因为法律不足以规范任何情况。做正确的事是一个没有明确规定但很有益的标准。道德规范要求讲真话。因此，一个商人应该尽力提供关于自己产品或服务的全面准确的信息。讲真话是正直的重要部分，而正直是声誉的基础。幸运的是，高的道德水平和自身利益是统一的，因为大多数企业想建立并维持良好的声誉[Arnold et al., 2012]。

正直可以被定义为真实、完整、可靠。它可以被理解成是我们的所说和我们的所做的统一，或者我们的品性与行为的统一。企业的正直是基于嵌入企业文化中的道德原则的，因此，所有利益相关者可以参与进来，并获得共同的收益[Kaptein and Wempe, 2002]。企业领导者的一个重要任务就是建立遵守道德规范的文化[McCoy, 2007]。

如果企业有清晰的商业目标，例如盈利能力，他们必须考虑到自己要服从道德价值。企业的正直不应因为短期利益而牺牲。企业的道德指南针引导着方向。人们会关注CEO和他/她的个人是否正直。

一个有正确价值观的人还是可能犯错。人需要有实现自己价值观的能力和性格。通常，大的崩塌开始于一个微小失误。当执行者或员工采取进一步措施指望或试图掩盖过失时，不道德的行为可能会被放大[McCoy, 2007]。企业和个人面临许多道德决策的障碍，如表20.6所示。

表20.6　道德决策的障碍
自满：我们相信"它在这里不会发生"
自欺：我们用意向来评价自己，别人用行动评价我们
合理化：我们为道德错误找借口建立公正性
生存心态：我们说服自己犯下道德错误是必要的

当一个人成为企业领导者，不惜任何代价也要成功的压力会变得强大[Harris et al., 2009]。作为团队的一员，你可能被要求去抄近路。我们知道真相的缺失和正直的崩塌会带来很不好的结果，就像2002年Enron事件那样。关于Enron事件，罗伯特·布莱斯（Robert Bryce）和M.艾文斯（M.Ivins）写道[2002]：

Enron的失败是领导层在伦理道德和财务上的堕落导致的。无论是财务还是婚姻不忠问题，那些位居Enron总部大楼第50层的高管们对美国证券交易委员会、自己的配偶及员工们都没能讲出真相。腐败堕落充斥着他们所做的每一件事，并像野火一样蔓延到整个企业。

Enron的挑战也扩张到了企业外部。Enron的兴起和衰落是以它的财务部门和那些撮合交易的投资银行家们的合作为基础的。"Enron喜欢这些交易"，一个来自Chase Bank的银行家1998年写道："因为这样他们能够把长期负债隐藏起来逃过股票分析师的眼睛[McLean and Elkind, 2003]。"在华尔街，投资银行家们把他们的创新型结构化的金融安排叫做"技术"。在投行领域，道德规范对很多人来说是："你能完成这笔交易吗？如果完成了，而且不会被起诉或拘留，这就是好的交易。"

MiniScribe：篡改报表

  MiniScribe 是科罗拉多州朗蒙特市一个生产磁盘驱动器的企业，当 IBM 取消了大量订单后它陷入了困境。当销售额没有达到预期时，它的 CEO 要求 MiniScribe 的高级管理者不论用什么手段也要达到每季度的收入目标。高级管理者于是在报表上做文章，他们的篡改行为包括把原材料记作成品，捏造错误的存货，严重夸大实际出货量等。

  随着销售和利润的持续下降，MiniScribe 面临越来越大的压力。管理者一度租用私人仓库，员工和他们的配偶用一个周末的时间把这些磁盘打包装进磁盘驱动器运输箱，然后把它们运给一个假的顾客"BW"。为了实现磁盘运输计划，他们开发了一个消费者电脑程序叫作"Cook Book"，通过它完成了超过 400 万的美元的磁盘交易额。

  这个骗局一经暴露，MiniScribe 的股票价格暴跌，投资者损失了数亿美元，但其中并不包括之前提到的管理者们。他们利用内幕交易，在盈利正常的时候出售了自己的股份。企业的 CEO 和 CFO 都判入狱。不道德行为的曝光通常会伴随严重的后果。

  幸运的是，有很多工具帮助人们遵守道德规范，麦克勒默尔（McLemore）[2003] 提到两个对不知如何抉择的行为的检验方法：(1) 这件事是否备受质疑，以至于你因它而夜不能寐？(2) 如果明天报纸曝光了你的行为你还能正常生活吗？海明威在他的小说《午后之死》(*Death in the Afternoon*) 中写道："道德的事就是你在做了之后感觉良好的事，不道德的事就是你在做了之后感觉不好的事。"当困难的问题出现时，进行思考并与他人谈论可以帮助你形成符合道德规范的决定 [Gunia et al., 2012]。

  表 20.7 展示了几个有助于遵守道德规范的工具。对个人来说，制定"个人商业计划"是很有用的，它会记录不同事件和人际关系的重要性，并为下一年制定目标。与这个计划相背离的行为就要慎重考虑。个体还需要能辨认出那些能作为可靠的董事和支持者的道德素养高的伙伴。当面临不道德的情况时，麦克勒默尔 [2003] 明智地建议你说："这么做我会觉得不舒服。"当然，你丢失职位的风险是切实存在的，但是你可以反复重复"这么做我会觉得不舒服"而不做出判断。

表 20.7　面临困境时有助于遵守道德规范的工具

- 和不同的人参与不同的活动，可以免除你做周围人都可以接受的行为的压力
- 建立一个个人董事会，包含你所尊敬的拥有优秀价值观的人，遇到难以抉择的情况时向他们寻求建议
- 预留 6 个月到 1 年的工资作保留现金，这可以帮助你逃离行为不道德的企业并寻找新的选择
- 通过阅读相关主题的书籍，例如 Cialdini [2001]，增加你抵御负能量的影响和劝说的能力
- 使用华尔街日报左手面第一页作为测试，想想如果有一天你的所作所为会被曝光，你的行为会不会该改变
- 写下你的个人核心价值观以备以后使用，它们可以在艰难的时候提供有益的参考，提醒你人生中什么更重要
- 在做决定前休息一段时间，留下一段时间供你思考

对于企业，有一个"规章"向员工明确地提出价值规范是很重要的。例如，在 Johnson & Johnson，所有员工必须阅读、接受并在规章上签名，规章可以让所有人都遵守一系列明确的准则。当问题出现时，一个公开透明的方法对维持信任和做出符合道德规范的反应至关重要 [McCoy, 2007]。

一个有道德头脑的人会问自己："我要成为怎样一种人、员工和公民 [Gardner, 2006]？" 当环境诱惑你放弃自己的准则，生活会变得很艰难。正直有坚定信仰的人需要愿意为他认为对的东西承担辞职或被解雇的风险。

用 Intel 的方法建立一个符合道德规范的企业

创业者需要给企业建立一个道德基础，这样他们就可以积累正直和名誉。保持正直对企业的长期成功至关重要。Intel 的前任 CEO 雷格·贝瑞特（Craig Barrett）提出了"3M"理论帮助领导者做出符合正直和道德的决策：经理（manager）、媒体（media）和母亲（mother），它展示了领导者需要与之分享决策的三类支持者。只有当领导者预期到他们的经理、媒体和母亲都会同意自己的决定时，他们才应当按照自己选择的行为去做。

20.5 聚焦 Intuitive Surgical

Intuitive Surgical 是一家设计、制作和提供手术器具的企业。最初的达·芬奇外科手术系统是斯坦福研究所（SRI）在 1990—1995 年的一个科研项目。1995 年，弗雷德里克·莫尔（Frederick Moll）博士取得了这项研究的专利并成立了 Intuitive Surgical。最早的达·芬奇手术系统在 2000 年获得了美国药监局（FDA）的认证。这套器具可以提供三维成像和人工远程操作的机械手臂。这些功能可以使手术更加精确、侵害性更小，术后恢复时间也大大缩短。达·芬奇系统可以用于前列腺手术、胸外科手术和结直肠手术等。

Intuitive Surgical 已经成长为医疗器械行业的领导者。现在，超过 2 600 台达·芬奇系统被用于全世界的 2 000 多家医院。仅 2012 年一年，这套系统就在大约 45 万个手术过程中被使用。Intuitive Surgical 一直很注重在研发上的投入，并且最近又研制出了一种叫作 Clearpoint 的远程手术设备，它将被用于泌尿外科手术、妇科手术和胸外科手术。

2000 年，Intuitive Surgical 进行了 IPO，融资 4 600 万美元。企业 2013 年的市场价值大约为 200 亿美元。2012 年的收入将近 22 亿美元。

Intuitive Surgical 是一个把前沿科技和市场需求联系在一起的很好的例子。通过强有力的执行和在发展道路中不断调整战略，Intuitive Surgical 已经成长为科技企业中的典范。

20.6 小结

一个定义明确、有创造性的商业计划的执行对新企业的成功非常重要。好的执行取决于企业战略和企业目标、人为努力的合理结合。把一个概念转变成成功的现实取决于目标、截止时间、团体合作和集中力量去实现目标。选择合适的人负责合适的工作，并帮助他们看清方向和完成的方法，是建立一个成功企业的重要因素。有了合适的人选、合理的策略和可靠的规划，新创企业就可以努力出色地执行这个计划。

一个新企业要从羽翼未丰的创立阶段走到成熟阶段。不同阶段的企业管理需要多样的技能和组织安排。随着初创企业在不同阶段的发展，它需要将有才能的、具有多种技能的人安排在合适的职位上。

新兴企业要持续面临挑战和变化。适应型企业能弹性地应对这些变化。适应变化的能力可能是一个企业唯一的可持续优势。还有，企业需要在困难的时候依旧遵守道德原则。

⊃ 原则20

持续并符合道德规范地执行商业计划和根据变化调整计划的能力有利于企业取得长期的成功。

⊃ 音像资料

访问 http://techventures.stanford.edu 可以浏览专家关于这章内容的探讨。

- Obligation to Create Value   Tim O'Reilly   O'Reilly Media
- The Fight for   Mark Pincus Bing Gordon Zynga KPCB
  Corporate Control
- Company Ethics   Karen Richardson   E.piphany

20.7 练习

20.1　2003年5月，位于波士顿的 Zipcar 觉得是时候引入新的资金来实现盈利了（www.zipcar.com）。但有意愿的投资者坚持要换掉 CEO 和董事会。考察 Zipcar 在后续执行方面的进展和在企业不同阶段发展的需求。

20.2　2007—2010年的全球金融危机极大地影响了许多企业和行业的支出模式。请选择一个行业，列出这个时期支出发生的具体变化，并描述这个行业中的新创企业应该如何调整策略来应对更广泛的市场状况。

20.3　你的企业是向石油和天然气行业销售高价软件系统的企业，单价为10万美元甚至更高。你的企业计划下周向一个最好的客户送货。但你的核心技术人员告诉你发现了一个重大的软件错误，需要 2—3 周进行修复。你想靠本月内的这笔销售支付工资并偿还欠款。CFO 建议你现在发货并在之后派人去修复。CTO 想让你先修复再发货。你应该怎么做？

20.4 Southeby's 和 Christie's 拍卖行是两家最大的高档拍卖行。它们都享受到了 20 世纪 90 年代末期经济繁荣带来的增长。2000 年，两家企业都因价格垄断被起诉。《谢尔曼反托拉斯法案》于 1980 年通过，并用来控制托拉斯和垄断者的势力。1995 年，两家企业宣布它们将根据售价收取固定的、无商量余地的按比例浮动的佣金。这还是由来已久的价格垄断策略吗？与不合法的价格垄断相比，什么构成了合法的价格政策？

20.5 你的企业目前资金紧张，正在为一个急需的合约投标。离投标截止日期越来越近，一个来自和你最接近的竞争者的员工来拜访你，说只要你在招标结果尘埃落定的 6 个月内给他提供工作他就可以向你提供你竞争者的标书细节。你知道你的竞争者如果没有这个合约还是可以生存，但你不行。不幸的是雇用一个新员工意味着解雇一个现在给你工作的人。即使这样，这是一个你不能拒绝的请求吗？

20.6 你的新企业面临两个有益员工健康的方案要选择其一。一个方案比另一个更完整但更贵。你应该劝说你的员工接受成本较低的方案吗？你应该向他们分别阐述两种方案的好处吗？如果这样做，大多数人将会偏好那个更好的方案，你该怎样做？

20.7 你和 CEO 一起出席了一个重要的合伙人会议。会议结束后，你企业的 CEO 向更广的管理团队错误地陈述了会议结果，导致了不同的议程。你和 CEO 会怎样处理这个情况？和你的其他团队成员又会怎样处理这个情况呢？

20.8 选择一个科技行业里企业白领犯罪的案例，并描述案例中发生了什么。这个犯罪行为可以怎样避免？

创业挑战

1. 简要描述得到资源后你如何执行企业商业计划的相关规划。
2. 描述你的企业成为适应型企业的计划。
3. 你会运用怎样的机制将道德行为观念灌输到你的企业中？

附录 A
商业计划书执行摘要范例

执行摘要

戴维·加尔（David Gal）
巴兹·博诺（Buzz Bonneau）
注：经 Calcula 创始人授权许可，仅用于教育目的。

每年肾结石占急诊室问诊的 1%，医疗费用达到 5.9 亿美元。[1] 尽管 85% 的患者的结石小于 10mm，但目前的肾结石疗法仅对大于 10mm 的结石有效。医生给这些病人开的处方是麻醉剂，并告知回家后，几周内结石会自然化掉。在此期间，患者需要再次拜访急诊室，平均休假 2.5 天，并且所遭受的疼痛经常被描述为 "一个人可以想象到的最可怕的剧痛"。

Calcula 正在研发能够去除小于 10mm 的肾结石的产品，以解决这种未被满足的医疗需求。我们正在申请专利的微创设备可以在不对患者使用全身麻醉的情况下，仅仅通过泌尿科医生就能消除结石。这一机会象征着对泌尿科学领域的颠覆式破坏。

体外冲击波碎石术（ESWL）和尿路镜检查（URS）是现有的两种治疗肾结石的微创手术。两种手术都需要专门设施才能将石块切成小块，包括手术室、全身麻醉、医疗设备和荧光透视等。并且两种手术都需要一个小时或更长时间才能结束。ESWL 和 URS 的麻醉风险和设施约束使得泌尿科医生推荐小于 10mm 石块的患者在干预之前要等待 4—6 周。此外，两者所要求的医疗设备投资在 25

---

[1] Pearle MS, Calhoun EA, Curhan GC; Urologic Diseases of America Project. J Urol. 2005. Mar;173(3):848-57. PubMed PMID: 15711292.

万至 75 万美元之间。

  Calcula 已经研发出一种只需要局部麻醉的精确碎石方法。该产品基于 20 世纪 80 年代被证实安全可行的早期临床测试，但由于缺乏精确控制，以及对大型设备可能带来的解剖损伤的恐惧而未能商业化。Calcula 通过其设备新颖的设计（依赖现代制造技术的精密软件控制和小型化设计）解决了这两个问题。Calcula 的这一设想已经在动物模型中获得验证，并且针对该技术提交了专利申请。

  Calcula 的解决方案将适用于现有的医疗程序报销编码（CPT reimbursement code）。该设备正在申请通过 510（k）[①]，申请中包含技术和预期使用论断。尽管 Calcula 计划进行两次试验以推动其设备的采用，但其实临床数据不是必需的。该数据可以与 510（k）申请一起提交，具有明确的截止时间（碎石）和较短的跟踪时间（30 天）。Calcula 的顾问已经证实了这一常规路线。

  2011 年，有 145 万名患有肾结石的患者因为石块小于 10mm 而仅仅服用止痛药。Calcula 计划首先将重点集中在那些拜访泌尿科医生的结石小于 10mm 的患者上。[②]Calcula 计划完全资助 1 万美元的控制系统（相比之下，ESWL 和 URS 的资本设备成本分别为 75 万美元和 22.5 万美元），其一次性治疗费用为 275 美元（适用于医疗程序报销编码）。

  迅速采纳任何新的医疗器械总是存在风险的。泌尿科医生在办公室场所中碎石的时候可能会犹豫，因为它不符合目前的护理标准。现有的初步临床数据证明了该技术的可行性和安全性，使这种风险得以减轻。此外，泌尿科的思想领袖强有力地证实了 Calcula 的方法。Calcula 的产品可以在现有程序中较容易地部署，被认为是泌尿科每种治疗实践中的必需程序。由于手术时间短，报销费用高，所以 Calcula 的碎石手术将是泌尿科医生实施的最有利可图的手术之一。临床的安全性和实施的简便性以及财政激励措施保障了 Calcula 设备的迅速普及。

  Calcula 公司计划为了推广其产品，会全面补贴早期使用者的资产设备成本。考虑到一次性成本，保守地假设拜访泌尿科医生实施治疗的患者达到 50%，那么最初可以实现的市场是 4 亿美元。当包括欧洲市场和控制台收入时，可以实现的市场将超过 10 亿美元。通过一次拜访泌尿科医生来治愈患者，Calcula 每年为医疗保健系统节省的开支达到 11 亿美元。[③]通过美国食品药品管理局（FDA）的 510（k）后，Calcula 预计需要 2 400 万美元的现金开销，以期在第 4 年年底、第 5 年之前达到收支平衡。Calcula 目前正在寻求 50 万美元的种子融资来完成动物体内试验，从而为 500 万美元的 A 轮融资做准备。我们预计到 2018 年将增加到 103 名员工，以落实这一计划（见图 AA1.1）。

[①] 美国食品药品管理局（FDA）规定的医疗器械上市之前需提交的一种申请材料。——编者注
[②] 基于上页脚注 ① 计算。
[③] 基于劳工部数据计算。

附录 A 商业计划书执行摘要范例

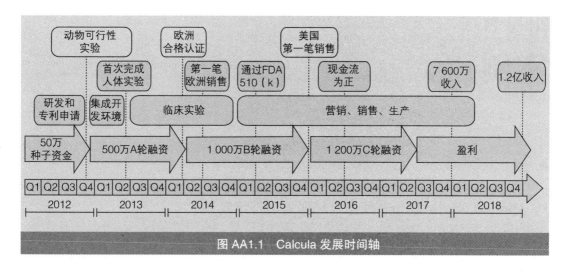

图 AA1.1 Calcula 发展时间轴

有关详细信息，请参阅商业计划书。我们的核心团队包括：

● 巴兹·博诺，拥有斯坦福大学的硕士学位和伯克利的工商管理硕士学位。他在 Intuitive Surgical 公司从事机器人设计长达 6 年，在他们的生命科学小组中致力于研究 Mohr Davidow Ventures。

● 戴维·加尔，拥有斯坦福大学理学硕士学位，是一位电气工程师和计算机科学家。他有 4 年的针对消费者、医疗行业和国防行业的创新设计经验。

● 约翰·莱珀特（John Leppert），医学博士，是 Palo Alto V. A. 的泌尿科主治医生，并撰写了超过 35 篇论文。莱珀特博士每周在"西部非官方结石中心"治疗多达十几名患者。

此外，Calcula 已经成立了一个经验丰富的顾问委员会，以指导这一创新方案的研发，成员包括：

● 保罗·奥克（Paul Yock），医学博士，斯坦福大学教授，快速交换导管的发明人。

● 乔希·马库尔（Josh Makower），医学博士，工商管理硕士，经营一系列医疗器械产品的企业家。Acclarent 公司的创始人。

● 汤姆·克鲁梅尔（Tom Krummel），医学博士，斯坦福医院的外科主任。

● 贝弗利·霍斯（Beaverly Huss），工商管理硕士，Vibrynt 公司创始人兼首席执行官。

附录 B
案例

1　Method 公司：创新、健康、环保与可持续发展[①]

这是 2007 年的春天，Method 共同创始人亚当·洛瑞（Alexander Lowry）在 Mercedes 陷入了沉思。Mercedes 是一家位于旧金山商业街、与他公司办公室仅一个街区的餐厅。他在一张纸上尝试为困扰他的问题勾勒出解决思路。作为一家具有独特设计理念的环保型家用产品的知名公司，Method 渴望开发一种可生物降解的清洁布。来自中国的聚乳酸（PLA）布料并没有在他的计划之中。可是，洛瑞所走访过的所有美国 PLA 布料制造商都对他说过，他们不可能制造出他想要的干地板除尘布。接下来是转基因的问题。美国聚乳酸制造商没有对原材料玉米进行过筛选，因此不确定是否来自转基因生物（GMO）。难道没有任何生物基和可降解材料能够作为油基聚酯（竞争对手在使用的材料）的替代？此外，某些大型零售商不愿意出售不具有非转基因生物认证的产品。管理快速增长的新兴公司是一件艰难的事情，但是为什么有些人似乎不愿意在环保方面做出努力呢？那些否定者使得他不得不仔细思考支撑起公司业务的环境的意义。他经常说，Method 公司的业务要改变传统业务的开展方式。但是要从哪里开始呢？

作为一家热火朝天发展着的新公司，Method 广泛宣传其致力于环保价值的实现，它的所有产品均实现了健康、清洁的生产、使用和分解过程，因而公司为自己设定了严格的标准。在相对较短的时间内，公司已经创造了一个成功的模式，将健康和环境问题纳入公司战略中。从 1999 年的一个简单想法起，Method 公司在这些年间经历了爆炸式的增长。Method 公司已经证明，家庭清洁产品能够从必须远离儿童、锁藏在橱柜中的有毒物质，演变成清香、时尚、可生物降解的、能自豪展示在厨房台面的友好产品。2006 年，*Znc.* 杂志公布的全美发展最快的私人企业中，Method 公司位列第七。与传统创业公司相比，Method 公司在许多方面表现突出。

[①] This case was prepared by Andrea Larson, Associate Professor of Business Administration. It was written as a basis for class discussion rather than to illustrate effective or ineffective handling of an administrative situation. Copyright © 2007 by the University of Virginia Darden School Foundation, Charlottesville, VA. All rights reserved. To order copies, send an e-mail to sales@dardenbusinesspublishing.com. No part of this publication may be reproduced, stored in a retrieval system, used in a spreadsheet, or transmitted in any form or by any means—electronic, mechanical, photocopying, recording, or otherwise—without the permission of the Darden School Foundation.

通过专注于日用产品——家用清洁剂——的健康、环保和情感方面，亚当·洛瑞和埃里克·瑞恩（Eric Ryan）凭借30万美元的创业资本，惊奇地在全美170多亿美元的行业中引起了小规模的"创造性破坏"。这家公司有何与众不同之处？亚当·洛瑞和埃里克·瑞恩从一开始就认为将生态和人类健康问题纳入公司战略将很有前景。截至2007年，Method公司发展迅速，已经实现盈利，拥有员工45人，年收入超过5 000万美元。其产品在美国、加拿大、澳大利亚和英国的知名分销渠道均能见到（药店、百货公司、超市和其他零售店等）。客户认可Method公司的产品，并在网站上对公司予以实时反馈，赞扬这家公司并为公司未来的发展提供建议。顾客们的忠诚度很高，这也表明这种商业模式恰逢其时。顾客们甚至请求制作具有Method品牌的T恤，公司为此制作了两种不同的T恤：一种正面印着"像妈妈一样干净"，另一种正面则简单地印着"Method"，两种T恤背面都印着公司的口号——"反对肮脏"。此外，公司还制作了棒球帽。

的确，"反对肮脏"是Method公司的使命。公司网站这样描述："肮脏"意味着构成许多家用产品的有毒化学物质，意味着使用不可回收的材料导致我们的土地被污染，意味着在无辜的动物身上检测我们的产品……我们要一起反对这些肮脏的事。在洛瑞和瑞恩的领导下，Method公司通过提供在价格、设计、健康和生态等方面吸引消费者的高性能产品，打破了固有的清洁产品市场。截至2007年，Method公司已经从原来的清洁喷剂，扩大到125条家居产品线，包括洗碗剂、洗手液和沐浴液等。公司于2006年推出了设计新颖的"Aircare"系列空气净化器，2007年又增加了O-mop™系列。

所有产品都要符合Method公司的战略。产品必须是可生物降解的，不含压缩气体、气溶胶、磷酸盐或氯漂白剂，并且必须用最少的可回收材料包装。Method公司通过其产品配方、引人注目的设计，以及50家供应商的精益外包网络，来保持对市场的敏锐度和快速响应能力，同时建立起重要的品牌忠诚度。

Method公司通过几家全国和地区连锁的百货公司在全美销售其产品，其中重要的是与2007年全国第二大批发零售商Target百货公司的联系。通过Target百货公司在47个州的1 400家门店，Method公司能为全美所有的消费者提供产品。Method公司的国际业务也在不断扩张，公司也经常与新的分销渠道进行协商。

巨头行业里的创新者

美国的肥皂和清洁产品行业似乎不是一个适合创新和提倡环保的行业。虽然这个行业很分散，行业中有多达40个品牌，但市场份额主要由SC Johnson、P&G、Unilever、Colgate-Palmolive所占据。

这样的一组数字可以说明Method公司在市场中的地位，其年销售总额仅占P&G洗碗剂销售额（2006年3.176亿美元）的10%。P&G的年销售总额超过10亿美元。此外，清洁产品市场面临来自私有化品牌、原材料价格上涨及消费者对这些产品的商品属性观点的固有压力。那些在2000年至2006年盈利的公司通过削减成本和整合业务来做到这一点。初创公司如Seventh Generation等试图以"天然"产品渗透到大规模市场中，但这些产品大部分委托给健康食品店和连锁店来销售，如Whole Foods超市等。对于Method公司来说，在这个由市场巨头主导的行业中获得任何的立足点似乎是不可能的。但是对洛瑞和瑞恩来说，竞争对手的巨大规模和成本却为他们提供了机会。

疯狂的 Method 公司

"不管是在自己家里或是其他临时居住的地方,你都会对家务有身心双重体验。"瑞恩解释说,"从家具到厨具,这个居住的空间汇聚着你很多的想法和情感。然而,维护这个重要空间的商品往往是无趣的、丑陋的、有毒的——而且你必须把它们隐藏起来。"洛瑞和瑞恩不明白为什么不得不这样做。

他们决定采取相反的做法:如果他们可以制造出对人类和自然环境无害的产品,并且具有有趣的色彩、清香的气味,那么他们就可能会打破一个被巨头所垄断的行业。通过凭借重要而有意义的方式与竞争对手相区分,洛瑞和瑞恩希望能够提供一个有吸引力的替代方案,同时也能减少公司的生态足迹,并对环境产生积极影响。"这将掀起绿色清洁的浪潮,"洛瑞说,"如果不是这么酷的事,我们就不会干了!"

为了实现环保,Method 公司采取双管齐下的做法。首先,它配制了和领先品牌相匹敌的新的产品混合物,同时尽量减少对环境和健康的影响。清洁产品制造商自 20 世纪 50 年代以来一直是环境破坏投诉的目标,联邦政府颁布了《联邦水污染控制法》,部分原因就是想解决旨在增加肥皂和洗涤剂等产品的清洁效率的表面活性剂和化学品的使用所导致的溪水发泡问题。除了表面活性剂之外,家用清洁剂通常含有磷酸盐,那是一种可以软化水的化学物质,也用作植物营养物质,为藻类提供了丰富的食物来源。快速生长的藻类会导致藻类的爆发,从而降低水的含氧量,危及其他水生生物。被磷酸盐污染的水源对于饮用它的动物来说也是有毒的。清洁产品中另一个导致环境问题的化合物是氯漂白剂,当它释放到环境中时可与其他物质反应产生有毒化合物。根据 Method 公司的网站:

> 大多数家庭清洁剂的一个主要问题是,它们生物降解的速度很慢,从而导致毒素在环境中不断积累。毒素浓度越高,对人类、动物和植物生命的危害越大。关键之处在于要制造安全的可快速生物降解成天然成分的产品。

凭借斯坦福大学的化学工程学位,以及研究"绿色"塑料和气候变化智库的经验,洛瑞认识到这些问题是一个机会。

Method 公司将竞争对手的环境与健康问题列为"问题",这样做使得 Method 公司从一开始通过考虑人类健康威胁和生态影响来获取竞争优势,然而其较大的竞争对手正在努力应对日益增长的合法性压力和公众形象压力。Method 公司的产品为弥补额外付出的努力,以微弱的溢价出售。"我知道作为一名化学工程师,没有理由不能设计出无毒和天然成分的产品,"洛瑞说,"只是这样做会更贵。但是,只要我们创造了一个具有'溢价'的品牌,那么我们的利润将支撑起我们对产品开发和高品质原料的额外投资。"

Method 公司对根深蒂固的清洁产品行业发起挑战的第二种途径是利用设计和品牌来吸引原有产品的消费者。在具有破坏性价格竞争的行业中,Method 公司意识到必须是要与众不同的。创始人认为,过去的竞争是如此专注于价格,以至于"他们无法投资于清香的气味或有趣的包装设计"。洛瑞解释说:

> "我们的想法是努力将其变为现实,并制造出绝对可以与家庭情感相联系的产品。我们希望这些产品更像'家居饰品'。我们相信有机会重塑并最终改变竞争格局。"

通过聚焦营销和包装作为"反对肮脏"解决方案,他们触及消费者对于家用清洁产品成分的不安。通过从其他产品中脱颖而出的包装,他们创造了传递产品成分环保和健康的机会。

从 Method 公司第一笔成功销售开始,包装的设计便传递出环保健康的理念。Method 公司自制的厨房、浴室、浴缸和玻璃表面的清洁配方，最初都是用洁净的瓶子包装，呈现在货架之上。"这家商店的经理就喜欢包装的样子，"这是一家位于旧金山地区的 Mollie Stones 百货商店的共同所有人大卫·班内特（David Bennett）的评价，它是 Method 公司的第一家零售商。"这些产品看起来像是可以满足消费者需求的高档产品，所以我们销售这些产品。"

随着一位著名的与 Prada 和 Armani 合作的工业设计师——卡里姆·拉希德（Karim Rashid）的加盟，设计继续成为 Method 公司吸引力的关键要素。拉希德负责为 Method 公司的包装提供高水平的艺术感，同时继续关注包装材料的环境影响。这使得容易回收的一号和二号塑料被广泛使用（市政回收中心最常用的塑料类型）。Method 公司的模式似乎代表着年轻一代的整体心理模式。这家小公司似乎为健康、环保和日益被认为是业务战略和产品设计一部分的"可持续发展"的未来提供了一个窗口。

抹布、拖把（O-mop™）和 PLA 材料

PLA 材料是一种创新的、刚出现不久的塑料原料，原材料来自玉米、水稻、甜菜等淀粉类农作物。在大多数堆肥过程中，PLA 被发现在高温和高湿度水平下可以生物降解。NatureWorks 公司利用由农场供应的玉米和玉米废料制成的碾磨材料，是美国第一家以树脂（颗粒）形式生产 PLA 的大型工厂。这些树脂颗粒被运往一个生产包装的纤维制造商，然后生产出来的 PLA 材料包装会被运往无纺布制造商，将其转换成巨型无纺布卷。接下来，布匹加工批发商将散装无纺布切割成各种各样的形状，并根据客户如 Method 公司的要求进行包装。当 NatureWorks 开始运营时，市场需求很有限。2004 年至 2006 年，市场状况发生了很大的变化，到 2007 年，该公司已经无法快速生产出足够的 PLA 原料树脂以满足全球的需求了。PLA 以颗粒形式从设备中排出，并通过熔融、挤出、旋转和不同阶段转换器的其他操作传递到下游供应链上，使其成为在各类产品中得到广泛应用的原材料。

作为普遍存在的油基塑料原料的替代品，PLA 材料使人们有望摆脱石油基塑料材料。自第二次世界大战以来合成塑料首次大量开发，石油基塑料材料便一直居于市场主导地位。PLA 材料已被证明是一种高性能、低成本的原材料，在许多应用中非常适合作为聚对苯二甲酸乙二醇酯（PET）的替代品。PET 是通常被称为聚酯的油基聚合物，广泛应用于包装、薄膜、纺织纤维和服装纤维等领域。

竞争者的抹布和拖把头由以石油为基础的生物可降解塑料材料制成，通常是聚酯或聚丙烯。虽然超细纤维正在迅速普及，但超细纤维和丹尼尔度量单位最初与女性的袜子材料相关。技术进步使得聚酯超细纤维可以生产非常精细的纤维应用，就像超细纤维在服装中变得普遍一样，其也被用作更有效的抹布和清洁产品。

超细纤维是小于 1 丹尼尔的纤维，1 丹尼尔描述的是 9 000m 长的纤维的质量为 1 克。大多数公司在 2006 年销售的家用清洁抹布均使用了超细纤维（无论是提取自玉米还是石油）材料，与传统材料和方法相比，其结构使纤维表面可以更有效地吸收污垢和灰尘。超细纤维抹布可以被多次洗涤和重复使用，有着比一次性替代品更强的耐用性。

与 Method 公司的环保和可持续发展理念一致，洛瑞希望使用生物基材料，特别是 PLA 无纺布作为干式地板除尘产品。最终他希望 Method 成为所有使用的纤维——无纺一次性布和无纺可重复使用纺织超细纤维的基础。即使客户没有被"拖把是性感的"（"Mop is sexy and hip"的发音与"Method"相像）这一营销信息所吸引，那么他们也可能会被符合人体工程学的 O-mop 拖把所吸引，因为它的地板清洁剂更有效、基于生物技术且无毒。

洛瑞知道大多数一次性抹布被终结在垃圾填埋场，而不是用于堆肥，即使它们的使用寿命延长了。因此，公司支持市政回收和堆肥基础设施的开发，以鼓励"摇篮到摇篮"[①]资源利用，或至少增强这方面的意识或是鼓励这方面的行为。Method 公司估计，每年用聚酯或聚丙烯塑料制成的"擦拭"材料为 83 000 吨，最终将装满 9 000 辆拖拉机拖车。如果使用 PLA 材料便可以减少油料用量，哪怕一点点，他认为也是进步。即使 PLA 纤维被丢进垃圾填埋场，温度和湿度没有达到可以迅速降解的理想堆肥条件，但也许是在一到两个月后，它仍然可以被安全地分解；对比之下，油基纤维在同样的条件下可能要在垃圾填埋场被掩埋数千年。

2007 年的生物基塑料材料市场欣欣向荣，但洛瑞没有找到一家美国制造商来制造适用于 O-mop 拖把的白色非织干式地板除尘布的 PLA 原材料。他刚刚与 PLA 制造商名单中的最后一位交谈过，答案也是否定的。他们都告诉他，这是无法做到的。材料太脆，无法获得，不能在机器上加工，线条太弱，总之 PLA 无纺布在技术上是不可行的。

他拿起电话打给知道的一家中国公司，像往常生意一样，Method 公司 90% 的原材料来自美国。虽然中国供应商往往表现优异，但国内采购方式更为理想，因为这可以避免长距离运输产品带来的高昂的运输成本。而且通常，运输距离越远，使用的化石燃料越多，这一选择似乎与公司的可持续发展理念不一致。但是，洛瑞确信可以用 PLA 树脂制成干式地板的布料，中国制造商也确认了这一点。他马上下了订单。一家来自中国台湾地区的纤维制造商将制作包装，并送到中国无纺布制造商，将这种布料交给一个转换器，然后将其切割包装，以满足 Method 公司的需要。他知道供应商是可靠的，产品会及时到货。也许所有 Method 公司的 PLA 产品都需要来自中国。但是，从世界另一边采购，是否符合洛瑞和瑞恩经营公司的可持续发展理念呢？

困扰他的另一个问题是，Method 公司的产品在某些分销渠道被认为是不可接受的，这些渠道不会容忍其销售的产品中含有任何转基因生物。农民将材料（通常是玉米或玉米田废料）生产出来并运往一个位于中心的粉碎厂，将成分分离出来，制成 PLA。因为玉米进入粉碎设备的过程没有监测，因此不能保证 PLA 树脂生产过程的所有原料都不含转基因生物。如果洛瑞使用 PLA，那意味着某些大型知名商家会拒绝将 Method 公司的产品展示在货架上。即使如此，对于洛瑞来说，似乎更愿意用 PLA 替代石油衍生产品作为原材料，并暂时就转基因生物问题达成妥协。一家公司拒绝与 Method 公司开展业务，除非 Method 公司停止使用转基因原料，在与这家公司的沮丧对话结束后，洛瑞决定写下自己的想法，一方面他想解决这一问题；另一方面，也为稍后在 Method 公司网站发布的立场书拟个草稿。

问题

1. 这些创业者识别的最初机会是什么？
2. 这家公司为何成功？是如何取得成功的？
3. 亚当·洛瑞和埃里克·瑞恩是如何将可持续发展纳入公司发展战略的？
4. Method 公司应该从中国进口 PLA 原料吗？请说出理由。

[①] "摇篮到摇篮"是一个日益流行的术语，指一个产品的生命周期（从制造、使用到被分解）全过程无质量损失；关于此概念更多的信息可以查阅：William McDonough and Michael Braungart's *Cradle-to-Cradle: Remaking the Way We Make Things* (North Point Press, 2002)。

2 Method 产品：作为公司战略的可持续创新[①]

引言

截至 2010 年，Method 公司已经让其顾客尝到了甜头。自从 2000 年成立以来，私有的 Method 公司拥有一个明确的使命：制造清香、高效的家用清洁产品，从原材料生命周期到吸引眼球的包装，再到醒目的生态设计容器，都要实现健康环保。联合创始人兼首席"绿色守卫者"亚当·洛瑞这样表示：

"我们想改变人们看待家庭清洁的方式。人们对家庭的感觉、呵护的方式与使用的清洁产品设计之间有一些脱节。我们着手将隐藏在水槽下方的家居清洁剂搬到厨房台面上来，这样的产品一定是对环境和家庭都健康的、外观很酷、有效、无毒的产品。"

科学研究揭示，与化学品接触和化学品监管相关的健康问题在全球呈稳步上升趋势，越来越多的知情顾客在零售货架上寻求有效但更健康的清洁产品。

尽管该公司规模小巧，但凭借颠覆式的创业，Method 公司的时尚清洁产品已经迅速成为行业中可持续商业思维的典范。联合创始人和设计大师埃里克·瑞恩说："我们想成为思想领袖，我们想引领变革。"事实上，Method 公司实际上已经改变了清洁产品市场的局面，之前大型竞争对手之间总是在争抢传统的货架、微薄利润及断片的市场份额。Method 公司在 2004 年推出了 3 倍浓缩的洗衣粉，使得沃尔玛要求所有洗涤剂供应商都注意节省包装和运输资源。2006 年，Method 公司的许多产品开始获得 MBDC 公司（McDonough Braungart Design Chemistry）颁发的"摇篮到摇篮"认证。这一认证意味着产品的无毒性，在整个生命周期中使用较少的资源。2007 年，Method 公司成为 B 型公司（http://www.bcorporation.net，2010 年 8 月 30 日访问）之一，该类公司将环境和社会目标纳入其公司章程，并通过了第三方可持续发展的标准。Method 公司还通过媒体和网站来表达作为公司文化和公司产品不可分割部分的目标和价值观，即通过环保的、具有社会意识的、基于完整生命周期设计的产品，来保护健康、儿童和宠物。

然而 Method 公司想更进一步。"我们的商业模式是试图催生公司产品类别的下一代创新，"洛瑞说。[②] 他和公司每年都希望推出两大产品。2008 年，Method 公司转向仅在美国就有几十亿美元的衣物洗涤剂市场。它设计了一种 8 倍浓缩的胶囊剂，或者说单糖形式的洗涤剂，可进一步节省包装和原材料，并大大减少使用能源的制造和运输。消费者可以使用一小块洗涤一大堆衣服。这是一种方便、高效、简洁的方式，并且防止使用过多的肥皂。

在产品开发过程的关键时刻，关于单糖形式的一切工作都是有效的，但一件事情除外：包装洗

[①] This case was prepared by Mark Meier under the supervision of Associate Professor Andrea Larson. It was written as a basis for class discussion rather than to illustrate effective or ineffective handling of an administrative situation. Copyright © 2010 by the University of Virginia Darden School Foundation, Charlottesville, VA. All rights reserved. To order copies, send an e-mail to sales@dardenbusinesspublishing.com. No part of this publication may be reproduced, stored in a retrieval system, used in a spreadsheet, or transmitted in any form or by any means— electronic, mechanical, photocopying, recording, or otherwise—without the permission of the Darden School Foundation.

[②] 与亚当·洛瑞的访谈，旧金山，2010.1.20；除非特别提及，以下引用洛瑞的语都来自此次访谈。

涤剂的凝胶在冷水中不完全溶解。这是因为公司决定不使用动物衍生物（如最常用于胶囊的明胶）导致的。在冲洗循环期间，一些植物性凝胶套管可能残留在洗衣机中。Method 公司及其忠实客户能否接受有洗涤残留物作为更浓缩和更环保的洗涤剂配方的代价？ 为了解决这个问题，Method 公司可能会转向石油衍生品或明胶胶囊而不是植物性材料。或者，该公司可以放弃单糖概念及其固有的收益。洛瑞和他的团队都在考虑如何解决这一问题。

Method 公司的创立

洛瑞和瑞恩彼此相识，一起在密歇根州长大，他们的家庭在那里都拥有创业公司，且成为汽车行业的重要供应商。洛瑞在斯坦福大学获得化学工程学士学位，并效力于卡内基科学学院，研究气候变化政策，该机构专注于创新和发现。在那里，他帮助开发了研究全球气候变化的软件工具。在他大学毕业后的工作经验中，洛瑞通过历练形成了他独特的商业环保主义方法，这成为 Method 公司成功的基础。通过他所受的教育和工作经验，洛瑞相信商业是"地球上积极变革最有力的代理"，但这里的"商业"不是我们今天所认识的商业，它们根本上有着深刻的不同。洛瑞所说的商业是重新设计的商业模式。①

2006 年，瑞恩被评为《时代》（*Time*）杂志的生态领袖之一，并从《名利场》（*Vanity Fair*）也获得了类似的荣誉。瑞恩在罗德岛完成学业后，进入市场营销领域，最终为 Gap 和 Saturn 土星汽车公司工作。这两位高中老同学 1997 年在飞机上相遇，这才知道他们住在旧金山松街的同一个街区。之后，他们很快就成了室友，很乐意维持着一个充满兄弟情谊的房子。日子一长，他们发现没有人喜欢清理。两个人开始花时间讨论什么样的清理打扫方式很"酷"，并且是当下商业市场所没有的——因此为创新做了很好的铺垫。这对兄弟想到了清洁产品，它们通常是刺鼻的、危险的化学品，这绝不是人们想要的！

洛瑞和瑞恩使用他们的浴缸将自制的天然、清香、优良和可再生的原料进行混合。通过朋友和家庭的可转换债务，他们获得了 30 万美元的启动资金。他们将自制的清洁剂装满了一个啤酒罐，并于 2001 年 2 月首次出售给当地的百货商店，然后他们从浴缸里补充填满。第二天，洛瑞和瑞恩聘请了他们的新老板———位拥有工商管理硕士学位的创业首席执行官，并已在消费品行业工作多年。

创始人们知道，为客户留下良好的印象至关重要。洛瑞说：

"我们想引发一场幸福健康的家居革命……我们希望这是一件快乐的事，因为在我们看来，太多的绿色运动已经被大量的教育所代替，而不是建立在灵感基础上。这就是你所看到的我们不仅致力于使我们的产品有效，还致力于使我们的产品绿色而美丽。"②

他们向纽约的工业设计师卡里姆·拉希德抛出了橄榄枝。拉希德的杰出美学作品曾经出现在博物馆里。拉希德接受了这一邀请并开始为 Method 公司设计产品。不久之后，他的设计出现在全国各地的厨房台面上。拉希德的名气及瑞恩的联系使得 Method 公司与 Target 百货商店达成一项试点协议，Target 百货商店在芝加哥和旧金山的 200 家店铺中销售 Method 公司的产品。Method 公司与制造商签

---

① "Behind the Bottle," http://www.methodhome.com/behind-the-bottle/ (accessed August 24, 2010).

② Jacob Gordon, "Adam Lowry, the Man Behind the Method (Cleaning Products)," April 30, 2009, http://www.treehugger.com/files/2009/04/th-radio-adam-lowry.php (accessed August 24, 2010).

订合同扩大了生产规模。Method 公司追求卓越和注重细节的承诺让 Target 百货商店印象深刻，尤其是在一次容器泄漏问题出现后，洛瑞和其他 Method 员工走遍每一家 Target 百货商店，将泄漏的瓶子从货架上一件件撤下，同时他们的容器供应商很快就纠正了这个问题。

即使公司始终坚持其核心价值观和社会环境健全性，Method 公司的成长也在不断加速。Target 百货商店决定在其所有门店中销售 Method 公司的产品。Method 公司 2001 年拥有的只有 16 美元现金、信用卡债务和向供应商的欠款，但它发展到 2005 年便实现了盈利。① 2006 年，Method 公司的业务快速增长，截至年末约有 45 名员工、50 个卖家和供应商，并已经在英国市场立足。2007 年，销售额提高到 7 100 万美元。② Method 公司的产品从洗手皂和台面清洁剂迅速扩展到沐浴液、地板清洁剂、洗碗皂和洗衣粉等。这些产品由 Costco、Target、Lowe's 和 Whole Foods 等大型零售连锁公司承销，并于 2010 年创造了超过 1 亿美元的收入。Method 的前 CEO 在 2006 年提炼出公司成功的秘籍："Method 不得不进入一个颠覆式的细分类别，它的成功不能在一夜之间被复制，也不能被竞争对手侵蚀。它必须有颠覆性的包装、原料和香味。"③

该公司还继续尽可能地使用天然材料或天然衍生品。如果需要合成成分，则须对人类和环境的生物降解性和毒性进行筛选，且不使用动物试验。善待动物组织（Ethical Treatment of Animals，PETA）给洛瑞和瑞恩颁发了 2006 年度的"年度人物奖"。两位创始人在 2008 年还写了一本名为《开心绿色：远离家庭毒素的方法指南》(*Squeaky Green: The Method Guide to Detoxing Your Home*)的指导书。与此同时，公司通过转向使用高效的生物柴油卡车或者购买来自宾夕法尼亚州三家奶牛场的沼气池等设施来降低碳排放。它也成为第一家推出 100% 由消费后回收（PCR）的聚对苯二甲酸乙二醇酯（PET）制成的定制瓶子的公司，其回收数量作为树脂识别代码的一部分。

尽管 Method 公司创新能力强、增速快，有着深入人心的公众形象，但其相对于竞争对手仍然很弱小。同时 Seventh Generation 公司作为一家有名的绿色清洁产品生产商和 B 型公司，其销售额与 Method 公司相当，2007 年的销售收入达到 9 300 万美元，而在次年则达到 1.2 亿美元，但是传统清洁产品的制造商销量更大。P&G 作为世界最大的公司之一，2010 年 4 月的市值为 1 800 亿美元，其家庭护理业务部门在 2009 年 180 个国家的销售额为 373 亿美元。P&G 2009 年的洗衣粉品牌包括：Tide，这是 1946 年推出的第一款合成重垢洗衣粉，现在是价值 10 亿美元的品牌；Gain，是另外一个价值 10 亿美元的品牌；Ace 和 Dash，每个品牌销售额均超过 5 亿美元；以及 Cheer。④ 总而言之，宝洁的洗衣粉主导着这个市场，相关收入是 Method 公司的 30 倍以上。

其他具有广泛产品组合的巨头也在洗衣粉市场中运营。2009 年，也是食品生产商的 Unilever，总销售额约为 550 亿美元。Colgate-Palmolive 以牙膏和洗碗皂而闻名，销售达 150 亿美元。Clorox 以氯漂白剂而闻名，销售额达 55 亿美元，而且它也对进军绿色清洁产品市场很有兴趣。2008 年，Clorox 在美国推出 Green Works 产品线，并迅速扩展到 14 个国家。该公司数据指出，截至 2008 年中期至 2009 年中期，该公司占有天然清洁剂市场的 47%，是最接近的竞争对手份额的两倍以上。Arm

---

① Rich Whittle, "How Two Friends Built a $100 Million Company," Inc., March 23, 2010.
② "No. 7 Method Products," Inc., September 1, 2007.
③ Stephanie Clifford, "Running Through the Legs of Goliath," Inc., February 1, 2006.
④ Jeffrey Hollender, "How I Did It: Giving Up the CEO Seat," *Harvard Business Review*, March 2010; the Procter & Gamble Company annual report, 2009.

& Hammer 小苏打品牌的制造商 Church & Dwigth 公司在 2009 年获得了 25 亿美元的销售额，并在 Arm & Hammer 专业产品线上销售了一系列基于苏打的绿色清洁剂和洗衣粉。①

由于 Method 公司研制了自己的新洗衣粉，它非常清楚其市场份额较小的现状。正如埃里克·瑞恩 2007 年在 *Inc.* 杂志上所说，"当你从巨人的两腿之间跑过时，你需要花很多时间思考如何采取行动，以免被踩踏。"② Method 公司著名的设计师乔希·哈迪（Josh Handy）提出了类似的观点：

"有时我们忘记了我们是多么渺小，所以有时会把自己视为世界上最大的绿色品牌，这对于 Method 公司而言是个错误的思想。事实上我们是世界上第 35 个最小的清洁产品品牌。"

哈迪明白，Method 的工作环境必须为大卫式创新所需的创造力提供支持。哈迪来到 Method 公司之后，从每一件家具开始，积极鼓励人们打破规则谋求创新。其他员工跟随他的领导，很快将一间曾经是统一的令人不舒服的布满白色家具的房间装饰起来，将其称为"回旋空间"。给员工进行解释或表达意见的空间是很重要的。这一使命被称为"保持奇特，保持真实，保持不同"，正如埃里克·瑞恩所评论的那样：

"我们在这里不是建造火箭，我们生产肥皂。而肥皂很难与众不同。所以，创意必须流动起来。我们必须拥有一个人们乐于分享创意的环境。我们竭尽全力使人们尽可能地联系在一起。我们必须在竞争中充分利用每一个大脑。一个想法越与众不同，它就越脆弱，越有可能被打败，而越不可能走得更远。我们必须培养我们的能力使之不同，拥有开放的思想。这意味着要付出和生产产品一样的努力到公司文化中。"

聚焦配方导致单一剂量的失败

当 Method 公司决定在 2008 年年初推出改良的洗涤剂后，将这件事情交给了"绿色厨师"团队来完成，团队成员包括弗雷德·霍尔豪尔（Fred Holzhauer）。霍尔豪尔被洛瑞描述为"是我见过的真正的疯狂科学家"。洛瑞给了"绿色厨师"团队制造出更好的洗涤剂的任务，并相信他们能解决这些问题。"我们所做的是建立一个系统，"洛瑞解释说，"一种工作方式，一种使创新能够在我们想要的范围内发生的环境。" Method 公司的"绿色巨人"（或可持续发展主管）德拉蒙德·劳森（Drummond Lawson）借用了这一概念。Method 公司的战略是聘请有创意的人帮助他们摆脱困境。对霍尔豪尔这样的案例，劳森说：

"他有的是一个机会，可以把玩实验室里的所有东西，将其制造出来，从做出最初的一些原型，直到我们将产品交到别人的手里。而如果我们布置强制性命令——将具备这些特征的配方做出来，他可能就要被考核，或许因此感到无聊并最终离去。你会得到你所要的，但却不是各种机遇。"③

Method 公司的绿色厨师们决定借鉴公司 3 倍浓缩的洗涤剂的成功经验。进一步浓缩会降低产品中的水分，从而减少体积、质量、包装、储存空间和运费。Method 公司还希望以片剂形式包装洗涤

---

① Unilever annual report, 2009; Colgate-Palmolive Company annual report, 2009; the Clorox Company, "Financial Overview," http://investors.thecloroxcompany.com/financials.cfm (accessed August 24, 2010); The Clorox Company annual report, 2009; "Church & Dwight Reports 2009 Earnings per Share of $3.41," *Business Wire*, February 9, 2010.

② Whittle.

③ 与德拉蒙德·劳森的访谈，旧金山，2010.1.20；除非特别指出，有关劳林的引用均来自此次访谈。

剂，以方便用户，并降低由于不准确的估计而导致的洗涤剂浪费。绿色厨师们列出了他们的目标和所有可利用的清洁器具，也包括传统刺鼻的人工合成器具。而他们最初只着重于找到正确的洗涤剂配方。霍尔豪尔解释说：

"你做的第一件事就是用旧的方式生产。你可以使用竞争对手所使用的那些令人讨厌的东西来生产它，并且像他们一样问'我们可以生产出的最高性能、最大收益的产品是什么？'制造出产品后你说'这材料有危害，在这个产品的基础上，我能在多大程度上用绿色材料替换？'然后，使用一大堆你希望并能够利用的材料重新绘制整个产品线。你会留下一些漏洞，你肯定会留下漏洞。"[1]

Method 公司与位于德国汉堡的环境保护促进机构合作，积累了一系列安全、可生物降解的化学品清单，用于生产其产品的原材料。虽然霍尔豪尔必须确保这些成分之间不会产生不良反应，但他还是不得不继续填补他的工具包中的空白，以获得他想要的结果。Method 公司将产品的有效性置于首位。如果产品不能实现清洁，那么即便它们是天然的、无毒的和美观的，也没有什么用。但除了清洁绩效之外的其他约束，使得 Method 更具创新性，而不是限制了它。

洛瑞曾经将在这些不同的品质中进行权衡称为"只是拙劣设计的征兆"。此外，洛瑞认为以下描述是至关重要的：

确保正在做的事情是因为绿色以外的原因而引人注目。产品本身必须是伟大的，绿色仅是其质量的一部分。生态企业家的思想应该融入企业家精神的一般标准。[2]

所以，绿色厨师们进一步推进。他们开始咨询他们的伙伴网络。霍尔豪尔说：

"这就是合作和创新真正得到回报的地方。你开始询问那些你身边认识的、可以信赖的生产洗涤剂的人，你说：'嘿，你们会接受这个想法吗？你们可以制造硫酸月桂酯，但没有人制造 MIPA 硫酸盐，这是一种让我所做的事情截然不同的工具，而且市场上也买不到。你们给我敲打出一个实验室样品，怎么样？'由此你就会得到一个新的工具，并开始新的尝试。"

绿色厨师们继续利用他们的关系网络，获得新的工具，并测试和改变它们。他们最终给配方命名为"Smartclean"，与"肮脏的东西"一样有效，而且纯天然，浓缩度达到 8 倍。他们发现，他们的洗涤剂效率提升是非线性的，浓度翻倍，效果提高不止一倍。

出乎意料的是，他们进入了一个新的化学领域，在这个化学领域很少有人从事这种浓缩液体的工作。他们不断测试配方，直到他们在分子水平上搞清楚究竟发生了什么（见图 AB 2.1）。他们还意识到，提升的效果意味着他们需要的洗涤剂远远少于之前做这项工作的剂量，这意味着产品如今可以在成本上进行竞争了。[3]

然而，凝胶胶囊仍然是一个问题。霍尔豪尔与漆弹行业的人交谈，以了解他可以制作多大的甘油或明胶胶囊来存储洗涤剂。他想要那种刚好可以放在手中的东西，漆弹制造者认为这一点可以做

---

[1] 与费雷德·霍尔豪尔的访谈，旧金山，2010.1.20；除非特别指出，有关霍尔豪尔的引用均来自此次访谈。

[2] Gordon; Susanna Schick, "Interview with OppGreen 2009 Speaker, Adam Lowry, Chief Greenskeeper of Method," *Opportunity Green*, November 3, 2009.

[3] 2010 年 4 月 23 日，除去特殊销售产品外，Method 的洗涤剂在 Amazon 上的售价大约为每次洗涤 0.31 美元，与 Tide、Febreeze 价格相同，而 Seventh Generation 和 Gain 的售价为每次洗涤 0.27 美元和 0.19 美元。

到。霍尔豪尔对洗涤剂进行充分浓缩，使胶囊可以容纳所需的所有清洁剂。然而强效洗涤剂却可以溶解胶囊，除非胶囊制造得足够厚，但此时它们又不能在冷水洗涤条件下完全溶解。霍尔豪尔改进了配方。他知道石油和动物衍生物没有这样的问题，但若使用这类材料又违反了Method公司可持续与道德发展的前提。"我们尝试尝试又尝试，但还是没有实现我们想要的目标。"霍尔豪尔说。

失败中学会生存：合作与容器

幸运的是，绿色厨师们在短暂失败后仍然想要测试Smartclean洗涤剂本身。他们想到了Method公司已经在售的一种尿布乳脂，并想出一个简单的方法：把洗涤剂放在用于尿布乳脂的压泵式包装中，人们将洗涤剂直接喷到洗衣机中，而不是溶解片剂。很快，这个重要的解决方案在绿色厨师团队中得到支持：一个压泵式包装，而不是洗涤剂的片剂。霍尔豪尔与乔希·哈迪沟通，进一步改进了泵瓶。"如果你有一个新颖的想法，"霍尔豪尔说，"你走到乔希的办公桌前，说'嘿，伙计！我需要实现这一点。你可以帮我实现吗？'他会说'当然'。他会问几个问题，确定这是值得的，然后他就会去做。"哈迪开始在霍尔豪尔的压泵式包装上钻研，并将他的设计图张贴在卫生间外面，使每个员工都可以看到并提供反馈。

从凝胶片剂到压泵式包装的转换使得霍尔豪尔重新回到实验室以改良配方。洗涤剂是非常黏稠的，必须进行调整才能在泵中工作。也必须混合均匀，使每一次喷压出的洗涤剂成分比例完全相同。而在片剂中，一旦片剂溶解各种成分最终将均匀混合，因而刚开始可以不要求均匀地分散。霍尔豪尔想继续调整配方，他已经使用所有良性和可再生的原料实现了95%的洗涤效果，但Method公司已在准备推出这款产品。到目前为止，霍尔豪尔为他的成果申请了专利，并继续在改进这一产品，以期在未来发布新的产品。

新的洗涤剂配方似乎在泵中是有效的，所以Method公司调整了工作重心来确保它所需的容器能够到位。哈迪的最终设计特点是很容易挤压的泵机制，不需要强大的力量（见图AB 2.2和图AB 2.3）。通常情况下，瓶盖和瓶子是两只手的任务。相反，Method公司的顾客可以一只手拿着洗衣篮或抱着小孩，另一只手挤压4次，喷出必要的Smartclean清洁剂。一瓶普通的2倍浓缩的洗涤剂很容易就重达7磅以上，而Method公司可50次洗涤的Smartclean容器在装满时重量也不到2磅。

哈迪的设计接下来需要批量生产。这项任务主要落在包装工程和项目管理团队的肩上，因此合作是关键。一名包装工程师说："我愿意转着椅子在不同的位置与他人沟通，乐于做出我的贡献。"Method公司的员工在常用的长桌子上工作，而不是在隔间内，所以他们可以听到彼此的讨论并加以补充。项目经理认为创新比墨守成规更为重要。包装工程师在内部被称为"整形外科医生"，他们发现可以使用座式引擎（泵的内部工作原理）来喷射洗涤剂，但需要一个定制的顶部来满足Method公司的审美和操作需求。他们联系各个供应商，最终只有一家愿意在定制设计上一起合作。Method公司同意支付费用来生产定制的顶部。

Method公司要求瓶子本身具有透明窗口，以显示内容物和新设计的插入洗涤剂中的倾斜式浸渍管。透明性将允许顾客确保浸渍管总是触及容器的底部，以吸取所有的洗涤剂，而不至于有残留。Method公司选择了一家独立的位于加利福尼亚州的塑料制造商，该制造商每年生产近2亿个容器，并拥有回收再利用高密度聚乙烯（HDPE）的经验。在采用这种透明设计之前，Method公司要将可回收的内容物尽可能地挤出来。因此，该公司最终停留在50%的未经利用的HDPE和50%的消费后回收的 HDPE 之间。

同时，Method 公司致力于生产充足数量的洗涤剂。Method 的运营部门开始与所选择的制造该产品的合约制造商合作，这是一家几乎为所有大型个人护理和清洁公司（包括 P&G 和 Unilever 等）提供服务的供应商。Method 公司的行动团队要确保大批量生产的 Smartclean 洗涤剂与在实验室中的一样。试点生产的时候发现了一个新的问题，同时也是一个新的机遇。第一批产品被装瓶设备自带的污垢污染，因为 Method 公司的洗涤剂功能非常强大，在通过系统时清洁了所经过的线路。虽然 Method 公司不得不丢弃这一批次的洗涤剂，但它发现了一个潜在的市场——工业清洁剂。事实上，这家制造商开始使用 Smartclean 洗涤剂作为首选的工厂设备清洁剂。

最后，Method 公司需要新的压缩包装设备，以便在瓶子独特的形状上贴上标签，并且使得顾客拧开盖子汲取洗涤剂的同时也能保持泵锁定，这一设计还要满足顾客可以闻到内容物气味的要求。Method 公司与制造商合作，实现了想要的结果，并对新的设备进行了投资。

量化可持续发展

经历了开发和生产 Smartcleam 洗涤剂之后，Method 公司想要评估产品对环境的影响。首先是"摇篮到摇篮"的认证，Smartclean 成为第一款获得这一认证的洗涤剂。Smartclean 也因其无毒、可生物降解的配方被美国环境保护局的环境设计项目所认可。

其次，Method 公司想计算洗涤剂的整体碳足迹。它选择与 Planet Metrics 公司合作。Planet Metrics 是一家 2008 年在硅谷成立的创业公司，拥有 230 万美元的 A 轮风险投资。这家初创公司渴望与 Method 公司合作，以建立其声誉，并对其快速碳模型软件（Rapid Carbon Modeling）进行测试。该软件的最终目的是为企业的可持续性选择提供一种快速计算投资回报率的方法。它是通过测量产品整个生命周期在范围 1、2 和 3 的碳排放来实现的。这些范围由温室气体议定书（Greenhouse Gas Protocd）里的计算方法所定义：

范围 1：所有直接的温室气体排放。

范围 2：间接温室气体排放，如消费购买的电、热或蒸汽。

范围 3：其他间接排放，如提取和生产采购的材料和燃料，不为报表实体所拥有或控制的车辆运输相关活动，范围 2 未涵盖的电力相关活动（如传输损失）、外包活动、废物处理等。①

Planet Metrics 公司是这样分析这款洗涤剂的：该公司负责生产产品所需的所有活动和材料，准备好运送到零售商。当然，由于瓶子整体上使用的材料较少，所以后来运送到零售商、回收旧瓶子等的二氧化碳排放量会更低，这意味着同样的清洁能力需要消耗更少的能源和更少的质量。仅看"从摇篮到门"的过程，Method 公司每次洗涤所使用的 Smartclean 清洁剂的碳足迹比平均 2 倍浓缩的洗涤剂少 35%。它也减少了 36% 的塑料消耗和 33% 的油和能源消耗。最后，消费者更有可能因为使用适量的洗涤剂，使得实际降低的碳排放量更大。

结论

反思 Smartclean 洗涤剂的研制之路，洛瑞认为它的成功来源于失败。Method 公司内部的员工和

---

① The Greenhouse Gas Protocol Initiative, "FAQ," 2010, http://www.ghgprotocol.orgicalculation-tools/faq (accessed August 24, 2010).

它的供应链被给予了创造和协作的空间。遇到困难后没有停滞不前，而是有更多的想法和讨论。洛瑞注意到一些工厂工人愿意额外无偿地工作来生产这一洗涤剂，因为他们认为他们是伟大事业的一分子：这是一场社会变革，而不仅仅是生产洗涤剂来赚钱。他说：

"文化是唯一的可持续竞争优势。我们并不把创新本身当作竞争优势，而是把创新的能力当作竞争优势。如果你要做到这一点，你必须建立一个不同类型的公司，公司里的员工和文化有能力产生最好的想法，并让这些想法存活，以及最终实现。每一次的创新都为下一次的创新带来可能。"

到 2010 年夏天，新型洗涤剂成功上市。这个年轻、快速发展的公司的下一个关注点是什么？典型的增长挑战摆在公司及其创始人面前。从初创企业到中型企业，其创新产出能否继续保持？管理层的注意力应如何分配在其创新要求，以及产品供给和增长需求的扩散上？公司的终点是什么？无限制地扩大 Method 公司是其目标吗？

附录 AB 2.1：传统的洗涤剂微粒

如图 AB 2.1，洗涤剂通常由两部分组成：能黏在油（和其他污垢）上的尾部和能黏在水上的头部，因此污垢可以在洗涤剂中冲洗干净。这种结构导致洗涤剂分子在水中聚集成为球形的微粒，在水中，亲水头（圆圈）朝外，而类似于脂肪的化学物质组成的疏水尾巴（线）朝内。

传统的洗涤剂通过打碎洗衣机中的微粒而工作，因此尾巴可以抓住污垢，然后使微粒与污垢在中间聚集，以便它可以在水中被冲走。打碎微粒需要搅拌和热能。

Method 公司的 Smartclean 洗涤剂保持疏水尾巴在外面，可以立即与污垢相互作用。这种倒置的微粒使洗涤剂更有效：不仅清洁效果得到提升，而且洗涤剂浪费得更少，因为它更容易与污垢相互作用，并且需要较少的能量来搅动和加热衣物。这种倒置的性质还减少了液体中所需的水量，从而使洗涤剂得到浓缩并降低了质量和体积。

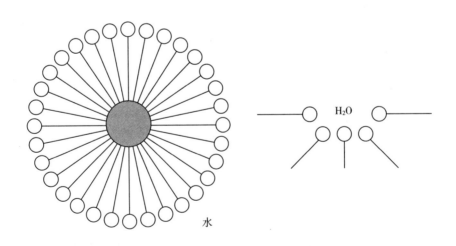

图 AB 2.1　传统洗涤剂与 Smartclean 洗涤剂微粒结构

来源：案例作者制作。

附录 AB 2.2：Method 公司洗涤剂容器的工作原理

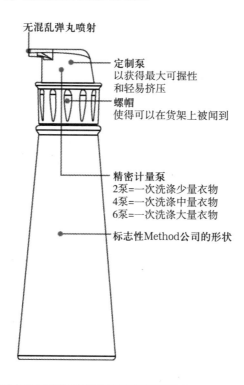

图 AB 2.2　Method 洗涤剂容器构造图

来源：Method。

图 AB 2.3　Method 洗涤剂广告

上面的这则广告强调了瓶子的小尺寸，以及相同洗涤能力下更易于单手使用。

3　Biodiesel 公司 [①]

乔希·麦克斯韦（Joshua Maxwell）关掉了笔记本电脑，向窗外望去。站在管理学研究生院（GSM）的新楼二层向外看，他可以看到许多汽车在旁边的高速公路上行驶，或是停在邻近的停车场。

这是乔希在加州大学戴维斯分校攻读全日制 MBA 课程的最后一年。他很快就会毕业，揭开他人生的新篇章。虽然有很多管理岗位的工作机会可供他选择，但他不确定是否想要遵循这样一条传统的路线。尤其是最近他偶遇的一个机会，让他不得不停下来思考。

背景

上一学期，乔希选修了多夫（Dorf）教授的课程"商业和可持续发展"。虽然这门课程是在 GSM 开设的，但对整个大学都是开放的。在这个班上，他遇到了正在读本科最后一年、学习农业经济学的汉娜·龙（Hannah Long），以及机械工程系的学长马修·哈蒙德（Matthew Hammond）。

三人开始完成一个课堂小组项目，这个项目最终演变成一个巨大的商机。他们合作的动因始于一场有关新兴可再生能源行业面临的挑战与机遇的课堂讨论。

挑战

对能源的依赖是全球化的现实。能源为我们周围的机器和设备提供动力，以使生活更加方便快捷。在我们的日常生活中，能源与它表现的形式是同义词。石油、煤炭、天然气和核能是不可再生资源，会对环境产生不利影响。在我们的日常生活中，最常见的两种能源形式是液体燃料（石油精炼）和电能。[②]

发达国家和发展中国家越来越多地因运输、粮食生产和贸易往来而消耗液体燃料。所有这些用途本质上都是人力的替代品。由于石油液体燃料的大规模消费，以此为基础的全球基础设施和周边机构的数量越来越庞大。石油化工燃料行业的表现形式有油田、储量、管道、运输船和加油站等形式。

目前全球能源使用的方式是不可持续的。据说，使用这些燃料正在耗尽世界自然资源储备，损害社区的健康及稳定，污染当地环境中的空气和水等。石油在钻探、精炼和运输中的泄露导致陆地和海洋被污染，当石油燃料用于机器和汽车动力时，空气被排放的温室气体和颗粒物如二氧化碳、一氧化碳、硫和一氧化二氮等污染。

尽管有诸多缺点，目前的能源行业还是致力于延续这些方式，主要是因为已经投入了大量资金到现有的基础设施中。

从课堂讨论到进一步的头脑风暴，这个团队越来越清晰地看到所面临的能源挑战，即急需找到一种燃料或技术，可以在利用现有基础设施的同时减轻使用石油燃料对环境造成的负面影响。全球

[①] Prepared by MBA candidate Benjamin Finkelor; Assistance from MBA candidate Sonja Yates and Paul Yu-Yang under the supervision of Professor Richard C. Dorf, Graduate School of Management of UC Davis.

[②] 从技术上来讲，液体燃料是一种能量形式，而电能被认为是能量的载体。对本案例这个新能源提案来说，这点区别并不重要。

人口和人均液体燃料消费量的剧增令这一挑战迫在眉睫。

概念

工程知识以及与一些工程师的交流让马修意识到,生物柴油的新兴技术也许可以应对这一挑战。随着小组进一步探索柴油替代品的环保效益和生存能力,他们三人逐渐认识到生物柴油市场蕴含的巨大潜力。

生物柴油是以植物和/或动物为基础的产品,可以替代传统柴油。虽然其化学成分与石油柴油不同,但生物柴油仍可以在 1996 年以后制造的柴油发动机上工作,而无须进行任何修改。至于在此之前制造的发动机,对其进行修改后就能利用生物柴油燃料了。选择生物柴油这种生物质产品是有意义的。凭借其适用于现有的基础设施及使用的社会模式[1],生物柴油被采用的可能性大大增加。"企业家必须将他们的想法根植于构成制度环境的理解与行动之中,并将创新与已经存在的事物区分开来。"[2] 这种经济上的可行性也昭示着环境改善的巨大潜力:生物柴油是一种有利于改善空气质量的创新。

生物柴油作为可再生能源,其可持续发展的最大前景是其比常规柴油的排放量更低。与传统柴油相比,生物柴油能显著减少有害排放。此外,生物柴油对臭氧层的影响约是石油燃料的一半。从生命周期的角度考虑,会发现生物柴油有更多的好处。比如,如果使用大豆获得生物柴油,大豆生长所吸收及在燃料燃烧时所释放的二氧化碳,在量上接近零和平衡。相反,使用石油产品带来的二氧化碳排放则是单向的。

由于生物柴油是可生物降解的,并且依赖有机物质而不是化石燃料,所以能源被认为是可再生的。生物柴油的生产从原料开始,以油或脂肪的形式更受欢迎。油可以从油类植物如大豆、油菜、向日葵等中加工得到。脂肪可以直接来自油脂,例如牛油或猪油,以及从餐馆回收的食用油脂。将油或脂肪与醇和催化剂混合,形成酯,生成被称为长链脂肪酸的单烷基酯和甘油的生物柴油。

最终,生物柴油的大规模生产将对所用到的原料的经济价值产生巨大影响。例如,一项研究表明,如果未来 10 年的生物柴油需求量增加到 2 亿加仑,那么所需的大豆油数量也大致相当,平均每年农民净收入将增加 3 亿美元。在 10 年期间,每蒲式耳的大豆价格将平均增长 17 美分。[3] 农民的潜在经济收益看起来相当可观。

然而,即使有规模经济,100% 纯生物柴油的批发价格也不会降低很多,因此成本竞争力与传统柴油是一样的。除了会导致原油价格上涨或降低柴油炼油厂的能力等危机外,目前石油柴油的监管结构和资产往往会带来更低价格的基于石油的柴油。但生物柴油作为燃料添加剂,确实表现出在成本竞争力方面的潜力。研究表明,仅将 1% 的生物柴油与传统柴油混合使用可以"将石油柴油的润滑性提升 65%"。[4] 更不用说混合使用带来的硫减排效益和其他减排效益。随着传统柴油使用者面临来

---

[1] M. Ahmad, *Practical Handbook on Biodiesel Production and Properties*, CRC Press. 2012.

[2] A. Hargadon and Y. Douglas, "When Innovations Meet Institutions," *Administrative Science Quarterly*, 46(2001): 476.

[3] G. Knothe and J. V. Gerpen, *The Biodiesel Handbook*, 2nd ed., AOCS Publishers, 2010.

[4] "Biodiesel Carries New Weight in Premium Diesel Market," Biodiesel Bulletin, Sept. 2002. http://www.biodiesel.org/news/bulletin/2003/080403.pdf.

自消费者和监管者的压力越来越大，生物柴油生产商将能够收取必要的溢价来抵消更高的相对成本。100%纯生物柴油的市场在海洋工业、铁路、发电机甚至农业等专业市场也将增长。

Biodiesel 公司

乔希、汉娜和马修最终的课程小组项目"Biodiesel 公司"引人注目。这家初创企业将招募和发展一系列当地生产者合作社，努力利用如下所列的新兴生物柴油市场：

- 合作社成员种植原料作物并收集高脂肪含量的作物残留物。
- 成员一起分担资产设备成本。使用从收集的生物质中提取的油料生产生物柴油。
- Biodiesel 公司将使用现有的石油基础设施在当地实现生物柴油的传输。

合作社商业模式的优点

合作社模式可以使小农场主在应对较大的企业农业组织时保持竞争优势，这已有成功经验。"今天，美国有 4 000 多个农业合作社，总收入近 20 亿美元，净业务量超过 890 亿美元。"[1] 合作社企业由成员共同拥有和控制，自我依赖和自主经营是其关键特征；这种模式是实践生物柴油等新兴和颠覆式创新的理想选择。

Biodiesel 公司将会：

- 利用合作社的集体购买力获得必要的资本密集型设备，并获得规模经济。
- 增加谈判能力，使得作物价格和生物柴油产量稳定，以及获得更大批量的合同。
- 服务农村，保护农业经济。

Biodiesel 公司代表其农民成员提供独特的生物柴油的议价和制造服务。它将致力于控制农产品（生物质原料）的生产，成员产品的价格和条款，以及生物柴油产品的价格和条款。[2]

问题

1. 对于乔希、汉娜和马修而言，确定这是一个可行商机的关键因素是什么？
2. 他们应该研究和了解哪些市场驱动因素？
3. 目前的业务战略有哪些缺陷？
4. 如果他们选择进一步去做，他们应该采用什么类型的融资方式？
5. 他们应该选择什么类型的分销渠道？
6. 他们应如何提高成功的机会？
7. 下一步做什么？

---

[1] http://co-operatives.ucdavis.edu/Agricultural Co-operatives.htm.

[2] "New Biodiesel Hub Sets Up in Portland," *Sustainable Business Oregon*, April 10, 2012.

4 Yahoo![①]

　　试想，3 年半以前，如果我们正寻求创建一个公司并挣很多钱，我们绝对不会取得眼下这样的成就。

——杨致远（Jerry Yang），1997

　　1995 年 4 月，对于杨致远和大卫·费罗（David Filo）而言是一个关键的决策时点。这两位斯坦福工程学院的学生是万维网上最受欢迎的互联网搜索网站的创始人。杨致远和费罗已经决定将他们的互联网兴趣商业化。正当他们在几种可采用的不同融资及合作选择中踌躇时，他们和 Sequoia 资本的一位合伙人迈克尔·莫里茨（Michael Moritz）进行了会面。Sequoia，硅谷领军的风险投资公司之一，已经讨论过对于 Yahoo! 投资的可能性。

　　迈克尔·莫里茨靠在椅子上。当他看着会议桌另一侧的杨致远和大卫时，给出了 Sequoia 的投资议案：

　　"正如你们所知，迄今，我们已经在一起合作了一段时间。我们也做了很多艰苦的工作和调研，以期给出 Yahoo! 一个公允的价值，而现在我们已经决定给 Yahoo! 400 万美元的估值。我们 Sequoia 准备给给你们 100 万美元的投资以换取 Yahoo! 25% 的股权。我们认为有了我们的帮助之后，你们会真的有机会让 Yahoo! 成为一种特殊的存在。我们首先会为你们配备一支优秀的管理团队，其后，我们应该会真正有能力去帮助你们发展和管理 Yahoo! 上海量的内容。"

　　"现在，你们所面临的最大风险不是做出一个决定，而是你们不得不做出一个决定，因为如果你们不做出这个决定，其他人就会超越你们。你们有可能被 Netscape 超越，或者被 AOL 超越，也有可能被其他接受风险投资的新创公司超越。如果你们想要生存，那么现在做出决定势在必行。为了助你一臂之力，我会给你一个截止日期：明天。如果你不想和 Sequoia 合作，没关系。我会感到非常失望，不过也无可厚非。但是你一定要在明天上午 10 点之前给我打电话，告诉我你们的答案是'是'还是'否'。"[②]

　　杨致远和大卫凝视着 Sequoia 的会议室，他们注意到挂在墙上的很多公司海报，Cisco、Oracle 和 Apple 等被 Sequoia 投资的成功案例赫然在目。他们就想着有一天是否 Yahoo! 的海报也会加入这个成功的行列。他们两人因为这种可能性而兴奋不已，然而，他们依然面临着艰难的决定。因为还有其他几种可采用的融资选择，所以他们还尚不确定是否应该接受 Sequoia 的融资。于是，杨致远做出了如是回应：

　　"迈克尔，听起来你提出的方案相当公允。且让我们今晚讨论一下，待我们权衡过所有的备选方案后，我们会在明天给你答复。但是，你要知道我们仍旧是学生，平时的我们在上

　　[①] Prepared by MBA candidate Benjamin Finkelor; Assistance from MBA candidate Sonja Yates and Paul Yu-Yang under the supervision of Professor Richard C. Dorf, Graduate School of Management of UC Davis.

　　[②] Michael Moritz, personal interview, November 10, 1998.

午 10 点时根本还没有睡醒，所以，能否把截止时间定在中午？"

Yahoo!

Yahoo! 是一个互联网网站，它能够提供一个分层目录，目录下都是万维网上的链接。它给普通大众提供了一种能够轻松浏览和探索网页的途径。用户们可以通过点击多个话题和类别的标题找到一个链接目录，这个目录能够直接链接到他们感兴趣领域的网址。这就使得以前很少使用网络的人们能够很容易地使用 Yahoo! 开始进行网上冲浪，他们通常仅仅去看看能否发现一些有兴趣的事情。因此，在 Yahoo! 起步的一年多一点的时间里，它已经成为网络上访问量最大的网址之一。

但是，杨致远和大卫相信 Yahoo! 有潜力做到更多，而非仅仅作为网民找到他们所想内容的一种途径。1995 年，Reuters 的市场副总裁约翰·泰森（John Tayson）给杨致远打电话，他提出两家公司之间可以考虑建立合作关系。Reuters 是伦敦一家新闻和金融数据提供商。对于泰森而言，他似乎认为和 Yahoo! 建立联盟关系可以帮助 Reuters 建立网上的分销网络。

"杨致远对我说的第一件事，"泰森回忆道，"就是'如果你没有给我打电话，我就要给你打电话了。'"杨致远有着依靠新闻求生的眼界。他已经针对这件事情思考数月。他进一步让泰森感到惊讶，他告诉泰森就他自己而言，"雅虎不仅仅是一部词典，还是一种媒体资产。"[1]

杨致远进一步坚信："首先，我们是一个品牌。我们正尝试着推广我们的品牌并构建产品，这样一来，Yahoo! 会具有可靠性、活力和信誉。品牌，而非营业额，是我们现在商业运作的焦点。"[2]

斯坦福求学

大卫·费罗是美国路易斯安那州莫斯布拉夫的本地人，本科在杜兰大学计算机工程系学习。1988 年，大卫完成了他的本科学业，并开始攻读斯坦福大学电子工程系硕士项目。取得硕士学位后，他决定留在斯坦福大学电子工程系攻读博士学位。因为他在技术领域的能力出众，大卫被很多人描述成安静和内敛的人。

杨致远是中国台湾人，在他 10 岁的时候搬到加利福尼亚州。由他的单亲妈妈抚养，和他的弟弟肯（Ken）一起在圣何塞长大。1990 年，杨致远成为斯坦福大学的一员，他在电子工程系取得了学士及硕士学位。杨致远同样决定留在斯坦福大学电子工程系攻读博士学位。虽然同样拥有突出的技术能力，但人们认为杨致远比大卫外向很多。

杨致远和大卫在斯坦福大学的电子工程系相识，那时，大卫是杨致远一门课程的助教。他们也都在一个相同的自动软件设计研究小组工作。当大卫在斯坦福日本京都校区学习的时候，他们两人成了亲密的朋友。当他们回到斯坦福校区的时候，他们搬进在同一个拖车中临近的小房间去做他们的毕业研究。因为他们的性格近乎完美地互补，所以非常喜欢一起工作，进而成了一个独特的组合。

他们的办公室虽然看起来很小，但却为他们提供了一个地方，让他们得以专注于自己的研究，并且能够运行他们的网站。"（Yahoo！的）起点是一个有点缺氧的两室拖车，存放着大学计算机工

---

[1] Rob Reid（1997），*Architects of the Web*，John Wiley and Sons，N.Y，p.253.
[2] Jerry Yang（1995）interview in *Red Herring*（October），online back issue，p.9.

作站和学生的生活必需品……①"迈克尔·莫里茨仍记得自己早期在他们的小房间里所见的情景:

"空间很挤,小房间里的服务器不停地散发热量,电话应答机每几分钟就响一下,高尔夫球棒随便地搁在角落里,比萨饼盒直接扔在地上,到处是脏衣服……目睹这样的情景,也许就不难理解,每位母亲都但愿自己的儿子从没有自己卧室的想法了。"②

Mosaic 和万维网

1993 年,伊利诺伊大学香槟分校(UIUC)的国家超级计算应用中心(National Center for Super-computing Applications,NCSA)通过引入自己开发的网络浏览器——Mosaic——刷新了万维网的增长和人气。Mosaic 使得网络"成为一种理想的传输工具,它能够传递众所周知的专业和学术界的各种信息"。③ 它提供了一个易于使用的图形界面,允许用户通过点击指定的链接在站点之间简单切换。当人们花时间试图在网上找到新的和有趣的网站时,网上冲浪就迅速传播开来。据估计,这个易于使用的互联网浏览器仅仅在一年多的时间里就在全球拥有了 200 万用户。

Jerry 万维网指南

随着 Mosaic 于 1993 年年底的引入,大卫、杨致远及成千上万的其他学生,开始投入大量时间进行网上冲浪,探索广泛可获取的内容。当他们发现有趣的网站时,他们为这些网站创建了书签。而 Mosaic 网络浏览器可以存储用户喜爱网站的书签列表。这项功能就允许用户直接返回他们以前访问的页面,而无须在几个不同链接之间进行跳转。随着网络的快速普及和网站数量的迅速增加,大卫和杨致远想要加入书签的有趣网站数量也因此而增加。最终,由于最早版本的 Mosaic 无法以任何便利的方式对书签进行排序,他们个人最喜爱的网站列表就变得越来越长、难以管理。

为了解决这个问题,大卫和杨致远用 Tcl / TK 和 Perl 脚本编写了一个软件,这个软件允许他们将书签分组到不同的主题领域。他们将自己的网站列表命名为"Jerry 万维网指南",并为它们开发了一个网页界面。来自世界各地的人们开始给杨致远和大卫发送电子邮件,以表示对他们的感谢。杨致远回应道:"我们只是不想做论文。"④

两人开始着手致力于覆盖整个网络。他们试图在每天都至少访问并分类 1 000 个站点。当一个主题类别变得太庞大时,他们就创建一些子类别及子子类别。这种层次结构即使对于新手而言也能很容易地快速找到网站。因为那时候并没有软件程序可以评估和分类网站,所以说"Jerry 万维网指南"是一种"爱的付出",准确而言是爱的很多付出。大卫说服了杨致远放弃工程师试图使过程自动化的第一冲动。因为大卫认为"没有技术可以打败人工筛选"。⑤

虽然杨致远和大卫都是工程师,但他们却对于人们的真实需求有很强的感知。杨致远讨厌"Jerry 万维网指南"这个名字,于是他们考虑新的名字,最终他们选择了"Yahoo!",这是一种对科技界痴

---

① Randall E. Stross (1998), "How Yahoo! Win the Search War," *Fortune*, http://www.pathfinder.com.fortune/1988/980302/yah.html,p.2.
② Rob Reid (1997), *Architects of the Web*, John Wiley and Sons, N.Y., p.254.
③ Ibid., p.11.
④ R.E. Stross,op.cit., p.2.
⑤ R.E.Stross, op.cit., p3.

迷的带有首字母缩略词的一个难忘的模仿（这个词代表"Yet Another Hierarchical Officious Oracle，"即另一个有层次结构的官方 Oracle）。而为什么要用感叹号呢？杨致远说："纯粹是营销炒作。"[①]

Yahoo! 的日益普及

起初，Yahoo! 只能由两名工程系学生使用。最后，他们创建了一个允许其他人访问他们网页界面的指南。由于口碑和电子邮件的传播，使得 Yahoo! 的存在变得众所周知，越来越多的人开始使用他们的网站，这使得 Yahoo! 的网络资源要求呈指数级增长。斯坦福大学为他们提供了足够的互联网带宽，但瓶颈仍来自 TCP/IP 协议能够提供给两个学生的工作站的连接数量限制。[②] 另外，当杨致远和大卫不断使用新的链接更新他们的网站时，维护网站所需的时间变得越发难以控制。随着杨致远和大卫在他们不断扩大的兴趣上投入越来越多，课程和研究就被他们置于脑后了。

相互竞争的服务

互联网搜索市场已经存在一些业务。虽然没有与 Yahoo! 相同的服务，但已有的公司绝对可以和 Yahoo! 想要开始的任何新业务进行潜在的竞争。这些竞争对手包括 Architext（很快被改名为 Excite）、华盛顿大学的 Webcrawler，卡内基梅隆的 Lycos，World Wide Web Worm 和由史蒂文·柯什（Steven Kirsh）创建的 Infoseek。1995 年，AOL 和 Microsoft 则代表着更大的竞争对手，它们可以通过建立自己的公司或者并购其他初创企业进入市场。

Yahoo! 人性层次化组织信息的方式以实现直观搜索为其价值主张的关键组成部分。这使 Yahoo! 在互联网搜索提供商中独树一帜，罗伯·里德（Rob Reid），21th Century 互联网创业合伙人、风险投资家，如是说道：

"Yahoo! 层次结构是一个手工制作的工具，它的所有类别是被人指定的，而不是电脑。他们链接的网站也同样是精心选择的，而不是由软件算法分配的。从这个意义上讲，Yahoo! 是一款劳动非常密集的产品。但它也是灌注着人类的决断及判断的一个指南，而这有可能使它偶尔有超乎寻常的效果……"

这是 Yahoo! 的独特性和（也可以称之为）天才之处。Yahoo! 并不特别热衷于挖掘那些很多人已经知道的有趣信息。*TV Guide* 正在做这件事，电话簿和面对特定兴趣团体设立的无数个网站也在做同样的事情。但 Yahoo! 能够建立直观的路径，这些路径可能是单一的，甚至对用户而言只是暂时性重要。而且它实现的方式是其他服务难以真正复制的。[③]

然而，如果将 Yahoo! 作为一个企业看待，在面对愈演愈烈的资金竞争的情况下，要取得生存和繁荣，它很快就会需要寻找外部资本。

离开斯坦福创业

杨致远和大卫已经在硅谷待了足够久，他们意识到自己真正想做的就是开创事业。他们挤出很

---

① R.E. Stross, op.cit,. p3.
② Mark Holt and Marc Sacoolas(1995), "Chief Yahoos：Darid Filo and Jerry Yang", *Mark & Marc Interviews*, May, http：//www.sun.com/950523/yahoostory.html.
③ Rob Reid, op.cit,. pp.243–244.

多花在互联网兴趣上的空闲时间,思考着可行的创业想法。

"他们花了相当长的一段时间才得到最有希望的想法,而且最后,在一定程度上还是他们的博士生导师乔瓦尼·德·米歇利(Giovanni De Micheli)促使他们豁然开朗的。1994 年快到年底时,米歇利指出对 Yahoo! 的查询需求正在以惊人的速度上升。在 1 个月的时间里,每天的访问量就从数千跃升至数十万。随着他们工作站的最大化,学校计算机系统开始感觉到负荷,米歇利告诉他们如果他们想要继续做下去,就不得不将自己的兴趣转移到校外了。"①

在 1994 年秋天,两人的网站上每天已经有两百万次的点击。就在那时,杨致远和大卫开始寻求外部支持来帮助他们继续创建 Yahoo!,只不过他们仅怀着渺茫的希望。杨致远想着他们可能可以引导一个可行的系统,使用个人积蓄来购买一台计算机,并通过赠予感谢横幅来协商获得网络和网页服务器的使用权。来自 AOL 和 Netscape 的意外事件使他们提高了眼界,尽管这两家公司都想把大卫和杨致远变成自己的员工。

如果要放弃学业(就像他们很快做的那样,再有 6 个月便可取得博士学位),他们认为自己应该进行一些控制。大卫和杨致远有三个主要的潜在选择:一是直截了当地卖掉 Yahoo!;二是与企业赞助者合作;三是利用风险投资开展独立业务。

寻求融资

期望着获得融资,并以 Yahoo! 为基础创建可靠的业务,杨致远和大卫于 1994 年 10 月份开始与潜在合作伙伴进行初步磋商。第一批联系人之一就是 Reuters 的营销副总裁约瑟夫·泰索姆。泰索姆有意向将 Reuters 的新闻服务整合到 Yahoo! 的网页中。这样,Yahoo! 将获得能够提供有知名来源新闻服务的优势,而 Reuters 将能够开始在互联网上大展拳脚。不幸的是,由于 Yahoo! 没有获取收入,这使得它处于不利的谈判地位。两者之间的谈话很亲切,但是进展很缓慢。

Yahoo! 还与 ISN 创始人兰迪·亚当斯(Randy Adams)进行了接洽,ISN 是将自己定位为"世界第一家在线零售商"的公司,也是第一批由风险投资公司提供融资的互联网公司,它的风险投资者是 Draper Fisher Jurvetson。最近,ISN 被 Home Shopping Network 收入囊中,以提高曝光率。ISN 有意向作为 Yahoo! 的主机站点,为他们提供终极创造收入的机会。然而,与一个购物网络相关联必然会给未来发展带来潜在的不利因素。

另一个接触 Yahoo! 的公司是 Netscape 公司,它成立于 1994 年 4 月,由吉姆·克拉克(Jim Clark)创建。除了 Netscape,吉姆·克拉克还和马克·安德森(Marc Andressen)创建了 Silicon Graphics 公司。马克·安德森就是和 UIUC 团队创建了 Mosaic 浏览器的人,而 Netscape 基于旧的 Mosaic 技术开发了一个改进的浏览器,是一个热门的私有公司。安德森通过电子邮件联系了杨致远和大卫,用杨致远的话来说:"嗯,我听说你们正在寻找一些空间。你为什么不加入 Netscape 的网络呢?我们会免费给你们提供空间,而你们可以给我们一些认可。"② 这是一个偶然的机会让 Yahoo! 能够离开斯坦福大学的校园。到 1995 年年初,Yahoo! 正在 Netscape 的四个工作站上运行。

---

① James, Lardner(1998),"Yahoo! Rising," *U.S. News*,May 18. http://www.usnews.com.usnews/issue/80518/18yahoo.html,p.3.

② Jeff Ubois(1996),"One Thing Leads to Another," *Internet World*,January,http://www.Internetworld.com/print/monthly/1996/01/yahoo.html,p.1.

不久之后，Netscape 提出要直接用它的股票来购买 Yahoo!。这个选项的优点是 Netscape 早已经在规划其首次公开发行，并且这背后又具有巨大的宣传和势头。加上高调的创始人和支持者，如克拉克、AT & T 无线服务部和 KPCB 前总裁兼首席执行官詹姆斯·巴克斯代尔（James Barksdale），该提案对 Yahoo! 的两个创始人而言是潜在有利可图的。此外，Netscape 公司的文化与其他更成熟的市场参与者相比也更符合这两位学生的要求。

企业伙伴关系

Yahoo! 也承受着巨大压力。这些压力来自合作伙伴或接受其他诸如 AOL、Prodigy 和 CompuServe 等大型内容公司及在线服务提供商的赞助。这些公司提供钱、股票和/或可能的管理职位等好处。他们二人认为，如果 Yahoo! 不与他们合作，那么这些大型玩家可以自己开发竞争服务，从而给 Yahoo! 带来灭顶之灾。使用公司融资的一个潜在缺点就是来自赞助的潜在"污染"。Yahoo! 已经从一个草根起步，但没有商业化性质。第二个缺点是这两个 Yahoo! 创始人可能会对他们创造的成果失去控制。"创建 Yahoo! 充满乐趣，特别是在这种没有成年人监督的情况下。（大卫）和杨致远也担心将 Yahoo! 卖给 AOL 最后非常可能就葬送了 Yahoo!。"[1]

随着对合作伙伴的讨论升温，杨致远向他的一个朋友蒂姆·布雷迪（Tim Brady）求助，对方是哈佛商学院二年级的学生。作为课堂项目，布雷迪在 1994—1995 年圣诞节假期为雅虎制定了商业计划（请见附录 AB 4.2 中 1995 年左右的商业计划摘录）。

有了布雷迪的商业计划，大卫和杨致远开始接触附近不同的位于沙山路的风险投资公司。在硅谷的风险投资公司可以带来经验、宝贵的关系，以及最重要的钱。然而，他们也要求大量的所有权作为对其服务的回报。KPCB 是 Yahoo! 创始人接触的一家风险投资公司。KPCB 作为硅谷最负盛名的风险投资公司拥有极好的声誉，他们成功投资的榜单上包括 Sun Microsystems 和 Netscape。KPCB 明确表示了对于 Yahoo! 的兴趣，但是，KPCB 的维诺德·科斯拉（Vinod Khosla）和 Institutional Venture Partners（IVP）的杰弗里·杨（Geoffrey Yang）刚刚投资了 50 万美元在 Architext（后来更名为 Excite），这是另一家正在开发搜索—检索文本引擎的由斯坦福大学工程学院学生创建的公司。因为 1995 年 3 月的 *Red Hirring* 杂志聚焦了 Architext 及其风险投资合伙人，Architext 正接收着增加的新闻报道。KPCB 提议资助 Yahoo!，但这个提案只有当他们同意与 Architext 合并时才生效。

Sequoia 资本

Yahoo! 接触的另一家风险投资公司是 Sequoia 资本。适逢与 IVP 的亚当斯进行合作讨论，杨致远和大卫第一次被介绍给 Sequoia 的合伙人迈克尔·莫里茨。莫里茨去看望杨致远和大卫，那时的他们还在斯坦福小拖车中忙碌。杨致远说道："第一次与 Sequoia 同席，迈克尔问道，'那么，你准备向用户收费几何？'大卫和我四目相对并回答，'嗯，这看来会是一次耗时的对话。'[2] 幸运的是，莫里茨曾在 *Time* 工作，具有新闻记者背景，因此他的思维灵活。莫里茨带到谈判桌上的一些主要优势是他与刊物的联系以及如何管理内容的知识。莫里茨谈到了 Sequoia 对杨致远和大卫感兴趣的根源："我想我们总是很喜欢看到人们对某些东西上心，即使他们根本不能定义这些东西。他们有真正的激情

---

[1] Rob Reid, op. cit., p.256。

[2] Jerry Yang, "Found You on Yahoo!" *Red Hirring*, October 1995, p.3。

和真正的火花。"①

Sequoia 在风险投资市场上有丰富的经验，这可以由 Sequoia 支持公司的总市值超过任何其他风险投资企业支持公司的总市值所印证。Sequoia 的商标模式是只使用少量资本资助成功的公司。其成功投资的名单包括 Apple、Oracle、Electronic Arts、Cisco、Atari 和 LSI Logic。据莫里茨所言，Sequoia 喜欢"用一场比赛而不是 1 000 万加仑的煤油启动邪恶的地狱"。②

1995 年 2 月，当迈克尔·莫里茨给他们提供融资议案时，大卫和杨致远正在权衡一些备选方案并且不急于接受任何一个。Sequoia 将以 100 万美元资助 Yahoo!，并将帮助他们组建高层管理团队。作为回报，Sequoia 将获得该公司股权的 25%。此外，莫里茨只给了他们 24 小时来考虑该交易，否则将错失该提案。"我觉得需要把他们从痛苦中解脱出来，"莫里茨如是说。随着截止日期的快速临近，杨致远和大卫坐下来权衡他们的选择。他们当晚做出的决定将决定其职业方向及 Yahoo! 的未来。

决定

坐在他们位于斯坦福大学校园的小办公室里，杨致远和大卫在半夜分享了一个辣香肠和蘑菇比萨，此时的他们还在考虑中。现在已经很晚了，而他们到第二天中午就必须做出决定。

当杨致远看了一遍 Sequoia 给他的框架协议，他咬了一口比萨。

我们面临着非常艰难的决定，而迈克尔又真的迫使我们在 24 小时内做出决断。据我所见，我们现在有几个选项。第一个是接受 Sequoia 的报价，并将 Yahoo! 作为我们自己的公司运作。我们会放弃相当多的 Yahoo! 股份，但如果我们要生存，又真的需要这些钱。当我们试图组建我们的管理团队时，莫里茨和其余在 Sequoia 的资源也可能被证明是无价的。

我们的第二个选择是接受公司赞助。这将使得我们立即得到所需资金，又仍然保留 Yahoo!100% 的所有权。不过，我担心出售给美国的企业。我们很幸运能够在一个教育环境中开发我们非商业性的免费网站。我担心如果我们接受了企业赞助，Yahoo! 的形象会受到影响。

最后，我们可以同意 Yahoo! 与现有公司合并。Netscape 的上市近在眼前，而且 Architext 有一些真的大投资者在背后。如果我们为了交换股票期权与 Netscape 或 Architext 合并，这对我们而言也许意味着未来许多年的很多钱。

大卫从他的座位上站起来，踢了一下摞起来的空比萨饼盒子。他走到了 Yahoo! 的小办公室窗边，盯着远处可见的斯坦福胡佛大厦。

确实，如果我们把 Yahoo! 卖给 Netscape 或者 Architext，我们可以赚一些钱，但我们不得不放弃对 Yahoo! 的主要控制。我们就永远不会知道如果我们继续保持对网站控制的话，我们最终会实现何种成就。

我们还有第四个选项你忘了提及。对于 Sequoia 的报价我很兴奋，但我也想知道我们是否放弃了太多股份。第四个选择是今晚先不要决定，再看看与另一家风投公司能否取得更好

---

① Michael Moritz, personal interview, November 10, 1998.

② Anthony Perkins, *Red Hirring*, June 1996.

的合作。我知道迈克尔说我们应该很快决定,但我不愿意看到在放弃我们公司25%的股权后,又在一个星期后发现,另一家公司会为相同比例股权向我们提供300万美元。我知道时间真的很重要,而且我们喜欢跟迈克尔·莫里茨一起工作。但另一方面,我不想2个月后就后悔我们的决定。

当他们面对备选方案时,大卫和杨致远开始了设想在Yahoo!诞生的斯坦福拖车之外的生活。已经是凌晨2点了,而他们不得不在不到10个小时内做出决定。他们应该怎么办?

问题
1. 是什么使得Yahoo!成为一种有吸引力的机遇(而不仅仅是一个好主意)?
2. Yahoo!怎么赚钱(例如,商业模式)?
3. 识别每个领域面临的主要风险:技术、市场、团队和财务。并将这些风险进行排序。
4. 他们能够采用的每种融资方案的优缺点是什么?你推荐他们采用哪个方案?

视频资源

可以访问http://techventures.stanford.edu去观看Yahoo!创始人的视频以及该案例的其他讨论结果。

附录 AB 4.1　Yahoo! 创始人和潜在投资者

杨致远

杨致远是在加利福尼亚州圣何塞长大的华裔。1994年4月,他和大卫联合创建了Yahoo!在线指南。在斯坦福大学电子工程系取得学士和硕士学位之后,他离开了斯坦福大学电子工程博士项目。

大卫·费罗

大卫·费罗是路易斯安那州莫斯布拉夫的本地人,在1994年与杨致远联合创建了Yahoo!在线指南,在1995年4月,从斯坦福大学电子工程博士项目离开去共同创建雅虎公司。大卫获得杜兰大学计算机工程学士学位和斯坦福大学电子工程硕士学位。

迈克尔·莫里茨,合伙人,Sequoia 资本

自1988年,莫里茨就是Sequoia资本的普通合伙人,专注于信息技术领域的投资。他担任着Flextronics International、Global Village Communication及其他几个私有公司的董事。1979年至1984年期间,莫里茨在 *Time* 担任了多种职位。莫里茨拥有牛津大学历史硕士学位,以及沃顿商学院工商管理硕士学位。

附录 AB 4.2　Yahoo! 商业计划摘录

Yahoo!的第一个商业计划是由蒂姆·布雷迪撰写的,布雷迪当时是将这个商业计划作为他在哈佛商学院课程项目的一部分完成的。该计划在与Yahoo!的杨致远、大卫·费罗和Sequoia的迈克尔·莫里茨之间的讨论中不断完善。在这个案例中，该公司提供了这个非专有的商业计划摘录。

案例作者感谢公司发展总监希利（J. J. Healy）先生，以及Yahoo!其他人，为增强未来企业家的学习经验而提供原始档案信息的付出。

业务战略

Yahoo!的目标是在互联网上保持最受欢迎和广泛使用的信息指南。这一阶段的互联网市场发展特征表现在用户流量的增长率极高，以及专注于各种产品和服务的新进入企业极多。凭借其很早进入市场的优势，Yahoo!已经在所属的细分领域获取了领导地位。Yahoo!能否扩张其地位并塑造长期、可持续发展优势的能力取决于一些因素。一些与其现有的地位有关，另外一些则涉及其未来战略。

如今，Yahoo!解决了所有互联网用户面临的主要问题。面对互联网上散布的海量信息，没有像Yahoo!一样的指南的帮助还能够轻松找到相关信息，几乎是不可能的。不仅是已有信息量的巨大，而且信息量的膨胀也在呈指数级扩大。

对Yahoo!的所有改进都将受到这个目标的约束，该目标简言之，就是使得个人能够容易找到有用的信息。

我们相信Yahoo!接下来的众多作为已经因为下述列表而决定：

- Yahoo!是第一家创造快速、全面和令人愉快的互联网指南的公司，因此Yahoo!早早树立了强大的品牌，展现了强劲的发展势头。
- Yahoo!基于独特兴趣领域的结构使其对于用户而言，成为一种比传统搜索引擎方式更容易并且更舒心地让用户找到相关信息的途径，传统的搜索引擎以使用关键词和短语开始。
- 得益于自身的编辑努力，Yahoo!持续创建的指南明显优于竞争对手，因为Yahoo!提供的服务既全面又具备高品质。

公司将专注于词典和指南业务并通过广告和赞助取得收入。

Yahoo!的战略是要做到：

- 通过增强和扩展产品及积极的营销传播计划，继续在主服务器网站上创建用户流量和增强品牌实力。
- 开发和整合需要维持领导地位的领先技术。造就Yahoo!吸引力的是其在搜索引擎方面可扩展的核心技术、数据库结构和通信软件。这些核心技术与用户体验相关联，它们使Yahoo!的客户能够以直观的方式访问更广泛的高质量信息，而且速度比其他竞争对手产品还快。Yahoo!正在讨论取得网络范围内的高级网络搜索引擎技术、索引数据及加拿大滑铁卢公开文本式的履带服务（crawler services with Open Text of Waterloo, Canada）的完整许可。Yahoo!将成为第一个带有无缝集成目录/网络搜索产品的指南。已经提出的与开放式文本的协议会利用两家公司的优势，该协议包括正在进行的高级搜索和数据库的联合开发。所有联合开发的产品将由Yahoo!分配，这会使得公司能够在定期且迅猛的基础上持续引进高级功能。
- 通过与诸如MSN、AOL和CompuServe等互联网接入提供商及非常受欢迎的网站建立合作关系，Yahoo!的覆盖面将扩大到更广泛的受众群体。
- 通过与可以为Yahoo!操作外部镜像站点和增添外语、本地广告商及本地内容的本土化方式的国际接入提供商建立合作伙伴关系，可以扩大对国际用户的覆盖面和吸引力。

- 通过不断增强的指南内容和界面来维护 Yahoo! 的用户（读者关系）。
- 通过引进区域性指南、垂直市场指南及更重要的个性化指南来迅速扩张产品线。我们的目标是在所有或大多数类别中成为第一个营销的公司，并通过不断的"改变竞争规则和靶标/向"以超越竞争对手。我们将是第一个将个性化指南引入市场的公司，并将利用内部拥有的核心技术及通过技术许可获得的开放式文本。

市场分析

互联网，可以追根溯源至近 20 年前，正经历在线接入基地和用户群体以惊人速度增长的阶段。根据 IDC 和蒙哥马利证券公司最近的一份报告，现在大约有 4 000 万的互联网用户，大多数用户仅仅在互联网上使用电子邮件。但是，据估计约有 800 万人可以访问互联网和万维网。因为工作场所拥有可使用的高带宽硬件和通信端口，所以这些访问大多数来自工作场所。随着带宽调制解调器、家庭 ISDN 线路和电缆调制解调器的采用，预计在未来 2 到 4 年内，家庭网页访问量的增长和渗透将迎来剧烈的增长。据 IDC 估计，到 2000 年，美国 40% 的家庭和 70% 的企业都可以访问互联网。在西欧和日本市场，相对渗透率可能分别高达 25% 和 40%。如果这些预估成立，截至 2000 年，互联网和网络用户将达到 2 亿之多。

市场细分和开拓

我们相信，自今至 2000 年间，将有三个主要用户群体会推动网络的发展：
- 大型企业使用互联网进行内部的广域信息管理和沟通，以及企业之间的通信和商务往来。
- 以家庭为基础的小型企业会使用它检索业务相关的信息以及与供应商沟通和商务往来。
- 单个用户/消费者最初会使用它来查找和访问跟他们个人娱乐及学习相关的信息，后来他们会使用它来购买产品和服务。

我们也相信，互联网的演进将包括三个阶段市场的发展：
- 驱动技术的可获得及扩散。
- 广泛访问和通信服务的建立。
- 高价值内容的广泛分布。

我们目前正处于市场开拓的第一阶段，主要包括基础设施建设以及电脑采用和销售、通信产品的快速增长。第二阶段要建立初步的以"接入"服务为基础的业务。

互联网市场规模

互联网相关的当前和预计收入金额的预估不同业务有所不同。然而，由蒙哥马利证券以及 Goldman Sachs 所进行的初步研究表明，互联网硬件、软件及服务的总体服务市场将从 1994 年的 3 亿美元上涨到 1995 年的约 10 亿美元。至 2000 年，上述类别的市场总额可能增长到 100 亿美元。包括 Forrester 和 Alex Brown & Sons 在内的几个研究公司估计通过网络广告获取的收入在 1995 年会达到大约 2 000 万美元，1996 年达到 2 亿美元，而到 2000 年将超过 20 亿美元。

市场趋势

在当前市场和产业发展快速扩张的阶段，以下趋势是明确的：

- 在网络硬件及软件和通信硬件及软件领域的驱动技术将会被大规模采用。万维网及其固有的多媒体支持会要求采用更高带宽的平台和通信硬件及软件。
- 电信公司和新进入的互联网接入提供商正在急于以高带宽形式建立基本的"连接"。
- 用以支持可接受传输水平的高速计算机、通信"端口"硬件及足够带宽的软件的价格仍旧有点高。也正是因为如此，对于在网络上具备充分能力端口的采用还主要发生在企业。
- 随着 28.8K 波特率调制解调器的上市，ISDN 线路和高性能/低价个人电脑，以及互联网访问的家庭采用正在上升，预计它们在未来 5 年将有极高的增长率。电缆调制解调器的采用还可以加速这一趋势。
- 先前封闭的网络在线服务，如 AOL、CompuServe 和 Prodigy 正在提供互联网访问并开放它们的服务。其他公司，如 Microsoft 以及 MCI 的部门、AT & T 等正试图将互联网在线服务投入使用，其中一系列节目内容被展现出来。
- 以最终用户流量来测量诸如 Yahoo! 等提供途径去浏览网页的公司的话，它们正在迅速增长。
- 这些高流量的网站已经为电子广告的传播提供了大量平台。

在这个阶段以及在将来可持续的各个阶段，用户都有一个根本需求：能够在这个大型的和呈指数级增长的互联网上简单快速地找到有用的信息。

竞争

Yahoo! 试图通过以下措施有效地打败任何可能的竞争者：

- 比任何其他竞争对手更早地建立分布更广的指南，从而维护 Yahoo! 指南作为其同类中最广泛使用指南的地位。
- 通过引进聚焦垂直市场和有个性化编辑的指南，比竞争对手更快地扩大产品线。
- 通过定期更新更快的、更容易使用的和更具效率的核心产品保持领先地位。
- 为广告客户提供高品质的观众和令人信服的结果。

风险

Yahoo! 面临的主要风险如下：

- 增加流量并增强 Yahoo! 品牌的能力。通过管理可以实现这两个目标。
- 比竞争对手更快、更好地引进关键新产品的能力。如果被产品开发的资金扩张和市场部门支持的话，我们相信，我们目前的核心技术和平台将会允许我们获取这些能力。
- 在竞争前，取得国际影响力和构建领先品牌的能力。目前，Yahoo! 正在被一些非常高知名度和有能力的国际机构追逐。它们在 Yahoo! 有限的市场营销和业务开发资源基础上提供额外的资金，将会允许我们及时地回应这些机遇。
- 接入提供商自身提供的具有竞争性产品的引入。虽然不能保证这不会发生，但我们已经与其中的几个领先供应商保持了稳固的关系，Yahoo! 产品的特色已经存在，我们正与其他供应商进行更深入的磋商。我们认为，许多接入提供商已经尊重 Yahoo! 强大的品牌、全面的指南和聚焦点，并正得出结论，它们不会倾向于重新发明这个迟到而并非与雅虎业务关系相互有利的东西。
- 能够通过我们的主要网站和我们子公司的镜像站点规模化支持用户流量的能力。如果流量需求超过我们安装服务器的带宽，那么响应率可能会下降并导致客户不满。Yahoo! 已成功规模化及运营其服务器站点。我们相信我们将能够支持所需的增长。
- 互联网产业整体增长速度明显放缓，或者将采用网络作为广告的重要平台增长不如预期。这些都超出了 Yahoo! 的控制。但是，该公司认为该行业正处于能够促进增长的采用安全阶段。

Yahoo! 的持续性优势

互联网正处于这样一个阶段，市场发展的特征是用户流量的极高增长率和专注于各种产品和服务的新进入者极多。凭借其很早进入市场的优势，Yahoo! 已经在这一细分领域获取了领导地位。Yahoo! 能否扩张其地位并塑造长期、可持续发展优势的能力取决于一些因素。其中一些与其现有的地位有关，另外一些则涉及它的未来战略。

当下，Yahoo! 的核心战略优势包括：
- 强有力的品牌。该公司很早并很好地打造了独特的、聚焦情境的、快速的和直观的指南，并从这个 Yahoo! 产品的快速传播中受益。它们的指南成为网络导航世界的一个标准。
- Yahoo! 在搜索引擎、数据库结构和通信软件上可扩展的核心技术。这些核心技术与用户体验相关联，它们使 Yahoo! 的客户能够以直观的方式访问更广泛的高质量信息，而且速度比其他竞争对手的产品更快。

5 芭芭拉的选择[①]

前言

2014年春天的一个晚上,芭芭拉·阿内森(Barbara Arneson)漫步在马里兰大学校园内的大学公园。她经常会在一天结束时来到这个公园反思。今晚,她正在思考她的职业选择,以及她未来几年的生活方式。离毕业只有5天时间了,明天,芭芭拉会在机场接到她的父母来进行短暂的旅行并参加她的毕业典礼。她希望能够跟他们分享自己的事业决定,然后在接下来的几天尽情放松。

一年前,芭芭拉取得了生物学本科学位,现在也很快将从马里兰大学获得计算机科学硕士学位,然后开始进入高科技领域就业。芭芭拉感到十分幸运,她能够获得多项职业选择,这得益于高科技经济的强劲及生物信息学领域的投资增长。生物信息学需要在识别和为生命科学产业使用遗传信息的过程中应用软件和互联网技术。芭芭拉的个人目标是先从事产品开发方面的工作,最终进入管理领域,也许在未来某一天创建自己的公司。作为过渡时期的一步,她认为她可能在几年内回到研究生院攻读工商管理硕士学位。

然而,在这个美丽的夜晚,芭芭拉不得不在两份有吸引力的工作机会中做出决定。

芭芭拉的困境

芭芭拉去许多高科技公司进行了多次面试,最终 BioGene, Inc. 和 InterWeb Genetics Corp. 成为她的首选项。她希望至少能收到其中一家公司的入职邀请,结果却是,两家公司同时给了她入职邀请。所以现在,她面临着一个艰难的决定。

BioGene 是一家有7年历史、迅速发展着的成功公司。其产品开发团队在技术上得到高度评价,而阿沙·莫特瓦尼(Rasha Motwani),芭芭拉未来的报告对象,在芭芭拉感兴趣的几个产品领域有着十多年的开发经验。她喜欢阿沙,并觉得自己会从她身上学到很多东西。

InterWeb 是一家创业公司,一年前由两个风险投资者投资,这两位投资者都曾成功地投资了科技公司。InterWeb 团队正在努力工作,他们第一个产品大约将在一年内推出。芭芭拉将加入一个约10名工程师组成的团队,他们中的大多数都有与正在开发产品相关的丰富经验。罗伯特·杰克逊(Robert Jackson)是该技术团队的负责人,也是公司的联合创始人之一,仅比芭芭拉大几岁,已经因为其在技术上的"远见卓识"而声名大噪。

芭芭拉已经为最终的决定挣扎了几天。当她漫步到自己的宿舍时,豁然开朗。"好的,我一直试图在我的主要优先事项基础上做出决定,即我想要参与的项目类型,我将与之合作的人员素质及个

[①] This case was created and revised by various instructors and teaching assistants at Stanford University. This case is prepared as basis for class discussion rather than to illustrate effective or ineffective handling of a situation. This case is based on a combination of experiences rather than on a particular person.

Copyright © 2014 by the Board of Trustees of the Leland Stanford Junior University and Stanford Technology Ventures Program (STVP). No part of this publication may be reproduced, stored in a retrieval system, used in a spreadsheet, or transmitted in any form or by any means—electronic, mechanical, photocopying, recording, or otherwise—without the permission of Stanford Technology Ventures Program.

人成长的机会。尽管 BioGene 和 InterWeb 并不能直接进行比较——每家公司都有自己潜在的优势和劣势，但事实上，无论我在哪家公司工作，我都会同样高兴。所以对我来说，这个决定着实进退两难。"我想，唯一进行选择的方法就是比较哪家公司可以给予更好的薪资待遇。因为两者都给出了类似的薪水和福利，那就意味着我要分析股票期权提案。"

股票期权包

并非所有公司都向应届毕业生提供股票期权。因为芭芭拉在校期间于生物信息学领域的优异表现，并且该领域毕业生比较热门，因此 BioGene 和 InterWeb 才都在其工作邀请中包含了股票期权包。

股票期权给予个人在被称为"期限"的固定时间内，以固定的价格即"行使价"，购买一定数量公司股票的权利。期权在期末到期，但它能够在该期间全部或部分"行使"（或购买），通常受某些条件约束，比如说"兑现条款"。钱对于雇员而言没有财务风险——因为如果股票的价值低于行使价，他或她就不必行使期权。

BioGene 以执行价每股 16 美元为芭芭拉提供了 6 000 股的期权。BioGene 于 2008 年 6 月以每股 10 美元的价格上市，该股目前售价大约为 16 美元。BioGene 招聘经理凯伦·赫什菲尔德（Karen Hershfield）在向芭芭拉发出入职邀请时曾表示："我们已经通过历史证明了我们快速的、盈利性的增长，我们预期这种增长将会持续下去。你应该会在这个期权包上获得很好的回报。"

InterWeb 以行使价每股 0.10 美元的价格给芭芭拉提供了 60 000 股期权。因为公司还是私有的，所以这个价格反映的是风险投资公司投资该公司时给出的合适的定价决定。罗伯特·杰克逊在与芭芭拉讨论入职邀请时曾说过："加入初创公司的伟大之处是，如果它成功了，每个人都会变得富有。我们的商业计划表明我们应该能够在 3 年或 4 年内进行 IPO，而因为公司通常以每股 10 美元至 15 美元上市，所以，届时你可以看到你的这些期权可能价值近 100 万美元！"

这两个期权包都有相同的限制。在 4 年期限内每年可行使 25%。这意味着在第一年的雇用结束时，芭芭拉有权随时酌情行使 25% 的股份。在工作两年之后，她将可以再度兑现 25%，以此类推。如果任何时候她想从公司离职，她可以在 90 天内行使任何授予她的期权，但所有未兑现的期权将终止。任何未行使的期权部分入职 10 年之后到期。

自从发现了她对加入任何一家公司都同样满意后，芭芭拉对于期权所能带来的巨大经济利益前景而感到兴奋。她甚至开始梦想着自己在获得这笔财富后能做什么——出国旅行一年，为她的父母买一辆新车，或者为 MBA 付费而不用担心两年没有薪水和偿还巨额贷款。她已经在创业课程上学到了很多财务分析技能，而且获取并分析了两家公司的财务数据，如表 AB 5.1 和表 AB 5.2 所示。她还分析了两家公司的机遇和战略，她感觉每家公司都有实现其目标的良好前景。她还研究了上市的高科技公司股票市场的数据，得知生物信息学领域公司的市盈率（PE）平均是 25。InterWeb 比 BioGene 提供了更多的股份，但面临的风险要高一些。她还知道许多初创企业都是不成功的。

她回忆起 5 年前秋季的那天，她的父母把她单独留在学校开始自己大一新生的时光。当她明天在机场接他们时，她想和他们分享她的职业决定，并让他们为她感到骄傲。

问题

（1）截至 2014 年 5 月 31 日，BioGene 的股票数量是多少？目前的 PE 比例是多少？你认为它为什么比现在其他生物信息学领域公司的平均值更高（提示：考虑近期其年收入和利润的年增长率）？

（2）芭芭拉在每个公司的潜在所有权百分比是多少？

（3）4年内（如2018年），当两家公司的股票期权已经完全兑现时，两者之间进行比较。假设芭芭拉直到那时依然在职，哪家公司的期权包更好一些？确保你的分析包含期权的所有成本并陈述所有关键假设。

4. 除了补偿事项外，你还建议芭芭拉在做出决定时需要考虑什么其他因素？

表 AB 5.1 BioGene 的盈亏历史

	2010 财年	2011 财年	2012 财年	2013 财年	2014 财年
收入：	10.1	17.1	25.6	42.4	74.6
收入成本	4.0	6.8	10.2	17.0	29.8
总利润	6.1	10.3	15.4	25.4	44.8
费用：					
工程	1.2	2.1	3.1	5.1	9.0
市场营销	2.5	4.3	6.4	10.6	18.7
G&A	0.6	1.0	1.5	2.5	4.5
总成本	4.3	7.4	11.0	18.2	32.2
税前利润	1.7	2.9	4.4	7.2	12.7
应交税费	0.7	1.2	1.7	2.9	5.1
税后利润	1.0	1.7	2.6	4.3	7.6
EPS（每股收益）	$0.06	$0.08	$0.12	$0.19	$0.33

注：除 EPS 以外的所有数字均以百万美元为单位。股票在纳斯达克进行交易，2014 年 5 月 31 日闭市价格是 16.25 美元。2014 财年结束日期是 6 月 30 日。2014 财年的预测是由市场分析师做出的，与管理层的指导一致。

表 AB 5.2 InterWeb 商业计划的盈亏预测

	2013 财年	2014 财年	2015 财年	2016 财年	2017 财年	2018 财年
收入	0.0	0.0	5.0	20.0	41.0	62.0
销售成本	0.0	0.0	2.0	8.0	16.4	24.8
工程	0.7	1.0	1.5	2.4	4.9	7.4
市场营销	0.3	0.5	1.3	5.0	10.3	15.5
G&A	0.1	0.2	0.3	1.2	2.5	3.7
总成本	1.1	1.7	3.1	8.6	17.7	26.6
税前利润	21.1	21.7	0.0	3.4	7.0	10.5
应交税费	0.0	0.0	0.0	0.2	2.8	4.2
税后利润	21.1	21.7	0.0	3.2	4.2	6.3

注：单位为百万美元。截至 2014 年 5 月 31 日流通股为 1.186 亿股。管理层的商业计划不需要额外的风险投资或其他资金。2014 财年结束日期是 6 月 30 日。

6 Artemis Images 公司[①]

克里斯汀·纳扎雷斯（Christine Nazarenus）试图保持乐观。"13"一直是她的幸运数字，而2001年的7月13日那个星期五，却成为她生命中最不幸的一天。她已经出离了失望，她崩溃了。她已经知道她要面对冷冰冰的事实，而不仅仅是直觉。在万维网上出售图像和产品是未来的趋势，她确信她所管理的团队拥有把自己的愿景变成现实的创造力和技能。管理自己的公司似乎是明显的解决方案，但她没有想到创始过程是这样的压倒一切。现在，两年后，她正在试图弄清楚到底出了什么问题，以及公司是否还可以生存下去。

存档的照片和图像如果能被高效地数字化和归类，价值将会很大。这在创业的第一天就已经很清楚了。体育赛事承办人和出版商都有许多存档的信息，但其中绝大部分无法被那些需要的人获取。所有者和粉丝仅代表了互联网和数字技术可以服务的未开发市场的其中一部分。她构想了一个简单的商业模式：使用最新技术将文档数字化，用易于读取的标签来标记它们，并将它们链接到搜索引擎，以便更容易地被检索和广泛使用。但在接下来的几个月中，有太多的因素影响了Artemis这一新创公司的外观、感觉和实质。

很多事情似乎都逃离了她的控制，她想知道自己在1999年2月时怎么会那么自信。克里斯汀充满热情地接触了一些朋友和熟人，请他们帮忙开发了一个新的".com"公司，这似乎胜算在握。弗兰克·科斯坦佐（Frank Costanzo）是克里斯汀在Applied Graphics Technology（AGT）公司的前同事，与克里斯汀拥有一样的热情，她的老朋友乔治·迪克特（George Dickert）也一样。乔治进而联系了已经注册了商业规划课程的格雷格·休斯（Greg Hughes）。格雷格很感激自己能有机会创建一家真正的公司，他把这个想法拿来并打磨为课堂作业的一部分。该计划确认了克里斯汀对创业的信心。但是，当她看完这个原始计划后，她知道还有很多工作要做。格雷格明白这个商业想法，但他并不了解实际运作过程中所涉及的工作。乔治和弗兰克了解数字技术和项目管理，但是像克里斯汀一样，他们从来没有创建过新公司，而且为创业公司工作的经验比克里斯汀更少。克里斯汀知道自己拥有所需的技术和才能，并且相信她和朋友可以构建一个商业模式使Artemis成为当前领先的图像提供商。对他们吸引投资者的资金来说，格雷格的商业计划看上去十分完美。

商业想法

1999年，克里斯汀已经在AGT科罗拉多州办公室作为销售副总裁工作了3年。AGT是一家提供数字成像的媒体管理公司，它为世界上一些大型发行商和广告商提供数字图像管理和归档服务。AGT曾派克里斯汀到印第安纳波利斯，为准备给2001年Indy 500准备营销材料的Indianapolis Motor

---

[①] © 2002 by Joseph R. Bell, University of Northern Colorado, and Joan Winn, University of Denver. Published in *Entrepreneurship Theory & Practice*, 28(2) Winter 2003. The authors wish to thank Chris Nazarenus and the staff of Artemis Images for their cooperation in the preparation of this case. Special thanks to Herbert Sherman, Southampton College, Long Island University, and Dan Rowley, University of Northern Colorado. This case is intended to stimulate class discussion rather than to illustrate the effective or ineffective handling of a managerial situation. *All events and individuals in this case are real, but some names may have been disguised.*

表 AB 6.1　Artemis Images 的管理团队 1999—2000

克里斯汀·纳扎雷斯，34 岁，曾担任 AGT 的销售副总裁。AGT 是世界排名前三的内容管理系统提供商，克里斯汀为这家价值 5 亿美元的公司掌管数百万美元的交易。她是创建数字化工作流程战略的专家，曾为世界上一些最大型的公司，如 Sears、Conde Nast、Spiegel、Vio、State Farm 和 Pillsbury，设计和实施了内容管理解决方案。她拥有丰富的一般管理经验，并负责管理过超过 100 人的部门。拥有普吉特大学通信学士学位。

乔治·迪克特，32 岁，最近担任了营销材料分销公司 Hibbert 集团的项目经理。他具有在电子商务、支持网络实现、国内国际航运及呼叫中心和光盘方面的经验。他曾监管过 100 万美元账户的运营，管理过超过 2 000 万美元的销售额，并与日立、Motorola、ON Semiconductor 和 Lucent 等大型公司一起合作过。拥有科罗拉多大学工商管理硕士学位。乔治和克里斯汀自高中毕业以来一直是朋友。

弗兰克·科斯坦佐，40 岁，目前是 Petersons.com 高级副总裁。Petersons.com 一直被位列全球百强网站。他是内容管理技术与战略领域的专家，曾在 AGT 任副总裁。科斯坦佐先生进行了深入的业务分析并在内容管理产业创建了网上服务解决方案。他为世界顶尖的公司，包括 General Motors、Hasbro、Bristol-Meyers Squibb 和 Sears 等从事内容管理解决方案。

格雷格·休斯，32 岁，目前在世界上最大的商业打印机公司之一担任高级销售主管。休斯先生拥有 10 年的销售经验，向 US West、AT & T、R.Ronnelly 和 MCI 等公司销售百万美元级项目。他的职能专长包括财务和运营分析、战略营销、履行战略及营销活动自开始至完成的评估。他拥有科罗拉多大学工商管理硕士学位。

克里斯汀和乔治从原公司辞职了，认真地接受了创建新公司的挑战。他们联系了落基山脉地区的一个最古老和最受尊敬的律师事务所提供法律咨询。他们和两位律师共同合作，一名作为总顾问专门代表互联网公司，另外一名专门从事知识产权方面的工作。受益于她在 AGT 的诸多业务联系，克里斯汀能接触到风险投资家筹集资金，用于支付硬件、软件许可和开展业务的人力成本。

2000 年，互联网公司的破产风波并没有使事情变得容易。由于不想让自己看起来像"另一个 .com"，在寻求融资过程中被弃之不顾，因此克里斯汀和她的团队将公司改名为"Artemis"。Artemis，希腊狩猎女神，是克里斯汀第一匹马的名字，也是她第一家公司及她在 16 岁首次创业时图片贺卡的名字。克里斯汀一直为这个美丽的形象着迷。

Artemis 的利基市场

在 AGT 工作期间，克里斯汀曾看到许多组织拥有庞大知识产权（照片、视频、声音和文字等）储备，但却经常无法充分利用这些资产的价值，这是因为它们以模拟形式存在并且可能随时间流逝而受损。克里斯汀的愿景是使用数字技术和万维网的传输能力保护和充分利用这些过去的资料。克里斯汀设想了一家公司，它将创建一个数字化的图像、音频和视频内容的集合，她可以将之卖给有意将知识产权转化为收入来源的公司。

出版社和体育承办者就是众多具有大量照片和视频存量的组织之一。类似 Boeing、General Motors 和 IMSC 这样的公司，它们生产飞机、汽车或组织体育赛事，而不卖纪念品。但是，飞机、汽车和体育迷们是一个广大的市场，他们想要获取自己最喜爱的飞机、车辆照片或最喜爱的体育赛事的视频。

将照片和视频文档进行正确的存储和归类是很复杂并且昂贵的。2000 年，两个流行的解决方案是直接出售这些资产，或者内部建立一个专门负责管理和营销它们的部门。大多数组织都不愿意出售它们的资产，因为这些资产代表着它们无价的品牌和文化传统。采购软件和聘请专业人员来数字化及妥善归档它们的资产既是一种昂贵的方式，又超越了大多数公司的核心能力。克里斯汀在 AGT 工作的经验使她确信，数以千计有着数百万资产的公司，会对能够数字化及管理它们图片和视频档案的公司感兴趣。

克里斯汀了解公司大都对出售其档案及高成本获取和扫描选择图像用于销售有些抵触。但是，她也清楚知道一个组织的全部文档库存数字化的价值，它可以为组织创造永久的历史。她提出了收益分享的模式，Artemis 将客户的文档数字化，但是不会对其拥有所有权。相反，她的公司将确保对公司文档的独家许可，Artemis 和文档所有者分别获取全部收入的 85% 和 15%。她期望 Artemis 上可见的文档会吸引买家到网站上进行后续购买。

最初的商业模式是 B2C 模式。从与 IMSC 的合同开始，Artemis 将与 IMSC 合作宣传 Indy 500，并将 Indy 的赛车迷们吸引到 Artemis 的网站上。今年及往年 Indy 500 的参赛者、获奖者、艺人、名人的照片，将被添加到 IMSC 的存档图像，并被以 20 至 150 美元的价格卖给忠实粉丝。客户可以在 Artemis 网站上查看各种照片，然后选择并订购高分辨率的图像。交易使用信用卡对订单进行保护，图像会被传输到服务提供商那里，然后 Artemis 将图片复制商品寄给渴望中的收件人。该网站肯定比 IMSC 过去的传统销售模式更容易创造收入。

在汽车赛车市场上与 IMSC 内容建立了合作模型后，克里斯汀和乔治基于这些明显的市场可能性建立了商业计划，这可能会吸引更广泛的消费者，并为摄影图库打造一个丰富的资源。由于 Artemis 团队曾与世界三大出版社中的两个有过业务往来，显而易见，出版业将是他们未来的合作目标。未来的市场也用相似方式锁定，即基于 Artemis 团队已经建立的业务联系。这些市场将建立在已经创建的存档上，带来以消费者需求为导向的内容和可销售的图像库。格雷格列出了一些行业及它们拥有的内容的例子：

- 体育：摔跤、足球、篮球、健美、足球和极限运动图像
- 娱乐：唱片艺术家和他们的艺术 CD，电影明星、事件和电影集的图片
- 博物馆：绘画、雕塑图片和事件图像
- 公司：食品、垂钓、飞机、火车和汽车的图像
- 政府：硬币、邮票、星系和卫星影像

当克里斯汀、乔治和格雷格合作制定商业计划时，他们开始看到虚拟存档公司还有其他的创收机会。IMSC 或者其他任何 Artemis 客户的网站将与 Artemis 的网站进行链接，使得前往这些网站的客户能够购买照片或视频。提供资源的客户对于图像销售的满意度为销售针对特定市场的商品及将内容集中到其他网站提供了机会。对于赛车运动的图像，T恤、帽子和模型车等都是显而易见的商品机会。对于景观图片则可以是旅行包或远足装备。公司客户可能对软件、设计服务或办公用品感兴趣。Artemis 网站上的独特内容可用于将用户流量引导到其他公司的网站。克里斯汀和她的团队计划对 Artemis 网站上的内容链接这些网站进行许可，这可以为 Artemis 创造覆盖度和收入。

Artemis 的另一个潜在市场存在于被全球消费者保留在壁橱和抽屉里的、未实现其数十亿价值的图像。这些图像是珍贵的传家宝，通常不受保护且利用不足。消费者可以将他们的照片出售，或者通过简单的付费获取数字化服务供自己使用。如果仅有 10% 的美国人允许 Artemis 将其存档资料数字化，而这些人中只要有一半预定 "8×10" 的印刷品，那么 Artemis 就可以收获 2 500 万名消费者，

并且创造大约 2.5 亿美元的收入。因为图像不会面临语言障碍的问题，互联网在世界各地的出现和摄影的普及表明，相关潜在收入会达数十亿。

Artemis 团队通过头脑风暴的方式来完善商业计划，他们认为可以通过提供独一无二的内容和客户体验来吸引消费者到 Artemis 的网站。Forrester 研究公司的一项研究分析了促使人们重复访问网站的关键因素，结果表明，75% 的客户把高品质内容作为他们重复访问的首要原因。Artemis 团队想通过消费者自己额外创造的独特内容来创建一个忠实客户社区。这将包括任何社区建设计划必需的、关键的聊天区和公告栏。Artemis 可以持续地监控网站的这一部分，添加新的粉丝经验，以保持用户体验的"新鲜度"。社区还可以基于消费者的兴趣进行创建。

随着公司获得了客户及出售它们存档照片和视频的权利，Artemis 将转向 B2B 模式。克里斯汀和乔治认识 *National Geographic*、CMG World Wide、BBC、Haymarket Publishing（包括 F1 赛车档案）、Conde Nast 和 International Publishing Corporation 的营销经理。这些大出版商控制并兜揽着广泛的主题（时尚、自然、旅行、爱好等），但它们往往对自己档案里存在的东西并不了解，或者难以访问这些档案。寻找新的图像通常是一个昂贵且耗时的议题，Artemis 却可以提供解决方案。例如，Conde Nast（*Vogue*、*Bon Appetit*、*Conde Nast Traveler*、*House & Garden* 和 *Vanity Fair* 的出版商），可能想要在它旗下的旅游杂志中使用 *National Geographic* 的图像。考虑到想要看到图像的用户数量，他们愿意为传统图像库支付高价。这种方式通常根据流通量来计算每张图像的价格，很像版权材料的版权费。同样，广告商需要在客户模型中使用数百张图片。例如，一家广告商可能想要一张太平洋岛屿的图片。如果 Artemis 拥有 Conde Nast 和 *National Geographic* 的权限，它们就会有数百张太平洋岛屿照片可以选择。与 B2C 的概念相同，如果有足够的带宽可用，就能够在信用卡或账户的帮助下，通过网络传输图像的副本（初始只能查看低分辨率图像），或通过次日达快递印刷版图片，又或者通过磁盘传输图像。

从 B2C 到 B2B 的过渡似乎是一个合乎逻辑的过程，一个将积累大量可销售的印刷品，并同时带来更大单位销售额的过程。基本的商业模式还是相同的。Artemis 将图片和视频存档，进而出售给其他公司用于出版物和推广手册。克里斯汀和乔治希望这个模式可以复制到另外的包括其他运动、自然、娱乐和教育的垂直市场。

但是对于公司而言，重新定位在 B2B 市场似乎可以拥有更可靠的长期收入来源，因为 B2B 和 B2C 的商业模式正丧失投资群体的喜爱。克里斯汀和乔治重新聚焦业务计划，使公司成为一个应用程序服务提供商（ASP）。通过 ASP 指定，Artemis 可以将自身定位为一家软件公司，进而从其授权软件的过程中创收。2000 年，应用程序服务提供商依然还受到投资者的青睐。

Artemis 的收入主要分为 3 个部分：一是将图像销售给企业和消费者所获得的收入，二是关联内容的收入，三是商品销售收入。前 4 年，预计销售额将超过 1 亿美元，并在第 3 年实现收支平衡（请见表 AB 6.2，表 AB 6.3 和表 AB 6.4 中的预计销售量和销售收入）。

为了实现这一个战略，Artemis 需要 50 万美元的初始投资以开始运营、雇用团队并签署 4 个额外的内容协议。计划第二轮融资 150 万美元，第三轮融资 300 万美元至 800 万美元（视合约数量而定）以将概念扩大到 28 个档案，并在 2004 年实现资产超过 1 亿美元（见表 AB 6.5）。

表 AB 6.2 销售量预期及现场运作

2001 年	1月	2月	3月	4月	5月	6月	7月	8月	9月	10月	11月	12月	合计
消费者图片	0	0	7 500	7 500	27 000	9 000	9 000	22 500	18 000	9 000	4 500	22 500	136 500
库存照片	0	0	0	3 750	4 500	5 250	6 750	7 500	9 000	9 750	10 500	11 250	68 250
小计	0	0	7 500	11 250	31 500	14 250	15 750	30 000	27 000	18 750	15 000	33 750	204 750
授权许可交易	0	0	0	0	0	1	1	2	4	5	6	7	26
商品订单	0	0	6 000	6 000	21 600	7 200	7 200	18 000	14 400	7 200	3 600	18 000	109 200

2002 年	1月	2月	3月	4月	5月	6月	7月	8月	9月	10月	11月	12月	合计
消费者图片	12 000	15 000	15 000	15 000	54 000	18 000	18 000	45 000	36 000	18 000	9 000	45 000	300 000
库存照片	6 000	7 500	9 000	10 500	12 000	15 000	15 000	15 000	15 000	15 000	15 000	15 000	150 000
小计	18 000	22 500	24 000	25 500	66 000	33 000	33 000	60 000	51 000	33 000	24 000	60 000	450 000
授权许可交易	8	9	10	11	12	13	14	15	16	16	16	16	156
商品订单	9 600	12 000	12 000	12 000	43 200	14 400	14 400	36 000	28 800	14 400	7 200	36 000	240 000

2003 年	1月	2月	3月	4月	5月	6月	7月	8月	9月	10月	11月	12月	合计
消费者图片	24 800	31 000	31 000	31 000	111 600	37 200	37 200	93 000	74 400	37 200	18 600	93 000	620 000
库存照片	17 000	21 250	25 500	29 750	34 000	42 500	42 500	42 500	42 500	42 500	42 500	42 500	425 000
小计	41 800	52 250	56 500	60 750	145 600	79 700	79 700	135 500	116 900	79 700	61 100	135 500	1 045 000
授权许可交易	16	16	16	16	16	16	16	16	16	16	16	16	192
商品订单	15 600	19 500	19 500	19 500	70 200	23 400	23 400	58 500	46 800	23 400	11 700	58 500	390 000

现场运作（以季度计）

年度	2000	2001				2002				2003			
季度	第四季度	第一季度	第二季度	第三季度	第四季度	第一季度	第二季度	第三季度	第四季度	第一季度	第二季度	第三季度	第四季度
现场（累计）	1	4	4	7	10	13	16	16	19	22	25	28	28

来源：Business Plan, Feburary 28, 2000。

表 AB 6.3 预期月度收入

(单位：美元)

2001年收入	1月	2月	3月	4月	5月	6月	7月	8月	9月	10月	11月	12月	合计
消费者图片	0	0	149 925	149 925	539 730	179 910	179 910	449 775	359 820	179 910	89 955	449 775	2 728 635
库存照片	0	1 125 000	0	562 500	675 000	787 500	1 012 500	1 125 000	1 350 000	1 462 500	1 575 000	1 687 500	10 237 500
小计	0	1 424 850	149 925	712 425	1 214 730	967 410	1 192 410	1 574 775	1 709 820	1 642 410	1 664 955	2 137 275	12 966 135
关联	0	358 333	0	0	0	8 333	16 667	33 333	66 667	108 333	158 333	216 667	608 333
商品	0	90 000	45 000	45 000	162 000	54 000	54 000	135 000	108 000	54 000	27 000	135 000	819 000
合计	0	1 873 183	194 925	757 425	1 376 730	1 029 743	1 263 077	1 743 108	1 884 487	1 804 743	1 850 288	2 488 942	14 393 468

2002年收入	1月	2月	3月	4月	5月	6月	7月	8月	9月	10月	11月	12月	合计
消费者图片	239 880	299 850	299 850	299 850	1 079 460	359 820	359 820	899 550	719 640	359 820	179 910	899 550	5 997 000
库存照片	900 000	1 125 000	1 350 000	1 575 000	1 800 000	2 250 000	2 250 000	2 250 000	2 250 000	2 250 000	2 250 000	2 250 000	22 500 000
小计	1 139 880	1 424 850	1 649 850	1 874 850	2 879 460	2 609 820	2 609 820	3 149 550	2 969 640	2 609 820	2 429 910	3 149 550	28 497 000
关联	283 333	358 333	441 667	533 333	633 333	741 667	858 333	983 333	1 116 667	1 250 000	1 383 333	1 516 667	10 100 000
商品	72 000	90 000	90 000	90 000	324 000	108 000	108 000	270 000	216 000	108 000	54 000	270 000	1 800 000
合计	1 495 213	5 736 773	2 181 517	2 498 183	3 836 793	3 459 487	3 576 153	4 402 883	4 302 307	3 967 820	3 867 243	4 936 217	40 397 000

2003年收入	1月	2月	3月	4月	5月	6月	7月	8月	9月	10月	11月	12月	合计
消费者图片	495 752	619 690	619 690	619 690	2 230 884	743 628	743 628	1 859 070	1 487 256	743 628	371 814	1 859 070	12 393 80
库存照片	2 550 000	3 187 500	3 825 000	4 462 500	5 100 000	6 375 000	6 375 000	6 375 000	6 375 000	6 375 000	6 375 000	6 375 000	63 750 000
小计	3 045 752	3 807 190	4 444 690	5 082 190	7 330 884	7 118 628	7 118 628	8 234 070	7 862 256	7 118 628	6 746 814	8 234 070	76 143 800
关联	1 650 000	1 783 333	1 916 667	2 050 000	2 183 333	2 316 667	2 450 000	2 583 333	2 716 667	2 850 000	2 983 333	3 116 667	28 600 000
商品	117 000	146 250	146 250	146 250	526 500	175 500	175 500	438 750	351 000	175 500	87 750	438 750	2 925 000
合计	4 812 752	5 736 773	6 507 607	7 278 440	10 040 717	9 610 795	9 744 128	11 256 153	10 929 923	10 144 128	9 817 897	11 789 487	107 668 800

来源：Business Plan, Feburary 28, 2000。

表 AB 6.4　2000 年预计财务情况摘要　　（单位：美元）

盈亏总计					
	2000	2001	2002	2003	总计
销售收入	0	14 393 468	40 397 000	107 668 800	162 459 268
销售成本	0	5 186 454	11 398 800	30 457 520	47 042 774
毛利	0	9 207 014	28 998 200	77 211 280	115 416 494
营业利润	439 847	13 623 571	27 109 143	47 078 657	88 251 217
税前净利润	(439 847)	(4 416 556)	1 889 057	30 132 623	27 165 277
应纳税额（38%）	0	0	0	10 322 805	10 322 805
净收入	(439 847)	(4 416 556)	1 889 057	19 809 818	16 842 472

资产负债表				
资产	2000	2001	2002	2003
现金及现金等价物	428 020	4 490 768	4 958 270	21 508 477
应收账款	0	2 488 942	4 936 217	11 789 487
库存	0	0	0	0
待摊费用	0	0	0	0
应折旧资产	0	0	0	0
其他应折旧资产	0	0	0	0
折旧	0	0	0	0
净折旧资产	0	0	0	0
总资产	428 020	6 979 710	9 894 487	33 297 964
负债和资本				
应付账款	367 867	1 836 113	2 861 833	5 589 379
应计所得税	0	0	0	866 113
应计工资税	0	0	0	0
总负债	367 867	1 836 113	2 861 833	6 455 492
认缴资本	500 000	10 000 000	10 000 000	10 000 000
所有者权益	0	0	0	0
未分配的利润	(439 847)	(4 856 403)	(2 967 346)	16 842 472
资本净值	60 153	5 143 597	7 032 654	26 842 472
总负债和资本	428 020	6 979 710	9 894 487	33 297 964

来源：Business Plan, Feburary 28, 2000。

表 AB 6.5 阿耳特弥斯图像最初融资计划

预期计划	第一轮	第二轮	第三轮	第四轮	退出
融资假设：					
2003 年收入	110 000 000				
2003 年 EBITDA	30 000 000				
2003 年收入增长率	40%				
2003 年估值	440 000 000				
估值/收入	4				
估值/EBITDA	14.67				
第一轮融资	500 000				
第二轮融资	1 500 000				
第三轮融资	3 000 000				
第四轮融资	5 000 000				
	第一轮	第二轮	第三轮	第四轮	退出
	Oct–00	1–Jan	1–Mar	1–Jun	3–Dec
流通股数量					
融资前未发行股份总数	6 000 000	7 200 000	9 000 000	11 250 000	11 250 000
本轮股票发行	1 200 000	1 800 000	2 250 000	1 406 250	1 406 250
融资后总股本	7 200 000	9 000 000	11 250 000	12 656 250	12 656 250
估值					
超额估值	2 500 000	6 000 000	12 000 000	40 000 000	440 000 000
融资额	500 000	1 500 000	3 000 000	5 000 000	0
交易后估值	3 000 000	7 500 000	15 000 000	45 000 000	440 000 000
每股价格	0.42	0.83	1.33	3.56	34.77
产生的所有权					
创始人	83.33%	66.67%	53.33%	47.41%	47.41%
第一轮投资者	16.67%	13.33%	10.67%	9.48%	9.48%
第二轮投资者	0.00%	20.00%	16.00%	14.22%	14.22%
第三轮投资者	0.00%	0.00%	20.00%	17.78%	17.78%
第四轮投资者	0.00%	0.00%	0.00%	11.11%	11.11%
总计	100.00%	100.00%	100.00%	100.00%	100.00%
所有权价值					
创始人	2 500 000	5 000 000	8 000 000	21 333 333	208 592 593
第一轮投资者	500 000	1 000 000	1 600 000	4 266 667	41 718 519
第二轮投资者	0	1 500 000	2 400 000	6 400 000	62 577 778
第三轮投资者	0	0	3 000 000	8 000 000	78 222 222
第四轮投资者	0	0	0	5 000 000	48 888 889
总计	3 000 000	7 500 000	15 000 000	40 000 000	440 000 000
投资回报	第一轮	第二轮	第三轮	第四轮	退出
持有期（年）	3.25	3	2.75	2.5	
投资回报时长	83.44	41.72	26.07	9.78	
内部收益率（IRR）	290%	247%	227%	149%	

来源：Business Plan, Feburary 28, 2000。

内容管理产业

据 GISTICS（数字资产管理贸易组织）的预测，内容管理市场（包括劳动力、软件、硬件和管理数十亿图像所需的实物资产）的规模将在 2000 年在世界范围内达到 2 万亿美元的市场规模（1999 年市场报告）。内容可以包括图像、视频、文字和声音。Artemis 旨在追求内容管理市场的两个细分领域。第一个是现有的存量照片市场，这是一个 B2B 市场，在这个市场中图像版权被出售给诸如杂志、书籍和网站等出版物限量使用。Deutsche 银行的亚历克斯·布朗（Alex Brown）估计，在 2000 年该市场将达到 15 亿美元的规模。Corbis，数字影像产业的两巨头之一，估计该市场将在 2000 年达到 50 亿美元的规模。

消费者也需要商业化的图像。行业内部人士认为，该市场预计会在 2000 年呈现爆炸式增长，因为网页技术支持将图像直接显示和传输。IMSC 的档案是这种 B2C 的一个例子。以往，消费者要想购买档案中的图像，必须到 IMSC 博物馆或写信给工作人员。随后图像的检索和实现需要手动搜索档案库，这个过程可能需要两个星期。基于网页的数字化和搜索引擎会减少搜索时间和履行订单所需的人员，并方便客户线上选择产品和下单。来自伦敦的报纸 *Daily Mirror*，已经在自己的网站上展示了其存档的图像，并在第一个月内获得了超过 30 000 美元的收入。IMG，一个体育营销组织，曾把 1 000 万美元挥掷于与 IMSC 的合同上。

竞争

市场上现有许多图库和消费者照片网站，从只对企业图库市场服务到为业余摄影师张贴自己照片服务，各式各样。大多数网站并没有提供一个"社区"，即供消费者评论和讨论的一种载体、一个强大的搜索引擎和一种重新设计内容的方式（电子贺卡、印刷品、照片杯子、日历等）。此外，可获取的以数字形式提供的档案是有限的，因为其他内容提供商是从虚拟世界到现实世界都有，而 Artemis 模式则相反。竞争对手的问题主要体现在数字化工作流程方面，以及原始资产因档案四处分布而对于原始资产处于何处存在认知偏差。它们按需扫描图像，这严重限制了其网站上可搜索内容的丰富性。

克里斯汀和格雷格评估了五大竞争对手的商业计划：

www.corbis.com：由比尔·盖茨所有，其档案库中有超过 6 500 万张图像，但可供消费者获取、用于网络分销（电子贺卡、屏幕保护程序等）的图片仅有 65 万张。可作为印刷品被购买的图片只有 35 万张。该网站设计精良且搜索功能良好，但该网站上没有社区。Corbis 追求的利基市场是档案的完全所有权和基于需求的扫描。据报道，Corbis 最近以超过 3 000 万美元的价格收购了 Louvre 档案。

www.getty-images.com：一个拥有超过 7 000 万张图片的档案库。1999 年，该网站只是链接到包括 art.com 等其他全资子公司的一个源头。它没有搜索功能，没有社区，仅作为公司的一种宣传册。像 Corbis 一样，Getty 专注于拥有内容，随后按需扫描。

www.art.com：一个设计和导航很好的网站，这个网站是 Getty 公司的一个全资子公司，被定位为消费者获取 Getty 部分档案的一个窗口。与 Corbis 类似，消费者能够购买打印品、发送电子贺卡等。尽管 Getty 的档案覆盖面很广，但这个网站可用的数字化图像数量仍有限。

www.mediaexchange.com：一个严格意义上的针对新闻资源的照片图库网站，该网站在很大程度上依赖于文字。很难使用它进行导航，而且它的图形用户界面不具有吸引力。

www.thepicturecollection.com：一个提供 Time 杂志图片档案的网站，设计良好，并且具备很好的搜索功能。在它上面的搜索不仅会显示缩略图，还会显示附加的定位标签或元数据。

www.ditto.com：世界领先的视觉搜索引擎，使人们可以通过图片浏览网页。但有两个前提：提供高度相关的缩略图和基于这些图像链接到相关网站。到 2000 年，他们已经开发出了互联网上最大的可视化内容索引。

表 AB 6.6 显示了 Artemis 与两位主要竞争者 Getty 和 Corbis 在存储摄影市场的比较。这个表只说明了存储照片的销售收入，并未包括来自消费者销售、商品、广告或其他收入来源的潜在收入。

据 Corbis 的市场总监表示，Corbis 打算将其整个档案库数字化，并且正处于将模拟图像转换为数字图像的阶段，目前尚有 6 300 万张图片未被转换。Getty 和 Corbis 进入内容产业已久，它们刚刚感受到来自电子商务的影响：

- 1999 年，Corbis 从网页中获得了 80% 的收入，而 1996 年在网页方面还颗粒无收。
- 1998 年至 1999 年期间，Getty 的电子商务销售额增长了 160%。
- 1999 年，Getty 收入的 34% 来自电子商务，而在 1998 年这一比例仅为 17%。

表 AB 6.6　存储照片预期销售量比较

	Artemis Indy 档案 2000*	Artemis 2000	Artemis 2001	Artemis 2002	Getty 1999	Corbis 1999
档案规模	5 000 000	5 000 000	50 000 000	95 000 000	70 000 000	65 000 000
数字化图像的累计数量	345 600	345 600	6 796 800	21 542 400	1 200 000	2 100 000
数字化的百分比 **	7%	7%	14%	23%	1.71%	3.2%
达到收入目标需要销售的图像数量	0	0	151 484	623 493	1 646 667	666 666
达到收入目标需要出售档案的百分比 ***	0	0	0.30%	0.16%	2.35%	1.00%
收入 ****	0	0	$22 722 600	$93 523 950	$247 000 000	$100 000 000
档案中每个图像可获得的收入	0	0	$0.45	$0.98	$0.353	$1.58
每个数字化图像可获得的收入	0	0	$3.25	$4.30	$205.83	$47.62

* Artemis 已从 IMSC 获得独家内容协议。

** 估计结果是基于每个扫描仪每天扫描 1 920 幅图像，每个档案有 2 个扫描仪。随着扫描技术的提高，处理量预计将上升。

*** 为达到收入目标，需要出售 Artemis 档案的比例需要在 0.03% 和 0.22% 之间变动，而 Getty 和 Corbis 实际分别需要 2.35% 和 0.6% 的比例。

****Artemis 收入额是按每张图片 150 美元价格计算而来，这个价格是图片库的最低平均价格。Corbis 因为是私有公司，所以这个数字是被估计出来的。

战略

Artemis 试图通过在每个客户公司的组织内雇用专业的工作人员来提供数字化和存档管理，而不是利用自己的场外设施。克里斯汀的模式是通过提供数字化档案服务以换取互联网上内容的专有市场权、商品的销售权和 Artemis 网站促销宣传，有效地与每位客户共同建立起 Artemis 品牌。克里斯汀设想了一个由 Artemis 拥有或授权许可的软件，可用于不同档案媒体如照片、视频和文字的数字化。

克里斯汀和乔治希望 Artemis 能与现有的存储摄影作品和贸易数字化服务提供商进行合作，以期通过它们的销售渠道进行促销。Artemis 使用传统的销售和营销技术来追求这些关系。一方面，销售人员将拜访主要参与者，并使用有针对性的直邮；另一方面，贸易杂志广告和公关将会覆盖数量巨大的小玩家。此外，因为内容合作伙伴也是存储摄影作品的用户，因此它们也被期望成为自己的客户。

随着 Artemis 不断赢得客户，该公司将可以获取世界上一部分最好的和最被渴求的内容。克里斯汀知道他们管理团队工作流程的专业知识将使他们有能力更持续地提供比 Corbis 或 Getty 更高的质量。这些专业知识也将使得 Artemis 拥有更多的数字化产品选择，而且网站设计导航容易，能让客户迅速找到他们需要的东西。

使用现场设备，客户的内容将被数字化、注释（通过附加数字化信息标签或元数据），并上传到公司枢纽站点。元数据将允许搜索引擎定位内容，随后可以由用户查看。比如，埃迪·切夫（Eddie Cheever）在 Indy 500 获胜的照片将会有如下标签：Indy 500、埃迪·切夫、胜利、1998 年等。因此，如果一位客户前往网站寻找"埃迪·切夫"，他会找到这张特定的照片，以及其他数百张与埃迪·切夫有关的照片。Artemis 公司的数据库试图成为从网站搜索和检索的存储库。

传统的内容管理战略迫使组织去购买技术和专业知识。Artemis 的模式是通过交换技术和专业知识以获取专属的网络分销权利和收入份额分享，试图减轻这种负担。运营战略是在客户的设施上创建一个基于安装和运行数字化资产管理系统的基础设施，以创建图像、视频、声音和文字的全球数字化档案。这将有助于 Artemis 锁定与这些组织的长期关系，并确保 Artemis 将会同时拥有过去的和最新的内容。Artemis 将会拥有并运作内容管理技术，其他包括网页开发、网页托管、消费者数据收集和商品（印刷和邮寄海报或印刷品）的仓储及订单履行，全部运行都需要外包。Artemis 每天将扫描数千张图片，将每张图片的成本降低到不到 2 美元，与之相对，Corbis 和 Getty 按需扫描模式下每张图片的费用约为 40 美元。内容管理和照片制作所需的设备将会采用租赁的方式，以获取最小化的启动成本，并确保系统配置的更大灵活性。

他们最初的计划是在位于科罗拉多州丹佛市的总部购买并安装软件和硬件，与网络开发合作伙伴订立合同，并在 IMSC 设立了第一个现场设施。丹佛工厂将被作为开发实验室，创建一个能够被所有合作伙伴的内容所采用的标准的元数据集。这种一致性的注释信息旨在允许用户对内容进行一致的搜索和检索。Artemis 的目标是建立一个世界级的基础设施去处理内容管理、消费者数据集和电子商务。这个基础设施将使他们能够通过扩展到其他细分市场，积累大量的内容和交易量。开发自己的结构将会确保内容标准化并缩短执行时间。延伸新闻覆盖面和发展社区功能将会同时被协商。图 AB 6.1 中的时间轴说明了 Artemis 的发展计划。

财务预期

Artemis 的收入预期有 4 个主要来源：

消费者图片：1999 年，IMSC 的档案在一个仅限于消费者到访档案室或写信给其工作人员的市场

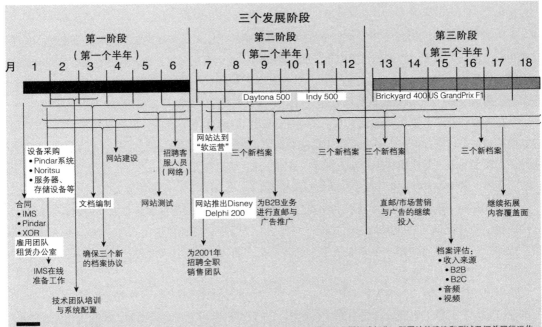

图 AB 6.1 Artemis 发展时间轴

来源：e-Catalyst Business Plan, Feburary 28, 2000。

上销售了约 53 000 张图片。2001 年，Artemis 的预计销售额是基于平均每个档案售出 15 000 张图片、价格为每张 19.99（规格为"8×10"）计算得出。而到了 2003 年，同样的价格和规格，销售量预测将增长到每个档案售出 20 000 图片。

库存照片：根据照片的独特性，库存照片的价格从 150 美元到 100 000 美元不等。两位该市场的领导者，Artemis 的竞争对手 Getty 和 Corbis，分别出售了他们档案的 2.35% 和 0.6%。根据平均销售价格 150 美元来计算，Getty 能从档案的每张图片中获取平均 6 美元的收入，Corbis 约获得 1.85 美元的收入。Artemis 构建的财务预期的依据是，2001 年的销售量占其档案的 0.3%，到 2002 年，该比例为 0.16%。Artemis 的利润计算是基于 2001 年其档案中每张图片的回报为 0.2 美元，至 2003 年增至 0.6 美元。

关联：公司团队在互联网公司的工作经验使他们相信，拥有独家内容的网站能够将他们的内容与其他网站进行关联整合。他们预计，Artemis 将会每年从为网站提供内容作为营销工具的每份合同中获得 10 万美元的收入。现有的拥有丰富内容的公司每周洽谈 5 个新的协议协定，获得 500 万美元的潜在年度收入。

商品：据 American OnLine/ Roper Starch Worldwide 的调研，大约 30% 的互联网用户经常网购。American OnLine 更保守地假设仅有 1% 独特的访客会进行购买。关于平均在线购买额的估计，不同人的估计结果差别很大，沃顿商学院估测为 86.13 美元，而 eMarkets 估计为 219 美元。American OnLine 团队认为单次购买额 50 美元是一个非常保守的数字了。

克里斯汀和乔治对于 Artemis 能够达到预测的照片销售数量从而实现预期收入充满信心。1999 年，IMSC 的档案已经售出了约 53 000 张照片，比 1998 年增加了 33%，而且这些销售量仅由大约 100 万访问其档案室的消费者产生。换言之，每 28 位潜在客户中就有 1 位实际购买了 1 张照片。克里斯汀和乔治假定即使是 160 位独特访问者中仅有 1 位在网站购买了 1 张照片，那么 Artemis 网站将比 IMSC 1999 年的销售额高出 42%（表 AB 6.6 为预计销售量）。克里斯汀和乔治相信这个预测是合理的，鉴于 IMSC 没有对其档案进行营销和大力宣传，Artemis 公司则会在处理档案时进行大量宣传。而随着网络内容的丰富和覆盖面的扩大，2002 年公司收入应该是 2001 年的 2 倍。

由于团队以前配置和销售过内容管理系统，所以他们对该过程中设备和人员等相关成本比较熟悉。他们认真地进行了研究，以及时了解最新的技术，并尝试减少成本和改进过程。

发起：开始就有问题

克里斯汀彻底投入了 Artemis 项目。已经通过 5 年的合同获得了 IMSC 档案的排他专有权及获取途径，她找到了一个可靠的技术人员，正渴望着迁移到印第安纳波利斯开始扫描和数字化处理过程。一个颇具声誉的独立图片实验室同意处理打印和订单履行工作。克里斯汀 2000 年 5 月对于 Indy 500 的访问也是一个建立人脉的很好机会。她遇到了大公司的高管，也接触了投资者和客户。她与一个网络设计公司达成了协议，搭建 Artemis 的网站，并小心翼翼地保留了设计的所有权。她联系了 100 多家潜在的风险投资家和天使投资人。

就个人而言，她一切顺利。财务方面，她正迅速地进入负债状态。虽然为了 Artemis 的创建，作为公司合法所有者的弗兰克和格雷格，早已贡献出自己的想法、人脉或做了跑腿工作。但是，格雷格纵然对他的商业计划能够吸引投资者具有信心，可他还是把初创公司视为风险，而不愿付出承诺。同样，弗兰克也决定在 Thompson Learning 的一个机构 Petersons.com 继续工作，直到 Artemis 能够确保获得第一轮融资。弗兰克虽然继续提供咨询，但他还有妻子和两个上幼儿园的小孩要负责。

每次与潜在资助者的会议都会得出如何使企业对投资更有吸引力的建议。有时他们会伸出援手，但有时他们只是加剧了克里斯汀和乔治的沮丧。换句话说，不断寻找资金的两年时间让人身心俱疲。资金的短缺影响了业务的外观和感觉，也使得创始人之间的关系变得异常紧张。随之而来的是激烈讨论，主要关于每个人预期应发挥的作用，公司所有权的重新分配，以及维持印第安纳波利斯办公场所和支付扫描技术人员及网络开发人员所需要的现金，更不用说管理和营销业务所需的自付费用了。

克里斯汀和乔治向他们的家人寻求帮助。乔治的父亲贡献了 5 000 美元。克里斯汀的母亲已经进入退休期，主要负责支付克里斯汀的抵押贷款，并资助克里斯汀对于在伦敦、纽约和波士顿的潜在客户和投资者的访问。截至 2001 年 5 月，克里斯汀母亲的赞助已经超过 20 万美元。一个支持他的赛车爱好者给出了 50 000 美元贷款，这推动了 Artemis 重组为 C 类公司。4 位原始联合创始人在新公司都有股份，但克里斯汀占据了大多数份额（66%），乔治持有 30%，弗兰克和格雷格的股份每个人都减少到 2%。公司的财务预测有所下调（见表 AB 6.7）。

公司网站于 2001 年 5 月 18 日正式启动。一切都很美妙，那天晚上，当网站上线，克里斯汀把自己的信用卡投入使用时，她紧张地屏住了呼吸。但是购物失败，订单无法被处理。克里斯汀知道自己陷入了麻烦之中。

表 AB 6.7　修改后的财务摘要预测					（单位：美元）
盈亏总计					
	2000	2001	2002	2003	总计
销售收入	5 312*	373 779	2 294 116	4 735 400	7 408 607
销售成本	1 700	43 368	265 312	564 480	874 860
毛利	3 612	330 411	2 028 804	4 170 920	6 533 747
营业利润	52 499	328 550	1 235 363	2 035 430	3 651 842
税前净利润	(48 887)	1 861	793 441	2 135 490	2 881 905
应纳税额（38%）	0	0	283 638	811 486	1 095 124
净收入	(48 887)	1 861	509 803	1 324 004	1 786 781

资产负债表				
资产	2000	2001	2002	2003
现金及现金等价物	45 113	78 260	675.347	2 615 573
应收账款	0	13 610	222 950	462 200
库存	0	0	0	0
待摊费用	0	0	0	0
应折旧资产	0	0	0	0
其他应折旧资产	0	0	0	0
折旧	0	0	0	0
净折旧资产	0	0	0	0
总资产	45 113	40 574	898 297	3 077 773
负债和资本				
应付账款	4 000	12 355	61 882	105 868
应计所得税	0	0	283 638	1 095 124
应计工资税	0	0	0	0
总负债	4 000	12 355	345 520	1 200 992
认缴资本	90 000**	90 000	90 000	90 000
所有者权益	0	0	0	0
未分配的利润	(48 887)	(61 781)	462 777	1 786 781
资本净值	41 113	28 219	552 777	1 876 781
总负债和资本	45 113	40 574	898 287	3 077 773

* 这些交易有三分之二是由 Artemis 工作人员和朋友为测试网站而执行的。

** 克里斯汀的母亲为其女儿支付的抵押和生活费用不包括在内。

崩溃

自一开始，网站就有问题。网络开发合同规定 Indy 500 的网站将在 2001 年 5 月 8 日之前上线，以与印第安纳波利斯赛车场举行的为期一个月直到 5 月 27 日的一系列活动同步。然而，网络开发耗时比预期时间要长，在 5 月 18 日开始首次运作。由于忽视了网络交互界面是否运行正常的测试，因此当网站被激活时，他们就遭遇了严重的挫败。该网站在 24 小时之后就下线了，在接下来的一周一直面对着类似的问题，5 月 27 日该网站再次被关闭。更多的技术难题延迟了该网站的活动，直至 5 月 31 日才恢复，但那时 Indy 赛车系列活动已经结束。

整个 6 月份，消费者流量远低于原来的预期。该网站不容易被访问，购物车故障，然而网络开发商却要求更多的钱。投资者担心可能发生诉讼，都远远避开。互联网泡沫的崩溃简直是火上浇油。克里斯汀和乔治开始重新思考他们最初的商业模式。因为他们没有有形资产，他们因此被扣为了"人质"。

网站追踪资料显示，5 月至 7 月期间试图购买的订单金额已经至少 4 万美元。克里斯汀读了几百份愤怒的电子邮件，并手动处理订单。成功处理的订单被参差不齐地执行。许多订购的照片从来没有发货，或者是重复发货，或者不正确付款。同时，她尝试与软件开发商就支付要求进行谈判，并保持 25 万美元投资前景。

2001 年 7 月 9 日，网络开发公司威胁要彻底解决问题。即使该网站并不能正常运转，他们仍想要全额拿到支付合同的余额。如果没有全额付款，他们就会在一周内关闭网站。投资者提出支付 80% 的合同余额以获取网站代码来解决这个问题。但是，那个公司拒绝了。7 月 13 日，星期五，克里斯汀不得不告诉 IMSC，在不到 48 小时的时间里，网站会被关闭。投资者拿走了他的 25 万美元。

7 月 17 日，星期二，克里斯汀与乔治召开了紧急会议。乔治已经受够了。压力正在影响他的健康、人际关系和生活方式。他相信他的家人已经贡献了比他要求的权利更多的钱。没有薪酬、他投入很长时间的努力。他的女朋友也一直在劝说乔治离开一段时间。现在，他已经没有留下来的理由了。

克里斯汀被压垮了。她怎么面对印第安纳波利斯的人？让他们失望对克里斯汀来讲很艰难。投入了这么多在这个事业里，她不确定自己就可以这么放手。同时，她也不知道何去何从。

克里斯汀反思道："曾经，我用我的头衔、薪水和财产来定义成功。在 AGT 工作的时候，我拥有这一切。我之所以创建 Artemis，是因为我真的非常关心 IMSC，想让粉丝看到 Indy 赛车运动的图片。而现在，我体会到创建一家公司过程中所产生的巨大的满足感，我能够清晰地看到自己的未来，但是眼下一天天的生活却是如此艰难。我仍迷失在这些美丽的图像中。"

问题

1. 讨论克里斯汀为什么创建了公司。她所面临的机遇是什么？
2. 你怎样评价这个团队的业务胜任资格？
3. 讨论团队之间的所有权分配。
4. 评估 Artemis 的商业模式。它是否足够强大？该公司是否能够盈利？

7 Sirtris 制药公司：生活更健康、更长久（节选）[①]

Sirtris 制药公司是一家位于马萨诸塞州坎布里奇的生命科学公司。2007 年 2 月的一个星期六，Sirtris 的两位创始人戴维·辛克莱（David Sinclair）博士和克里斯托弗·韦斯特法尔（Christopher Westphal）博士正准备开始他们每周一次的战略规划会议。Sirtris 公司开展老年疾病研究，比如糖尿病、癌症和阿尔茨海默症等。然而，真正吸引投资者和媒体注意力的是他们的研究可能延长人类的寿命。

Sirtris 已经发现了白藜芦醇和长寿蛋白之间的联系，白藜芦醇是一种在红葡萄中发现的化合物，而长寿蛋白则是新发现的存在于许多生物体中的一种酶，它可以延长老鼠及人类的寿命并改善健康状况。戴维和克里斯托弗正在开发长寿蛋白在糖尿病市场中的应用。目前，Sirtris 团队已经获得了白藜芦醇的产权配方，称为 SRT501，而且正在开发比白藜芦醇的药力强 1 000 倍的新化学实体（NCEs）。

在战略规划会议上，CEO 克里斯托弗、科学咨询委员会的联合主席戴维、企业发展部主管米歇尔·迪普（Michelle Dipp）博士、公司首席运营官加隆·博林（Gallon Boleyn）共同参会，讨论了 Sirtris 公司的三个战略选择：

- 授权：Sirtris 公司是否应该引入化合物许可使其药物发展平台多样化，超越 SIRT1 狭窄的聚焦范围？SIRT1 只是人体中七个长寿蛋白变异体中的一个。
- 与制药公司之间的伙伴关系：Sirtris 公司需要与一个大型制药公司建立合作伙伴关系吗？在公司目前的发展阶段，与一个制药公司建立联系意味着什么？是否应该延迟某些项目直到有足够的临床数据？
- 保健营养品：Sirtris 公司是否应该将现有的白藜芦醇产品 SRT501 作为一种营养保健品销售？该种营养保健品是一种可以直接销售的保健产品，不需要 FDA 的批准。

抗衰老科学

在漫长的历史中，人类对长寿的追求从未停止过。古希腊人憧憬不朽的神灵，16 世纪西班牙冒险家庞塞·德·莱翁（Ponce DE Leon）寻找青春之泉，21 世纪科学家在锯齿类动物身上检验能够延长生命的生物化合物。直到 20 世纪 90 年代，唯一一个被证明可以延长动物生命的方法是减少卡路里摄入量；然而，二十多年来科学家并没有弄清楚由卡路里触发的生物机制。20 世纪 90 年代的研究表明，卡路里减少是一种生物刺激，能够激发防御性的代谢反应。只有少数科学家关注这项研究，就像只有少数科学家将抗衰老研究作为他们的事业一样。

20 世纪 90 年代，麻省理工学院的伦纳德·瓜伦特（Leonard Guarente）教授追踪到卡路里减少在酵母和长寿蛋白中的分子路径后，长寿方面的研究才逐渐成为一个被认可的研究领域。对于人类而

[①] Professor Toby Stuart and Senior Researcher David Kiron, Global Research Group, prepared this case, with advice and contributions from Alexander Crisses. HBS cases are developed solely as basis for class discussion rather than to illustrate either effective or ineffective handling of an administrative situation.

Reprinted by permission of Harvard Business School.

Copyright © 2008 President and Fellows of Harvard College. Harvard Business School Case 813029.

言，存在七种长寿蛋白。Sirtris 将 90% 的研究集中于长寿蛋白，称为人类的 SIRT1。

戴维·辛克莱

戴维于 1995 年在新南威尔士大学获得博士学位，之后加入了麻省理工的实验室与瓜伦特开始合作。1997 年，他与瓜伦特合作发表了一篇论文，描述了与 SIRT1 等价的酵母怎样提高酵母细胞生命周期的 30%。1999 年，戴维成为哈佛大学的终身教员，但他仍然与瓜伦特合作。他们发现长寿蛋白基因的特殊复制大约可以延长蛔虫 50% 的寿命，它是一种与酵母完全不同的有机体。这项研究是为了激活长寿蛋白的化合物，蕴含着很高的风险。迪普博士说："没有任何化学物或药物增加过长寿蛋白的活跃度，一个可以激活长寿蛋白的化合物将会增加细胞的新陈代谢，对于人类健康的发展影响深远。"

2003 年，戴维在红酒中发现了一种能够激活酵母细胞内长寿蛋白的化合物——白藜芦醇。这项发现意味着，开发一种能够激活长寿蛋白酶的药物也许是可能的。激活这种酶的一种方法是通过将它高度提纯用在病人身上，以发挥白藜芦醇的最大效果；另一种方法是采用一种全新的、更有效的化学结构模拟白藜芦醇的效果。他发表在 2003 年 9 月《自然》(Nature) 杂志上的文章描述了这项工作，并引起了克里斯托弗的关注。克里斯托弗是 Polaris Venture Partners 的普通合伙人。

克里斯托弗·韦斯特法尔

在 Polaris 从业的 4 年中，克里斯托弗已经完成了几项成功的投资。它与别人联合成立了 5 家公司，并在其中 4 个公司中担任原始 CEO。在所有的项目中，当公司的发展开始步入正轨后，克里斯托弗都会雇用一个 CEO 代替自己，而他只作为董事会的最大投资人存在。在他所参与的公司中，其中两个早在 2007 年就已经公开上市，且全部市值达 14 亿美元。诺贝尔生物学奖获得者、Sirtris 公司顾问菲利普·夏普（Phillip Sharp）描述了克里斯托弗在商业和科学方面的敏锐："克里斯托弗的综合能力是非常罕见的。在从事生物科技工作的 30 年中，我从未见过与他能力相当的人。"[①] 2001 年，麻省理工学院的《技术评论》(Technology Review) 将克里斯托弗评选为全国前 100 名年轻投资者之一（年龄低于 35 岁）。

克里斯托弗的父母都是医生，他本人曾是 McKinsey 公司的咨询师，并在不到 6 年的时间里通过了哈佛医学院的 MD/Ph.D 项目。此外，他还会说四国语言，对音乐非常精通。几个 Sirtris 董事会的成员认为他是一个拥有"超能量"的人，而他在生物科技领域则享有"摇滚明星"的赞誉。有人说，"他拥有理解科学及其他商业潜能的超凡综合能力，并且他能够以一种可理解的方式将它清晰地向投资人解释，让他们产生共鸣。"

克里斯托弗有一套与众不同的建立生物科技公司的能力。在很多人还在观望、没做好准备之前，他就已经成功地进行了首次公开募股（IPO）。在两次成功案例中，克里斯托弗都与世界级的权威专家组队成立公司。例如，在一个案例中与 Scripps 研究所的世界著名科学家保罗·舒密尔（Paul Schimmel）和生物学家菲利普·夏普共同组队，而在另一个案例中与 MIT 的教授、也是世界上最负盛名的科学家和企业家罗伯特·兰格（Robert Langer）组队。克里斯托弗曾这样描述他所寻找的要素

[①] David Stipp, "Drink Wine and Live Longer," *Fortune*, February 12, 2007.

及创立公司的方法:"第一,你需要出色的科学知识;第二,你需要一个传奇的故事;第三,你需要大量的风险投资的支持和许多现金。我是'在初始阶段筹集尽可能多资金'这一信条的狂热信奉者。"

通过对这个模型的应用,以及行业前沿专家网络的不断扩充,克里斯托弗已经开发了一种创立公司的成功方法。2003年,他读了戴维的文章并致电戴维。

创立Sirtris

戴维见到了克里斯托弗,并对他留下了深刻的印象。6个月之后,克里斯托弗表达了想要跟戴维成立一个公司的意愿,正在与其他投资者探讨这个想法的戴维同意了这个提议。经过再三思量,克里斯托弗以全职CEO的身份加入Sirtris。与他创立的其他公司不同,克里斯托弗计划留在这个公司,放弃了他的风投生涯和高达6位数的薪酬。他这样解释了自己的决定:

许多人都认为离开我成功的风投事业风险太高了。我的薪酬减少了50万,而我和我的妻子刚在波士顿芬威公园附近买了一套昂贵的房子。而在那个时候,戴维没有任何数据表明白藜芦醇可以激活哺乳类动物体内的长寿蛋白,或者可以影响它们的葡萄糖水平或胰岛素。尽管我们都希望这些被证明是真实的,但我的风投朋友们告诉我说这不理性。从某种程度上讲,他们是对的,但是我在Sirtris感受到了在其他公司所没有的兴奋。

Sirtris的科学咨询委员会

事实上,所有在早期阶段的生物制药公司都会创立科学咨询委员会(Scientific Advisory Board,SAB)。SAB内成员的职责是为公司的科技战略提供建议;有时候他们也协助SAB成员所开发的产品获得知识产权;同时,他们也是保持公司与行业内其他公司并驾齐驱的助力。Sirtris的目标是打造一个世界级的SAB,并吸引长寿蛋白研究领域内最顶尖的科学家。戴维描述了Sirtris SAB的构成:"克里斯托弗说'给我一张你们领域排名前十的人物列表',于是两周内我们相继与这些人开了视频会议。其中一个学者路易斯本打算成立一个与我们竞争的公司,但克里斯托弗飞去与他见面,并成功劝说他放弃创业转而加入我们。"一个旁观者注意到:

自从与戴维合伙以来,克里斯托弗组织了生物科技领域内备受争议的"血统最纯正的"SAB,包括MIT的夏普、医院投资经验丰富的罗伯特·兰格、哈佛大学基因克隆技术的拓荒者托马斯·马尼亚蒂斯(Thomas Maniatis),以及Merck公司研究部的前执行副总裁托马斯·萨尔兹曼(Thomas Salzman)。现在团队的人数是27人,他们大都是世界长寿蛋白研究的主要专家。[①]

发展中的Sirtris

2004年中期,克里斯托弗和戴维还在继续争取波士顿区域内风险投资公司的青睐。到8月份,他们获得了Polaris和其他三个风险投资者共计500万美元的首轮融资(A轮)。戴维谈道:"克里斯托弗让我们在短时间内就能与波士顿区域内的主要风险投资者们进行谈话。尽管很多人对我们说'不',但克里斯托弗设置了一个投资的小窗口时期,不少人因为没有参与投资而开始感到紧张。这个较短时间表的设置自动建立了某种动力,帮助我们吸引了投资者的兴趣。"

2004年11月,克里斯托弗和戴维在A轮主要融资中又获得了1 300万美元的融资(表AB 7.1

[①] David Stipp, "Live Forever?" *Fortune*, February 5, 2007.

具体说明了 Sirtris 的 5 次融资情况，表 AB 7.2 具体说明了其他三家生物科技公司 IPO 前的融资情况）。克里斯托弗用前两次的融资事实，说明了他们在缺失任何哺乳类动物数据的情况下筹集资本的能力。

表 AB 7.1　Sirtris 融资轮次

融资轮次	时间	投资者	投资额（百万美元）	预估价（百万美元）
A	2004.08	Polaris 及其他	5.0	2.8
A1	2004.10	Polaris 及其他	13.0	10.9
B	2005.03	Three Arch Partners 及其他	27.0	32.5
C	2006.04	Bessemer Venture Partners 及其他	22.0	95.4
C1	2007.02	John Henry, Peter Lynch 及其他	35.9	184.0

来源：公司文件。

表 AB 7.2　规模相当的企业上市前融资

公司	轮次/日期	投资者	投资额（百万美元）
Anesiva（IPO2004）	2Q/2001	InterWest Partners 及其他	13
	2Q/2002	Bear Stearn Health Innoventures 及其他	50
	4Q/2003	Bristol Myers 及其他	45
Cytokinetics（IPO 2004）	2Q/1998	Mayfield 及其他	5
	3Q/1999	International BM Biomedicine Holdings 及其他	20
	4Q/2000	Credit Suisse 及其他	50
	2Q/2001	GlaxoSmithKline 及其他	14
Momenta（IPO2004）	2Q/2002	Cardinal Partners, Polaris	4
	2Q/2003	Atlas Venture 及其他	19
	1Q/2004	Mithra 集团及其他	20

数据来源：根据 Growthink Research 整合而来。

在科学方面，我们还处于非常前期的阶段。我们在没有任何哺乳类动物数据的情况下筹集了 1 800 万美元的资金，这在当前的生物制药公司中是从来没有出现过的。我们的成功之处在于使得人们紧紧被 Sirtris 所吸引。我们有一个关于未来生物发展方向的长期愿景，而且所传达的抗衰老的信息是非常有效的，尤其对于一些正在衰老、过于肥胖的人来说，他们非常想要得到我们研发的药物。

Sirtris 必须决定怎样聚焦药物开发计划。戴维已经从理论上说明了长寿蛋白在糖尿病、癌症、心脏病、神经退化性疾病等其他疾病中的作用。其中一点是非常清楚的：我们不需要去解释抗衰老相比于其他公司所生产的药物的作用，因为美国食品和药物管理局（FDA）不认为衰老是一种疾病。公司最后决定生产一种应用于糖尿病的药物，糖尿病是一种让世界上数以万计的人群感到痛苦的疾病。

戴维在老鼠身上进行了很多实验，试图找到白藜芦醇和长寿蛋白之间的关系。克里斯托弗回忆道："在 2005 年年初，戴维开始在他的实验室收集白藜芦醇能够延长老鼠寿命的数据。我们已经证明了它可以降低老鼠体内的葡萄糖和胰岛素。就在那一瞬间，我们得到了确切的证据，它可以成为一种药品，而我们公司确实是一个有价值的公司。"Sirtris 开始扩充研发团队，并雇用长期在大型制药公司和生物科技公司效力的高管，开发药品，并通过临床试验完善药品。有了哺乳类动物的数据后，戴维和克里斯托弗又筹集了更多资本以支持 Sirtris 公司的研发。2005 年 3 月，Sirtris B 轮融资接近 2 700 万美元。

第二年，Sirtris 取得了三大进步：首先，公司成功获得了 SRT501 配方，它能保持白藜芦醇处于激活状态，增加血液对白藜芦醇的吸收率。结果表明，SRT501 能够让血液系统吸收超过现有最佳配方 5 倍的白藜芦醇。其次，Sirtris 开始在印度进行人类临床试验，评估 SRT501 作为糖尿病治疗方法的效果。克里斯托弗谈到，从一个研发公司向临床阶段公司的转变是"我们开发治疗衰老疾病计划中的一个重要里程碑"。最后，也是最重要的，戴维的研究发现，喂食含有白藜芦醇的高卡路里的食物的中年老鼠比控制组中没有喂食白藜芦醇的老鼠跑得更快，身体更瘦，寿命也多出 30%。

Sirtris 的研究者们为这些发现激动不已，因为这些数据表明，长寿蛋白在治疗糖尿病甚至是延迟 2 型糖尿病发病率中有重要作用；此外，根据过去的研究经验，在老鼠身上的药物效果也预示着它们与人类试验中的效果很可能是一致的。2006 年 4 月，Sirtris C 轮融资达到了 2 200 万美元，并获得了 1 500 万美元的风险贷款。

2006 年，随着戴维的研究成果在学术杂志、新闻稿件和其他媒体中迅速扩散，Sirtris 得到了迅速发展。同年 6 月份，Sirtris 宣布在第一期的安全试验中，SRT501 在 85 个受试人中取得了完全成功。10 月，戴维的研究成果出现在《华尔街日报》的头版。接下来的几个月，发表在《细胞》(Cell) 和《自然》(Nature) 上的论文阐明了白藜芦醇可以让老鼠增加双倍的精力，并显著延长它们的寿命。2006 年《自然》杂志上的论文也表明，活性长寿蛋白能够增加细胞的功能粒子数量，维持一系列细胞活动所需的能量，包括葡萄糖代谢等。

2006 年深秋，戴维收到了波士顿红袜棒球队的老板约翰·亨利（John W. Henry）请求见面的邮件。克里斯托弗这样描述这次见面：

当我们向他介绍完公司之后，他说"我可以帮你们做什么"，我说"我觉得你可以在我们公司注资 5 000 万美元"。接着，他说"5 000 万美元我可能做不到，但我可以投资 2 000 万美元"，然后我说"两周内我们可以搞定吗"。约翰与传说中的 Fidelity's Magellan Fund 前基金经理皮特·林奇（Peter Lynch）合作，后者具有丰富的尽职调查经验。在考虑之后，他们说"可以"。此后，每一个投资者都想要投资我们公司。

继续前进
保健营养品

克里斯托弗和戴维对于 SRT501 蕴含的商业机会展开了长期的争论。戴维认为在临床研究没有完成之前，市场上对 SRT501 的需求会很大，而 Sirtris 无论如何都应该将 SRT501 作为一种营养保健品销售。戴维每天都会收到 30—50 封希望获得白藜芦醇的邮件。

对于一家着眼于药品研发的生物科技公司，Sirtris 进入营养保健行业是史无前例的。一些其他生物科技公司也采取了与 Sirtris 同样的行动。根据定义，其市场规模每年销售额估算的变动范围为数万亿美元到数千亿美元。① 而与关节健康补品有关的销售就可能超过 10 亿美元。② 保健品的经济效益也是相当可观的。制作每个胶囊的成本大约是 0.25 美元。比 SRT501 的药效差很远的现有供应商所提供的白藜芦醇售价大概在每个胶囊 1 美元左右。

但是，克里斯托弗一直质疑营养保健品的观点。他认为有以下几点值得注意：营养保健品市场是不可预知且不规范的——FDA 没有批准销售补品，也没有任何证据能够验证一种补品甚至其成分的有效性。戴维检验了一些白藜芦醇药片的药效，发现市场上有些品牌的产品压根就没有活性白藜芦醇，其他含有白藜芦醇的品牌远远达不到对人类产生药效的程度。即使 Sirtris 有一款经过科学证明的有效产品，技术上也很难将它与市场上众多的其他供应者所提供的白藜芦醇加以区分。那么，在这个领域内公司该怎样将它与其他公司区分开来？另一个与之有关的问题是安全性。戴维说："如果有人将某人的死亡归咎于服用了 SRT501，这将远远超出营养保健品的范畴。"

另外一个问题与身份（identity）有关。Sirtris 是不是一个致力于开发 FDA 批准的药品的严谨科学的公司？只有获得 FDA 批准的药品，才能出现在内科医生给病人开的处方上用以改善病人的衰老疾病。如果开始销售营养保健品，Sirtris 的品牌会不会受损？公司办公墙上正展览着戴维、克里斯托弗与诺贝尔生物学奖获得者及风投领域内杰出人物和其他名人的图片。里奇·奥德里奇（Rich Aldrich）是这个公司的原始投资者和现有股东，他解释道："Sirtris 的故事是一种平衡。它是在核心科技和克里斯托弗与戴维不断延伸服务的基础上小心翼翼建立起来的公司。如果涉及营养保健品，Sirtris 的故事会被终止还是会继续拓展，存在很大的不确定性。"

另一个问题是，进入营养保健品市场的商业模式是什么？Sirtris 进入后的收益有多大？市场会接受它的进入吗？公司是否应该设立一个子公司或者创立一个致力于推广 SRT501 的衍生公司？如果设立子公司，那么子公司的名字就叫 Sirtris，还是换一个不同的名字？一些 Sirtris 的高管赞成设立一个拥有不同名字的子公司，目的是让市场认识到 Sirtris 是一家基于 NCE 开发平台的聚焦药品研发的公司。克里斯托弗说："我们的长期投资者赞成这个选择，因为他们选择这个公司是为了 NCEs，而不是为了 SRT501 的商业数据。"

另一个问题是零售业态。Sirtris 可以通过网络销售或者与保健品商店合作（比如 GNC）的方式销售 SRT501，也可以自己建立零售网点。与零售商合作会降低公司对品牌的控制力吗？建立自己的零售网点会贬低自己的药品开发吗？

药物交易

纵观 2006 年，来自世界实验室的证据证实了戴维的假设——白藜芦醇、长寿蛋白和哺乳动物新陈代谢活动之间存在联系。有几个制药公司就建立药品开发合作伙伴关系的可能性，开始与克里斯托弗交涉。他希望一笔交易的条款可以包含很多现金预付款、平等的购买协议、有保证的覆盖大约 4—5 年研发支持和临床试验阶段的付款。Sirtris 将会对任一 SIRT 药物的销售收取专利费用（交易的可能条款详见表 AB 7.3，大型制药公司和生物科技公司之间的交易详细信息见表 AB 7.4）。作为一种替代方案，该团队认为可以签署与表 AB 7.3 条款内容相似的协议，但是在这项协议中制药伙伴将会在公司占有 51% 的股权。

---

① "The Global Demand for Essential Minerals is Worth $6.9 Billion," *Business Wire*, November 2, 2006, via Factiva, accessed April 2012.

② Eric Nagourney, "Study Sees Little Benefit in Chondroitin for Arthritis," *New York Times*, April 17, 2007.

表 AB 7.3　潜在的医药交易条款

- 限期 5 年
- 19.9% 或 51% 的股权投资,最近的股价溢价 50%[*]
- 如果排他性地选择加入 Sirtris,并从事开发和销售活性 SIRT1 项目中的化合物开发和市场化,则预先支付 7 500 万美元
- 给予 5 年有保障的研发支持,共计 1 亿美元。第一年支付 1 000 万美元,之后逐年增加
- 在美国特许权使用费、可能实现的生产利润及联合促销费用与收益基本上是 1:1 的关系。这对于 Sirtris 来说是很重要的一点,因为活性 SIRT1 项目是公司的核心项目,基本上代表了公司 90% 以上的价值
- 制药公司将领导市场和除美国之外的国家的具体发展情况,Sirtris 将对美国市场外的销售收取两位数的特许权使用费
- 要达到里程碑并同时降低风险,大约需要 2 亿美元。其中,15% 应用于人体活性 SIRT1 NCE 的安全/PK 部分;大约 25% 应用于人体 NCE 1b 阶段的葡萄糖效应观察;大约 30% 应用于人体 NCE 2a 阶段的完成;大约 30% 应用于 2b 阶段的完成

[*] 在讨论的有两个股权投资方案:Sirtris 股权的 19.9% 和 51%。以下同。
来源:公司文件。

表 AB 7.4　生物科技公司和大型制药公司 IPO 前协议比较

生物科技公司	协议	大型制药公司/条款
Corgentech 是一家后期生物科技公司,致力于成为转录因子诱偏开发与商业化领域的领航者。它有四种适用于适应症的药品,目前处于临床开发阶段	共同开发和商业化 Corgentech 公司的 E2F Decoy,它是第三阶段开发中用于冠状动脉旁路移植术(CABG)和外周动脉旁路移植手术后静脉移植物衰竭的预防的一种治疗方法	Bristol-Myers Squibb 将向 Corgentech 支付包括现金和股权投资共计 4 500 万美元的资金,可能还有 2.05 亿美元用于临床和监管的进度付款。Bristol-Myers Squibb 和 Corgentech 将按之前的协议共同承担在美国和欧洲的研发成本
Cytokinetics 是一家专注于小分子创新疗法,尤其是细胞骨架疗法的发现、研发和商业化的生物科技公司	通过广泛的战略合作发现、研发和商业化用于癌症等疾病治疗的靶向有丝分裂驱动蛋白的新型小分子治疗剂	GSK 承诺在 5 年的研究期间内提供 5 000 万美元的资金支持,包括 1 400 万的现金支付,1 400 万的股权投资。此外,基于已建立的合作项目,GSK 以进度付款的方式注资 Cytokinetics 公司,用于与有丝分裂驱动蛋白研究相关的产品研发

来源:Adapted from press release, "Bristol-Myers Squibb and Corgentech Enter Global Agreement to Develop and Commercialize Novel Cardiovascular Therapy," *PR Newswire*, October 13, 2003; and "Cytokinetics and GlaxoSmithKline Form Major Strategic Alliancein Cancer Drug Discovery," *Business Wire*, June 25, 2001, both via Factiva, accessed April 2012。

考虑是否签订协议的另一个原因是,它可能是一种成本相对较低的其他资金来源。制药合作伙伴常常乐于购买风险投资者认为有溢价的股权。他们也可能乐于给 Sirtris 的研发项目提供经费。

克里斯托弗、戴维和迪普认为,与制药公司的一个药品开发协议将会、也应该会帮助公司实现 IPO,而这也正是他们希望做的。成功的 IPO 可以获得将药物开发从实验室转移到临床试验所需要的资金。克里斯托弗表示:"先完成合作协议然后再进行 IPO,这是典型的生物技术套路。制药公司的参与常常能消除公众投资者的担心和疑虑。"一个相关顾问提到过,一个标准的生物技术公司

只有做到以下四点才能成为一个强大的 IPO 候选人：开发一些临床数据，在两个不同项目成功取得进展，围绕一个或者多个 NCEs 发现并建立知识产权保护，与制药公司签订至少一个重要协议。

而 Sirtris 不进行这样的交易也是有原因的。克里斯托弗和戴维希望他们建立的公司有极大的影响力。这是克里斯托弗首次积极经营、刚起步两年的公司，也是戴维的第一个公司。一项协议会如何影响他们对公司的控制及公司未来的发展呢？

延迟交易的另一个原因是 Sirtris 颇有前景的 NCEs 项目。白藜芦醇是一种天然物质，并且由于它早已受到市场知识产权保护，与之相关的商业机会是受限的。Sirtris 最近在合成新化合物方面取得了重大进展，这些新合成的化合物的效力是白藜芦醇的 1 000 多倍并且是可取得专利权的。与一家制药公司的合作让 Sirtris 在不知道这些化合物全部价值的情况下就进行了对外授权。如果 Sirtris 继续等待更多的数据，那么如果得到的数据是乐观的，将会带来一场更有利可图的交易；但如果新的数据显示的结果并不像 Sirtris 所期盼的那样，制药公司的交易条款可能会变得更加不利，假设这些公司仍然感兴趣的话。

引入授权还是拓宽科学基础

Sirtris 的管理者们就资源在 SIRT1 和长寿蛋白上的分配问题上也存在长期的争论。在生物技术产业里，失败的公司并不少见。这些公司往往止步于从白鼠研究和毒性试验向人体试验的转移阶段。有些董事会成员认为公司应该使其产品开发平台向多元化方向发展。主要有以下两种可选方案：研究人体另外六种长寿蛋白，或者从另一个生物技术公司引入一种药理为多数人所熟知的化合物的授权。

目前长寿蛋白的研究尚处于初级阶段，所以研究其他长寿蛋白需要大量的基础研究、资金支持和时间（表 AB 7.5 列出了 Sirtris 在 2004—2006 年的财务数据）。即便如此，其他人体长寿蛋白的临床应用仍旧是具有吸引力的商业选择。

表 AB 7.5 Sirtris 2004—2006 年财务数据			（单位：千美元）
2004.3.28—2004.12.31	当年截止到 12.31		2004.3.25—2006.12.31
	2005	2006	
收益	—	68		68
营业费用：				
研发费用	1 190	7 062	14 242	22 494
管理费用	699	3 865	4 340	8 904
营业费用总计	1 889	10 927	18 582	31 398
营业亏损	(1 889)	(10 927)	(18 582)	(31 330)
利息收入	45	1 143	2 447	3 635
利息支出	—	—	(878)	(878)
净亏损	(1 844)	(9 716)	(17 013)	(28 573)

来源：公司文件。

虽然存在反对的声音，一些 SAB 成员和董事会还是认为引入授权是合适的。这将会平衡他们在 SIRT1 项目上的投资，而这项投资在该公司研发项目中占比达到90%。迪普博士认为，在研究完100多种引入授权的化合物后，Sirtris 发现了一些比活性长寿蛋白有更显著效果的抗糖尿病化合物。这将会成为我们所称为"me-too"的药物。我们知道这些药物如何发生作用，如果我们能够在市场上获得，那么它们至少能占取小部分市场份额。这是必备的东西。

2004 年，戴维和克里斯托弗就此争论过，但是却做出了相反的决定——引入一种化合物的授权。戴维说："我是公司内唯一一个认为活性 SIRT1 是正确选择的人。我告诉克里斯托弗，只要没发现一件事情是错误的，就不应该停下来。如果我是错的，那总有一天会发现，然后再引入一些其他授权不迟。"克里斯托弗提出了另一种观点，在公司成立的最初 8 个月，我像一个冒险家一样坐在那儿想：白藜芦醇不是一种伟大的药，这是一个精彩的故事，但是公司的发展还需要引进其他的东西。

戴维、克里斯托弗、波林和迪普在这个问题上仍然在争论：继续将公司的时间、金钱和资源集中在一个目标上，还是将资源转移到包括非长寿蛋白的更多目标上。他们还无法确定戴维相信的 SIRT1 将对人体有效的那一天是否会到来。

结论

在对这三个问题讨论了几个小时之后，戴维和克里斯托弗决定总结他们的这些观点并最终做出决定。整体而言，他们依然坚持这样的观点：如果能够成功研发出活性长寿蛋白药物，它们将会对人类疾病产生革命性的影响。然而，Sirtris 对这项药品的开发已经持续很多年了，更不用说将制造销售它们。成功需要技术和监管障碍方面的指引，Sirtris 需要找出历史上其他大型生物科技公司在面临相同问题时所遇到的障碍。根据 2007 年制药工业协会的报告，只有五分之一的化合物获得了 FDA 批准进入临床试验，只有 30% 获得批准的药品将成本降低到一种新药物研发的平均成本。[①] 考虑了所有可能发生的未知事件后，戴维和克里斯托弗陈述了几种解决他们所面临的风险的观点。

一种方法是"两边下注"。Sirtris 可以尝试完成药品开发事宜，同时引入治疗效果广为人知的化合物的授权，然后进入营养保健品行业。

另一种方式是"攻坚克难"。Sirtris 可以继续致力于长寿蛋白药品的研发。如果研发成功，自然是海阔天高。然而，在这种情况下，IPO 是不太可能的，因为市场偏好于一个与大型制药公司有密切合作的生物科技公司。

第三种方法是带有一定模糊性的"折中选择"，例如追求引入授权，但同时也接受一定的风险，比如延迟一个可能的制药项目。作为一种选择，Sirtris 可以尝试现在就完成一个制药项目，但是要放弃引入授权和营养保健品计划。

问题

1. 当克里斯托弗作为 CEO 加入公司后，除了 Sirtris 的新奇想法，还有什么因素让 Sirtris 成为一个具有强大吸引力的公司？Sirtris 将如何实现盈利？

---

① PhRMA Pharmaceutical Profile Industry Report, 2007, http://www.phrma.org/sites/default/files/539/profile2007.pdf Accessed April, 2012.

2. 区别下列几种类别的风险：技术、市场、团队和财务。哪一种风险是最重要的？哪一种风险最大？

3. Sirtris 应该与制药公司合作吗？为什么？Sirtris 应该开展营养保健品相关的业务吗？为什么？

4. 假设克里斯托弗和他的团队被告知，最负盛名的 J.P. Morgan First Capital Securities 迫切希望通过申请 IPO 的方式让他们公开上市。在这个时候，GSK 也表示希望购买整个 Sirtris 公司。从融资和运营角度，以下两个选择的优缺点是什么？例如，当前仍然保持私有化、通过与其他组织合作或者以风险投资的方式为公司融资，通过 IPO 上市或者同意被收购即成为其他公司的一部分。

8 Cooliris：建立一支 A+ 团队 ①

引言

2007 年 7 月一个温暖的夜晚，时间已经过了凌晨 2 点钟。在加利福尼亚的 Kleiner Perkins Caulfield Byers（KPCB）内，年轻且精力充沛的 Cooliris 公司的联合创始人乔希·施瓦扎佩尔（Josh Schwarzapel）又在检查他的邮件，看是否有人接受了 Cooliris 的聘用邀请。灰色墙壁另一面的小屋子内，公司技术团队人员奥斯汀（Austin）和凯恩（Kyan）在为他们下一次要发布的产品写代码。虽然奥斯汀和凯恩已经热情高涨地工作了好几个月，但如果要赶上他们发布产品的最后期限，公司仍然迫切需要更多的工程师。

3 个月之前，当 Cooliris 的联合创始人从 KPCB 获得第一轮融资，乔希就开始帮助 Cooliris 建立一支世界级的技术团队。那个时候，乔希满怀信心，对一家已经获得世界最成功的风险投资公司的投资，拥有明朗的技术发展前景，而且早期产品的开发已经取得了显著进展，第二代产品也正在研发中的公司来说，吸引优秀人才会有多难呢？

然而，实际情况却让乔希大为吃惊，建立这样一支团队还是非常具有挑战性的。乔希很清楚一支出色的团队对于初创企业的重要性。当他还在斯坦福大学学习创业课程的时候，乔希已经听这个领域内很多专家强调过创建一流团队对于一个公司最终发展情况的重要性。但是，当他努力寻找并吸引人才构建这样一个团队的时候，他才发现课程并没有教授他具体应该如何做。但是，在 Cooliris 公司高度责任化的文化中，他并不能将问题归咎于他所受的教育存在缺陷。虽然公司的 CEO 萨延亚·布卡（Soujanya Bhumkar）在他招募团队成员的过程中给予了他很大的帮助和支持，但他依然感受到了来自各方的压力，包括投资者、萨延亚本人，甚至包括由于无法招到新的雇员而不得不加班的团队现有成员。

---

① This case was prepared by Nathan Furr via the Stanford Technology Ventures Program at Stanford University with assistance from Josh Schwarzapel, Soujanya Bhumkar, and Professor Thomas Byers, as the basis for class discussion rather than to illustrate either effective or ineffective handling of an administrative situation. Some facts have been disguised.

Copyright . 2009 by Stanford University. No part of this publication may be reproduced, stored in a retrieval system, used in a spreadsheet, or transmitted in any form or by any means—electronic, mechanical, photocopying, recording, or otherwise—without the permission of The Stanford Technology Ventures Program. Revised October 2009.

在又一个凌晨,乔希开始问自己一些问题:他为什么要努力打造一个强大的团队?过去无论他做什么都是成功的,不管是作为斯坦福大学的一个学生还是学校里的一个排球运动员。到底是哪里出错了?乔希还是怀疑自己,并不断质问自己这是我吗?我失败了吗?

Cooliris 的背景和历史

在 Cooliris 成立的时候,互联网行业正在经历一场称为 Web 2.0 的变革。20 世纪 90 年代末的第一次互联网浪潮中,企业家和公司主要热衷于采用可以沟通的标准接口以确立其在市场中的地位。然而,随着互联网的不断发展,2000 年左右出现了第二次浪潮,这次的焦点从满足公司需求拓宽到满足用户需求,从专有化接口过渡到可以重新结合的模块化接口(也称为"混搭",mashable)。在这场互联网浪潮中,许多由风险投资者出资建立的新网站如雨后春笋般大量涌现,让很多用户每天可以通过发博客、制作个人资料、发布视频和共享照片的方式进行内容推送。MySpace 和 Facebook 等社交网站的名字家喻户晓,网络或者用户之间在网络社区上的相互链接一时之间成为在线创业企业的常用词汇。

但是,随着内容创造和发布的逐渐平民化,对于很多互联网使用者而言,过多的冗余内容成为一个现实问题。随着大量的参与者将他们的新照片、视频和博文不断发布在网络上,信息的数量和类型也呈现指数级增长。一个简单的搜索项目都可能带来数以千计的搜索结果,来自 Facebook、MySpace 等网站的社交图谱变得越来越长,也越来越难以消化。总而言之,互联网用户面临着一个日益严峻的挑战,即怎样处理暴增的信息。正是这个挑战为 Cooliris 的创立提供了契机。

虽然互联网确实已成为亿万人群生活中的基本元素,但自第一个浏览器创立以来,用户交互技术并未发生很大的变化。基于这样的现实情况,萨延亚、乔希和奥斯汀·肖曼克(Austin Shoemanker)于 2006 年 1 月创立了 Cooliris。在他们看来,超链接代码中的表达式笨拙,而且不符合人们的检索习惯。尽管动画和视频内容丰富了基础文本,但人们与互联网交互的方式依然限制在原始的 2D 框架之内。

早在 2005 年,萨延亚和他的朋友马扬克·梅塔(Mayank Mehta)在一次聊天中就提到了创建 Cooliris 的初步想法。当他们聊到怎样让互联网成为一个体验更丰富的平台时,马扬克建议通过创建一个嵌入在其他网页中的链接实现预览。这种预览方式允许用户在不离开原始页面的情况下查看上下文窗口中的内容,因此可以带来多元化的媒体体验。由工程师转变为企业家的萨延亚深受这种观点的启发,并开始与其他同事进行讨论以获取他们的反馈。

在这期间,乔希和萨延亚在咖啡店持续谈论这个想法。乔希仿佛看到了更好的互联网体验,并介绍萨延亚与他具有超凡技术能力的研究生同学奥斯汀相识。他们一起为 Cooliris 制定了一个计划,并创造了第一个产品——Cooliris 预览。他们的团队快速发展起来,运转资金来源于萨延亚的自有资金,乔希和奥斯汀毕业后,他们以兼职的形式继续效力于这个项目。2006 年 9 月,团队决定将 Cooliris 预览作为一个免费的互联网插件发布出来。

短短几个月的时间,这款产品就得到了广泛的关注,并成为 Firefox 标志性的插件之一,吸引了许多渴望更丰富的网络体验的用户。预览这款产品的成功证实了 Cooliris 的假设,即用户渴望内容更丰富的互联网交互,因此团队打造了第二代概念产品——PicLens。新一代的 PicLens 允许用户查看图片共享网址中的照片,或者将在线图像检索以幻灯片的形式展示给用户,而不是以低质量的小图片形式或浏览之前必须下载的大文件形式。PicLens 产品似乎是这个年轻公司自然而然的选择，但当团队开始创建他们产品的时候才发现，公司的发展包含更宏大的东西。这个团队也开始意识到，他们想要改善网络导航的想法绝不是在原有用户可到达、发现和检索信息的网络平台基础上添加浏览器这么简单。因此，团队开始寻求投资者、行业内朋友的意见，力求将他们的想法提升到新的高度。在一次会谈中，KPCB 的一个叫兰迪·柯密萨（Randy Komisar）的合伙人声称他的公司可以提供一定的资金支持，并在他们邻近的办公室内进行公司孵化。在与 KPCB 公司进行了几周的后续会谈后，Cooliris 获得并签订了投资合同，随后入住 KPCB 孵化器，与著名的风险投资者约翰·多尔（John Doerr）和布鲁克·拜尔斯（Brook Byers）仅一墙之隔。

Cooliris 的招聘历程

在获得融资和搬进硅谷沙丘路的新办公室之后，Cooliris 团队确定了公司未来发展的几个关键步骤。团队和投资者认为其中最重要的事项是雇用一流的技术团队以实施 Cooliris 的伟大蓝图。根据乔希和萨延亚制定的雇用战略，他们都同意应该雇用具有企业家精神和技术特长的人。此外，他们坚定地认为在公司发展的起步阶段雇用一流的团队成员是明智的。正如 Garage Technology Ventures 的盖伊·川崎所说的那样，A 级的玩家雇用 A 级的玩家，B 级的玩家雇用 C 级的玩家，而 C 级的玩家雇用笨蛋。

结合公司获得的近期融资及公司的发展蓝图，团队讨论后认为，雇用一流的成员是一个相对容易的任务。在乔希看来，新雇员应该会认为这是一个令人激动万分的机会，因为公司在一个高度支持的环境中运行，而且得到风险投资行业领航公司的指导。在这种乐观的心态下，招聘任务看起来非常容易。

乔希为他的角色感到激动，而且从学校毕业之后他对一切都感到很新鲜，因此他决定承担雇用新成员的任务。起初，乔希认为招聘可能占据他一半的时间，另一半的时间可以用来做商业开发。传统的企业家智慧告诉他们，Cooliris 团队招聘的第一个步骤是通过建立社会网络的方式接触潜在雇员。然而，在意识到各公司对一流人才的激烈竞争后，乔希制定了激励制度：如果推荐人所推荐的人才被 Cooliris 雇用后，将得到 1 000 美元的奖励。乔希利用自己的社交网络将加入 Cooliris 团队这个振奋人心的消息迅速扩散出去。同时，KPCB 和整个 Cooliris 团队都在借助他们的社交网络寻找最有潜力的雇员。在这个时候，乔希又认识到，也许 Cooliris 团队不认识或者无法与所有最好的技术人员建立联系。为了弥补这个漏洞，乔希也登录了 LinkedIn 和 Google 等在线数据库通过检索 "3D 工程制图" 等词汇寻找在类似公司的技术人才。最后，乔希还在 LinkedIn 和旧金山湾区的 Craigslist 网站张贴了招聘广告。

在接下来的几个星期内，乔希的搜索努力产生了双重效果。毫无意外的，打入团队社交网络内部的方法产生了良好的效果。在 LinkedIn 和 Google 上的人才检索也得到了一些反馈，但他们达不到公司所期待的水准。而在 LinkedIn 和 Craigslist 上张贴广告的方式所得到的候选人水平普遍偏低。之后，乔希发现张贴广告方式的结果如此糟糕，是因为拥有超凡能力的人才一般会忽略广告，这些人一般通过其他渠道获得好的职位。

在进行了一轮详尽的搜索之后，乔希最终收到了 1 200 份简历，他们也正在寻找好的团队。在对这些简历进行大概的浏览之后，乔希认为这些人中至少有 50% 以上可能是 "A 级玩家"。在对最初的名单进行筛选后，乔希通过邮件的形式向这些候选人介绍了 Cooliris 能为他们提供的机会，并表达了团队对他们的诚意（邮件模板详见表 AB 8.1）。乔希最终选择了 400 个候选人发送邮件，邀请他们与 Cooliris 进行更多的交流。

表 AB 8.1　给潜在面试者的邮件

×××，您好：

在了解了您的基本情况后，您正是我们一直在寻找的想一起经营 Cooliris 的人。我们正在通过三维图形建立一个浏览网络内容的拟真媒体环境（您可以通过 www.cooliris.com 查看我们的 APP）。最近，我们获得了 KPCB（它也是 Google、Amazon 和 Intuit 公司的投资人）的 A 轮投资，并与比尔·乔（Bill Joy，Sun Microsystems 公司的首席研究员）、兰迪·柯密萨（Randy Komisar，Lucas Arts 前任执行总裁）一起工作。

虽然我们更倾向于您以全职的方式入职，但我们依然为您提供全职和合约制两种选择。您有兴趣和我们进一步详谈吗？

您真诚的朋友乔希·施瓦扎佩尔
联合创始人、业务拓展部副总裁
www.cooliris.com

最终，Cooliris 团队选定 50 人参加第一轮的面试。由于孵化器坐落在 KPCB 主办公室的后面，所以有点难找。而且，孵化器的门总是锁着。为了解决这个问题，乔希还为这些面试者提供了怎样驾车到这座建筑背面的详细说明。他告诉这些面试者，如果到达了指定地点，可以给他打电话，他会亲自迎接，并引导他们进入 Cooliris 办公室。

在面试开始之前，每一个面试者都需要签订保密协议，之后乔希和萨延亚会用 10 分钟的时间向他们介绍 Cooliris 的发展愿景及他们已经开发出来的产品。由于公司目前很多的想法还处于保密阶段，乔希和萨延亚在介绍公司发展方向或比较前沿的产品时，尽量不透露过多的信息。所以，这个正规的面试流程包括两个部分：在简短的公司介绍之后，面试官将在剩下的时间评估面试者的技术能力。乔希和萨延亚也单独或者与其他团队成员一起对面试者进行测验。

在第一轮对面试者的能力进行了深入了解之后，Cooliris 团队决定邀请 9 位面试者参加最后一轮的面试。终面的时间大概持续两个小时左右，聚焦于技术方面的深入探讨。尽管在最后一轮面试中，Cooliris 团队也在评估面试者的才能以及他与公司要求的匹配程度，但也会介绍更多关于公司未来的发展前景。其中还有一个环节是与萨延亚谈论面试者的期望。萨延亚认为对这项工作的优势以及可能面临的风险进行开放、清晰的交谈是非常重要的。否则，面试者和 Cooliris 团队之间可能是一种虚假的欺骗关系，这对任何一种关系而言都是糟糕的起点。

在进入终面的 9 位面试者当中，团队决定给 5 个有很大发展潜力的面试者发放聘用通知。乔希和萨延亚为聘用通知精心措辞，让它在待遇方面看起来尽可能更有优势，并以 Google 为类似职位所提供的薪酬作为参考标准，以及给予具有更大发展潜力的候选人一定的股权。现在看来，Cooliris 最终应该能够为缺少员工的技术团队增加所需的资源，现有的技术人员一直以来都在尽最大努力完成超额任务。

两个没有回答的问题

招聘的最终结果让所有人感到吃惊。很多面试者在面试过程中表现得非常激动，但公司决定录用的 5 个人当中，有 4 个人拒绝了公司的邀请。幸运的是，第 5 位候选人在去欧洲度假之前，口头接受了公司的聘用邀请。虽然乔希的付出只招来了 1 位新员工，但他认为，即使只招聘到 1 个人，过去几个月的努力也绝不是无用功。招聘确实花费了他大量时间——远远超过他所预期的自己时间的 50%。无论是深夜、周末还是节假日，他所有的努力都是为了建立一支出色的技术团队。

但是，第 5 位候选人最终也决定不加入 Cooliris。在他从欧洲回来后不久，这个候选人给他发邮件说，他重新考虑了一下，决定再去其他地方寻找机遇。这个候选人的决定对乔希来说是一个很大的打击，他开始认真反思招聘失败的原因。过去两个半月发生了什么？他为什么在建立一流团队中失败了？为了让招聘成功，他需要做出什么改变呢？他还思考了更严峻的问题：这就是他的能力吗？这些问题一直困扰着他，但他在另一个层面将这些挑战归结为两个关键问题：第一，谁是"A 级玩家"？第二，怎样吸引这些人加入团队？萨延亚看了一眼乔希的小办公室，习惯性地真诚建议乔希休息一下："你好，乔希，一切都很好。明天早上我们再谈一下招聘的事情吧！"乔希点头同意，拿起自己的背包向门口走去。整个周末，团队成员都聚集在一起讨论招聘过程中出现了什么错误，又有什么需要改进。在回去的路上，乔希一直思考在讨论会上他应该提出什么建议。是对团队成员的要求太高了吗？他们是否应该雇用他们所能搜寻到的有帮助的任何人？问题是什么？为什么他们雇用不到世界级的团队成员？

问题

1. 在得到第一轮融资之后，如果想要打造一个在完全新兴的领域进行创新的团队，你应该怎样识别合适的候选人，并在天赋和经验方面实现均衡？到底应该去哪里搜索这类人群？怎样成功吸引你最看好的人加入团队？
2. 列出 Cooliris 公司在此次招聘过程中哪里做错了，哪里做对了，以及应该怎样改进。
3. 在这个创业公司中，雇用不同部门的员工的招聘流程应该有什么区别？例如，雇用工程师、销售人员和业务拓展人才可以使用相同的规则吗？

参考文献 REFERENCES >>>

Aaker, David. 2001. *Developing Business Strategies.* 6th ed. New York: Wiley and Sons.

Aaker, David, and E. Joachimsthaler. 2000. *Brand Leadership.* New York: Free Press.

Aaker, David, V. Kumar, and G. S. Day. 2001. *Marketing Research.* New York: Wiley & Sons.

Abate, Tom. 2008. "Who Is Doing What with Technology?" *San Francisco Chronicle* (28 July).

Adner, Ron, and D. A. Levinthal. 2002. "The Emergence of Emerging Technologies." *California Management Review* (Fall), pp. 50–66.

Agarwal, Rajshree, M. B. Sarkar, and R. Echambadi. 2002. "The Conditioning Effect of Time on Firm Survival." *Academy of Management Journal* 5:971–94.

Ahuja, Gautam, and C. M. Lampert. 2001. "Entrepreneurship in the Large Corporation." *Strategic Management Journal* 22:521–43.

Aiello, Robert, and M. Watkins. 2000. "The Fine Art of Friendly Acquisition." *Harvard Business Review* (December), pp. 101–16.

Albrinck, Jill, J. Hornery, D. Kletter, and G. Neilson. 2002. "Adventures in Corporate Venturing." *Strategy and Business* 22:119–29.

Allen, T. J. 2000. "Architecture and Communication Among Product Development Engineers." *Engineering Management Society. Proceedings of the 2000 IEEE* (pp. 153–158). IEEE.

Anand, Bharat, and A. Galetovic. 2004. "How Market Smarts Can Protect Property Rights." *Harvard Business Review* (December), pp. 73–79.

Anders, George. 2003. *Perfect Enough.* New York: Penguin Putnam.

Arnold, Denis G., Tom L. Beauchamp, and Norman L. Bowie. 2012. *Ethical Theory and Business*, 9th Edition. New York: Pearson.

Arthurs, Jonathan, and Lowell Busenitz. 2006. "Dynamic Capabilities and Venture Performance: The Effects of Venture Capitalists." *Journal of Business Venturing* 21:195–215.

Astebro, Thomas. 1998. "Basic Statistics on the Success Rate and Profits for Independent Inventors." *Entrepreneurship Theory and Practice* (Winter):41–48.

Audretsch, David, and Erik Lehmann. 2005. "Does the Knowledge Spillover Theory of Entrepreneurship Hold for Regions?" *Research Policy* 34:1191–1202.

Audretsch, David, Erik Lehmann, and Susanne Warning. 2005. "University Spillovers and New Firm Location." *Research Policy* 34:1113–22.

Austin, James, Roberto Gutierrez, Enrique Ogliastri, and Ezequiel Reficco. 2007. "Capitalizing on Convergence." *Stanford Social Innovation Review* (Winter): 24–31.

Baer, Markus. 2012. "Putting Creativity to Work: The Implementation of Creative Ideas in Organizations." *Academy of Management Journal* 55(5): 1102–1119.

Bagley, Constance, and Craig Dauchy. 2011. *The Entrepreneur's Guide to Business Law.* Cincinnati: West/Thomson.

Bailey, Jeff. 2003. "For Investors, Founders Are Short-Term CEOs." *Wall Street Journal* (21 October), p. A24.

Baker, Wayne. 2000. *Achieving Success Through Social Capital.* San Francisco: Jossey-Bass.

Bakke, Dennis W. 2005. *Joy at Work.* Seattle: PVG Publishers.

Balachandra, R., M. Goldschmitt, and J. Friar. 2004. "The Evolution of Technology Generations," IEEE Trans. on Engineering Management, February, 3–12.

Baldwin, Carliss and Eric von Hippel. 2011. "Modeling a Paradigm Shift: From Producer Innovation to User and Open Collaborative." *Organization Science* (November/December) 22:1399–1417.

Barkema, Harry, J. Baum, and E. Mannix. 2002. "Management Challenges in a New Time." *Academy of Management Journal* 5:916–30.

Barney, Jay. 2002. *Gaining and Sustaining Competitive Advantage,* 2d ed. Upper Saddle River, N.J.: Prentice-Hall.

Barney, Jay. 2001. "Is the Resource Based View a Useful Perspective for Strategic Management Research? Yes." *Academy of Management Review* (January): 41–56.

Baron, James, and M. T. Hannan. 2002. "Organizational Blueprints for Success in High-Tech Start-Ups." *California Management Review* 3:18–24.

Baron, Robert, and G. D. Markman. 2003. "Beyond Social Capital." *Journal of Business Venturing* 18:41–60.

Barrett, Craig. 2003. Address at the AEA/Stanford Executive Institute, Stanford University, Palo Alto, Calif. (August 14).

Barroso, L. A., J. Dean, and U. Holzle. 2003. "Web Search for a Planet: The Google Cluster Architecture." *Micro, IEEE* 23(2): 22–28.

Barthelemy, Jerome. 2003. "The Seven Deadly Sins of Outsourcing." *Academy of Management Executive* 2:87–100.

Bartlett, Christopher, and S. Ghoshal. 2002. "Building Competitive Advantage through People." *MIT Sloan Management Review* (Winter), pp. 34–41.

Batten, Frank. 2002. *The Weather Channel.* Boston: Harvard Business School Press.

Baumol, William. 2002. *The Free Market Innovation Machine.* Princeton, N.J.: Princeton University Press.

Baumol, William, Robert Litan, and Carl Schramm. 2007. *Good Capitalism, Bad Capitalism, and the Economics of Growth and Prosperity.* New Haven: Yale University Press.

Beatty, Jack. 2001. *Colossus—How the Corporation Changed America.* New York: Broadway Books.

Beauchamp, Tom, and N. E. Bowie. 2001. *Ethical Theory and Business,* 6th ed. Upper Saddle River, N.J.: Prentice-Hall.

Bechky, Beth, and S. O'Mahony. 2006. "Stretchwork: Managing the career progression paradox in external labor markets." *Academy of Management Journal* 49(5):918–941.

Beckman, Christine, M. Diane Burton, and Charles O'Reilly. 2007. "Early Teams: The Impact of Team Demography on VC Financing and Going Public." *Journal of Business Venturing* 22:147–73.

Bennis, Warren, and R. J. Thomas. 2002. "Crucibles of Leadership." *Harvard Business Review* (September), pp. 39–45.

Bergl, Skylar. 2013. "Most Innovative Companies 2013." *Fast Company* 11 February 2013.

Berkery, Dermot. 2008. *Raising Venture Capital for the Serious Entrepreneur.* New York: McGraw-Hill.

Bernstein, Peter. 1996. *Against the Gods.* New York: Wiley & Sons.

Bertoni, Fabio, Massimo Colombo, and Luca Grilli. 2011. "Venture Capital Financing and the Growth of High-Tech Start-ups: Disentangling Treatment from Selection Effects." *Research Policy* (September) 40(7):1028–1043.

Best, M.H. 2001. *The New Competitive Advantage: The Renewal of American Industry.* New York: Oxford UP.

Bhardwaj, Gaurab, John Camillus, and David Hounshell. 2006. "Continual Coporate Entrepreneurial Search for Long-Term Growth." *Management Science* 52(2):248–61.

Bhargava, Hement. 2003. "Contingency Pricing for Information Goods." *Journal of Management Information Systems* (Fall): 115–38.

Bhattacharya, C.B., Sankar Sen, and Daniel Korschun. 2008. "Using Corporate Social Responsibility to Win the War for Talent." *MIT Sloan Management Review* 49(2):37–44.

Bhidé, Amar. 2000. *The Origin and Evolution of New Business.* New York: Oxford University Press.

Bhidé, Amar. 2008. *The Venturesome Economy.* Princeton, N.J.: Princeton University Press.

Bingham, Christopher B. 2005. "Learning from Heterogeneous Experience: The Internationalization of Entrepreneurial Firms." Dissertation: Stanford University Department of Management Science and Engineering.

Bingham, Christopher B. 2009. "Oscillating Improvisation: How Entrepreneurial Firms Create Success in Foreign Market Entries Over Time." *Strategy Entrepreneurship Journal* 3:321–345.

Birley, Sue. 2002. "Universities, Academics, and Spinout Companies: Lessons from Imperial." *International Journal of Entrepreneurship Education* 1:133–53.

Black, J. Stewart, and H. B. Gregersen. 2002. *Leading Strategic Change.* Upper Saddle River, N.J: Prentice-Hall.

Blank, S., and B. Dorf. 2012. *The Startup Owner's Manual.* Pescadero, CA: K&S Ranch Publishers.

Blank, Steve. 2013. *The Lean LaunchPad Educators Teaching Handbook.* Pescadero, CA: K&S Ranch Publishers.

Boeker, Warren, and R. Karichalil. 2002. "Entrepreneurial Transitions." *Academy of Management Journal* 3:818–26.

Boeker, Warren, and Robert Wiltbank. 2005. "New Venture Evolution and Managerial Capabilities." *Organization Science* 16(2):123–33.

Boer, Peter. 2002. *The Real Options Solution.* New York: Wiley & Sons.

Bolino, Mark, W. Turnley, and J. Bloodgood. 2002. "Citizenship Behavior and the Creation of Social Capital." *Academy of Management Review* 4:505–22.

Bossidy, Larry, and Ram Charan. 2002. *Execution.* New York: Crown.

Bosworth, Michael. 1995. *Solution Selling.* New York: McGraw-Hill.

Boulding, William, and M. Christen. 2001. "First Mover Disadvantage." *Harvard Business Review* (October), pp. 20–21.

Bower, Joseph. 2001. "Not All M&As Are Alike and That Matters." *Harvard Business Review* (March), pp. 93–101.

Bradley, Bill, P. Jansen, and L. Silverman, 2003. "The Nonprofit Sector's $100 Billion Opportunity." *Harvard Business Review* (May), pp. 94–103.

Brandenburger, Adam, and Barry Nalebuff. 1997. *Co-opetition.* New York: Currency Doubleday.

Branscomb, Lewis M. 2008. "Research Alone Is Not Enough." *Science* (15 August), pp. 915–916.

Brinckmann, Jan, Dietmar Grichnik, and Diana Kapsa. 2010. "Should Entrepreneurs Plan or Just Storm the Castle? A Meta-Analysis on Contextual Factors Impacting the Business Planning—Performance Relationships in Small Firms." *Journal of Business Venturing* (January) 25:24–40.

Brown, David. 2002. *Inventing Modern America.* Cambridge: MIT Press.

Brown, Rex. 2005. *Rational Choice and Judgment.* New York: Wiley.

Brown, Shona, and K. M. Eisenhardt. 1998. *Competing on the Edge.* Boston: Harvard Business School Press.

Brown, Tim. 2008. "Design Thinking." *Harvard Business Review* (June), pp. 84–92.

Bryce, Robert, and M. Ivins. 2002. *Pipe Dreams: Greed, Ego and the Death of Enron.* New York: Public Affairs–Perseus.

Brynjolfsson, Erik, Yu (Jeffrey) Hu, and Mohammad S. Rahman. 2009. "Battle of the Retail Channels: How Product Selection and Geography Drive Cross-Channel Competition." *Management Science* 55:1755–1765.

Buchanan, Mark, 2004. "Power Laws and the New Science of Complexity Management," Strategy and Business, 34:71–79.

Bunnell, David. 2000. *Making the Cisco Connection.* New York: Wiley & Sons.

Burgelman, Robert A. 2002. *Strategy as Destiny.* New York: Free Press.

Burgelman, Robert A., and L. Valikangas. 2005. "Managing Internal Corporate Venturing Cycles." *Sloan Management Review* (Summer), pp. 26–34.

Burgelman, Robert A., C. M. Christensen, and S. C. Wheelwright. 2004. *Strategic Management of Technology and Innovation.* Burr Ridge, Ill.: McGraw-Hill Irwin.

Burnham, Daniel Hudson, 1909

Burton, Thomas. 2005. "Medtronic Settles Patent Fight." *Wall Street Journal* (25 April), p. B4.

Cao, Belind. 2013. "Alibaba M&A Fuels Gains as Sohu Jumps: China Overnight." *Bloomberg* (12 May).

Carl, Fred. 2007. "The Best Advice I Ever Got." *Harvard Business Review* (February), pp.____.

Carr, Austin, et al. 2013. "The World's Most Innovative Companies 2013." *Fast Company* (February).

Carr, Geoffrey. 2008. "The Power and the Glory." *Economist* (19 June).

Carr, Nicholas. 2002. "Unreal Options." *Harvard Business Review* (December), p. 22.

Chakravorti, Bhaskar, 2004. "The New Rules for Bringing Innovations to Market," *Harvard Business Review* (March), pp. 58–67.

Charan, Ram. 2007. *What the Customer Wants You to Know.* New York: Portfolio.

Chatman, Jennifer, and S. E. Cha. 2003. "Leading by Leveraging Culture." *California Management Review* (Summer), pp. 20–33.

Chatterjee, Sayan. 1998. "Delivering Desired Outcomes Efficiently." *California Management Review* (Winter), pp. 78–94.

Chatterji, Aaron. 2009. "Spawned with a silver spoon? Entrepreneurial performance and innovation in the medical device industry." *Strategic Management Journal* 30: 185–206.

Chatterji, Aaron, and Kira Fabrizio. 2012. "How Do Product Users Influence Corporate Invention?" *Organization Science* (July/August) 23:971–87.

Chesbrough, Henry. 2002. "Making Sense of Corporate Venture Capital." *Harvard Business Review* (March), pp. 90–99.

Choi, Young Rok, Moren Lévesque, and Dean Shepherd. 2008. "When Should Entrepreneurs Expedite or Delay Opportunity Exploitation?" *Journal of Business Venturing* 23:333–55.

Chrisman, James J., Ed McMullan, and J. Hall. 2004. "The Influence of Guided Preparation on the Long-term Performance of New Ventures." *Journal of Business Venturing* (Fall), pp. 18–26.

Christensen, Clayton. 1999. *Innovation and the General Manager.* Burr Ridge, Ill.: McGraw-Hill Irwin.

Christensen, Clayton. 2002. "The Rules of Innovation." *Technology Review* (June), pp. 21–28.

Christensen, Clayton, and M. E. Raynor. 2003. *The Innovator's Solution.* Boston: Harvard Business School Press.

Christensen, Clayton, and Richard Tedlow. 2000. "Patterns of Disruption in Retailing." *Harvard Business Review* (January), pp. 36–42.

Christensen, Clayton, M. Raynor, and M. Verlinden. 2001. "Skate to Where the Money Will Be." *Harvard Business Review* (November), pp. 73–81.

Christensen, Clayton, S. D. Anthony, and E. A. Roth. 2004. *Seeing What's Next: Using the Theories of Imovation to Predict Industry Change.* Boston: Harvard Business School Press.

Churchill, Neil, and J. W. Mullins. 2001. "How Fast Can Your Company Afford to Grow?" *Harvard Business Review* (May), pp. 135–42.

Cialdini, Robert. 2008. *Influence: Science and Practice.* Boston: Allyn and Bacon.

Cialdini, Robert. 1993. *Influence.* New York: Morrow.

Clark, Don. 2003a. "Intel's John Miner to Be President of Investment Unit." *Wall Street Journal* (18 April), p. C5.

Clark, Don. 2003b. "Renting Software Online." *Wall Street Journal* (3 June), p. B1.

Clemons, Eric, and J. A. Santamaria. 2002. "Maneuver Warfare." *Harvard Business Review* (April), pp. 57–65.

Coburn, Pip. 2006. *The Change Function.* New York: Portfolio.

Cohen, Adam. 2002. *The Perfect Store.* Boston: Little, Brown and Company.

Cohen, Wesley, and Dan Levinthal. 1990. "Absorptive Capacity: A New Perspective on Learning and Motivation." *Administrative Science Quarterly* 35:128–53.

Coleman, James. 1990. *Foundations of Social Theory.* Cambridge, MA: Belknap Press.

Collins, James, and William Lazier. 1992. *Beyond Entrepreneurship.* Upper Saddle River, N.J.: Prentice-Hall.

Collins, James, and J. Porras. 1996. "Building Your Company's Vision." *Harvard Business Review* (September), pp. 65–77.

Collins, James. 2001. *Good to Great.* New York: Harper Collins.

Conger, Jay. 1998. "The Necessary Art of Persuasion." *Harvard Business Review* (May), pp. 85–95.

Constable, Giff. 2011. "12 Tips for Customer Development Interviews." 29 July 2011 post at http://giffconstable.com.

Copeland, Tom, and Peter Tufano, 2004. "A Real-World Way to Manage Real Options," *Harvard Business Review* (March), pp. 90–99.

Corstjens, Marcel, and J. Merrihue. 2003. "Optimal Marketing." *Harvard Business Review* (October), pp. 114–21.

Courtney, Hugh. 2001. *20–20 Foresight.* Boston: Harvard Business School Press.

Coutu, Diane. 2003. "Sense and Reliability." *Harvard Business Review* (April), pp. 84–90.

Coutu, Diane. 2002. "How Resilience Works." *Harvard Business Review* (May), pp. 46–55.

Covey, Stephen. 2006. The Speed of Trust. New York: Free Press.

Covey, Stephen, and A. R. Merrill. 1996. First Things First. New York: Free Press.

Crawford, Fred, and Ryan Matthews. 2001. *The Myth of Excellence.* New York: Crown Business.

Cross, Rob, and L. Prusak. 2002. "The People Who Make Organizations Go—or Stop." *Harvard Business Review* (June), pp. 105–12.

Dahan, Ely, and V. Srinivasan. 2000. "The Predictive Power of Internet-Based Product Concept Testing." *Journal of Product Innovation Management* 17:99–109.

Dahl, Michael and Olav Sorenson. 2012. "Home Sweet Home: Entrepreneurs' Location Choices and the Performance of Their Ventures." *Management Science* (June) 58:1059–71.

Dahle, Cheryl. 2005. "The Change Masters." *Fast Company* (January).

Davidsson, Per. 2002. "What Entrepreneurship Research Can Do for Business and Policy Practice." *International Journal of Entrepreneurship Education* 1:5–24.

Davis, Jason and Kathleen Eisenhardt. 2011. "Rotating Leadership and Collaborative Innovation: Recombination Processes in Symbiotic Relationships." *Administrative Science Quarterly* (June) 56:159–201.

Davis, Julie L., and S. S. Harrison. 2001. *Edison in the Boardroom.* New York: Wiley & Sons.

Davis, Stan, and Christopher Meyer. 2000. *Future Wealth.* Boston: Harvard Business School Press.

Dean, Thomas, and Jeffrey McMullen. 2007. "Toward a Theory of Sustainable Entrepreneurship: Reducing Environmental Degradation Through Entrepreneurial Action." *Journal of Business Venturing* 22:50–76.

de Boer, Joop. 2012. "Trend 8: The Peer-to-Peer Economy." *www.popupcity.net.* (January 5).

Dees, J. Gregory, J. Emerson, and P. Economy. 2002. *Strategic Tools for Social Entrepreneurs.* New York: Wiley & Sons.

De Jong, Bart, and Tom Elfring. 2010. "How Does Trust Affect the Performance of Ongoing Teams? The Mediating Role of Reflexivity, Monitoring, and Effort." *Academy of Management Journal* (June) 53(3):535–49.

DeLong, Thomas, and V. Vijayaraghavan. 2003. "Let's Hear It for B Players." *Harvard Business Review* (June), pp. 96–102.

DeMeyer, Arnold, C. H. Loch, and M. T. Pich. 2002. "Managing Project Uncertainty." *MIT Sloan Management Review* (Winter), pp. 60–67.

Demos, Nick, S. Chung, and M. Beck. 2002. "The New Strategy and Why It Is New." *Strategy and Business* 25:15–19.

Dhar, Ravi. 2003. "Hedging Customers." *Harvard Business Review* (May), pp. 86–92.

Diamond, Jared. 2000. "The Ideal Form of Organization." *Wall Street Journal* (12 December), p. A17.

Di Stefano, Giada, Alfonso Gambardella, and Gianmario Verona. "Technology Push and Demand Pull Perspectives in Innovation Studies: Current Findings and Future Research Directions." *Research Policy* (October) 41(8):1283–95.

Dobrev, Stanislav, and William Barnett. 2005. "Organizational Roles and Transition to Entrepreneurship." *Academy of Management Journal* 48(3):433–49.

Dorf, Richard C. 2001. *Technology, Humans and Society: Toward a Sustainable World.* San Diego: Academic Press.

Dorf, R. C. (Ed.). 2004. *The Engineering Handbook, 2nd ed.* Boca Raton, FL: CRC Press.

Douglas, Evan, and Dean Shepherd. 1999. "Entrepre-neurship as a Utility Maximizing Response." *Journal of Business Venturing* 15:231–51.

Douglas, Evan, and D. Shepherd. 2002. "Self-Employment as a Career Choice." *Entrepreneurship, Theory and Practice* (Spring): 81–89.

Downing, S. 2005. "The Social Construction of Entrepreneurship: Narrative and Dramatic Processes in the Co-Production of Organizations and Identities." *Entrepreneurship Theory and Practice*, 29(2), 185–204.

Drucker, Peter. 2002. *Managing in the Next Society.* New York: St. Martin's Press.

Dushnitsky, Gary, and Michael Lenox. 2005. "When Do Incumbents Learn from Entrepreneurial Ventures? Corporate Venture Capital and Investing Firm Innovation Rates." *Research Policy* 34:615–39.

Dyck, Bruno, et al. 2002. "Passing the Baton: The Importance of Sequence, Timing, Technique and Communication in Executive Succession." *Journal of Business Venturing* 17:143–62.

Dye, Renee. 2000. "The Buzz of Buzz." *Harvard Business Review* (November), pp. 139–46.

Dyer, Jeffrey, P. Kale, and H. Singh. 2004. "When to Ally and When to Acquire." *Harvard Business Review* (July), pp. 109–15.

Earley, P. Christopher, and Elaine Mosakowski. 2004. "Cultural Intelligence." *Harvard Business Review* (October), pp. 139–146.

Economist. 2006. "Behind the Bleeding Edge." (23 September), p. 16.

Economist. 2012a. "The Third Industrial Revolution." (April 21), pp 3–4.

Economist. 2012b. "Bad Medicine." (October 13), pp. 74–75.

Economist. 2012c. "Another Game of Thrones." (1 December).

Eesley, C. E. and Roberts, E. B. 2012. "Are You Experienced or Are You Talented?: When Does Innate Talent versus Experience Explain Entrepreneurial Performance?" Strategic *Entrepreneurship Journal* 6: 207–219

Eisenhardt, Kathleen, and D. N. Sull. 2001. "Strategy as Simple Rules." *Harvard Business Review* (January), pp. 106–16.

Eisenmann, T. 2012. "Business Model Analysis for Entrepreneurs." *Harvard Business School Entrepreneurial Management Case* (812–096).

El-Haik, Basem, and D. M. Roy. 2005. *Service Design for Six Sigma.* New York: Wiley.

Elias, Stephen, and R. Stim. 2003. *Patent, Copyright and Trademark,* 6th ed. Berkeley: Nolo Press.

Ellis, Kimberly, Taco Reus, Bruce Lamont, and Annette Ranft. 2011. "Transfer Effects in Large Acquisitions: How Size-Specific Experience Matters." *Academy of Management Journal* (December) 54(6):1261–76.

Elsbach, Kimberly. 2003. "How to Pitch a Brilliant Idea." *Harvard Business Review* (September), pp. 40–48.

Erikson, Truls. 2002. "Entrepreneurial Capital: The Emerging Venture's Most Important Asset and Competitive Advantage." *Journal of Business Venturing* 17:275–290.

Ertel, Danny. 2004. "Getting Past Yes." *Harvard Business Review* (November), pp. 60–68.

Estrin, Judy. 2009. *Closing the Innovation Gap.* New York: McGraw-Hill.

Ettenberg, Elliott. 2002. *The Next Economy.* New York: McGraw-Hill.

Ettenson, Richard, and J. Knowles. 2008. "Don't Confuse Reputation with Brand." *MIT Sloan Management Review* (Winter), pp. 19–21.

Fahey, Liam, and R. M. Randall. 1998. *Learning from the Future.* New York: Wiley & Sons.

Farrell, Diana. 2004. "Beyond Offshoring." *Harvard Business Review* (December), pp. 82–90.

Fast Company, 1997, "John Doerr's Startup Manual," (March), p. 82.

Ferguson, Glover, S. Mathur, and B. Shah. 2005. "Evolving from Information to Insight." *Sloan Management Review* (Winter), pp. 51–58.

Fernandez-Araoz, Claudio. 2005. "Getting the Right People at the Top." *Sloan Management Review* (Summer), pp. 67–72.

Fine, Charles, et al. 2002. "Rapid Response Capability in Value Chain Design." *MIT Sloan Management Review* (Winter), pp. 69–75.

Finkelstein, Sydney. 2003. *Why Smart Executives Fail.* New York: Portfolio Penguin.

Finkelstein, Sydney, and A. Mooney. 2003. "Not the Usual Suspects." *Academy of Management Executive,* 2:101–12.

Fischer, Bill, and Andy Boynton. 2005. "Virtuoso Teams." *Harvard Business Review* (July), pp. 117–123.

Fisher, Lawrence. 2002. "Yves Doz: The Thought Leader Interview." *Strategy and Business* 29:115–23.

Fisher, Robert, and W. Ury. 1991. *Getting to Yes.* New York: Penguin.

Fitza, M., S.F. Matusik, and E. Mosakowski. 2009. "Do VCs Matter? The Importance of Owners on Performance Variance in Start☐Up Firms. *Strategic Management Journal*, 30(4): 387–404.

Fleming, John H., C. Coffman, and J. K. Harter. 2005. "Manage Your Human Sigma." *Harvard Business Review* (July), pp. 107–14.

Fleming, Lee, and Olar Sorenson. 2001. "The Dangers of Modularity." *Harvard Business Review* (September), pp. 20–21.

Florida, Richard. 2002. *The Rise of the Creative Class.* New York: Basic Books.

Florida, Richard, and J. Goodnight. 2005. "Managing for Creativity." *Harvard Business Review* (July), pp. 125–32.

Florin, Juan. 2005. "Is Venture Capital Worth It?" *Journal of Business Venturing* 20:113–35.

Folta, Timothy B., Frédéric Delmar, and Karl Wennberg. 2010. "Hybrid Entrepreneurship." *Management Science* 56: 253–269

Foster, William, and J. Bradach. 2005. "Should Non-Profits Seek Profits?" *Harvard Business Review* (February), pp. 92–100.

Freeman, John, and Jerome Engel. 2007. "Models of Innovation: Startups and Mature Corporations." *California Management Review* 50(1):94–119.

Freiberg, Kevin, and Jackie Freiberg. 1997. *Nuts!* New York: Broadway Books.

Friedman, Thomas L. 1999. *The Lexus and the Olive Tree.* New York: Farrar, Straus, and Giroux.

Friedman, Thomas. 2008. *Hot, Flat, and Crowded.* New York: Farrar, Straus, and Giroux.

Furr, Nathan R., Fabrice Cavarretta, and Sam Garg. 2012. "Who Changes Course? The Role of Domain Knowledge and Novel Framing in Making Technology Changes." *Strategy Entrepreneurship Journal* 6:236–56.

Gaba, Vibha, and Alan D. Meyer. 2008. "Crossing the Organizational Species Barrier: How Venture Capital Practices Infiltrated the Information Technology Sector." *Academy of Management Journal* 51(5):976–98.

Gabor, Andrea. 2000. *The Capitalist Philosophers.* New York: New York Times Books.

Gaffney, John. 2001. "How Do You Feel About a $44 Tooth Bleaching Kit?" *Business 2.0* (October), pp. 126–27.

Galor, Oden, and O. Moav. 2002. "National Selection and the Origin of Economic Growth." *Quarterly Journal of Economics* (November): 1133–91.

Gardner, Howard. 2006. *Five Minds for the Future.* Boston: Harvard Business School Press.

Garg, Sam. 2013. "Venture Boards: Distinctive Monitoring and Implications for Firm Performance." *Academy of Management Review* 28(1):90–108.

Gargiulo, Terrence, 2002. *Making Stories*, Westport, CT:Quorum.

Garrett, Alexander. 2012. "What's Your Margin?" www.managementtoday.com (May 31).

Garrett, E. M. 1992. "Branson the Bold." *Success* (November), p. 22.

Garvin, David. 1993. "Building a Learning Organization." *Harvard Business Review* (July), pp. 78–91.

Garvin, David, and Lynee Levesque. 2006. "Meeting the Challenge of Corporate Entrepreneurship." *Harvard Business Review* (October), pp. 102–12.

Gatewood, Elizabeth. 2001. "Busting the Stereotype." *Kelley School Business Magazine* (Summer), pp. 14–15.

Gavetti, Giovanni, and J. W. Rivkin. 2005. "How Strategists Really Think." *Harvard Business Review* (April), pp. 54–63.

Gawer, Annabelle, and M. A. Cusumano. 2008. "How Companies Become Platform Leaders." *MIT Sloan Management Review* (Winter), pp. 28–35.

Gershenfeld, Neil. 2005. *FAB: The Coming Revolution on Your Desktop.* New York: Basic Books.

Gerstner, Louis. 2002. *Who Says Elephants Can't Dance?* New York: Harper Collins.

Gilbert, C. G., and M.J. Eyring. 2010. "Beating the Odds When You Launch a New Venture." *Harvard Business Review* 88(5): 92–98.

Gilbert, Brett, Patricia McDougall, and David Audretsch. 2008. "Clusters, Knowledge Spillovers and New Venture Performance: An Empirical Examination." *Journal of Business Venturing* 23:405–22.

Gino, Francesca and Gary P. Pisano. 2011. "Why Leaders Don't Learn from Success." *Harvard Business Review* 89(4):68–74.

Girard, Kim. 2000. "Pandesic's Failed Union." *Business 2.0* (September), pp. 16–18.

Gittell, Jody H. 2003. *The Southwest Airlines Way.* New York: McGraw-Hill.

Gladwell, Malcolm. 2000. *The Tipping Point.* Boston: Little, Brown.

Goldenberg, Jacob, Roni Horowitz, Amnon Levav, and David Mazursky. 2003. "Finding Your Innovation Sweet Spot." *Harvard Business Review* (March), pp. 120–29.

Goleman, Daniel, R. Boyatzis, and A. McKee. 2002. *Primal Leadership.* Boston: Harvard Business School Press.

Goleman, Daniel, R. Boyatzis, and A. McKee. 2001. "Primal Leadership: The Hidden Driver of Great Performance." *Harvard Business Review* (December), pp. 44–51.

Gompers, Paul, and J. Lerner. 2001. *The Money of Invention.* Boston: Harvard Business School Press.

Gompers, Paul, and W. A. Sahlman. 2002. *Entrepreneurial Finance.* New York: Wiley & Sons.

Gosling, Jonathan, and H. Mintzberg. 2003. "The Five Minds of a Manager." *Harvard Business Review* (November), pp. 54–63.

Gottfredson, Mark, R. Puryear, and S. Phillips. 2005. "Strategic Sourcing." *Harvard Business Review* (February), pp. 135–39.

Govindarajan, Vijay, and Chris Trimble. 2005a. "Building Breakthrough Businesses Within Established Organizations." *Harvard Business Review* (May), pp. 58–68.

Graebner, Melissa. 2004. "Momentum and Serendipity: How Acquired Leaders Create Value in the Integration of Firms." 25:*Strategic Management Journal.*

Graham, Paul. 2005. "How to Start a Startup" www.paulgraham.com (March).

Graham, Paul. 2006. "Want to start a startup?" *www.paulgraham.com* (October).

Graham, Paul. 2008. *www.paulgraham.com* blog (October).

Green, Heather. 2003. "Companies That Really Get It." *Business Week* (25 August), p. 144.

Greene, Patricia, C. G. Brush, and M. M. Hart. 1999. "The Corporate Venture Champion." *Entrepreneurship Theory and Practice* (Spring): 103–22.

Grégoire, Denis A., and Dean A. Shepherd. 2012. "Technology-Market Combinations and the Identification of Entrepreneurial Opportunities: An Investigation of the Opportunity-Individual Nexus." *Academy of Management Journal* 55(4): 753–785.

Grove, Andy. 2003. "Churning Things Up." *Fortune* (11 August), pp. 115–18.

Gruber, Marc. 2007. "Uncovering the Value of Planning in New Venture Creation: A Process and Contingency Perspective." *Journal of Business Venturing* 22:782–807.

Gundry, Lisa, and H. Welsch. 2001. "The Ambitious Entrepreneur." *Journal of Business Venturing* 16:453–70.

Gunia, Brian, Long Want, Li Huang, Jiunwen Want, and J. Keith Murnighan. 2012. "Contemplation and Conservation: Subtle Influences on Moral Decision Making." *Academy of Management Journal* (February), 55(1):13–22.

Hall, Bronwyn, and Nathan Rosenberg. 2010. *Handbook of the Economics of Innovation* 1:3–730.

Hallen, Benjamin, and Kathleen Eisenhardt. 2012. "Catalyzing Strategies and Efficient Tie Formation: How Entrepreneurial Firms Obtain Investment Ties." *Academy of Management Journal* (February), 55(1): 35–70.

Hamel, Gary. 2001. "Revolution versus Evolution: You Need Both." *Harvard Business Review* (May), pp. 150–56.

Hamel, Gary. 2000. *Leading the Revolution.* Boston: Harvard Business School Press.

Hamermesh, Richard, Paul Marshall, and Taz Pirmohamed. 2002. "Note on Business Model Analysis for the Entrepreneur." *Harvard Business School Case* 9–802–048.

Hamm, John. 2002. "Why Entrepreneurs Don't Scale." *Harvard Business Review* (December), pp. 110–15.

Hammer, Michael. 2001. *The Agenda.* New York: Crown Business.

Hardy, Quentin. 2003. "All Eyes on Google." *Forbes* (26 May), pp. 100–10.

Hargadon, Andrew, and Y. Douglas. 2001. "When Innovations Meet Institutions." *Administrative Science Quarterly* 46 (September): 476–501.

Harris, Jared, Harry Sapienza, and Norman Bowie. 2009. "Ethics and Entrepreneurship." *Journal of Business Venturing* 24:407–18.

Harzberg, Friderick. 2003. "How Do You Motivate Employees?" *Harvard Business Review* (January), pp. 87–92.

Hastie, Reid, and R. M. Dawes. 2001. *Rational Choice in an Uncertain World.* Thousand Oaks, Calif.: Sage.

Hayward, Mathew, Dean Shepherd, and Dale Griffin. 2006. "A Hubris Theory of Entrepreneurship." *Management Science* 52(2):160–72.

Heath, Chip, and Dan Heath. 2007. *Made to Stick.* New York: Random House.

Heifetz, Ronald, and D. Laurie. 2001. "The Work of Leadership." *Harvard Business Review* (December), pp. 131–40.

Helft, Miguel. 2002. "Fashion Fast Forward." *Business 2.0* (May), pp. 61–66.

Henderson, James, Benoit Leleux, and Ian White. 2006. "Service-for-Equity Arrangements: Untangling Motives and Conflicts." *Journal of Business Venturing* 21:886–909.

Henderson, Rebecca, and Kim Clark. 1990. "Architectural Innovation." *Administrative Science Quarterly* 35:9–30.

Hill, Charles W., and Gareth R. Jones. 2001. *Strategic Management,* 5th ed. Boston: Houghton Mifflin.

Hill, Charles, and F. Rothaermel. 2003. "The Performance of Incumbent Firms in the Face of Radical Technological Innovation." *Academy of Management Review* 28:257–74.

Hill, Michael, R. Ireland, S. Camp, and D. Sexton. 2002. *Strategic Entrepreneurship.* Malden, Mass.: Blackwell.

Hinds, Pam, and Sara Kiesler. 2002. *Distributed Work.* Cambridge, MA: MIT Press.

Hirsh, Evan, S. Hedlund, and M. Schweizer. 2003. "Reality Is Perception—The Truth about Car Brands." *Strategy and Business* (Fall): 20–25.

Hitt, Michael A., R. D. Ireland, S. M. Camp, and D. L. Sexton. 2001. "Entrepreneurial Strategies for Wealth Creation." *Strategic Management Journal* 22:479–91.

Hmieleski, Keith M., and Robert A. Baron. 2009. "Entrepreneurs' Optimism And New Venture

Performance: A Social Cognitive Perspective." *Academy of Management Journal* 52(3): 473–488.

Ho, Yew Kee, H. T. Keh, and J. M. Ong. 2005. "The Effects of R&D and Advertising on Firm Value." *IEEE Transactions on Engineering Management* (February), pp. 3–14.

Holt, Douglas. 2003. "What Becomes an Icon Most?" *Harvard Business Review* (March), pp. 43–49.

Hoover, Gary. 2001. *Hoover's Vision.* New York: Texere.

Howell Jane M., Christine M. Shea, and? Christopher A. Higgins. 2005. "Champions of product innovations: Defining, developing, and validating a measure of champion behavior." *Journal of Business Venturing* 20(5):641–661.

Hrebiniak, Lawrence G. 2005. *Making Strategy Work.* Upper Saddle River, N.J.: Pearson.

Hsu, David. 2004. "What Do Entrepreneurs Pay for Venture Capital Affiliation?" *Journal of Finance* (August), pp. 1805–36.

Hsu, David. 2006. "Venture Capitalists and Cooperative Start-up Commercialization Strategy." *Management Science* 52(2):204–19.

Hsu, David, Edward Roberts, and Charles Eesley. 2007. "Entrepreneurs from Technology-Based Universities: Evidence from MIT." *Research Policy* 36:768–88.

Hughes, Jonathan, and Jeff Weiss. 2007. "Simple Rules for Making Alliances Work." *Harvard Business Review* (November), pp. 122–31.

Huntington, Tom. 2003. "The Gimmick That Ate Hollywood." *Invention and Technology* (Spring): 34–45.

Huxley, Aldous. 1990. *The Perennial Philosophy.* New York: Harper Collins.

Hvide, Hans K., and Jarle Møen. 2010. "Lean and Hungry or Fat and Content? Entrepreneurs' Wealth and Start-up Performance." *Management Science* 56(8):1242–58.

Iansiti, Marco, and Roy Levien, 2004. "Strategy as Ecology." *Harvard Business Review* (March), pp. 68–78.

Ibarra, Hermina. 2002. "How to Stay Stuck in the Wrong Career." *Harvard Business Review* (December), pp. 40–47.

Ibarra, Hermina, and Kent Lineback. 2005. "What's Your Story?" *Harvard Business Review* (January), pp. 65–71.

Isenberg, Daniel. 2008. "The Global Entrepreneur." *Harvard Business Review* (December).

Jackman, Jay, and M. H. Strober. 2003. "Fear of Feedback." *Harvard Business Review* (April), pp. 101–7.

Jackson, Ira, and J. Nelson. 2004. *Profits with Principles.* New York: Doubleday.

Jakle, John A., K. A. Sculle, and J. S. Rogers. 1996. *The Motel in America.* Baltimore: Johns Hopkins University Press.

Jassawalla, Avan, and H. C. Sashittal. 2002. "Cultures that Support Product Innovation Processes." *Academy of Management Executive* (August): 42–54.

Jensen, Richard, and Marie Thursby. 2001. "Proofs and Prototypes for Sale: The Licensing of University Inventions." *American Economic Review* 91:240–259.

Jiang, Lin, Justin Tan, and Marie Thursby. 2011. "Incumbent Firm Invention in Emerging Fields: Evidence from the Semiconductor Industry." *Strategy Management Journal* 32:55–75.

Johnson, Mark, Claytom Christensen, and Henning Kagermann. 2008. "Reinventing Your Business Model." *Harvard Business Review* (December).

Joyce, William, N. Nohria, and B. Roberson. 2003. *What Really Works.* New York: Harper Collins.

Julien, Pierre Andre, and C. Pamangalahy. 2003. "Competitive Strategy and Performance of Exporting SMEs." *Entrepreneurship Theory and Practice* (Spring): 227–45.

Kacperczyk, Aleksandra. 2012. "Opportunity Structures in Established Firms: Entrepreneurship versus Intrapreneurship in Mutual Funds." *Administrative Science Quarterly* (September) 57:484–521.

Kalnins, Arturs, and Wilbur Chung. 2006. "Social Capital, Geography, and Survival: Gujarti Immigrant Entrepreneurs in the U.S. Lodging Industry." *Management Science* 52(2):233–47.

Kanter, Rosabeth Moss. 2003. "Leadership and the Psychology of Turnarounds." *Harvard Business Review* (June), pp. 58–67.

Kaplan, Robert S., and David P. Norton. 2004. *Strategy Maps.* Boston: Harvard Business School Press.

Kaptein, Muel, and J. Wempe. 2002. *The Balanced Company.* New York: Oxford University Press.

Karlgaard, Rich. 2005. "Flying Ellipse's Pocket Jet." *Forbes* (August 15), p. 27.

Katila, Riitta, Jeff Rosenberger, and Kathy Eisenhardt. 2008. "Swimming with Sharks: Technology Ventures, Defense Mechanisms, and Corporate Relationships." *Administrative Science Quarterly* 53(2):295–332.

Kawasaki, Guy. 2004. *The Art of the Start.* New York: Penguin.

Kelley, T. 2001. *The Art of Innovation: Lessons in Creativity from IDEO, America's Leading Design Firm.* New York: Doubleday.

Kelley, Thomas, and Jonathan Littman. 2005. *The Ten Faces of Innovation: IDEO's Strategies for Defeating the Devil's Advocate and Driving Creativity throughout Your Organization.* New York: Doubleday.

Kellner, Tomas. 2002. "One Man's Trash." *Forbes* (4 March), pp. 96–98.

Kessler, Eric, and Paul Bierly. 2002. "Is Faster Really Better? An Empirical Test of the Implications of Innovation Speed." *IEEE Transactions on Engineering Management* (February): 2–12.

Khosla, V. 2012. Gene Pool Engineering for Entrepreneurs. http://www.khoslaimpact.com/wp-content/uploads/2012/03/Gene_Pool_Engineering_1_31_2012.pdf

Khurana, Rakesh. 2002. *Searching for a Corporate Savior.* Princeton, N.J.: Princeton University Press.

Kim, W. Chan, and R. Mauborgne. 2005. "Blue Ocean Strategy. "*California Management Review* (Spring), pp. 105–21.

King, Jr., Martin Luther. 1963. *Strength to Love.* Minneapolis: Fortress Press.

Kingon, Angus. 2014. "University-Corporate Partnerships for Technology Commercialization: Classroom Insights and Implications." Working paper. Brown University.

Kirchhoff, Bruce A. 1994. Entrepreneurship and Dynamic Capitalism. New York: Praeger.

Kirkman, Bradley, et al. 2002. "Five Challenges to Virtual Team Success." *Academy of Management Executive* 3:67–79.

Kirkpatrick, David. 2003. "Brainstorm 2003." *Fortune* (27 October), pp. 187–90.

Klein, Alec. 2003. *Stealing Time.* New York: Simon and Schuster.

Klein, Mark, and A. Einstein. 2003. "The Myth of Customer Satisfaction." *Strategy and Business* 30:8–9.

Kleiner, Art. 2003. "Making Patient Capital Pay off." *Strategy and Business* (Fall): 26–30.

Knopper, Steve. 2009. *Appetite for Self Destruction.* New York: Free Press.

Koehn, Nancy. 2001. *Brand New.* Cambridge: Harvard Business School Press.

Koetsier, John. 2012. "Alibaba Reaches 1 Ttrillion RMB ($157B) in Sales to Become Biggest E-Commerce Company in the World." *Venture Beat* (3 Dec).

Komisar, Randy. 2000. *The Monk and the Riddle.* Boston: Harvard Business School Press.

Krajewski, Lee, and L. Ritzman. 2002. *Operations Management,* 6th ed. Upper Saddle River, N.J.: Prentice-Hall.

Krueger, Richard and Mary Anne Casey. 2008. *Focus Groups: A Practical Guide for Applied Research.* Thousand Oaks, CA: SAGE Publications, Inc.

Krupp, Fred, and M. Horn. 2008. *Earth: The Sequel.* New York: Norton.

Kuemmerle, Walter. 2005. "The Entrepreneur's Path to Global Expansion." *Sloan Management Review* (Winter), pp. 42–49.

Kuemmerle, Walter. 2002. "A Test for the Fainthearted." *Harvard Business Review* (May), pp. 4–8.

Landes, Nate. 2012. "Top Ten Personal Finance Start-ups" *Consumer* 2 February 2012.

Langerak, Fred, and E. J. Haltink. 2005. "The Impact of New Product Development Acceleration Approaches on Speed and Profitability." *IEEE Transactions on Engineering Management* (February), pp. 30–41.

Lapre, Michael, and L. N. Van Wassenhove. 2002. "Learning across Lines." *Harvard Business Review* (October), pp. 107–11.

LaSalle, Diana, and T. A. Britton. 2003. *Priceless.* Boston: Harvard Business School Press.

Lassiter, Joseph B., III. 2002. "Entrepreneurial Marketing: Learning from High-Potential Ventures." *Harvard Business School Case 9–803–036.*

Lawrence, Thomas B., E. A. Morse, and S. W. Fowler. 2005. "Managing Your Portfolio of Connections." *Sloan Management Review* (Winter), pp. 59–65.

Lax, David A., and J.K. Sebenius. 2003. "3-D Negotiation: Playing the Whole Game." *Harvard Business Review* (November), pp. 65–74.

Lax, Eric. 1985. "Banking on Biotech Business." *New York Times* (22 December).

Lechler, Thomas. 2001. "Social Interaction: A Determinant of Entrepreneurial Team Venture Success." *Small Business Economics* 16:263–78.

Lee, Jae-Nam, and Y. G. Kim. 2005. "Understanding Outsourcing Partnership." *IEEE Transactions on Engineering Management* (February), pp. 43–58.

Lee, Lena, Poh Kam Wong, Maw Der Foo, and Aegean Leung. 2011. "Entrepreneurial Intentions: The Influence of Organizational and Individual Factors." *Journal of Business Venturing* 26(1): 124–136.

Lee, Soo Hoon, P. K. Wong, and C. L. Chong. 2005. "Human and Social Capital Explanations for R&D Outcomes." *IEEE Transactions on Engineering Management* (February), pp. 59–67.

Leibovich, Mark. 2002. *The New Imperialists.* Paramus, N.J.: Prentice-Hall.

Leifer, Richard, Christopher M. McDermott, Gina Colarelli O'Connor, and Lois S. Peters. 2000. *Radical Innovation.* Boston: Harvard Business School Press.

Leonard-Barton, Dorothy. 1995. *Wellsprings of Knowledge.* Boston: Harvard Business School Press.

Leslie, Mark, and Charles Holloway. 2006. "The Sales Learning Curve." *Harvard Business Review* (July-August).

Lévesque, Moren, and Dean A. Shepherd. 2004. "Entrepreneurs' Choice of Entry Strategy in Emerging and Developed Markets." *Journal of Business Venturing* 19:29–54.

Lévesque, Moren, Dean Shepherd, and Evon Douglas. 2002. "Employment or Self-Employment: A Dynamic Utility-Maximizing Model." *Journal of Business Venturing* 17:189–210.

Lévesque, Moren, Maria Minniti, Dean Shepherd. 2009. "Entrepreneurs' Decisions on Timing of Entry: Learning from Participation and from the Experiences of Others." *Entrepreneurship: Theory & Practice* 33(2):547–70.

Levitt, Harold. 2003. "Why Hierarchies Thrive." *Harvard Business Review* (March), pp. 96–102.

Lewis, Michael. 2000. *The New, New Thing.* New York: Norton.

Liker, J. K. 2004. *The Toyota Way.* New York: McGraw-Hill.

Lojacono, Gabriella, and G. Zaccai. 2004. "The Evolution of the Design-Inspired Enterprise." *Sloan Management Review* (Spring), pp. 75–79.

Lord, Michael, S. W. Mandel, and J. D. Wager. 2002. "Spinning out a Star." *Harvard Business Review* (June), pp. 115–21.

Lounsbury, Michael, and M. Glynn. 2001. "Cultural Entrepreneurship: Stories, Legitimacy and the Acquisition of Resources." *Strategic Management Journal* 22:545–64.

Low, Murray B., and E. Abrahamson. 1997. "Movements, Bandwagons and Clones: Industry Evolution and the Entrepreneurial Process." *Journal of Business Venturing* 12:435–57.

Lowe, Robert A. 2001. "The Role and Experience of Start-ups in Commercializing University Inventions." *Entrepreneurial Inputs and Outcomes* 13:189–222.

Lu, Jane, and Paul Beamish. 2006. "Partnering Strategies and Performance of SMEs' International Joint Ventures." *Journal of Business Venturing* 21:461–86.

Lucier, Chuck, and J. Dyer. 2003. "Creating Chaos for Fun and Profit." *Strategy and Business* 30:14–20.

Luenberger, David. 2006. *Information Science.* Princeton: Princeton University Press.

Lumpkin, G. T., and B. B. Lichtenstein. 2005. "The Role of Organizational Learning in the Opportunity Recognition Process." *Entrepreneurship Theory and Practice* (July), pp. 451–72.

Lynn, Gary, and Richard Reilly. 2002. *Blockbusters.* New York: Harper Collins.

Magretta, Joan. 2002. *What Management Is.* New York: Free Press.

Maher, Michael, C. P. Stickney, and R. L. Weil. 2004. *Managerial Accounting,* 8th ed. Cincinnati: Southwestern.

Majumdar, Sumit. 1999. "Sluggish Giants, Sticky Cultures and Dynamic Capability Transformation." *Journal of Business Venturing* 15:59–78.

Malik, Om. 2003. *Broadbandits.* Hoboken, N.J.: Wiley & Sons.

Malone, Michael. 2002. *Betting It All: The Entrepreneurs of Technology.* New York: Wiley & Sons.

Mangalindan, Mylene, and S. L. Hwang. 2001. "Insular Culture Helped Yahoo! Grow, But Has Now Hurt It in the Long Run." *Wall Street Journal* (9 March), p. A1.

Mankins, Michael, and R. Steele. 2005. "Turning Strategy into Great Performance." *Harvard Business Review* (July), pp. 65–72.

Markides, Constantinos, and Paul Geroski. 2005. *Fast Second: How Smart Companies Bypass Radical Innovation to Enter and Dominate New Markets.* San Francisco: Josey-Bass.

Markman, Gideon, D. Balkin, and R. A. Baron. 2002. "Inventors and New Venture Formation." *Entrepreneurship Theory and Practice* (Winter): 149–65.

Marn, Michael, Eric Roegner, and Craig Zawada. 2004. *The Price Advantage.* New York: John Wiley & Sons.

Martens, Martin, Jennifer Jennings, and P. Devereaux Jennings. 2007. "Do the Stories They Tell Get Them the Money They Need? The Role of Entrepreneurial Narratives in Resource Acquisition." *Academy of Management Journal* 50(5):1107–32.

Martin, Roger L. 2002. "The Virtue Matrix." *Harvard Business Review* (March), pp. 69–75.

Martin, Roger, and Sally Osberg. 2007. "Social Entrepreneurship: The Case for Definition." *Stanford Social Innovation Review* (Spring), pp. 28–39.

Marvel, Matthew, Abbie Griffin, John Hebda, and Bruce Vojak. 2007. "Examining the Technical Corporate Entrepreneurs' Motivation: Voices from the Field." *Entrepreneurship Theory and Practice* (September), pp. 753–68.

Mason, Heidi, and T. Rohner. 2002. *The Venture Imperative.* Boston: Harvard Business School Press.

Maurer, Indre, and Mark Ebers. 2006. "Dynamics of Social Capital and Their Performance Implications: Lessons from Biotechnology Start-ups." *Administrative Science Quarterly* 51:262–92.

McCall, Morgan. 1998. *High Flyers.* Boston: Harvard Business School Press.

McCoy, Bowen H. 2007. *Living into Leadership.* Stanford: Stanford University Press.

McElroy, Mark. 2003. *The New Knowledge Management.* Boston: Elsevier.

McFarland, Keith. 2008. *The Breakthrough Company.* New York: Crown.

McGrath, James, F. Kroeger, M. Traem, and J. Rocken Haeuser. 2001. *The Value Growers.* New York: McGraw-Hill.

McGrath, Rita G. 2005. "Market Busting: Strategies for Exceptional Business Growth." *Harvard Business Review* (March), pp. 81–89.

McGrath, Rita Gunther, Thomas Keil, and Taina Tukiainen. 2006. "Extracting Value from Corporate Venturing." *MIT Sloan Management Review* 48(1):50–56.

McKee, Robert. 2003. "Storytelling That Moves People." *Harvard Business Review* (June), pp. 51–55.

McKenzie, Ray. 2001. *The Relationship-Based Enterprise.* New York: McGraw-Hill.

McLean, Bethany, and P. Elkind. 2003. *The Smartest Guys in the Room.* New York: Portfolio.

McLemore, Clinton. 2003. *Street-Smart Ethics.* Louisville, Ky.: Westminster John Knox Press.

McMullen, Jeffrey, and Dean Shepard. 2002. "Regulatory Focus and Entrepreneurial Intention."

Presentation at the Academy of Management Meeting (August).

McNulty, James, et al. 2002. "What's Your Real Cost of Capital?" *Harvard Business Review* (October), pp. 114–21.

McQuivey, James. 2013. Digital Disruption: Unleashing the Next Wave of Innovation. Las Vegas, NV: Amazon Publishing.

Melnyk, Steven, and M. Swink. 2002. *Value-Driven Operations Management.* New York: McGraw-Hill.

Mezias, John, and W. H. Starbuck. 2003. "What Do Managers Know, Anyway?" *Harvard Business Review* (May), pp. 16–17.

Miles, Morgan, and J. Covin. 2002. "Exploring the Practice of Corporate Venturing." *Entrepreneurship, Theory and Practice* (Spring): 21–40.

Minniti, Maria, and W. Bygrave. 2001. "A Dynamic Model of Entrepreneurial Learning." *Entrepreneurship Theory and Practice* (Spring): 5–16.

Mintzberg, Henry, B. Ahlstrand, and J. Lampel. 1998. *Strategy Safari.* New York: Free Press.

Mishina, Y., B.J. Dykes, E.S. Block, and T.G. Pollock. 2010. "Why 'Good' Firms Do Bad Things: The Effects of High Aspirations, High Expectations, and Prominence on the Incidence of Corporate Illegality." *Academy of Management Journal* 53(4): 701–722.

Mittelstaedt, Robert. 2005. *Will Your Next Mistake Be Fatal?* Upper Saddle River, N.J.: Pearson.

Mokyr, Joel. 2003. *The Gifts of Athena—Historical Origins of the Knowledge Economy.* Princeton, N.J.: Princeton University Press.

Moore, Geoffrey. 2002. *Crossing the Chasm.* New York: Harper Collins.

Moore, Geoffrey. 2000. *Living on the Fault Line.* New York: Harper Collins.

Moore, Geoffrey A. 2004. "Darwin and the Demon: Innovating Within Established Enterprises." *Harvard Business Review* (July), pp. 86–92.

Mullins, John. 2006. *The New Business Road Test.* Harlow, England: Prentice Hall.

Mullins, John, and Randy Komisar. 2009. *Getting to Plan B: Breaking Through to a Better Business Model.* Boston: Harvard Business School Press.

Muna, Farid A., and Ned Mansour. 2005. "Leadership lessons from Canada geese." *Team Performance Management* 11:316–326.

Murray, F., & O'Mahony, S. 2007. "Exploring the Foundations of Cumulative Innovation: Implications for Organization Science." *Organization Science* 18(6), 1006–1021.

Nagle, Thomas, and John Hogan. 2006. *The Strategy and Tactics of Pricing.* Upper Saddle River, N.J.: Prentice-Hall.

Nalebuff, Barry, and Ian Ayres. 2003. *Why Not?* Boston: Harvard Business School Press.

Nambisan, Satish. 2002. "Designing Virtual Customer Environments for New Product Development." *Academy of Management Review* 27(3):392–413.

National Venture Capital Association (NVCA). 2013. 2013 *National Venture Capital Association Yearbook.* New York: Thomson Reuters.

Nelson, A. J. 2005. "Cacophony or Harmony? Multivocal Logics and Technology Licensing by the Stanford University Department of Music." *Industrial and Corporate Change* 14(1): 93–118.

Niraj, Rakesh, Mahendra Gupta, and Chakravarthi Narasimhan. 2001. "Customer Profitability in a Supply Chain." *Journal of Marketing* 65:1–16.

Northouse, Peter G. 2001. *Leadership,* 2d ed. Thousand Oaks, Calif.: Sage.

O'Farrell, John. 2011. "Building the Global Startup." *www.fastcompany.com* (June 11).

Ogawa, Susumu, and Frank Piller. 2006. "Reducing the Risks of New Product Development." *MIT Sloan Management Review* 47(2):65–71.

Ogden, Joseph, F. Jen, and P. O'Connor. 2003. *Advanced Corporate Finance.* Upper Saddle River, N.J.: Prentice-Hall.

Ogle, Sean. 2012. "7 Reasons Most People Should Build Business, Not Startups." *www.forbes.com* (September).

O'Reilly, Charles, and M. L. Tushman. 2004. "The Ambidextrous Organization." *Harvard Business Review* (April), pp. 22–30.

Osterwalder, A., and Y. Pigneur. 2010. *Business Model Generation: A Handbook for Visionaries, Game Changers, and Challengers.* New York: Wiley.

Oviatt, Benjamin, and Patricia McDougall. 2005. "Defining International Entrepreneurship and Modeling the Speed of Internationalization." *Entrepreneurship Theory and Practice* (September), pp. 537–53.

Ozcan, Pinar, and Kathleen M. Eisenhardt. 2009. "Origin of Alliance Portfolios: Entrepreneurs, Network Strategies, and Firm Performance." *Academy of Management Journal* 52(2): 246–279.

Ozgen, Eren, and Robert Baron. 2007. "Social Sources of Information in Opportunity Recognition: Effects of Mentors, Industry Networks, and Professional Forums." *Journal of Business Venturing* 22:174–92.

Packalen, Kelley. 2007. "Complementing Capital: The Role of Status, Demographic Features, and Social Capital in Founding Teams' Abilities to Obtain Resources." *Entrepreneurship Theory and Practice* (November), pp. 873–91.

Packard, David. 1995. *The HP Way.* New York: Harper Collins.

Park, Haemin Dennis, and H. Kevin Steensma. 2012. "When Does Corporate Venture Capital Add Value for New Ventures?" *Strategy Management Journal* 33:1–22.

Perlow, Leslie, and S. Williams. 2003. "Is Silence Killing Your Company?" *Harvard Business Review* (May), pp. 52–58.

Perlow, Leslie, G. Okhuysen, and N. P. Repenning. 2002. "The Speed Trap." *Academy of Management Journal* 5:931–55.

Peters, Tom, and R. Waterman. 1982. *In Search of Excellence.* New York: Harper & Row.

Petroski, Henry. 2003. *Small Things Considered: Why There Is No Perfect Design.* New York: Knopf.

Pfeffer, J., and R. Sutton. 2006. "Evidence-based Management." *Harvard Business Review* (January), pp. 51–60.

Pfeffer, Jeffrey, and R. Sutton. 2000. *The Knowing-Doing Gap.* Boston: Harvard Business School Press.

Phan, Phillip, Mike Wright, Deniz Ucbasaran, and Wee-Liang Tan. 2009. "Corporate Entrepreneurship: Current Research and Future Directions." *Journal of Business Venturing* 24(3):197–205.

Phelps, Corey. 2010. "A Longitudinal Study of the Influence of Alliance Network Structure and Composition on Firm Exploratory Innovation." *Academy of Management Journal* (August) 53(4):890–913.

Phinisee, Ivory, I. Elaine Allen, Edward Rogoff, Joseph Onochie, and Monica Dean. 2008. 2006–2007 *National Entrepreneurial Assessment for the United States of America.* Global Entrepreneurship Monitor.

Pietersen, Willie. 2002. *Reinventing Strategy.* New York: Wiley & Sons.

Popper, Ben. 2013. "Kickstarter Is on Pace to Collect $1 Billion in Pledges This Year." *www.theverge.com* (January 9).

Porter, Michael. 2001. "Strategy and the Internet." *Harvard Business Review* (March), pp. 63–78.

Porter, Michael E. 1998. *On Competition.* Boston: Harvard Business School Press.

Post, James, L. E. Preston, and S. Sachs. 2002. "Managing the Extended Enterprise." *California Management Review* (Fall), pp. 6–20.

Prahalad, C. K. 2005. *The Fortune at the Bottom of the Pyramid.* Upper Saddle River, N.J.: Pearson.

Prahalad, C. K., and A. Hammond. 2002. "Serving the World's Poor, Profitably." *Harvard Business Review* (September), pp. 48–57.

Prahalad, C. K., and V. Ramaswamy. 2000. "Co-opting Customer Competence." *Harvard Business Review* (January), pp. 79–87.

Prasad, Dev, G. Vozikis, and G. Bruton. 2001. "Commitment Signals in the Interaction between Business Angels and Entrepreneurs." *Entrepreneurial Inputs and Outcomes* 13:45–69.

Prestowitz, Clyde. 2005. *Three Billion New Capitalists.* New York: Basic Books.

Prusak, Laurence, and D. Cohen. 2001. "How to Invest in Social Capital." *Harvard Business Review* (June), pp. 86–94.

Quadrini, Vincerizo. 2001. "Entrepreneurial Financing, Savings and Mobility." *Entrepreneurial Inputs and Outcomes* 13:71–94.

Quinn, J. B., P. Anderson, and S. Finkelstein. 1996. "Leveraging Intellect." *The Academy of Management Executive* 10(3): 7–27.

Rappaport, Alfred, Michael J. Mauboussin, and Peter L. Bernstein. 2001. *Expectations Investing.* Boston: Harvard Business School Press.

Reeves, Marin, and Mike Deimler. 2011. "Adaptability: The New Competitive Advantage." *Harvard Business Review* (July).

Reichheld, Frederick. 2001. "Lead for Loyalty." *Harvard Business Review* (July), pp. 76–84.

Ridgway, Nicole. 2003. "Something to Sneeze at." *Forbes* (21 July), pp. 102–4.

Ries, Al, and Jack Trout. 2001. *Positioning: The Battle for Your Mind.* New York: McGraw-Hill.

Ries, Eric. 2011. *The Lean Startup.* New York: Crown Business.

Rigby, Darrell. 2001. "Moving Upward in a Downturn." *Harvard Business Review* (June), pp. 99–105.

Rigby, Darrell, and C. Zook. 2002. "Open Market Innovation." *Harvard Business Review* (October), pp. 80–89.

Riggs, Henry. 2006. *Understanding the Financial Score.* San Rafael, CA: Morgan and Claypool.

Riggs, Henry. 2004. *Financial and Economic Analysis for Engineering and Technology Management,* 2d ed. Hoboken, N.J.: Wiley & Sons.

Robbins-Roth, Cynthia. 2000. *From Alchemy to IPO.* Cambridge, Mass.: Perseus.

Roberts, Jeff. 2012. "iLegal: As Apple's Products Evolved, So Did a Strategy to Protect Them." *GigaOM* (1 August).

Roberts, John. 2004. *The Modern Firm.* New York: Oxford University Press.

Roberts, Michael. 2003. "Managing the Growing Venture." *Harvard Business School Note 9–803–137.*

Roberts, Michael, and Diana Gardner, 2000. Advanced Inhalation Research. Harvard Business School, Case 899292.

Rogers, Everett. 2003. *Diffusion of Innovations,* 5th ed. New York: Free Press.

Rohlfs, Jeffrey. 2001. *Bandwagon Effects in High Technology Industries.* Cambridge: MIT Press.

Roman, Kenneth. 2003. *How to Advertise,* 3rd ed. New York: Thomas Dunne.

Rosen, Corey, J. Case, and M. Staubus. 2005. "Every Employee an Owner. Really." *Harvard Business Review* (June), pp. 122–30.

Ross, Stephen, R. Westerfield, and J. Jaffe. 2012. *Corporate Finance.* New York: McGraw-Hill Irwin.

Rothaermel, Frank, and D. Deeds. 2004. "Exploration and Exploitation Alliances in Biotechnology." *Strategic Management Journal* (Winter): 100–21.

Rothaermel, Frank, and David Deeds. 2006. "Alliance Type, Alliance Experience and Alliance Management Capability in High-Technology Ventures." *Journal of Business Venturing* 21:429–60.

Russo, Michael. 2010. *Companies on a Mission: Entrepreneurial Strategies for Growing Sustainability, Responsibility, and Profitability.* Stanford: Stanford University Press.

Ryans, Adrian, R. More, D. Barclay, and T. Deutscher. 2000. *Winning Market Leadership.* New York: Wiley & Sons.

Sachs, Jeffrey. 2008. *Common Wealth.* New York: Penguin Press.

Sahlman, William. 1999. *The Entrepreneurial Venture.* Boston: Harvard Business School Press.

Sanchez, José, Tania Carballo, and Andrea Gutiérrez. 2011. "The Entrepreneur from a Cognitive Approach." *Psicothema* 23(3):433–38.

Sandner, Philipp G., and Joern Block. 2011. "The Market Value of R&D, Patents, and Trademarks." *Research Policy* 40(7): 969–985.

Santos, Filipe, and Kathy Eisenhardt. 2009. "Constructing Markets and Shaping Boundaries: Entrepreneurial Action in Nascent Markets." *Academy of Management Journal* 52:643–671.

Sarasvathy, Saras D., and Sankaran Venkataraman. 2011. "Entrepreneurship as Method: Open Questions for an Entrepreneurial Future." *Entrepreneurship: Theory & Practice* 35(1): 113–135.

Sathe, Vijay. 2003. *Corporate Entrepreneurship.* New York: Cambridge University Press.

Sawhney, Mohan, and J. Zabin. 2001. *The Seven Steps to Nirvana.* New York: McGraw-Hill.

Schrage, Michael. 2002. "Ease of Learning." *Technology Review* (December), p. 23.

Schramm, Carl. 2004. "Building Entrepreneurial Economies." *Foreign Affairs* (July), pp. 104–15.

Schultz, Howard. 1997. *Pour Your Heart Into It: How Starbucks Built a Company One Cup at a Time* New York: Hyperion.

Schumpeter, Joseph. 1984. *Capitalism, Socialism and Democracy.* New York: Harper Torchbooks.

Schwartz, Evan. 2002. *The Last Lone Inventor.* New York: Harper Collins.

Schwartz, Barry. 2004. *The Paradox of Choice.* New York: Echo Press.

Sebenius, James. 2001. "Six Habits of Merely Effective Negotiators." *Harvard Business Review* (April), pp. 87–95.

Seelig, Tina. 2012. *inGenius: A Crash Course on Creativity.* NewYork: HarperCollins Publishers.

Selden, Larry, and G. Colvin. 2003. "What Customers Want." *Fortune* (7 July), pp. 122–25.

Selden, Larry, and G. Colvin. 2002. "Will This Customer Sink Your Stock?" *Fortune* (30 September), pp. 127–32.

Shah, Sonali K. 2003. Innovation & Product Development within User Communities: Findings from Open Source Software And Consumer Sporting *Goods, PhD Thesis,* MIT, Boston, MA, May 2003.

Shah, Sonali K., and Mary Tripsas. 2007. The Accidental Entrepreneur: The Emergent & Collective Process of User Entrepreneurship. *Strategic Entrepreneurship Journal.* 1(1), pp. 123–140.

Shane, Scott, and S. Venkataraman. 2000. "The Promise of Entrepreneurship as a Field of Research." *Academy of Management Review* 25(1):217–26.

Shane, Scott A. 2005. *Finding Fertile Ground.* Upper Saddle River, N.J.: Pearson.

Shapiro, Hal, and H. Varian. 1998. *Innovation Rules.* Cambridge, Mass: Harvard Business School Press.

Shaw, Gordon, R. Brown, and P. Bromiley. 1998. "Strategic Stories: How 3M Is Rewriting Business Planning." *Harvard Business Review* (May), pp. 41–50.

Shepherd, Dean. 2003. "Learning from Business Failure." *Academy of Management Review* 2:318–28.

Shepherd, Dean, Evan Douglas, and Mark Shanley. 2000. "New Venture Survival." *Journal of Business Venturing* 15:393–410.

Shepherd, Dean, R. Ettenson, and A. Crouch. 2000. "New Venture Strategy and Profitability." *Journal of Business Venturing* 15:449–67.

Shepherd, Dean, and N. F. Krueger. 2002. "An Intentions-Based Model of Entrepreneurial Teams." *Entrepreneurship Theory and Practice* (Winter): 167–85.

Shepherd, Dean, and Mark Shanley. 1998. *New Venture Strategy.* Thousand Oaks, Calif.: Sage Publications.

Sheth, Jagdish, and R. Sisodia. 2002. *The Rule of Three.* New York: Free Press.

Shrader, Rodney, and Mark Simon. 1997. "Corporate versus Independent New Ventures." *Journal of Business Venturing* 12:47–66.

Shu, Catherine. 2013. "China's E-Commerce Market Grew to $190B in 2012, Driven by Mobile Users and Social Media, Says CNNIC." *TechCrunch* (16 April).

Shu, Catherine, and Ingrid Lunden. 2013. "Confirmed: Alibaba Group Takes $294M, 28% Stake in China's Navigation/Location Services Specialist AutoNavi, As it Gets Down to Business on Mobile." *TechCrunch* (9 May).

Simon, Mark, and S. M. Houghton. 2003. "The Relationship between Overconfidence and the Introduction of Risky Products." *Academy of Management Journal* 2:139–49.

Simons, Robert. 2005. "Designing High-Performance Jobs." *Harvard Business Review* (July), pp. 55–62.

Sine, Wesley, Heather Haveman, and Pamela Tolbert. 2005. "Risky Business? Entrepreneurship in the New Independent-Power Sector." *Administrative Science Quarterly* 50:200–232.

Singh, Jasjit, and Lee Fleming. 2010. "Lone Inventors as Sources of Breakthroughs: Myth or Reality?" *Management Science* 56:41–56.

Sloan, Paul. 2005. "What's Next for Apple?" *Business 2.0* (April), pp. 69–78.

Slywotzky, Adrian. 2002. *The Art of Profitability*. New York: Warner Books.

Slywotzky, Adrian. 2007. *The Upside*. New York: Crown.

Slywotzky, Adrian, and J. Drzik. 2005. "Countering the Biggest Risk of All." *Harvard Business Review* (April), pp. 78–88.

Slywotzky, Adrian, and David Morrison. 2000. *How Digital Is Your Business?* New York: Crown Business.

Slywotzsky, Adrian, David J. Morrison, Ted Moser, Kevin A. Mundt, and James A. Quella. 1999. *Profit Patterns*. New York: Random House.

Smith, Janet, and R. L. Smith. 2004. *Entrepreneurial Finance*, 3d ed. Hoboken, N.J.: Wiley & Sons.

Sonnenfeld, Jeffrey. 2002. "What Makes Boards Great." *Harvard Business Review* (September), pp. 106–12.

Sørensen, Jesper. 2007. "Bureaucracy and Entrepreneurship: Workplace Effects on Entrepreneurial Entry." *Administrative Science Quarterly* 52:387–412.

Sørensen, Jesper B., and Magali A. Fassiotto. 2011. "Organizations as Fonts of Entrepreneurship." *Organization Science* 22(5):1322–31.

Spekman, Robert, and L. Isabella. 2000. *Alliance Competence*. New York: Wiley & Sons.

Spulker, Daniel. 2004. *Management Strategy*. Burr Ridge, Ill.: McGraw-Hill.

Sternberg, Robert, L. A. O'Hara, and T. I. Lubart. 1997. "Creativity as Investment." *California Management Review* (Fall), pp. 8–21.

Stevenson, Howard, et al. 1999. *New Business Ventures and the Entrepreneur*, 5th ed. Burr Ridge, Ill.: McGraw-Hill Irwin.

Stim, Richard. 2012. *Patent, Copyright & Trademark: An Intellectual Property Desk Reference*, 12th ed. Berkeley, CA: Nolo.

Stringer, Kortney. 2003. "How Do You Change Consumer Behavior?" *Wall Street Journal* (17 March), p. R6.

Stuart, Toby, and Waverly Ding. 2006. "When Do Scientists Become Entrepreneurs? The Social Structural Antecedents of Commercial Activity in the Academic Life Sciences." *American Journal of Sociology* 112(1):97–144.

Suarez, Fernando, and G. Lanzolla. 2005. "The Half Truth of First Mover Advantage." *Harvard Business Review* (April), pp. 121–27.

Sull, Don. 2004. "Disciplined Entrepreneurship." *MIT Sloan Management Review* (Fall), pp. 71–77.

Sull, Donald, and C. Spinosa. 2005. "Using Commitments to Manage Across Units." *MIT Sloan Management Review* (Fall), pp. 73–81.

Sutton, Robert. 2002. *Weird Ideas That Work*. New York: Free Press.

Szulanski, Gabriel, and S. Winter. 2002. "Getting It Right the Second Time." *Harvard Business Review* (January), pp. 62–69.

Tallman, Stephen, and K. Fladmoe-Lindquist. 2002. "Internationalization Globalization and Capability Strategy." *California Management Review* (Fall), pp. 110–34.

Tapscott, Don, and A. D. Williams. 2008. *Wikinomics*. New York: Portfolio.

Tapscott, Don, D. Ticoll, and A. Lowy. 2000. *Digital Capital*. Boston: Harvard Business School Press.

Taylor, Suzanne, and K. Schroeder. 2003. *Inside Intuit*. Boston: Harvard Business School Press.

Tedeschi, Bob. 2003. "End of the Paper Chase." *Business 2.0* (March), p. 64.

Tedlow, Richard S. 2001. *Giants of Enterprise*. New York: Harper Collins.

Teitelman, Robert. 1989. *Gene Dreams*. New York: Basic Books.

Thomas, Paulette. 2003. "Entrepreneur's Biggest Problems." *Wall Street Journal* (17 March), p. R1.

Thompke, Stefan. 2001. "Enlightened Experimentation." *Harvard Business Review* (February), pp. 48–52.

Thompke, Stefan, and D. Reinertsen. 1998. "Agile Product Development." *California Management Review* (Fall), pp. 8–28.

Thompke, Stefan, and Eric von Hippel. 2002. "Customers as Innovators." *Harvard Business Review* (April), pp. 74–81.

Thurm, Scott. 2003. "A Go-Go Giant of the Internet Age, Cisco Is Learning to Go Slow." *Wall Street Journal* (7 May), p. A1.

Thurm, Scott. 2002. "Cisco Details the Financing for Its Start-Up." *Wall Street Journal* (12 March), p. A3.

Thursby, Jerry G., and Marie C. Thursby. 2004. "Are Faculty Critical? Their Role in University-Industry Licensing." *Contemporary Economic Policy* 22:162–178.

Tichy, Noel, and Warren Bennis. 2007. *Judgment*. New York: Portfolio.

Tiwana, Amrit, and A. A. Bush. 2005. "Continuance in Expertise-Sharing Networks." *IEEE Transactions on Engineering Management* (February), pp. 85–100.

Treacy, Michael. 2004. "Innovation as a Last Resort." *Harvard Business Review* (July), pp. 29–30.

Tuggle, Christopher, Karen Schnatterly, and Richard Johnson. 2010. "Attention Patterns in the Boardroom: How Board Composition Processes Affect Discussion of Entrepreneurial Issues." *Academy of Management Journal* (June) 53(3):550–71.

U.S. Patent and Trademark Office . 2013. www.uspto.gov

Ullman, David. 2003. *The Mechanical Design Process.* New York: McGraw-Hill.

Ulrich, Karl, and S. Eppinger. 2004. *Product Design and Development,* 3rd ed. New York: McGraw-Hill.

Van den Ende, Jan, and N. Wijaberg. 2003. "The Organization of Innovation and Market Dynamics." *IEEE Transactions on Engineering Management* (August): 374–82.

Van Praag, Miriam. 2006. *Successful Entrepreneurship: Confronting Economic Theory with Empirical Practice.* Cheltenham: Edward Elgar.

Venkataraman 2001

Vermeulen, Freek. 2005. "How Acquisitions Can Revitalize Companies." *Sloan Management Review* (Summer), pp. 45–51.

Vogelstein, Fred. 2003. "24/7 Customer." *Fortune* (24 November), p. 212.

Vogelstein, Fred. 2005. "Yahoo's Brilliant Solution." *Fortune* (8 August), pp. 42–54.

Vonderembse, Mark, and G. White. 2004. *Operations Management.* Hoboken, N.J.: Wiley & Sons.

Von Hippel, Eric. 2005. *Democratizing Innovation.* Cambridge, MA: MIT Press.

Von Hippel, E. 2009. "Democratizing Innovation: The Evolving Phenomenon of User Innovation." *International Journal of Innovation Science* 1(1): 29–40.

Waaser, Ernest et al., 2004. "How You Slice It: Smarter Segmentation for Your Sales Force." *Harvard Business Review* (March), pp. 105–10.

Wadhwa, Anu, and Suresh Kotha. 2006. "Knowledge Creation Through External Venturing: Evidence from the Telecommunications Equipment Manufacturing Industry." *Academy of Management Journal* 49(4):819–35.

Wang, T., and P. Bansal. 2012. "Social Responsibility in New Ventures: Profiting from a Long-Term Orientation." *Strategic Management Journal* 33: 1135–1153.

Wasserman, Noam. 2008. "The Founder's Dilemma." *Harvard Business Review* (February), pp. 103–109.

Wasserman, N. 2012. *The Founder's Dilemmas: Anticipating and Avoiding the Pitfalls that Can Sink a Startup.* Princeton, NJ: Princeton University Press.

Welch, Jack. 2002. *Jack: Straight from the Gut.* New York: Warner.

Wennekers, Sander, L. M. Uhlaner, and R. Thurik. 2002. "Entrepreneurship and Its Conditions." *International Journal of Entrepreneurship Education* 1:25–64.

West, Joel, and S. O'Mahony. 2008. "The role of participation architecture in growing sponsored open source communities." *Industry and Innovation* 15(2):145–168.

Weterings, Anet, and Ron Boschma. 2009. "Does Spatial Proximity to Customers Matter for Innovative Performance?: Evidence from the Dutch Software Sector." *Research Policy* (June) 38(5):746–55.

Winborg, Joakim, and Hans Landström. 2000. "Financial Bootstrapping in Small Businesses: Examining Small Business Managers' Resource Acquisition Behaviors." *Journal of Business Venturing* 16:235–54.

Winer, Russell. 2000. *Marketing Management.* Upper Saddle River, N.J.: Prentice-Hall.

Winer, Russell. 2001. "A Framework for Customer Relationship Management." *California Management Review* (Summer), pp. 89–104.

Wolcott, Robert, and Michael Lippitz. 2007. "The Four Models of Corporate Entrepreneurship." *MIT Sloan Management Review* 49(1):75–82.

Wood, Robert C., and G. Hamel. 2002. "The World Bank's Innovation Market." *Harvard Business Review* (November), pp. 104–12.

Wright, Randall. 2008. "How to Get the Most from University Relationships." *MIT Sloan Management Review* 49(3):75–80.

Yakura, Elaine. 2002. "Charting Time: Timelines as Temporal Boundary Objects." *Academy of Management Journal* 5:956–70.

Yankelovich, Daniel, and David Meer. 2006. "Rediscovering Market Segmentation." *Harvard Business Review* (February): 122–31.

York, Jeffrey G., and S. Venkataraman. 2010. "The Entrepreneur-Environment Nexus: Uncertainty, Innovation, and Allocation." *Journal of Business Venturing* 25(5): 449–463.

Young, Jeffrey S. 1988. *Steve Jobs—The Journey Is the Reward.* Glenview, Ill.: Scott-Foresman.

Yu, Jifeng, Brett Anitra Gilbert, and Benjamin M. Oviatt. 2011. "Effects of Alliances, Time, and Network Cohesion on the Initiation of Foreign Sales by New Ventures." *Strategy Management Journal* 32:424–46.

Zacharakis, Andrew, G. D. Meyer, and J. DeCastro. 1999. "Differing Perceptions of New Venture Failure." *Journal of Small Business Management* (July):1–14.

Zahra, Shaker, D. O. Neubaum, and M. Huse. 2000. "Entrepreneurship in Medium Size Companies." *Journal of Management* 5:947–76.

Zider, Bob. 1998. "How Venture Capital Works." *Harvard Business Review* (December), pp. 131–39.

Zimmerman, Monica, and G. J. Zeitz. 2002. "Beyond Survival: Achieving New Venture Growth by Building Legitimacy." *Academy of Management Review* 3:414–31.

Zott, Christopher, and Raphael Amit. 2007. "Business Model Design and the Performance of Entrepreneurial Firms." *Organization Science* 18(2):181–99.

麦格劳-希尔教育教师服务表

尊敬的老师：您好！

感谢您对麦格劳-希尔教育的关注和支持！我们将尽力为您提供高效、周到的服务。与此同时，为帮助您及时了解我们的优秀 图书，便捷地选择适合您课程的教材并获得相应的免费教学课件，请您协助填写此表，并欢迎您对我们工作提供宝贵的建议和意见！

麦格劳-希尔教育教师服务中心

★ 基本信息

姓		名		性别	
学校		院系			
职称		职务			
办公电话		家庭电话			
手机		电子邮箱			
省份		城市		邮编	
通信地址					

★ 课程信息

主讲课程-1		课程性质	
学生年级		学生人数	
授课语言		学时数	
开课日期		学期数	
教材决策日期		教材决策者	
教材购买方式		共同授课教师	
现用教材 书名/作者/出版社			

★ 教师需求及建议

提供配套教学课件（请注明作者 / 书名 / 版次）	
推荐教材（请注明感兴趣的领域或其他相关信息）	
其他需求	
意见和建议（图书和服务）	

是否需要最新图书信息	是/否	感兴趣领域	
是否有翻译意愿	是/否	感兴趣领域或意向图书	

填妥后请选择电邮或传真的方式将此表返回至以下地址之一，谢谢！

地址1：北京市东城区北三环东路36号环球贸易中心A座702室，教师服务中心，100013
电话：010-5799 7618/7600 传真：010-5957 5582
邮箱：instructorchina@mheducation.com
网址：www.mheducation.com，www.mhhe.com

地址2：北京市海淀区成府路205号北京大学出版社经管事业部 100871
电话：010-62767312/62767348
邮箱：em@pup.cn; em_pup@126.com
QQ：552063295

微信公众号：
MHHE0102

微信公众号：
pupembook

Speedway 公司（IMSC）提供内容管理技术解决方案。IMSC 主办了世界上最大型的单日体育赛事——具有 80 多年历史的 Indy 500，世界第二大单日体育赛事——美国汽车比赛协会（National Association of Stock Car Auto Racing, NASCAR）的 Brickyard 400，以及其他大型赛事。克里斯汀最初的任务很清晰：IMSC 需要保护其存档的照片，而其中许多已经随着时间开始褪色。这些档案里包括 500 万—700 万张照片，以及大量的多媒体格式视频、音频和车载摄像头镜头。

克里斯汀发现，IMSC 的照片档案已经被淹没在来自粉丝要求图片的请求中（个人或通过信件）。当她发现一个相对不为人知的文档竟然在 1999 年独自产生了近 50 万美元的收入时，深感惊讶。与 IMSC 研究人员的进一步讨论表明，文档请求通常需要用两周时间来研究并带来仅有 60 到 100 美元的销售收入。然而，IMSC 并没有计划为了数字化和保存这些文档，来战略性地或者财务性地开发一个系统。克里斯汀不愿意对这个机会置之不理，于是自问："这些资产进行电子商务和零售的机遇会有什么样的价值？"毫无疑问，IMSC 和其他一些客户（如 Cond Nast BBC、国家汽车博物馆等）将会是他们把收藏数字化和内容管理的主要客户。

克里斯汀知道在互联网上销售照片可能会产生巨大的收入。她构想了一个商业模式，系统将会通过收益分享获得资金，而不是像标准模式那样在系统建立之前先进行支付。IMSC 对这样的安排很感兴趣，但它却不在 AGT 的常规业务之内。AGT 想要把这个系统卖出去，而不是将之舍弃。他们看不到管理其他组织内容的价值。

正如克里斯汀所说的那样，她对于 IMSC 文档的访问受电影《杰里·马奎尔》（Jerry Maguire）[①]影响。在电影里，杰里坐在床上，一切突然变得清晰，他意识到现在必须追求自己的梦想。像杰里一样，当 AGT 第三次拒绝克里斯汀的请求时，她却热切地相信自己的想法会开花结果，于是她辞去了工作，开始自己创建 Artemis Images。

组建团队

当克里斯汀数字化和网上销售 IMSC 照片文档的理念被 AGT 无视时，克里斯汀不愿意放弃自己所看到的金矿。她联系了自己在 AGT 的朋友和同事。受到大众对互联网公司的狂热的感染，克里斯汀将她的公司命名为"e-Catalyst"。e-Catalyst 在 1999 年 5 月 3 日由 4 人团队注册成 S 型公司（S-corporation），这 4 位团队成员分别是：克里斯汀·纳扎雷斯，乔治·迪克特，弗兰克·科斯坦佐和格雷格·休斯（表 AB 6.1 说明了这些合作伙伴的情况）。因为预期每位合伙人都会做出相同的贡献，他们每人都应获得该公司 25% 的股权。克里斯汀满心期待他们能够作为一个团队工作，因此每个人就没有被分配正式的职称，这在很大程度上也是作为对投资者的声明，即任何对该团队的关键补充都会被需要并受到欢迎。另一个对潜在投资者具有吸引力及可以扩大团队专业能力的是，克里斯汀和乔治将出现在一个名册上的拥有内容管理、系统和技术经验的专家作为公司的第一批顾问委员会。格雷格的教授和几位当地的商业专业人士都同意加入他们的顾问委员会，另外，由 Indy 500 获胜的驾驶员转型的企业家，和 Elliott Riley 的总裁克里斯蒂亚·艾略特·莱利（Krista Elliott Riley）以及代表 Indy 500 和 Le Mans Sports Car 及司机的营销和公关机构也同意加入。克里斯汀相信她的团队具有建立真正世界级公司所需要的专业能力。

[①] 中文译名《甜心先生》。——编者注